Am Schlusse dieses Bandes befindet sich ein „**Nachweis wichtiger Gesetzesausgaben**", in dem die meisten Bände der jetzt über 240 Nummern umfassenden

Guttentagschen Sammlung Deutscher Reichs- und Preußischer Gesetze

sowie größere und kleinere Kommentare, Lehrbücher, Sammelwerke, Entscheidungssammlungen und Zeitschriften verzeichnet sind

Guttentagsche Sammlung
Nr. 12. Deutscher Reichsgesetze. Nr. 12.
Textausgaben mit Anmerkungen und Sachregister.

Strafprozeßordnung
und
Gerichtsverfassungsgesetz

Textausgabe
mit Einleitung, Anmerkungen und Nebengesetzen

in Verbindung mit
Dr. Hermann Mannheim
Landgerichtsrat und Professor in Berlin

bearbeitet von
Dr. Eduard Kohlrausch
Professor der Rechte in Berlin

Zweiundzwanzigste Auflage
(101. bis 104. Tausend)

Berlin und Leipzig 1930.
Walter de Gruyter & Co.
vormals G. J. Göschen'sche Verlagshandlung — J. Guttentag, Verlagsbuchhandlung — Georg Reimer — Karl J. Trübner — Veit & Comp.

Vorwort.

In der 22. Auflage sind die Entscheidungen des Reichsgerichts bis zum 63. Bande der amtlichen Sammlung berücksichtigt. Auch aus anderen Sammlungen wurden besonders wichtige Entscheidungen herangezogen.

Die §§ 158—373 der Strafprozeßordnung sind von Professor Mannheim, die übrigen Teile des Buches von Professor Kohlrausch bearbeitet.

Berlin, 1. Mai 1930.

Inhaltsverzeichnis.

Anhang I.

Reichsnebengesetze.

Anhang II.

Preußische Gesetze und Verordnungen.

Einleitung.

Systematische Übersicht.

A. Gerichtsverfassung.

Rechtsquelle: Gerichtsverfassungsgesetz (GVG.) vom 27. Januar 1877 (in Kraft seit 1. Oktober 1879); mehrfach abgeändert, insbesondere durch die sog. Emminger-Verordnung (VO. über Gerichtsverfassung und Strafrechtspflege vom 4. Januar 1924, beruhend auf dem Ermächtigungsgesetz vom 8. Dezember 1923). Unter Einarbeitung dieser VO. wurde das GVG. in neuer Paragraphenfolge neu veröffentlicht am 22. März 1924.

Das GVG., das erste der vier sog. Reichsjustizgesetze, hatte das deutsche Gerichtswesen zum ersten Male seit dem Bestehen eines Deutschen Reiches einheitlich geordnet. Die Ordnung der Strafgerichte war erfolgt im Anschluß an die Dreiteilung der Straftaten: Für Verbrechen Schwurgerichte (drei Berufsrichter, zwölf auf die Entscheidung der Schuldfrage beschränkte Geschworene); für Vergehen Strafkammern bei den Landgerichten (fünf Berufsrichter); für Übertretungen Schöffengerichte bei den Amtsgerichten (ein Berufsrichter, zwei Schöffen). Dies auf französischen Vorbildern beruhende Einteilungsprinzip wurde freilich nicht streng durchgeführt; leichtere Verbrechen kamen vor die Strafkammern, leichtere Vergehen vor die Schöffengerichte.

Reformwünsche setzten schon 1883 ein. Sie betrafen zunächst die Strafkammern: es wurde gefordert, auch bei ihnen Schöffen zuzuziehen. Später richteten sie sich auch gegen die Schwurgerichte: die auf der Trennung von Schuldfrage und Straffrage beruhende

Trennung von Geschworenenbank und Richterbank wurde als unnatürlich bekämpft. Parallel gingen Reformwünsche, die das Rechtsmittelwesen betrafen: Das GVG. hatte Berufung (d. h. Nachprüfung nicht nur der Rechtsfrage, sondern auch der tatsächlichen Feststellungen) nur gegen Schöffengerichtsurteile vorgesehen. Man forderte sie auch gegen die Urteile der in Schöffengerichte umzuwandelnden Strafkammern. Aber, abgesehen von dem stark umstrittenen Wert der sog. „Berufung" überhaupt, lag eine organisatorische Schwierigkeit in der Verbindung der beiden Reformtendenzen. Durchführung der Schöffengerichtsverfassung (kleine, mittlere, große Schöffengerichte) auf der einen Seite, durchgängige Einführung von Berufung auf der anderen Seite mußte zu einer in den Oberinstanzen allzu starken Besetzung der Gerichte führen. Hieran scheiterte der Entwurf 1909. Ein Entwurf 1920 wollte die Abhilfe in der Ersetzung der erstinstanzlichen Dreiteilung durch eine Zweiteilung suchen, er kam aber aus anderen Gründen nicht zur Durchberatung.

Die sog. Emminger-Verordnung löste das Problem durch Schaffung des Einzelrichters. Die früheren Schöffensachen kamen vor den Einzelrichter, die früheren Strafkammersachen vor das Schöffengericht (beim Amtsgericht), die früheren Schwurgerichtssachen vor ein großes Schöffengericht (beim Landgericht), dem man freilich den Namen Schwurgericht beließ. Berufung wurde gegen die mittleren und kleinen, nicht aber gegen die sog. Schwurgerichtssachen gegeben. Das hieraus sich jetzt ergebende Bild der Strafgerichtsverfassung ist aus den Tabellen Seite 20 und 21 ersichtlich.

B. Strafverfahren.

I. Rechtsquellen.

Die Strafprozeßordnung (StPO.) vom 1. Februar 1877 (in Kraft seit dem 1. Oktober 1879) ist das dritte der Reichsjustizgesetze. Sie hatte die Erfüllung eines Teiles der Wünsche gebracht, die in der ersten Hälfte des 19. Jahrhunderts vom sog. Inquisitionsprozeß des Gemeinen Rechts fort- und zu einem sog. Akkusationsprozeß hingestrebt hatten: Öffentlichkeit! Mündlichkeit! Anklagebehörde! Geschworenengerichte!

Reformwünsche blieben. Öffentlichkeit, Mündlichkeit und der Anklageprozeß erschienen nur halb durchgeführt. Später traten die obenerwähnten Wünsche nach Berufung, nach folgerichtiger Durchführung des Laienrichtergrundsatzes und nach Umbildung der Schwurgerichte hinzu. Entwürfe von 1909, 1920, 1922, 1923 scheiterten.

Reformen gelangen auch hier erst auf dem 1924 betretenen Verordnungsweg. Sie lagen allerdings nicht in der von der StPO. eingeschlagenen Richtung! Vielmehr zog die Emminger-Verordnung für das Verfahren nur die Folgerungen, die sich aus der erwähnten Vereinfachung der Gerichtsverfassung ergaben, unter gleichzeitiger Berücksichtigung des verhältnismäßig jungen Wunsches nach Berufung. Keine Rede aber war mehr von einer weiteren Ausgestaltung des Anklagegedankens, von Befreiung des Richteramts von inquisitorischen Aufgaben und von der Gewährung weiterer Schutzrechte für den Beschuldigten.

Erhöhte Rechtsgarantien für den Beschuldigten wurden aber geschaffen durch die Gesetze vom 22. Dezember 1925 und vom 27. Dezember 1926. Das erstere erweiterte das Recht des Angeschuldigten, in der Hauptverhandlung Beweisanträge zu stellen. Das letztere schuf Rechtsgarantien für Verhaftete.

Reformpläne bestehen für den Fall des Erlasses eines neuen Strafgesetzbuches: Vorschriften, die jetzt im StGB. stehen, sollen in die StPO. übernommen werden (über die Verfolgung von Auslandstaten, über den Strafantrag und über die sog. Buße). Vorschriften werden nötig über die Verhängung der „Maßregeln der Besserung und Sicherung"; ferner solche, um die geplante Erweiterung des richterlichen Ermessens zu ermöglichen; Vorschriften sind geplant zwecks Einschränkung der Eide. Diese und andere sollen getroffen werden im Einführungsgesetz zum StGB., dessen Entwurf unter dem 11. April 1921 dem Reichsrat zugegangen ist.

Aber auch die hier vorgesehenen Änderungen liegen nicht in der Richtung der von der StPO. halb verwirklichten damaligen Reformwünsche, insbesondere nicht in einer Fortführung der Gedanken des Akkusationsprozesses. Zu der allgemeinen in der Zeitrichtung liegenden Verstärkung polizeistaatlicher Tendenzen tritt die Schwierigkeit, den neuen Strafprozeß den Aufgaben des neuen materiellen Strafrechts dienstbar zu machen. Eine bessere Erfassung der Persönlichkeit des Täters ist nur möglich, wenn das StGB. die dogmatischen und die StPO. die prozeßrechtlichen Bindungen des Strafrichters lockert. Jede weitere Ausgestaltung der sog. Parteirechte aber verstärkt diese Bindungen; insbesondere die Gewährung größeren Einflusses der Parteien auf den Gang der Hauptverhandlung (Abschaffung der Voruntersuchung, Zeugenvernehmung durch die Parteien usw.). Der Entwurf des Einführungsgesetzes zum StGB. will grundsätzliche Änderungen einer späteren Erwägung vorbehalten.

II. Grundsätze des Verfahrens.

Jedes Strafprozeßrecht sucht zwischen zwei Interessen zu vermitteln: einerseits dem Interesse an der Aufdeckung der Straftat und der Bestrafung des Schuldigen; anderseits dem Interesse an der Freisprechung unschuldig Verdächtigter und tunlichster Schonung Unbeteiligter. Die Aufgabe einer StPO. geht dahin, den Gebrauch der staatlichen Machtmittel im Interesse der Unschuldigen und Unbeteiligten an feste Voraussetzungen und Regeln zu binden.

Im Verlauf der Versuche, diese Aufgabe zu lösen, haben sich bestimmte Fragen als besonders wichtig erwiesen. Wie ein Prozeßrecht sie beantwortet, gibt ihm seinen Charakter. Im Vordergrund steht die Alternative:

1. Inquisitionsgrundsatz oder Anklagegrundsatz?

Dem Inquisitionsprozeß sind zwei Personen wesentlich: ein Inquirent als Subjekt, ein Verdächtiger als Objekt des Verfahrens. Dem Anklageprozeß dagegen drei: ein Ankläger, ein Angeklagter und ein Richter, der zwischen beiden entscheidet. Beim JP. geht der Inquirent auf einen Verdacht hin von Amts wegen vor, klärt den Sachverhalt und spricht das Urteil; er ist Ankläger und Richter in einer Person. Beim AP. geht der Richter erst auf eine Anklage vor und entscheidet über deren Berechtigung. Beim AP. kann man formell von Parteien sprechen, beim JP. nicht.

Der Inquisitionsprozeß gestattet eine rücksichtslosere Verfolgung des Schuldigen, der Anklageprozeß bietet größere Sicherheit für den Unschuldigen. Letzteres folgt nicht nur daraus, daß es hier leichter ist, dem Beschuldigten gewisse „Rechte" zur Wahrnehmung seiner Interessen an die Hand zu geben, sondern namentlich daraus, daß der Richter des AP. dem Ergebnis „schuldig oder nicht?" mit größerer Unbefangenheit gegenübersteht als der Inquirent, der durch Verurteilung bzw. Freisprechung gleichzeitig über die Richtigkeit seines eigenen ersten Einschreitens entscheidet und so auch Richter in eigener Sache ist.

Der Strafprozeß des deutschen Mittelalters war Anklageprozeß. Ankläger waren der Verletzte oder seine Verwandten. Am Ausgang des Mittelalters konnte dies Verfahren nicht mehr genügen. Die Verfolgung zu übernehmen, erschien immer beschwerlicher; die vom Staat vergeblich bekämpfte Privatfehde lag der Zeit näher, war aber eine Quelle neuer Verbrechen. Auf der anderen Seite wuchs die Einsicht in die staatliche, die Allgemeinheit treffende Bedeutung des Verbrechens. So hat die peinliche Gerichtsordnung Kaiser Karls V. von 1532, kanonisch-rechtlichen Vorbildern folgend, die Inquisitionsform neben der theoretisch festgehaltenen Anklageform praktisch ermöglicht.

Der an die PGO. sich anschließende sog. Gemeine Strafprozeß hat daher begreiflicherweise im 16. bis 18. Jahrhundert vornehmlich die Inquisitionsform weiter entwickelt. Damit war die Möglichkeit energischer staatlicher Verbrechensverfolgung gegeben. Aber die oben berührten Gründe haben in Verbindung mit anderen Ursachen die Ungerechtigkeit und Willkür in einem solchen Grade gefördert, daß die rechtsstaatliche Strömung zu Beginn des 19. Jahrhunderts wieder zum Anklageprozeß trieb.

Aufgabe des 19. Jahrhunderts war es, die Vorzüge des altdeutschen Anklageprozesses (größere Gewähr für Gerechtigkeit des Urteils) mit den Vorzügen des kanonisch- und gemeinrechtlichen Inquisitionsprozesses (größere Energie der Verbrechensverfolgung) zu verschmelzen unter Vermeidung der beiderseitigen Nachteile. Diese Aufgabe wurde gelöst, indem mit dem Grundsatz der Anklageform der Grundsatz der Staatsanklage verbunden wurde. In Anlehnung an französische Einrichtungen (ministère public) wurde der öffentliche Ankläger eingeführt (Preußen seit 1846), der jetzige Staatsanwalt. Er und seine Aufgabe sind vom Richter und dessen Aufgaben unabhängig, und ebenso umgekehrt. Die Einführung der Staatsanwaltschaft erfüllte somit die liberale Forderung, den Richter nicht nur persönlich (das war eine zweite Aufgabe), sondern auch sachlich unabhängig zu stellen.

Das geltende Recht spricht den Anklagegrundsatz im § 151 StPO. aus: „Die Eröffnung einer gerichtlichen Untersuchung ist durch die Erhebung einer Klage bedingt"; und den Grundsatz der Staatsanklage im § 152: „Zur Erhebung der öffentlichen Klage ist die Staatsanwaltschaft berufen". Und zwar hat die Staatsanwaltschaft (abgesehen von wenigen Fällen, vgl. StPO. § 374) ein Anklagemonopol: nur sie ist zur Anklageerhebung berufen.

Das erfordert, da die StA. eine politische Behörde ist, Garantien gegen willkürliche Nichtausübung des Klagerechts. Eine solche Garantie ist durch den sog. Legalitätsgrundsatz gegeben: Die Staatsanwaltschaft ist nicht nur berechtigt, sondern grundsätzlich „gesetzlich verpflichtet, wegen aller gerichtlich strafbaren und verfolgbaren Handlungen einzuschreiten, sofern zureichende Anhaltspunkte vorliegen" (§ 152 Abs. 2). Das gegenteilige Opportunitätsprinzip hat zwar den Vorteil, daß der Lage des Einzelfalls Rechnung getragen und durch Unterlassung der Klage in berücksichtigenswerten Fällen das formalstarre Strafrecht abgemildert werden kann. Man wollte aber einer politischen Behörde nicht in Fragen des Rechts Zweckmäßigkeitserwägungen anheimstellen. Weitgehende Ausnahmen freilich seit 1. 4. 24 in den §§ 153, 154.

Weiterhin erschien nötig, die tatsächliche Erfüllung der staatsanwaltlichen Anklagepflicht sicherzustellen. Zwei Wege kamen in Frage: entweder ihre gerichtliche Überwachung oder subsidiäre Privatklage des Verletzten. Das Gesetz ist den ersten Weg gegangen: vgl. §§ 172 bis 177.

Der StA. ist aber nicht nur einseitig Ankläger, er soll als Anwalt des Staats auch die materielle Wahrheit finden helfen. Deshalb muß er nötigenfalls auch für den Beschuldigten eintreten (vgl. bes. §§ 160, 296).

Die Rechte des Beschuldigten — der von der Klageerhebung ab „Angeschuldigter", von Eröffnung des Hauptverfahrens ab „Angeklagter" heißt (§ 157) — gipfeln in dem Recht (freilich meist auch der Pflicht), anwesend zu sein und dem Recht gehört zu werden (dem hier eine Pflicht zur Aussage nicht entspricht). Beides allerdings nur in der Hauptverhandlung (insbesondere StPO. §§ 136, 230—235, 257, 258); im Vorverfahren nur in den Fällen der §§ 114d, 115a, 193, 169 Abs. 2. Auch ist der Angeschuldigte befugt, Beweisanträge zu stellen und selbständig Zeugen und Sachverständige zu laden (§§ 219, 220, 244, 245).

Eines Verteidigers kann er in jeder Lage des Verfahrens sich bedienen (§ 137). Gelegentlich (§ 140) ist die Verteidigung sogar „notwendig", aber freilich erst von einem ziemlich späten Zeitpunkt an (§ 201, aber auch §§ 81, 115d II). Der Vert. hat das Recht auf Anwesenheit nur in denselben Grenzen wie der Beschuldigte (eine kleine Ausnahme in § 193 Abs. 4). Über die Rechte des Beschuldigten hinaus geht sein Recht, sich durch Einsicht in die Akten zu informieren (§ 147). Auch dieses Recht aber steht ihm nicht im gleichen Umfang zu wie dem Staatsanwalt (§ 196), da seine Gewährung bis zum Schluß der Voruntersuchung in das Ermessen des Untersuchungsrichters gestellt ist.

2. **Die Grundsätze der Öffentlichkeit und Mündlichkeit** stehen ebenfalls zu dem Inquisitionsverfahren des gemeinen Strafprozeßrechts im Gegensatz. Begehrt wurde eine Kontrolle der Strafrechtspflege durch das Volk, die nur möglich war, wenn auf Grund mündlicher Verhandlung, nicht auf Grund der Akten entschieden wurde.

Der Grundsatz der Öffentlichkeit ist jetzt mit den durch die Bedürfnisse der Staatssicherheit, der öffentlichen Ordnung und der Sittlichkeit gebotenen Einschränkungen in den §§ 169ff. GVG. ausgesprochen. Grundsätzlich nicht öffentlich sind die Verhandlungen vor dem Jugendgericht.

Der Grundsatz der Mündlichkeit ist zwar nicht ausdrücklich proklamiert worden. Aus einer Reihe von Einzelbestimmungen folgt er aber. So aus den die persönliche und zeitliche Konzentration der Hauptverhandlung vorschreibenden §§ 226, 229. Insbesondere aber geht aus den §§ 261ff. hervor, daß das Urteil sich nur auf das stützen darf, was in der mündlichen Verhandlung vorgebracht war (nicht auf den Akteninhalt!), und sonach von den Parteien erörtert werden konnte.

3. **Volksrichter** kannten auch frühere Zeiten. Dem deutschen Mittelalter waren sie die Regel, weil gerade sie das Recht — als ein im Volk lebendes Bewußtsein — kannten. Die Rezeption des italienisch-kanonischen Prozesses brachte den Berufsrichter, der dann die Zeit des gemeinen Prozesses beherrschte. Von neuem gefordert wurde der Volksrichter seit Mitte des 18. Jahrhunderts (Montesquieu); teilweise weil gewisse Taten „von Natur" Verbrechen seien; teilweise weil im Strafverfahren auch angeblich außerrechtliche Aufgaben zu lösen waren, wie die Feststellung des Sachverhalts. An ihnen sollte das Volk teilnehmen und dadurch auch ein Gegengewicht gegen den juristischen Formalismus wie gegen die politische Abhängigkeit des Berufsrichters bilden.

Die Form, in der man den Gedanken zu verwirklichen suchte, war zunächst die des Schwurgerichts. Unmittelbares Vorbild war Frankreich, dessen Schwurgericht (1791) man zu Unrecht der englischen Jury nachgebildet glaubte. Preußen führte die Geschworenen 1852 ein. Die StPO. von 1877 übernahm sie. Indessen die Unmöglichkeit, die Geschworenen auf die Entscheidung reiner Tatfragen zu beschränken, und die dadurch bedingte Unnatur und Schwerfälligkeit des Verfahrens (mit „Fragestellung" und „Rechtsbelehrung"); die äußere Trennung von Richtern und Geschworenen, die die Unabhängigkeit der letzteren gewährleisten sollte, aber auch eine gesunde wechselseitige Anregung verhinderte; die Einsicht, daß auch Laienrichter „abhängig" sind, nämlich von vorgefaßten Meinungen, Presse und Volksstimmungen, ohne daß die mit dem Richterberuf verbundene Gewöhnung an Objektivität ein Gegengewicht bildet, während die richterliche „Abhängigkeit" nicht mehr zu vergleichen ist mit der von 1750 bis 1850 — diese Umstände bewirkten eine bald nach 1879 einsetzende und ständig wachsende Kritik und führten zur Abschaffung der Schwurgerichte durch die VO. vom 4. Januar 1924. Der Name wurde beibehalten, aber der entscheidende Grundsatz der Trennung aufgegeben: GVG. § 82.

Bleibendere Bedeutung gewannen die auf hannoverschen (1850) und sächsischen (1868) Vorbildern beruhenden Schöffengerichte, in denen Berufs- und Laienrichter in der Hauptverhandlung zu gleichen Rechten zusammenwirken. In gemeinsamer Arbeit tauschen beide juristische Kenntnis und Lebenserfahrung aus. Über den Umfang, in dem sie heute tätig sind, vgl. die Tabellen S. 20 f.

III. Das ordentliche Verfahren erster Instanz.

Es ist geregelt im II. Buch der StPO. und zerfällt in ein Vorverfahren und ein Hauptverfahren. Am Beginn des letzteren steht der sog. Eröffnungsbeschluß.

Das Vorverfahren erschöpft sich entweder in einem Ermittlungsverfahren des Staatsanwalts (sog. „vorbereitendes Verfahren", 2. Abschn.), oder es tritt zu diesem noch eine gerichtliche Voruntersuchung.

A. Verfahren mit Voruntersuchung. — Eine gerichtliche Voruntersuchung ist in den Fällen des § 178 Abs. 1 notwendig, bei „Übertretungen" unzulässig. In den dazwischen liegenden Fällen aber (also in allen Verbrechens- und Vergehenssachen, die vor das Schöffengericht oder den Einzelrichter kommen) hängt es von einer Entschließung der StA. ab, ob sich zwischen Vorbereitungsverfahren und Hauptverfahren eine Voruntersuchung einschieben soll. Die StA. pflegt eine Voruntersuchung nur in ganz besonders komplizierten Fällen zu beantragen, in denen einheitliche „richterliche" Handlungen nötig sind.

Die Voruntersuchung ist eine „gerichtliche Untersuchung" i. S. des § 151. Deshalb ist der Antrag des StA. auf Eröffnung bereits Erhebung einer Anklage (§ 170), obwohl eine „Anklageschrift" auch hier erst nach der Voruntersuchung

Gliederung eines Verfahrens mit Voruntersuchung.

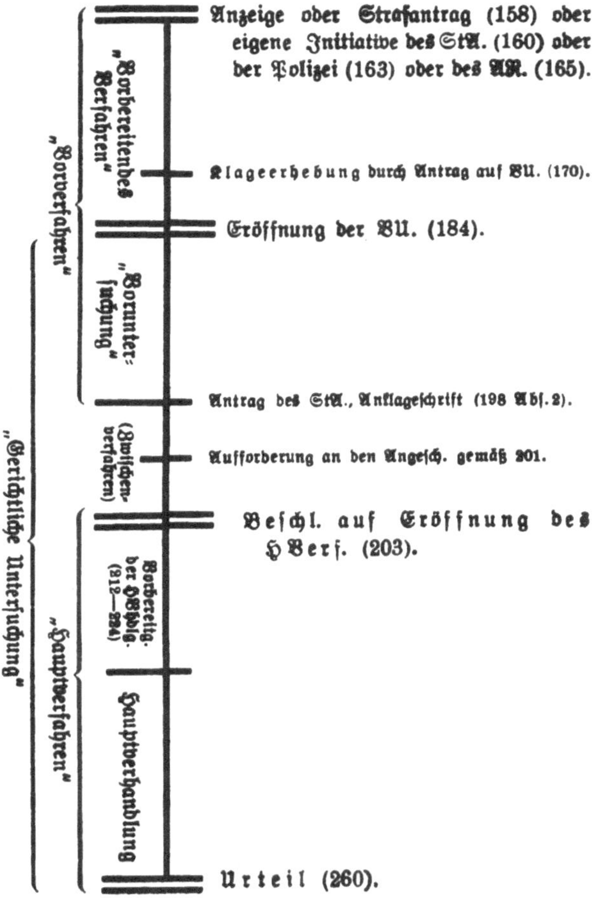

einzureichen ist (§ 198). Die wichtigste praktische Folge ist, daß gemäß § 156 nach Eröffnung einer Voruntersuchung die Anklagebehörde nicht mehr einseitig die Klage fallen lassen kann, der Angeschuldigte vielmehr ein Recht auf Richterspruch hat. Schwer mit diesem Charakter der Voruntersuchung verträglich ist freilich die vielfache Abhängigkeit des Untersuchungsrichters vom StA. (z. B. § 124 Abs. 2).

Das Verfahren zerfällt in drei Hauptabschnitte (Vorbereitungsverfahren, Voruntersuchung, Hauptverfahren) und einige Zwischenabschnitte.

1. Über das vorbereitende Verfahren vgl. die Vorbemerkungen vor § 158.

2. Über die Voruntersuchung vgl. die Vorbemerkungen vor § 178.

3. Nach Abschluß der Voruntersuchung gehen die Akten an die StA. zurück, aber zu keinerlei selbständiger Entscheidung, sondern nur „zur Stellung ihrer Anträge" (§ 197), an die das Gericht nicht gebunden ist (§ 206), das vielmehr jetzt selbständig auf Grund des vorliegenden Materials einen der vier Beschlüsse gemäß §§ 202—205 faßt. Vorher aber hat es nach Maßgabe des jetzt sehr engherzig gewordenen § 201 dem Angeschuldigten Gelegenheit zu geben, seinerseits Anträge auf weitere Vorermittlungen zu stellen, ein Verfahren, das sich naturgemäß nach einer Voruntersuchung anders gestaltet als ohne solche.

4. Beschließt das Gericht nach § 203 die Eröffnung des Hauptverfahrens, so ist dies gemäß §§ 213 bis 225 vorzubereiten und gemäß §§ 226—275 durchzuführen. Über den äußeren Verlauf vgl. bes. §§ 243, 244 Abs. 1. Es schließt mit der Erlassung des Urteils (§ 260), das, falls der Durchführung der Sachverhandlung nicht prozessuale Hindernisse entgegenstehen, unbedingt auf Verurteilung oder Freisprechung lauten muß. Im Falle eines non liquet ist nicht etwa einzustellen, son-

dern freizusprechen, was man gelegentlich auch dahin ausdrückt, daß der StA. stets die Beweislast habe: in dubio pro reo!

B. Verfahren ohne Voruntersuchung. — Es ist das praktisch weit häufigere Verfahren. Seine Abweichungen folgen aus dem Gesagten.

Hinzuweisen ist auf die Möglichkeit eines beschleunigten Verfahrens nach § 212. Seitdem für die praktisch häufigsten Straftaten bis zu Einbruch- und Rückfallverbrechen die Zuständigkeit des Einzelrichters begründet werden kann, die Einberufung von Schöffen also nicht abgewartet zu werden braucht, hat es, besonders bei Festnahmen, eine große Bedeutung gewonnen.

IV. Beweisrecht.

Im Vorverfahren wie im Hauptverfahren pflegt den Schwerpunkt die Beweisaufnahme zu bilden.

Als Beweismittel kommen neben den etwaigen Äußerungen des Beschuldigten, die frei zu würdigen sind (§ 261), in Betracht: Zeugen (§§ 48—71), Sachverständige (§§ 72—85), Augenscheinsobjekte (deren Benutzung in §§ 86—93 nur für einige Fälle besonders geregelt ist) und Urkunden (für welche Sonderregeln nur für die Hauptverhandlung gegeben sind: §§ 249—256).

Die Art der Beweiserhebung hat sich zunächst nach den für die einzelnen Beweismittel gegebenen Regeln zu richten, welche für alle Teile des Verfahrens gelten. Daneben gelten einige Regeln nur für die Hauptverhandlung. Die wichtigsten betreffen den Umfang der Beweisaufnahme, den Grundsatz der Unmittelbarkeit der Beweisaufnahme und den Grundsatz der freien Beweiswürdigung.

1. Es fragt sich zunächst, ob das Gericht oder die Parteien den Umfang der Beweisaufnahme bestimmen sollen. Nach vielen Schwankungen ist seit RGes. v. 22. 12. 25 und v. 27. 12. 26 das Recht der sog. „Par-

teien“ auf Berücksichtigung ihrer Beweismittel wieder in weitem Umfang gewährleistet. Vgl. hierüber die Anmerkungen zu §§ 244, 245.

2. Der Grundsatz der Unmittelbarkeit der Beweisaufnahme besagt nur etwas Relatives: daß die Kette zwischen der richterlichen Wahrnehmung (z. B. dem Verhör eines Zeugen) und der in letzter Linie beweiserheblichen Tatsache (z. B. der Tötung des A durch B) möglichst kurz sein soll. Generell ist dieser Grundsatz, den eine vernünftige Prozeßleitung von selbst befolgt, nicht ausgesprochen. So ist grundsätzlich nicht ausgeschlossen, Zeugen vom „Hörensagen“ zu vernehmen. Nur in einer freilich sehr wichtigen Hinsicht schließt das Gesetz mittelbare Beweisaufnahmen aus: Wenn das erkennende Gericht für eine Tatsache einen Zeugen (oder Sachverständigen) persönlich hören kann, so darf es dessen Aussage nicht ersetzen durch das Verlesen von Aufzeichnungen, sei es des Zeugen oder Sachverständigen selber, sei es von Urkundspersonen, denen er seine Aussage zu Protokoll gegeben hat; nur in bestimmten Ausnahmefällen ist dies gestattet. Ebenso darf die Aussage des Beschuldigten in der Hauptverhandlung nur in ganz bestimmten Fällen durch Verlesung früherer Aussageprotokolle ersetzt oder ergänzt werden. Näheres in den ungemein wichtigen §§ 250—256, freilich auch 325. Dieser Grundsatz unterscheidet das heutige Verfahren von dem des gemeinen Strafprozesses wesentlich: Im letzteren entschied der Richter auf Grund der Akten. Der Grundsatz der Unmittelbarkeit der Beweisaufnahme hängt sonach zwar zusammen mit dem Grundsatz der Mündlichkeit der Verhandlung, ist aber nicht gleichbedeutend mit ihm. Der letztere bedeutet, genau genommen, daß die sog. Parteien das Recht haben, also auch die Möglichkeit haben müssen, sich über alle für die Urteilsfindung maßgebenden Beweisaufnahmen zu äußern. Vgl. bes. §§ 257, 258, aber auch die im Zusammenhang hiermit stehenden §§ 169, 193, 223, 251.

3. Welchen Beweiswert das Gericht den einzelnen Beweismitteln beimessen will, war ihm früher und noch im gemeinen Prozeß durch sog. Beweisregeln vorgeschrieben (es galten solche hinsichtlich des Geständnisses, der „klassischen" Zeugen usw.). Das heutige Recht geht davon aus, daß es psychologisch falsch ist, dem Richter vorzuschreiben, daß er unter bestimmten generell bezeichneten Voraussetzungen von einer bestimmten Tatsache überzeugt sein müsse und nur dann überzeugt sein dürfe. An die Stelle eines Systems von Beweisregeln setzt deshalb der § 261 den Grundsatz der freien Beweiswürdigung.

V. Zwangsmaßregeln.

Ein Strafverfahren ist häufig undurchführbar, wenn nicht gegen den Verdächtigen oder gegen Unbeteiligte Zwangsmaßnahmen angewendet werden, um sich entweder der Person des Verdächtigen oder sachlicher Beweismittel zu versichern. Gerade hier hat ein Strafprozeßrecht seinen auf S. 7 betonten Garantiecharakter zu bewähren. Es kommt darauf an, diese Maßnahmen, die empfindliche Eingriffe in Grundrechte darstellen, nur unter bestimmten, gesetzlich umgrenzten, sachlichen Voraussetzungen zuzulassen und sie nur solchen Organen anzuvertrauen, die persönlich unabhängig und an einem bestimmten Ausgang des Verfahrens uninteressiert sind. Wie die StPO., bes. auch durch RGes. v. 27. 12. 1926, diesen Forderungen Rechnung getragen hat, vgl. in den Vorbem. zum 8. und 9. Abschnitt des I. Buches der StPO.

VI. Rechtsmittel [1]).

Trotz aller gesetzlichen Garantien und richterlichen Sorgfalt kann eine Entscheidung irren: Tatsachen können falsch festgestellt sein (sei es, daß Beweise un-

---

[1]) Vgl. die Tabelle auf S. 21.

richtig gewürdigt wurden, sei es, daß Beweismittel erst nachträglich auftauchten); Rechtssätze können unrichtig ausgelegt sein (nicht nur Sätze des materiellen Strafrechts, auch Regeln der Prozeßordnung). Schließlich muß natürlich der Zeitpunkt festgesetzt werden, wo eine Entscheidung unbedingte Geltung beansprucht, wo sie „rechtskräftig" wird. Es fragt sich, welche Möglichkeiten vorher gewährt werden sollen, sie nachzuprüfen.

Der Gesetzgeber kann entweder eine nochmalige völlige Neuverhandlung der Sache zulassen, in der die tatsächlichen Fundamente neu gelegt werden, als ob noch nicht in der Sache verhandelt sei. Oder er kann sich darauf beschränken, eine Nachprüfung der Entscheidung durch einen zweiten Richter zu gewähren, die er wiederum auf bestimmte Punkte, z. B. auf die Rechtsfrage, beschränken könnte.

Das geltende Recht hat diese Möglichkeiten unschön gemischt. Es kennt — von der „Beschwerde" gegen „Beschlüsse" und „Verfügungen" abgesehen (§§ 304 bis 311) — gegen Urteile „Berufung" (1), „Revision" (2) und, wenn sie rechtskräftig sind, eine „Wiederaufnahme des Verfahrens" (3).

1 und 2. Mit Berufung und Revision wird eine Nachprüfung des ersten Urteils begehrt. Und zwar mit der Berufung (falls sie nicht „auf bestimmte Beschwerdepunkte beschränkt" wird, § 318) seinem ganzen Umfang nach, tatsächlich und rechtlich. Trotzdem ist die Berufungsverhandlung keine völlige Neuverhandlung. Sie schließt sich an an das erste Urteil (§ 324), unter Umständen sogar an die erstinstanzliche Verhandlung (§ 325). Die Zusammengehörigkeit zeigt sich auch in dem Verbot der sog. reformatio in pejus (§ 331). Trotzdem handelt es sich nicht nur darum, ob der damalige Prozeßstoff vom Richter richtig verwertet wurde: es können vielmehr beliebig neue Tatsachen und Beweismittel geltend gemacht werden.

Zueinander stehen Berufung und Revision verfahrensrechtlich so, daß Berufung nur gegen erstinstanzliche Urteile, Revision dagegen sowohl gegen erstinstanzliche wie gegen Berufungsurteile zulässig ist. Ist ein Urteil also an sich mit Berufung anfechtbar, so kann, wenn ein Bedürfnis nur zur Nachprüfung der Rechtsfrage besteht, die Berufungsinstanz auch übersprungen und sofort Revision eingelegt werden (sog. revisio per saltum, § 335).

1) Die Frage, in welchen Fällen Berufung zu gewähren sei, ist seit 1879 Gegenstand des Streits. Die ersten Entwürfe gaben keine Berufung, aber der Reichstag wünschte sie. Das Ergebnis war ein ähnliches Kompromiß, wie in der Laienrichterfrage: Berufung nur in Schöffensachen, dafür aber dort die Möglichkeit, durch Beweisabschneidungen schneller zum Urteil zu kommen (§ 245). In Strafkammer- und Schwurgerichtssachen keine Beweisabschneidung, aber auch keine Berufung. Seit 1883 wurde in zahlreichen Anträgen gefordert: „Berufung gegen Strafkammerurteile!" Es wurde, neben dem Verlangen nach restloser Durchführung des Laienrichterprinzips, der populärste Reformwunsch. Die Schwierigkeit, ihn zu erfüllen, lag — abgesehen von der in Fachkreisen vielfach verneinten Frage, ob er sachlich vernünftig sei — gerade in der Verbindung beider Wünsche: ihre Erfüllung mußte zu einer übergroßen Zahl und namentlich überstarken Besetzung der Strafgerichte führen — es sei denn, daß man die Dreiteilung der Strafgerichte aufgab! Zu diesem Schritt entschloß sich zuerst Entwurf 1920 und ihn tat auch die VO. vom 4. Januar 1924. Mit allgemeiner Einführung der Berufung mußte die Strafkammer als erste Instanz abgeschafft werden. — Gegen Schwurgerichte war Berufung nie verlangt worden: deren Schuldspruch war, da nicht mit Gründen versehen, nicht anfechtbar. Hierbei ist es, trotz Umwandlung der Schwurgerichte in Schöffen-

gerichte, geblieben! — Erstinstanzliche Oberlandesgerichts- und Reichsgerichtsurteile sind gleichfalls nicht anfechtbar.

2) Mit „Revision“ kann nur eine unrichtige Rechtsansicht des Richters gerügt werden, und zwar nur dann, wenn das Urteil „auf ihr beruht“ (§ 337), was aber vielfach unwiderleglich zu vermuten ist (§ 338).

Revisionsgericht ist entweder das Reichsgericht oder ein Oberlandesgericht, letzteres dann, wenn entweder nur Landesrecht verletzt ist, ein Bedürfnis nach oberstrichterlicher Entscheidung also nicht besteht, oder aber — seit der VO. vom 4. Januar 1924 — wenn die Einzelsache unbedeutend erscheint, d. h. in erster Instanz entweder der Einzelrichter oder das kleine Schöffengericht (1 + 2) entschieden hatte. Da die Zuziehung eines zweiten Amtsrichters im Ermessen der Staatsanwaltschaft liegt (GVG. § 29 Ziff. 2), hat diese also in der Mehrzahl der Fälle es in der Hand, ob Revisionsgericht das Reichsgericht oder ein Oberlandesgericht sein soll.

3) Die Wiederaufnahme eines rechtskräftig geschlossenen Verfahrens ist nur unter den besonderen Voraussetzungen der §§ 359 und 362 zulässig. Zu beachten ist dabei, daß „neue Tatsachen und Beweismittel“ eine Wiederaufnahme nur zugunsten, nicht zuungunsten des Angeklagten ermöglichen. Liegen die Voraussetzungen der §§ 359 oder 362 nicht vor, so ist die res judicata streng zu achten. Vgl. bes. die umfangreiche Rechtsprechung des Reichsgerichts zu § 264.

VII. Besondere Verfahrensarten.

1. Der Wahrung eines persönlichen Interesses an Strafverfolgung in Fällen, wo ein öffentliches Interesse an Strafverfolgung nicht besteht, dient die Privatklage (§§ 374—394).

2. Abgekürzte Verfahren — bei denen freilich die Überleitung in das ordentliche Verfahren möglich

bleibt — regeln die §§ 407—429, deren Wesen darin besteht, daß der Beschuldigte dadurch, daß er sich einer einseitigen Straffestsetzung unterwirft, eine öffentliche und mündliche Hauptverhandlung überflüssig machen kann.

3. Das summarische Verfahren des § 212 hat jetzt eine große praktische Bedeutung dadurch gewonnen, daß alle Vergehen und (mit Zustimmung des Angeklagten) viele Verbrechen durch den Einzelrichter abgeurteilt werden können, ein ordentlicher Sitzungstag eines Schöffengerichts hier also nicht mehr abgewartet zu werden braucht.

4. Für Militärstrafsachen — die, nachdem die Militärgerichtsbarkeit bis auf wenige Ausnahmen aufgehoben ist, vor die ordentlichen Gerichte gehören — gelten einige Sondervorschriften: §§ 434—448.

5. Ein Verfahren gegen Abwesende wird ausnahmsweise ermöglicht durch die §§ 276—295.

6. Ein „objektives Strafverfahren" regeln die §§ 430—433.

7. Das Strafverfahren gegen Jugendliche regeln die §§ 17—42 des Jugendgerichtsgesetzes vom 16. Februar 1923.

8. Das Steuerstrafverfahren ist in den §§ 385 ff. der RAbgO. v. 13. 12. 1919 von dem der StPO. mehrfach abweichend geordnet.

Gericht	Amtierende Abteilung	Besetzung	Zuständigkeit	GVG §§
Amtsgericht	Amtsrichter	1 Berufsrichter	1. Übertretungen 2. Privatklagesachen 3. Vergehen, bis 6 Mon. Gef. bedroht	24, 2
			4. Schwerere Vergehen 5. Schwerer Diebstahl, schwere Hehlerei, Rückfallverbrechen } auf Antrag der StA.	24,
	Schöffengericht	1 oder 2 Berufsrichter, 2 Schöffen	1. Vergehen mit mehr als 6 Mon. Gef. bedroht } falls StA. nicht Überweisung an AK. beantragt	24,
			2. Schwerer Diebstahl, schwere Hehlerei, Rückfallverbrechen } falls StA. nicht Überweisung an AK. beantragt	24, 2
			3. Verbrechen, bis 10 Jahre Zuchth. bedroht, außer Meineid	24,3
			4. Einzelne schwerere Verbrechen	24,3 und
LGer.	Schwurgericht	3 Berufsrichter, 6 Geschwor.	Die nicht vor AGer. oder RGer. gehörigen Verbrechen	80
OLGer.	Strafsenat	5 Berufsrichter	Landesverrat und schwere Spionage kraft Überweisung durch ORAnwalt oder RGer.	12
RGer.	Strafsenat	5 Berufsrichter	Hoch- und Landesverrat gegen das Reich und schwere Spionage (soweit nicht an OLGer. überwiesen) und Kriegsverrat	18 (Spi Ges. § Ges. 17. 8. §

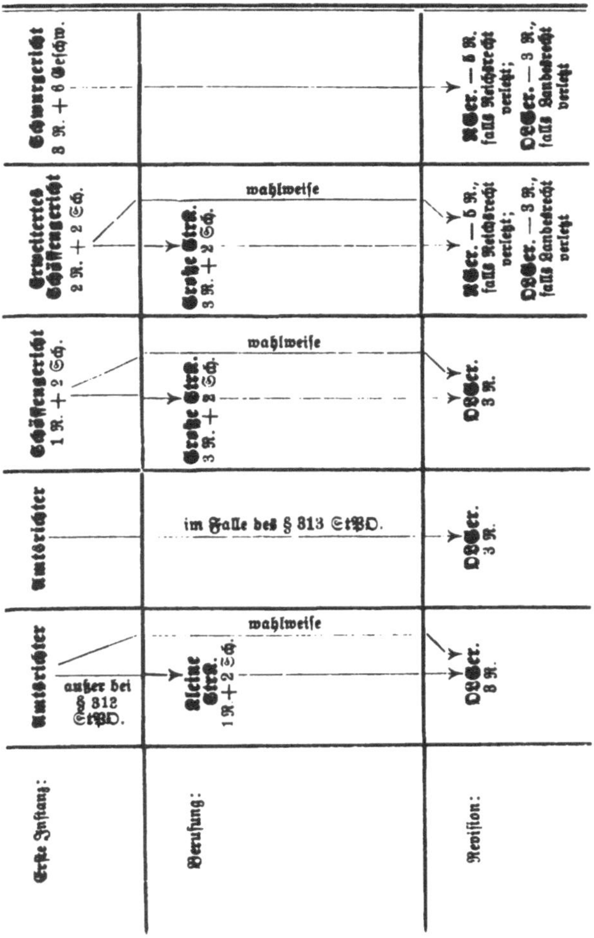
Erste Instanz:
Berufung:
Revision:
Amtsrichter
außer bei § 312 StPO.
Kleine Strk. 1 R. + 2 Sch.
wahlweise
OLGer. 3 R.
Amtsrichter
im Falle des § 313 StPO.
OLGer. 3 R.
Schöffengericht 1 R. + 2 Sch.
Große Strk. 3 R. + 2 Sch.
wahlweise
OLGer. 3 R.
Erweitertes Schöffengericht 2 R. + 2 Sch.
Große Strk. 3 R. + 2 Sch.
wahlweise
RGer. — 5 R., falls Reichsrecht verletzt;
OLGer. — 3 R., falls Landesrecht verletzt
Schwurgericht 3 R. + 6 Geschw.
RGer. — 5 R. falls Reichsrecht verletzt;
OLGer. — 3 R., falls Landesrecht verletzt

I.

Gerichtsverfassungsgesetz.

Vom 27. Januar 1877.

In der Fassung der Bekanntmachung vom 22. März 1924 und der RGesetze vom 13. Februar und 31. März 1926.

Erster Titel.

Richteramt.

1. Unabhängigkeit des Richters[1].

1. Die richterliche Gewalt wird durch unabhängige, nur dem Gesetz unterworfene Gerichte ausgeübt.

[1] Unabhängigkeit der Justiz von der Verwaltung (jetzt auch RVerf. Art. 102). Aber nur in ihrer rechtsprechenden Tätigkeit. Dienstaufsicht bleibt (Justizminister, OLG.- und LG.-Präsidenten über Gerichte ihres Bezirks; ferner § 22 III). Dazu GVG. § 151. — Zweifelhaft, obwohl praktisch nie ernsthaft bezweifelt, ist danach die Verfassungsmäßigkeit der Verordnungen, durch welche das Recht, die Strafe bedingt auszusetzen (also bedingt zu „begnadigen") den Gerichten übertragen wurde. Ein Teil der erkennenden Tätigkeit der Strafgerichte wurde damit sachlichen Anweisungen der Justizverwaltungsbehörden unterstellt (vgl. im Anhang die Verordnungen über bedingte Strafaussetzung).

2. Rechtsverhältnisse der ständig angestellten Richter.

2. Die Fähigkeit zum Richteramte[1] wird durch die Ablegung zweier Prüfungen erlangt.

Der ersten Prüfung muß ein dreijähriges Studium der Rechtswissenschaft auf einer Universität vorangehen. Von dem dreijährigen Zeitraum sind mindestens drei Halbjahre dem Studium auf einer deutschen Universität zu widmen,

Zwischen der ersten und zweiten Prüfung muß ein Zeitraum von drei Jahren liegen, welcher im Dienste bei den Gerichten und bei den Rechtsanwälten zu verwenden ist, auch zum Teil bei der Staatsanwaltschaft verwendet werden kann.

In den einzelnen deutschen Ländern kann bestimmt werden, daß der für das Universitätsstudium oder für den Vorbereitungsdienst bezeichnete Zeitraum verlängert wird, oder daß ein Teil des letzteren Zeitraums, jedoch höchstens ein Jahr, im Dienste bei Verwaltungsbehörden zu verwenden ist oder verwendet werden darf.

[1] Frauen: RGes. v. 11. 7. 22 (RGBl. I 573).

[2] D. h. des Deutschen Reiches.

3. Wer in einem deutschen Lande die erste Prüfung bestanden hat, kann in jedem anderen Lande zur Vorbereitung für den Justizdienst und zur zweiten Prüfung zugelassen werden.

Die in einem deutschen Lande auf die Vorbereitung verwendete Zeit kann in jedem anderen Lande angerechnet werden.

4. Zum Richteramte befähigt ist ferner jeder ordentliche öffentliche Lehrer des Rechtes an einer deutschen Universität.

5. Wer in einem deutschen Lande die Fähigkeit zum Richteramt erlangt hat, ist, soweit dieses Gesetz keine Ausnahme bestimmt, zu jedem Richteramt innerhalb des Deutschen Reichs befähigt.

6[1]. Die Ernennung[2] der Richter erfolgt auf Lebenszeit.

[1] Ebenso RVerf. 104 Satz 1.

[2] Vereidigung auf die Verfassung ist nicht Bedingung rechtsgültiger Ausübung des Richteramts. E. 55, 56.

7. Die Richter beziehen in ihrer richterlichen Eigenschaft ein festes Gehalt mit Ausschluß von Gebühren.

8[1]. Richter können wider ihren Willen nur kraft richterlicher Entscheidung und nur aus den Gründen und unter den Formen, welche die Gesetze bestimmen, dauernd oder zeitweise ihres Amtes enthoben oder an eine andere Stelle oder in den Ruhestand versetzt werden. Die Gesetzgebung kann Altersgrenzen festsetzen, bei deren Erreichung Richter in den Ruhestand treten[2], [3].

Die vorläufige Amtsenthebung, welche kraft Gesetzes eintritt, wird hierdurch nicht berührt.

Bei einer Veränderung in der Einrichtung der Gerichte oder ihrer Bezirke können unfreiwillige Versetzungen an ein anderes Gericht oder Entfernungen vom Amte unter Belassung des vollen Gehalts durch die Landesjustizverwaltung verfügt werden.

[1] Ebenso: RVerf. 104 Abs. 1 Satz 2 und 3, Abs. 2 und 3.

[2] Mitglieder des Reichsgerichts treten in den Ruhestand mit Ablauf des Vierteljahrs, das auf den Monat folgt, in dem sie das 68. Lebensjahr vollendet haben: § 60a RBeamtG. v. 31. 3. 73 i. d. Fassung der VO. v. 4. 8. 25. — Preußen: Mit dem auf Vollendung des 65. Lebensjahres folgenden 1. April oder 1. Oktober: Ges. v. 15. 12. 20 (GS. 621) und § 84 Ges. v. 8. 2. 24 (GS. 73).

[3] Mitwirkung nach Erreichung der Altersgrenze (es sei denn als „Hilfsrichter" nach § 10) begründet Revision. StPO. § 338, 1 und E. 56, 82.

9[1]. Wegen vermögensrechtlicher Ansprüche der Richter aus ihrem Dienstverhältnis, insbesondere auf Gehalt, Wartegeld oder Ruhegehalt, darf der Rechtsweg nicht ausgeschlossen werden.

[1] Jetzt RVerf. Art. 129 I[4]: „Für die vermögensrechtlichen Ansprüche der Beamten steht der Rechtsweg offen."

3. Hilfsrichter.

10. Die landesgesetzlichen Bestimmungen über die Befähigung zur zeitweiligen Wahrnehmung richterlicher Geschäfte[1] bleiben unberührt.

[1] Gegensatz: ständige Anstellung als Richter. Für Hilfsrichter gilt also nicht GVG. §§ 2—9, sondern nur (innerhalb der Grenzen der §§ 70, 118, 151) Landesrecht. Preußen: AGVG. §§ 6, 6a (Richter, Gerichtsassessoren, andere Personen, die die Befähigung zum Richteramt erlangt haben [also auch in den Ruhestand getretene] und unter gewissen Voraussetzungen Referendare). — Reichsgericht: GVG. § 132. — Vgl. E. 56, 82.

11. Auf Handelsrichter, Schöffen und Geschworene finden die Bestimmungen der §§ 2 bis 9 keine Anwendung.

Zweiter Titel.

Gerichtsbarkeit.

Vorbemerkung: Die sog. Zulässigkeit des Rechtswegs ist Prozeßvoraussetzung. Fehlt sie, ist Verf. einzustellen. Ihr Fehlen kann noch in der Revisionsinstanz geltend gemacht werden. Vgl. E. 27, 143; 31, 143; 38, 70; 43, 293.

12[1]**.** Die ordentliche streitige Gerichtsbarkeit wird durch Amtsgerichte und Landgerichte, durch Oberlandesgerichte und durch das Reichsgericht ausgeübt.

[1] RVerf. 103: „Die ordentliche Gerichtsbarkeit wird durch das Reichsgericht und durch die Gerichte der Länder ausgeübt."

13. Vor die ordentlichen Gerichte gehören alle bürgerlichen Rechtsstreitigkeiten und Strafsachen, für welche nicht entweder die Zuständigkeit von Verwaltungsbehörden oder Verwaltungsgerichten begründet ist[1] oder reichsgesetzlich besondere[2] Gerichte bestellt[3] oder zugelassen sind.

[1] Verwaltungsstrafverfahren: Es kann reichsgesetzlich oder (soweit die Reichsgesetzgebung nicht entgegen steht) landesgesetzlich angeordnet sein. — Reichsgesetze: PostG. v. 28. 10. 71 §§ 34 ff.; Seemannsordng. v. 2. 6. 02 §§ 122 mit

Bek. betr. StrVerfahren vor Seeämtern v. 13. 3. 03 (RGBl. 42); G. betr. Mitnahme heimzuschaffender Seeleute v. 2. 6. 02 § 8; G. betr. Stellenvermittlung für Schiffsleute v. 2. 6. 02 §§ 9, 13; RVersichO. v. 15. 12. 24 §§ 529, 908, 1043, 1220, 1487, 1767; RAbgabenO. v. 13. 12. 19 §§ 385—425. — Preußen: z. B. Ges. betr. d. Erlaß poliz. StrVerfüg. wegen Übertret. v. 23. 4. 83 (unten Anhang) ferner Steuergesetze auf Grund von RAbgO. § 1 Abs. 2.

[2] Verhältnis von „Sonder"- zu „Ausnahme"-Gerichten: § 16 mit Anm.

[3] Reichsgesetzlich bestellte Sondergerichte in Strafsachen sind 1. die Militärgerichte (StPO. § 434); 2. die Konsulargerichte in Adis Abeba in Abessinien, Tetuan in Marokko, Kairo in Ägypten und Teheran in Persien; 3. gegebenenfalls die vom RPräs. gemäß RVerf. 48 eingesetzten Gerichte.

14. Als besondere Gerichte werden zugelassen[1]:

1. Rhein- und Elbschiffahrtsgerichte für die in Staatsverträgen bezeichneten Angelegenheiten der Schiffahrt auf dem Rhein[2] und auf der Elbe[3];

[Nr. 2 und 3: Agrargerichte und Gemeindegerichte, ohne strafrechtliche Zuständigkeit.]

[1] In Strafsachen zuständig für Übertretungen strom- und schiffahrtspolizeilicher Vorschriften.

[2] Über die Rechtsverhältnisse des Rheins vgl. Vers. Fried.-Vertr. Art. 354—362; Rheinschiffahrtsakte v. 17. 10. 68 (PrGS. 1869, S. 798); PrGes. betr. Rheinschiffahrtsgerichte v. 8. 3. 79 (GS. 129) mit den Zusatzverordnungen v. 1. 9. 79 (GS. 609), v. 20. 8. 00 (GS. 314), v. 28. 9. 05 (GS. 371), v. 8. 6. 08 (GS. 154).

[3] Über die Rechtsverhältnisse auf dem „internationalen Stromgebiete der Elbe" vgl. Vers. Fried.-Vertr. Art. 331 ff.; Elbschiffahrtsakte v. 22. 2. 22 (RGBl. 1923 II 183) mit Zusatzabkommen v. 17. 1. 23 (RGBl. II 485); PrGes. betr. Elbschiffahrtsgerichte v. 4. 6. 24 (GS. 543).

15. Die Gerichte sind Staatsgerichte.

Die Privatgerichtsbarkeit ist aufgehoben; an ihre Stelle tritt die Gerichtsbarkeit des deutschen Landes, in welchem sie ausgeübt wurde. Präsentationen für Anstellungen bei den Gerichten finden nicht statt.

Die Ausübung einer geistlichen Gerichtsbarkeit in weltlichen Angelegenheiten ist ohne bürgerliche Wirkung. Dies gilt insbesondere bei Ehe- und Verlöbnissachen.

16. Ausnahmegerichte sind unstatthaft. Niemand darf seinem gesetzlichen Richter entzogen werden[1]. Die gesetzlichen Bestimmungen über Kriegsgerichte und Standgerichte werden hiervon nicht berührt[2].

[1] Jeder hat ein Recht darauf, vor dasjenige Gericht gestellt zu werden, das, als er die Tat beging, für solche Fälle generell und nach Gesetz (bzw. gültiger Verordnung, z. B. nach RVerf. 48, vgl. E. 56, 161) zuständig war. (Dies auch der Sinn der formenstrengen Vorschriften über Geschäftsverteilung §§ 60ff.). — „**Ausnahmegerichte**" sind danach Gerichte, die eingesetzt oder für zuständig erklärt sind: 1. nach begangener Tat, es sei denn im Rahmen einer grundsätzlichen Neuordnung der Gerichtsverfassung; oder 2. zwar von vornherein, aber nicht für generell umschriebene Fälle, sondern für individuell bestimmte Personen. — Da Ausnahmegerichte jetzt auch durch RVerf. 105 untersagt, kann ihre Zuständigkeit nur durch verfassungsänderndes Gesetz begründet werden. Zu RVerf. 105 vgl. RGer. in JurWSchr. 1924, S. 459 (verein. ZivSen.). — Dagegen sind im Rahmen der §§ 18, 14 zulässig „**Sondergerichte**", d. h. für generell abgegrenzte Sachen von vornherein für zuständig erklärte.

[2] Hiermit sind nicht die gemäß § 434 StPO. amtierenden gemeint (sie entziehen niemanden seinem „gesetzlichen Richter"), sondern die für Ausnahme- (Kriegs-, Belagerungs-) zustand zu schaffenden. Solange das durch RVerf. 48 Abs. 5 angekündigte RGes. nicht ergangen, beruht die Gültigkeit der Landesgesetze auf GVG. § 16; Preußen: Ges. v. 4. 6. 51, abgeändert durch RGes. v. 11. 12. 15 und 30. 11. 19; vgl. auch Bekanntm. v. 21. 9. 16 (RGBl. 1067); Bayern: Ges. v. 5. 11. 12 und (betr. Volksgerichte) v. 12. 7. 19.

[§ 17 betrifft Zulässigkeit des Rechtswegs und Kompetenzkonflikt. Kommt für Strafsachen nicht in Betracht.]

18[1]. Die inländische Gerichtsbarkeit[2] erstreckt sich nicht auf die Chefs und Mitglieder der bei dem Deutschen Reiche beglaubigten Missionen. Sind diese Personen Staatsangehörige eines der deutschen Länder, so sind sie nur insofern von der inländischen Gerichtsbarkeit befreit, als das Land, dem sie angehören, sich der Gerichtsbarkeit über sie begeben hat.

Die Chefs und Mitglieder der bei einem deutschen Lande beglaubigten Missionen sind der Gerichtsbarkeit dieses Landes nicht unterworfen. Dasselbe gilt von den Mitgliedern des Reichsrats, welche nicht von dem Lande abgeordnet sind, in dessen Gebiete der Reichsrat seinen Sitz hat.

[1] Sog. Exterritorialität. Über weitere Exemtionen (z. B. für Staatsoberhäupter, geschlossene ausländische Truppenteile) vgl. das Völkerrecht.

[2] Auch Befreiung von Zeugniszwang, Verhaftung, Beschlagnahme, Durchsuchung. Zustellungen wie im Ausland.

19. Auf die Familienglieder, das Geschäftspersonal der im § 18 erwähnten Personen und auf solche Bedienstete derselben, welche nicht Deutsche sind, finden die vorstehenden Bestimmungen Anwendung.

20. Durch die Bestimmungen der §§ 18, 19 werden die Vorschriften über den ausschließlichen dinglichen Gerichtsstand in bürgerlichen Rechtsstreitigkeiten nicht berührt.

21. Die im Deutschen Reiche angestellten Konsuln[1] sind der inländischen Gerichtsbarkeit unterworfen, sofern nicht in Verträgen des Deutschen Reichs mit anderen Mächten Vereinbarungen über die Befreiung der Konsuln von der inländischen Gerichtsbarkeit getroffen sind.

[1] Ohne Unterschied, ob Berufs- oder Wahlkonsuln. E. 17, 51.

Dritter Titel.

Amtsgerichte.

22[1]. Den Amtsgerichten stehen Einzelrichter[2] vor.

Ein Amtsrichter kann zugleich Mitglied oder Direktor[3] bei dem übergeordneten Landgericht sein.

Die allgemeine Dienstaufsicht kann von der Landesjustizverwaltung dem Präsidenten des übergeordneten Landgerichts übertragen werden. Geschieht dies nicht, so ist, wenn das Amtsgericht mit mehreren Richtern besetzt ist, einem von ihnen von der Landesjustizverwaltung die allgemeine Dienstaufsicht zu übertragen; ist die Zahl der Richter höher als fünfzehn, so kann die Dienstaufsicht zwischen mehreren von ihnen geteilt werden.

Jeder Amtsrichter erledigt die ihm obliegenden Geschäfte, **soweit dieses Gesetz nichts anderes bestimmt**[4], als Einzelrichter.

[1] Fassung gemäß VO. v. 4. 1. 24, §§ 4, 10.

[2] Geschäftsverteilung unter mehrere Richter: Preuß. AGVG. § 23; JV. v. 18. 3. 24 (JMBl. 126). — Ferner für Jugendsachen: JugGerG. § 19 und PrJV. v. 20. 6. 23 (JMBl. 450): Personalunion von Jugend- und Vormundschaftsrichter.

[3] Nicht Landgerichtspräsident.

[4] Nämlich in § 29 Abs. 2 und in JGG. § 17 Abs. 1.

[**§ 23** betrifft Zuständigkeit für Zivilsachen.]

24[1]. **In Strafsachen sind die Amtsgerichte[2] zuständig für:**

1. **Übertretungen**[3];
2. **Vergehen**[3];
3. **folgende Verbrechen**[3]:
   a) **die Verbrechen**[3], **die mit Gefängnis oder Festungshaft oder mit Zuchthaus von höchstens zehn Jahren allein oder in Verbindung**

mit anderen Strafen oder mit Nebenfolgen bedroht sind, soweit für sie nicht das Reichsgericht zuständig ist[4]; ausgenommen sind die Verbrechen des Meineids in den Fällen der §§ 153 bis 155 des Strafgesetzbuchs[5]. Für die Bestimmung der angedrohten Strafe bleibt der § 53 des Militärstrafgesetzbuchs außer Betracht[6];

b) die Verbrechen[3] des Widerstandes im Falle des § 119, der Falschmünzerei in den Fällen der §§ 146, 147, 149, der Notzucht im Falle des § 177, des Rückfalldiebstahls im Falle des § 244, des Raubes in den Fällen der §§ 249, 250, des räuberischen Diebstahls und der räuberischen Erpressung in den Fällen der §§ 252 und 255, wenn die Strafe aus den §§ 249, 250 zu entnehmen ist, der Rückfallhehlerei im Falle des § 261 Abs. 1 und der schweren Körperverletzung im Amte im Falle des § 340 Abs. 2 des Strafgesetzbuchs;

c) die Verbrechen[3] des militärischen Diebstahls im Falle des § 138 Abs. 2 des Militärstrafgesetzbuchs, des betrügerischen Bankrotts in den Fällen der §§ 239, 244 der Konkursordnung und der Unterschlagung fremder Wertpapiere in den Fällen der §§ 11, 12 Abs. 2 Nr. 2 des Gesetzes, betreffend die Pflichten der Kaufleute bei Aufbewahrung fremder Wertpapiere, vom 5. Juli 1896 (Reichsgesetzbl. S. 183, 194).

[1] Fassung gemäß § 6 VO. v. 4. 1. 24.
[2] Ob Schöffengerichte oder Einzelrichter, bestimmen §§ 25 ff.

[3] StGB. § 1; MilStGB. § 1; nach letzterem sind auch die mit mehr als 5 Jahren Gefängnis bedrohten Straftaten „Verbrechen".

[4] § 134 GVG.

[5] Auch für §§ 157, 158 StGB. ist das SchwGer. zuständig (E. 59, 23).

[6] Er lautet: „Wo dieses Gesetz eine erhöhte Freiheitsstrafe androht, kann dieselbe das Doppelte der für das betreffende Verbrechen oder Vergehen angedrohten Freiheitsstrafe erreichen; sie darf jedoch den gesetzlich zulässigen Höchstbetrag der zu verhängenden Strafart nicht übersteigen." — Solche dem StGB. unbekannten Straferhöhungsgründe kommen z. B. in Betracht, wenn die Straftat unter Mißbrauch der Dienstgewalt oder der Waffen begangen ist; vgl. MilStGB. §§ 55, 103 Abs. 2, 115, 136.

25[1]. **Der Amtsrichter entscheidet allein**[2], [3]:

1. **bei Übertretungen**[4];
2. **bei Vergehen**[4],
   a) **wenn sie im Wege der Privatklage verfolgt werden**[5];
   b) **wenn die Tat mit keiner höheren Strafe als Gefängnis von höchstens sechs Monaten**[6], **allein oder in Verbindung mit anderen Strafen oder mit Nebenfolgen, bedroht ist;**
   c) **wenn die Staatsanwaltschaft es bei Einreichung der Anklageschrift**[7] **oder, falls es einer Anklageschrift nicht bedarf**[8], **bei der mündlichen Erhebung der Anklage beantragt**[9].

Die Staatsanwaltschaft soll den im Abs. 1 Nr. 2c bezeichneten Antrag nur stellen, wenn zu erwarten ist, daß auf keine schwerere Strafe als Gefängnis von höchstens einem Jahre, allein oder in Verbindung mit anderen Strafen oder mit Nebenfolgen, erkannt werden wird.[10]

Erhebt bei Zuwiderhandlungen gegen die Vorschriften über die Erhebung öffentlicher Abgaben und Gefälle die Verwaltungsbehörde die öffentliche Klage[11], so kann sie den Antrag in gleicher Weise stellen wie die Staatsanwaltschaft.

[1] Fassung gemäß §§ 7, 8 VO. v. 4. 1. 24.

[2] Ferner nach vorausgegangener polizeilicher Strafverfügung: StPO. § 416 und VO. betr. Zuwiderhandl. gegen Paßvorschriften v. 6. 4. 23 (RGBl. I 249) § 3.

[3] Stets mit Schöffen entscheidet der Jugendrichter, auch nach vorausgegangener poliz. StrVerfgg. JGG. § 17 (Ausnahme gemäß EStPO. § 3 nach Preuß. Feld- und Forst-DiebstG. §§ 19ff. und FFPolG. § 49). — Stets Schöffengericht ferner nach ArbGG. v. 23. 12. 26 § 114 bei Entscheidung über Buße gegen Arbeitgeber wegen gesetzwidriger Beschäftigung Schwerverletzter.

[4] § 1 StGB.

[5] §§ 374ff. StPO.

[6] Also auch, wenn nur Geldstrafe oder Arrest (MilStGB. §§ 19ff.) angedroht ist. Ist (z. B. im MilStGB.) nur Festung angedroht, so ist nach § 21 StGB. zu rechnen.

[7] StPO. § 198 II und § 199.

[8] D. h. in den Fällen des § 212 StPO.

[9] Preuß. JB. v. 17. 7. 25 (JMBl. 261): Von dieser Befugnis soll nur in geringem Umfange Gebrauch gemacht werden. Insbesondere nicht, auch nicht in einfach liegenden Fällen, wenn schwere Strafe zu erwarten ist.

[10] Der AR. ist aber nicht gehindert, auf eine schwerere Strafe zu erkennen.

[11] StPO. § 424.

26[1]. Der Amtsrichter allein entscheidet ferner[2] bei den Verbrechen des schweren Diebstahls[3] und der Hehlerei[4] sowie bei solchen strafbaren Handlungen, die nur wegen Rückfalls Verbrechen sind[5], wenn die Staatsanwaltschaft es bei Einreichung der Anklageschrift oder, falls es einer Anklageschrift nicht bedarf[6], bei der mündlichen Erhebung der Anklage beantragt[7].

Der Beschuldigte kann während der für die Erklärung auf die Anklageschrift gesetzten Frist[8] oder, falls ohne schriftlich erhobene Anklage zur Hauptverhandlung geschritten wird, bis zum Beginne seiner Vernehmung zur Sache widersprechen. Er ist bei der Mitteilung der Anklageschrift oder, falls ohne schriftlich erhobene Anklage zur Hauptverhandlung geschritten wird, vor dem Beginne seiner Vernehmung zur Sache über sein Recht zum Widerspruche zu belehren[9].

[1] Fassung gemäß § 9 VO. v. 4. 1. 24. — Der Einzelrichter kann hiernach bis zu 15 Jahren Zuchthaus verhängen!

[2] Für Jugendgerichte vgl. Anm. 3 zu § 25.

[3] StGB. § 243; Metalldiebstahlsgesetze (Edelmetalle: v. 11. 6. 23, abg. 29. 6. 26; unedle Metalle: v. 23. 7. 26).

[4] StGB. § 258 Abs. 1 Nr. 2, § 260.

[5] StGB. §§ 244, 261, 264.

[6] D. h. in den Fällen des § 212 StPO.

[7] Daß die StA. den Antrag nur stellen soll, falls sie nicht mehr als ein Jahr Gefängnis erwartet (wie in § 25 Abs. 2), ist hier nicht gesagt; aber in der preuß. JV. v. 17. 7. 25 (JMBl. 261), vgl. Anm. 9 zu § 25.

[8] Vgl. StPO. § 201.

[9] Belehrung und Nichtwiderspruch sind hier zwingende Voraussetzungen für die Zulässigkeit einzelrichterlicher Entscheidung. Ohne sie ist der Einzelrichter sachlich unzuständig. Nichtbelehrung heilt freilich durch ausdrückliche nachträgliche Zustimmung. Widerspricht der Angeklagte seiner Aburteilung ohne Schöffen, so ist nach StPO. § 270, evtl. nach § 328 zu verfahren.

27 [24]. Im übrigen wird die Zuständigkeit und der Geschäftskreis der Amtsgerichte durch die Vorschriften dieses Gesetzes und der Prozeßordnungen bestimmt[1].

[1] Vgl. GVG. § 157 (Rechtshilfe), StPO. §§ 98 ff. (Beschlagnahme), §§ 105 ff. (Durchsuchung), § 125 (Haftbefehl), § 162 (richterliche Handlungen im vorbereitenden Verfahren).

Vierter Titel.

Schöffengerichte.

28 [25]. Für die Verhandlung und Entscheidung der zur Zuständigkeit der Amtsgerichte gehörenden Strafsachen werden, **soweit nicht der Amtsrichter allein entscheidet (§§ 25, 26)**, bei den Amtsgerichten Schöffengerichte gebildet.

29 [26][1]. Die Schöffengerichte bestehen aus dem Amtsrichter als Vorsitzenden und zwei Schöffen. Mindestens ein Schöffe muß ein Mann sein.

Ein zweiter Amtsrichter ist zuzuziehen, falls die Staatsanwaltschaft[2] es bei Einreichung der Anklageschrift[3] beantragt. Die Staatsanwaltschaft soll den Antrag nur stellen, wenn die Zuziehung eines zweiten Amtsrichters nach Umfang und Bedeutung der Sache notwendig erscheint[4].

§ 25 Abs. 3 findet entsprechende Anwendung.

[1] Fassung gemäß § 10 VO. v. 4. 1. 24. — Nach E. 58, 331 soll Abs. 2 auch auf Jugendgerichte anwendbar sein.

[2] Die StA. hat es hiernach in der Hand, ob eine eventuelle Revision an das OLGer. oder an das RGer. geht: vgl. GVG. § 121 Nr. 1c und § 135. — Nach RAbgO. § 427 II hat auch das Finanzamt das Antragsrecht.

[3] Nach Einreichung der Anklage ist Antrag nicht mehr zulässig. Bis zum Eröffnungsbeschluß kann aber StA. die Anklage noch zurücknehmen (StPO. § 156) und unter Beantragung eines zweiten AR. neu erheben (E. 59, 57). Ergibt sich aber erst nach Eröffnungsbeschluß die Notwendigkeit eines zweiten AR., so ist es nicht mehr möglich, ihn zuzuziehen! — Unmöglich auch i. F. des § 212 StPO.

[4] Aus preuß. JV. v. 17. 7. 25 (JMBl. 261): Wenn wegen Umfang und Schwierigkeit der Sache der Verhandlungsleiter die Aussagen der von ihm zu vernehmenden Angeklagten und Zeugen nicht im Gedächtnis behalten oder notieren könne. Ferner, wenn wichtige Rechtsfragen zu entscheiden, da Zu-

ständigkeit des RGer. davon abhängt (GVG. §§ 76, 135). Vorherige Verständigung mit Vorsitzendem empfehlenswert. „Ebenso wird die StA. berechtigten Wünschen des Angeklagten oder Verteidigers durch Stellung des Antrags zu entsprechen haben."

30. Insoweit das Gesetz nicht Ausnahmen[1] bestimmt, üben die Schöffen während der Hauptverhandlung das Richteramt im vollen Umfang und mit gleichem Stimmrechte wie die Amtsrichter aus und nehmen auch an den im Laufe einer Hauptverhandlung zu erlassenden Entscheidungen teil, welche in keiner Beziehung zu der Urteilsfällung stehen, und welche auch ohne vorgängige mündliche Verhandlung erlassen werden können.

Die außerhalb der Hauptverhandlung erforderlichen Entscheidungen werden von dem Amtsrichter[2] erlassen.

[1] § 31 Abs. 2 StPO. — Vgl. auch §§ 52—56 GVG.
[2] Bei der Strafkammer von den Berufsrichtern.

31. Das Amt eines Schöffen ist ein Ehrenamt[1]. Es kann[2] nur von Deutschen versehen werden.

[1] Die Schöffen erhalten nur Entschädigung für Verdienstausfall und Unkosten: § 55 mit Anm.
[2] Vgl. Anm. 1 zu § 32.

32. Unfähig[1] zu dem Amte eines Schöffen sind:

1. Personen, welche die Befähigung infolge strafgerichtlicher Verurteilung verloren haben[2];
2. Personen, gegen welche das Hauptverfahren wegen eines Verbrechens oder Vergehens eröffnet ist, das die Aberkennung der bürgerlichen Ehrenrechte oder der Fähigkeit zur Bekleidung öffentlicher Ämter zur Folge haben kann[3];
3. Personen, welche infolge gerichtlicher Anordnung in der Verfügung über ihr Vermögen beschränkt sind[4].

[1] Mitwirkung Nichtigkeit (§ 338 StPO.). E. 2, 241; 21, 292. — Vgl. auch § 52 Abs. 1.

[2] §§ 31, 33—35, 358 StGB.
[3] §§ 203, 270 StPO., §§ 31, 32 StGB.
[4] Entmündigte (BGB. §§ 6, 104, 114) und Gemeinschuldner (auch der Gesellschafter, falls eine OHG. in Konkurs, E. 46, 77).

33.[1] Zu dem Amte eines Schöffen sollen nicht berufen werden[2]:

1. Personen, welche zur Zeit der Aufstellung der Urliste[3] das dreißigste Lebensjahr noch nicht vollendet haben;
2. Personen, welche zur Zeit der Aufstellung der Urliste den Wohnsitz in der Gemeinde noch nicht zwei volle Jahre haben;
3. Personen, welche wegen geistiger oder körperlicher Gebrechen zu dem Amte nicht geeignet sind.

[1] Ziff. 3 (betr. Armenunterstützung) aufgehoben durch Ges. v. 13. 2. 26 (RGBl. I 99).
[2] Mitwirkung keine Nichtigkeit. Vgl. auch § 52 Abs. 2.
[3] §§ 36, 57.

34. Zu dem Amte eines Schöffen sollen ferner nicht berufen werden[1]:

1. der Reichspräsident und der Präsident eines deutschen Landes;
2. die Mitglieder einer Landesregierung (Staatsministerium, Senat);
3. Reichsbeamte, welche jederzeit einstweilig in den Ruhestand versetzt werden können[2];
4. Staatsbeamte, welche auf Grund der Landesgesetze jederzeit einstweilig in den Ruhestand versetzt werden können[3];
5. richterliche Beamte[4] und Beamte der Staatsanwaltschaft[5];
6. gerichtliche[6] und polizeiliche Vollstreckungsbeamte;
7. Religionsdiener und Mitglieder solcher religiösen

Vereinigungen, die satzungsgemäß zu gemeinsamem Leben verpflichtet sind.

Die Landesgesetze können außer den vorbezeichneten Beamten höhere Verwaltungsbeamte bezeichnen, welche zu dem Amte eines Schöffen nicht berufen werden sollen[7].

Für die Mitglieder der Reichsregierung gelten die Vorschriften des Reichsministergesetzes vom 27. März 1930 (Reichsgesetzbl. I S. 96)[8];

[1] Mitwirkung keine Nichtigkeit. Vgl. auch § 52 Abs. 2.

[2] § 25 RBeamtG. v. 18. 5. 07.

[3] Preußen: Ges. v. 31. 12. 22 und 4. 7. 23.

[4] Auch Handelsrichter: GVG. § 112.

[5] Auch Amtsanwälte: GVG. § 142.

[6] GVG. § 154.

[7] Preußen: §§ 33, 44 AGVG., LandVerwG. v. 30. 7. 83 und (für Berlin) Ges. v. 27. 4. 20: Mitglieder des OVG. und die ernannten Mitglieder der Bezirksausschüsse.

[8] RMinG. § 7 III: „Zum Amt eines Schöffen oder Geschworenen oder zu sonstigen öffentlichen Ehrenämtern sollen die Reichsminister nicht berufen werden."

35. Die Berufung zum Amte eines Schöffen dürfen ablehnen[1]:

1. Mitglieder des Reichstags, des Reichsrats, des Reichswirtschaftsrats, eines Landtags oder eines Staatsrats;
2. Personen, welche im letzten Geschäftsjahr die Verpflichtung eines Geschworenen oder an wenigstens fünf Sitzungstagen die Verpflichtung eines Schöffen erfüllt haben;
3. Ärzte[2], Krankenpfleger und Hebammen;
4. Apotheker, welche keine Gehilfen haben;
5. Personen, welche das fünfundsechzigste Lebensjahr zur Zeit der Aufstellung der Urliste[3] vollendet haben oder es bis zum Ablauf des Geschäftsjahrs vollenden würden;

6. Frauen, welche glaubhaft machen, daß ihnen die Fürsorge für ihre Familie die Ausübung des Amtes in besonderem Maße erschwert.

[1] GVG. § 53.

[2] Auch Zahn- und Tierärzte: § 29 GewO.

[3] §§ 36, 37.

36. Der Vorsteher einer jeden Gemeinde oder eines landesgesetzlich der Gemeinde gleichstehenden Verbandes hat alljährlich ein Verzeichnis der in der Gemeinde wohnhaften Personen, welche zu dem Schöffenamte berufen werden können, aufzustellen (Urliste).

Die Urliste ist in der Gemeinde eine Woche lang zu jedermanns Einsicht auszulegen. Der Zeitpunkt der Auslegung ist vorher öffentlich bekanntzumachen.

[1] Die Landesjustizverwaltung kann für eine Gemeinde anordnen:

a) daß in einer von der Landesjustizverwaltung im voraus bestimmten Reihenfolge in die Urliste für das einzelne Jahr ein nach den Anfangsbuchstaben der Namen oder der Straßen oder nach beiden Gesichtspunkten beschränkter Teil der Personen aufzunehmen ist, die zum Schöffenamte berufen werden können. Die Anordnung soll so getroffen werden, daß die aufzustellende Urliste mindestens die sechsfache Zahl der aus ihr auszuwählenden Personen umfaßt. Die Reihenfolge darf erst geändert werden, wenn sämtliche Anfangsbuchstaben durchlaufen worden sind. Ist eine Gemeinde in mehrere Amtsgerichtsbezirke geteilt, so kann die Anordnung auf die zu den einzelnen Bezirken gehörenden Teile der Gemeinde beschränkt werden;

b) daß der Auswahl der Schöffen ein für die Gemeinde anderweit aufgestelltes amtliches Verzeichnis der Einwohner zugrunde gelegt wird.

Im Falle des Abs. 3 Buchstabe a gilt die beschränkte Urliste, im Falle des Abs. 3 Buchstabe b das amtliche Verzeichnis als Urliste im Sinne dieses Gesetzes.

[1] Abs. 3 und 4 hinzugefügt durch RG. v. 11. 7. 23 (RGBl. I 647). Hierzu für Preußen JB. v. 17. 7. 23 (JMBl. 536): Übertragung der Befugnis auf den OLGPräsidenten und JB. v. 29. 8. 28 (Verwendung von Wahlkarteien).

37. Gegen die Richtigkeit oder Vollständigkeit der Urliste kann innerhalb der einwöchigen Frist schriftlich oder zu Protokoll Einsprache erhoben werden[1].

[1] Von jedem. Mot. 82, Prot. 230.

38. Der Gemeindevorsteher sendet die Urliste nebst den erhobenen Einsprachen und den ihm erforderlich erscheinenden Bemerkungen an den Amtsrichter des Bezirkes.

Wird nach Absendung der Urliste ihre Berichtigung erforderlich, so hat der Gemeindevorsteher hiervon dem Amtsrichter Anzeige zu machen.

39. Der Amtsrichter stellt die Urlisten des Bezirkes zusammen und bereitet den Beschluß über die Einsprachen vor. Er hat die Beachtung der Vorschriften des § 36 Abs. 2 zu prüfen und die Abstellung etwaiger Mängel zu veranlassen.

40. Bei dem Amtsgerichte tritt alljährlich ein Ausschuß zusammen.

Der Ausschuß besteht aus dem Amtsrichter als Vorsitzenden und einem von der Landesregierung zu bestimmenden Staatsverwaltungsbeamten, sowie sieben Vertrauenspersonen als Beisitzern.

Die Vertrauenspersonen werden aus den Einwohnern des Amtsgerichtsbezirkes gewählt.

Die Wahl erfolgt nach näherer Bestimmung der Landesgesetze durch die Vertretungen der Kreise,

Ämter, Gemeinden oder dergleichen Verbände; wenn solche Vertretungen nicht vorhanden sind, durch den Amtsrichter. Letzterer hat die Vertrauenspersonen vornehmlich aus den Vorstehern der vorbezeichneten Verbände zu wählen.

Zur Beschlußfähigkeit des Ausschusses genügt die Anwesenheit des Vorsitzenden, des Staatsverwaltungsbeamten und dreier Vertrauenspersonen. Der Ausschuß faßt seine Beschlüsse nach der absoluten Mehrheit der Stimmen. Bei Stimmengleichheit entscheidet die Stimme des Vorsitzenden.

41. Der Ausschuß entscheidet über die gegen die Urliste erhobenen Einsprachen. Die Entscheidungen sind zu Protokoll zu vermerken. Beschwerde findet nicht statt.

42. Aus der berichtigten Urliste wählt[1] der Ausschuß für das nächste Geschäftsjahr:

1. die erforderliche Zahl[2] von Schöffen[3];
2. die erforderliche Zahl der Personen, welche in der von dem Ausschuß festzusetzenden Reihenfolge an die Stelle wegfallender Schöffen treten (Hilfsschöffen)[4]. Die Wahl ist auf Personen zu richten, welche am Sitze des Amtsgerichts oder in dessen nächster Umgebung wohnen.

[1] Dabei §§ 58, 77, 84, 90 beachten.

[2] Vgl. § 43.

[3] Auch die Jugendschöffen, und zwar auf Vorschlag des Jugendamts (JGG. § 20). — Nach Preuß. JV. v. 28. 4. 24 (JMBl. 206) können, wo gemäß § 36 Abs. 3 eine beschränkte Urliste vorgelegt ist, zu Jugendschöffen auch solche vom Jugendamt vorgeschlagenen Personen gewählt werden, die in der Urliste nicht aufgeführt sind. Wegen Auswahl und Ermittelung von Unfähigkeitsgründen vgl. Preuß. JV. v. 10. 2. 28 (JMBl. 98).

[4] §§ 48 Abs. 2, 49.

43. Die für jedes Amtsgericht erforderliche Zahl von Hauptschöffen und Hilfsschöffen wird durch die Landesjustizverwaltung bestimmt[1].

Die Bestimmung der Zahl der Hauptschöffen erfolgt in der Art, daß voraussichtlich jeder höchstens zu fünf[2] ordentlichen Sitzungstagen im Jahre herangezogen wird.

[1] Preußen: JB. v. 22. 7. 79 (JMBl. 195) § 3; v. 24. 1. 24 (JMBl. 45); 22. 7. 25 (JMBl. 267).

[2] Jugendschöffen bis zu zehn: JGG. § 20.

44. Die Namen der erwählten Hauptschöffen und Hilfsschöffen werden bei jedem Amtsgericht in gesonderte Verzeichnisse aufgenommen (Jahreslisten)[1].

[1] Für Jugendschöffen besondere Verzeichnisse: JGG. § 20.

45. Die Tage der ordentlichen Sitzungen des Schöffengerichts werden für das ganze Jahr im voraus festgestellt.

Die Reihenfolge, in welcher die Hauptschöffen an den einzelnen ordentlichen Sitzungen des Jahres teilnehmen, wird durch Auslosung in öffentlicher Sitzung des Amtsgerichts bestimmt. Das Los zieht der Amtsrichter. Ist für eine Sitzung eine Frau ausgelost worden, so sind weitere auf eine Frau lautende Auslosungen für diese Sitzung unwirksam.

Über die Auslosung wird von dem Urkundsbeamten der Geschäftsstelle ein Protokoll aufgenommen.

46. Der Amtsrichter setzt die Schöffen von ihrer Auslosung und von den Sitzungstagen, an welchen sie in Tätigkeit zu treten haben, unter Hinweis auf die gesetzlichen Folgen des Ausbleibens[1] in Kenntnis[2].

In gleicher Weise werden die im Laufe des Geschäftsjahres einzuberufenden Schöffen benachrichtigt.

[1] § 56.

[2] Preußen: nochmalige besondere Terminsladung. JV. v. 30. 10. 82 (JMBl. 324). Mitteilung eines Merkblatts: JV. v. 10. 3. 27 (JMBl. 67) und 18. 12. 28 (JMBl. 480).

47. Eine Änderung in der bestimmten Reihenfolge kann auf übereinstimmenden Antrag der beteiligten Schöffen von dem Amtsrichter bewilligt werden, sofern die in den betreffenden Sitzungen zu verhandelnden Sachen noch nicht bestimmt sind. Der Antrag und die Bewilligung sind aktenkundig zu machen.

48. Wenn die Geschäfte die Anberaumung außerordentlicher Sitzungen erforderlich machen, so werden die einzuberufenden Schöffen vor dem Sitzungstage in Gemäßheit des § 45 ausgelost.

Erscheint dies wegen Dringlichkeit untunlich, so erfolgt die Auslosung durch den Amtsrichter lediglich aus der Zahl der am Sitze des Gerichts wohnenden Hilfsschöffen. Die Umstände, welche den Amtsrichter hierzu veranlaßt haben, sind aktenkundig zu machen.

49. Wird zu einzelnen Sitzungen die Zuziehung anderer als der zunächst berufenen Schöffen erforderlich, so erfolgt sie aus der Zahl der Hilfsschöffen nach der Reihenfolge der Jahresliste[1] mit der Maßgabe, daß tunlichst an Stelle eines zunächst berufenen Mannes ein Mann, an Stelle einer zunächst berufenen Frau eine Frau tritt.

Würde durch die Berufung der Hilfsschöffen nach der Reihenfolge der Jahresliste eine Vertagung der Verhandlung oder eine erhebliche Verzögerung ihres Beginnes notwendig, so sind die nicht am Sitze des Gerichts wohnenden Hilfsschöffen zu übergehen.

[1] Streng einzuhalten! E. 62, 202 und 424; 63, 309.

50. Erstreckt sich die Dauer einer Sitzung über die Zeit hinaus, für welche der Schöffe zunächst einberufen ist, so hat er bis zur Beendigung der Sitzung seine Amtstätigkeit fortzusetzen.

51. Die Beeidigung[1] der Schöffen erfolgt bei ihrer ersten Dienstleistung in öffentlicher Sitzung. Sie gilt für die Dauer des Geschäftsjahres.

Der Vorsitzende richtet an die zu Beeidigenden die Worte:

„Sie schwören bei Gott dem Allmächtigen und Allwissenden[2], die Pflichten eines Schöffen getreulich zu erfüllen und Ihre Stimme nach bestem Wissen und Gewissen abzugeben."

Die Schöffen leisten den Eid, indem jeder einzeln[3] die Worte spricht:

„ich schwöre es, so wahr mir Gott helfe."[2]

Der Schwörende soll bei der Eidesleistung die rechte Hand erheben.

Ist ein Schöffe Mitglied einer Religionsgesellschaft, welcher das Gesetz den Gebrauch gewisser Beteuerungsformeln an Stelle des Eides gestattet[4], so wird die Abgabe einer Erklärung unter der Beteuerungsformel dieser Religionsgesellschaft der Eidesleistung gleichgeachtet.

Über die Beeidigung wird von dem Urkundsbeamten der Geschäftsstelle ein Protokoll aufgenommen.

[1] Nichtbeeidigung oder ordnungswidrige Beeidigung bewirkt „nicht vorschriftsmäßige Besetzung des Gerichts": StPO. § 338, 1.

[2] RVerf. 136: „Niemand darf zur Benutzung einer religiösen Eidesform gezwungen werden." Nach Art. 177 genügen die Worte: „ich schwöre". „Im übrigen bleibt der in den Gesetzen vorgeschriebene Inhalt des Eides unberührt."

[3] Also auch nicht gleichzeitig. E. 61, 374.

[4] Vgl. Anm. 1 zu StPO. § 65.

52. Wenn die Unfähigkeit[1] einer als Schöffe in die Jahresliste aufgenommenen Person eintritt oder bekannt wird, so ist ihr Name von der Liste zu streichen.

Ein Schöffe, bei dem nach seiner Aufnahme in die Jahresliste andere Umstände eintreten oder bekannt werden, bei deren Vorhandensein eine Berufung zum Schöffenamte nicht erfolgen soll[2], ist zur Dienstleistung ferner nicht heranzuziehen[3].

Die Entscheidung erfolgt durch den Amtsrichter nach Anhörung der Staatsanwaltschaft und des beteiligten Schöffen.

Beschwerde findet nicht statt.

[1] §§ 31, 32. [2] §§ 33, 34.
[3] Abs. 3 gilt auch hier.

53. Ablehnungsgründe sind nur zu berücksichtigen, wenn sie innerhalb einer Woche, nachdem der beteiligte Schöffe von seiner Einberufung in Kenntnis gesetzt worden ist, von ihm geltend gemacht werden. Sind sie später entstanden oder bekannt geworden, so ist die Frist erst von diesem Zeitpunkt zu berechnen.

Der Amtsrichter entscheidet über das Gesuch nach Anhörung der Staatsanwaltschaft. Beschwerde findet nicht statt.

54. Der Amtsrichter kann einen Schöffen auf dessen Antrag wegen eingetretener Hinderungsgründe von der Dienstleistung an bestimmten Sitzungstagen entbinden.

Die Entbindung des Schöffen von der Dienstleistung kann davon abhängig gemacht werden, daß ein anderer für das Dienstjahr bestimmter Schöffe für ihn eintritt.

Der Antrag und die Bewilligung sind aktenkundig zu machen.

55. Die Schöffen und die Vertrauenspersonen des Ausschusses erhalten eine angemessene Entschädigung für den ihnen durch ihre Dienstleistung entstehenden Verdienstausfall und den mit der Dienstleistung verbundenen Aufwand sowie Ersatz der Fahrkosten. Ist durch die Dienstleistung eine Vertretung des zum Schöffen oder zur Vertrauensperson Berufenen notwendig geworden, so können die Kosten der Vertretung nach billigem Ermessen erstattet werden.

Die Höhe der Aufwandsentschädigung und der Fahrkosten sowie die Höchst- und Mindestgrenzen der Entschädigung für den Verdienstausfall bestimmt die Reichsregierung mit Zustimmung des Reichsrats durch allgemeine Anordnung[1].

Entschädigung und Fahrkosten werden nur auf Verlangen gewährt. Der Anspruch erlischt, wenn das Verlangen nicht binnen drei Monaten nach Beendigung der Dienstleistung bei dem Gerichte, bei dem die Dienstleistung stattgefunden hat, gestellt worden ist. Beschwerden über die Höhe der Entschädigung und der Fahrkosten werden im Aufsichtsweg entschieden.

[1] Auf Grund des § 55 Abs. 2 ist unter dem 18. 3. 24 (RGBl. I 282; ergänzt 22. 12. 25, RGBl. I 476) von der Reichsregierung mit Zustimmung des Reichsrats verordnet (s. dazu für Preußen betr. Sitzungen außerhalb des Gerichtssitzes: JB. v. 26. 5. und 1. 12. 25, JMBl. 200 und 415):

„§ 1. Schöffen, Geschworene und Vertrauenspersonen des zur Auswahl der Schöffen und Geschworenen berufenen Ausschusses erhalten als Entschädigung für den ihnen durch ihre Dienstleistung entstehenden Verdienstausfall für jede angefangene Stunde der durch die Dienstleistung versäumten Arbeitszeit einen Betrag von 20 Reichspfennig bis zu 1,50 Reichsmark. Die Höhe der Entschädigung ist im Einzelfall unter Berücksichtigung der regelmäßigen Erwerbstätigkeit festzusetzen. Die Entschädigung ist für höchstens zehn Stunden für den Tag zu gewähren.

§ 2. Schöffen, Geschworene und Vertrauenspersonen erhalten außerdem

1. für jeden Tag der Dienstleistung ein Tagegeld,
2. für jedes durch die Dienstleistung notwendig gewordene Nachtquartier ein Übernachtungsgeld

nach den Sätzen, die ein Reichsbeamter der Stufe I (vgl. § 2 Abs. 2 der Reisekostenverordnung für die Reichsbeamten vom 14. Oktober 1921 — Reichsgesetzbl. S. 1345 —) für eine Dienstreise erhält. Ob das gewöhnliche Tage- und Übernachtungsgeld oder das für teure Orte zu zahlende zu gewähren ist, entscheidet sich nach dem Orte, an dem der Schöffe, Geschworene oder die Vertrauensperson die Dienste zu leisten hat.

Als Tag der Dienstleistung im Sinne des Abs. 1 gilt jeder Tag, an dem der Schöffe, der Geschworene oder die Vertrauensperson dienstlich am Sitzungsorte des Gerichts anwesend ist.

Ob überhaupt und in welcher Höhe Tage- und Übernachtungsgeld zu gewähren ist, bestimmt sich nach den gleichen Vorschriften wie bei Dienstreisen der Reichsbeamten.

§ 3. Schöffen, Geschworene und Vertrauenspersonen erhalten als Fahrkosten

1. bei Wegestrecken, die auf Eisenbahnen, Schiffen oder sonstigen öffentlichen regelmäßigen Verkehrsmitteln zurückgelegt werden oder hätten zurückgelegt werden können, den für die Beförderung zu zahlenden Fahrpreis, jedoch bei Benutzung von Eisenbahnen, Kleinbahnen oder Schiffen nicht mehr als den Fahrpreis für die dritte Wagenklasse oder die zweite Schiffsklasse, einschließlich der Kosten für Beförderung und Versicherung des notwendigen Gepäcks;
2. bei Wegestrecken, die nicht auf diese Art zurückgelegt werden können, für jedes angefangene Kilometer des Hin- und Rückwegs 10 Reichspfennig. Ist der Schöffe, der Geschworene oder die Vertrauensperson durch besondere Umstände genötigt, sich eines Fuhrwerkes zu bedienen, so sind die dadurch erwachsenen Unkosten in angemessenen Grenzen zu ersetzen; dies gilt auch dann, wenn ein eigenes Fuhrwerk benutzt worden ist.

§ 4. Die Fahrkosten werden auch für die Reise gewährt, die der Schöffe, der Geschworene oder die Vertrauensperson während der Tagung nach dem Wohnort und zurück macht.

Sie dürfen jedoch die Höhe der Bezüge nicht übersteigen, die der Schöffe, der Geschworene oder die Vertrauensperson erhalten haben würde, wenn der Schöffe, der Geschworene oder die Vertrauensperson am Sitzungsorte geblieben wäre.

§ 5. Die Gesamtsumme der dem Schöffen, dem Geschworenen oder der Vertrauensperson zu gewährenden Entschädigung (§§ 1 bis 4) ist auf volle fünf Reichspfennig aufzurunden."

56. Schöffen und Vertrauenspersonen des Ausschusses, welche ohne genügende Entschuldigung[1] zu den Sitzungen nicht rechtzeitig sich einfinden oder ihren Obliegenheiten in anderer Weise sich entziehen, sind zu einer Ordnungsstrafe in Geld[2] sowie in die verursachten Kosten zu verurteilen[3].

Die Verurteilung wird durch den Amtsrichter nach Anhörung der Staatsanwaltschaft ausgesprochen. Erfolgt nachträglich genügende Entschuldigung, so kann die Verurteilung ganz oder teilweise zurückgenommen werden. Gegen die Entscheidungen findet Beschwerde von seiten des Verurteilten nach den Vorschriften der Strafprozeßordnung statt.

[1] Unwahre Entschuldigung außerdem bis zwei Monate Gefängnis: StGB. § 138.

[2] Von 1 bis 1000 Reichsmark: Art. II der VO. des RR. über Vermögensstrafen und Bußen v. 6. 2. 24 (RGBl. I 44).

[3] Durch Beschluß. Beschwerde nach StPO. § 304.

57. Bis zu welchem Tage die Urlisten aufzustellen und dem Amtsrichter einzureichen sind, der Ausschuß zu berufen und die Auslosung der Schöffen zu bewirken ist, wird durch die Landesjustizverwaltung[1] bestimmt.

[1] Preußen: JV. v. 22. 7. 79 (JMBl. 195); 18. 1. 82 (JMBl. 18); 28. 12. 84 (JMBl. 280).

58 [57 a][1]. Durch Anordnung der Landesjustizverwaltung kann für den Bezirk mehrerer Amtsgerichte[2] einem von ihnen die Entscheidung der Strafsachen ganz oder zum Teil[3] zugewiesen werden.

Die Landesjustizverwaltung bestimmt die für dieses Gericht erforderliche Zahl von Haupt- und Hilfsschöffen und die Verteilung der Zahl der Hauptschöffen auf die einzelnen Amtsgerichtsbezirke.

Die übrigen Vorschriften dieses Titels finden entsprechende Anwendung.

[1] Eingefügt durch EntlastGes. v. 11. 3. 21.

[2] Daß sie demselben Landgerichtsbezirk angehören müssen, ist weder gesagt, noch sachlich begründet.

[3] Sowohl geographische wie sachliche Teilung (z. B. auch danach, ob SchGer. oder AR. zuständig) ist statthaft.

Fünfter Titel.

Landgerichte.

59 [58][1]. Die Landgerichte werden mit einem Präsidenten und der erforderlichen Anzahl von Direktoren und Mitgliedern besetzt. **Von der Ernennung eines Direktors kann abgesehen werden, wenn der Präsident den Vorsitz in den Kammern allein führen kann.**

Die Direktoren und die Mitglieder können gleichzeitig Amtsrichter im Bezirke des Landgerichts sein[2].

[1] Fassung gemäß § 5 Satz 1, § 4 Abs. 1 VO. v. 4. 1. 24.

[2] Sie sind dann aber nach StPO. § 23 I von der Berufungsentscheidung über eigene Sachen ausgeschlossen. E. 61, 40.

60 [59]. Bei den Landgerichten werden Zivil- und Strafkammern gebildet.

61 [60]. Bei den Landgerichten[1] sind Untersuchungsrichter nach Bedürfnis zu bestellen.

Die Bestellung erfolgt durch die Landesjustizverwaltung auf die Dauer eines Geschäftsjahrs.

[1] Auch in amtsgerichtlichen Strafsachen wird eine etwaige „Voruntersuchung“ beim Landgericht geführt. Beachte StPO. § 185, freilich besonders Satz 3!

62 [61][1]. Den Vorsitz im Plenum führt der Präsident, den Vorsitz in den Kammern führen der Präsident und die Direktoren[2]. **Den Vorsitz in der kleinen Strafkammer (§ 76 Abs. 2) kann auch ein Mitglied des Landgerichts führen, das vom Präsidium für die Dauer eines Geschäftsjahrs bestimmt wird.**

Vor Beginn des Geschäftsjahrs bestimmt der Präsident die Kammer, welcher er sich anschließt. Über die Verteilung des Vorsitzes in den übrigen Kammern entscheiden der Präsident und die Direktoren nach Stimmenmehrheit; im Falle der Stimmengleichheit gibt die Stimme des Präsidenten den Ausschlag.

[1] Fassung gemäß § 11 Abs. 3 VO. v. 4. 1. 24.

[2] Ständige Übertragung des Vorsitzes an einen anderen als den Präsidenten oder einen Direktor ist unzulässig (E. 18, 9; 27, 125). Es ist unzulässig, dies Verbot zu umgehen; z. B. mit der Begründung, der zum ständigen Kammervorsitzenden bestimmte LGPräs. sei durch die Präsidialgeschäfte dauernd am Vorsitz verhindert (RGZiv. 119, 280); oder indem ein Direktor zum Vorsitzenden von zwei Kammern gemacht wird (an sich zulässig) und dann in einer von beiden als dauernd behindert vertreten wird (E. 55, 236; 56, 157). Anders bei vorübergehender Bildung einer Hilfsstrafkammer (E. 62, 309). Vgl. auch E. 62, 368.

63 [62]. Vor Beginn des Geschäftsjahrs[1] werden auf seine Dauer die Geschäfte unter die Kammern derselben Art verteilt[2] und die ständigen Mitglieder der einzelnen Kammern sowie für den Fall ihrer Verhinderung die regelmäßigen Vertreter[3] bestimmt. Jeder Richter kann zum Mitglied mehrerer Kammern bestimmt werden.

Die getroffene Anordnung kann im Laufe des Geschäftsjahrs nur geändert werden, wenn dies wegen eingetretener Überlastung einer Kammer oder infolge Wechsels oder dauernder Verhinderung einzelner Mitglieder des Gerichts erforderlich wird[4].

[1] Die Vorschrift (in Verbindung mit § 64) dient der Festlegung des „gesetzlichen Richters" i. S. des § 16 und des Art. 105 RVerf. und der Fernhaltung politischer Einflüsse auf diese Festlegung.

[2] „Jugendsachen sollen besonderen Kammern zugewiesen werden": JGG. § 19 Abs. 3. Dagegen: „Besondere Schöffengerichte, Strafkammern oder Strafsenate zur Aburteilung militärischer Straftaten dürfen nicht gebildet werden": Ges. betr. Aufhebung der Militärgerichtsbarkeit v. 17. 8. 20 (RGBl. 1579) § 26. — Wird nach Anfangsbuchstaben des Beschuldigten verteilt, so kann bei mehreren Besch. die StA. bei der Ankl. die Reihenfolge der Namen beliebig anordnen: E. 28, 215.

[3] Für die Ferien vgl. GVG. § 201 und E. 40, 84; für Preußen JMBl. 1907, 388.

[4] Verletzung der §§ 62ff. ist revisibel nach StPO. § 338 Nr. 1 (E. 19, 230; 20, 385); Auslegung des Verteilungsplans aber nicht (E. 36, 321).

64 [63][1]. Die im vorstehenden Paragraphen bezeichneten Anordnungen erfolgen durch das Präsidium.

Das Präsidium wird durch den Präsidenten als Vorsitzenden, die Direktoren und das dem Dienstalter nach, bei gleichem Dienstalter das der Geburt nach älteste Mitglied gebildet; **ist kein Direktor ernannt, so besteht das Präsidium aus dem Präsidenten und den beiden ältesten Mitgliedern.** Das Präsidium entscheidet nach Stimmenmehrheit; im Falle der Stimmengleichheit gibt die Stimme des Präsidenten den Ausschlag.

[1] Fassung gemäß § 5 Satz 2 VO. v. 4. 1. 24.

65 [64]. Der Präsident kann bestimmen, daß einzelne Untersuchungen von dem Untersuchungsrichter, dessen Bestellung mit dem Ablauf des Geschäftsjahrs erlischt, zu Ende geführt werden, sowie daß in einzelnen Sachen, in welchen während des Geschäftsjahrs eine Verhandlung bereits stattgefunden hat, die Kammer in ihrer früheren Zusammensetzung[1] auch nach Ablauf des Geschäftsjahrs verhandle und entscheide.

[1] D. h. betr. der richterlichen Mitglieder (von denen allein in diesen Geschäftsverteilungsbestimmungen die Rede ist), nicht der Schöffen und Geschworenen; für diese gilt § 50.

66 [65][1]. Im Falle der Verhinderung des ordentlichen Vorsitzenden[2] führt den Vorsitz in der Kammer das Mitglied der Kammer[3], welches dem Dienstalter nach und bei gleichem Dienstalter der Geburt nach das älteste ist. **Für den Vorsitzenden der kleinen Strafkammer bestimmt das Präsidium den regelmäßigen Vertreter vor Beginn des Geschäftsjahrs.**

Der Präsident wird in seinen übrigen, durch dieses Gesetz bestimmten Geschäften[4], wenn ein Direktor zu seinem ständigen Vertreter ernannt ist, durch diesen, sonst durch den Direktor vertreten, welcher dem Dienstalter nach und bei gleichem Dienstalter der Geburt nach der älteste ist. Ist kein Direktor ernannt, so wird der Präsident, wenn nicht ein Mitglied des Landgerichts zu seinem ständigen Vertreter ernannt ist, durch das Mitglied vertreten, welches dem Dienstalter nach und bei gleichem Dienstalter der Geburt nach das älteste ist.

[1] Fassung gemäß Ges. v. 8. 7. 22 und §§ 5, 11 VO. v. 4. 1. 24.

[2] Z. B. Tod, Versetzung, Übertritt in den Ruhestand (E. 62, 273). Nach E. 56, 63 sogar bei Unkenntnis des Vorsitzenden von den Prozeßakten, „da die Leitung der Verhandlung unbedingt die Kenntnis der Akten voraussetzt": E. 56, 63 (!).

[3] Vertretung durch Hilfsrichter unzulässig. (E. 18, 307; 54, 253). — Ist der Vorsitzende bloß am Vorsitz verhindert, so kann er Beisitzer sein. E. 10, 318; auch 18, 302. — Das

„älteste Mitglied der Kammer“ führt den stellvertretenden Vorsitz auch dann, wenn der nach § 63 eintretende Vertreter dienstälter ist: E. 1, 238. Vgl. auch E. 23, 99; 25, 389; 41, 184.

[4] In Justizverwaltungsgeschäften; vgl. GVG. §§ 64, 67, 77, 83 Abs. 2, 86—88.

67 [66]. Im Falle der Verhinderung des regelmäßigen Vertreters eines Mitglieds wird ein zeitweiliger Vertreter durch den Präsidenten bestimmt[1].

[1] Aus den Mitgliedern des Landgerichts. Amtsrichter nur, wenn sie „ständig angestellte Richter“ sind und das Landesrecht solche Vertretung zuläßt. Vgl. §§ 10, 70 Abs. 3. E. 26, 94; 32, 283. — Der Präsident kann die Befugnis nicht übertragen. E. 41, 186; 57, 269; 60, 32.

68 [67]. Die Bestimmungen der §§ 62 bis 67 finden auf die Kammern für Handelssachen keine Anwendung.

69 [68]. Innerhalb der Kammer verteilt der Vorsitzende die Geschäfte auf die Mitglieder.

70 [69][1]. Soweit die Vertretung eines Mitglieds nicht durch ein Mitglied desselben Gerichts möglich ist, wird sie[2] auf den Antrag des Präsidiums durch die Landesjustizverwaltung geordnet.

Die Beiordnung eines nichtständigen Richters darf, wenn sie auf eine bestimmte Zeit erfolgte, vor Ablauf dieser Zeit, wenn sie auf unbestimmte Zeit erfolgte, solange das Bedürfnis, durch welches sie veranlaßt wurde, fortdauert, nicht widerrufen werden. Ist mit der Vertretung eine Entschädigung verbunden, so ist diese für die ganze Dauer im voraus festzustellen.

Unberührt bleiben die landesgesetzlichen Bestimmungen[3], nach welchen richterliche Geschäfte nur von ständig angestellten Richtern wahrgenommen werden können, sowie die, welche die Vertretung durch ständig angestellte Richter regeln[4].

[1] Abs. 1 und 2 beziehen sich nur auf nicht ständig angestellte, Abs. 3 nur auf ständig angestellte Richter. E. 26, 94; 32, 238.
[2] Die Zuweisung an das Gericht. Die Verwendung des Zugewiesenen regelt § 63. E. 37, 301.
[3] Preußen: AGGVG. §§ 4, 5, 38; zu § 5: E. 22, 134.
[4] Aber Vertretung immer nur bei Bedarf. E. 3, 231.

[Die §§ 71, 72 betreffen die Zuständigkeit für Zivilsachen.]

73 [72][1]. Die Strafkammern sind zuständig[2] für die die Voruntersuchung und deren Ergebnisse betreffenden Entscheidungen, welche nach den Vorschriften der Strafprozeßordnung von dem Gerichte zu erlassen sind; sie entscheiden über Beschwerden gegen Verfügungen des Untersuchungsrichters und des Amtsrichters sowie gegen Entscheidungen **des Amtsrichters und** der Schöffengerichte[3]. Die Bestimmungen über die Zuständigkeit der **Oberlandesgerichte und**[4] des Reichsgerichts[5] werden hierdurch nicht berührt.

Die Strafkammern erledigen außerdem die in der Strafprozeßordnung den Landgerichten zugewiesenen Geschäfte.

[1] Fassung gemäß §§ 11 Abs. 1, § 15 § 26 VO. v. 4. 1. 24.
[2] Als „beschließende" Gerichte im Gegensatz zu § 74.
[3] Ausnahmen: GVG. §§ 159, 181.
[4] § 120 Abs. 1 Satz 2. [5] § 137.

74 [76][1]. Die Strafkammern sind als erkennende Gerichte zuständig für die Verhandlung und Entscheidung über das Rechtsmittel der Berufung gegen die Urteile **des Amtsrichters** und des Schöffengerichts.

[1] Fassung gemäß § 11 VO. v. 4. 1. 24. — Die Strafkammern sind als erkennende Gerichte nur noch Berufungsgerichte.

[§ 75 betrifft die Besetzung der Zivilkammern.]

76 [77][1]. **Die Strafkammern entscheiden außerhalb der Hauptverhandlung**[2] **in der Besetzung von drei Mitgliedern mit Einschluß des Vorsitzenden.**

In der Hauptverhandlung ist die Strafkammer besetzt:
mit dem Vorsitzenden und zwei Schöffen (kleine Strafkammer), wenn sich die Berufung gegen ein Urteil des Amtsrichters richtet;
mit drei Richtern mit Einschluß des Vorsitzenden und zwei Schöffen (große Strafkammer), wenn sich die Berufung gegen ein Urteil des Schöffengerichts richtet.[3]

[1] Fassung gemäß § 11 VO. v. 4. 1. 24.

[2] Auch wenn die Hauptverhandlung vor der kleinen Strafkammer stattfindet.

[3] Da Jugendgerichte immer (Ausnahme: Anm. 3 zu § 25) Schöffengerichte sind, geht hier die Berufung stets an die „große Strafkammer" (E. 58, 332); und zwar nach JGG. § 19 Abs. 3 tunlichst an eine besondere.

77 [neu][1]. **Für die Schöffen der Strafkammer gelten entsprechend die Vorschriften über die Schöffen des Schöffengerichts[2] mit folgender Maßgabe:**

Die Landesjustizverwaltung verteilt die Zahl der erforderlichen Hauptschöffen auf die zum Bezirke des Landgerichts gehörenden Amtsgerichtsbezirke. Die Hilfsschöffen wählt der Ausschuß bei dem Amtsgericht, in dessen Bezirk das Landgericht seinen Sitz hat. Hat das Landgericht seinen Sitz außerhalb seines Bezirkes, so bestimmt die Landesjustizverwaltung, welcher Ausschuß der zum Bezirke des Landgerichts gehörigen Amtsgerichte die Hilfsschöffen wählt. Die Namen der gewählten Hauptschöffen und der Hilfsschöffen werden von dem Amtsrichter dem Landgerichtspräsidenten mitgeteilt. Der Landgerichtspräsident stellt die Namen der Hauptschöffen zur Jahresliste der Hauptschöffen zusammen.

An die Stelle des Amtsrichters tritt für die Auslosung der Reihenfolge, in der die Hauptschöffen an den einzelnen ordentlichen Sitzungen der Strafkammer

teilnehmen, und für die Streichung eines Schöffen von der Jahresliste des Landgerichts der Landgerichtspräsident; im übrigen tritt an die Stelle des Amtsrichters der Vorsitzende der Strafkammer.

Niemand soll für dasselbe Geschäftsjahr zugleich als Schöffe für das Schöffengericht und für die Strafkammer bestimmt werden. Ist dies dennoch geschehen, oder ist jemand für dasselbe Geschäftsjahr in mehreren Bezirken zu diesen Ämtern bestimmt worden, so hat der Einberufene das Amt zu übernehmen, zu welchem er zuerst einberufen wird.

[1] Fassung der Abs. 1—3 gemäß § 18, des Abs. 4 gemäß § 43 VO. v. 4. 1. 24.
[2] GVG. §§ 30—57.

78[1]. Durch Anordnung der Landesjustizverwaltung[2] kann wegen großer Entfernung des Landgerichtssitzes bei einem Amtsgerichte für den Bezirk eines oder mehrerer Amtsgerichte eine Strafkammer gebildet und ihr für diesen Bezirk die gesamte Tätigkeit der Strafkammer des Landgerichts oder ein Teil dieser Tätigkeit zugewiesen werden.

Die Besetzung einer solchen Strafkammer erfolgt aus Mitgliedern des Landgerichts oder Amtsrichtern des Bezirkes, für welchen die Kammer gebildet wird. Der Vorsitzende wird ständig, die Amtsrichter werden auf die Dauer des Geschäftsjahrs durch die Landesjustizverwaltung berufen, die übrigen Mitglieder werden nach Maßgabe des § 63 durch das Präsidium des Landgerichts bezeichnet.

Die Landesjustizverwaltung verteilt die Zahl der erforderlichen Hauptschöffen auf die zum Bezirke der Strafkammer gehörenden Amtsgerichtsbezirke. Die Hilfsschöffen wählt der Ausschuß bei dem Amts-

gerichte, bei dem die auswärtige Strafkammer gebildet worden ist. Die im § 77 dem Landgerichtspräsidenten zugewiesenen Geschäfte nimmt der Vorsitzende der Strafkammer wahr.

[1] Fassung des Abs. 3 gemäß § 18 VO. v. 4. 1. 24.

[2] Preußen: JV. v. 5. 3., 12. 3., 7. 4, 6. 5, 20. 8. 24 (JMBl. 92, 121, 162, 210, 338), 25. 11. 25 (JMBl. 408). — Bis auf wenige Ausnahmen haben sie nur die Zuständigkeit der Kleinen Strafkammer, also Berufungsgerichte gegen Urteile des Amtsrichters, nicht des Schöffengerichts.

Sechster Titel.

Schwurgerichte.

Vorbem.: Über ihre Geschichte vgl. die Einleitung.

79. Für die Verhandlung und Entscheidung von Strafsachen treten bei den Landgerichten **nach Bedarf**[1] Schwurgerichte[2] zusammen.

[1] Vgl. § 87.

[2] In Jugendstrafsachen das Große JugGer. JGG. § 17.

80. Die Schwurgerichte sind zuständig für die Verbrechen, welche nicht vor das Reichsgericht[1] **oder vor das Amtsgericht** gehören[2].

[1] Die Überweisungsverbrechen der §§ 120, 134 Abs. 2 „gehören vor das Reichsgericht".

[2] Also: Hoch- und Landesverrat gegen ein Land (StGB. §§ 81, 83, 84, 92); Meineid (§§ 153, 154, 155, 157); schwere Nötigung zur Unzucht und schwere Notzucht (§ 178); Mord und Totschlag (§§ 211, 212, 214, 215); Kindestötung (§ 217); schwerste Fälle der Abtreibung (§ 218 Abs. 4); Aussetzung mit Todesfolge (§ 221 Abs. 3[2]); Körperverletzung mit Todesfolge (§ 226); schwere Vergiftung (§ 229 Abs. 2); Menschenraub (§ 234); Freiheitsberaubung mit Todesfolge (§§ 239 Abs. 3, 341); Raub unter Marterung oder mit Todesfolge (§ 251); schwere Brandstiftung (§§ 306, 307); unbefugte Sprengung eines Gebäudes (§ 311); vorsätzliche Überschwemmung (§§ 312, 313 Abs. 1); vorsätzliche Eisenbahntransport-

gefährdung mit schwerer Folge (§ 315 Abs. 2); vorsätzliche Beschädigung von Wasser- oder Bergwerksbauten mit Todesfolge (§ 321 Abs. 2[2]); vorsätzliche Gefährdung der Schiffahrt mit Strandungs- oder Todesfolge (§ 322 Abs. 2); vorsätzliche Bewirkung des Strandens oder Sinkens eines Schiffes (§ 323); vorsätzliche Brunnenvergiftung mit Todesfolge (§ 324); Richterbestechung (§ 334); vorsätzliche Amtsverfolgung und Strafvollstreckung gegen Unschuldige (§§ 344, 345).

81[1]. Das Schwurgericht besteht aus drei Richtern mit Einschluß des Vorsitzenden und sechs[2] Geschworenen.

[1] Fassung gemäß §§ 12, 14 VO. v. 4. 1. 24.

[2] Dies der erste Hauptunterschied gegenüber dem SchwGer. vor 1924 (12 Geschworene).

82[1]. Die Richter und die Geschworenen entscheiden über die Schuld- und Straffrage gemeinschaftlich[2]; während der Hauptverhandlung üben die Geschworenen das Richteramt im gleichen Umfang wie die Schöffen aus.

Außerhalb der Hauptverhandlung entscheiden während der Tagung die richterlichen Mitglieder des Schwurgerichts; außerhalb der Tagung entscheidet die Strafkammer des Landgerichts.

[1] Fassung gemäß § 12 VO. v. 4. 1. 24. — Vgl. auch die Einleitung.

[2] Dies der zweite Hauptunterschied gegenüber dem SchwGer. vor 1924 (die Geschw. entschieden über die Schuldfrage, die Richter über die Straffrage, und zwar nach getrennten Beratungen). Also: Umwandlung des Schwurgerichts, unter Beibehaltung des Namens, in ein Großes Schöffengericht — freilich ohne Berufung, StPO. § 312.

83[1]. **Vor Beginn des Geschäftsjahrs** ernennt der Präsident des Oberlandesgerichts für jede Tagung des Schwurgerichts aus der Zahl der Mitglieder des Oberlandesgerichts oder der in seinem Bezirk **angestellten Richter** einen Vorsitzenden des Schwurgerichts.

In gleicher Weise ernennt der Präsident des Landgerichts für jede Tagung des Schwurgerichts aus der Zahl der Mitglieder des Landgerichts[2] **und der in seinem Bezirk angestellten Amtsrichter**[3] einen Stellvertreter des Vorsitzenden[4], die übrigen richterlichen Mitglieder und ihre Stellvertreter.

Wird im Laufe des Geschäftsjahrs eine Schwurgerichtstagung erforderlich, für die richterliche Mitglieder nicht ernannt worden sind[5]**, so können sie nachträglich ernannt werden**[6]**. Ebenso können nachträglich Stellvertreter ernannt werden, wenn eine Vertretung erforderlich wird und die regelmäßigen Vertreter verhindert sind.**

Solange noch nicht bestimmt ist, wann das Schwurgericht zusammentritt, erledigt der Vorsitzende der Strafkammer des Landgerichts die in diesem Gesetze[7] und in der Strafprozeßordnung[8] dem Vorsitzenden zugewiesenen Geschäfte. **Das gleiche gilt, nachdem die Tagung geschlossen ist**[9].

[1] Fassung gemäß §§ 13, 43 VO. v. 4. 1. 24. — Inhaltlich anders als bisher: 1. Da Zusammentritt des Schwurgerichts nicht mehr „periodisch“, nur „nach Bedarf“, ist Vorausbestimmung der Richter für das ganze Geschäftsjahr nötig, um Zusammensetzung für den Einzelfall zu vermeiden. 2. Auch Amtsrichter können Beisitzer werden, da bei ihnen seit 1924 die größte strafrechtliche Erfahrung liegt.

[2] Auch Hilfsrichter beim LGer.: E. 60, 410.

[3] Nicht auch Hilfsrichter beim AGer.: E. 60, 259.

[4] Nötigenfalls auch einen Vertreter für diesen. E. 40, 268.

[5] Ob eine solche außerordentliche Tagung „erforderlich“ war, haben die Gerichte nicht nachzuprüfen; wenn nur die Präsidenten des OLG. und des LG. sie für erforderlich erklärt haben. Andernfalls freilich ist § 16 verletzt und das Urteil des ao. SchwGer. gemäß StPO. § 338, 1 aufzuheben. Vgl. E. 61, 423.

[6] Für die Ernennungen sind Abs. I und II anzuwenden.

[7] Z. B. § 47 GVG.

[8] Z. B. §§ 124 Abs. 3, 144, 201, 213, 219—221 StPO.
[9] Z. B. § 56 Abs. 2 Satz 2 GVG.

84 [neu][1]. **Für die Geschworenen gelten die auf die Schöffen bezüglichen Vorschriften der §§ 31 bis 57, 77 entsprechend mit den sich aus dem Abs. 2 und den §§ 85 bis 90 ergebenden Maßgaben[2].**

Mindestens die Hälfte der zu einer Tagung heranzuziehenden Geschworenen müssen Männer sein.

[1] Fassung gemäß § 19 Abs. 1 VO. v. 4. 1. 24.
[2] Die JustVerwaltung bestimmt die Zahl der Geschw. für das Geschäftsjahr. Der LGPräs. stellt die Jahresliste der Hauptgeschw. auf; lost aus ihr die Reihenfolge für das Geschäftsjahr aus; nötigenfalls auch für § 48.

85 [neu][1]. **Die Zahl der Hauptgeschworenen ist so zu bestimmen, daß voraussichtlich jeder Hauptgeschworene nur zu einer Tagung des Schwurgerichts im Geschäftsjahr herangezogen wird.**

[1] Fassung gemäß § 19 Abs. 2 VO. v. 4. 1. 24.

86 [neu][1]. **Die Reihenfolge, in der die Hauptgeschworenen an den Tagungen des Schwurgerichts teilnehmen, wird für das ganze Geschäftsjahr im voraus durch Auslosung[2] bestimmt; der Präsident des Landgerichts setzt die Geschworenen von der Auslosung mit dem Hinzufügen in Kenntnis, daß ihnen darüber, ob und zu welchem Tage sie einberufen werden, eine weitere Nachricht zugehen werde.**

[1] Fassung gemäß § 19 Abs. 3 VO. v. 4. 1. 24.
[2] Es sind also Nr. 1—6 zur ersten, Nr. 7—12 zur zweiten SchwG.-Tagung usw. einzuberufen. Ein an seiner ausgelosten Stelle verhinderter Geschw. fällt aus und wird durch einen Hilfsgeschworenen (§ 49) ersetzt. Vgl. E. 62, 202.

87 [neu][1]. **Der Präsident des Landgerichts bestimmt, wann das Schwurgericht zusammentritt, und**

ordnet die Einberufung der Hauptgeschworenen für die einzelne Tagung nach der Reihenfolge ihrer Auslosung an; zwischen der Zustellung der Ladung und dem Beginne der Tagung soll eine Frist von zwei Wochen liegen.

[1] Fassung gemäß § 19 Abs. 4 VO. v. 4. 1. 24.

88 [neu][1]. **Der Präsident des Landgerichts entscheidet über die von den Geschworenen vorgebrachten Ablehnungsgründe sowie darüber, ob ein Geschworener ferner zur Dienstleistung heranzuziehen ist.**

[1] Fassung gemäß § 19 Abs. 5 VO. v. 4. 1. 24.

89 [95]. Erstreckt sich eine **Tagung** des Schwurgerichts über den Endtermin des Geschäftsjahrs hinaus, so bleiben die Geschworenen, welche dazu einberufen sind, bis zum Schlusse der **Tagung** zur Mitwirkung verpflichtet.

90 [97]. Niemand soll für dasselbe Geschäftsjahr als Geschworener und als Schöffe bestimmt werden.

Ist dies dennoch geschehen, oder ist jemand für dasselbe Geschäftsjahr in mehreren Bezirken zu diesen Ämtern bestimmt worden, so hat der Einberufene das Amt zu übernehmen, zu welchem er zuerst einberufen wird.

91 [98]. Die Strafkammer des Landgerichts kann bestimmen[1], daß einzelne Sitzungen des Schwurgerichts nicht am Sitze des Landgerichts, sondern an einem anderen Orte innerhalb des Schwurgerichtsbezirkes abzuhalten seien.

[2]**Wird in einem solchen Falle die Zuziehung anderer als der zunächst berufenen Geschworenen erforderlich, so werden die Hilfsschöffen des für den Sitzungsort zuständigen Schöffengerichts nach Maßgabe des § 49 herangezogen.**

[1] Nach freiem Ermessen; E. 51, 111. Auch für einen Teil der HVhdlg., z. B. Beweisaufnahme; E. 39, 348.
[2] Fassung gemäß § 19 Abs. 7 Satz 3 VO. v. 4. 1. 24.

92 [99][1]. Die Landesjustizverwaltung kann bestimmen, daß die Bezirke mehrerer Landgerichte zu einem Schwurgerichtsbezirke zusammengelegt und die Sitzungen des Schwurgerichts bei einem der Landgerichte abgehalten werden.

In diesem Falle hat das Landgericht, bei welchem die Sitzungen des Schwurgerichts abgehalten werden, und dessen Präsident die ihnen in den §§ 82 bis 91 zugewiesenen Geschäfte für den Umfang des Schwurgerichtsbezirkes wahrzunehmen.

Die Mitglieder des Schwurgerichts mit Einschluß des Stellvertreters des Vorsitzenden können aus der Zahl **der im Bezirke des Schwurgerichts angestellten Richter** bestimmt werden.

Die Zahl der erforderlichen Hauptgeschworenen wird auf sämtliche Amtsgerichte des Schwurgerichtsbezirkes verteilt.

[1] Fassung gemäß §§ 13 Abs. 1, 19 Abs. 7 VO. v. 4. 1. 24.

Siebenter Titel.

Kammern für Handelssachen.

[Die §§ 93—114 sind hier nicht abgedruckt.]

Achter Titel.

Oberlandesgerichte.

115 [119]. Die Oberlandesgerichte werden mit einem Präsidenten und der erforderlichen Anzahl von Senatspräsidenten und Räten besetzt.

116 [120]. Bei den Oberlandesgerichten werden Zivil- und Strafsenate gebildet.

117 [121]. Die Bestimmungen der §§ 62 bis 69 finden mit der Maßgabe Anwendung, daß zu dem Präsidium stets die beiden ältesten Mitglieder des Gerichts zuzuziehen sind.

118 [122]. Zu Hilfsrichtern dürfen nur ständig angestellte Richter berufen werden[1].

[1] Preußen: AGGVG. § 48.

[§ **119** betrifft Zuständigkeit in Zivilsachen.]

120 [neu][1]. **Die Oberlandesgerichte sind zur Verhandlung und Entscheidung in erster und letzter Instanz in den Strafsachen zuständig, die gemäß § 134 Abs. 2 von dem Oberreichsanwalt an die Landesstaatsanwaltschaft abgegeben werden, oder in denen das Reichsgericht gemäß § 134 Abs. 3 bei Eröffnung des Hauptverfahrens die Verhandlung und Entscheidung dem Oberlandesgericht überweist. In den von dem Oberreichsanwalt an die Landesstaatsanwaltschaft abgegebenen Sachen trifft das Oberlandesgericht auch die im § 73 Abs. 1 bezeichneten Entscheidungen.**

Für den Gerichtsstand gelten in diesen Fällen die allgemeinen Vorschriften. Sind jedoch in einem Lande mehrere Oberlandesgerichte errichtet, so können die im Abs. 1 den Oberlandesgerichten zugewiesenen Aufgaben durch die Landesjustizverwaltung einem oder einigen der Oberlandesgerichte oder dem Obersten Landesgericht übertragen werden[2]. Durch Vereinbarung der beteiligten Landesjustizverwaltungen können diese Aufgaben dem hiernach zuständigen Gericht eines Landes auch für das Gebiet eines anderen Landes übertragen werden.

[1] Gemäß §§ 15, 26 VO. v. 4. 1. 24.

[2] Für Preußen vgl. JV. v. 16. 7. 25 und 29. 9. 25 (JMBl. 622 und 362). — Für Bayern vgl. Bek. d. JustMin. v. 9. 1. 24 (Staatszeitung v. 10. 1. 24): Oberstes Landesgericht.

121 [123][1]. Die Oberlandesgerichte sind in Strafsachen ferner zuständig für die Verhandlung und Entscheidung über die Rechtsmittel:

1. der Revision gegen
   a) **die mit der Berufung nicht anfechtbaren Urteile des Amtsrichters**[2];
   b) **die Urteile der kleinen Strafkammer**[3];
   c) **die Urteile der großen Strafkammer, wenn in erster Instanz das mit einem Richter und zwei Schöffen besetzte Schöffengericht entschieden hat**[3];
   d) **die Urteile der großen Strafkammer und der Schwurgerichte**[4], wenn die Revision ausschließlich auf die Verletzung einer in den Landesgesetzen enthaltenen Rechtsnorm gestützt wird;
2. **der Beschwerde gegen strafrichterliche Entscheidungen, soweit nicht die Zuständigkeit der Strafkammer oder des Reichsgerichts begründet ist.**

[1] Fassung gemäß §§ 16, 33 VO. v. 4. 1. 24. — Vgl. auch die Tabelle oben S. 21.

[2] StPO. §§ 313, 334.

[3] GVG. § 76 Abs. 2.

[4] Daß das OLG. für Rev. gegen SchwG. zuständig sein kann, ist neu.

122 [124][1]. Die Senate der Oberlandesgerichte entscheiden, **soweit nicht nach den Vorschriften der Prozeßgesetze an Stelle des Senats der Einzelrichter zu entscheiden hat,** in der Besetzung von drei Mitgliedern mit Einschluß des Vorsitzenden.

Die Strafsenate sind in der Hauptverhandlung erster Instanz mit fünf Mitgliedern einschließlich des Vorsitzenden zu besetzen.

[1] Fassung gemäß § 1 VO. v. 4. 1. 24 und Art. I Nr. 1 VO. v. 13. 2. 24 (RGBl. I 135).

Neunter Titel.

Reichsgericht.

123 [125]. Der Sitz des Reichsgerichts wird durch Gesetz bestimmt[1].

[1] Ges. v. 11. 4. 77: Leipzig.

124 [126]. Das Reichsgericht wird mit einem Präsidenten und der erforderlichen Anzahl von Senatspräsidenten und Räten besetzt.

125 [127]. Der Präsident, die Senatspräsidenten und Räte werden auf Vorschlag des Reichsrats von dem Reichspräsidenten ernannt.

Zum Mitglied des Reichsgerichts kann nur ernannt werden, wer die Fähigkeit zum Richteramt in einem deutschen Lande erlangt und das fünfunddreißigste Lebensjahr vollendet hat.

Das Dienstalter der Mitglieder des Reichsgerichts richtet sich nach der Ernennung. Auf das Dienstalter ist die Zeit anzurechnen, die das Mitglied als Reichsanwalt, als Rechtsanwalt beim Reichsgericht oder als ordentlicher öffentlicher Lehrer des Rechtes an einer deutschen Universität tätig gewesen ist.

[Die **§§ 126—129** betreffen Versetzung in den Ruhestand.]

130 [132]. Bei dem Reichsgerichte werden Zivil- und Strafsenate gebildet[1]. **Ihre Zahl bestimmt der Reichsminister der Justiz.**

[1] Untersuchungsrichter (wegen § 134): StPO. § 186.

131 [133]. Die Bestimmungen der §§ 62 bis 69 finden mit der Maßgabe Anwendung, daß zu dem Präsidium die vier ältesten Mitglieder des Gerichts zuzuziehen sind.

132 [134]. Die Zuziehung von Hilfsrichtern ist unzulässig[1].

[1] Zulässig aber kraft Reichsgesetzes. Ein solches ist (wie auch früher bei besonderen Bedürfnissen) am 1. 3. 30 ergangen: Hilfsrichter bis 1. 4. 33 zulässig.

[**§ 133** betrifft Zuständigkeit in Zivilsachen.]

134 [136 Abs. 1 Nr. 1][1]. In Strafsachen ist das Reichsgericht zuständig für die Untersuchung und Entscheidung in erster und letzter Instanz in den Fällen des Hochverrats, des Landesverrats und des Kriegsverrats gegen das Reich sowie der Verbrechen gegen die §§ 1, 3 des Gesetzes gegen den Verrat militärischer Geheimnisse vom 3. Juni 1914 (Reichsgesetzbl. S. 195). In diesen Sachen trifft das Reichsgericht auch die im § 73 Abs. 1 bezeichneten Entscheidungen.

In Landesverratssachen[2] sowie bei Verbrechen gegen die §§ 1, 3 des Gesetzes gegen den Verrat militärischer Geheimnisse kann der Oberreichsanwalt die Strafverfolgung an die Landesstaatsanwaltschaft abgeben[3]. Es sollen nur Strafsachen von minderer Bedeutung abgegeben werden.

Das Reichsgericht kann in den im Abs. 2 bezeichneten Sachen bei der Eröffnung des Hauptverfahrens die Verhandlung und Entscheidung dem Oberlandesgericht überweisen, wenn der Oberreichsanwalt es bei der Einreichung der Anklageschrift beantragt; auf den Antrag findet Abs. 2 Satz 2 entsprechende Anwendung.

[1] **Fassung gemäß VO. v. 4. 1. 24, § 15; Ges. betr. Verrat militärischer Geheimnisse v. 3. 6. 14, § 18; Ges. betr. Aufhebung der Militärgerichtsbarkeit v. 17. 8. 20, § 4; Ges. z. Änd. des RepSchGes. v. 31. 3. 26 Art. II.** — In Jugendsachen ent-

scheidet statt RGer. und OLGer. in 1. Instanz das große Jugendgericht: JGG. § 17.

[2] StGB. §§ 87—92. — „Kriegsverrat" ist nach MilStGB. § 57: „Landesverrat im Felde". Er kann nach MilStGB. § 9 auch im Frieden begangen werden, kommt dann vor die ordentlichen Gerichte, kann aber nicht nach § 134 Abs. 2 abgegeben werden.

[3] Nur vor Eröffnung einer gerichtlichen Untersuchung; mit dieser (nicht schon mit Erhebung der Anklage) ist die Sache rechtshängig.

135 [§ 136 Abs. 1 Nr. 2][1]. In Strafsachen ist das Reichsgericht ferner zuständig zur Verhandlung und Entscheidung über das Rechtsmittel der Revision gegen die Urteile der Schwurgerichte[2] und der **großen**[3] Strafkammer, soweit nicht die Zuständigkeit der Oberlandesgerichte begründet ist.

[1] Fassung gemäß § 17 VO. v. 4. 1. 24.

[2] Auch wenn nach JGG. § 17 an Stelle des SchwGer. das große JugGer. entschieden hat, geht die Rev. an das RGer.

[3] Also nur, wenn 1. Instanz erweitertes Schöffengericht, was allein von der Entschließung der StA. abhängt! §§ 29 Abs. 2, 121, 1c.

136 [137]. Will in einer Rechtsfrage ein Zivilsenat von der Entscheidung eines anderen Zivilsenats oder der vereinigten Zivilsenate oder ein Strafsenat von der Entscheidung eines anderen Strafsenats oder der vereinigten Strafsenate abweichen, so ist über die streitige Rechtsfrage im ersteren Falle eine Entscheidung der vereinigten Zivilsenate, im letzteren Falle eine solche der vereinigten Strafsenate einzuholen[1].

Einer Entscheidung der Rechtsfrage durch das Plenum bedarf es, wenn ein Zivilsenat von der Entscheidung eines Strafsenats oder der vereinigten Strafsenate oder ein Strafsenat von der Entscheidung eines Zivilsenats oder der vereinigten Zivilsenate oder ein

Senat von der früher eingeholten Entscheidung des Plenums abweichen will.

Die Entscheidung der Rechtsfrage durch die vereinigten Senate oder das Plenum ist in der zu entscheidenden Sache bindend. Sie erfolgt in allen Fällen ohne vorgängige mündliche Verhandlung.

Vor der Entscheidung der vereinigten Strafsenate oder der des Plenums sowie in Ehe- und Entmündigungssachen und in Rechtsstreitigkeiten, welche die Feststellung des Rechtsverhältnisses zwischen Eltern und Kindern oder die Anfechtung einer Todeserklärung zum Gegenstande haben, ist der Oberreichsanwalt mit seinen schriftlichen Anträgen zu hören.

Soweit die Entscheidung der Sache eine vorgängige mündliche Verhandlung erfordert, erfolgt sie durch den erkennenden Senat auf Grund einer erneuten mündlichen Verhandlung, zu welcher die Prozeßbeteiligten von Amts wegen unter Mitteilung der ergangenen Entscheidung der Rechtsfrage zu laden sind.

1 Plenarentscheidungen zur Vermeidung von Widersprüchen und Wahrung der Rechtseinheit. Aber zunehmender horror pleni! Beispiele: PlenEntsch. sei nicht nötig, wenn die frühere Entscheidung nach dem jetzt eingenommenen Rechtsstandpunkt ebenso hätte ergehen müssen (E. 44, 384); wenn die frühere Entsch. ihrerseits von der Rechtspr. des RGer. abgewichen sei (E. 45, 88; 55, 183; 57, 302; 58, 19); wenn der Senat, von dem abgewichen werden solle, als Revisionssenat nicht mehr bestehe (E. 61, 364 und 391; 63, 249). Neuerdings befragt vielfach der Senat, der abweichen will, den anderen, ob er an seiner Ansicht festhalte, und weicht verneinendenfalls ab (E. 55, 230; 55, 261; 57, 347; 61, 391).

[§ 137 aufgehoben durch RGes. v. 31. 3. 26, RGBl. I 190.]

138 [140]. Zur Fassung von Plenarentscheidungen und von Entscheidungen der vereinigten Zivil- oder Strafsenate ist die Teilnahme von mindestens zwei Drittteilen aller Mitglieder mit Einschluß des Vorsitzenden erforderlich.

Die Zahl der Mitglieder, welche eine entscheidende Stimme führen, muß eine ungerade sein.

Ist die Zahl der anwesenden Mitglieder eine gerade, so hat der Rat, welcher dem Dienstalter nach[1], und bei gleichem Dienstalter der, welcher der Geburt nach der jüngere ist, oder, wenn dieser Berichterstatter ist, der nächstältere kein Stimmrecht.

[1] Gemäß Entlastungsgesetz v. 27. 3. 23.

139 [140][1]. Die Senate des Reichsgerichts entscheiden in der Besetzung von **fünf** Mitgliedern mit Einschluß des Vorsitzenden. **In erster Instanz entscheiden die Strafsenate außerhalb der Hauptverhandlung in einer Besetzung von drei Mitgliedern mit Einschluß des Vorsitzenden.**

[1] Satz 1 gemäß § 2 VO. v. 4. 1. 24; Satz 2 gemäß Art. II des RGes. v. 31. 3. 26 (RGBl. I 190).

140 [141]. Der Geschäftsgang wird durch eine Geschäftsordnung geregelt, welche das Plenum auszuarbeiten und dem Reichsrat zur Bestätigung vorzulegen hat.

Zehnter Titel.

Staatsanwaltschaft.

141 [142]. Bei jedem[1] Gerichte soll eine Staatsanwaltschaft bestehen.

[1] Bestellung eines StA. für mehrere Gerichte ist zulässig E. 58, 85.

[2] Über ihre Rechtsstellung und ihre Aufgabe vgl. Einleitung S. 6ff. und das Register!

142 [143][1]. Das Amt der Staatsanwaltschaft wird ausgeübt:

1. bei dem Reichsgerichte durch einen Oberreichsanwalt und durch einen oder mehrere Reichsanwälte;

2. bei den Oberlandesgerichten, den Landgerichten und den Schwurgerichten durch einen oder mehrere Staatsanwälte[2];
3. bei den Amtsgerichten und den Schöffengerichten durch einen oder mehrere **Staatsanwälte oder** Amtsanwälte[3, 4].

Die Zuständigkeit der Amtsanwälte erstreckt sich nicht auf das amtsrichterliche Verfahren zur Vorbereitung der öffentlichen Klage in den Strafsachen, welche zur Zuständigkeit anderer Gerichte als **der Amtsgerichte** gehören.

[1] Fassung gemäß §§ 6, 25 Abs. 1, 43 VO. v. 4. 1. 24.

[2] Betr. Amtsbezeichnungen in Preußen vgl. JV. v. 3. 6. 20 und BesoldO. v. 1. 4. 24: Der erste Beamte bei den Oberlandesgerichten und beim Landgericht I Berlin heißt „Generalstaatsanwalt"; bei den übrigen Landgerichten „Oberstaatsanwalt".

[3] Preußen: StA. werden von dem Staatsministerium, AA. vom Justizminister (der die Befugnis den Generalstaatsanwälten übertragen hat, JMBl. 23, 1083) ernannt. Die StA. müssen Richterqualifikation haben, die AA. nicht. GVG. § 148; AGVG. §§ 58ff. und betr. Pflicht zur Übernahme von AAGeschäften §§ 63f.; Ges. v. 24. 2. 13 (GS. 13). Vgl. auch ForstdiebstGes. § 19 Abs. 2; F. u. FPolGes. § 49. Auf Grund der neuen Gerichtszuständigkeiten sind durch JV. v. 18. 7. 25 (JMBl. 262) die Geschäfte unter StA. und AA. im wesentlichen derart verteilt, daß die StA. des LGer. auch bei den Schöffengerichten zu amtieren hat; der AA., soweit nicht etwa zum Richteramte befähigt, nur bei den Einzelrichtersachen und nur dann, wenn es sich nicht um Sachen von besonderer Schwierigkeit oder Bedeutung handelt.

[4] Wegen bes. „Jugendstaatsanwalts" vgl. JGG. § 21 und wegen Geschäftsverteilung zwischen StA. und AA. beim Jugendgericht Preuß. JV. v. 18. 7. 25 (JMBl. 262).

143 [144]. Die örtliche Zuständigkeit der Beamten der Staatsanwaltschaft wird durch die örtliche Zuständigkeit des Gerichts bestimmt, für welches sie bestellt sind.

Ein unzuständiger Beamter der Staatsanwaltschaft hat sich den innerhalb seines Bezirkes vorzunehmenden Amtshandlungen zu unterziehen, bei denen Gefahr im Verzug obwaltet.

Können die Beamten der Staatsanwaltschaft verschiedener Länder sich nicht darüber einigen, wer von ihnen die Verfolgung zu übernehmen hat, so entscheidet der ihnen gemeinsam vorgesetzte Beamte der Staatsanwaltschaft und in Ermangelung eines solchen der Oberreichsanwalt.

144 [145]. Besteht die Staatsanwaltschaft eines Gerichts aus mehreren Beamten, so handeln die dem ersten Beamten beigeordneten Personen als dessen Vertreter[1]; sie sind, wenn sie für ihn auftreten, zu allen Amtsverrichtungen desselben ohne den Nachweis eines besonderen Auftrags berechtigt.

[1] Sog. bürokratische im Gegensatz zur kollegialen Verfassung.

145 [146]. Die ersten Beamten der Staatsanwaltschaft bei den Oberlandesgerichten und den Landgerichten sind befugt, bei allen Gerichten ihres Bezirkes die Amtsverrichtungen der Staatsanwaltschaft selbst zu übernehmen oder mit ihrer Wahrnehmung einen anderen als den zunächst zuständigen Beamten zu beauftragen.

Amtsanwälte können das Amt der Staatsanwaltschaft nur bei den Amtsgerichten und den Schöffengerichten versehen[1].

[1] Es sei denn, daß sie nach § 2 Richterqualifikation haben. E. 51, 222. Über die preußische auf JW. beruhende Praxis vgl. Anm. 3 zu § 142.

146 [147]. Die Beamten der Staatsanwaltschaft haben den dienstlichen Anweisungen ihres Vorgesetzten nachzukommen[1].

In den Sachen, für welche das Reichsgericht in erster und letzter Instanz zuständig ist[2], haben alle Beamte der Staatsanwaltschaft den Anweisungen des Oberreichsanwalts Folge zu leisten[3].

[1] Auch betr. Stellungnahme zu einzelnen Strafsachen, soweit nicht StGB. § 346 entgegensteht.

[2] § 134.

[3] Im übrigen ist er nicht Vorgesetzter. Vgl. aber § 143 Abs. 3.

147 [148]. Das Recht der Aufsicht[1] und Leitung[2] steht zu:

1. dem Reichsminister der Justiz hinsichtlich des Oberreichsanwalts und der Reichsanwälte;
2. der Landesjustizverwaltung hinsichtlich aller staatsanwaltschaftlichen Beamten des betreffenden Landes;
3. den ersten Beamten der Staatsanwaltschaft bei den Oberlandesgerichten und den Landgerichten hinsichtlich aller Beamten der Staatsanwaltschaft ihres Bezirkes.

[1] Also auch Dienstaufsichtsbeschwerde bis zum Justizminister des Landes. Eine bes. „Rechtsbeschwerde" ist prozessual nicht vorgesehen. Betr. Gerichtskontrolle über Ausübung des Legalitätsgrundsatzes vgl. StPO. § 152 II, § 153 mit Anm. 1, §§ 172 bis 177.

[2] Die StA. ist eine einheitliche Behörde. Jeder StA. hat (im Gegensatz zu den nur dem Gesetz unterworfenen Richtern) den dienstlichen Anweisungen der in § 147 genannten Vorgesetzten, mögen sie allgemeiner Natur sein oder eine Einzelsache betreffen, Folge zu leisten. Vgl. E. 44, 75.

148 [149]. Der Oberreichsanwalt und die Reichsanwälte sind nichtrichterliche Beamte.

Zu diesen Ämtern sowie zu dem Amte eines Staatsanwalts können nur zum Richteramte befähigte Beamte ernannt werden.

149 [150]. Der Oberreichsanwalt und die Reichsanwälte werden auf Vorschlag des Reichsrats vom Reichspräsidenten ernannt. Für die Versetzung in den Ruhestand und das zu gewährende Ruhegehalt finden die Vorschriften des § 128 entsprechende Anwendung.

Der Oberreichsanwalt und die Reichsanwälte können durch Verfügung des Reichspräsidenten jederzeit mit Gewährung des gesetzlichen Wartegeldes einstweilig in den Ruhestand versetzt werden[1].

[1] Altersgrenze 68 Jahre: Anm. 2 zu § 8.

150 [151]. Die Staatsanwaltschaft ist in ihren Amtsverrichtungen von den Gerichten unabhängig[1].

[1] Vgl. jedoch Anm. 3 zu § 176 GVG.; §§ 172—175, 208, 458 StPO.

151 [152]. Die Staatsanwälte dürfen richterliche Geschäfte nicht wahrnehmen[1]. Auch darf ihnen eine Dienstaufsicht über die Richter nicht übertragen werden[2].

[1] E. 60, 25 hat deshalb die Möglichkeit eines (vollendeten) Meineids verneint, wenn der Eid vor einem als „Amtsrichter" tätigen „Staatsanwalt" geschworen war.

[2] Unabhängigkeit der Justiz von der Verwaltung! Vgl. § 1 Anm. 1. — Auch bezgl. Strafvollstreckung (StPO. § 451 III) und Ausübung bedingter Begnadigung (Anm. 1 zu § 1) kann die Dienstaufsicht nur der Minister (bzw. der mit Dienstaufsicht betraute Richter), nicht der StA. ausüben.

152 [153]. Die Beamten des Polizei- und Sicherheitsdienstes sind Hilfsbeamte der Staatsanwaltschaft[1] und sind in dieser Eigenschaft verpflichtet, den Anordnungen der Staatsanwälte[2] ihres[3] Bezirkes und der diesen vorgesetzten Beamten Folge zu leisten[4].

Die nähere Bezeichnung der Beamtenklassen, auf welche diese Bestimmung Anwendung findet, erfolgt durch die Landesregierungen[5].

[1] Über ihre Tätigkeit vgl. Register: „Polizeibeamte", „-behörden".

[2] Also auch bei den Amtsgerichten (neu gemäß VO. v. 4. 1. 24); nicht aber der Amtsanwälte.

[3] Örtliche Zuständigkeit im Zweifel wie die der übergeordneten StA. — E. 37, 32; 38, 218; vgl. auch JV. v. 25. 4. 01 (JMBl. 99).

[4] Sie sind also diesen zwar nicht organisatorisch, aber funktionell unterstellt. **Preußen:** bei ordnungswidriger Ausführung eines Amtsgeschäfts: Rüge; und zur Erzwingung der Erledigung eines solchen: Ordnungsstrafe bis 1000 Mark. AGVG. § 81.

[5] **Preußen:** I. Zusammenfassung der Bestimmungen über die Bestellung von Polizeibeamten zu „Hilfsbeamten der StA.":

1. Für die kommunale Pol. durch GV. v. 15. 9. 79 (JMBl. 349) in der Fassung der VO. v. 20. 12. 79 (MinBl. f. d. innere Verw. 1880, 28) und der Ziffer II A der GV. v. 24. 2. 24 (JMBl. 86) und durch GV. v. 22. 2. 27 (JMBl. 50) z. B. Polizei- und Kriminal-Oberinspektoren, Polizei- und Kriminal-Kommissare, Polizei- und Kriminal-Assistenten, Polizei-Obermeister und -Meister, Kriminal-Bezirkssekretäre und -Sekretäre.

2. Für die staatliche Polizei durch GV. v. 22. 2. 27 (JMBl. 50) und GV. v. 31. 10. 28 (JMBl. 436) z. B. Polizei-Hauptleute, -Oberleutnants, -Leutnants, -Obermeister, -Meister, -Hauptwachtmeister, -Oberwachtmeister (solange sie Wachthabende sind); Kriminal-Polizeiräte (mit Ausnahme der Leiter von Kriminalabteilungen), -Oberkommissare und -Kommissare, -Bezirkssekretäre und -Sekretäre, -Assistenten, Hilfskriminalkommissare, die in Kreis- und Abteilungsleiterstellen verwendeten Landjägerhauptleute und -Oberleutnants, sowie die Oberlandjägermeister, Landjägermeister und Oberlandjäger.

II. Bezüglich der **übrigen Beamtenkategorien** ist eine Zusammenfassung noch nicht erfolgt. Es sind (vielfach nur für einzelne Orte) zu Hilfsbeamten der StA. bestellt:

1. Bergrevierbeamte: GV. v. 17. 6. 25 (JMBl. 237).

2. Eisenbahnbeamte: GV. v. 31. 3. 23 (JMBl. 312); v. 26. 5. 23 (JMBl. 392): sog. „Eisenbahnfahndungsbeamte".

3. Forst-, Jagdschutz- und Fischereibeamte: Runderlaß des JM., Min. d. J. und Min. f. Landw. v. 30. 5. 28 (MBl. i. V. S. 639). Dazu s. die in Preußen belegenen Teile anhaltischer Staatsforstreviere: MBl. i. V. 1928 S. 917.

4. **Vollzugsbeamte beim Landespolizeiamt** (über dieses vgl. JV. v. 2. 8. 16, JMBl. 220, i. d. Fassung der JV. v. 20. 6. 17 und der JV. v. 25. 2. 19, JMBl. 56): JV. v. 9. 2. 20 (JMBl. 71), Runderlaß v. 20. 5., 19. 9., 10. 11. 25 (JMBl. 232, 404, 415).

5. **Militärische Vorgesetzte** von Angehörigen der Reichswehr in Militärstrafsachen: StPO. § 443; hierzu Ausführungsbestimmungen des RWehrMin. v. 3. 9. 20 (Heeres-VOBl. 799; JMBl. 509).

6. **Schiffahrtspolizeibeamte**: JV. v. 17. 6. und 9. 12. 25 (JMBl. 236 und 427).

7. **Wasserpolizeibeamte**: JV. v. 4. 11. 19 (JMBl. 543); v. 15. 11. 20 (JMBl. 615); v. 24. 12. 20 (JMBl. 768), v. 25. 8. 25 (JMBl. 338).

8. **Steuer- und Zollbeamte**: JV. v. 26. 11. 24 (JMBl. 349).

9. **Weinbergsinspektoren**: JV. v. 15. 5. 03 (JMBl. 125).

10. Beamte der badischen, bayrischen und hessischen Rheinpolizei betr. Ausübung pol. Befugnisse in Preußen: JV. v. 13. 8. 26 (JMBl. 292).

III. Für die Beamten des zu errichtenden **Reichs-Kriminalpolizeiamts** gilt § 8 RKrimPolGes. v. 21. 7. 22, RGBl. I 593. S. dazu für Preußen Runderlaß v. 20. 5. 25 (JMBl. 232), bes. unter III.

Elfter Titel.

Geschäftsstelle.

153 [154]. Bei jedem Gerichte wird eine **Geschäftsstelle eingerichtet, die mit der erforderlichen Zahl von Urkundsbeamten besetzt wird**[1]. Die Geschäftseinrichtung bei dem Reichsgerichte wird durch den Reichsminister der Justiz, bei den Landesgerichten durch die Landesjustizverwaltung bestimmt[2].

[1] RGes. v. 9. 7. 27: Geschäftsstelle früher: Gerichtsschreiberei: Urkundsbeamter der GSt. früher: Gerichtsschreiber. — Auch Frauen: RGes. v. 11. 7. 22.

[2] Wegen Übertragung von Strafvollstreckungsaufgaben an die GeschSt. vgl. Vorbem. 2 vor § 449. — Für Preußen im übrigen JV. v. 1. 3. 28 (JMBl. 140), 15. 3. 28 (JMBl. 173).

Zwölfter Titel.

Zustellungs- und Vollstreckungsbeamte.

154 [155]. Die Dienst- und Geschäftsverhältnisse der mit den Zustellungen, Ladungen und Vollstreckungen zu betrauenden Beamten (Gerichtsvollzieher[1]) werden bei dem Reichsgerichte durch den Reichsminister der Justiz[2], bei den Landesgerichten durch die Landesjustizverwaltung[3] bestimmt[4].

[1] Betr. Frauen vgl. RGes. v. 11. 7. 22.

[2] Vgl. RZentrBlatt 1893 S. 159; 1922 S. 169.

[3] **Preußen**: AGGVG. §§ 73—76. — GerVollzO. v. 23. 3. 14 (JMBl. 289), GeschAnw. f. GerVollz. v. 24. 3. 14 (JMBl. 343), beide vielfach geändert. — Gebühren reichsrechtlich geregelt: GerVollzGebO. v. 14. 7. 28.

[4] Tätigkeit in Strafsachen: StPO. § 38.

155 [156]. Der Gerichtsvollzieher ist von der Ausübung seines Amts kraft Gesetzes ausgeschlossen:

I. in bürgerlichen Rechtsstreitigkeiten:

[Nr. 1 bis 3.]

II. in Strafsachen:

1. wenn er selbst durch die strafbare Handlung verletzt ist;
2. wenn er der Ehegatte des Beschuldigten oder Verletzten ist oder gewesen ist;
3. wenn er mit dem Beschuldigten oder Verletzten in dem vorstehend unter Nr. I 3[1] bezeichneten Verwandtschafts- oder Schwägerschaftsverhältnisse steht.

[1] Entspricht dem § 52, 3 StPO.

Dreizehnter Titel.

Rechtshilfe.

Vorbemerkung. — 1. **Rechtshilfe** i. S. des 13. Titels ist die Hilfe, die ein Gericht dem anderen leistet. Anträge der Staatsanwaltschaft auf Vornahme gerichtlicher Untersuchungshandlungen gehören nicht hierher; über sie vgl. StPO. § 162. — Für das Gebiet der Sondergerichtsbarkeit vgl. ferner das Rechtshilfegesetz v. 21. 6. 1869 (BGBl. 305). Für das militärgerichtliche Verfahren in Kriegszeiten und gegen Angehörige der Reichsmarine auf Kriegsschiffen gilt EMilStGO. v. 1. 12. 98 §§ 12, 13 (vgl. Ges. betr. Aufhebung der MilG. v. 17. 8. 20 § 24); vgl. auch E. 52, 20. Für Rechtshilfe gegenüber den Untersuchungsausschüssen des Reichstages vgl. RVerf. 34 Abs. 2. Für das Verwaltungsstrafverfahren vgl. RGes. v. 9. 6. 95 (RGBl. 256), bes. auch § 8. — Betr. Vollzug von Freiheitsstrafen aus Danzig und Memelland vgl. RGes. v. 1. 12. 23 (RGBl. I 1167).

2. **Internationale Rechtshilfe** beruht auf völkerrechtlichen Verträgen und auf dem Deutschen Auslieferungsgesetz v. 23. 12. 29. Über beides vgl. unten Anhang I Nr. 7.

156 [157]. Die Gerichte haben sich in bürgerlichen Rechtsstreitigkeiten und in Strafsachen Rechtshilfe zu leisten.

157 [158]. Das Ersuchen um Rechtshilfe ist an das Amtsgericht zu richten, in dessen Bezirk die Amtshandlung vorgenommen werden soll.

158 [159]. Das Ersuchen darf nicht abgelehnt werden.

Das Ersuchen eines nicht im Instanzenzuge vorgesetzten Gerichts[1] ist jedoch abzulehnen, wenn dem ersuchten Gerichte die örtliche Zuständigkeit mangelt oder die vorzunehmende Handlung nach dem Rechte des ersuchten Gerichts verboten ist[2].

[1] Das Rechtshilfeersuchen eines Gerichts, zu dessen Bezirk das ersuchte AGer. gehört, darf nicht abgelehnt werden; auch nicht, wenn das ersuchende Gericht in 1. Instanz tätig ist. Nur vgl. StPO. § 185.

[2] Nicht nur, wenn im Bezirk beider Gerichte verschiedenes Recht gilt, sondern auch wenn das ersuchte Gericht eine für beide gültige Vorschrift anders auslegt. — Die tatsächlichen Voraussetzungen der Zulässigkeit im Einzelfall prüft aber das ersuchende Gericht; z. B. bei einem Zeugniszwangshaftersuchen: ob das Z. mit Recht verweigert wurde (StPO. § 70). — Vgl. auch Anm. 3 zu StPO. § 162.

159 [160]. Wird das Ersuchen[1] abgelehnt[2] oder wird der Vorschrift des § 158 Abs. 2 zuwider dem Ersuchen stattgegeben, so entscheidet das Oberlandesgericht[3], zu dessen Bezirk das ersuchte Gericht gehört. Eine Anfechtung dieser Entscheidung findet nur statt, wenn sie die Rechtshilfe für unzulässig erklärt und das ersuchende und das ersuchte Gericht den Bezirken verschiedener Oberlandesgerichte angehören. Über die Beschwerde[4] entscheidet das Reichsgericht.

Die Entscheidungen erfolgen auf Antrag der Beteiligten[5] oder des ersuchenden Gerichts ohne vorgängige mündliche Verhandlung.

[1] D. h. eines nicht im Instanzenzuge vorgesetzten Gerichts. Andernfalls ist das Amtsgericht im Aufsichtswege anzuweisen.

[2] Ganz oder teilweise; auch bei Differenzen hinsichtlich der Kosten. E. 24, 1.

[3] Abweichung von § 73: Überspringung des LGer.

[4] §§ 304ff. StPO. dabei nicht anwendbar.

[5] Diese, wenn dem Ersuchen unzulässigerweise (§ 158 II) stattgegeben würde.

160 [161]. Die Herbeiführung der zum Zwecke von Vollstreckungen[1], Ladungen und Zustellungen erforderlichen Handlungen erfolgt nach Vorschrift der Prozeßordnungen[2] ohne Rücksicht darauf, ob die Handlungen in dem Lande, welchem das Prozeßgericht angehört, oder in einem anderen deutschen Lande vorzunehmen sind[3].

[1] Ausnahme Freiheitsstrafen §§ 162, 163; nicht aber Haft oder Vorführungsbefehle.

[2] Durch unmittelbares Angehen des GerVollz. §§ 37, 38, 423 StPO.

[3] Rechtshilfe (§ 156) daher nicht erforderlich; ein ersuchtes Ger. kann ablehnen (E. 26, 338). Denn die Gewalt eines jeden deutschen Ger. erstreckt sich grundsätzlich auf die Einwohner aller deutschen Staaten.

161 [162]. Gerichte, Staatsanwaltschaften und Geschäftsstellen der Gerichte können wegen Erteilung eines Auftrags an einen Gerichtsvollzieher die Mitwirkung der Geschäftsstelle des Amtsgerichts in Anspruch nehmen, in dessen Bezirk der Auftrag ausgeführt werden soll. Der von der Geschäftsstelle beauftragte Gerichtsvollzieher gilt als unmittelbar beauftragt.

162 [163]. Eine Freiheitsstrafe[1], welche die Dauer von sechs Wochen nicht übersteigt, ist in dem Lande zu vollstrecken[2], in welchem der Verurteilte sich befindet[3].

[1] Wegen Geldstrafen vgl. GVG. § 160, StPO. § 463.

[2] Durch Ersuchen an die Staatsanwaltschaft gemäß § 163.

[3] Für Gesamtstrafen (StGB. § 79, StPO. § 460), bei denen die Einzelstrafen in verschiedenen Ländern erkannt sind, vgl. Beschluß des Bundesrats v. 11. 6. 85 (RGBl. 270, preuß. JMBl. 309), ReichsJMinErl. v. 7. 7. 28 (RMBl. 393). — Betr. vorläufige Entlassung und Ausübung des Begnadigungsrechts bei Gesamtstrafen vgl. Vereinbarung von Reich und Ländern v. 28. 11. 23 (RMBl. 1033, preuß. JMBl. 737).

163 [164]. Soll eine Freiheitsstrafe in dem Bezirk eines anderen Gerichts vollstreckt oder ein in dem Bezirk eines anderen Gerichts befindlicher Verurteilter zum Zwecke der Strafverbüßung ergriffen und abgeliefert werden, so ist die Staatsanwaltschaft[1] bei dem Landgerichte des Bezirkes um die Ausführung zu ersuchen[2].

[1] Auch in den Fällen der §§ 179, 180 GVG. und des § 451 Abs. 3 StPO. Vgl. jedoch auch preuß. JV. v. 22. 1. 80 (nicht gedruckt), wonach hier auch unmittelbares Ersuchen des Amtsgerichts zulässig sein soll.

[2] Beschwerde geht an die Aufsichtsbehörde. § 147.

164 [165]. Im Falle der Rechtshilfe unter den Behörden verschiedener deutscher Länder sind die baren Auslagen, welche durch eine Ablieferung oder Strafvollstreckung entstehen, der ersuchten Behörde von der ersuchenden zu erstatten.

Im übrigen werden Kosten der Rechtshilfe von der ersuchenden Behörde[1] nicht erstattet[2].

Ist eine zahlungspflichtige Partei[3] vorhanden, so sind die Kosten[4] von ihr durch die ersuchende Behörde einzuziehen und der eingezogene Betrag der ersuchten Behörde zu übersenden.

Stempel-, Einregistrierungsgebühren oder andere öffentliche Abgaben, welchen die von der ersuchenden Behörde übersendeten Schriftstücke (Urkunden, Protokolle) nach dem Rechte der ersuchten Behörde unterliegen, bleiben außer Ansatz.

[1] D. h. aus der Staatskasse. Im übrigen gilt Abs. 3.

[2] Betr. Erstattung der Kosten der RHilfe sind zwischen den Ländern am 1. 4. 07 Grundsätze vereinbart, welche in JV. v. 7. 3. 07 (JMBl. 55) und v. 21. 1. 24 (JMBl. 29) mitgeteilt sind. Betr. Kostenausgleich zwischen Reich und Ländern s. Vereinbarung v. 8. 7. 25 (RMBl. 371, PrJMBl. 276). Über Kostenausgleich zwischen Reich und Preußen in Reichsgerichts- und Staatsgerichtshofssachen s. JV. v. 11. 6. 25 (JMBl. 214) und über Ausgleich zwischen Preußen und dem Saargebiet JV. v. 7. 9. u. 11. 11. 26 (JMBl. 1925, 338 und 1926, 180).

[3] In Betracht kommt nicht nur der Privatkläger, sondern auch (trotz des Ausdrucks „Partei") der Verurteilte.

[4] Nicht bloß die baren Auslagen. Vgl. Abs. 1.

165 [166]. Für die Höhe der den geladenen Zeugen und Sachverständigen gebührenden Beträge sind die Bestimmungen maßgebend, welche bei dem Gerichte gelten, vor welches die Ladung erfolgt.

Sind die Beträge nach dem Rechte des Aufenthaltsorts der geladenen Personen höher, so können die höheren Beträge gefordert werden.

Bei weiterer Entfernung des Aufenthaltsorts der geladenen Personen ist ihnen auf Antrag ein Vorschuß zu bewilligen.

166 [167]. Ein Gericht darf Amtshandlungen außerhalb seines Bezirkes ohne Zustimmung des Amtsgerichts des Ortes[1] nur vornehmen, wenn Gefahr im Verzug obwaltet. In diesem Falle ist dem Amtsgerichte des Ortes Anzeige zu machen.

[1] Ausn. § 160.

167 [168]. Die Sicherheitsbeamten eines deutschen Landes sind ermächtigt, die Verfolgung eines Flüchtigen auf das Gebiet eines anderen deutschen Landes fortzusetzen[1] und den Flüchtigen daselbst zu ergreifen[2].

Der Ergriffene ist unverzüglich an das nächste Gericht oder die nächste Polizeibehörde des Landes, in welchem er ergriffen wurde, abzuführen[3].

[1] Sog. Nacheile — nicht nur Folgen behufs Einholens, sondern alle Maßregeln zur Ergreifung. E. 30, 386.

[2] Auf Durchsuchung und Beschlagnahme nicht auszudehnen. E. 26, 211.

[3] Alsdann §§ 128ff. StPO.

168 [169]. Die in einem deutschen Lande bestehenden Vorschriften über die Mitteilung von Akten einer öffentlichen Behörde an ein Gericht dieses Landes kommen auch dann zur Anwendung, wenn das ersuchende Gericht einem anderen deutschen Lande angehört.

Vierzehnter Titel.

Öffentlichkeit und Sitzungspolizei.

Vorbemerkung. Strafbestimmungen (Geldstr. oder Gef. bis 6 Mon.) gegen 1. die Verletzung der durch § 174 II auferlegten Geheimhaltungspflicht; 2. Preßberichte aus der Verhandlung oder aus amtl. Schriftstücken, falls Öff. wegen Gefährdung der Staatssicherheit ausgeschlossen war; 3. ärgerniserregende öffentliche Mitteilungen, falls Öff. wegen Gefährdung der Sittlichkeit ausgeschlossen war. Vgl. Ges. v. 5. 4. 88 und StGB. § 184b.

169 [170]. Die Verhandlung vor dem erkennenden Gerichte[1], einschließlich der Verkündung der Urteile und Beschlüsse, ist öffentlich[2], [3].

[1] „Hauptverhandlung" Buch 2 Abschn. 6 und 7 der StPO.; auch in den höheren Instanzen. Auch Augenscheinseinnahme, soweit ausführbar (E. 47, 322; 52, 137). Außerdem § 45. — Die übrigen gerichtlichen Verhandlungen sind nicht öffentlich, so das Vorverfahren, die Fälle der §§ 223 ff., 367, 462 StPO. und ähnliche. — Für Jugendsachen vgl. aber JGG. § 23.

[2] Öffentlichkeit bedeutet grundsätzliche Zugänglichkeit für jedermann, einerlei, ob tatsächlich jemand Einlaß begehrt (E. 23, 218). Wird der Zuhörerraum sitzungspolizeilich (§ 177) geräumt, darf er nicht geschlossen gehalten werden (E. 30, 104). Dagegen sind Maßregeln gegen Überfüllung (z. B. Einlaßkarten bis zu bestimmter Zahl, E. 2, 301) oder gegen Unruhen (z. B. Prüfung von Ausweisen, E. 54, 227) zulässig.

[3] Verletzung Revisionsgrund, § 338 Nr. 6 StPO., vgl. auch § 328 Abs. 2 daselbst, und hinsichtlich der Beurkundung im Protokoll §§ 272 Nr. 5, 274 daselbst.

[§§ 170 und 171 betreffen Ehe- und Entmündigungssachen].

172 [173]. In allen Sachen kann durch das Gericht für die Verhandlung oder für einen Teil davon[1] die Öffentlichkeit ausgeschlossen werden, wenn sie eine Gefährdung der öffentlichen Ordnung[2], insbesondere der Staatssicherheit[3], oder eine Gefährdung der Sittlichkeit[4] besorgen läßt[5].

[1] D. h. für alle Prozeßvorgänge des betr. Abschnitts, E. 43, 367.

[2] Auch Erschwerung der Wahrheitsermittlung durch dauernde Störungen: E. 30, 244.

[3] „Staatssicherheit" ist etwas anderes als „öffentliche Ordnung"; das Wort „insbesondere" ist verfehlt. Sonderbehandlung in §§ 173 II, 174 II und in Strafbestimmung (Vorbem. vor § 169).

[4] Die „Sittlichkeit" ist gefährdet, wenn geschlechtliche Dinge erörtert werden müssen, deren öffentliche Besprechung ein durchschnittliches Anstandsgefühl verletzt oder untergräbt, oder deren Erörterung die sexuelle Entwicklung Jugendlicher ungünstig beeinflussen muß. In letzterer Richtung genügt u. U. § 175.

[5] Nach Schluß des betr. Verhandlungsabschnitts Wiederherstellung der Öff. ohne bes. Beschluß (E. 53, 271).

173 [174]. Die Verkündung des Urteils[1] erfolgt in jedem Falle öffentlich[2].

Durch einen besonderen[3] Beschluß des Gerichts kann für die Verkündung der Urteilsgründe oder eines Teiles davon die Öffentlichkeit ausgeschlossen werden, wenn sie eine Gefährdung der Staatssicherheit oder eine Gefährdung der Sittlichkeit besorgen läßt.

[1] Nicht sonstiger Entscheidungen, außer § 174 Abs. 1 Satz 2.

[2] Verletzung Revisionsgrund nach StPO. § 338 Nr. 6. E. 1, 90.

[3] Der allgemeine Beschluß nach § 172 genügt nicht. E. 20, 383. — Der Beschluß kann erst nach Abschluß der Verhandlung über die Schuldfrage gefaßt werden (E. 43, 300) und bedarf der „Verhandlung" nach § 174 (E. 35, 103).

174 [175]. Die Verhandlung[1] über die Ausschließung der Öffentlichkeit findet in nicht öffentlicher Sitzung statt[2], wenn ein Beteiligter es beantragt oder das Gericht es für angemessen erachtet. Der Beschluß, welcher die Öffentlichkeit ausschließt, muß öffentlich verkündet werden[3]. Bei der Verkündung ist anzugeben[3], ob die Ausschließung wegen Gefährdung der öffentlichen Ordnung, insbesondere wegen Gefährdung der Staatssicherheit, oder ob sie wegen Gefährdung der Sittlichkeit erfolgt.

Ist die Öffentlichkeit wegen Gefährdung der Staatssicherheit ausgeschlossen, so kann das Gericht den anwesenden Personen die Geheimhaltung von Tatsachen, welche durch die Verhandlung, durch die Anklageschrift oder durch andere amtliche Schriftstücke des Prozesses zu ihrer Kenntnis gelangen, zur Pflicht machen. Der Beschluß ist in das Sitzungsprotokoll aufzunehmen. Gegen ihn findet Beschwerde statt. Die Beschwerde hat keine aufschiebende Wirkung.

[1] Die Prozeßbeteiligten (StA., Angekl., Verteid., PrivKl., NebKl.) sind also zu hören. Verletzung § 338 Nr. 6 StPO. Vgl. E. 57, 26 und 264.

[2] § 175 Abs. 2 gilt aber auch hier. E. 33, 311.

[3] Verletzung § 338 Nr. 6 StPO. Verstoß heilt durch ordnungsmäßige Wiederholung der Verhandlung. E. 35, 353.

175 [176]. Der Zutritt zu öffentlichen Verhandlungen kann unerwachsenen[1] und solchen Personen versagt werden, welche sich nicht im Besitze der bürgerlichen Ehrenrechte befinden, oder welche in einer der Würde des Gerichts nicht entsprechenden Weise erscheinen.

Zu nicht öffentlichen Verhandlungen kann der Zutritt einzelnen Personen vom Gerichte gestattet werden. Einer Anhörung der Beteiligten bedarf es nicht.

Die Ausschließung der Öffentlichkeit steht der Anwesenheit der die Dienstaufsicht führenden Beamten der Justizverwaltung bei den Verhandlungen vor dem erkennenden Gerichte nicht entgegen.

[1] Keine feste Altersgrenze. Anhaltspunkte in E. 47, 374.

Vorbem. zu §§ 176—178.

Sitzungspolizeiliche Rechte des Vorsitzenden (§ 176) und des Gerichts (§§ 177, 178); bestehend in Ordnungs- (§§ 176, 177) und Strafmaßregeln (§ 178). Der „Vorsitzende" als solcher kann also nur Ordnungsmaßregeln treffen, und zwar mit Ausnahme der in § 177 geregelten Ausschlußmaßnahmen; letztere sowie Ordnungsstrafen nur „das Gericht". — Strafen sowie zwangsweise Entfernung und Haft unzulässig gegen Richter, Protokollführer, Staatsanwalt und Verteidiger. Mildere Ordnungsmaßregeln aber (Unterbrechung, Ermahnung „zur Sache", Vorhalt ungebührlichen Tons u. dgl.) gegen alle in der Sitzung anwesenden Personen zulässig, auch Staatsanwalt.

176 [177]. Die Aufrechthaltung der Ordnung[1] in der Sitzung liegt dem Vorsitzenden ob.

[1] Gegenüber allen Anwesenden, auch StA. E. 11, 135. — Photographieverbot!

177 [178]. Parteien, Beschuldigte[1], Zeugen, Sachverständige oder bei der Verhandlung nicht beteiligte Personen[2], welche den zur Aufrechthaltung der Ordnung erlassenen Befehlen nicht gehorchen, können auf Beschluß des Gerichts aus dem Sitzungszimmer entfernt, auch zur Haft abgeführt und während einer in dem Beschlusse zu bestimmenden Zeit, welche vierundzwanzig Stunden nicht übersteigen darf, festgehalten werden[3].

[1] Hier aber StPO. § 247 II beachten!

[2] Gegen Richter, StA., Vert., Protokollführer also kein Recht, sie zu entfernen; auch nicht nach StGB. § 123, da ihre Anwesenheit nie „unbefugt". Nötigenfalls ist die Sitzung zu unterbrechen und der vorgesetzten Dienstbehörde bzw. Anwaltskammer das Weitere zu überlassen. Für Vert. vgl. auch StPO. § 145 III.

[3] Beschw. ausgeschlossen. GVG. § 181. Aber Dienstbeschwerde.

178 [179]. Das Gericht kann gegen Parteien, Beschuldigte, Zeugen, Sachverständige oder bei der Verhandlung nicht beteiligte Personen, welche sich in der Sitzung einer Ungebühr schuldig machen, vorbehaltlich der strafgerichtlichen Verfolgung, eine Ordnungsstrafe in Geld[1] oder bis zu drei Tagen Haft festsetzen und sofort vollstrecken lassen.

[1] Von 1 bis 1000 Reichsmark. Bei Nichtbeitreibbarkeit Freiheitsstrafe. ReichsVO. v. 6. 2. 24 (RGBl. I 44).

179 [181]. Die Vollstreckung der vorstehend bezeichneten Ordnungsstrafen hat der Vorsitzende unmittelbar[1] zu veranlassen.

[1] Ohne Mitwirkung der StA. Vgl. §§ 36, 451 StPO.

180 [182]. Die in den §§ 176 bis 179 bezeichneten Befugnisse stehen auch einem einzelnen Richter[1] bei der Vornahme von Amtshandlungen außerhalb der Sitzung zu.

[1] AR., UR., beauftr. R. Vgl. auch StPO. § 164.

181 [183]. Ist in den Fällen der §§ 178 und 180[1] eine Ordnungsstrafe festgesetzt, so findet binnen der Frist von einer Woche nach der Bekanntmachung der Entscheidung Beschwerde statt, sofern die Entscheidung nicht von dem Reichsgericht oder einem Oberlandesgerichte getroffen ist.

Die Beschwerde hat in dem Falle des § 178 keine aufschiebende Wirkung, in dem Falle des § 180 aufschiebende Wirkung.

Über die Beschwerde entscheidet das Oberlandesgericht[2].

[1] Nicht im Fall des § 177.

[2] Abweichung von § 73, Überspringung des LGer.

182 [184]. Ist eine Ordnungsstrafe wegen Ungebühr festgesetzt, oder eine Person zur Haft abgeführt, oder eine bei der Verhandlung beteiligte Person entfernt worden, so ist der Beschluß des Gerichts und dessen Veranlassung in das Protokoll aufzunehmen.

183 [185]. Wird eine strafbare Handlung in der Sitzung begangen, so hat das Gericht den Tatbestand festzustellen und der zuständigen Behörde[1] das darüber aufgenommene Protokoll mitzuteilen. In geeigneten Fällen ist die vorläufige Festnahme[2] des Täters zu verfügen.

[1] In der Regel der StA. StPO. §§ 152, 158ff., aber auch 163 Abs. 2. [2] StPO. § 127.

Fünfzehnter Titel.

Gerichtssprache.

184 [186]. Die Gerichtssprache ist deutsch[1].

[1] Ausnahme: RGes. v. 11. 6. 22 (RGBl. II 237): Vor den Gerichten des deutsch gebliebenen Teils des oberschlesischen Abstimmungsbezirks ist auch die polnische Sprache zulässig.

185 [187]. Wird unter Beteiligung von Personen verhandelt[1], welche der deutschen Sprache nicht mächtig sind[2], so ist ein Dolmetscher[3] zuzuziehen[4]. Die Führung eines

Nebenprotokolls in der fremden Sprache findet nicht statt; jedoch sollen Aussagen und Erklärungen in fremder Sprache, wenn und soweit der Richter dies mit Rücksicht auf die Wichtigkeit der Sache für erforderlich erachtet, auch in der fremden Sprache in das Protokoll oder in eine Anlage niedergeschrieben werden. In den dazu geeigneten Fällen soll dem Protokoll eine durch den Dolmetscher zu beglaubigende Übersetzung beigefügt werden.

Die Zuziehung eines Dolmetschers kann unterbleiben, wenn die beteiligten Personen sämtlich der fremden Sprache mächtig sind.

[1] Soll eine fremdsprachliche Urkunde als Beweismittel benutzt werden (StPO. § 249), so muß sie folglich in der Hauptverhandlung von einem Dolmetscher übersetzt werden (E. 9, 51; 25, 353), und zwar ohne Antrag (E. 27, 268). Eine von einem Dolmetscher vorher angefertigte Übersetzung kann zwar von diesem (E. 7, 388), nicht aber von anderen (E. 27, 161) in der Hauptverhandlung verlesen werden. Vgl. aber auch E. 36, 371.

[2] Nach freiem tatsächlichem Ermessen des Gerichts, E. 1, 137.

[3] Preußen: DolmOrdng. v. 25. 2. 28 (JMBl. 100).

[4] Alle wesentlichen Verhandlungsakte sind, soweit ein der deutschen Sprache nicht Mächtiger beteiligt ist, zu übertragen; für die Schlußvorträge genügt § 259 StPO. Vgl. E. 43, 443.

186 [188]. Zur Verhandlung mit tauben[1] oder stummen Personen ist, sofern nicht eine schriftliche[2] Verständigung erfolgt, eine Person als Dolmetscher zuzuziehen, mit deren Hilfe die Verständigung[3] in anderer Weise erfolgen kann[4].

[1] Über Schwerhörige vgl. E. 15, 172.

[2] Auch einseitige, z. B. Vorlegung von Fragen. E. 31, 315.

[3] Anm. 4 zu § 185 gilt auch hier. E. 36, 355.

[4] Wegen Eidesleistung vgl § 64 StPO.

187 [189]. Ob einer Partei, welche taub ist, bei der mündlichen Verhandlung der Vortrag zu gestatten sei, bleibt dem Ermessen des Gerichts überlassen.

Dasselbe gilt in Anwaltsprozessen[1] von einer Partei, die der deutschen Sprache nicht mächtig ist.

[1] Abs. 2 gilt also nur für Zivilprozeß.

188 [190]. Personen, welche der deutschen Sprache nicht mächtig sind, leisten Eide in der ihnen geläufigen Sprache.

189 [191]. Der Dolmetscher hat einen Eid dahin zu leisten:

daß er treu und gewissenhaft übertragen werde[1].

Ist der Dolmetscher für Übertragungen der betreffenden Art im allgemeinen beeidigt[2], so genügt die Berufung auf den geleisteten Eid.

[1] Form: StPO. §§ 63, 64 und RVerf. 136, 177.

[2] Preußen: JV. v. 5. 2. 00 (JMBl. 48); v. 5. 3. 01 (JMBl. 51); v. 16. 6. 02 (JMBl. 126); v. 26. 3. 24 (JMBl. 135).

190 [192]. Der Dienst des Dolmetschers kann von dem Urkundsbeamten der Geschäftsstelle wahrgenommen werden. Einer besonderen Beeidigung bedarf es nicht.

191 [193]. Auf den Dolmetscher finden die Bestimmungen über Ausschließung und Ablehnung der Sachverständigen[1] entsprechende Anwendung. Die Entscheidung erfolgt durch das Gericht oder den Richter, von welchem der Dolmetscher zugezogen ist.

[1] StPO. §§ 74, 22—24.

Sechzehnter Titel.

Beratung und Abstimmung.

192 [194]. Bei Entscheidungen dürfen Richter nur in der gesetzlich bestimmten Anzahl mitwirken.

Bei Verhandlungen von längerer Dauer kann der Vorsitzende die Zuziehung von Ergänzungsrichtern anordnen, welche der Verhandlung[1] beizuwohnen[2] und im Falle der Verhinderung[3] eines Richters für ihn einzutreten haben[4].

Die vorstehenden Bestimmungen finden auch auf Schöffen und Geschworene Anwendung[5].

[1] Nicht auch der Beratung und Abstimmung.

[2] Als Richter, nicht als bloßer Zuhörer; daher auch Fragerecht gemäß § 240 Abs. 1 StPO. — E. 27, 172.

[3] Ob Behinderung vorliegt, entscheidet der Vors. (E. 13, 191: 38, 43; 61, 307). Ausbleiben bei Wiederbeginn der Sitzung genügt. E. 30, 226. Auch rechtliche Behinderung, z. B. nachträgliches Bekanntwerden eines Ausschließungsgrundes. E. 35, 372.

[4] Keine Anwendbarkeit der §§ 63, 64, 67, 70 auf den Ergänzungsrichter (E. 59, 20).

[5] Gemäß §§ 49, 84.

193 [195]. Bei der Beratung und Abstimmung dürfen außer den zur Entscheidung berufenen Richtern[1] nur die bei demselben Gerichte zu ihrer juristischen Ausbildung beschäftigten Personen zugegen sein, soweit der Vorsitzende deren Anwesenheit gestattet[2].

[1] Anwesenheit eines Aufsichtsbeamten seit RGes. v. 5. 4. 88 unzulässig; ebenso des Protokollführers, soweit er nicht zu den sonst Zugelassenen, z. B. den Auszubildenden, gehört. E. 18, 161. Vgl. auch E. 25, 237; 26, 42.

[2] Leise Beratung im Sitzungssaal zulässig. E. 22, 396; 46, 373.

194 [136]. Der Vorsitzende leitet die Beratung, stellt die Fragen und sammelt die Stimmen.

Meinungsverschiedenheiten über den Gegenstand, die Fassung und die Reihenfolge der Fragen oder über das Ergebnis der Abstimmung entscheidet das Gericht.

195 [197]. Kein Richter, Schöffe oder Geschworener darf die Abstimmung über eine Frage verweigern, weil er bei der Abstimmung über eine vorhergegangene Frage in der Minderheit geblieben ist.

196 [198]. Die Entscheidungen erfolgen, soweit das Gesetz nicht ein anderes bestimmt[1], nach der absoluten Mehrheit der Stimmen.

[2]Bilden sich in Beziehung auf Summen, über welche zu entscheiden ist, mehr als zwei Meinungen, deren keine die Mehrheit für sich hat, so werden die für die größte Summe abgegebenen Stimmen den für die zunächst geringere abgegebenen so lange hinzugerechnet, bis sich eine Mehrheit ergibt.

[3]Bilden sich in einer Strafsache, von der Schuldfrage[4] abgesehen, mehr als zwei Meinungen, deren keine **die erforderliche** Mehrheit für sich hat, so werden die dem Beschuldigten nachteiligsten Stimmen den zunächst minder nachteiligen so lange hinzugerechnet, bis sich **die erforderliche** Mehrheit ergibt. **Bilden sich in der Straffrage zwei Meinungen, ohne daß eine die erforderliche Mehrheit für sich hat, so gilt die mildere Meinung. Ergibt sich in dem mit zwei Richtern und zwei Schöffen besetzten Schöffengerichte, von der Schuld- und Straffrage abgesehen, Stimmengleichheit, so gibt die Stimme des Vorsitzenden den Ausschlag.**

[1] StPO. § 263.

[2] Abs. 2 gilt nur für Zivilsachen.

[3] Abs. 3 gemäß § 20 Abs. 2 VO. v. 4. 1. 24 geändert, da jetzt auch in der Straffrage $^2/_3$-Mehrheit erforderlich.

[4] Über die Schuldfrage ist nicht nach Gründen, sondern nach dem Endergebnis abzustimmen. Beispiel: Der eine Richter verneint die Täterschaft, der zweite und der dritte Richter bejahen sie, aber der zweite (und nur er) nimmt Notwehr an, der dritte (und nur er) Unzurechnungsfähigkeit: Freisprechung. Vgl. auch E. 2, 379; 8, 218.

197 [199][1]. **Die Richter stimmen nach dem Dienstalter, bei gleichem Dienstalter nach dem Lebensalter, Handelsrichter, Schöffen und Geschworene nach dem Lebensalter; der jüngere stimmt vor dem älteren. Die Schöffen und Geschworenen stimmen vor den Richtern. Wenn ein Berichterstatter ernannt ist, so stimmt er zuerst[2]. Zuletzt stimmt der Vorsitzende.**

[1] Fassung gemäß § 20 Abs. 1 VO. v. 4. 1. 24. Vgl. JGG. § 24 Abs. 2.

[2] Also: zuerst er, dann die Schöffen (bzw. Geschworenen), dann eventuell der 2. Beisitzer, dann der Vorsitzende.

198 [200]. **Schöffen und Geschworene[1] sind verpflichtet[2], über den Hergang bei der Beratung und Abstimmung Stillschweigen zu beobachten.**

[1] Bei den Richtern ist Schweigepflicht Amtspflicht.

[2] Daraus folgt nicht nur Zeugnisverweigerungsrecht (E. 26, 202), sondern geradezu Unzulässigkeit der Vernehmung, z. B. um in der Oberinstanz die Gesetzmäßigkeit der Abstimmung nachzuprüfen (E. 61, 217). Rev. kann nicht auf Tatsachen gegründet werden, die nur durch Verletzung der Schweigepflicht bekannt wurden oder ermittelt werden könnten. Zulässig aber, in den Urteilsgründen das Abstimmungsverhältnis anzugeben, um Nachprüfung zu ermöglichen (E. 61, 217). Nach preuß. JV. v. 10. 3. 27 (JMBl. 67) können Aufzeichnungen über Vorgänge bei der Abstimmung in versiegeltem Umschlag zu den Akten genommen werden.

Siebzehnter Titel.

Gerichtsferien.

199 [201]. Die Gerichtsferien beginnen am 15. Juli und endigen am 15. September.

200 [202]. Während der Ferien werden nur in Feriensachen Termine abgehalten und Entscheidungen erlassen.

Feriensachen sind:

1. Strafsachen;

[Der übrige Teil des § 200 betrifft Zivilsachen.]

201 [203]. Zur Erledigung der Feriensachen können bei den Landgerichten Ferienkammern, bei den Oberlandesgerichten und dem Reichsgerichte Feriensenate gebildet werden[1].

[1] §§ 63, 64, 117, 131 entsprechend anzuwenden, soweit nicht die durch die Ferien geschaffene Besonderheit der Geschäftslage Änderungen bedingt. Verletzung Revisionsgrund. Vgl. E. 37, 59; 56, 143; auch 40, 84.

202 [204][1]. Auf das Kostenfestsetzungsverfahren, das Mahnverfahren, das Zwangsvollstreckungsverfahren, das Konkursverfahren und das Vergleichsverfahren zur Abwendung des Konkurses sind die Ferien ohne Einfluß.

[1] § 202 ist für Strafsachen ohne Bedeutung.

II.

Einführungsgesetz zum Gerichtsverfassungsgesetz.

Vom 27. Januar 1877;
abgeändert durch Ges. v. 17. 5. 98, 22. 5. 10 und 20. 2. 11.
(Die §§ 12—16, 18—22 sind jetzt gegenstandslos.)

1. Das Gerichtsverfassungsgesetz tritt im ganzen Umfange des Reichs an einem durch Kaiserliche Verordnung mit Zustimmung des Bundesrats festzusetzenden Tage, spätestens am 1. Oktober 1879, gleichzeitig mit der im § 2 des Einführungsgesetzes der Zivilprozeßordnung vorgesehenen Gebührenordnung in Kraft.

2. Die Vorschriften des Gerichtsverfassungsgesetzes finden nur auf die ordentliche[1] streitige Gerichtsbarkeit und deren Ausübung Anwendung.

[1] D. i. die den ordentl. Ger. zugewiesene (§§ 12, 13 GVG.).

3. Die Gerichtsbarkeit in bürgerlichen Rechtsstreitigkeiten und Strafsachen, für welche besondere Gerichte zugelassen sind[1], kann den ordentlichen Landesgerichten durch die Landesgesetzgebung übertragen werden. Die Übertragung darf nach anderen als den durch das Gerichtsverfassungsgesetz vorgeschriebenen Zuständigkeitsnormen erfolgen[2].

Auch kann die Gerichtsbarkeit letzter Instanz in den vorerwähnten Sachen auf Antrag des betreffenden Bundesstaates mit Zustimmung des Bundesrats[3] durch Kaiserliche[4] Verordnung dem Reichsgerichte übertragen werden.

[Abs. III betrifft nur Zivilsachen.]

[1] § 14 GVG. und § 7 dieses EG.
[2] Vgl. auch EStPO. § 3 Abs. 2.
[3] Jetzt VO. des RPräs. mit Zustimmung des RRats: RVerf. 179 und RGes. v. 4. 3. 19 §§ 3, 4.

4. Durch die Vorschriften des Gerichtsverfassungsgesetzes über die Zuständigkeit der Behörden wird die Landesgesetzgebung nicht gehindert, den betreffenden Landesbehörden jede andere Art der Gerichtsbarkeit, sowie Geschäfte der Justizverwaltung zu übertragen. Andere Gegenstände der Verwaltung dürfen den ordentlichen Gerichten nicht übertragen werden.

[§ 5: Vorrechte landesherrlicher Familien: gegenstandslos: RVerf. Art. 109.]

6. Unberührt bleiben die bestehenden landesgesetzlichen[1] Vorschriften über die Zuständigkeit der Schwurgerichte für die durch die Presse[2] begangenen strafbaren Handlungen[3].

[1] Bayern: Art. 35 G. v. 23. 2. 79 (G. u. VBl. 273), neu gefaßt durch Ges. v. 5. 5. 23 (G. u. VBl. 169). — Württemberg: Art. 12 G. v. 24. 1. 79 (RegBl. 3). — Baden: § 6 G. v. 3. 3. 79 (G. u. VBl. 91). — Oldenburg: Art. 29 G. v. 10. 4. 79 (GBl. 330). — An der Fortgeltung dieser Bestimmungen zu zweifeln, besteht kein Anlaß.
[2] Vgl. § 2 Preßg. v. 7. 5. 74 und dazu E. 35, 375.
[3] § 136 Nr. 1 GVG. und § 18 SpionG. v. 3. 6. 14 gelten jedoch uneingeschränkt.

7. Die Militärgerichtsbarkeit[1] [sowie das landesgesetzlich den Standesherren gewährte Recht auf Austräge] werden durch das Gerichtsverfassungsgesetz nicht berührt.

[1] Vgl. Vorbem. vor StPO. § 434.

[§ 8 betr. nur bürgerliche Rechtsstreitigkeiten.]

9. Durch die Gesetzgebung eines Bundesstaates, in welchem mehrere Oberlandesgerichte errichtet werden, kann die Verhandlung und Entscheidung der zur Zuständigkeit der Oberlandesgerichte gehörenden Revisionen und Beschwerden[1] in Strafsachen ausschließlich einem der mehreren Oberlandesgerichte oder an Stelle eines solchen Oberlandesgerichts dem obersten Landesgerichte zugewiesen werden[2].

[1] Nicht sonstige Aufgaben, z. B. GVG. § 120, StPO. § 172 III.

[2] Geschehen in Preußen und Bayern. Vgl. preuß. AG. zum GVG. v. 24. 4. 78 (unten Anhang) § 50 (Kammergericht), bayer. AG. v. 23. 2. 79 Art. 41 und jetzt bayer. AG. zum BGB. v. 9. 6. 99 Art. 167 XII (Oberstes Landesgericht).

10. Die allgemeinen, sowie die in den §§ 126, 132, 133, 134, 183 Abs. 1 enthaltenen besonderen Vorschriften des Gerichtsverfassungsgesetzes finden auf die obersten Landesgerichte als Behörden der ordentlichen streitigen Gerichtsbarkeit entsprechende Anwendung. Das gleiche gilt, sofern ein Zivilsenat des obersten Landesgerichts von der Entscheidung eines anderen Zivilsenats oder der vereinigten Zivilsenate abweichen will, in Ansehung der Vorschriften der §§ 137, 139 des Gerichtsverfassungsgesetzes.

Die Besetzung der Senate bestimmt sich in Strafsachen nach § 124, in bürgerlichen Rechtsstreitigkeiten nach § 140 des Gerichtsverfassungsgesetzes.

[Abs. III betrifft nur Zivilsachen.]

11. Die landesgesetzlichen Bestimmungen, durch welche die strafrechtliche oder zivilrechtliche Verfolgung öffentlicher Beamten[1] wegen der in Ausübung oder in Veranlassung der Ausübung ihres Amts vorgenommenen Handlungen an besondere Voraussetzungen gebunden ist, treten außer Kraft.

Unberührt bleiben die landesgesetzlichen Vorschriften[2], durch welche die Verfolgung der Beamten entweder im Falle des Verlangens einer vorgesetzten Behörde oder unbedingt an die Vorentscheidung einer besonderen Behörde gebunden ist[2], mit der Maßgabe:

1. daß die Vorentscheidung auf die Feststellung beschränkt ist, ob der Beamte sich einer Überschreitung seiner Amtsbefugnisse oder der Unterlassung einer ihm obliegenden Amtshandlung schuldig gemacht habe;
2. daß in den Bundesstaaten, in welchen ein oberster Verwaltungsgerichtshof besteht, die Vorentscheidung diesem, in den anderen Bundesstaaten dem Reichsgerichte zusteht.

[1] Für die Reichsbeamten sind durch § 13 des RBeamtG. v. 31. 3. 73 (18. 5. 07) alle landesgesetzlichen Schranken der Verfolgbarkeit aufgehoben. E. 32, 322.

[2] Für Zivilprozesse durch RVerf. 131 aufgehoben (vgl. auch RGBl. 1923 I 292). — Strafprozeß: Für Preußen durch G. v. 16. 11. 20 (GS. 1921, 65) aufgehoben.

[§ 17 betrifft nur Zivilsachen.]

III.

Strafprozeßordnung.

Vom 1. Februar 1877,
neu bekanntgemacht in neuer Paragraphenfolge am 22. März 1924.

Erstes Buch.

Allgemeine Bestimmungen.

Erster Abschnitt.

Sachliche Zuständigkeit der Gerichte.

Vorbemerkung: 1. Zuständigkeit ist **Prozeßvoraussetzung** (über diese vgl. das Register). Fehlt die sachliche Z., ist das Verfahren einzustellen. Weitere Behandlung: § 270.

2. Die Z. bemißt sich nicht nach der im Urteil festgestellten, sondern nach der zur Anklage gebrachten Tat. Freisprechung erfordert also dieselbe Z. wie Verurteilung (E. 9, 324).

3. Die sachl. Unzust. heilt mit der Rechtskraft. E. 40, 271.

4. Ist dieselbe Sache bei mehreren Gerichten anhängig, so hat das später mit ihr befaßte Ger. wegen R.hängigkeit einzustellen. E. 55, 186.

1. Die sachliche Zuständigkeit der Gerichte wird durch das Gesetz über die Gerichtsverfassung bestimmt.

2. Zusammenhängende[1] Strafsachen, welche einzeln zur Zuständigkeit von Gerichten verschiedener Ordnung[2] gehören würden[3], können[4] verbunden bei dem Gericht anhängig gemacht werden, welchem die höhere Zuständigkeit beiwohnt.

Aus Gründen der Zweckmäßigkeit kann[4] durch Beschluß dieses Gerichts die Trennung der verbundenen Strafsachen angeordnet werden.

[1] Begriff: § 3. Erweiterung der Fälle in § 237 und in Preuß. Feld- und Forstpolizeigesetz v. 21. 1. 26 § 52. — „Jugendsachen sollen mit Strafsachen gegen Erwachsene nicht verbunden werden“: JGG. § 26.

[2] Wegen örtl. Zust. vgl. § 13.

[3] Die Voraussetzung ist auch gegeben, wenn eine Sache schon in höherer Instanz schwebt. E. 48, 119.

[4] Nach freiem Ermessen. Keine Begründung nötig. E. 54, 107; 57, 44. Beschw.: § 346.

3. Ein Zusammenhang ist vorhanden, wenn eine Person mehrerer strafbarer Handlungen beschuldigt wird, oder wenn bei einer strafbaren Handlung mehrere Personen als Täter[1], Teilnehmer, Begünstiger oder Hehler beschuldigt werden.

[1] Auch außer dem Fall des § 47 StGB., wenn nur natürliche Einheit der Straftat vorliegt; z. B. E. 25, 15 (Beisp. f. Mehrheit: E. 42, 133).

4[1]. Eine Verbindung zusammenhängender oder eine Trennung verbundener Strafsachen kann auch nach Eröffnung der Untersuchung[2] auf Antrag der Staatsanwaltschaft oder des Angeschuldigten oder von Amts wegen durch gerichtlichen Beschluß[3] angeordnet werden.

Zuständig für den Beschluß ist das Gericht, zu dessen Bezirk die übrigen Gerichte gehören. In Ermangelung eines hiernach zuständigen Gerichts erfolgt die Beschlußfassung durch das gemeinschaftliche obere Gericht.

[1] Unanwendbar bei gleicher erstinstanzl. Zust. Andernfalls nur § 13. E. 10, 10; 48, 297. — Für Jugendsachen JGG. § 26.

[2] D. h. der VU. oder, wenn diese nicht stattgefunden, des Hauptverfahrens.

[3] Eine Vereinbarung, wie nach § 13, hier unzulässig.

5. Für die Dauer der Verbindung ist der Straffall, welcher zur Zuständigkeit des Gerichts höherer Ordnung gehört, für das Verfahren maßgebend[1].

[1] Auch z. B. betr. Notwendigkeit der Verteidigung (§ 140), der BU. (§ 178) und betr. RMittel. E. 48, 93.

6. Das Gericht hat seine[1] sachliche[2] Zuständigkeit in jeder Lage des Verfahrens von Amts wegen zu prüfen[3].

[1] Wieweit auch die Zust. der Unterinstanzen: vgl. §§ 328 Abs. 3, 338 Nr. 4.

[2] Anders die örtliche: § 18.

[3] §§ 180, 209, 270; freilich auch § 269.

Zweiter Abschnitt.

Gerichtsstand.

Vorbemerkung: Sonderbestimmungen: für **Jugendliche:** JGG. § 25; für **Soldaten** StPO. §§ 438, 439.

1. Gerichtsstand der begangenen Tat.

7. Der Gerichtsstand ist bei dem Gerichte begründet, in dessen Bezirk die strafbare Handlung begangen ist[1].

[2]Wird der Tatbestand der strafbaren Handlung durch den Inhalt einer im Inland erschienenen Druckschrift begründet[3], so ist als das nach Abs. 1 zuständige Gericht nur das Gericht anzusehen, in dessen Bezirk die Druckschrift erschienen ist. Jedoch ist in den Fällen der Beleidigung, sofern die Verfolgung im Wege der Privatklage[4] stattfindet, auch das Gericht, in dessen Bezirk die Druckschrift verbreitet worden ist, zuständig, wenn in diesem Bezirk die beleidigte Person ihren Wohnsitz oder gewöhnlichen Aufenthalt hat.

[1] „**Begehungsort**" wie im materiellen Recht. Vgl. auch E. 23, 155. Also jeder Ort, an dem irgendein Tatbestandsmerkmal verwirklicht ist. Eine Straftat kann danach an mehreren Orten begangen sein; dann § 12.

[2] Abs. 2 zugefügt durch G. v. 13. 6. 02, um den sog. fliegenden GerStand der Presse zu beseitigen.

[3] Auch wenn zum Tatbestand die Verbreitung oder eine Ankündigung oder Anpreisung gehört. E. 32, 69; 40, 354.

[4] §§ 374ff.; nicht, falls § 377 Abs. 2: E. 41, 280.

2. Gerichtsstand des Wohnsitzes.

8. Der Gerichtsstand ist auch[1] bei dem Gerichte begründet, in dessen Bezirk der Angeschuldigte zur Zeit der Erhebung der Klage[2] seinen Wohnsitz hat.

Hat der Angeschuldigte einen Wohnsitz im Deutschen Reich nicht, so wird der Gerichtsstand auch durch den gewöhnlichen Aufenthaltsort und, wenn ein solcher nicht bekannt ist, durch den letzten Wohnsitz bestimmt.

[1] Also wahlweise. Vgl. § 12.

[2] §§ 170 Abs. 1, 381, 407.

3. Gerichtsstand der Ergreifung.

9. Wenn die strafbare Handlung im Auslande[1] begangen[2] und ein Gerichtsstand in Gemäßheit des § 8 nicht begründet ist, so ist das Gericht zuständig, in dessen Bezirk die Ergreifung erfolgt. Hat eine Ergreifung nicht stattgefunden, so wird das zuständige Gericht vom Reichsgericht bestimmt.

Gleiches gilt, wenn eine strafbare Handlung im Inlande begangen ist, jedoch weder der Gerichtsstand der begangenen Tat noch der Gerichtsstand des Wohnsitzes[3] ermittelt ist.

[1] Betr. Ausland vgl. § 8 StGB.

[2] Und nach deutschem Recht strafbar ist; StGB. §§ 4 ff.

[3] Einschließlich des Abs. 2 des § 8.

10. [Ergänzung zu § 7.] Ist die strafbare[1] Handlung auf einem deutschen Schiffe[2] im Ausland oder in offener See begangen, so ist das Gericht zuständig[3], in dessen Bezirk der Heimatshafen[4] oder der deutsche Hafen liegt, welchen das Schiff nach der Tat zuerst erreicht.

[1] Wieweit sie „strafbar" ist, bestimmt Völkerrecht: auf deutschen Kriegsschiffen stets, auf deutschen Handelsschiffen nur auf hoher See. E. 23, 266.

[2] Für Luftfahrzeuge gilt § 10 entsprechend, soweit die Tat über der offenen See begangen ist; andernfalls gilt das Luftschiff als Teil des unter ihm liegenden Landes.

[3] Neben dem GerStand des § 8.

[4] „von welchem aus Seefahrt mit dem Schiff betrieben werden soll“: HGB. § 480.

11. [Ergänzung zu § 8]. Deutsche, welche das Recht der Exterritorialität genießen[1], sowie die im Ausland angestellten Beamten des Reichs oder eines deutschen Landes behalten in Ansehung des Gerichtsstandes den Wohnsitz, welchen sie in dem Heimatstaate hatten. In Ermangelung eines solchen Wohnsitzes gilt die Hauptstadt des Heimatstaats als ihr Wohnsitz; ist die Hauptstadt in mehrere Gerichtsbezirke geteilt, so wird der als Wohnsitz geltende Bezirk von der Landesjustizverwaltung durch allgemeine Anordnung bestimmt. Gehört ein Deutscher keinem deutschen Lande an, so gilt als sein Wohnsitz die Stadt Berlin; ist die Stadt Berlin in mehrere Gerichtsbezirke geteilt, so wird der als Wohnsitz geltende Bezirk von dem Reichsminister der Justiz durch allgemeine Anordnung bestimmt.

Auf Wahlkonsuln finden diese Bestimmungen keine Anwendung.

[1] Nämlich (nach Völkerrecht) im Ausland, oder (im Rahmen von § 18 II GVG.) in Deutschland. — Vgl. auch Bekanntmachung, betr. Deutsche, die keinem deutschen Land angehören, v. 21. 4. 06 (RGBl. 463).

Zusammentreffen mehrerer Gerichtsstände.

12. Unter mehreren nach den Vorschriften der §§ 7 bis 11 zuständigen Gerichten gebührt dem der Vorzug, welches die Untersuchung[1] zuerst eröffnet hat.

Jedoch kann die Untersuchung und Entscheidung einem anderen der zuständigen Gerichte durch das gemeinschaftliche obere Gericht übertragen werden[2].

[1] Voruntersuchung oder Hauptverfahren.

[2] Durch Beschl. nach Anhörung der StA. (§ 33). Beschw. nach § 346 Abs. 1, 3 ausgeschlossen. Die Übertragung ist nur nach Eröffnung einer gerichtlichen Untersuchung (E. 45, 174) und vor Erlaß eines Urteils (E. 13, 365) zulässig.

4. Gerichtsstand des Zusammenhangs.

13. Für zusammenhängende[1] Strafsachen, welche einzeln nach den Vorschriften der §§ 7 bis 11 zur Zuständigkeit verschiedener Gerichte gehören würden, ist ein Gerichtsstand bei jedem Gerichte begründet[2], welches für eine der Strafsachen zuständig ist.

Sind mehrere zusammenhängende Strafsachen bei verschiedenen Gerichten anhängig gemacht worden, so können sie sämtlich oder zum Teil durch eine den Anträgen der Staatsanwaltschaft[3] entsprechende Vereinbarung dieser Gerichte bei einem unter ihnen verbunden werden. Kommt eine solche Vereinbarung nicht zustande, so entscheidet, wenn die Staatsanwaltschaft oder ein Angeschuldigter hierauf anträgt, das gemeinschaftliche obere Gericht darüber, ob und bei welchem Gerichte die Verbindung einzutreten habe[4].

In gleicher Weise kann die Verbindung wieder aufgehoben werden[5].

[1] Sowohl bei persönlichem (Realkonkurrenz) wie sachlichem Zusammenhang (sog. Genossensachen), vgl. § 3. Voraussetzung ist aber gleiche sachliche Zuständigkeit; andernfalls §§ 2, 4 (E. 48, 297). — Vgl. auch JGG. § 26.

[2] Es kann also von vornherein öff. oder PrKl. bei einem dieser Gerichte erhoben werden. Ist dies nicht geschehen, so kommt nachträgliche Verbindung nach Abs. 2 in Frage.

[3] Aller beteiligten Staatsanwaltschaften.

[4] Vgl. Anm. 2 zu § 12.

[5] Sei es, daß von vornherein i. GerStand d. Zusammenhangs geklagt (Abs. 1), sei es daß nachträglich verbunden wurde (Abs. 2). E. 31, 171. — Die Verbindung hört nicht etwa mit Wegfall des Grundes von selbst auf; z. B. wenn gleichzeitige Verhandlung unmöglich; oder wenn die eine Sache erledigt wird, während die andere noch schwebt. E. 25, 406; 49, 9.

5. Gerichtsstand durch Auftrag.

14. Besteht zwischen mehreren Gerichten Streit über die Zuständigkeit, so bestimmt das gemeinschaftliche obere Gericht[1] das Gericht, welches sich der Untersuchung und Entscheidung zu unterziehen hat.

[1] Anm. 2 zu § 12.

15. Ist das an sich zuständige Gericht in einem einzelnen Falle an der Ausübung des Richteramts rechtlich oder tatsächlich verhindert, oder ist von der Verhandlung vor diesem Gericht eine Gefährdung der öffentlichen Sicherheit zu besorgen[1], so hat das zunächst obere Gericht die Untersuchung und Entscheidung dem gleichstehenden Gericht eines anderen Bezirkes zu übertragen.

[1] Diese Voraussetzungen sind nicht nachprüfbar. E. 10, 381.

Prozessuale Bedeutung der örtlichen Unzuständigkeit.

16. Der Angeschuldigte muß den Einwand der Unzuständigkeit[1] bis zum Schlusse der Voruntersuchung[2], falls aber eine solche nicht stattgefunden hat, in[3] der Hauptverhandlung bis zur Verlesung des Beschlusses über die Eröffnung des Hauptverfahrens[4] geltend machen[5].

[1] Der örtlichen. Die sachliche ist nach § 6 jederzeit von Amts wegen zu prüfen.

[2] § 197; vorausgesetzt, daß auch die Eröffnung der VU. gemäß § 192 bekanntgemacht ist. E. 25, 15.

[3] Auch schriftlich vorher. E. 26, 340. — Nach der HVhdlg. nicht mehr; auch nicht falls die RMittelinstanz die Sache gemäß §§ 328, 354 zurückverweist. E. 43, 358.

[4] § 243 Abs. 2. — Die Geltendmachung bei der Vernehmung gemäß § 233 Abs. 2 genügt nicht. E. 40, 354.

[5] Entscheidung: Einstellung durch Beschluß. Anders natürlich, wenn ein Urteil wegen Unzust. aufgehoben wird. §§ 328 Abs. 3, 355.

17. Durch eine Entscheidung, welche die Zuständigkeit für die Voruntersuchung feststellt[1], wird die Zuständigkeit auch für das Hauptverfahren festgestellt[2].

[1] Nicht schon nach § 181, sondern ausdrücklich und gegenüber einer gegenteiligen Behauptung einer Partei oder des Gerichts.

[2] §§ 12, 13, 15, 16 sind dadurch nicht ausgeschlossen.

18. Nach Eröffnung des Hauptverfahrens[1] darf das Gericht seine Unzuständigkeit[2] nur auf Einwand des Angeklagten[3] aussprechen.

[1] § 203. — Vorher Prüfung von Amts wegen.

[2] Die örtliche; wegen der sachlichen vgl. § 6.

[3] Auf rechtzeitig erhobenen: § 16. — In dem sog. objektiven Verfahren auf Einwand der Einziehungsinteressenten (§ 431 Abs. 3): E. 19, 427.

19. Haben mehrere Gerichte, von denen eins das zuständige ist, durch Entscheidungen, welche nicht mehr anfechtbar sind, ihre Unzuständigkeit ausgesprochen, so bezeichnet das gemeinschaftliche obere Gericht[1] das zuständige Gericht.

[1] Vgl. Anm. 2 zu § 12.

20. Die einzelnen Untersuchungshandlungen[1] eines unzuständigen Gerichts sind nicht schon dieser Unzuständigkeit wegen[2] ungültig.

[1] Z. B. Beweiserhebungen, Haftbefehle, Beschlagnahmen.

[2] Es kann aber aus anderen Gründen (vgl. bes. §§ 226, 250) die Wiederholung nötig sein.

21. Ein unzuständiges Gericht hat sich den innerhalb seines Bezirkes vorzunehmenden Untersuchungshandlungen zu unterziehen, bei denen Gefahr im Verzug obwaltet.

Dritter Abschnitt.

Ausschließung und Ablehnung der Gerichtspersonen.

Vgl. § 74 betr. Sachverständige und (gemäß GVG. § 191) Dolmetscher; GVG. § 155 betr. Gerichtsvollzieher. — Unanwendbar auf Staatsanwalt.

I. Ausschließung.

22. Ein Richter ist von der Ausübung des Richteramts[1] kraft Gesetzes ausgeschlossen[2]:

1. wenn er selbst durch die strafbare Handlung verletzt ist[3];
2. wenn er Ehegatte oder Vormund[4] der beschuldigten oder der verletzten Person ist oder gewesen ist;
3. wenn er mit dem Beschuldigten oder mit dem Verletzten in gerader Linie verwandt, verschwägert oder durch Annahme an Kindes Statt verbunden, in der Seitenlinie bis zum dritten Grade verwandt oder bis zum zweiten Grade verschwägert ist, auch wenn die Ehe, durch welche die Schwägerschaft begründet ist, nicht mehr besteht;
4. wenn er in der Sache[5] als Beamter der Staatsanwaltschaft[6], als Polizeibeamter[7], als Anwalt des Verletzten oder als Verteidiger tätig gewesen ist;
5. wenn er in der Sache[5] als Zeuge oder Sachverständiger vernommen ist[8].

[1] Jeder Art Richtertätigkeit, nicht bloß Urteil. E. 30, 70.

[2] Seine Amtshandlungen sind nichtig; ob ihm der Ausschließungsgrund bekannt war oder nicht (E. 33, 309). § 29 also unanwendbar. — Hat er beim EröffBeschl. mitgewirkt, fehlt für weiteres Verfahren eine Prozeßvoraussetzung (E. 55, 113). Mitwirkung beim Urteil: Revision, § 338 Nr. 2.

[3] E. 11, 223; 37, 414 (Bankrott); 23, 361; 33, 314 (Unterschlagung von Vereinsgeld). 24, 342; 25, 179 (Beleidigung). — Nachträgliche Befriedigung macht die Verletzung nicht ungeschehen: E. 21, 291.

[4] Auch Gegenvormund, § 1792 BGB.: E. 11, 223.

[5] In der „Strafsache" im prozeßrechtl. Sinn. Also nicht, wenn er in einer anderen, denselben Gegenstand behandelnden Sache; wohl aber, wenn er in derselben Sache gegen andere Täter tätig war (E. 57, 275).

[6] Auch bei bloß formaler Tätigkeit. E. 28, 53; 55, 113. Nicht aber, wenn er nur zwecks Ausbildung eines Referendars tätig war: E. 59, 267.

[7] Sicherheits- oder Kriminalpolizei; nicht bloß Wohlfahrtspolizei; nicht bloß beamteter Sachverständiger. E. 17, 415; 35, 319; 36, 208.

[8] Antrag auf Vernehmung, auch Ladung, genügt nicht (M. 24); auch nicht schriftliche amtliche Äußerung (E. 12, 180).

23. [1]Ein Richter, welcher bei einer durch ein Rechtsmittel angefochtenen[2] Entscheidung mitgewirkt hat, ist von der Mitwirkung bei der Entscheidung in höherer Instanz kraft Gesetzes ausgeschlossen.

Der Untersuchungsrichter[3] darf in den Sachen, in welchen er die Voruntersuchung geführt hat[4], nicht Mitglied des erkennenden Gerichts sein, auch nicht bei einer außerhalb der Hauptverhandlung erfolgenden Entscheidung der Strafkammer mitwirken.

[1] Durch VO. v. 1. 1. 24 ist der frühere Abs. 3 gestrichen, nach welchem der Berichterstatter des EröffBeschl. nicht Richter in der HVhdlg. sein konnte. Hierzu E. 62, 299.

[2] Umgekehrt dagegen: Hat ein Rechtsmittelgericht eine Sache an das Untergericht zurück- oder an ein drittes Gericht verwiesen, so hindert § 23 eine Mitwirkung in 1. Instanz nicht. E. 31, 225. Vgl. ferner GVG. § 59 Anm. 1.

[3] Grund: Das Amt des UR. nötigt zur Sammlung des ganzen Materials zwecks Überführung oder Schuldbloßstellung des Angesch. und kann ihn voreingenommen machen für die HVhdlg., in der er zudem meist als bester Kenner dieses Materials einen überwiegenden Einfluß hätte. Deshalb ist aber auch Abs. II nicht über den UR. hinaus auszudehnen. E. 60, 322; 63, 337. — Die bloße Tatsache freilich, daß ein Richter die Akten kennt oder zum Berichterstatter ernannt ist, macht ihn nicht unfähig. E. 40, 155.

[4] Tatsächlich geführt! Hat er bloß die VU. eröffnet oder geschlossen oder einzelne nur formelle Handlungen vorgenommen, ist er nicht ausgeschlossen. E. 28, 358; 61, 415. — Bei verbundenen Sachen (§§ 2 ff.) ist ausgeschlossen, wer auch nur in einer die VU. geführt hat. E. 57, 248. Nicht aber ist der UR. ausgeschlossen, dessen Tätigkeit in der auf mehrere Anschuldigungen gerichteten Untersuchung nicht die abzuurteilende Tat betraf (E. 56, 352); oder der zwar gegen einen Komplizen des Angekl., nicht aber gegen diesen selber eine VU.

geführt hat (E. 62, 314 unter Berufung darauf, daß der UR. wegen § 191 die BU. gar nicht auf den jetzigen Angekl. ausdehnen durfte; der StA. ist derart nicht gebunden, deshalb in weiterem Umfang ausgeschlossen: Anm. 5 zu § 22). Auch nicht, wenn er zwar während, aber außerhalb der BU. (z. B. auf Grund von § 295) dienstlich tätig war. E. 59, 100. — Teilnahme am Haftprüfungsverfahren schließt nicht vom Richteramt aus (E. 61, 415).

II. Ablehnung. 1. Voraussetzungen.

24. Ein Richter[1] kann sowohl in den Fällen, in denen er von der Ausübung des Richteramts kraft Gesetzes ausgeschlossen ist, als auch wegen Besorgnis der Befangenheit abgelehnt werden.

Wegen Besorgnis der Befangenheit findet die Ablehnung statt, wenn ein Grund vorliegt, welcher geeignet ist, Mißtrauen gegen die Unparteilichkeit eines Richters zu rechtfertigen[2].

Das Ablehnungsrecht steht der Staatsanwaltschaft, dem Privatkläger[3] und dem Beschuldigten zu[4]. Den zur Ablehnung Berechtigten sind auf Verlangen die zur Mitwirkung bei der Entscheidung berufenen Gerichtspersonen namhaft zu machen.

[1] Nicht ein ganzes „Gericht" als solches. E. 27, 175; 56, 49.

[2] Es kommt darauf an, ob der Ablehnende bei verständiger Würdigung der Sachlage Grund zu der Besorgnis haben konnte (E. 61, 67). Beispiel: Weitere Verwandtschaftsverhältnisse als die nach § 22 „unfähig" machenden; frühere amtliche Tätigkeit, die aber nicht unter § 23 fällt (E. 19, 332 betr. § 175). Abweichende politische Anschauung kann unter besonderen Umständen befangen erscheinen lassen (E. 55, 56: Richter hatte Eid auf Weimarer Verfassung verweigert und sollte in einem politischen Prozeß tätig sein). Entschiedene persönliche außerprozessuale Stellungnahme (E. 61, 67). Daß der Richter in einem früheren Verfahren denselben Sachverhalt zu Ungunsten des Angeklagten gewürdigt hat, rechtfertigt nicht ohne weiteres Besorgnis der Befangenheit. E. 59, 409.

[3] Auch dem Nebenkläger (§ 397) und der Verwaltungsbehörde i. F. der §§ 424, 427.

[4] Auch der Richter selber kann sich für befangen erklären: § 30.

2. Verfahren.

25. Die Ablehnung eines Richters wegen Besorgnis der Befangenheit ist in der Hauptverhandlung erster Instanz[1] nur bis zur Verlesung des Beschlusses über die Eröffnung des Hauptverfahrens[2], in der Hauptverhandlung über die Berufung und die Revision nur bis zum Beginne der Berichterstattung[3] zulässig[4].

[1] Aber auch schon vor ihr.

[2] § 243 Abs. 2. Wohl aber in einer neuen HVhdlg. E. 19, 333.

[3] §§ 324, 351.

[4] Auch wenn der Ablehnungsgrund erst später hervortrat oder bekannt wurde. R. 8, 356. Hierfür aber § 30.

26. Das Ablehnungsgesuch ist bei dem Gerichte, welchem der Richter angehört[1], anzubringen; es kann vor der Geschäftsstelle zu Protokoll erklärt werden[2].

Der Ablehnungsgrund ist glaubhaft zu machen[3]; der Eid[4] ist als Mittel der Glaubhaftmachung ausgeschlossen. Zur Glaubhaftmachung kann auf das Zeugnis[5] des abgelehnten Richters Bezug genommen werden.

Der abgelehnte Richter hat sich über den Ablehnungsgrund dienstlich zu äußern.

[1] D. h. für diesen Fall, also bei der betr. Kammer usw.; auch wenn er sonst einem anderen Ger. angehört. E. 19, 333.

[2] Außerdem schriftlich oder in der HVhdlg. mündlich.

[3] Eine Tatsache ist „glaubhaft", wenn der Richter sie subjektiv für wahrscheinlich hält; „bewiesen", wenn er persönlich von ihr überzeugt ist. — Über ersteres vgl. auch §§ 45, 56, 74; hierfür sind alle Mittel erlaubt, die nicht gesetzlich ausgeschlossen sind; die formellen Beweisvorschriften sind nicht maßgebend. E. 28, 8.

[4] Ebenso eidesstattl. Versich.; beides ist mit der Stellung eines Angekl. in einem StrVerf. nicht vereinbar. E. 57, 53.

[5] D. h. die dienstliche Äußerung gemäß Abs. 3.

27. Über das Ablehnungsgesuch entscheidet das Gericht, welchem der Abgelehnte angehört[1].

[2]Wird ein richterliches Mitglied der erkennenden Strafkammer abgelehnt, so entscheidet die Strafkammer in der für Entscheidungen außerhalb der Hauptverhandlung vorgeschriebenen Besetzung[3]. Wird ein richterliches Mitglied des Schwurgerichts abgelehnt, so entscheiden während der Tagung die richterlichen Mitglieder des Schwurgerichts[4]; außerhalb der Tagung entscheidet die Strafkammer.

Wird ein Untersuchungsrichter oder ein Amtsrichter[5] abgelehnt, so entscheidet das Landgericht. Einer Entscheidung bedarf es nicht, wenn der Abgelehnte das Ablehnungsgesuch für begründet hält.

Wird das zur Entscheidung berufene Gericht durch Ausscheiden des abgelehnten Mitglieds beschlußunfähig[6], so entscheidet das zunächst obere Gericht.

[1] Vgl. Anm. 1 zu § 26. Der abgelehnte Richter nimmt an der Entscheidung nicht teil. Hierzu Abs. 4. — Zurückweisung ohne besonderes Verfahren, wenn das Gesuch nicht ernstlich gemeint, sondern nur zur Verschleppung vorgebracht ist. E. 30, 273.

[2] Abs. 2 gemäß VO. v. 4. 1. 24 § 21 Abs. 2, § 12 Abs. 3: über die Ablehnung eines beamteten Richters entscheiden die Laienrichter nicht mit.

[3] Nach GVG. § 76 nur die drei Berufsrichter.

[4] Für den Abgelehnten sein Stellvertreter.

[5] Auch als Mitglied eines (kleinen oder großen) Schöffengerichts oder Jugendgerichts (JGG. § 24 II).

[6] Beschlußunfähigkeit so lange nicht vorhanden, als sie auf dem durch GVG. § 67 vorgesehenen Weg behoben werden kann. E. 40, 436.

28. Gegen den Beschluß, durch welchen das Ablehnungsgesuch für begründet erklärt wird, findet kein Rechtsmittel, gegen den Beschluß, durch welchen das Gesuch für unbegründet erklärt wird, findet sofortige Beschwerde statt[1].

Der Beschluß, durch welchen ein gegen einen erkennenden Richter angebrachtes Ablehnungsgesuch für unbegründet erklärt wird[2], kann nicht für sich allein, sondern nur mit dem Urteil angefochten werden[3].

[1] § 311. — § 304 Abs. 3 gilt aber auch hier.

[2] Gleichgültig, ob in oder vor der HVhdlg. E. 7, 175; 22, 135.

[3] Also nur durch Berufung oder Revision; inhaltlich aber ist es Beschwerde, so daß das RevGericht nicht an tatsächliche Feststellungen gebunden ist. E. 22, 135.

29. Ein abgelehnter Richter hat vor Erledigung des Ablehnungsgesuchs nur solche Handlungen vorzunehmen, welche keinen Aufschub gestatten[1].

[1] Ist das Ablehnungsgesuch aber für begründet erklärt, so steht der Abgelehnte einem Ausgeschlossenen gleich. Vgl. Anm. 1 und 2 zu § 22 und § 338 Nr. 3.

30. Das für die Erledigung eines Ablehnungsgesuchs zuständige Gericht hat auch dann zu entscheiden, wenn ein solches Gesuch nicht angebracht ist, ein Richter aber von einem Verhältnis Anzeige macht, welches seine Ablehnung rechtfertigen könnte, oder wenn aus anderer Veranlassung Zweifel darüber entstehen, ob ein Richter kraft Gesetzes ausgeschlossen sei[1].

[1] § 28 entsprechend anwendbar. Vgl. E. 30, 123.

31. Die Bestimmungen dieses Abschnitts finden auf Schöffen sowie auf Urkundsbeamte der Geschäftsstelle[1] und andere als Protokollführer zugezogene Personen entsprechende Anwendung.

Über die Ausschließung oder Ablehnung eines Schöffen entscheidet **der Vorsitzende[2]; in der großen Strafkammer entscheiden die richterlichen Mitglieder[3]**.

Über die Ausschließung oder Ablehnung eines Urkundsbeamten der Geschäftsstelle oder einer anderen als Protokollführer zugezogenen Person entscheidet das Gericht[4] oder der Richter, welchem sie beigegeben sind.

[1] Protokolle eines nach § 22 Ausgeschlossenen oder eines mit Erfolg Abgelehnten entbehren der Beweiskraft des § 274. Revisionsgrund aber nur, wenn das Urteil „darauf beruht" (§ 337): E. 13, 76.

[2] Also auch im erweiterten SchGer. (GVG. § 29 Abs. 2) der Vorsitzende allein.

[3] Gemäß VO. v. 4. 1. 24 § 21 Abs. 3.

[4] Hier also event. unter Mitwirkung der Schöffen oder Geschworenen.

32[1]. Die Bestimmungen über die Ausschließung und Ablehnung der Schöffen finden auf Geschworene entsprechende Anwendung. Die Entscheidungen treffen die richterlichen Mitglieder des Schwurgerichts[2].

[1] Gemäß VO. v. 4. 1. 24 § 21 Abs. 4. Damit ist das bisherige sog. peremptorische Ablehnungsrecht auch für Geschworene durch das begründete ersetzt.

[2] Anfechtung nach § 28 Abs. 2.

Vierter Abschnitt.

Gerichtliche Entscheidungen und ihre Bekanntmachung.

Vorbemerkungen.

1. „Gerichtliche Entscheidungen" sind alle richterlichen Willenserklärungen; d. h. 1. Urteile (§§ 260, 322, 349, 371, 373); 2. Beschlüsse oder Verfügungen (letztere vom Einzelrichter, erstere vom Einzelrichter oder Kollegium; Unterschied fließend, praktisch bedeutungslos); 3. Strafbefehle (§§ 407 ff.). Ferner §§ 114 ff., 134.

2. Wann Urteile, wann Beschlüsse angezeigt sind, sagt StPO. nicht grundsätzlich. Ein Urteil jedenfalls dann, wenn über die Schuldfrage entschieden wird; vgl. § 260 mit Anm.

1. Erlassung.

33. Die Entscheidungen des Gerichts[1] werden, wenn sie im Laufe einer Hauptverhandlung ergehen, nach Anhörung der Beteiligten[2], wenn sie außerhalb einer Hauptverhandlung ergehen, nach schriftlicher oder mündlicher Erklärung der Staatsanwaltschaft[3] erlassen[4], [5].

[1] Mit Ausnahme des UR. und des Einzelrichters im VorVerf. (Prot. 25, 27, 802, 803, 1121).

[2] StA., PrKl., NebKl., Besch., Einziehungsinteressenten, dazu in Jugendsachen der gesetzl. Vertreter (JGG. § 30).

[3] Vgl. §§ 385, 397 wegen Privat- und Nebenkläger.

[4] Hiermit sind sie rechtlich vorhanden. Bekanntmachung durch Verkündung oder Zustellung ist nur bei Urteilen ein wesentlicher Teil der Erlassung. E. 56, 358.

[5] Wegen Beurkundung und Unterschrift vgl. §§ 271, 273 und 275 mit Anm. — Revision, falls das Urteil auf Unterlassung beruht (E. 14, 298).

34. Die durch ein Rechtsmittel[1] anfechtbaren Entscheidungen sowie die, durch welche ein Antrag abgelehnt wird, sind mit Gründen[2] zu versehen[3].

[1] Berufung, Revision, Beschwerde.

[2] Besondere Vorschriften: §§ 124 Abs. 2 (Haftbefehl), 204, 207 (Eröffnungsbeschlüsse), 267 (Urteile).

[3] Sonst Revision, und zwar bei Urteilen nach § 338 Nr. 7; bei anderen Entscheidungen, wenn das Urteil auf ihnen beruht (§ 337). Vgl. auch E. 57, 44: nicht begründungsbedürftig sind Beschlüsse „nach freiem Ermessen", z. B. betr. § 2 Abs. 2.

2. Bekanntmachung.

35. Entscheidungen, welche in Anwesenheit der davon betroffenen Person ergehen, werden ihr durch Verkündung bekanntgemacht. Auf Verlangen ist ihr eine Abschrift zu erteilen[1].

Andere Entscheidungen werden durch Zustellung bekanntgemacht[2].

Dem nicht auf freiem Fuße Befindlichen ist das zugestellte[3] Schriftstück auf Verlangen vorzulesen.

[1] Aber erst, wenn sie schriftlich festgelegt sind. E. 44, 53.

[2] Zustellung an Verteidiger genügt nicht. E. 19, 390.

[3] Durch Vorlesung wird Zust. nicht ersetzt. E. 1, 345.

3. Zustellung (Vollstreckung).

36. Entscheidungen, die einer Zustellung oder Vollstreckung bedürfen, sind der Staatsanwaltschaft zu übergeben, welche das Erforderliche zu veranlassen hat[1]. Auf Entscheidungen, die lediglich den inneren Dienst der Gerichte oder die Ordnung in den Sitzungen betreffen, findet diese Bestimmung keine Anwendung.

Der Untersuchungsrichter und der Amtsrichter können Zustellungen aller Art sowie die Vollstreckung von Beschlüssen und Verfügungen unmittelbar veranlassen[2].

[1] Für die StA. als Vollstreckungs- (Zustellungs-) Behörde vgl. außerdem §§ 214, 222 Abs. 2, 451. — Ausnahmen, außer Satz 2 und Abs. 2: §§ 385 Abs. 2, 451 Abs. 3 und GVG. § 179.

[2] Betr. AA. vgl. noch § 451 Abs. 2 mit Anm.

37. Auf das Verfahren bei Zustellungen finden die Vorschriften der Zivilprozeßordnung über Zustellungen entsprechende Anwendung[1].

[1] ZPO. §§ 166—213. Im Strafprozeß unanwendbar: §§ 168, 169, 171 (nur für Priv.- und NKl. anwendbar, nicht für Besch.), 173, 174 (vgl. freilich StPO. § 119 und E. 43, 321), 175—179 (wegen Unanwendbarkeit des § 176 auf den Verteidiger vgl. E. 6, 93; 43, 321; 44, 47), 192, 198, 203—207, 213. Für Preußen vgl. dazu JV. betr. Vereinfachung bei Ladungen v. 2. 5. 18 (JMBl. 151) und betr. Ladungen zum Antritt einer Freiheitsstrafe v. 23. 9. 10 (JMBl. 355). Über Zustellungen in Steuerstrafsachen vgl. RAbgO. § 432 II 1 (unten I, 2) und für Preußen JV. v. 16. 6. 25 (JMBl. 236).

38. Die bei dem Strafverfahren beteiligten Personen, denen die Befugnis beigelegt ist, Zeugen und Sachverständige unmittelbar zu laden[1], haben mit der Zustellung der Ladung den Gerichtsvollzieher zu beauftragen.

[1] §§ 195, 220, 323, 386, 397, 426, 427.

39[1]**.** Für das die öffentliche Klage vorbereitende Verfahren, für die Voruntersuchung und für das Verfahren bei der Strafvollstreckung können durch Anordnung der Landesjustizverwaltung einfachere Formen für den Nachweis der Zustellung zugelassen werden.

[1] Wegen ZPO. §§ 208—212 jetzt praktisch ohne Bedeutung.

40. Kann eine Zustellung an einen Beschuldigten, welchem eine Ladung zur Hauptverhandlung noch nicht zugestellt war[1], nicht in der vorgeschriebenen Weise im Deutschen Reiche bewirkt werden, und erscheint die Befolgung der für Zustellungen im Ausland bestehenden Vorschriften[2] unausführbar oder voraussichtlich erfolglos, so gilt die Zustellung als erfolgt[3], wenn der Inhalt des zuzustellenden Schriftstücks durch ein deutsches oder ausländisches Blatt bekanntgemacht worden ist und seit dem Erscheinen dieses Blattes zwei Wochen[4] verflossen sind **oder wenn das zuzustellende Schriftstück zwei Wochen an der Gerichtstafel des Gerichts erster Instanz angeheftet gewesen ist**[5]. Die Auswahl des Blattes steht dem die Zustellung veranlassenden Beamten[6] zu.

War die Ladung zur Hauptverhandlung dem Angeklagten schon vorher zugestellt, so gilt eine weitere Zustellung an ihn, wenn sie nicht in der vorgeschriebenen Weise im Deutschen Reiche bewirkt werden kann, als erfolgt, sobald das zuzustellende Schriftstück zwei Wochen an der Gerichtstafel des Gerichts erster Instanz angeheftet gewesen ist. Von Urteilen und Beschlüssen wird nur der entscheidende Teil angeheftet[7].

[1] § 216, nicht etwa auch §§ 201, 215.

[2] §§ 199 ff. ZPO.

[3] Besondere Vorschriften in §§ 278, 279. — Abs. 2 des § 40 gilt jedoch auch dort. Vgl. § 281.

[4] Vgl. § 43.

[5] Gemäß VO. v. 4. 1. 24 § 22. Das Gericht hat also jetzt die Wahl zwischen der Veröffentlichung in der Presse und einfacher Anheftung an die Gerichtstafel.

[6] Staatsanwalt oder Richter (§ 36).

[7] Sollte auch die Sache in höherer Instanz anhängig sein.

41. Zustellungen an die Staatsanwaltschaft erfolgen durch Vorlegung der Urschrift des zuzustellenden Schriftstücks. Wenn mit der Zustellung der Lauf einer

Frist beginnt, so ist der Tag der Vorlegung von der Staatsanwaltschaft auf der Urschrift zu vermerken[1].

[1] Die Wirksamkeit der Zustellung ist aber hiervon nicht abhängig. E. 57, 55.

Fünfter Abschnitt.

Fristen und Wiedereinsetzung in den vorigen Stand.

I. Berechnung der Fristen.

42. Bei der Berechnung einer Frist, welche nach Tagen bestimmt ist, wird der Tag nicht mitgerechnet, auf welchen der Zeitpunkt oder das Ereignis fällt, nach welchem der Anfang der Frist sich richten soll[1].

[1] § 43 Abs. 2 auch hier anwendbar. – Gerichtsferien ohne Einfluß: §§ 199 ff. GVG.

43. Eine Frist, welche nach Wochen oder Monaten bestimmt ist, endigt mit Ablauf des Tages der letzten Woche oder des letzten Monats, welcher durch seine Benennung oder Zahl dem Tage entspricht, an welchem die Frist begonnen hat; fehlt dieser Tag in dem letzten Monat, so endigt die Frist mit Ablauf des letzten Tages dieses Monats.

Fällt das Ende einer Frist auf einen Sonntag oder allgemeinen Feiertag[1], so endigt die Frist mit Ablauf des nächstfolgenden Werktags.

[1] Nach Landesrecht zu bestimmen. Vgl. E. 2, 298: Epiphanias in Altpreußen kein allg. Feiertag; 4, 240; 17, 56: Karfreitag und Allerheiligen in Bayern kein allg. Feiertag; 31, 221: Mariä Verkündigung in preuß. Rheinprovinz kein allg. Feiertag. Ferner 33, 438. Betr. Karfreitag vgl. preuß. G. v. 2. 9. 99 (GS. 161).

II. Wiedereinsetzung. 1. Zulässigkeit.

44. Gegen die Versäumung[1] einer Frist[2] kann die Wiedereinsetzung in den vorigen Stand[3] beansprucht werden[4], wenn der Antragsteller durch Naturereignisse oder andere unabwendbare Zufälle[5] an der Einhaltung der Frist verhindert worden ist. Als unabwendbarer Zufall ist es anzusehen, wenn der Antragsteller von einer Zustellung ohne sein Verschulden keine Kenntnis erlangt hat[6].

[1] Maßgebend ist Eingang bei einem zuständigen Beamten, nicht etwa Gerichtsbriefkasten. E. 10, 74; 22, 124. Ob in den Dienststunden und im Gerichtsgebäude empfangen, ist einerlei, falls nicht durch besondere Dienstvorschriften die Empfangsbefugnis hierauf beschränkt ist. E. 31, 4.

[2] W. i. d. v. St. gegen Terminsversäumnis in den §§ 235, 329, 391, 412.

[3] Sonderbestimmungen in den §§ 315, 342, 391, 412, 415, 421.

[4] Von jedem Beteiligten, also auch z. B. der StA., dem Bürgen i. F. des § 122 Abs. 2. — § 296 Abs. 2 aber nicht anwendbar. E. 22, 31. — Von Amts wegen wird W. nicht erteilt. E. 53, 300.

[5] Das ist „ein Ereignis, das unter den gegebenen, nach der Besonderheit des Falles zu berücksichtigenden Umständen auch durch die äußerste diesen Umständen angemessene und vernünftigerweise zu erwartende Sorgfalt weder abzuwehren, noch in seinen schädlichen Folgen zu vermeiden ist": Beschl. der verein. ZivSen. RGer. Bd. 48 S. 409; im Anschluß daran E. 35, 109; 40, 118. — Hiernach wurde bei verspätetem Eingang eines Rechtsmittelschriftsatzes unabwendbarer Zufall angenommen, als einen bestellten Verteidiger, auf dessen Auswahl Angeklagter nicht einwirken konnte, ein Verschulden traf (E. 40, 118); auch als das Geschäftspersonal eines Wahlverteidigers ein Verschulden traf (E. 35, 109); auch bei Justizstillstand infolge Generalstreiks (E. 53, 300; eine Vorschrift, daß durch Justizstillstand das gerichtliche Verfahren „unterbrochen" wird, wie nach § 245 ZPO., gibt es für das Strafverfahren nicht). Dagegen wurde unabwendbarer Zufall nicht angenommen, als einen Wahlverteidiger ein Verschulden traf (E. 10, 74; 40, 118); auch nicht, als der Angeklagte über den an sich ordnungsgemäßen Geschäftsgang des Gerichts irrte (E. 10, 74; 22, 174); auch nicht, als der in Haft befindliche Angeklagte vom Gerichtsschreiber unrichtig belehrt war (E. 53, 335).

[6] Mit Rücksicht auf §§ 181—184 ZPO. (Anm. zu § 37), aber auch § 203 das. und § 40 StPO.

2. Verfahren.

45[1]. Das Gesuch um Wiedereinsetzung in den vorigen Stand muß binnen einer Woche nach Beseitigung des Hindernisses bei dem Gerichte, bei welchem die Frist wahrzunehmen gewesen wäre, unter Angabe und Glaubhaftmachung[2] der Versäumungsgründe angebracht werden[3].

Mit dem Gesuch ist zugleich die versäumte Handlung selbst nachzuholen.

[1] Wegen Militärstrafsachen vgl. § 447.

[2] Anm. 3 zu § 26. Eid und eidesstattliche Versicherung auch hier ausgeschlossen. E. 57, 53.

[3] Besondere Form nur, falls wegen Abs. 3 nötig. E. 50, 253.

46. Über das Gesuch entscheidet[1] das Gericht, welches bei rechtzeitig erfolgter Handlung zur Entscheidung in der Sache selbst berufen gewesen wäre[2].

Die dem Gesuche stattgebende Entscheidung unterliegt keiner Anfechtung[3].

Gegen die das Gesuch verwerfende Entscheidung findet sofortige Beschwerde[4] statt[5].

[1] Durch Beschluß. Vgl. auch § 33.

[2] Also bei Versäumung einer RMittelfrist der judex ad quem.

[3] Auch nicht, wenn von einem unzuständigen Gericht erlassen; z. B. bei Versäumung der Revisionsfrist vom judex a quo (E. 40, 271).

[4] § 311. — § 304 Abs. 3 gilt aber auch hier. Vgl. Anm. 1 zu § 28. [5] Betr. Kosten vgl. § 473 Abs. 3.

47. Durch das Gesuch um Wiedereinsetzung in den vorigen Stand wird die Vollstreckung einer gerichtlichen Entscheidung nicht gehemmt.

Das Gericht[1] kann jedoch einen Aufschub der Vollstreckung anordnen.

[1] Des § 46; in dringenden Fällen aber wohl auch das Ger. des § 45 und die StA. Vgl. auch § 307 Abs. 2 im Falle des § 46 Abs. 3.

Sechster Abschnitt.

Zeugen.

Vorbemerkung: 1. **Zeugen** sind Personen, welche im Prozeß über ihre sinnlichen Wahrnehmungen (über Gesehenes, Gehörtes usw.) aussagen sollen.

Soll ein auf solcher Wahrnehmung beruhendes Wissen im Prozeß verwertet werden, so muß der Wahrnehmende als „Zeuge" nach den Vorschriften des 6. Abschn. vernommen werden; formlos „Auskunftspersonen" zu vernehmen ist unzulässig (E. 42, 219). Auch die Helfer und Fürsorger der Gerichtshilfen sind, da sie nicht „Prozeßbeteiligte" sind, entweder Zeugen oder (je nach dem Inhalt ihrer Aussage) Sachverständige. Auch JGG. § 22 gestattet keine andere Art der Vernehmung.

Auch „Wahrnehmungen" können freilich nur unter Zuhilfenahme allgemeiner Erfahrungssätze gemacht werden. Deshalb Grenze der Z. gegen Sachverst. flüssig: so gestattet E. 26, 70, einen Zeugen über den Ruf, den Leumund, die politische Parteizugehörigkeit des Angeklagten zu befragen.

Sogar wenn zu der außerprozessualen Wahrnehmung „besondere Sachkunde" nötig war, bleibt man Zeuge (sog. sachverständige Zeugen § 85); Beispiel: ein Arzt sagt aus über die Beschaffenheit einer Wunde, die er seinerzeit behandelt hat.

2. **Sachverständige** sind Personen, welche im Prozeß aus Wahrnehmungen und allgemeinen Erfahrungssätzen Schlüsse ziehen sollen. (Beispiel: Der Arzt sagt aus über die Tötlichkeit einer Wunde).

Teilt der Sachv. hierbei auch Tatsachen mit (Beisp. über die Beschaffenheit der Wunde), so ist er insoweit zugleich Zeuge; er hat sowohl den Zeugen- wie Sachverständigeneid zu leisten (E. 1, 402). Insoweit insbesondere nicht §§ 74—77, sondern 6. Abschn. — Jedoch deckt der Sachverständigeneid auch die tatsächlichen Bekundungen, wenn diese in Ausübung der Sachverständigentätigkeit gemacht wurden (E. 2, 153; 4, 231) oder einen untrennbaren Teil des Gesamtgutachtens bilden (E. 43, 437; 44, 11). Umgekehrt soll nach E. 3, 101 und 55, 183 der Zeugeneid zur Not auch den Sachverständigeneid umfassen können (einschränkend E. 53, 269; anders auch RGer. in ZivS. 6, 1).

3. **Nur richterliche** Zeugenvernehmungen sind durch 6. Abschn. geregelt. Für solche durch StA. und Polizei enthält StPO. keine Vorschriften.

4. Aus persönlichen Gründen ist **niemand unfähig**, als Zeuge vernommen zu werden; auch nicht: Interessierte, Verdächtige, Verwandte, Kinder, Geisteskranke (E. 58, 396). Vgl. betr. Beeidigung freilich §§ 56, 57, betr. Wert ihrer Aussage § 261.

5. **Jugendliche Zeugen** im VorbVerf. möglichst durch Richter und möglichst nur einmal vernehmen! PrJV. v. 18. 12. 20 (JMBl. 741) und v. 23. 2. 27.

6. Für Personen, die **anderweit an der Sache beteiligt** sind, gilt folgendes:

a) Richter (einschl. Schöffen und Geschworenen) und Gerichtsschreiber können nach §§ 22 Nr. 5, 31, 32 nicht Zeugen sein;

b) der Staatsanwalt kann Zeuge sein, dann aber nicht mehr die Anklagebehörde vertreten (E. 29, 236; str.);

c) der Privatkläger kann als Parteivertreter nicht Zeuge sein;

d) der Nebenkläger kann Zeuge sein (E. 2, 384 PlenEntsch.);

e) Der Verteidiger kann als Zeuge vernommen werden; dann weiter zu verteidigen ist zwar nicht ausdrücklich verboten (E. 24, 104 und 296; 54, 175), bringt aber den Vert. notwendig in eine mit seiner Aufgabe unvereinbare Lage (z. B. wenn er im Schlußvortrag seine eigene Aussage bewerten soll). Jedenfalls gehen bei einer Kollosion zwischen den Pflichten des Zeugen und des Verteidigers die ersteren vor (E. 55, 219: der zugleich als Zeuge geladene Wahlverteidiger könne während der Verlesung des EröffnBeschl. und der Vernehmung des Angekl. gemäß § 243⁴ und weiterhin gemäß § 59¹ von der Anwesenheit bei der HVerhdlg. ausgeschlossen werden).

f) der Beistand kann Zeuge sein; freilich §§ 58 und 243 Abs. 4 (E. 22, 198);

g) der Mitbeschuldigte kann nicht Zeuge sein, falls er in demselben Verfahren abgeurteilt werden soll (E. 6, 279; 52, 138; str.);

h) der Dolmetscher kann Zeuge sein (E. 45, 304).

I. Ladung.

48. Die Ladung[1] der Zeugen[2] geschieht[3] unter Hinweis auf die gesetzlichen Folgen des Ausbleibens[4].

Die Ladung **eines Soldaten**[5] als Zeugen erfolgt durch Ersuchen der Militärbehörde[6].

[1] Schriftlich; mündlich, telegraphisch oder telephonisch nicht ausgeschlossen. E. 35, 232.

[2] Betr. unmittelbare Staatsbeamte vgl. für Preußen auch JV. v. 17. 5. 83 (JMBl. 155), v. 13. 3. 84 (JMBl. 54), v. 19. 2. 95 (JMBl. 56) und v. 21. 4. 06 (JMBl. 112).

[3] §§ 36, 38; auch unmittelbar durch Gericht.

[4] § 51. Im übrigen ist der Inhalt der Ladung nicht vorgeschrieben. Insbesondere nicht (wie ZPO. § 377): „Gegenstand der Vernehmung"; Grund: auch der Zeugnisweigerungsberechtigte muß erscheinen, § 51.

[5] Gemäß VO. v. 4. 1. 24 § 43; Sprachgebrauch des Wehrgesetzes v. 23. 3. 21 für Offiziere, Unteroffiziere und Mannschaften (nicht Militärbeamte).

[6] Hierüber VO. des Reichswehrministers v. 4. 11. 22 (Heeresverordnungsblatt S. 491).

49 [neu][1]. **Der Reichspräsident und der Präsident eines deutschen Landes sind in ihrer Wohnung zu vernehmen**[2]. **Zur Hauptverhandlung werden sie nicht geladen. Das Protokoll über ihre gerichtliche Vernehmung ist in der Hauptverhandlung zu verlesen**[3].

[1] Neu auf Grund des § 43 Abs. 2 der VO. v. 4. 1. 24.

[2] Eine Pflicht zur Aussage besteht auch für sie. Nur vgl. § 54 Abs. 3.

[3] Eine der Ausnahmen vom Unmittelbarkeitsgrundsatz. Vgl. Vorbem. 6 vor § 244.

50 [49][1]. Die Mitglieder einer Landesregierung sind an ihrem Amtssitz[2] oder, wenn sie sich außerhalb ihres Amtssitzes aufhalten, an ihrem Aufenthaltsorte zu vernehmen.

Die Mitglieder des Reichsrats oder des Staatsrats eines deutschen Landes sind während ihres Aufenthalts am Sitze des Reichsrats oder des Staatsrats an diesem Sitze, und die Mitglieder des Reichstags, des Reichswirtschaftsrats oder eines Landtags während der Tagung[3] und ihres Aufenthalts am Orte der Versammlung an diesem Orte zu vernehmen.

Zu einer Abweichung von den vorstehenden Bestimmungen bedarf es:

für die Mitglieder einer Landesregierung der Genehmigung der Landesregierung,

für die Mitglieder des Reichstags, des Reichsrats, des Reichswirtschaftsrats, eines Landtags oder eines Staatsrats der Genehmigung dieser Versammlungen.

Für die Mitglieder der Reichsregierung gelten die Vorschriften des Reichsministergesetzes vom 27. März 1930 (Reichsgesetzbl. I S. 96).

[1] Fassung: VO. v. 4. 1. 24 § 43 II und RMinisterG. v. 27. 3. 30.

[2] Durch das Gericht ihres Amtssitzes; nicht „in ihrer Wohnung", wie § 49.

[3] Also nicht während der Vertagung. E. 26, 254.

II. Folgen des Ausbleibens.

51 [**50**]. Ein ordnungsmäßig[1] geladener Zeuge, welcher nicht erscheint, ist in die durch das Ausbleiben verursachten Kosten sowie zu einer Ordnungsstrafe in Geld[2] und für den Fall, daß diese nicht beigetrieben werden kann, zur Strafe der Haft bis zu sechs Wochen[2] zu verurteilen. Auch ist die zwangsweise Vorführung des Zeugen zulässig[3]. Im Falle wiederholten Ausbleibens kann die Strafe noch einmal erkannt werden.

Die Verurteilung in Strafe und Kosten unterbleibt, wenn das Ausbleiben des Zeugen genügend entschuldigt ist[4]. Erfolgt nachträglich genügende Entschuldigung, so werden die gegen den Zeugen getroffenen Anordnungen wieder aufgehoben.

Die Befugnis zu diesen Maßregeln steht auch dem Untersuchungsrichter, dem Amtsrichter im Vorverfahren sowie dem beauftragten und ersuchten Richter[5] zu.

Angehörige der Reichswehr werden durch die Militärbehörde vorgeführt[6].

[1] §§ 48, 50, 220. — Auch der Zeugnisweigerungsberechtigte muß erscheinen (§§ 52—54). Anders ZPO. § 386 Abs. 3. Vgl. Anm. 4 zu § 48.

[2] Gemäß VO. über Vermögensstrafen und Bußen v. 6. 2. 24 Art. II Abs. 1 und 2, XIV Nr. 3: 1—1000 Reichsmark. — Nach Art. II Abs. 4 richtet sich das Maß der Ersatzfreiheitsstrafe nach freiem Ermessen des Gerichts, darf aber nur nach vollen Tagen bemessen werden; bei Abgeordneten Genehmigung des Hauses nötig: RVerf. Art. 37 Abs. 2.

[3] Neben Satz 1. — Nur der Richter ist hierzu befugt. Anhörung der StA.: § 33; Anfechtung: § 304; Vollstreckung: § 307. Betr. Befugnis der Polizei: Anm. 2 zu § 163. Für Abgeordnete Genehmigung: RVerf. Art. 37 Abs. 2.

[4] Unwahre Entschuldigung strafbar: StGB. § 138.

[5] Der „beauftragte" Richter gehört dem mit der Sache befaßten Gerichte an; der „ersuchte" Richter ist ein AR., der gemäß Titel 13 des GVG. Rechtshilfe leistet.

[6] Gemäß § 14 Ges. v. 17. 8. 20 betr. Aufhebung der Mil.-Gerichtsbarkeit. — Auch MilBeamte sind „Angehörige der RW."; enger: „Soldaten" in § 48 II.

III. Verweigerung des Zeugnisses.

52 [51]. Zur Verweigerung des Zeugnisses[1] sind berechtigt:

1. der Verlobte[2] des Beschuldigten[3];
2. der Ehegatte[4] des Beschuldigten[3], auch wenn die Ehe nicht mehr besteht;
3. wer mit dem Beschuldigten in gerader Linie verwandt[5], verschwägert[5] oder durch Annahme an Kindes Statt verbunden oder in der Seitenlinie bis zum dritten Grade verwandt oder bis zum zweiten Grade verschwägert ist, auch wenn die

Ehe, durch welche die Schwägerschaft begründet ist, nicht mehr besteht.

Die bezeichneten Personen[6] sind vor jeder Vernehmung[7] über ihr Recht zur Verweigerung des Zeugnisses zu belehren[8]. Sie können den Verzicht auf dieses Recht auch während der Vernehmung widerrufen[9], [10].

[1] Die Pflicht, zu erscheinen, ist unberührt. — Beeidigung: § 58. — Die Tatsache der Verweigerung darf der Richter nach seiner freien Überzeugung (§ 261) würdigen. E. 55, 20.

[2] „Verlöbnis" nicht nach bürgerlichem Recht, sondern (wie in § 52 StGB.) selbständig zu beurteilen: ein gegenseitiges ernstliches Eheversprechen, sofern die Ehe nicht gegen Gesetz oder gute Sitten verstoßen würde. E. 24, 155; 40, 420.

[3] Auch des Mitbeschuldigten, selbst wenn dieser bereits verstorben oder rechtskräftig verurteilt ist. E. 27, 270; 33, 350. Voraussetzung ist nur, daß der Mitbeschuldigte der gleichen Tat beschuldigt ist, wie der „Beschuldigte" (E. 16, 154).

[4] Auch der zweite Ehegatte des in Doppelehe lebenden Besch. nach BGB. § 1329 und EBGB. Art. 33. E. 41, 113.

[5] BGB., besonders §§ 1589, 1590 und Art. 33 EBGB. — Ein Ehegatte ist mit den Adoptivkindern des anderen nicht verschwägert. E. 30, 75.

[6] Auch wenn nach § 57 unbeeidigt zu vernehmen. E. 2, 228.

[7] Auch wenn sie bereits (z. B. in Unkenntnis der verwandtschaftlichen Beziehungen) vorher vereidigt waren: E. 59, 84. — Bei Fortsetzung einer unterbrochenen Vernehmung. E. 12, 403.

[8] Durch das Protokoll zu beurkunden. § 273. — Ist die Belehrung unterblieben (wenn auch in Unkenntnis der zur Weigerung berechtigenden Tatsachen) und beruht das Urteil darauf, so ist das Revisionsgrund (E. 29, 351; a. A. E. 16 214); ebenso wenn sie in irriger Annahme solcher Tatsache zu Unrecht erteilt wurde (E. 32, 157). — Ermäßigung der Meineidsstrafe bei unterbliebener Belehrung: StGB. § 157.

[9] Auch die Verweigerung des Zeugnisses ist widerruflich E. 2, 53. — Ausdrücklicher Verzicht nicht erforderlich. E. 3, 32.

[10] Gilt wohl auch für §§ 53, 55 (E. 63, 302). — Vgl. auch § 252.

53 [52]. Zur Verweigerung des Zeugnisses sind ferner[1] berechtigt[2]:

1. Geistliche über das, was ihnen bei Ausübung der Seelsorge anvertraut ist;
2. Verteidiger[3] des Beschuldigten über das, was ihnen in dieser ihrer Eigenschaft anvertraut ist;
3. Rechtsanwälte und Ärzte[3a] über das, was ihnen bei Ausübung ihres Berufs anvertraut ist[4];
4[5]. **Redakteure[6], Verleger[7] und Drucker einer periodischen Druckschrift[8] sowie die bei der technischen Herstellung der Druckschrift beschäftigten Personen über die Person des Verfassers oder Einsenders einer Veröffentlichung strafbaren Inhalts, wenn ein Redakteur der Druckschrift als Täter bestraft ist[9] oder seiner Bestrafung kein rechtliches Hindernis entgegensteht[10].**

Die unter Nr. 2, 3 bezeichneten Personen dürfen das Zeugnis nicht verweigern, wenn sie von der Verpflichtung zur Verschwiegenheit entbunden sind[11].

[1] Ferner RVerf. 38: „Die Mitglieder des Reichstags und der Landtage sind berechtigt, über Personen, die ihnen in ihrer Eigenschaft als Abgeordneten Tatsachen anvertrauen, oder denen sie in Ausübung ihres Abgeordnetenberufs solche anvertraut haben, sowie über diese Tatsachen selbst das Zeugnis zu verweigern." Ebenso für die Mitglieder des Reichswirtschaftsrats nach VO. v. 4. 5. 20, Art. 5 Abs. 3.

[2] Belehrung hier nicht vorgeschrieben. E. 54, 39. Auch betr. Beeidigung keine besonderen Vorschriften. Anders § 58 für § 52. [3] §§ 138, 144.

[3a] Der Arzt, der nicht als Vertrauensperson des Privaten, sondern als Sachverst. d. Ger. tätig wird, hat insoweit kein ZVerweigR.: E. 60, 384.

[4] § 300 StGB. begründet eine Schweigepflicht dieser Personen. Nichtausübung des Zeugnisweigerungsrechts macht also strafbar. Denn Zeugenaussage ist „Rechtfertigungsgrund" nur, soweit Pflicht zur Aussage besteht. Streitig! Vgl. E. 48, 269; 57, 63, auch RGZiv. 53, 315; 54, 360 ohne klare Stellungnahme. Darüber, daß es Fälle gibt, in denen die Pflicht, zu reden, höher steht, als die Pflicht, zu schweigen,

vgl. E. 38, 62. Dann natürlich besteht mit der Pflicht auch das Recht, zu sprechen, also auch das Recht, im Prozeß auszusagen.

[5] Nr. 4 ist zugefügt durch RGes. v. 27. 12. 26.

[6] Redakteur (oder Herausgeber) ist, wer darüber, was in die Druckschrift aufzunehmen ist, entscheidet (sei es allein, sei es — als Chef- oder Unterredakteur — mit anderen) und in dieser Eigenschaft von der Person des Verfassers oder Einsenders Kenntnis hat. Das Zeugnisweigerungsrecht auf den „verantwortlichen" Redakteur i. S. des Preßrechts einzuschränken, entspricht weder dem Wortlaut noch dem Sinn des Gesetzes.

[7] Verleger ist, wer die Vervielfältigung und Verbreitung der Druckschrift im eigenen Namen (einerlei ob auch für eigene Rechnung oder in Kommission) übernimmt.

[8] Nach PreßG. § 8: „Zeitungen und Zeitschriften, welche in monatlichen oder kürzeren Fristen erscheinen".

[9] Nach PreßG. § 20 II. Eine Bestrafung (oder die rechtliche Möglichkeit einer solchen) aus § 21 genügt nicht, da diese Strafe nicht den wirklichen oder präsumtiven „Täter" trifft.

[10] Eine Aussagepflicht besteht also nur, wenn die Bestrafung eines Redakteurs als Täter aus rechtlichen Gründen unmöglich ist, z. B. weil er einem deutschen Parlament (RVerf. 37) oder einer diplomatischen Mission (GVG. § 18) oder einer Okkupationsbehörde oder -Armee angehört.

[11] Von dem, der „anvertraut" hat. — Die Entbindung ist widerruflich: E. 57, 63.

54 [53]. Öffentliche Beamte, auch wenn sie nicht mehr im Dienste sind, dürfen[1] über Umstände, auf welche sich ihre Pflicht zur Amtsverschwiegenheit bezieht[2], als Zeugen nur mit Genehmigung ihrer vorgesetzten Dienstbehörde oder der ihnen zuletzt vorgesetzt gewesenen Dienstbehörde vernommen werden[3]. Für die Mitglieder einer Landesregierung bedarf es der Genehmigung der Landesregierung.

Die Genehmigung darf nur versagt werden, wenn die Ablegung des Zeugnisses dem Wohle des Reichs oder eines deutschen Landes Nachteil bereiten würde.

Für die Mitglieder der Reichsregierung gelten die Vorschriften des Reichsministergesetzes vom 27. März 1930 (Reichsgesetzbl. I S. 96).

Der Reichspräsident und der Präsident eines deutschen Landes können unter der Voraussetzung des Abs. 2 das Zeugnis verweigern[4]. Dies gilt auch für einen früheren Präsidenten, soweit es sich um Tatsachen handelt, die sich während seiner Amtsführung ereignet haben, oder die ihm infolge seiner Amtsführung bekanntgeworden sind.

[1] Vgl. für Preußen JV. v. 9. 2. 27 (JMBl. 30) und dort zit. ältere. Auch § 48 Anm. 2. — Verletzung berührt staatliche, nicht prozessuale Interessen, begründet also nicht Rev. (E. 48, 38).

[2] Hierüber entscheidet die vorgesetzte Dienstbehörde. E. 7, 74; 44, 291. Die Genehmigung kann auf bestimmte Fragen beschränkt werden. — BewAufn. über Beratung und Abstimmung von Richtern unzulässig: GVG. § 198.

[3] Im übrigen unterstehen Beamte den allg. Zeugenvorschriften. Z. B. keine „Versicherung auf Diensteid", sondern Zeugeneid. S. jedoch preuß. Forstdiebstahlsges. v. 15. 4. 78 §§ 23ff. und preuß. Feld- und Forstpolizeiges. v. 21. 1. 26 § 62.

[4] Ob die Voraussetzung des Abs. 2 vorliegt, entscheidet er allein. § 56 kommt nicht in Frage.

55 [54]. Jeder Zeuge kann die Auskunft auf solche Fragen verweigern, deren Beantwortung ihm selbst oder einem der im § 52 Nr. 1 bis 3 bezeichneten Angehörigen die Gefahr strafgerichtlicher[1] Verfolgung zuziehen würde[2].

[1] Disziplinarrechtliche genügt nicht. — Weiter geht ZPO. § 384: Gefahr der Unehre oder eines Vermögensnachteils oder der Preisgabe eines Kunst- oder Gewerbegeheimnisses.

[2] Strafmilderungsgrund, falls er eidlich falsch aussagt: StGB. § 157 Nr. 1. — Anm. 2 zu § 53 gilt auch hier. E. 10, 154.

56 [55]. Die Tatsache, auf welche der Zeuge die Verweigerung des Zeugnisses in den Fällen der §§ 52, 53, 55 stützt, ist auf Verlangen[1] glaubhaft zu machen[2]. Es genügt die eidliche[3] Versicherung des Zeugen.

[1] Also nach Ermessen des Gerichts. E. 54, 39.
[2] Anm. 3 zu § 26.
[3] Beispiel: „Ich schwöre, daß ich nach bestem Wissen die Überzeugung habe, daß mir die Beantwortung dieser Frage die Gefahr strafgerichtlicher Verfolgung zuziehen würde."

IV. Vernehmung und Beeidigung.

57 [56][1]. Unbeeidigt sind zu vernehmen:

1. Personen, welche zur Zeit der Vernehmung das sechzehnte Lebensjahr noch nicht vollendet[2] oder wegen mangelnder Verstandesreife oder wegen Verstandesschwäche[3] von dem Wesen und der Bedeutung des Eides keine genügende Vorstellung[4] haben;
2. Personen, welche nach den Bestimmungen der Strafgesetze unfähig sind, als Zeugen eidlich vernommen zu werden[5];
3. Personen, welche wegen der den Gegenstand der Untersuchung bildenden Tat[6] als Teilnehmer[7], Begünstiger oder Hehler[8] verdächtig[9] oder bereits verurteilt sind[10].

[1] In den §§ 57, 58 sind die Gründe der Nichtbeeidigung erschöpfend aufgeführt. Sie müssen positiv feststehen; im Zweifel hat das Gericht zu beeidigen (E. 44, 385; 47, 297). — Hieraus in Verbindung mit § 61 folgt, daß jedes andere Zeugnis beeidigt werden muß, mag es auch ohne Eid glaubhaft oder trotz Eid unglaubhaft sein, oder mögen auch die Prozeßbeteiligten auf die Beeidigung verzichten (E. 37, 194). — Verletzung Revisionsgrund, auch wenn sie auf entschuldbarem Irrtum beruht. E. 20, 163. Stellt sich erst nach der Beeidigung deren Unzulässigkeit heraus, so kann der Verstoß dadurch behoben werden, daß die Aussage ausdrücklich als uneidliche gewürdigt wird. E. 28, 111; 56, 94. Ist sie falsch, so liegt freilich nach PlenEntsch. E. 36, 278 trotz Eidesunfähigkeit Meineid vor (str.). — Nichtbeeidigung und Beeidigung durch Protokoll festzustellen. §§ 273, 274. Gerichtsbeschluß ist nur erforderlich, wenn die Anordnung des Vorsitzenden beanstandet wird. E. 19, 354; 57, 261. Begründung: E. 20, 60.

[2] Der Beginn des Geburtstages entscheidet. BGB. § 187 Abs. 2. E. 35, 37.

[3] Nicht aber z. B. wegen Trunkenheit. Hier wäre nötigenfalls auszusetzen. E. 34, 283.

[4] Sonstige Geistesschwäche, insbesondere Gedächtnisschwäche, rechtfertigt die Nichtbeeidigung nicht. E. 20, 60. Liegt eine genügende Vorstellung von der Bedeutung des Eides vor, dann hindert selbst eine wegen Geisteskrankheit erfolgte Entmündigung die Beeidigung nicht. E. 33, 393; 54, 186; vgl. auch 58, 396.

[5] § 161 StGB.

[6] Unter „Tat" ist hier der ganze tatsächliche Vorgang zu verstehen, innerhalb dessen die abzuurteilende Straftat begangen wurde. E. 48, 54; 50, 163; 53, 169. — Daß der Zeuge eine mit der Tat des Angeklagten zusammenhängende, gleiche oder ähnliche Tat begangen hat, steht, wenn er an der Tat des Angeklagten nicht mitgewirkt hat, der Beeidigung nicht entgegen. E. 59, 166. — Bei mehreren Straftaten ist eine teils eidliche, teils uneidliche Vernehmung nicht ausgeschlossen. E. 11, 1; 49, 358.

[7] Teilnahme ist hier (weiter als in §§ 47ff. StGB.) jede strafbare Mitwirkung des Angeklagten an der den Gegenstand der Untersuchung bildenden Tat (E. 53, 169 betr. StGB. § 139; 56, 149 betr. StGB. § 49a; 57, 157 betr. StGB. §§ 218, 219; 57, 186 betr. Beleidigung); auch wenn der Zeuge als Täter, der Angeklagte als Teilnehmer in Betracht kommt (E. 53, 266); selbst wenn der Zeuge event. als *alleiniger* Täter in Betracht kommt (E. 50, 163). Fehlt aber jede Mitwirkung, so ist Nr. 3 unanwendbar, z. B. wenn die Straftat *gegen* den Zeugen selbst gerichtet war oder wenn dieser nur bei Gelegenheit jener sich einer selbständigen Straftat schuldig machte. E. 17, 116. — Bei Verfolgung eines *Preßdelikts* kann der *verantwortliche Redakteur* so lange nur uneidlich vernommen werden, als nicht die nach § 20 Preßges. v. 7. 5. 74 bestehende Vermutung seiner Täterschaft widerlegt ist. § 21 a. O. gehört dagegen, weil ein selbständiges Delikt begründend, nicht hierher. — Ein persönlicher Strafausschließungsgrund des Zeugen (z. B. StGB. § 247 Abs. 2) schließt den § 56 nicht aus.

[8] §§ 257ff. StGB. Vgl. auch E. 2, 217. Begünstigung durch die Aussage selbst kommt nicht in Betracht. E. 11, 29. — In einem Verfahren wegen Hehlerei fällt auch der in bezug auf die Vortat als Hehler oder Begünstiger Verurteilte unter die Nr. 3. E. 58, 373.

[9] Verdacht kann trotz Freisprechung angenommen (E. 8, 382; vgl. auch 50, 158) und trotz noch anhängigen Verfahrens verneint werden (E. 16, 209). — Die bloß denkbare Möglichkeit der Beteiligung genügt aber nicht. E. 44, 380.

[10] Vgl. noch § 52 Abs. 2 nebst Anm. 5 daselbst. — Ein Mitangeklagter in demselben Verfahren ist überhaupt nicht, auch nicht uneidlicher, Zeuge. E. 6, 279; 52, 138.

58 [57][1]. Stehen Personen zu dem Beschuldigten in einem Verhältnis, welches sie nach § 52 zur Verweigerung des Zeugnisses berechtigt, so hängt es von dem richterlichen Ermessen[2] ab, ob sie unbeeidigt[3] zu vernehmen[4] oder zu beeidigen sind.

Sie können auch nach der Vernehmung die Beeidigung des Zeugnisses verweigern und sind über dieses Recht zu belehren[5].

[1] Sinn des § 58: Während sonst die Beeidigung eines Zeugen durch das Gesetz geregelt ist und weder vom Belieben des Zeugen noch vom Ermessen des Gerichts abhängt, werden die, welche trotz § 52 aussagen, nur beeidigt, wenn das Gericht es anordnet (Abs. 1) und der Zeuge zum Schwur bereit ist (Abs. 2: „auch"). — Vgl. auch § 252.

[2] Zunächst des Vorsitzenden. Vgl. § 238. E. 44, 65 (str.). Begründung nicht erforderlich. E. 19, 354.

[3] Zu vernehmen sind sie aber, wenn hierzu bereit, unbedingt.

[4] Selbst wenn sie im VVerf. bereits eidlich vernommen sind. R. 1, 358.

[5] Belehrung erst nötig, wenn Beeidigung beschlossen; E. 46, 114. Nichtbelehrung Revisionsgrund. E. 9, 384. — Voreid nicht unstatthaft. E. 15, 358. Ist er geleistet und der Zeuge dann über sein Zeugnisverweigerungsrecht gemäß § 52 II belehrt, so soll nach E. 59, 84 hierin auch die Belehrung liegen, daß die Aussage ohne Bezug auf den Eid gemacht werden kann, und eine weitere Belehrung gemäß § 58 II nicht nötig sein. Vgl. auch E. 42, 321.

59 [58][1]. Jeder Zeuge ist einzeln und in Abwesenheit der später abzuhörenden Zeugen zu vernehmen[2].

Eine Gegenüberstellung mit anderen Zeugen oder mit dem Beschuldigten findet im Vorverfahren[3] nur dann statt[4], wenn sie ohne Nachteil für die Sache nicht bis zur Hauptverhandlung ausgesetzt bleiben kann.

[1] § 59 gilt trotz § 72 nicht für Sachverst. E. 25. 161.

[2] Seine Anwesenheit läßt jedoch seine spätere Vernehmung nicht unstatthaft erscheinen. E. 1, 366; 2, 53. — Daß umgekehrt die bereits abgehörten Zeugen anwesend sein müßten, folgt aus § 59 nicht. E. 48, 211. — Hinsichtlich der Anwesenheit anderer Prozeßbeteiligter vgl. §§ 169, 193, 194, 224, 369 und für die HVhdlg. §§ 226, 231—233, 247, 277 ff.

[3] D. i. vorbereitendes Verfahren und Voruntersuchung.

[4] Einen Anspruch auf Gegenüberstellung hat der Angeklagte aber nicht. E. 48, 201.

60 [59]. Vor der Leistung des Eides hat der Richter den Zeugen in angemessener Weise auf die Bedeutung des Eides hinzuweisen[1].

[1] Unterlassung begründet nicht Revision: E. 56, 66.

61 [60]. Jeder Zeuge ist einzeln und vor seiner Vernehmung[1] zu beeidigen. Die Beeidigung kann jedoch aus besonderen Gründen[2], namentlich wenn Bedenken gegen ihre Zulässigkeit obwalten, bis nach Abschluß der Vernehmung[3] ausgesetzt werden.

[1] Zu ihr gehören auch die Personal- und Generalfragen (§ 68), soweit nicht zunächst bloß behufs Prüfung der Zulässigkeit der Vernehmung gestellt. E. 3, 79; 22, 54 (str.).

[2] Verkündung und Protokollierung, auch besonderer GerBeschluß, nicht nötig. Vgl. § 238. E. 3, 370; 19, 354.

[3] Schluß der Beweisaufnahme. E. 2, 219.

62 [61]. Der vor der Vernehmung zu leistende Eid lautet:

daß Zeuge nach bestem Wissen die reine Wahrheit sagen, nichts verschweigen und nichts hinzusetzen werde;

der nach der Vernehmung zu leistende Eid lautet:

daß Zeuge nach bestem Wissen die reine Wahrheit gesagt, nichts verschwiegen und nichts hinzugesetzt habe[1].

[1] Vgl. § 85.

63 [62]. Der Eid beginnt mit den Worten:

„Ich schwöre bei Gott dem Allmächtigen und Allwissenden“[1]

und schließt mit den Worten:

„So wahr mir Gott helfe“[1].

[1] Nach RVerf.Art. 136 Abs. 4 und 177 kein Zwang zu dem religiösen Eingang und Schluß.

64 [63]. Der Eid wird mittels Nachsprechens oder Ablesens[1] der die Eidesnorm enthaltenden Eidesformel[2] geleistet. Der Schwörende soll bei der Eidesleistung die rechte Hand erheben.

Stumme, welche schreiben können, leisten den Eid mittels Abschreibens und Unterschreibens der die Eidesnorm enthaltenden Eidesformel.

Stumme, welche nicht schreiben können, leisten den Eid mit Hilfe eines Dolmetschers durch Zeichen.

[1] Freies Hersagen steht gleich. E. 22, 106.
[2] Fremdsprache: GVG. § 188.

65 [64]. Der Eidesleistung wird gleichgeachtet, wenn ein Mitglied einer Religionsgesellschaft, welcher das Gesetz den Gebrauch gewisser Beteuerungsformeln an Stelle des Eides gestattet[1], eine Erklärung unter der Beteuerungsformel dieser Religionsgesellschaft abgibt.

[1] Preußen: Mennoniten, VO. v. 11. 3. 1827 (GS. 28): Nachsprechen einer bestimmten Bekräftigungsformel und Handschlag, vgl. E. 57, 342; Philipponen (KabOrder v. 19. 11. 1836).

66 [65]. Die Beeidigung der Zeugen erfolgt, vorbehaltlich der Bestimmungen des § 223, in der Hauptverhandlung.

Sie kann[1] schon in der Voruntersuchung erfolgen, wenn voraussichtlich der Zeuge am Erscheinen in der Hauptverhandlung verhindert oder sein Erscheinen wegen großer Entfernung besonders erschwert sein wird, oder wenn die Beeidigung als Mittel zur Herbeiführung einer wahrheitsgemäßen Aussage erforderlich erscheint.

In dem vorbereitenden Verfahren ist die Beeidigung nur zulässig[1], wenn Gefahr im Verzug obwaltet, oder wenn die Beeidigung als Mittel zur Herbeiführung einer wahrheitsgemäßen Aussage über eine Tatsache, von der die Erhebung der öffentlichen Klage abhängig ist, erforderlich erscheint.

Erfolgt die Beeidigung im Vorverfahren[2], so ist der Grund in dem Protokoll anzugeben.

[1] Ist dann aber in der HVhdlg. zu wiederholen (vgl. § 67).

[2] D. h. vorbereitendes Verfahren (Abs. 3) und Voruntersuchung (Abs. 2).

67 [**66**]. Wird der Zeuge, nachdem er eidlich vernommen worden ist, in demselben Vorverfahren[1] oder in demselben Hauptverfahren[2] nochmals vernommen[3], so kann der Richter statt der nochmaligen Beeidigung den Zeugen die Richtigkeit seiner Aussage unter Berufung auf den früher geleisteten Eid versichern lassen[4, 5].

[1] VorbVerf. und VU. bilden „ein" Vorverfahren. § 223 gehört aber nicht mehr dazu.

[2] Das HVerf. beginnt mit dem EröffBeschl. und endet mit RKraft des Urteils. Es gehören also dazu einerseits Vernehmungen nach § 223, anderseits solche in der Berufungsinstanz. Dagegen ist im Wiederaufnahmeverfahren neue Beeidigung nötig (E. 4, 437; 18, 417). — Unanwendbar ist § 67 bei nachträglicher Verbindung oder Trennung nach §§ 3 und 4 (E. 44, 352; 49, 251).

[3] Wenn es sich nur um eine Fortsetzung der im übrigen einheitlichen Vernehmung handelt, ist, falls Voreid geleistet, weder neue Beeidigung, noch Berufung auf geleisteten Eid notwendig: E. 46, 196; 63, 1. Anders beim Nacheid. E. 19, 84.

[4] Promissorisch oder assertorisch; gleichgültig, ob früher promissorisch oder assertorisch geschworen. E. 62, 435. — Vgl. auch Anm. 7 zu § 79.

[5] S. auch § 155 Nr. 2 StGB.

68 [67]. Die Vernehmung beginnt damit, daß der Zeuge über Vornamen und Zunamen, Alter, Stand oder Gewerbe und Wohnort befragt wird[1]. Erforderlichenfalls[2] sind dem Zeugen Fragen über solche Umstände, welche seine Glaubwürdigkeit in der vorliegenden Sache betreffen, insbesondere über seine Beziehungen zu dem Beschuldigten oder dem Verletzten, vorzulegen.

[1] Nicht zwingend. E. 40, 157.

[2] D. h. nur wenn eine besondere Veranlassung vorliegt. E. 16, 214; 45, 405. Notwendig ist die Frage nicht einmal bei § 57 Nr. 2. E. 3, 100. „Die Revision kann niemals auf die Tatsache allein gestützt werden, daß ein Zeuge nicht über seine Beziehungen zu dem Angeklagten befragt worden ist", und „niemals allein" auf die Unterlassung der Frage, ob der Zeuge wegen Meineids vorbestraft sei, deren Stellung „regelmäßig überflüssig und häufig unangemessen" ist. E. 45, 405. Vgl. auch preuß. JMBl. 1918 S. 537.

69 [68]. Der Zeuge ist zu veranlassen, das, was ihm von dem Gegenstande seiner Vernehmung bekannt ist, im Zusammenhang anzugeben[1]. Vor seiner Vernehmung ist dem Zeugen der Gegenstand der Untersuchung und die Person des Beschuldigten, sofern ein solcher vorhanden ist, zu bezeichnen[2].

Zur Aufklärung und zur Vervollständigung der Aussage sowie zur Erforschung des Grundes, auf welchem die Wissenschaft des Zeugen beruht, sind nötigenfalls weitere Fragen zu stellen[3].

[1] Mündlich; nicht durch Überweisung einer Niederschrift. E. 37, 330. Benutzung von Notizen zulässig. E. 20, 105. — Verletzung: Revision, falls Urteil auf ihr beruht. Freilich: Trotz Verletzung des § 69 würde falsche Aussage strafbar sein (E. 62 147: rechtsähnlich der Meineid des Eidesunfähigen nach Anm. 1 zu § 57)

[2] Nicht zwingend. E. 6, 267.

[3] Verhandlung mit Fremdsprachlichen, Tauben, Stummen: GVG. §§ 185ff. — Protokoll: §§ 188, 168, 273. — Vernehmungsweise: §§ 238 242.

V. Folgen der Zeugnis- und Eidesweigerung.

70 [69]. Wird das Zeugnis[1] der die Eidesleistung ohne gesetzlichen Grund verweigert[2], so ist[3] der Zeuge in die durch die Weigerung verursachten Kosten sowie zu einer Ordnungsstrafe in Geld[4] und für den Fall, daß diese nicht beigetrieben werden kann, zur Strafe der Haft bis zu sechs Wochen[4] zu verurteilen[5].

Auch kann[6] zur Erzwingung des Zeugnisses[7] die Haft[8] angeordnet werden, jedoch nicht über die Zeit der Beendigung des Verfahrens in der Instanz, auch nicht über die Zeit von sechs Monaten, und bei Übertretungen nicht über die Zeit von sechs Wochen hinaus.

Die Befugnis zu diesen Maßregeln steht auch dem Untersuchungsrichter, dem Amtsrichter im Vorverfahren, sowie dem beauftragten und ersuchten Richter[9] zu.

Sind die Maßregeln erschöpft, so können sie in demselben oder in einem anderen Verfahren, welches dieselbe Tat[10] zum Gegenstande hat, nicht wiederholt werden.

[1] Die Duldung einer körperlichen Untersuchung ist nicht Zeugenpflicht. Vgl. aber § 103 und Anm.

[2] Die unbeeidigte Aussage darf verwertet werden. E. 25, 134.

[3] Nichtanwendung nicht revisibel, da nur das Verhältnis des Zeugen zum Richter betreffend. E. 57, 29.

[4] Vgl. Anm. 2 zu § 51.

[5] Strafe nur einmal, auch wenn Höchstmaß nicht erreicht. Abs. 2 dagegen kann mehrmals angewandt werden, bis Höchstmaß erschöpft ist.

[6] Vgl. Anm. 3 zu § 51.

[7] Und des Eides: Entw. § 61, Prot. 77, 828.

[8] Betr. Abgeordnete vgl. RVerf. 37 Abs. 2.

[9] Anm. 5 zu § 51.

[10] § 264 Anm. 1.

VI. Gebühren.

71 [70]. Jeder von dem Richter oder der Staatsanwaltschaft geladene[1] Zeuge hat nach Maßgabe der Gebührenordnung[2] Anspruch auf Entschädigung aus der Staatskasse für Zeitversäumnis und, wenn sein Erscheinen eine Reise erforderlich macht, auf Erstattung der Kosten, welche durch die Reise und den Aufenthalt am Ort der Vernehmung verursacht werden.

[1] Wegen der unmittelbar geladenen s. § 220.

[2] Letzte Fassung v. 21. 12. 25 (RGBl. I 470).

Siebenter Abschnitt.

Sachverständige und Augenschein.

Grundsätzliches in Vorbem. zum 6. Abschnitt.

I. Sachverständige.

72[1]. Auf Sachverständige finden die Vorschriften des sechsten Abschnitts über Zeugen entsprechende Anwendung, soweit nicht in den nachfolgenden Paragraphen abweichende Bestimmungen getroffen sind[2].

[1] Ob der Richter Sachverständige zuziehen will, steht insofern in seinem Ermessen, als er es unterlassen kann, wenn er sich selber Sachkunde zutraut (E. 49, 435). In der HVhdlg. findet dies Ermessen aber seine Grenzen an den §§ 244, 245: Ein Antrag muß hier nach § 244 Abs. 2 behandelt werden (E. 51, 42; 52, 61); er darf nicht ohne weiteres wegen Unerheblichkeit der Beweistatsachen abgelehnt werden (§ 244 A. 4 III !); und vorgeladene Sachverständige müssen nach § 245 vernommen werden (E. 54, 257; 55, 99). - Vorgeschrieben ist Sachverständigenbeweis in §§ 87, 91. Vgl. E. 3, 176.

[2] § 59 findet keine Anwendung. E. 2, 153; 52, 161.

1. Auswahl.

73. Die Auswahl der zuzuziehenden Sachverständigen und die Bestimmung ihrer Anzahl erfolgt durch den Richter[1].

Sind für gewisse Arten von Gutachten Sachverständige öffentlich bestellt[2], so sollen andere Personen nur dann gewählt werden, wenn besondere Umstände es erfordern.

[1] Das schließt das Recht der Prozeßbeteiligten, Sachv. vorzuschlagen, nicht aus. Im VorbVerf. ist der StA. bezüglich der zu hörenden Sachv. überhaupt an keinen Richter gebunden; bei dem AR. (§ 162) beantragt er nötigenfalls die eidliche Vernehmung bestimmter Sachv. In der VU. kann der UR. die Sachv. auswählen. StA., Angesch. und Vert. haben aber das Recht, best. Sachv. vorzuschlagen (§§ 195, 196). Für die HVhdlg. kann der StA. Sachv. in der AnklSchrift angeben (§ 200) bzw. laden (§ 222 II), der Angekl. kann sie laden lassen bzw. laden oder stellen (§§ 219—222). In der HVhdlg. kann auch die Person des Sachv. Gegenstand eines BewAntrags sein (§ 72 Anm. 1, §§ 244, 245). Die letzte Entscheidung bez. der Person des Sachv. hat freilich in VU. und HVerhdlg. stets der Richter. — Bindung an Anzahl ausnahmsweise in § 87.

[2] Preußen: JV. v. 18. 7. 07 (JMBl. 478); s. auch JV. v. 5. 10. 25 (JMBl. 369) und v. 1. 7. 26 (JMBl. 244).

2. Ablehnung.

74. Ein Sachverständiger kann aus denselben Gründen, welche zur Ablehnung eines Richters berechtigen, abgelehnt werden[1]. Ein Ablehnungsgrund kann jedoch nicht daraus entnommen werden, daß der Sachverständige als Zeuge[2] vernommen worden ist.

Das Ablehnungsrecht steht der Staatsanwaltschaft, dem Privatkläger[3] und dem Beschuldigten zu. Die ernannten Sachverständigen sind den zur Ablehnung Berechtigten namhaft zu machen, wenn nicht besondere Umstände entgegenstehen.

Der Ablehnungsgrund ist glaubhaft zu machen; der Eid ist als Mittel der Glaubhaftmachung ausgeschlossen[4].

[1] § 24. Beispiele: E. 17, 415; 35, 319. — Die Verfahrensvorschriften der §§ 24—30 aber nicht anwendbar. E. 25, 361; 17, 239; 58, 301. — Ausschließung kraft Gesetzes (§ 22) gibt es hier nicht. Vgl. nur § 87.

[2] Oder als Sachverständiger. E. 33, 198.

[3] S. auch §§ 397, 426.

[4] Anm. 3 und 4 zu § 26.

3. Pflicht des Sachverständigen.

75. Der zum Sachverständigen Ernannte hat der Ernennung Folge zu leisten, wenn er zur Erstattung von Gutachten der erforderten Art öffentlich bestellt ist[1], oder wenn er die Wissenschaft, die Kunst oder das Gewerbe, deren Kenntnis Voraussetzung der Begutachtung ist, öffentlich zum Erwerb ausübt[2], oder wenn er zu ihrer Ausübung öffentlich bestellt oder ermächtigt ist[3].

Zur Erstattung des Gutachtens ist auch der verpflichtet, welcher sich hierzu vor Gericht bereit erklärt hat.

[1] Beispiel: Gerichtsarzt, Gerichtschemiker.

[2] Beispiel: Arzt, Universitätslehrer.

[3] Beispiel: Der nicht praktizierende Arzt.

76. Dieselben Gründe, welche einen Zeugen berechtigen, das Zeugnis zu verweigern[1], berechtigen einen Sachverständigen zur Verweigerung des Gutachtens. Auch aus anderen Gründen kann ein Sachverständiger von der Verpflichtung zur Erstattung des Gutachtens entbunden werden[2].

Die Vernehmung eines öffentlichen Beamten als Sachverständigen findet nicht statt, wenn die vorgesetzte Behörde des Beamten erklärt, daß die Vernehmung den dienstlichen Interessen Nachteil bereiten würde[3]. Für die Mitglieder einer Landesregierung wird diese Erklärung von der Landesregierung abgegeben. Für die Mitglieder der Reichsregierung gelten die Vorschriften des Reichsministergesetzes vom 27. März 1930 (Reichsgesetzbl. I S. 96).

[1] §§ 51—55.

[2] Unwahre Entschuldigung strafbar nach StGB. § 138 Abs. 2.

[3] Für Preußen: JV. v. 17. 5. 83 (JMBl. 155), 13. 3. 84 (JMBl. 54), 10. 3. 85 (JMBl. 103), 19. 2. 95 (JMBl. 56),

21. 4. 06 (JMBl. 112), 2. 8. 24 (JMBl. 333). Im Fall des § 54 besondere Genehmigung nötig.

4. Folgen des Nichterscheinens und der Weigerung.

77. Im Falle des Nichterscheinens oder der Weigerung eines zur Erstattung des Gutachtens verpflichteten Sachverständigen wird dieser zum Ersatze der Kosten und zu einer Ordnungsstrafe in Geld[1] verurteilt. Im Falle wiederholten Ungehorsams kann noch einmal auf eine Ordnungsstrafe erkannt werden.

[1] Anm. 2 zu § 51. Umwandlung in Freiheitsstrafe und Zwangshaft unzulässig. StGB. § 29 bei „Ordnungsstrafen" nicht anwendbar.

5. Gutachten und Beeidigung.

78. Der Richter hat, soweit ihm dies erforderlich erscheint, die Tätigkeit der Sachverständigen zu leiten[1].

[1] Daraus folgt für ihn die Notwendigkeit umfassenden Wissens (Psychiatrie usw.) soweit, daß er die Fragen stellen und die Antworten verstehen kann. Denn letzten Endes entscheidet stets der Richter, nicht der Sachverständige!

79. Der Sachverständige hat[1] vor[2] Erstattung des Gutachtens[3] einen Eid[4] dahin zu leisten[5]:

daß er das von ihm erforderte Gutachten unparteiisch und nach bestem Wissen und Gewissen erstatten werde.

Ist der Sachverständige für die Erstattung von Gutachten der betreffenden Art im allgemeinen beeidigt[6], so genügt die Berufung[7] auf den geleisteten Eid[8].

[1] §§ 57, 58 gelten aber auch hier. E. 27, 398.

[2] Nacheid kein Revisionsgrund. E. 8, 359.

[3] Auf die Personalien bezieht sich hier der Eid nicht. E. 12, 128; 20, 235.

[4] Betr. Verhältnis zum Zeugeneid und zu den befundeten Tatsachen vgl. Vorbem. 2 und 3 vor § 48.

[5] In der HVhdlg.: §§ 66, 72, auch 286 Abs. 2.

[6] Preußen: JV. v. 5. 2. 00 (JMBl. 48) nebst Abänd. v. 19. 3. 91 (JMBl. 72) und Ergänz. v. 25. 3. 02 (JMBl. 71); sowie JV. v. 7 4. 04 (JMBl. 101); 18. 7. 07 (JMBl. 478); 24. 10. 22 (JMBl. 447); 14. 4. 25 (JMBl. 151). Vgl. E. 8, 357; 37, 364

[7] Des Sachverständigen! Hinweis des Richters genügt nicht: E. 3, 100, 326.

[8] Gehört die Erstattung von Gutachten zu den Amtspflichten (wie bei preuß. Kreisarzt: G. v. 16. 9. 99), genügt Berufung auf Diensteid. E. 42, 369; auch 29, 300.

80. Dem Sachverständigen kann[1] auf sein Verlangen zur Vorbereitung des Gutachtens durch Vernehmung von Zeugen oder des Beschuldigten weitere Aufklärung verschafft werden.

Zu demselben Zwecke kann ihm gestattet werden, die Akten einzusehen, der Vernehmung von Zeugen oder des Beschuldigten beizuwohnen und an sie unmittelbar Fragen zu stellen.

[1] Gilt nur instruktionell. Auch für HVhdlg.: E. 52, 161.

6. Gutachten über den Geisteszustand.

81[1]. Zur Vorbereitung eines Gutachtens über den Geisteszustand des Angeschuldigten[2] kann das Gericht[3] auf Antrag eines Sachverständigen[4] nach Anhörung des Verteidigers anordnen, daß der Angeschuldigte in eine öffentliche Irrenanstalt gebracht und dort beobachtet werde.

Dem Angeschuldigten, welcher einen Verteidiger nicht hat, ist ein solcher zu bestellen[5].

Gegen den Beschluß findet sofortige Beschwerde statt[6]. Sie hat aufschiebende Wirkung[7].

Die Verwahrung in der Anstalt darf die Dauer von sechs Wochen nicht überschreiten[8].

[1] Hierzu Verf. des preuß. Min. d. Inn. und der geistl. usw. Angel. v. 14. 4. 08 und JV. v. 20. 10. 08 (JMBl. 368).

[2] Nach § 156 also nicht während des „VorbVerf.".

[3] Daher in der VU. die StrK., nicht der UR. Vgl. auch § 33.

[4] Also nicht des StA. oder Verteidigers. Der Antrag ist, wenn in der HVhdlg. vom Sachverständigen und Verteidiger gestellt, als Beweisantrag nach § 244 zu behandeln. E. 27, 343; 54, 201.

[5] Notwendiger Verteidiger im Sinne des § 140, auch für das fernere Verfahren nach Beendigung der Beobachtung; daher auch § 217 auf ihn anwendbar. E. 37, 21.

[6] Seitens der StA., des Angeschuldigten und des Verteidigers. § 305 ist anwendbar (E. 20, 378), § 297 aber wohl nicht. [7] § 311.

[8] In keinem Falle; ist die Dauer erreicht, so ist auch Wiederholung im Fall des § 83 ausgeschlossen. E. 23, 209. Damit ist aber die Fortdauer der Untersuchungshaft behufs weiterer ärztlicher Beobachtung nicht ausgeschlossen. E. 34, 306. Nach PrJV. v. 10. 11. 25 (JMBl. 399) soll sowohl die Zeit zwischen Beschluß und Ausführung wie die Untersuchung selber möglichst kurz sein. Ermittlungen durch Fernsprecher!

82. Im Vorverfahren[1] hängt es von der Anordnung des Richters ab, ob die Sachverständigen ihr Gutachten schriftlich oder mündlich zu erstatten haben.

[1] Betr. HVerf. vgl. §§ 223, 250, 251, 253, 256.

83. Der Richter kann eine neue Begutachtung durch dieselben oder durch andere Sachverständige anordnen, wenn er das Gutachten für ungenügend erachtet.

Der Richter kann die Begutachtung durch einen anderen Sachverständigen anordnen, wenn ein Sachverständiger nach Erstattung des Gutachtens mit Erfolg abgelehnt ist.

In wichtigeren Fällen kann das Gutachten einer Fachbehörde eingeholt werden.

7. Gebühren.

84. Der Sachverständige hat nach Maßgabe der Gebührenordnung[1] Anspruch auf Entschädigung für Zeitversäumnis, auf Erstattung der ihm verursachten Kosten und außerdem auf angemessene Vergütung für seine Mühewaltung.

[1] Anm. 2 zu § 71.

85[1]. Soweit zum Beweise vergangener Tatsachen oder Zustände, zu deren Wahrnehmung eine besondere Sachkunde erforderlich war, sachkundige Personen zu vernehmen sind, kommen die Vorschriften über den Zeugenbeweis zur Anwendung.

[1] Vgl. Vorbem. 1—3 zum 6. Abschnitt.

II. Richterlicher Augenschein.

Vorbemerkung: Die §§ 86—93 regeln nicht, wann AugBew. nötig ist. Dies unterliegt dem Ermessen des Gerichts, unbeschadet des Rechtes der Parteien, in der HVhdlg. BewAnträge zu stellen (§ 244). Maßgebend ist allein die Pflicht der Wahrheitsermittlung. Vgl. jedoch Anm. 4 IV zu § 244. — Die §§ 86—93 regeln nur, wie in einzelnen Fällen AugBew. erhoben wird, falls der Richter ihn erhebt. — Über körperl. Untersuchung vgl. § 102, § 103 Anm. 1.

1. Protokollierung.

86[1]. Findet die Einnahme eines richterlichen[2] Augenscheins statt, so ist im Protokoll[3] der vorgefundene Sachbestand festzustellen und darüber Auskunft zu geben, welche Spuren oder Merkmale, deren Vorhandensein nach der besonderen Beschaffenheit des Falles vermutet werden konnte, gefehlt haben[4].

[1] § 86 regelt nur die Protokollierungspflicht bei einem außerhalb der HVhdlg. zu erhebenden AugBew.; im Hinblick auf die Verlesbarkeit des Protokolls: § 249.

[2] Die Wahrnehmungen müssen aber vom Richter und Protokollführer gemacht sein, E. 16, 147; nicht richterlichen: § 250.

[3] §§ 188, 187, 168. — Wird aber der Augenschein innerhalb der HVhdlg., wenn auch außerhalb des Gerichtslokals, eingenommen, so sind §§ 272ff., nicht § 86 anzuwenden. E. 26, 277. Vgl. ferner GVG. § 169.

[4] Anwesenheit der Parteien: §§ 169, 193, 195, 225, 224, 369, 385, 397, 426.

2. Leichenschau.

87[1]. Die richterliche Leichenschau wird unter Zuziehung eines Arztes, die Leichenöffnung im Beisein des Richters von zwei Ärzten, unter welchen sich ein Gerichtsarzt[2] befinden muß, vorgenommen. Dem Arzte, welcher den Verstorbenen in der dem Tode unmittelbar vorausgegangenen Krankheit behandelt hat, ist die Leichenöffnung nicht zu übertragen. Er kann jedoch aufgefordert werden, der Leichenöffnung anzuwohnen, um aus der Krankheitsgeschichte Aufschlüsse zu geben.

Die Zuziehung eines Arztes kann bei der Leichenschau unterbleiben, wenn sie nach dem Ermessen des Richters entbehrlich ist.

Behufs der Besichtigung oder Öffnung einer schon beerdigten Leiche ist ihre Ausgrabung statthaft.

[1] Vgl. § 159.

[2] In Preußen ist nach § 9 des G. v. 16. 9. 99 der Kreisarzt Gerichtsarzt seines Amtsbezirks. Vgl. ferner „Dienstanweisungen der Kreisärzte" (JMBl. 1901 S. 111) und „Vorschriften f. d. Verfahren der Gerichtsärzte bei den gerichtlichen Untersuchungen menschlicher Leichen": JV. v. 17. 10. 04 (JMBl. 05, 44); v. 5. 2. 27 (JMBl. 42); Erl. des Min. der geistl. usw. Angel. v. 8. 7. 07 und v. 25. 1. 10 (MinBl. für MedizAngel. S. 275 und S. 77); ferner AusfAnw. z. preuß. Feuerbestattungsgesetz v. 29. 9. 11. — Bei in öffentlicher Krankenanstalt Verstorbenen ist „Leichenöffnung" durch Anstaltsärzte unzulässig. PreußJV. v. 28. 7. 25 (JMBl. 269).

3. Leichenöffnung.

88. Vor der Leichenöffnung ist, wenn nicht besondere Hindernisse entgegenstehen, die Persönlichkeit des Verstorbenen, insbesondere durch Befragung von Personen, welche den Verstorbenen gekannt haben, festzustellen. Ist ein Beschuldigter vorhanden, so ist ihm die Leiche zur Anerkennung vorzuzeigen[1].

[1] Vgl. auch §§ 193, 169.

89. Die Leichenöffnung muß sich, soweit der Zustand der Leiche dies gestattet, stets auf die Öffnung der Kopf-, Brust- und Bauchhöhle erstrecken[1].

[1] Anm. 2 zu § 87.

90. Bei Öffnung der Leiche eines neugeborenen Kindes ist die Untersuchung insbesondere auch darauf zu richten, ob es nach oder während der Geburt gelebt habe[1], und ob es reif oder wenigstens fähig gewesen sei, das Leben außerhalb des Mutterleibes fortzusetzen.

[1] Wichtig auch wegen Unterschied zwischen Kindestötung und etwaiger Abtreibung.

91. Liegt der Verdacht einer Vergiftung vor, so ist die Untersuchung der in der Leiche oder sonst gefundenen verdächtigen Stoffe durch einen Chemiker oder durch eine für solche Untersuchungen bestehende Fachbehörde vorzunehmen.

Der Richter kann anordnen, daß diese Untersuchung unter Mitwirkung oder Leitung eines Arztes stattzufinden habe.

4. Münzverbrechen.

92. Bei Münzverbrechen und Münzvergehen sind die Münzen oder Papiere erforderlichenfalls der Behörde vorzulegen, von welcher echte Münzen oder Papiere dieser Art in Umlauf gesetzt werden. Das Gutachten dieser Behörde ist über die Unechtheit oder Verfälschung sowie darüber einzuholen, in welcher Art die Fälschung mutmaßlich begangen worden sei.

Handelt es sich um ausländische Münzen oder Papiere, so kann an Stelle des Gutachtens der ausländischen Behörde das einer deutschen erfordert werden.

5. Urkundenverbrechen.

93. Zur Ermittlung der Echtheit oder Unechtheit eines Schriftstücks sowie zur Ermittlung seines Urhebers kann eine Schriftvergleichung unter Zuziehung von Sachverständigen vorgenommen werden.

Achter Abschnitt.

Beschlagnahme und Durchsuchung.

Vorbemerkung zum 8. u. 9. Abschnitt. 1. Der 8. und 9. Abschnitt regeln a) Zwangsmittel: Wegnahme bzw. Sicherstellung von sachlichen Beweismitteln und Einziehungsobjekten (8. Abschnitt) und Festnahme von Verdächtigen (9. Abschnitt); sowie b) deren Vorbereitung durch (nötigenfalls auch zwangsweise) Durchsuchung und durch Steckbrief.

2. **Durchführung** und **Vorbereitung** der **Zwangsmittel** sind in der Regel vom **Richter** anzuordnen, nur bei Gefahr im Verzug von der verfolgenden Behörde selbständig vorzunehmen (§§ 98, 100, 105, 114, 127, 131).

3. Die **Zwangsmittel** sind in der StPO. nur insoweit geregelt, als es sich um ein Strafverfahren wegen begangener **Straftat** handelt. Vgl. hierzu wegen Beschlagnahme ferner: Postgesetz v. 28. 10. 71 § 32; Preßgesetz v. 7. 5. 74 §§ 23 ff.; SeemO. v. 2. 6. 02 § 127; RAbgO. v. 13. 12. 19 § 395; Ges. betr. Fernmeldeanlagen v. 14. 1. 28 §§ 12 f.

4. Zwangsmittel zu Zwecken der **Präventivpolizei** zu regeln ist im allgemeinen Sache der Landesgesetzgebung. Vgl. betr. Beschl. und Durchs.: E. 9, 121; 13, 44; 21, 47; 52, 117 — betr. Verhaftung und Festnahme: E. 1, 331; 2, 263; 3, 185; 4, 101; 11, 101; 15, 356. — Für Preußen vgl. ALR. II 17 § 10; V. v. 3. 1. 49; Ges. z. Schutz der persönl. Freih. v. 12. 2. 50; LVG. v. 30. 7. 83 § 132.

5. Als Akte der Strafverfolgung sind die Zwangsmittel nur zulässig, wenn die **Prozeßvoraussetzungen** vorliegen; §§ 127 und 130 bilden Ausnahmevorschriften: E. 6, 37. Trotzdem erklärt E. 33, 380 eine Beschlagnahme vor Strafantrag für zulässig.

Vorbemerkung zum 8. Abschnitt. 1. Der im Lauf der Vorarbeiten gelockerte Zusammenhang der Bestimmungen über Beschlagnahme ist folgender:

A. Vor Erhebung der öffentlichen Klage:

I. Sind sachliche Beweisstücke oder Einziehungsobjekte (i. S. des § 94 Abs. 1) in niemandes Gewahrsam oder werden sie vom Inhaber freiwillig herausgegeben oder sind sie auf legalem Wege in die Hände der Behörde gekommen (vgl. E. 48, 62), so sind sie einfach „in Verwahrung zu nehmen oder in anderer Weise sicherzustellen" (§ 94 Abs. 1). Richterentscheid (oder Beschlagnahme) zunächst nicht nötig; aber wohl (analog § 98 Abs. 2, str.), wenn der Betroffene nachträglich widerspricht.

II. Werden sie nicht freiwillig herausgegeben, ist es aber

1) möglich, sie dem anwesenden Inhaber ohne Gewalt und ohne, daß dieser oder ein Angehöriger widerspricht, fortzunehmen (z. B. gelegentlich einer Durchsuchung), so darf dies auf Anordnung des Richters ge-

schehen; bei Gefahr im Verzug auch auf Anordnung der Verfolgungsbehörde, worauf aber der Betroffene jederzeit Richterentscheid erwirken kann (§ 98 Abs. 2);

müssen dagegen die Sachen

2) dem Inhaber gewaltsam oder auch nur gegen seinen oder eines erwachsenen Angehörigen Widerspruch oder in deren Abwesenheit weggenommen werden, so kann (wahlweise, str.)

a) entweder dies geschehen (worauf aber, falls nicht der Richter es angeordnet hatte, nicht nur der Betroffene jederzeit Richterentscheid nachsuchen kann, sondern auch der anordnende Beamte dies binnen 3 Tagen tun soll) § 98, 1 und 2;

b) oder es kann der Inhaber, insoweit er zeugnispflichtig sein würde, durch die Mittel des § 70 zur Herausgabe gezwungen werden.

B. Nach Erhebung der öffentlichen Klage ändert sich nur das Verhältnis der Exekutivorgane zum Richter, dem die Gegenstände stets baldigst zur Verfügung zu stellen sind: § 98 III.

2. In den Räumen des Reichstags oder eines Landtags darf eine Durchsuchung oder Beschl. nur mit Zustimmung des Präsidenten vorgenommen werden. RVerf. Art. 38 II.

I. **Beschlagnahme. 1. Gegenstände.**

94. Gegenstände, welche als Beweismittel für die Untersuchung von Bedeutung sein können oder der Einziehung[1] unterliegen, sind in Verwahrung zu nehmen oder in anderer Weise sicherzustellen.

Befinden sich die Gegenstände in dem Gewahrsam einer Person und werden sie nicht freiwillig herausgegeben, so bedarf es der Beschlagnahme[2].

[1] Z. B. StGB. §§ 40 42, 152, 295, 360, 367, 369 und Nebengesetze. — Betr. Beschluß vor Strafantrag vgl. Vorbem. 5 zum 8. und 9. Abschnitt.

[2] Formvorschriften bestehen im allgemeinen nicht. Unter Umständen genügt ein amtliches Verbot der Verfügung oder Veränderung. E. 18, 71; 52, 117. — Beschl. ganzen Vermögens oder von Teilen: §§ 283, 284, 291—293, 433.

2. Pflicht zur Herausgabe (Ausnahmen).

95. Wer einen Gegenstand der vorbezeichneten Art in seinem Gewahrsam hat[1], ist verpflichtet, ihn auf Erfordern vorzulegen und auszuliefern.

Er kann im Falle der Weigerung durch die im § 70 bestimmten Zwangsmittel hierzu angehalten werden[2]. Gegen Personen, welche zur Verweigerung des Zeugnisses berechtigt sind[3], finden diese Zwangsmittel keine Anwendung[4].

[1] Das muß bekannt sein. Sonst höchstens Durchsuchung. Editionseid (wie z. B. in §§ 426f. ZPO.) im Strafverfahren unbekannt.

[2] Durch die Zwangshaft des Abs. 2 und (str.) die Strafe des Abs. 1 des § 70. Wahlweise neben Beschlagnahme. Vgl. Vorbem. zum 8. Abschnitt A II 2.

[3] §§ 52—55 und Anm. 1 zu § 53. Ebenso selbstverständlich nicht gegen den Beschuldigten.

[4] Der Paragraph spricht nur von aktiver Herausgabe. Betr. Duldung von Durchsuchung (§§ 102ff.) und zwangsweiser Wegnahme sind die in §§ 52—55 Genannten nicht begünstigt.

96. Die Vorlegung oder Auslieferung von Akten oder anderen in amtlicher Verwahrung befindlichen Schriftstücken durch Behörden und öffentliche Beamte darf nicht gefordert werden, wenn deren oberste Dienstbehörde erklärt, daß das Bekanntwerden des Inhalts dieser Akten oder Schriftstücke dem Wohle des Reichs oder eines deutschen Landes Nachteil bereiten würde[1].

[1] S. auch § 168 GVG.

97. Schriftliche Mitteilungen zwischen dem Beschuldigten[1] und den Personen, die wegen ihres Verhältnisses zu ihm nach §§ 52, 53 zur Verweigerung des Zeugnisses berechtigt sind[2], unterliegen der Beschlagnahme nicht[3], falls sie sich in den Händen der letzteren[4] Personen befinden und diese nicht einer Teilnahme, Begünstigung[5] oder Hehlerei verdächtig sind[6].

[1] Im weitesten Sinne des Verdächtigen. E. 20, 91; 50, 241.

[2] Die Mitglieder des Reichstags, der Landtage und des Reichswirtschaftsrats stehen ihnen auch hier gleich. Anm. 1 zu § 53.

[3] Handakten des Verteidigers fallen nicht unter § 97. Im übrigen vgl. wegen seiner Korrespondenz die §§ 99 und 148. — Benutzung gesetzwidrig beschlagnahmter Gegenstände in irgendwelcher Weise (z. B. zur Schriftvergleichung) begründet Revision. E. 20, 91.

[4] d. h. zeugnisweigerungsberechtigten und zugleich an der Korrespondenz Beteiligten. E. 28, 285.

[5] Auch wenn die Begünstigung gemäß StGB. § 257 Abs. 2 straflos ist.

[6] Ergibt aber die Durchsicht solcher Papiere (§ 110), die wegen Teilnahmeverdacht beschlagnahmt sind, zwar keine Bestätigung dieses Verdachts, aber den Verdacht einer anderen Straftat (oder der Teilnahme an einer anderen Straftat des Beschuldigten), so ist die Beschl. aufrechtzuerhalten. E. 47, 195.

3. Anordnung von Beschlagnahmen.

98[1]. Die Anordnung von Beschlagnahmen steht dem Richter[2], bei Gefahr im Verzug[3] auch der Staatsanwaltschaft und den Polizei- und Sicherheitsbeamten zu, welche als Hilfsbeamte der Staatsanwaltschaft ihren Anordnungen Folge zu leisten haben[4].

Ist die Beschlagnahme ohne richterliche Anordnung erfolgt, so soll[5] der Beamte, welcher die Beschlagnahme angeordnet hat, binnen drei Tagen die richterliche Bestätigung nachsuchen, wenn bei der Beschlagnahme weder der davon Betroffene noch ein erwachsener Angehöriger[6] anwesend war, oder wenn der Betroffene und im Falle seiner Abwesenheit ein erwachsener Angehöriger des Betroffenen gegen die Beschlagnahme ausdrücklichen Widerspruch erhoben hat. Der Betroffene kann jederzeit die richterliche Entscheidung nachsuchen. Solange die öffentliche Klage noch nicht erhoben ist[7], erfolgt die Entscheidung durch den Amtsrichter, in dessen Bezirk die Beschlagnahme stattgefunden hat.

Ist nach erhobener öffentlicher Klage die Beschlagnahme durch die Staatsanwaltschaft oder einen Polizei- oder Sicherheitsbeamten erfolgt, so ist binnen drei Tagen dem Richter von der Beschlagnahme Anzeige zu machen und sind ihm die in Beschlag genommenen Gegenstände zur Verfügung zu stellen.

Beschlagnahmen in militärischen Dienstgebäuden, zu welchen auch Kriegsfahrzeuge gehören, erfolgen durch Ersuchen der Militärbehörde[8] und auf Verlangen der Zivilbehörde (Richter, Staatsanwaltschaft) unter deren Mitwirkung. Des Ersuchens der Militärbehörde bedarf es jedoch nicht, wenn die Beschlagnahme in Räumen vorzunehmen ist, welche in militärischen Dienstgebäuden ausschließlich von Zivilpersonen bewohnt werden.

[1] Einschränkende Vorschriften über die Beschlagnahme von Druckschriften im Reichspreßgesetz v. 7. 5. 74 §§ 23ff. und RepSchutzG. v. 25. 3. 30 § 12.

[2] Welchem? Anm. 1 zu § 124.

[3] Ob dies der Fall, unterliegt lediglich der Prüfung der für diese Eilfälle berufenen Beamten. E. 23, 334.

[4] Anm. 3 zu § 152 GVG.

[5] Bei Nichtbefolgung hört die Beschl. nicht auf.

[6] Im weitesten Sinne; § 52 Abs. 2 StGB. nicht anwendbar.

[7] § 170.

[8] VO. des RWehrMin. v. 4. 11. 22 (HeerVBl. S. 461).

4. Beschlagnahme von Postsendungen und Telegrammen.

99[1]. Zulässig ist die Beschlagnahme[2] der an den Beschuldigten[3] gerichteten Briefe und Sendungen auf der Post sowie der an ihn gerichteten Telegramme auf den Telegraphenanstalten; desgleichen ist zulässig an den bezeichneten Orten die Beschlagnahme solcher Briefe, Sendungen und Telegramme, in betreff derer Tatsachen vorliegen, aus welchen zu schließen ist, daß sie von dem Beschuldigten herrühren oder für ihn bestimmt sind, und daß ihr Inhalt für die Untersuchung Bedeutung habe[5].

[1] Der § 99 durchbricht den Grundsatz der Unverletzlichkeit des Post- und Telegraphengeheimnisses; vgl. RVerf. Art. 117 (freilich auch Art. 48 Abs. 2); PostG. v. 28. 10. 71 (Fassung v. 20. 12. 99) § 5; FernmeldeanlagenG. v. 14. 1. 28 § 10; RAbgO. § 396.

[2] Der Beschlagnahme wird hier meist eine Durchsuchung vorausgehen, sei es an den auf Ersuchen ausgelieferten Postsachen, sei es in den Räumen der Post. Maßgebend auch für diese Durchsuchung ist nicht § 103, sondern § 99.

[3] Anm. 1 zu § 97.

[4] Die Postsachen der in § 97 bezeichneten Personen nicht ausgeschlossen. Hinsichtlich des Verteidigers s. § 148.

[5] Die Prüfung der Zulässigkeit ist Sache der ersuchenden (§ 100), nicht der Post- und Telegraphenbehörde.

100. Zu der Beschlagnahme (§ 99) ist nur der Richter, bei Gefahr im Verzug und, wenn die Untersuchung nicht bloß eine Übertretung betrifft, auch die Staatsanwaltschaft[1] befugt. Die letztere muß jedoch den ihr ausgelieferten Gegenstand sofort, und zwar Briefe und andere Postsendungen uneröffnet, dem Richter vorlegen.

Die von der Staatsanwaltschaft verfügte Beschlagnahme tritt, auch wenn sie eine Auslieferung noch nicht zur Folge gehabt hat, außer Kraft, wenn sie nicht binnen drei Tagen[2] von dem Richter bestätigt wird.

Die Entscheidung über eine von der Staatsanwaltschaft verfügte Beschlagnahme sowie über die Eröffnung eines ausgelieferten Briefes oder einer anderen Postsendung erfolgt durch den zuständigen Richter (§ 98).

[1] Einschl. Amtsanwalt (GVG. § 143), nicht aber der in GVG. § 152 bezeichneten Beamten.

[2] Vom Eingang des Ersuchens. S. auch § 42.

101. Von den getroffenen Maßregeln (§§ 99, 100) sind die Beteiligten zu benachrichtigen, sobald dies ohne Gefährdung des Untersuchungszwecks geschehen kann.

Sendungen, deren Eröffnung nicht angeordnet worden, sind dem Beteiligten sofort auszuantworten.

Dasselbe gilt, soweit nach der Eröffnung die Zurückbehaltung nicht erforderlich ist.

Der Teil eines zurückbehaltenen Briefes, dessen Vorenthaltung nicht durch die Rücksicht auf die Untersuchung geboten erscheint, ist dem Empfangsberechtigten abschriftlich mitzuteilen[1].

[1] Die Entscheidung hierüber (Abs. 1—3) steht als zur Beschlagnahme selbst gehörig dem Richter zu.

II. Durchsuchung. 1. Zulässigkeit.

102. Bei dem, welcher als Täter oder Teilnehmer einer strafbaren Handlung oder als Begünstiger oder Hehler verdächtig ist, kann eine Durchsuchung der Wohnung[1] und anderer Räume sowie seiner Person und der ihm gehörigen Sachen sowohl zum Zwecke seiner Ergreifung als auch dann vorgenommen werden, wenn zu vermuten ist, daß die Durchsuchung zur Auffindung von Beweismitteln führen werde.

[1] Hinsichtlich dieser sog. Haussuchung vgl. die besonderen Bestimmungen §§ 104, 105 Abs. 2. — Wegen Reichstag und Landtagen: RVerf. 38 Abs. 2.

103. Bei andern Personen sind Durchsuchungen[1] nur behufs der Ergreifung des Beschuldigten oder behufs der Verfolgung[2] von Spuren einer strafbaren Handlung oder behufs der Beschlagnahme bestimmter Gegenstände und nur dann zulässig, wenn Tatsachen vorliegen, aus denen zu schließen ist, daß die gesuchte Person, Spur oder Sache sich in den zu durchsuchenden Räumen[3] befinde[4].

Diese Beschränkung findet keine Anwendung auf die Räume, in welchen der Beschuldigte ergriffen worden ist, oder welche er während der Verfolgung betreten hat, oder in welchen eine unter Polizeiaufsicht[5] stehende Person wohnt oder sich aufhält.

[1] Besichtigung des Körpers einer unverdächtigen Person behufs Verfolgung von Spuren strafbarer Handlungen ist

nur als „richterlicher Augenschein“ nach § 86, nicht als „Durchsuchung“ nach § 103 („Räume“!) zulässig, der StA. und Polizei also gegen den Willen des Betroffenen nicht gestattet; im VorbV. ist nach § 162 zu verfahren. Unhaltbar E. 14, 189: 19, 364; 42, 440.

[2] Auch zum Zweck der Verteidigung. E. 14, 189.

[3] Reichstag oder Landtag nur mit Zustimmung des Präsidenten. RVerf. 38.

[4] § 97 gilt auch hier, nicht die Beschränkung § 95 Abs. 2.

[5] §§ 38, 39 StGB.

2. Beschränkung auf Tageszeit.

104. Zur Nachtzeit dürfen die Wohnung, die Geschäftsräume und das befriedete Besitztum[1] nur bei Verfolgung auf frischer Tat oder bei Gefahr im Verzug oder dann durchsucht werden, wenn es sich um die Wiederergreifung eines entwichenen Gefangenen handelt.

Diese Beschränkung findet keine Anwendung auf Wohnungen von Personen, welche unter Polizeiaufsicht[2] stehen, sowie auf Räume, welche zur Nachtzeit jedermann zugänglich oder welche der Polizei als Herbergen oder Versammlungsorte bestrafter Personen, als Niederlagen von Sachen, welche mittels strafbarer Handlungen erlangt sind, oder als Schlupfwinkel des Glückspiels oder gewerbsmäßiger Unzucht bekannt sind.

Die Nachtzeit umfaßt in dem Zeitraum vom ersten April bis dreißigsten September die Stunden von neun Uhr abends bis vier Uhr morgens und in dem Zeitraum vom ersten Oktober bis einunddreißigsten März die Stunden von neun Uhr abends bis sechs Uhr morgens[3].

[1] Vgl. § 123 StGB. — E. 13, 312. [2] §§ 38 f. StGB.

[3] Der Paragraph betrifft nur die Haussuchung (§ 102 Anm. 1). Die landesrechtl. Vorschriften (z. B. pr. Ges. v. 12. 2. 50) sind auf die StrVerfolgung nicht anwendbar. E. 1, 331; 262.

3. Verfahren.

105. Die Anordnung von Durchsuchungen steht dem Richter, bei Gefahr im Verzug auch der Staatsanwaltschaft und den Polizei- und Sicherheitsbeamten zu, welche als Hilfsbeamte der Staatsanwaltschaft ihren Anordnungen Folge zu leisten haben[1].

Wenn eine Durchsuchung der Wohnung, der Geschäftsräume oder des befriedeten Besitztums ohne Beisein des Richters oder des Staatsanwalts[2] stattfindet, so sind, wenn dies möglich[3], ein Gemeindebeamter oder zwei Mitglieder der Gemeinde, in deren Bezirk die Durchsuchung erfolgt, zuzuziehen. Die als Gemeindemitglieder zugezogenen Personen dürfen nicht Polizei- oder Sicherheitsbeamte sein.

Die in den vorstehenden Absätzen angeordneten Beschränkungen der Durchsuchung finden keine Anwendung auf die im § 104 Abs. 2 bezeichneten Wohnungen und Räume.

Durchsuchungen in militärischen Dienstgebäuden erfolgen durch Ersuchen der Militärbehörde und auf Verlangen der Zivilbehörde (Richter, Staatsanwaltschaft) unter deren Mitwirkung. Des Ersuchens der Militärbehörde bedarf es jedoch nicht, wenn die Durchsuchung von Räumen vorzunehmen ist, welche in militärischen Dienstgebäuden ausschließlich von Zivilpersonen bewohnt werden.

[1] Anm. 1 zu § 98.

[2] Der Amtsanwalt steht nicht gleich. Anders in Abs. 1.

[3] Dann ist die Zuziehung Voraussetzung für die Rechtmäßigkeit der Durchsuchung. Wichtig wegen § 113 StGB. E. 55, 161.

106. Der Inhaber der zu durchsuchenden Räume oder Gegenstände darf der Durchsuchung beiwohnen[1]. Ist er abwesend, so ist, wenn dies möglich, sein Vertreter oder ein erwachsener Angehöriger, Hausgenosse oder Nachbar zuzuziehen[2].

Dem Inhaber oder der in dessen Abwesenheit zugezogenen Person ist in den Fällen des § 103 Abs. 1

der Zweck der Durchsuchung vor deren Beginn bekanntzumachen. Diese Vorschrift findet keine Anwendung auf die Inhaber der im § 104 Abs. 2 bezeichneten Räume.

[1] Soweit er dies Recht nicht nach § 164 verwirkt. E. 33, 251.
[2] Abs. 1 gilt auch für § 102 (anders Abs. 2). Der Besch. als solcher hat (ebenso wie Vert., PrKl., NKl.) kein Recht auf Anwesenheit.

107. Dem von der Durchsuchung Betroffenen ist nach deren Beendigung auf Verlangen eine schriftliche Mitteilung zu machen, welche den Grund der Durchsuchung (§§ 102, 103) sowie im Falle des § 102 die strafbare Handlung bezeichnen muß. Auch ist ihm auf Verlangen ein Verzeichnis der in Verwahrung oder in Beschlag genommenen Gegenstände, falls aber nichts Verdächtiges gefunden wird, eine Bescheinigung hierüber zu geben.

108. Werden bei Gelegenheit einer Durchsuchung Gegenstände gefunden, welche zwar in keiner Beziehung zu der Untersuchung stehen, aber auf die erfolgte Verübung einer anderen strafbaren Handlung hindeuten, so sind sie einstweilen in Beschlag zu nehmen[1]. Der Staatsanwaltschaft ist hiervon Kenntnis zu geben.

[1] Von § 98 gilt hier nur Abs. 2. — § 97 hindert die Beschl. nur, wenn er auch auf die „andere" strafbare Handlung zutrifft. E. 47, 195.

109. Die in Verwahrung oder in Beschlag genommenen[1] Gegenstände sind genau zu verzeichnen und zur Verhütung von Verwechselungen durch amtliche Siegel oder in sonst geeigneter Weise kenntlich zu machen.

[1] Nicht nur bei einer Durchsuchung. § 109 gehört zu §§ 94—98.

4. Durchsicht von Papieren.

110. Eine Durchsicht der Papiere des von der Durchsuchung Betroffenen steht nur dem Richter zu[1].

Andere Beamte sind zur Durchsicht der aufgefundenen Papiere nur dann befugt, wenn der Inhaber die Durchsicht genehmigt. Anderenfalls haben sie die Papiere, deren Durchsicht sie für geboten erachten, in einem Umschlage, welcher in Gegenwart des Inhabers mit dem Amtssiegel zu verschließen ist, an den Richter abzuliefern.

Dem Inhaber der Papiere oder dessen Vertreter ist die Beidrückung seines Siegels gestattet; auch ist er, falls demnächst die Entsiegelung und Durchsicht der Papiere angeordnet wird, wenn dies möglich, aufzufordern, ihr beizuwohnen.

Der Richter hat die zu einer strafbaren Handlung in Beziehung stehenden Papiere der Staatsanwaltschaft mitzuteilen.

[1] Zuziehung eines Sachverständigen (z. B. Dolmetscher) zulässig.

5. Rückgabe der Gegenstände.

111. Gegenstände, welche durch die strafbare Handlung dem Verletzten entzogen wurden[1], sind, falls nicht Ansprüche Dritter entgegenstehen, nach Beendigung der Untersuchung und geeignetenfalls schon vorher von Amts wegen dem Verletzten zurückzugeben, ohne daß es eines Urteils hierüber bedarf.

Dem Beteiligten bleibt die Geltendmachung seiner Rechte im Zivilverfahren vorbehalten.

[1] Vorausgesetzt, daß sie sich bei dem Besch. befinden (gegenüber Dritten hat der StrRichter nichts zu veranlassen). — Hier auch die nur durch Hehlerei des Besch. dem Verletzten entzogenen. E. 19, 98. Nicht aber die für die entzogenen angeschafften Gegenstände. E. 1, 144.

Neunter Abschnitt.

Verhaftung und vorläufige Festnahme.

Vorbemerkungen.

1. Der 9. Abschn. regelt die **Untersuchungshaft**. Von ihr zu unterscheiden und hier nicht geregelt sind:

a) Die Strafhaft: Vgl. StGB. §§ 14—26, StPO. § 457.
b) Die Verwaltungshaft (polizeiliche Präventivhaft): Vgl. Landesgesetze und für Kriegs- und Belagerungszustand das RGes. v. 4. 12. 16.
c) Die Zwangshaft. Aus der StPO. vgl. §§ 70 II, 95 II.
d) Die Zwangsgestellung (Vorführung): Vgl. §§ 51 I, 133f., 230 II, 236, 329, 387 III.
e) Das „Festhalten" und „In Gewahrsam Halten" zu einzelnen Prozeßzwecken: Vgl. §§ 135, 231 I.
f) Die sitzungspolizeiliche Haft: Vgl. GVG. §§ 177, 180.

Für alle diese Maßregeln gilt der 9. Abschn. nicht.

2. „**Verhaftung**" ist die richterliche Anordnung der U.H. Gelegentlich bezeichnet so das Gesetz sowohl die Anordnung wie die Ausführung, nie aber die Ausführung allein. Letztere wird vielfach „Ergreifung" genannt. „**Vorläufige Festnahme**" ist die Inhaftierung (Ergreifung) vor richterlichem Haftbefehl. — Haftbefehl durch die StA. nur in § 457.

3. Die **Anklageerhebung** hat nur insofern Bedeutung, als die richterliche Zuständigkeit sich ändert (§§ 125, 129), und als der StA. zwar vorher, aber nicht mehr nachher, einseitig Aufhebung des Haftbefehls erwirken kann (§ 126). Voraussetzungen aber und (jetzt auch) Wirkungen der Verhaftung sind vor und nach Anklageerhebung die gleichen. Auch mit der Unterscheidung von „Verhaftung" und „Vorläufiger Festnahme" hat die Anklageerhebung nichts zu tun.

4. **Änderungen durch die Haftnovelle** (RGes. v. 27. 12. 26):

a) Benachrichtigung der Angehörigen (§ 114a);
b) Entlastungszweck der ersten Vernehmung (§ 114b III);
c) Haftprüfungsverfahren mit mündlicher Verhandlung, in doppelter Ausgestaltung:
   α) Recht des Verhafteten (§ 114d),
   β) Pflicht des Gerichts (§ 115a);
d) Beseitigung der Haftfristen im Ermittlungsverfahren (§ 126);
e) Erweiterung der Verteidigerrechte (§§ 115a IV, 115d, 148 III).

Nicht neu geregelt ist das Recht der vorläufigen Festnahme. Insbesondere gilt hier nicht § 114a und § 114b. Loyalerweise werden aber beide auch bei vorl. Festn. zu beachten sein.

5. **Zweck** der UH. ist ausschließlich, die Durchführung des Strafverfahrens zu ermöglichen, indem der Verdächtige verhindert wird, zu fliehen oder den Tatbestand zu verdunkeln. Gesetzwidrige Zwecke wären: die Verhütung weiterer Straftaten durch den Verdächtigten (hierfür käme nur oben 1b in Betracht) oder (wie im Gemeinen Inquisitionsprozeß und noch in der Preuß. Crim.-Ordng. von 1805) die Erzielung einer „wahrheitsgemäßen Aussage". — Sonderzwecke: §§ 230, 236 Ermöglichung einer Hauptverhandlung: § 445 Aufrechterhaltung der militärischen Disziplin.

6. **Persönliche Haftfähigkeit** an sich keine gesetzliche Voraussetzung (§ 455 ist nicht analog anwendbar, da zwar die Strafhaft, nicht aber die UH., der Idee nach aufschiebbar ist). Aber bei der Haftentscheidung ist, wie bei jeder Ermessensentscheidung, zu prüfen, ob die Folgen zu den Zwecken in einem angemessenen Verhältnis stehen. Zudem hat der Staat die Möglichkeit, also gegebenenfalls die Pflicht, die UH. in einem Krankenhaus oder unter anderen eine Gefährdung ausschließenden Umständen zu vollstrecken. Vgl. Preuß. JV. v. 16. 9. 25 (JMBl. 373) und Anm. 4 zu § 112.

7. **Wegen Anrechnung** der Untersuchungshaft auf die Strafhaft vgl. § 450.

8. **Wegen Entschädigung** für unschuldig erlittene Untersuchungshaft vgl. G. v. 14. 7. 04 (unten Anhang).

9. Nach RVerf. 37 bedarf die Verhaftung eines **Abgeordneten** während der Sitzungsperiode der Genehmigung des Hauses, außer bei Ausübung der Tat und am folgenden Tage. — Nach RVerf. 28 (ebenso Preuß. Verf. 20) wird die Polizeigewalt im Hause vom Präsidenten ausgeübt.

10. **Für Jugendliche** vgl. JGG. § 28.

11. Für Preußen vgl. die zwecks tunlichster Einschränkung der Untersuchungshaft erlassenen JV. v. 18. 12. 18 (JMBl. 526), v. 22. 10. 23 (JMBl. 686) und v. 15. 6. 25 (JMBl. 235).

I. Verhaftung. 1. Sachliche Voraussetzung.

112. Der Angeschuldigte[1] darf[2] nur[3] dann in Untersuchungshaft[4] genommen werden, wenn dringende[5] Verdachtsgründe gegen ihn vorhanden sind und entweder er der Flucht verdächtig[6] ist oder Tatsachen vorliegen, aus denen zu schließen ist[7], daß er Spuren der Tat vernichten oder daß er Zeugen oder Mitschuldige zu einer falschen Aussage oder Zeugen dazu verleiten werde, sich der Zeugnispflicht zu entziehen. Diese Tatsachen sind aktenkundig zu machen.

Der Verdacht der Flucht bedarf keiner weiteren Begründung:

1. wenn ein Verbrechen den Gegenstand der Untersuchung bildet[8];
2. wenn der Angeschuldigte ein Heimatloser oder Landstreicher[9] oder nicht imstande ist, sich über seine Person auszuweisen;
3. wenn der Angeschuldigte ein Ausländer ist und begründeter Zweifel besteht, daß er sich auf Ladung vor Gericht stellen und dem Urteile Folge leisten werde.

[1] § 112 bezieht sich also grundsätzlich auf das Verfahren nach Anklageerhebung (§ 157). Nach § 125 gelten aber vorher sachlich die gleichen Grundsätze.

[2] Nicht „muß“. Es handelt sich um eine Ermessensentscheidung, bei welcher der (auch das Verwaltungsrecht beherrschende) Grundsatz der Verhältnismäßigkeit zu beachten ist. Die Schwere der Straftat und des Haftgrundes sind gegeneinander abzuwägen. Hierbei können auch die gesundheitlichen Verhältnisse des Verdächtigen (vgl. Vorbem. 6) berücksichtigt werden.

[3] Vgl. Vorbem. 5 vor § 112.

[4] PrKammGer. in JW. 1926, S. 1247, schließt daraus zu Unrecht, daß andere (auch mildere) Maßregeln, z. B. Aufenthaltsbeschränkungen, Meldepflicht, im Rahmen der StPO. unzulässig seien. — Für Jugendliche vgl. § 28 JGG.

[5] Darin mehr zu sehen, als „hinreichende“ in § 203, wäre widersinnig, da dann eine Verhaftung vor Eröffnung des HVerf. ausgeschlossen wäre. Der Zweck des § 203 ist mit dem des § 112 nicht vergleichbar. Hier ist erforderlich und genügend hohe Wahrscheinlichkeit der Täterschaft.

[6] D. h. verdächtig, sich für die Organe der Strafrechtspflege unerreichbar zu machen. Diese Annahme des Fluchtverdachts bedarf der „Begründung"; wenn auch nicht notwendig durch Angabe bestimmter „Tatsachen", die auf eine schon bestehende Absicht, zu fliehen, hinweisen (dies der Unterschied von der Kollusionshaft); aber z. B. mit Mangel festen Wohnsitzes, Schwere der zu erwartenden Strafe, früherem Verhalten in ähnlichen Fällen, Vermögen im Ausland. Nur bei Abs. 2 kann zwar nicht der Fluchtverdacht (den der Richter auch hier hegen muß), aber dessen „Begründung" durch den Hinweis auf die dort angeführten Umstände ersetzt werden.

[7] Für Kollusionsgefahr müssen Tatsachen sowohl „vorliegen", als auch sind sie „aktenkundig zu machen". Wenn ein Unterschied von dem Verfahren bei Fluchtverdacht (wo eine „Begründung" in der Regel gleichfalls notwendig ist) denkbar sein soll, werden diese „Tatsachen" auf eine schon bestehende Verdunkelungsabsicht hinweisen müssen.

[8] PrJV. v. 18. 12. 18 (JMBl. 526) gestattet der Staatsanwaltschaft ein Absehen von der Angabe bestimmter, den Fluchtverdacht begründender Tatsachen nur, wenn die Tat „mit Todesstrafe oder wenn sie mit Zuchthaus, ausschließlich oder — auch bei Zulassung mildernder Umstände — neben andern Freiheitsstrafen von mindestens 6 Monaten, bedroht ist".

[9] § 361 Nr. 3 StGB.

113. Ist die Tat nur mit Haft oder mit Geldstrafe bedroht, so darf die Untersuchungshaft nur[1] wegen Verdachts der Flucht und nur dann verhängt werden, wenn der Angeschuldigte zu den im § 112 Nr. 2 oder 3 bezeichneten Personen gehört, oder wenn er unter Polizeiaufsicht[2] steht, oder wenn es sich um eine Übertretung handelt, wegen deren die Überweisung an die Landespolizeibehörde[3] erkannt werden kann.

[1] Abgesehen von den Fällen der §§ 230 Abs. 2, 236.

[2] § 38 StGB.

[3] §§ 362, 361 Nr. 3—8 StGB.

2. Haftbefehl.

114. Die Verhaftung[1] erfolgt auf Grund eines schriftlichen[2] Haftbefehls des Richters[3].

In dem Haftbefehl ist der Angeschuldigte genau zu bezeichnen und die ihm zur Last gelegte strafbare Handlung[4] sowie der Grund[5] der Verhaftung[1] anzugeben.

[6]Der Haftbefehl ist dem Angeschuldigten, wenn möglich, bei der Verhaftung[1] bekanntzumachen. Geschieht dies durch Verkündung[7], so ist der Angeschuldigte darauf hinzuweisen, daß ihm auf Verlangen eine Abschrift erteilt wird. Ist die Bekanntmachung bei der Verhaftung[1] nicht erfolgt, so ist dem Angeschuldigten vorläufig mitzuteilen, welcher strafbaren Handlung er verdächtig ist. Die Bekanntmachung ist in diesem Falle unverzüglich nachzuholen.

[1] Mit „Verhaftung" ist nicht, was nach Abs. 1 naheliegt, der Akt der tatsächlichen Festnahme, sondern die Begründung des staatlichen Haftrechts gemeint. Wichtig wegen Abs. 3

[2] Bei Verhaftung während einer Verhandlung genügt Festlegung durch Protokoll.

[3] Zuständig: Vor Anklageerhebung §§ 125 II, 128 II; nachher § 124. — Haftbefehl durch StA.: § 457.

[4] Nicht der juristische Begriff, sondern der tatsächliche Vorgang i. S. von §§ 155 I, 207 I, 264 I.

[5] Fluchtverdacht oder Verdunkelungsgefahr oder Notwendigkeit der Aufrechterhaltung der militärischen Disziplin. Vgl. Vorbem. 4 vor § 112.

[6] Der Abs. 3 regelt das Verfahren der „Bekanntmachung" neu. Bisher nur § 35: „Verkündung" an den Anwesenden, „Zustellung" an den Abwesenden. Jetzt tritt hinzu: „Vorläufige Mitteilung" an den Abwesenden (die in der Regel durch das den Haftbefehl vollstreckende Organ zu erfolgen haben wird), der aber Bekanntmachung durch Zustellung „unverzüglich" zu folgen hat. — Bei der Bekanntmachung ist § 115 zu beachten!

[7] Dies ist in der Regel nur möglich, wenn der Haftbefehl in Anwesenheit des Verhafteten erlassen wird; z. B. gegen den Angeklagten oder einen Zeugen in der Hauptverhandlung; oder gemäß § 128 II.

3. Benachrichtigung von Angehörigen.

114a. Dem Verhafteten[1] ist Gelegenheit zu geben[2], Angehörige[3] und, soweit er daran ein wesent-

liches[4] Interesse hat, andere Personen von der Verhaftung zu benachrichtigen, sofern der Zweck der Untersuchung nicht gefährdet wird[5]; auf Verlangen des Verhafteten ist die Benachrichtigung von Amts wegen zu bewirken.

[1] § 114a gilt also formell nicht für den nur „vorläufig Festgenommenen", sollte aber auch hier beachtet werden.

[2] „Zu geben": also nicht erst auf sein Verlangen. — Und zwar durch alle dazu in der Lage befindlichen Verhaftungsorgane (Richter, Polizei, Strafanstalt). Ob „der Zweck der Untersuchung gefährdet wird", haben diese im Zweifel (nötigenfalls telephonisch oder telegraphisch) bei dem zuständigen Untersuchungsführer zu erfragen.

[3] Nicht i. S. des § 52 StGB. Fehlen nähere „Angehörige", so können weitere daran interessiert sein.

[4] Nicht notwendig ein wirtschaftliches. Die Annahme, daß ein anderer sich begründete Sorge machen könnte, muß genügen.

[5] Dies hat die die Untersuchung führende Behörde zu entscheiden. Gegen Ablehnung Beschwerde: im Ermittlungsverfahren (§ 125 III) an die vorgesetzte Staatsanwaltschaft; nach Anklageerhebung gemäß §§ 304, 310.

4. Vorführung und Vernehmung.

114b. [1]Wird der Angeschuldigte[2] auf Grund des Haftbefehls ergriffen, so ist er unverzüglich, spätestens am Tage nach der Ergreifung, dem zuständigen[3] Richter vorzuführen[4].

Der Richter hat den Angeschuldigten unverzüglich, spätestens am nächsten Tage, über den Gegenstand der Beschuldigung zu vernehmen.

Bei der Vernehmung ist der Angeschuldigte auf die ihn belastenden Umstände hinzuweisen. Die Vernehmung soll ihm Gelegenheit geben, die Verdachtsgründe zu beseitigen und die Tatsachen geltend zu machen, die zu seinen Gunsten sprechen[5].

[1] Vorführung vor den „zuständigen" Richter, §§ 124, 125 (i. Gegensatz zum „nächsten" Richter: §§ 114c, 128). — Gegenüber Art. 114 II RVerf. ist § 114b das speziellere Gesetz.

[2] Gilt auch im VorbVerf.: § 125 III.

[3] §§ 124, 125.

[4] Auch mit Zustimmung des Besch. darf hiervon nicht abgesehen werden (Arg. e contr.: § 114c: „auf sein Verlangen", auch § 115d II).

[5] Abs. III Satz 2 entspricht dem § 136, Auslegung vgl. dort.

114c. [1] **Kann der Angeschuldigte nicht spätestens am Tage nach der Ergreifung vor den zuständigen Richter gestellt werden, so ist er auf sein Verlangen[2] unverzüglich, spätestens am Tage nach der Ergreifung, dem nächsten Amtsrichter vorzuführen.**

§ 114b Abs. 2, 3 gilt entsprechend[3].

Ergibt sich bei der Vernehmung, daß der Haftbefehl aufgehoben oder der Ergriffene nicht die in dem Haftbefehle bezeichnete Person ist, so ist der Ergriffene freizulassen[4].

[1] Zweck des § 114c: Beschleunigter Richterschutz gegen eine formell unzulässige Inhaftnahme. Nur die Voraussetzung des Vorliegens eines gültigen Haftbefehls gegen die Person des Ergriffenen hat, auf Verlangen, der „nächste Amtsrichter" zu prüfen und bei ihrem Fehlen den Ergriffenen freizulassen; nicht aber Tat-, Flucht- oder Verdunkelungsverdacht.

[2] Verlangt er es nicht, so ist er unverzüglich (wenn auch nicht am folgenden Tage) nach § 114b dem zuständigen Richter vorzuführen.

[3] Eine Vernehmung zur Sache kann aber hier, da sie von dem zuständigen Richter wiederholt werden muß, im allgemeinen unterbleiben.

[4] Andernfalls ist gemäß § 114b zu verfahren. Vgl. Anm. 1.

5. Einwendungsverfahren mit mündlicher Verhandlung.

114d. [1] **Befindet sich der Angeschuldigte auf Grund eines Haftbefehls, der wegen eines Verbrechens oder Vergehens erlassen ist, in Haft[2], so wird auf seinen Antrag[3] nach mündlicher Verhandlung[4] darüber entschieden, ob der Haftbefehl aufrechtzuerhalten oder aufzuheben[5] oder ob eine Anordnung gemäß § 117 zu treffen ist.**

Der Termin zur mündlichen Verhandlung darf ohne Zustimmung des Angeschuldigten nicht über eine Woche nach dem Eingang des Antrags hinaus anberaumt werden.

Hat bereits eine mündliche Verhandlung nach Abs. 1, 2 oder nach § 115a stattgefunden, so entscheidet das Gericht über Anträge auf nochmalige mündliche Verhandlung nach freiem Ermessen[6].

[1] Haftprüfungsverfahren sind sowohl im § 114d wie im § 115a geregelt, wenn auch das Gesetz diesen Namen nur dem Verfahren des § 115a gibt. Gemeinsam haben beide, daß der Angeschuldigte eine mündliche Verhandlung herbeiführen kann mit dem Ziel einer richterlichen Entscheidung darüber, ob der Haftbefehl aufrechtzuerhalten, oder ob er aufzuheben, oder ob der Angesch. gegen Sicherheitsleistung freizulassen ist. Beide unterscheiden sich aber dadurch: a) Die Initiative zum Verfahren geht im § 114d vom Angesch., im § 115a vom Gericht aus; b) Der Zweck geht im ersteren Verfahren der Idee nach dahin, die Voraussetzungen des Haftbefehls nachzuprüfen, im letzteren eine überlange Dauer der U.H. zu verhindern (beide Zwecke laufen aber praktisch ineinander, da nach § 114d das Antragsrecht des Angesch. nicht befristet ist); c) Das Recht aus § 114d ist auf Verbr. und Verg. beschränkt; d) Das Recht des Angesch., in für das Gericht bindender Weise mündliche Verhandlung zu beantragen, besteht nach § 114d unbedingt, nach § 115a ist es davon abhängig, daß das Gericht die Initiative zum Verfahren ergriffen hat; es besteht aber als jenes primäre Recht nur bis zu der ersten mündlichen Verhandlung, nachher ist es stets von der Initiative des Gerichts abhängig; e) Zuständig für Verfahren und Entscheidung ist nach § 114d der mit der Sache befaßte Richter (AR. bzw. UR. bzw. erkennendes Gericht); nach § 115a aber stets, also auch im VorbVerf. und in der VU., „das Gericht", § 124 IV. — Eine Konkurrenz beider Verfahren ist möglich. Solange das unbedingte Recht des Angesch. aus § 114d III besteht, geht es dem aus § 115a IV als das stärkere vor, was wegen § 114d II bedeutsam werden kann.

[2] Diese Voraussetzung ist auch dann gegeben, wenn die U.H. in gesetzlich zulässiger Weise (vgl. Anm. 4 zu § 112) durch

andere, weniger einschneidende Maßregeln ersetzt ist, z. B. gemäß JGG. § 28. Denn die Milderung des Vollzugs darf nicht zum Ausschluß von Rechtsgarantien führen.

[3] Der StA. hat kein Antragsrecht. Wegen Verteidiger, gesetzlichem Vertreter und Ehemann sowie wegen Form des Antrags vgl. § 115c.

[4] Vgl. § 115d.

[5] Per argumentum a majore ad minus muß auch Anordnung einer milderen Art des Vollzugs (z. B. JGG. § 28) für zulässig erachtet werden.

[6] Nach pflichtmäßigem Ermessen ist zu prüfen, ob eine erhebliche Veränderung der Umstände eingetreten ist. Beschw. nach §§ 304, 310.

115. Bei der Bekanntmachung[1] des Haftbefehls ist der Angeschuldigte darauf hinzuweisen, daß er gegen den Haftbefehl Beschwerde einlegen kann. Ist der Haftbefehl wegen eines Verbrechens oder Vergehens erlassen, so ist der Angeschuldigte ferner darauf hinzuweisen, daß er, statt Beschwerde einzulegen, eine mündliche Verhandlung[2] gemäß § 114d beantragen kann.

[1] Vgl. § 114 III.

[2] Soweit überhaupt zulässig. Nicht also im Falle des § 115b.

6. Haftprüfungsverfahren, evtl. mit mündlicher Verhandlung.

115a. [1]Solange[2] der Angeschuldigte[3] sich in Untersuchungshaft[4] befindet, hat das Gericht[5] innerhalb bestimmter Fristen von Amts wegen[6] zu prüfen, ob die Haft aufrechtzuerhalten[7] ist (Haftprüfungsverfahren).

Die Prüfung findet zum ersten Male statt, wenn die Untersuchungshaft zwei Monate gedauert hat.

Läßt das Gericht den Angeschuldigten nicht frei, so bestimmt es zugleich, wann das Haftprüfungsverfahren zu wiederholen ist; die Frist soll in der Regel mindestens drei Wochen und darf nicht mehr als drei Monate betragen. Dasselbe gilt bei einer jeden Wiederholung des Haftprüfungsverfahrens.

Auf Antrag des Angeschuldigten[8] wird im Haftprüfungsverfahren nach mündlicher Verhandlung[9] entschieden; auf dieses Recht ist der Angeschuldigte hinzuweisen[10]. Stellt der Angeschuldigte den Antrag nicht, so ist er vor der Entscheidung zu hören[11]; hat er einen Verteidiger, so ist auch der Verteidiger zu hören.

Hatte der Angeschuldigte während des Laufes der im Abs. 2 bestimmten Frist gegen den Haftbefehl Beschwerde erhoben oder gemäß § 114d mündliche Verhandlung beantragt oder ist gemäß § 207 Abs. 2 die Fortdauer der Untersuchungshaft angeordnet worden, so beginnt die Frist mit der Bekanntmachung der Entscheidung, in der die Haft aufrechterhalten wird, an den Angeschuldigten von neuem zu laufen. Ergeht eine solche Entscheidung während des Laufes einer gemäß Abs. 3 vom Gerichte bestimmten Frist, so hat das Gericht eine neue Frist zu bestimmen[12].

[1] Die Verhaftung kann seit Novelle 1926 vor wie nach KlErh. unbeschränkt dauern (die Fristen des § 126 sind beseitigt), es ist aber ein periodisches Offizialprüfungsverfahren durch das Gericht angeordnet. Das besondere Haftprüfungsverfahren in Jugendstrafsachen (JGG. § 28 IV) ist dafür beseitigt. — Über das Verhältnis zu § 114d siehe dort Anm. 1, und über das Verhältnis zur „Beschwerde“ vgl. § 115c.

[2] D. h. von tatsächlicher Inhaftierung (über einen gegen Sicherheit Freigelassenen findet kein Haftprüfungsverfahren statt) bis zu deren Beendigung, die nicht nur durch Freilassung, sondern auch durch Überführung in Strafhaft eintreten kann. — Die Eröffnung des Hauptverf. ändert nichts an der Pflicht des Gerichts, periodisch die Haft zu prüfen; sie nimmt nur dem Angesch. nach § 115b das Recht, mündliche Vhdlg. zu verlangen.

[3] Nach § 125 III auch der „Beschuldigte“ im VorbVerf.

[4] D. h. auf Grund eines Haftbefehls in staatlichem Gewahrsam. Ein HaftprVerf. hat also auch stattzufinden, wenn die UH. durch andere Maßregeln ersetzt ist, z. B. gemäß JGG. § 28 (str.).

[5] Zuständigkeit: § 124. Zu beachten dort der Schlußsatz! — § 23 I gilt hier nicht: auch der Richter, der den Haftbefehl

erlassen oder Fortdauer der UH. angeordnet hat, kann am Haftprüfungsverfahren mitwirken (E. 61, 415).

[6] Unterschied von § 114d.

[7] Oder ob der Haftbefehl aufzuheben ist, oder ob eine mildere Form des Vollzugs eintreten soll (Anm. 4 zu § 112), oder ob der Angesch. gegen Sicherheit freizulassen ist.

[8] Und der gemäß § 115c Berechtigten. — Die StA. hat kein Recht, mündliche Vhdlg. zu beantragen. Sie ist aber, auch wenn solche nicht stattfindet, gemäß § 33 zu hören.

[9] Vgl. § 115d.

[10] Auch bei jeder Wiederholung. Daß bereits früher mündlich verhandelt wurde, schließt hier (anders § 114d) das Recht auf mündl. Vhdlg. nicht aus.

[11] Zweck: § 114b III Satz 2. Im übrigen ergeht die Entscheidung nach Lage der Akten. — Das „Hören" kann auch durch Einforderung einer schriftlichen Erklärung geschehen. Bei weiter Entfernung kann diese im Interesse des Angesch. liegen. Dadurch werden dessen Interessen, wenn er auf das Recht auf mündl. Verh. hingewiesen war, nicht verletzt.

[12] Gegen die Entscheidungen im HPrüfVerf. Beschwerde gemäß §§ 304, 305, 310.

7. Die mündliche Verhandlung.

115b. Nach der Eröffnung des Hauptverfahrens[1] findet eine mündliche Verhandlung[2] über den Haftbefehl nicht mehr statt.

[1] Vgl. §§ 203ff.

[2] Die Pflicht des Gerichts zu periodischer Nachprüfung gemäß § 115a bleibt aber bestehen. Die Entscheidung ergeht hier entweder in der Hauptverhandlung oder auf Grund der Akten. — Ebenso bleibt dem Angeklagten das Recht der Beschwerde nach §§ 304ff.

115c. Für den Antrag[1] auf mündliche Verhandlung gelten die für Rechtsmittel gegebenen Vorschriften der §§ 297 bis 300, 302 Abs. 2, 447 Abs. 1 entsprechend[2].

Neben einem Antrag auf mündliche Verhandlung ist eine Beschwerde über den Haftbefehl nicht zulässig. Eine bereits eingelegte Beschwerde gilt mit der Anberaumung des Termins zur mündlichen Verhandlung als zurückgenommen.

[1] Formvorschriften fehlen. „Schriftlich" genügt. Dazu § 447.

[2] D. h. die dort Genannten (Vert., gesetzl. Vertr., Ehemann) haben selbständige Antragsrechte. Sie anzuhören ist aber nicht geboten.

115d. **[1]Von Ort und Zeit der mündlichen Verhandlung sind die Staatsanwaltschaft sowie der Angeschuldigte und der Verteidiger zu benachrichtigen[2].**

Der Angeschuldigte ist zu der Verhandlung vorzuführen, es sei denn, daß er auf die Anwesenheit in der Verhandlung verzichtet hat oder daß der Vorführung weite Entfernung[3] oder Krankheit des Angeschuldigten oder andere nicht zu beseitigende Hindernisse entgegenstehen. Wird der Angeschuldigte zur mündlichen Verhandlung nicht vorgeführt[4], so muß ein Verteidiger[5] seine Rechte in der Verhandlung wahrnehmen.

Hat bis zum Beginne der mündlichen Verhandlung die Untersuchungshaft des Angeschuldigten seit der Verhaftung drei Monate gedauert, so ist ein Verteidiger[5] zu der Verhandlung auch zuzuziehen, wenn der Angeschuldigte dazu vorgeführt wird.

Hat der Angeschuldigte noch keinen Verteidiger gewählt, so ist ihm ein Verteidiger[5] für die Verhandlung zu bestellen. §§ 143 bis 145, 446 gelten entsprechend.

In der mündlichen Verhandlung[6] sind die anwesenden Beteiligten zu hören[7]. Art und Umfang der Beweisaufnahme[8] bestimmt das Gericht, ohne durch Anträge, Verzichte oder frühere Beschlüsse gebunden zu sein. Über die Verhandlung ist ein Protokoll aufzunehmen, auf das die Vorschriften der §§ 271 bis 273 entsprechende Anwendung finden.

Die Entscheidung[9] ist am Schlusse der mündlichen Verhandlung zu verkünden[10]. Ist dies nicht möglich, so ist die Entscheidung spätestens binnen einer Woche zu erlassen[11].

[1] Über die mündliche Verhandlung gibt § 115d nur einzelne Vorschriften. Sie sind sinngemäß aus der StPO. zu ergänzen. — Zuständigkeit: §§ 124, 125; Besetzung wie stets außerhalb der HVhdlg.

[2] Wieweit ihre Anwesenheit erforderlich ist, ergibt sich für Angesch. bzw. Vert. aus Abs. II bis IV. Für den Staatsanwalt folgt Anwesenheitspflicht sowohl aus dem Worte „Verhandlung" wie aus dem Zweck des Verfahrens. — Zu benachrichtigen sind ferner die aus § 115c I Berechtigten, falls sie den Antrag gestellt haben; und wohl auch die aus JGG. §§ 29, 30 und aus StPO. § 441 Berechtigten. — Wirkt die StA. mit, so hat sie ihre Doppelaufgabe (§ 160) zu beachten.

[3] „Besondere Erschwerung" der Vorführung (entsprechend § 223 II) ist nicht genannt, aber sinngemäß zu fordern.

[4] Sei es, daß er auf Anwesenheit verzichtet hat, sei es, daß die Vorführung wegen besonderer Hindernisse unterbleibt.

[5] Verteidiger: Abs. 2 bis 4 erweitern die Fälle der „notwendigen Verteidigung" (§§ 140, 143—145, 446, JGG. § 29 III); aber nur für die „mündliche Verhandlung". Die Verteidigerrechte auf Akteneinsicht und auf Verkehr mit dem Besch. sind an sich nicht erweitert; aber die nach §§ 147 II und 148 II zu treffenden Ermessensentscheidungen haben den Zweck des § 115d zu berücksichtigen.

[6] Sie ist nicht öffentlich. GVG. § 169: „erkennendes" Gericht ist nur das der HVhdlg.

[7] §§ 114b, 136 gelten sinngemäß.

[8] Die §§ 244ff. gelten hier nicht. — Beeidigung von Zeugen und Sachv. nur im Rahmen der §§ 66, 72, 223 zulässig.

[9] „Beschluß": auf Aufrechterhaltung oder auf Aufhebung des HBefehls, oder auf Freilassung gegen Sicherheit.

[10] § 35. — Zustellung: § 36.

[11] Beschwerde §§ 304f.; dann weitere Beschw. § 310. — Die BeschwGerichte entscheiden ohne mündliche Verhandlung.

8. Vollstreckung der Untersuchungshaft.

116[1]. Der Verhaftete soll, soweit möglich, von anderen gesondert und nicht in demselben Raume mit Strafgefangenen verwahrt werden. Mit seiner Zustimmung kann von dieser Vorschrift abgesehen werden.

Dem Verhafteten dürfen nur solche Beschränkungen auferlegt werden, welche zur Sicherung des Zweckes der Haft oder zur Aufrechterhaltung der Ordnung im Gefängnis notwendig sind[2].

Bequemlichkeiten und Beschäftigungen, die dem Stande und den Vermögensverhältnissen des Verhafteten entsprechen, darf er sich auf seine Kosten verschaffen, soweit sie mit dem Zwecke der Haft vereinbar sind und weder die Ordnung im Gefängnis stören noch die Sicherheit gefährden.

Fesseln dürfen im Gefängnis dem Verhafteten nur dann angelegt werden, wenn es wegen besonderer Gefährlichkeit seiner Person, namentlich zur Sicherung anderer erforderlich erscheint, oder wenn er einen Selbstentleibungs- oder Entweichungsversuch gemacht oder vorbereitet hat. Bei der Hauptverhandlung soll[3] er ungefesselt sein.

Die nach Maßgabe vorstehender Bestimmungen erforderlichen Verfügungen hat der Richter[4] zu treffen. Die in dringenden Fällen von anderen Beamten getroffenen Anordnungen unterliegen der Genehmigung des Richters[5].

[1] Vgl. JGG. § 28 Abs. 2.
[2] Verkehr mit Verteidiger: § 148.
[3] Nur Ordnungsvorschrift; nicht revisibel. E. 54, 206.
[4] Zuständig: §§ 124, 125, 128. Vgl. Anm. 2 zu § 114.
[5] Für Preußen: Dienst- und Vollzugsordnung v. 1. 8. 23. Ferner wegen Hausstrafen JV. v. 10. 11. 26 (JMBl. 392) und wegen Briefverkehr v. 18. 10. 27 (JMBl. 322).

9. Freilassung gegen Sicherheit.

117[1]. Ein Angeschuldigter, dessen Verhaftung lediglich wegen des Verdachts der Flucht angeordnet ist, kann gegen Sicherheitsleistung mit der Untersuchungshaft verschont werden[2].

[1] Über Befreiung von Untersuchungshaft durch „sicheres Geleit" vgl. § 295.
[2] Der Haftbefehl bleibt als solcher bestehen. Vgl. § 123.

118. Die Sicherheitsleistung ist durch Hinterlegung in barem Gelde oder in Wertpapieren oder durch Pfandbestellung oder mittels Bürgschaft geeigneter Personen zu bewirken.

Die Höhe und die Art der zu leistenden Sicherheit wird von dem Richter[1] nach freiem Ermessen festgesetzt.

[1] §§ 124, 125.

119. Der Angeschuldigte, welcher seine Freilassung gegen Sicherheitsleistung beantragt, ist, wenn er nicht im Deutschen Reiche wohnt, verpflichtet, eine im Bezirke des zuständigen Gerichts wohnhafte Person zur Empfangnahme von Zustellungen zu bevollmächtigen[1].

[1] Die Zust. an den Bevollm. steht der an den Angesch. gleich. Auch Ladung zur HVhdlg.: E. 43, 321.

120. Der Sicherheitsleistung ungeachtet ist der Angeschuldigte zur Haft zu bringen, wenn er Anstalten zur Flucht trifft, wenn er auf ergangene Ladung ohne genügende Entschuldigung ausbleibt, oder wenn neu hervorgetretene Umstände seine Verhaftung erforderlich machen.

121. Eine noch nicht verfallene[1] Sicherheit wird frei, wenn der Angeschuldigte zur Haft gebracht[2], oder wenn der Haftbefehl aufgehoben worden ist, oder wenn der Antritt der erkannten Freiheitsstrafe erfolgt.

Diejenigen, welche für den Angeschuldigten Sicherheit geleistet haben, können ihre Befreiung dadurch herbeiführen, daß sie entweder binnen einer vom Gerichte zu bestimmenden Frist die Gestellung des Angeschuldigten bewirken oder von den Tatsachen, welche den Verdacht einer vom Angeschuldigten beabsichtigten Flucht begründen, rechtzeitig dergestalt Anzeige machen, daß die Verhaftung bewirkt werden kann.

[1] § 122. [2] D. h. in vorliegender Sache.

122. Eine noch nicht frei gewordene Sicherheit verfällt der Staatskasse, wenn der Angeschuldigte sich der Untersuchung oder dem Antritt der erkannten Freiheitsstrafe entzieht.

Vor der Entscheidung sind der Angeschuldigte sowie die, welche für den Angeschuldigten Sicherheit geleistet haben, zu einer Erklärung aufzufordern. Gegen die Entscheidung steht ihnen nur die sofortige Beschwerde zu. Vor der Entscheidung über die Beschwerde ist den Beteiligten und der Staatsanwaltschaft Gelegenheit zur mündlichen Begründung ihrer Anträge sowie zur Erörterung über stattgehabte Ermittlungen zu geben.

Die den Verfall aussprechende Entscheidung hat gegen die, welche für den Angeschuldigten Sicherheit geleistet haben, die Wirkung eines von dem Zivilrichter erlassenen, für vorläufig vollstreckbar erklärten Endurteils und nach Ablauf der Beschwerdefrist die Wirkungen eines rechtskräftigen Zivilendurteils.

10. Aufhebung des Haftbefehls.

123[1]. Der Haftbefehl ist aufzuheben, wenn der in ihm angegebene Grund der Verhaftung weggefallen ist, oder wenn der Angeschuldigte freigesprochen oder außer Verfolgung gesetzt wird.

Durch Einlegung eines Rechtsmittels darf die Freilassung des Angeschuldigten nicht verzögert werden[2].

[1] Außerdem ist ein vor Klageerhebung erlassener Haftbefehl auf Antrag der StA. aufzuheben: § 126.

[2] Aber BerGer. kann neuen Haftbef. erlassen. § 124 Anm. 1.

124. Die auf die Untersuchungshaft, einschließlich der Sicherheitsleistung, bezüglichen Entscheidungen werden von dem zuständigen[1] Gericht erlassen[2].

In der Voruntersuchung ist der Untersuchungsrichter zur Erlassung des Haftbefehls und mit Zustimmung der Staatsanwaltschaft auch zur Aufhebung eines solchen sowie zur Freilassung des Angeschuldigten gegen Sicherheitsleistung befugt[3]. Versagt die Staatsanwaltschaft diese Zustimmung, so hat der Untersuchungsrichter, wenn er die beanstandete Maßregel anordnen will, unverzüglich, spätestens binnen vierundzwanzig Stunden, die Entscheidung des Gerichts nachzusuchen.

Die gleiche[4] Befugnis hat nach Eröffnung des Hauptverfahrens[5] in dringenden Fällen der Vorsitzende des erkennenden Gerichts.

[6] **Auch die mündliche Verhandlung über den Haftbefehl (§§ 114d, 115a) findet vor dem zuständigen Gerichte statt. In der Voruntersuchung entscheidet im Falle des § 114d der Untersuchungsrichter, ohne an die Stellungnahme der Staatsanwaltschaft gebunden zu sein; in den Fällen des § 115a entscheidet nicht der Untersuchungsrichter, sondern das Gericht.**

[1] D. i. das zurzeit mit der Sache befaßte. — Also zunächst das, bei welchem Anklage erhoben. — Der UR. vom Eröffnungsantrag bis zur Abgabe der Akten an die Strafkammer (§ 198 Abs. 2), nicht bloß bis zur Abgabe der Akten an den StA. (§ 197 Abs. 1): E. 33, 200. — Dann § 207 Abs. 2. — Dann das erkennende Gericht bis Rechtskraft oder Einlegung von Berufung. — Dann das Berufungsgericht. — Dagegen nie (§ 352) das Revisionsgericht: E. 3, 421; 9, 352; 54, 165.

[2] Anhörung der StA.: § 33. Anfechtung: §§ 304, 305, 310.

[3] Er kann aber die Strafkammer entscheiden lassen. M. 76.

[4] Wie der UR.

[5] § 203.

[6] Der neue Abs. 4 regelt die Zuständigkeit für die beiden neuen Prüfungsverfahren, besonders in der Voruntersuchung.

11. Haftbefehl vor Klageerhebung.

125. Auch vor Erhebung der öffentlichen Klage kann, wenn ein zur Erlassung eines Haftbefehls berechtigender Grund vorhanden ist[1], vom Amtsrichter auf Antrag der Staatsanwaltschaft oder, bei Gefahr im Verzuge, von Amts wegen ein Haftbefehl erlassen werden[2].

Zur Erlassung dieses Haftbefehls und der auf die Untersuchungshaft, einschließlich der Sicherheitsleistung, bezüglichen Entscheidungen ist jeder Amtsrichter befugt, in dessen Bezirk ein Gerichtsstand[3] für die Sache begründet ist oder der zu Verhaftende betroffen wird.

Die Bestimmungen der §§ 114—123 finden entsprechende Anwendung.

[1] §§ 112, 113.

[2] Vgl. auch § 134.

[3] §§ 7—13.

126. [1] **Ist die öffentliche Klage noch nicht erhoben, so ist der Haftbefehl aufzuheben, wenn die Staatsanwaltschaft es beantragt. Gleichzeitig mit dem Antrag kann sie anordnen, daß der Beschuldigte freigelassen werde.**

[1] Der frühere § 126 begrenzte die UH. vor Anklageerhebung auf höchstens vier Wochen.

II. Vorläufige Festnahme. 1. Zulässigkeit.

127[1]. Wird jemand auf frischer[2] Tat[3] betroffen oder verfolgt[4], so ist, wenn er der Flucht verdächtig ist oder seine Persönlichkeit nicht sofort festgestellt werden kann[5], jedermann befugt[6], ihn auch[7] ohne richterlichen Befehl vorläufig festzunehmen[8].

Die Staatsanwaltschaft und die Polizei- und Sicherheitsbeamten[9] sind auch dann zur vorläufigen Festnahme befugt, wenn die Voraussetzungen eines Haftbefehls[10] vorliegen und Gefahr im Verzug obwaltet.

Bei strafbaren Handlungen, deren Verfolgung nur auf Antrag eintritt, ist die vorläufige Festnahme von der Stellung eines solchen Antrags nicht abhängig[11].

[1] Das Recht zur vorläufigen Festnahme ist weder zeitlich noch örtlich beschränkt; sie ist also auch nachts in der Wohnung zulässig (E. 40, 65 gegen 31, 307), es sei denn, daß eine „Durchsuchung" (§§ 102 ff.) erforderlich ist.

[2] Auch bei unmittelbar anschließender Verfolgung. E. 21, 189; 54, 196.

[3] Ob der Täter strafrechtlich verfolgt werden kann (oder z. B. noch nicht 14 Jahre alt ist), ist gleichgültig. E. 17, 127; 19, 101. — Ebenso die Beschaffenheit der Tat i. S. des § 113.

[4] Wie in GVG. § 167: alle zur Ergreifung des Täters geeigneten Maßnahmen. Vgl. E. 30, 386.

[5] Z.B. eine angebotene Legitimation nicht ausreichend scheint. Gilt nach Abs. 2 auch für den Polizeibeamten. E. 27, 153; 198.

[6] Er handelt also nicht „rechtswidrig", der Festzunehmende hat daher kein Notwehrrecht. § 53 StGB. (E. 54, 196).

[7] Aus „auch" folgt nicht etwa, daß jedermann einen richterlichen Haftbefehl vollstrecken dürfe.

[8] Auch ihm Sachen als Überführungsstücke usw. wegzunehmen. E. 8, 288. — Dagegen schließt das Recht zur Festnahme nicht das Recht ein, den Fliehenden durch Körperverletzung an der Flucht zu hindern. E. 34, 443.

[9] Nicht bloß sofern sie Hilfsbeamte der StA. sind. — Wegen des Rechts der Polizei zu präventiver Festnahme vgl. Vorbem. 4 vor 8. und 9. Abschnitt. — Wegen vorläufiger Festnahme durch ein Gericht vgl. GVG. § 183.

[10] §§ 112, 113. Bloße Vermutung eines Tatverdachts genügt also nicht.

[11] Vgl. § 130 (bei Erlaß des Haftbefehls) und Vorbemerkung 5 zum 8. und 9. Abschnitt.

2. Verfahren.

128. Der Festgenommene ist unverzüglich[1], sofern er nicht wieder in Freiheit gesetzt wird, dem Amtsrichter des Bezirkes, in welchem die Festnahme erfolgt ist, vorzuführen[2]. Der Amtsrichter hat ihn spätestens am Tage nach der Vorführung zu vernehmen.

Hält der Amtsrichter die Festnahme nicht für gerechtfertigt oder ihre Gründe für beseitigt, so verordnet er die Freilassung. Anderenfalls erläßt er einen Haftbefehl, auf welchen die Bestimmungen des §126 Anwendung finden.

[1] Ohne unnützen ungerechtfertigten Aufschub. Im Einzelfall zu prüfen, entsprechend der im § 163 der Polizei zugewiesenen Aufgabe. Bestimmte Frist, wie in § 114b, hier nicht vorgeschrieben. Vgl. freilich RVerf. 114. Auch Beschl. des Kammergerichts v. 24. 4. 23 (JMBl. 1924, 465).

[2] Ihn vorher einer anderen (z. B. Polizei-) Behörde vorzuführen, ist zulässig. E. 29, 136. — Vgl. übrigens Preuß. JV. v. 11. 7. 81 (JMBl. 245).

129. Ist gegen den Festgenommenen bereits die öffentliche Klage erhoben, so ist er entweder sofort oder auf Verfügung des Amtsrichters, welchem er zunächst vorgeführt worden, dem zuständigen Gericht oder Untersuchungsrichter vorzuführen, und haben diese[1] spätestens am Tage nach der Vorführung über Freilassung oder Verhaftung des Festgenommenen zu entscheiden.

[1] Der AR. des Festnahmebezirks kann nur freilassen oder dem zust. R. vorführen, nicht aber HBef. erlassen.

III. Antragsdelikte.

130. Wird wegen Verdachts einer strafbaren Handlung, deren Verfolgung nur auf Antrag eintritt, ein Haftbefehl erlassen, bevor der Antrag gestellt ist, so ist der Antragsberechtigte, von mehreren wenigstens einer, sofort von dem Erlaß des Haftbefehls in Kenntnis zu setzen. Auf den Haftbefehl finden die Bestimmungen des § 126 gleichfalls Anwendung.

IV. Steckbriefe.

131. Auf Grund eines Haftbefehls können von dem Richter sowie[1] von der Staatsanwaltschaft Steckbriefe erlassen werden, wenn der zu Verhaftende flüchtig ist oder sich verborgen hält.

Ohne vorgängigen Haftbefehl ist eine steckbriefliche Verfolgung nur[2] dann statthaft, wenn ein Festgenommener aus dem Gefängnis entweicht oder sonst sich der Bewachung entzieht. In diesem Falle sind auch die Polizeibehörden zur Erlassung des Steckbriefs befugt.

Der Steckbrief soll, soweit dies möglich, eine Beschreibung des zu Verhaftenden enthalten und die ihm zur Last gelegte strafbare Handlung sowie das Gefängnis bezeichnen, in welches die Ablieferung zu erfolgen hat[3].

Die §§ 114b, 114c gelten entsprechend.

[1] D. h. nur von dem zur Vollstreckung des Haftbefehls jeweils Berufenen. §§ 36, 457.

[2] Außerdem § 457.

[3] Betr. Benutzung der Strafregister zu sog. „Steckbriefnachrichten", und „Suchvermerken" vgl. Reichs-StrafregisterVO. v. 8. 3. 26 (unten Anhang) §§ 39—42 und AusfVerf. des preuß. JM. v. 14. 4. 26 (JMBl. 138) § 36.

[§ 132 regelte die Vorführung eines auf Grund eines Haftbefehls oder Steckbriefs Ergriffenen. Er ist durch § 131 IV ersetzt.]

Zehnter Abschnitt.

Vernehmung des Beschuldigten.

Der 10. Abschnitt betrifft nur die richterliche Vernehmung im VVerf. Wegen der nichtrichterlichen vgl. § 161 Anm. 2. — Über Vernehmung in der Hauptverhandlung sagt die StPO. nichts. Auch dort aber gilt der allgemeine Grundsatz der Anm. 2 zu § 136. Vgl. ferner §§ 216, 230, 243.

133. Der Beschuldigte ist zur Vernehmung[1] schriftlich[2] zu laden.

Die Ladung kann unter der Androhung geschehen, daß im Falle des Ausbleibens seine Vorführung erfolgen werde[3].

[1] Diese ist notwendig in der Voruntersuchung (§ 192), nicht im vorbereitenden Verfahren.

[2] Keine Voraussetzung für die Gültigkeit der Vernehmung.

[3] Der Beschuldigte ist hiernach schon im Vorverfahren verpflichtet, vor dem Richter zu erscheinen; sonst Vorführung! Für die Hauptverhandlung vgl. §§ 216, 230ff., 243.

134. Die sofortige[1] Vorführung des Beschuldigten kann verfügt werden, wenn Gründe vorliegen, welche die Erlassung eines Haftbefehls rechtfertigen würden[2].

In dem Vorführungsbefehle ist der Beschuldigte genau zu bezeichnen und die ihm zur Last gelegte strafbare Handlung sowie der Grund der Vorführung anzugeben.

[1] D. h. ohne die Ladung des § 133. — Für Abgeordnete während der Sitzungsperiode Genehmigung des Hauses. RVerf. Art. 37 Abs. 2. [2] §§ 112, 113.

135. Der Vorgeführte ist sofort von dem Richter[1] zu vernehmen. Ist dies nicht ausführbar, so kann er bis zu seiner Vernehmung, jedoch nicht über den nächstfolgenden Tag hinaus[2], festgehalten werden.

[1] Der den Vorführungsbefehl erlassen hat.

[2] Ohne Rücksicht auf Sonn- oder Feiertage.

136.[1] Bei Beginn der ersten Vernehmung ist dem Beschuldigten zu eröffnen, welche strafbare Handlung ihm zur Last gelegt wird. Der Beschuldigte ist zu befragen, ob[2] er etwas auf die Beschuldigung erwidern wolle.

Die Vernehmung soll dem Beschuldigten Gelegenheit zur Beseitigung der gegen ihn vorliegenden Verdachtsgründe und zur Geltendmachung der zu seinen Gunsten sprechenden Tatsachen geben.

Bei der ersten Vernehmung des Beschuldigten ist zugleich auf die Ermittelung seiner persönlichen Verhältnisse[3] Bedacht zu nehmen[4].

[1] Die erste Vernehmung soll in erster Linie der Verteidigung des Beschuldigten dienen. Deshalb nicht nur einzelne Fragen vorlegen, sondern den Beschuldigten erzählen lassen, was ihm bedeutsam scheint! Vgl. Abs. 2, aber auch § 254. — Abwesenheit des StA. und Vert.: 190 Abs. 2, 167. — Betr. Gegenüberstellung mit Zeugen vgl. § 59 II. — Urkundsbeamter muß protokollieren: 187, 188, 168.

[2] Verpflichtet auszusagen oder gar zu gestehen ist er also nicht; auch nicht im weiteren Verfahren. — Über Leugnen als Strafzumessungsgrund vgl. E. 38, 207 und RMilGer. 8, 207. Der Richter darf den Besch. darauf hinweisen.

[3] Ermittlung der Vorstrafen: § 275 Anm. 5. Im vorbereitenden Verfahren sollen in Preußen StA. und Polizei auch den gesetzlichen Vertreter (vgl. § 149 Anm. 4) ermitteln, JV. v. 11. 8. 02 (JMBl. 223).

[4] Für den Fall der Weigerung vgl. § 112 Nr. 2.

Elfter Abschnitt.

Verteidigung.

Vorbem.: 1. Die Stellung des Verteidigers wird begründet durch Wahl seitens des Beschuldigten oder Bestellung durch das Gericht.

2. Aufgabe des Verteidigers ist, den Beschuldigten zu beraten und ihn durch Stellung von Anträgen und Hinweis auf das ihm Günstige zu unterstützen. Hierbei gegen die eigene Überzeugung zu handeln, ist zwar prozessual unverboten, verstößt aber bei Rechtsanwälten und Hochschullehrern gegen die Standespflicht (RAO. §§ 28, 31 Nr. 1, 49 Nr. 1, 62). Da er ferner kraft öffentlichen Rechts die Pflicht hat, innerhalb jener Aufgabe bei Findung des Rechts mitzuwirken, kann er zugunsten des Beschuldigten event. auch gegen dessen Widerspruch tätig werden (E. 17, 315), Ausn. §§ 297, 302 Abs. 2. Widerspricht der anwesende Beschuldigte nicht, so gelten Handlungen des Verteidigers auch für ihn (E. 1, 198).

3. Die Verteidigerstellung berechtigt (im einzelnen vgl. das Register):

a) zur Ausübung eigener prozessualer Rechte (Beispiele §§ 81, 147, 148, 193, 239, 240);

b) zur vertretenden Ausübung der Prozeßrechte des Beschuldigten — soweit nicht dessen Ermächtigung erforderlich (§ 302 Abs. 2) oder eine Vertretung ausdrücklich (§ 258 Abs. 3) oder begrifflich (Beispiel: Recht, anwesend zu sein, sich zu äußern, E. 18, 138; 44, 284; 54, 210) ausgeschlossen. Bisweilen umfaßt die Vertretungsmacht das Auftreten in der Hauptverhandlung überhaupt (§§ 234, 350, 387, 411, 417, 431); dann schriftliche Vollmacht nötig.

4. Betr. Vert. als Zeuge vgl. Vorbem. 6e vor § 48.

5. Betr. Sitzungspolizei gegenüber Vert. vgl. GVG. §§ 176—178.

6. Andere Bevollmächtigte des Besch., als Vert., kennt StPO. nicht (E. 9, 78). Über die Rechte des gesetzlichen Vertreters und des Ehemanns in §§ 137 Abs. 2, 140, 149, 298, 365.

7. Wegen „Beistand" vgl. § 149.

1. Zulässigkeit.

137. Der Beschuldigte[1] kann sich in jeder Lage[2] des Verfahrens des Beistandes eines[3] Verteidigers bedienen.

Hat der Beschuldigte einen gesetzlichen Vertreter[4], so kann auch dieser selbständig einen Verteidiger wählen[5].

[1] Nach § 431 III auch die Einziehungsinteressenten im selbständigen Einziehungsverfahren.

[2] Also auch VorbVerf. und VU. Welche Rechte er hat, hängt freilich von der jeweiligen Lage ab. Insbes. verbieten §§ 192 II, 169 im Vorverf. die Anwesenheit des Vert. bei Vernehmung seines Klienten. — Verhinderung des Vert. an der HVhdlg. geht aber auf Gefahr des Angekl. (§ 228 II), außer bei „notwendiger" Vert. (§ 145). [3] Mehrere: § 227; gemeinschaftlicher Vert.: § 146.

[4] Zu bestimmen nach bürgerlichem Recht (E. 42, 342).

[5] Ist der Beschuldigte „abwesend", haben alle „Angehörigen" das Wahlrecht (§ 268).

2. Befugnis zur Verteidigung.

138. Zu Verteidigern können die bei einem deutschen Gerichte zugelassenen Rechtsanwälte[1] sowie die Rechtslehrer an deutschen Hochschulen[2] gewählt werden[3].

Andere Personen können nur mit Genehmigung des Gerichts[4] und, wenn der Fall einer notwendigen[5] Verteidigung vorliegt und der Gewählte nicht zu den Personen gehört, welche zu Verteidigern bestellt werden dürfen[6], nur in Gemeinschaft mit einer solchen als Wahlverteidiger zugelassen werden[5].

[1] Vgl. dazu § 26 RAO., aber auch § 100, ferner §§ 30, 31 das.

[2] Also weitergehend als die Befähigung zum Richteramt (GVG. § 4): auch Extraordinarien und Privatdozenten, auch an technischen und Handelshochschulen.

[3] Die freie Wahl erleidet eine Einschränkung, wenn der Gewählte als Zeuge vernommen werden muß. E. 24, 104, 296 und Vorbem. 6 vor § 48. — Hinsichtlich der „bestellten" Verteidiger vgl. § 144. — Für MilSachen: § 448. — Eine besondere Form der Bevollmächtigung ist regelmäßig nicht vorgeschrieben, E. 25, 152; 41, 14; vgl. aber §§ 234, 350, 387, 411, 417. — Die Vollmacht gilt ohne Widerruf bis zur Beendigung des Verfahrens, vgl. § 297.

[4] Der Rechtsmitteleinlegung muß Genehmigung durch den judex a quo vorhergehen. E. 62, 250. — Stillschweigende Zulassung gilt als Genehmigung. E. 55, 214.

[5] § 140. — Auch wenn die Notwendigkeit sich erst in der Verhandlung ergibt. E. 29, 11.

[6] § 144.

139. Der als Verteidiger gewählte[1] Rechtsanwalt kann mit Zustimmung des Angeklagten die Verteidigung einem Rechtskundigen, welcher die erste Prüfung für den Justizdienst bestanden hat und darin seit mindestens einem Jahre und drei Monaten beschäftigt ist[2], übertragen[3].

[1] Nicht auch der bestellte, § 144. Ersterer aber auch im Falle des § 140. — Vgl. auch § 387 Abs. 2.

[2] Noch beschäftigt ist. E. 61, 104.

[3] Übertragung an andere, die zur Vert. befugt sind, bedarf keiner ausdrücklichen Zustimmung des Angekl. E. 41, 14. — Genehmigung des Gerichts nie erforderlich.

3. Notwendige Verteidigung.

140[1]. Die Verteidigung[2] ist notwendig[3] in den Sachen, welche vor dem Reichsgericht[4] **oder dem Oberlandesgericht**[5] in erster Instanz oder vor dem Schwurgerichte zu verhandeln sind[6].

In **anderen**[7] Sachen ist die Verteidigung notwendig, wenn der Angeschuldigte taub oder stumm ist.

[8]**In den vor dem Amtsrichter oder dem Schöffengerichte zu verhandelnden Sachen ist die Verteidigung notwendig, wenn eine Tat den Gegenstand der Untersuchung bildet, die nicht nur wegen Rückfalls ein Verbrechen ist, und der Beschuldigte oder sein gesetzlicher Vertreter die Bestellung eines Verteidigers beantragt.**

In den Fällen der Abs. 1 und 2 ist dem Angeschuldigten, der noch keinen Verteidiger gewählt hat, ein Verteidiger von Amts wegen zu bestellen[9], sobald[10] der Angeschuldigte gemäß § 201 zur Erklärung über die

Anklageschrift aufgefordert worden ist, **oder, wenn eine solche Aufforderung nicht vorgeschrieben ist, sobald dem Angeklagten der Eröffnungsbeschluß zugestellt worden ist**[11]. Der Antrag nach Abs. 3 ist binnen einer Frist von drei Tagen zu stellen, nachdem der Angeschuldigte gemäß § 201 zur Erklärung über die Anklageschrift aufgefordert worden ist[12].

[1] § 140 regelt 3 Fälle. Außerdem § 81 sowie § 115d Abs. 2 und 4; JGG. §§ 28 Abs. 4 und 29.

[2] Der „Beistand" (§ 149) ist kein Ersatz. E. 52, 180.

[3] Folgen, falls der notwendige Verteidiger fehlt: §§ 145, 338 Nr. 5.

[4] GVG. § 134.

[5] Gemäß § 26 VO. v. 4. 1. 24.

[6] Auch wenn nur infolge Zusammenhangs, §§ 2—4.

[7] Gemäß § 27 VO. v. 4. 1. 24. Bis dahin war bei Tauben und Stummen die Vert. vor SchöffGer. nicht notwendig.

[8] Abs. 3: § 27 VO. v. 4. 1. 24. Bis dahin war bei schwerem Diebstahl und schwerer Hehlerei Vert. nicht notwendig.

[9] Mit der Notwendigkeit entfällt nicht die Bestellung. Also § 218 beachten! E. 19, 373; 21, 266.

[10] Verspätung kein Revisionsgrund, falls sie nicht in der Hauptverhandlung gerügt und Aussetzung verweigert ist. E. 6, 441. Ist Bestellung derart verspätet, daß der Vert. sich vor der Hauptverhandlung nicht mehr mit dem Angeklagten besprechen kann: Revision. E. 20, 38.

[11] Gemäß § 27 VO. v. 4. 1. 24. — Hat Bedeutung nur für Vergehen und Übertretungen von Tauben oder Stummen.

[12] Die Erklärungsfrist des § 201 muß hier deshalb mindestens dreitägig sein. — Der Antrag muß binnen drei Tagen bei Gericht eingehen (nicht beim Staatsanwalt oder Gefängnisvorstand): E. 58, 102. — Versäumung der Frist wirkt auch auf das Wiederaufnahmeverfahren (§ 370 Abs. 2). E. 35, 409. — Bei Ablehnung hat der Antragsteller ein Recht auf Bescheid. E. 58, 102. — Kommt erst nach der Aufforderung die Notwendigkeit der Vert. in Frage (z. B. weil „Verbrechen" anzunehmen), so wird sowohl bei jetzt wie bei früher gestelltem Antrag die Vert. notwendig. E. 33, 302.

4. Bestellung eines nicht notwendigen Verteidigers.

141. In anderen als in den im § 140 bezeichneten Fällen kann das Gericht und bei vorhandener Dringlichkeit der Vorsitzende auf Antrag[1] oder von Amts wegen einen Verteidiger bestellen.

[1] Entscheidung nötig! Entscheidung noch vor der Haupt-Vhdlg. Beschw. nach § 304. Vgl. E. 48, 386; 57, 147 und § 337.

142. Die Bestellung des Verteidigers kann schon während des Vorverfahrens erfolgen.

5. Verfahren betr. Verteidigerbestellung.

143. [1]Die Bestellung ist zurückzunehmen, wenn demnächst ein anderer Verteidiger gewählt wird und dieser die Wahl annimmt[2].

[1] Die §§ 143, 144 gelten für die §§ 140—142.

[2] Sonst gilt sie für das ganze fernere Verfahren; auch nach Aufhebung des Urteils und Zurückverweisung (E. 40, 4); auch für Wiederaufnahmeverfahren bis zu dem die Wiederaufnahme anordnenden Beschluß. § 370 Abs. 2. E. 29, 278.

144. Die Auswahl des zu bestellenden Verteidigers erfolgt durch den Vorsitzenden des Gerichts aus der Zahl der am Sitze dieses Gerichts wohnhaften[1] Rechtsanwälte. Für das vorbereitende Verfahren erfolgt die Bestellung durch den Amtsrichter.

Auch Justizbeamte, welche nicht als Richter angestellt sind, sowie solche Rechtskundige, welche die vorgeschriebene erste Prüfung für den Justizdienst bestanden haben, können als Verteidiger bestellt werden[2].

[1] Also auch wenn nicht bei diesem Gericht „zugelassen" (ausgenommen in Leipzig die Reichsgerichtsanwälte: RAO. § 100 II). Dazu die „innerhalb des Bezirks desselben wohnhaften und bei demselben zugelassenen": RAO. § 39 II.

[2] RGer.- und SchwGer.-Sachen nicht ausgenommen: E. 33, 330. Andere Abgrenzung in § 139. — Für MilSachen: § 446.

6. Ausbleiben des Verteidigers.

145. Wenn in einem Falle, in welchem die Verteidigung notwendig oder die Bestellung eines Verteidigers in Gemäßheit des § 141 erfolgt ist[1], der Verteidiger in der Hauptverhandlung ausbleibt[2], sich unzeitig[3] entfernt oder sich weigert, die Verteidigung zu führen, so hat der Vorsitzende dem Angeklagten[4] sogleich einen anderen Verteidiger[5] zu bestellen. Das Gericht kann jedoch auch eine Aussetzung der Verhandlung beschließen.

Erklärt der neu bestellte[6] Verteidiger, daß ihm die zur Vorbereitung der Verteidigung erforderliche Zeit nicht verbleiben würde, so ist die Verhandlung zu unterbrechen oder auszusetzen.

Wird durch die Schuld des Verteidigers eine Aussetzung erforderlich, so sind ihm, vorbehaltlich dienstlicher Ahndung, die hierdurch verursachten Kosten aufzuerlegen[7].

[1] Nur auf diese beiden Fälle bezieht sich § 145. E. 28, 413.

[2] Einerlei, warum (E. 52, 247); wenn er nur geladen war (E. 53, 264).

[3] D. h. bei wesentlichen Vorgängen; z. B. Vernehmung des Angeklagten (E. 53, 170), Urteilsverkündung (E. 57, 264; 63, 248). — Vorübergehende Niederlegung der Verteidigung und Nachvollmacht an den Verteidiger eines Mitangeklagten hält E. 54, 175 für zulässig.

[4] Dessen Verzicht (abgesehen von §§ 141, 140 Abs. 3) unwirksam. E. 2, 140.

[5] Der Richter darf ihn über die bisherige Verhandlung unterrichten. E. 33, 330.

[6] Bei neuem Wahlverteidiger gilt nur Abs. 1. E. 16, 32.

[7] Durch Beschluß. Beschwerde §§ 304, 306.

7. Gemeinschaftliche Verteidigung.

146. Die Verteidigung mehrerer Beschuldigter kann, insofern dies der Aufgabe der Verteidigung nicht widerstreitet[1], durch einen gemeinschaftlichen Verteidiger geführt werden.

[1] Z. B. nicht, wenn die Besch. sich gegenseitig bezichtigen. Von Amts wegen zu beachten! E. 35, 189.

8. Befugnisse des Verteidigers; a) Akteneinsicht.

147. Der Verteidiger[1] ist nach dem Schlusse der Voruntersuchung[2] und, wenn eine solche nicht stattgefunden hat, nach Einreichung der Anklageschrift bei dem Gerichte zur Einsicht der dem Gerichte[3] vorliegenden Akten[4] befugt[5].

Schon vor diesem Zeitpunkt ist ihm die Einsicht der gerichtlichen Untersuchungsakten insoweit[6] zu gestatten, als dies ohne Gefährdung des Untersuchungszwecks geschehen kann.

Die Einsicht der Protokolle über die Vernehmung des Beschuldigten, der Gutachten der Sachverständigen und der Protokolle über die gerichtlichen Handlungen, denen der Verteidiger beizuwohnen befugt ist[7], darf ihm keinesfalls verweigert werden.

Nach dem Ermessen des Vorsitzenden können die Akten, mit Ausnahme der Überführungsstücke, dem Verteidiger in seine Wohnung verabfolgt werden.

[1] Nicht auch der Besch. selbst, sein gesetzlicher Vertreter, Beistand, Vertreter der Gerichtshilfe, Zeugen; für Sachverst. vgl. § 80 II.

[2] § 197 und Anm. 3 daselbst.

[3] Akten der StA. nur, soweit Gerichtsakten geworden (§ 199).

[4] Auch der Beiakten. Für die Personalakten eines als Zeugen vernommenen Beamten will E. 42, 291 eine Ausnahme machen, was dem Grundsatz der Mündlichkeit der Verhandlung widerspricht. Vgl. Vorbem. 7 vor § 244, sowie § 261 („Verhandlung") mit Anm. 3.

[5] Falls sie nicht anderweit benötigt werden. E. 33, 168.

[6] Das Recht des StA. auf Einsicht der Voruntersuchungsakten unterliegt dieser Einschränkung nicht: § 196.

[7] §§ 193, 169 Abs. 2.

b) Verkehr mit Verhafteten.

148. Dem verhafteten Beschuldigten ist schriftlicher und mündlicher Verkehr mit dem Verteidiger gestattet.

Solange das Hauptverfahren nicht eröffnet ist, kann der Richter schriftliche Mitteilungen zurückweisen, falls deren Einsicht ihm nicht gestattet wird[1].

Bis zu demselben Zeitpunkt kann der Richter, sofern die Verhaftung nicht lediglich wegen Verdachts der Flucht gerechtfertigt ist[2], anordnen, daß **Unterredungen mit dem Verteidiger in seiner Gegenwart oder in Gegenwart eines beauftragten oder ersuchten Richters stattfinden**[3].

[1] Beschlagnahme oder Zwang unzulässig. Anm. 3 zu § 97.

[2] Sprechkontrolle also nur bei Verdunkelungsgefahr; nicht auch, falls § 445.

[3] Änderung durch Ges. v. 27. 12. 26. — Weitere Beschränkungen können auch die Gefängnisordnungen nicht bestimmen. E. 31, 128. — Der überwachende Richter kann auch die Sprechstunde bestimmen. E. 56, 86. — Nach JV. v. 26. 1. 2 (JMBl. 21) soll ein Referendar, auch wenn Richter kraft Auftrags, nicht mit Sprechkontrolle beauftragt werden.

9. Beistandspersonen.

149[1]. Der Ehemann einer Angeklagten ist in der Hauptverhandlung[2] als Beistand zuzulassen[3] und auf sein Verlangen zu hören[4].

Dasselbe gilt von dem gesetzlichen Vertreter eines Angeklagten[5].

In dem Vorverfahren unterliegt die Zulassung solcher Beistände dem richterlichen Ermessen.

[1] Nur dem Namen nach gleich: Der „Beistand" in Jugendstrafsachen. Über ihn JGG. § 29 Abs. 3.

[2] Einschließlich §§ 223—225.

[3] Auf seinen Antrag. E. 41, 348.

[4] Wenn er auch Zeuge ist, haben die §§ 59, 243 IV den Vorrang vor § 149. Vgl. E. 59, 353.

[5] Nach preuß. JV. v. 11. 8. 02 (JMBl. 223) ist ihm, falls er bekannt, der Termin mitzuteilen. E. 38, 106.

10. Gebühren.

150. Dem zum Verteidiger bestellten[1] Rechtsanwalte sind für die geführte Verteidigung die Gebühren nach Maßgabe der Gebührenordnung[2] aus der Staatskasse zu bezahlen.

Der Rückgriff an den in die Kosten verurteilten Angeklagten bleibt vorbehalten.

[1] §§ 140 Abs. 3, 141.

[2] GO. f. RA. v. 28. 1. 27 (RGBl. I 55).

Zweites Buch.

Verfahren in erster Instanz.

Vorbem.: Über die Gliederung des Verfahrens vgl. oben S. 10ff.

Erster Abschnitt.

Öffentliche Klage.

151[1]. Die Eröffnung einer gerichtlichen Untersuchung ist durch die Erhebung einer Klage[2] bedingt[3].

[1] Anklagegrundsatz: nemo ju.lex sine actore! (Gegensatz: Inquisitionsprinzip, Ankläger und Richter sind eine Person; vgl. die einleitende systematische Übersicht.) — Nur scheinbare Ausnahmen: a) in §§ 125, 163, 165ff., 191 (Richter als Notstaatsanwalt); b) in § 172 (Erzwingung der Anklage durch das OLGer.); c) in §§ 212, 266 (erleichterte Form der Anklage).

[2] Öffentliche Klage § 152, Privatklage § 374. Erstere erhoben durch Antrag auf Eröffnung der Voruntersuchung oder, falls diese nicht stattgefunden, durch Einreichung einer Anklageschrift zwecks Eröffnung des Hauptverfahrens (Erhebung der „Anklage") § 170.

[3] Gewisse Rechtswirkungen treten bereits mit der Anklageerhebung ein (vgl. §§ 8, 155, 201, 375 II). Rechtshängig

aber wird die Sache erst in Verbindung mit dem Eröffnungsbeschluß (vgl. §§ 12, 156, 200—205). — Von Amts wegen zu beachten! — Würde erneut Anklage wegen „derselben Tat“ erhoben, so wäre darauf keine gerichtliche Untersuchung zu eröffnen, eine dennoch eröffnete aber einzustellen. E. 29, 174; 55, 186. — Wann „dieselbe Tat“ vorliegt, vgl. zu § 264 „Rechtskraft“. (Bei Kollektivdelikten wird mit dem Ganzen auch jede Einzeltat rechtshängig, aber nicht umgekehrt: E. 41, 109.) — Ein eingestelltes Verfahren ist nicht mehr rechtshängig, kann es aber durch Anfechtung der Einstellungsentscheidung wieder werden. E. 41, 277 (str.).

152. Zur Erhebung der öffentlichen Klage ist die Staatsanwaltschaft berufen[1].

Sie ist, soweit nicht gesetzlich ein anderes bestimmt ist, verpflichtet[2], wegen aller gerichtlich strafbaren und verfolgbaren Handlungen einzuschreiten, sofern zureichende tatsächliche Anhaltspunkte vorliegen.

[1] Grundsatz der Staatsanklage (vgl. oben S. 6). — Ausnahmen: a) Privatklage, §§ 374ff.; b) öffentliche Klage der Verwaltungsbehörde, § 424, sowie RAbgO. §§ 437, 388. — Garantie: §§ 172ff.

[2] Legalitätsgrundsatz; Gegensatz: Opportunitätsgrundsatz (vgl. oben S. 7). — Verletzung: StGB. § 346. — Ausnahmen: StPO. §§ 153, 154, 376; StGB. §§ 4 Abs. 2 („kann“), 37, 42; JugGerGes. § 32 Abs. 2. — Auch die Justizverwaltung untersteht dem Legalitätsgrundsatz; gegenteilige Anweisungen (GVG. §§ 146f.) wären gesetzwidrig.

153[1]. Übertretungen werden nicht verfolgt[2], wenn die Schuld[3] des Täters gering ist und die Folgen[4] der Tat unbedeutend sind, es sei denn, daß ein öffentliches Interesse an der Herbeiführung einer gerichtlichen Entscheidung[5] besteht.

Ist bei einem Vergehen die Schuld[3] des Täters gering und sind die Folgen[4] der Tat unbedeutend, so kann die Staatsanwaltschaft[6] mit Zustimmung des Amtsrichters[7] von der Erhebung der öffentlichen Klage absehen.

Ist die Klage bereits erhoben[8], so kann das Gericht mit Zustimmung der Staatsanwaltschaft[9] das Verfahren einstellen[10]; der Beschluß kann nicht angefochten werden[11].

[1] Fassung: VO. v. 4. 1. 24. — Opportunitätsprinzip für Vergehen, gemischtes Prinzip für Übertretungen. — Gerichtskontrolle: bei Vergehen Zustimmung des AR.; bei Übertretungen § 172, soweit nicht (wie „geringe Schuld" und „unbedeutende Folgen") Ermessensentscheidung. — Weitergehend: JGG. § 32.

[2] Abs. 1 gilt auch für polizeil. StrVerfügungen.

[3] Nicht gleich Vorsatz oder Fahrlässigkeit (Vorhersehbarkeit oder dgl.), auch nicht moralische Schuld, sondern Intensität der rechtsfeindlichen Gesinnung.

[4] Einerlei, ob vorhersehbar.

[5] Also nicht notwendig an Bestrafung; z. B. auch, wenn Rechtsgültigkeit einer Polizeiverordnung geklärt werden soll.

[6] Für die Polizei gilt Abs. 2 nicht.

[7] Gegen Ablehnung Beschwerde: § 304.

[8] Einerlei, in welcher Form: §§ 170, 212, 407 Abs. 1, 414, 420.

[9] Bzw. des Privat- od. NebKlägers (§§ 385 I, 397).

[10] Nicht mehr in der RevInstanz: E. 59, 54.

154[1]. [208]. **Von Erhebung der öffentlichen Klage kann abgesehen werden[2], wenn die Strafe, zu der die Verfolgung führen kann, neben einer Strafe, zu der der Beschuldigte wegen einer anderen Tat rechtskräftig verurteilt worden ist, oder die er wegen einer anderen Tat zu erwarten hat, nicht ins Gewicht fällt[3].**

Ist die öffentliche Klage bereits erhoben, so kann das Gericht[4] auf Antrag der Staatsanwaltschaft[5] das Verfahren vorläufig einstellen[6].

Ist das Verfahren mit Rücksicht auf eine wegen einer anderen Tat bereits rechtskräftig erkannte Strafe vorläufig eingestellt worden, so kann es, falls

nicht inzwischen Verjährung eingetreten ist, wieder aufgenommen werden[7], wenn die rechtskräftig erkannte Strafe nachträglich in Wegfall kommt[8].

Ist das Verfahren mit Rücksicht auf eine wegen einer anderen Tat zu erwartende Strafe vorläufig eingestellt worden, so kann es, falls nicht inzwischen Verjährung eingetreten ist, binnen drei Monaten nach Rechtskraft des wegen der anderen Tat ergehenden Urteils[9] wieder aufgenommen werden.

Hat das Gericht das Verfahren vorläufig eingestellt, so bedarf es zur Wiederaufnahme eines Gerichtsbeschlusses.

[1] Fassung: VO. v. 4. 1. 24. — Abs. I gilt für die StA. (Opportunitätsgrundsatz), Abs. II—V für das Gericht. — § 154 auch für Verbrechen.

[2] Zustimmung des Richters nicht nötig (anders § 153 II).

[3] Ermessensfrage; § 172 also nicht anwendbar.

[4] Nicht mehr in der RevInstanz. Vgl. Anm. 10 zu § 153.

[5] Ablehnung: Beschwerde beider Parteien, § 304.

[6] Keine Rechtskraft. Wiederaufnahme nach Abs. 3 bis 5.

[7] Nach Ermessen des StA. und nur auf ihren Antrag.

[8] Wegen Begnad. und Freispruch bei Wiederaufnahme.

154 a.[1]) Von der Erhebung der öffentlichen Klage kann abgesehen werden, wenn der Beschuldigte wegen der Tat einer ausländischen Regierung ausgeliefert wird.

Das gleiche gilt, wenn er wegen anderer Taten einer ausländischen Regierung ausgeliefert wird und die Strafe, zu der die inländische Verfolgung führen kann, neben der Strafe, zu der er im Ausland rechtskräftig verurteilt worden ist oder die er im Ausland zu erwarten hat, nicht ins Gewicht fällt.

---

[1]) Gemäß § 50 AusliefG. v. 23. 12. 29.

Ist in den Fällen des Abs. 1 und 2 die öffentliche Klage bereits erhoben, so stellt das Gericht auf Antrag der Staatsanwaltschaft das Verfahren vorläufig ein. § 154 Abs. 3—5 gilt mit der Maßgabe entsprechend, daß die Frist im Abs. 4 ein Jahr beträgt.

155 [153]. Die Untersuchung und Entscheidung erstreckt sich nur auf die in der Klage bezeichnete Tat[1] und auf die durch die Klage beschuldigten Personen[2].

Innerhalb dieser Grenzen sind die Gerichte zu einer selbständigen Tätigkeit berechtigt und verpflichtet[3]; insbesondere sind sie bei Anwendung des Strafgesetzes an die gestellten Anträge nicht gebunden.

[1] D. h. einen tatsächlichen Vorgang, nicht eine bestimmte Begehungsart oder rechtliche Beurteilung. Vgl. § 264 und Anm. 1 daselbst; hier besonders E. 15, 107.

[2] Folge aus § 151. Vgl. übrigens §§ 191, 266. — Die Bestimmung gilt trotz § 63 StGB. auch bei Antragsdelikten. E. 23, 202.

[3] Wahrheitsermittelungspflicht des Gerichts! Sie folgt aus dem Zweck des Strafprozesses und geht u. U. weiter als die formale Pflicht, die auf den §§ 244 f. beruht. Verletzung begründet Rev. nach § 337. Vgl. E. 6, 135; 13, 158; 41, 269; 47, 417; 58, 79. Die Notwendigkeit zur Beweiserhebung kann sich auch aus den Akten ergeben. E. 50, 354; JW. 1928, 1506. — Beweislastregeln gibt es im StrProzeß grundsätzlich nicht; Vermutungen vgl. z. B. in StGB. § 186 („wenn nicht"), PreßG. § 20 II, auch § 21; unwiderlegliche in StGB. § 190.

156 [154]. Die öffentliche Klage kann nach Eröffnung der Untersuchung[1] nicht zurückgenommen werden[2].

[1] D. h. entweder der VU. (§ 181) oder unmittelbar des Hauptverfahrens (§ 203); bis dahin Rücknahme, also auch Änderung der Klage statthaft. E. 42, 1.

[2] Anders bei Strafbefehl (§ 411), Strafverfügung (§ 414) und Strafbescheid (§ 420). Rücknehmbar auch die Privatklage (§ 391), die Anschlußerklärung des Nebenklägers (§ 402) und dessen Antrag auf Zuerkennung einer Buße (§ 404).

157 [155]. **Im Sinne dieses Gesetzes ist:**
Angeschuldigter der Beschuldigte[1], gegen welchen die öffentliche Klage erhoben ist[2],
Angeklagter der Beschuldigte oder Angeschuldigte, gegen welchen die Eröffnung des Hauptverfahrens beschlossen ist[3].

[1] Kein technischer Begriff.
[2] § 170. [3] § 203.

Zweiter Abschnitt.

Vorbereitung der öffentlichen Klage.

Vorbem.: 1. Das sog. vorbereitende (oder Ermittlungs-) Verfahren bereitet den Entschluß der StA. vor, ob sie Anklage erheben soll oder nicht. (Ferner § 160 am Schluß.) Es ist kein prozeßordnungsmäßig notwendiger Bestandteil eines Strafverfahrens, aber — besonders dann, wenn eine gerichtliche VU. (§§ 178ff.) nicht vorgeschrieben ist — praktisch unentbehrlich.

2. Träger des vorbereitenden Verfahrens ist die Staatsanwaltschaft; ihre Hilfsorgane sind:

a) Die Polizei. Welche (einzelnen!) Polizeiorgane „verpflichtet" sind, ihren Anordnungen Folge zu leisten, bestimmen die Landesregierungen. GVG. § 152 mit Anm. Die Polizei hat das Recht des ersten Angriffs, hat dann aber die Sache an die StA. abzugeben (§ 163). Von da ab hat sie in der Sache nur noch im Auftrag der StA. tätig zu werden (§ 161), es sei denn, daß Gefahr im Verzuge ist (z. B. vorläufige Festnahme, Beschlagnahme, Durchsuchung). Die landesrechtlich geregelten präventiven Befugnisse gehören nicht hierher.

b) Der Amtsrichter, sei es nach § 162, sei es nach § 165.

3. Ein „Beschuldigter" ist dem vorbereitenden Verfahren nicht wesentlich (Verfahren „gegen Unbekannt"). Erst wenn das Verfahren durch richterl. Vernehmung oder durch Haftbefehl auf einen bestimmten Beschuldigten konzentriert ist, hat dieser gewisse Rechte (§§ 169 Abs. 2, 170 Abs. 2).

4. Zwangsmittel (Buch I Abschn. 8 und 9) sind schon im vorbereitenden Verfahren zulässig. Vgl. aber wegen notwendiger Heranziehung eines Richters §§ 95, 98, 100, 105, 110, 114—115d i. Vbdg. mit 125 III, 126, 128.

1. Strafanzeige und Strafantrag.

158 [156]. [1]Anzeigen strafbarer Handlungen oder Anträge auf Strafverfolgung können bei der Staatsanwaltschaft, den Behörden und Beamten des Polizei- und Sicherheitsdienstes und den Amtsgerichten mündlich oder schriftlich angebracht werden. Die mündliche Anzeige ist zu beurkunden.

Bei strafbaren Handlungen, deren Verfolgung nur auf Antrag eintritt[2], muß der Antrag bei einem Gericht[3] oder der Staatsanwaltschaft[4] schriftlich[5] oder zu Protokoll[6], bei einer anderen Behörde[7] schriftlich angebracht werden[8].

[1] Für MilStrSachen vgl. §§ 435, 444.

[2] Vgl. §§ 61ff. StGB. — Für Ermächtigungsdelikte gilt Abs. 2 nicht. E. 18, 382.

[3] Nicht bloß AGer., wie in Abs. 1. — Zuständigkeit gleichgültig.

[4] Nicht auch deren Hilfsbeamten (§ 152 GVG.). E. 3, 55.

[5] Schriftform erfordert nicht notwendig, daß die Erklärung unterschrieben ist (E. 62, 53). Es genügt, daß die Person des Erklärenden erkennbar ist (vgl. auch Anm. 2 zu § 341). Die Unterschrift kann auch durch Bevollmächtigte geschehen (E. 6, 69). Telegramm ist „schriftlich" (R. 6, 624), nicht aber Ferngespräch (E. 38, 282). — Für etwaige Bevollmächtigung zur Antragsstellung keine Form vorgeschrieben. E. 3, 425; 19, 7; 62, 262.

[6] D. h. durch beurkundete Aufnahme der Erklärung seitens eines Beamten; auch in der Hvhdlg. E. 38, 39.

[7] Betr. einzelne Beamten derselben: E. 39, 358.

[8] Zurücknahme des Strafantrags (formlos) wirksam nur gegenüber der zurzeit mit der Sache befaßten Dienststelle. E. 55, 23.

159 [157]. Sind Anhaltspunkte dafür vorhanden, daß jemand eines nicht natürlichen Todes gestorben ist, oder wird der Leichnam eines Unbekannten gefunden, so sind die Polizei- und Gemeindebehörden zur sofortigen Anzeige an die Staatsanwaltschaft oder an den Amtsrichter verpflichtet[1].

Die Beerdigung darf nur auf Grund einer schriftlichen Genehmigung der Staatsanwaltschaft oder des Amtsrichters erfolgen[2].

[1] Leichenschau und Leichenöffnung: §§ 87 ff. — Ist jemand in einer öffentlichen Krankenanstalt gestorben, so ist — nach PrJV. v. 28. 7. 25 (JMBl. 269) — Leichenöffnung durch Anstaltsarzt unzulässig.

[2] Zuwiderhandlung strafbar: StGB. § 367 Nr. 1.

2. Ermittlungsverfahren.

160 [158][1]. Sobald die Staatsanwaltschaft durch eine Anzeige oder auf anderem Wege von dem Verdacht einer strafbaren Handlung Kenntnis[2] erhält, hat sie behufs ihrer Entschließung darüber, ob die öffentliche Klage zu erheben sei, den Sachverhalt zu erforschen.

Die Staatsanwaltschaft hat nicht bloß die zur Belastung, sondern auch die zur Entlastung dienenden Umstände zu ermitteln und für die Erhebung der Beweise Sorge zu tragen, deren Verlust zu besorgen steht.

[1] Vgl. für MilStrSachen § 441. Für Jugendsachen JGG. § 31. Für Reichssteuersachen RAbgO. §§ 386 ff., 405 ff.: Die StA. und das Gericht greifen erst ein, wenn das Finanzamt die Sache der StA. abgibt oder der Besch. vorläufig festgenommen und dem Richter vorgeführt ist.

[2] Betr. auf priv. Wege erl. Kenntnis vgl. Anm. 3 zu § 152.

161 [159]. Zu dem im vorstehenden Paragraphen bezeichneten Zwecke kann die Staatsanwaltschaft von allen öffentlichen Behörden Auskunft verlangen und Ermittelungen jeder Art, mit Ausschluß eidlicher Vernehmungen, entweder selbst vornehmen oder durch die Behörden und Beamten des Polizei- und Sicherheitsdienstes vornehmen lassen[1]. Die Behörden und Beamten des Polizei- und Sicherheitsdienstes sind verpflichtet, dem Ersuchen oder Auftrage der Staatsanwaltschaft zu genügen[2].

[1] Wegen der „Jugendgerichtshilfe" vgl. JGG. § 22.
[2] Falls sie unter § 152 GVG. fallen.

162 [160]. Erachtet die Staatsanwaltschaft die Vornahme einer richterlichen Untersuchungshandlung für erforderlich[1], so stellt sie ihre Anträge bei dem Amtsrichter[2] des Bezirkes, in welchem diese Handlung vorzunehmen ist.

Der Amtsrichter hat zu prüfen, ob die beantragte Handlung nach den Umständen des Falles gesetzlich zulässig ist[3].

[1] Z. B. Zwangsmittel (Vorbem. 2 zum 8. u. 9. Abschn. des I. Buches); Zeugenbeeidigung (§ 66 Abs. 3); Leichenschau und -öffnung (§§ 87ff.); Durchsicht von beschlagnahmten Papieren (§ 110). Aber auch jede sonstige, vom Richter vorzunehmende Handlung, mag sie auch sonst von anderen Organen vorgenommen werden können — sofern sie nur geeignet ist, das Verfahren zu fördern. Der AR. darf nicht seinerseits die Polizei um Vornahme ersuchen (vgl. KG in JW. 1929, 2757).

[2] In Jugendsachen dem Jugendrichter (JGG. § 19). — Hierzu preuß. JV. v. 20. 6. 23 (JMBl. 450) II, 5: „Ist die Vernehmung des Besch. im vorbereitenden Verfahren gegen einen Jugendlichen erforderlich, so empfiehlt es sich, soweit es sich nicht um geringfügige Straftaten handelt, die Vernehmg. gerichtl. bewirken zu lassen" u. JV. v. 23. 2. 27 (JMBl. 53).

[3] Die Zweckmäßigkeit hat der AR. nur dann zu prüfen, wenn die Vornahme einer derartigen Handlung grundsätzlich richterlichem Ermessen unterliegt; z. B. der Erlaß eines Haftbefehls (§ 125). Die Beeidigung eines Zeugen ist im allg. keine Ermessensfrage (außer bei § 58; wohl auch § 66). — Zu den Voraussetzungen gesetzlicher Zulässigkeit gehört auch die örtliche Zuständigkeit des AR. Sie ist gegeben, wenn der zu vernehmende Besch., Zeuge oder Sachv. im Bezirk des AGer. wohnt, bei Besch. auch gemäß § 7. Vgl. Beschl. des RGer. v. 4. 1. 12 (JMBl. 1913, 23) und Gutachten des Kammergerichts v. 10. 7. 25 (JMBl. 391), welch letzteres bei Zeugen und Sachv. auch dasj. AGer. für zuständig hält, in dessen Bezirk die Vernehmung erfolgen soll. — Gegen ablehnenden Beschluß des AR. Beschwerde nach StPO. § 304 (nicht GVG. § 159). — Hier ist im Gegensatz zu § 158 GVG. die kon-

krete Zulässigkeit der Handlung maßgebend („nach den Umständen des Falles").

163 [161]. Die Behörden und Beamten des Polizei- und Sicherheitsdienstes[1] haben strafbare Handlungen zu erforschen und alle keinen Aufschub gestattenden Anordnungen zu treffen, um die Verdunkelung der Sache zu verhüten[2, 3].

Sie übersenden ihre Verhandlungen ohne Verzug der Staatsanwaltschaft[4]. Erscheint die schleunige Vornahme richterlicher Untersuchungshandlungen erforderlich, so kann die Übersendung unmittelbar an den Amtsrichter erfolgen.

[1] Nicht beschränkt auf § 152 GVG.

[2] Eine Pflicht, sich vor diesen Behörden vernehmen zu lassen, ist damit nicht ausgesprochen. Die Zwangsmittel, welche die Polizei als Präventivpolizei landesrechtlich hat, sind ihr zwar verblieben. E. 9, 433 (str.). (Deshalb hat für Preußen der Min. d. Innern im Einverständnis mit dem JustMin. den § 132 LandVerwG. v. 30. 7. 83 für anwendbar erachtet: MV. v. 21. 5. 92 [MVBl. für d. inn. Verw. 223] und v. 9. 5. 96 [ebenda 79]. Vgl. auch Entsch. des OVerw. Ger. 15, 423; 26, 386.) Sie darf sie aber im Bereich der StPO. nicht anwenden. — Das Recht der Polizei, Augenzeugen zur Feststellung ihrer Persönlichkeit zwangsweise zu sistieren, nimmt E. 13, 426 an (str.). — Die Zwangsmittel, die in der StPO. an besondere Voraussetzungen gebunden sind (§§ 98, 105, 127, 131, 164), dürfen auch zu Zwecken des § 163 nur unter diesen Voraussetzungen angewendet werden (E. 27, 153; 39, 189). § 163 ist keine Generalermächtigung zur Beseitigung von Rechten des Besch. — Die gemäß § 163 und dieser Anm. von Polizeibeamten unternommenen Schritte fallen unter den Begriff der „Untersuchung" i. S. des § 343 StGB. (E. 6, 82).

[3] Bezgl. Ermittlung Vermißter und Feststellung unbekannter Toter vgl. für Preußen JV. v. 27. 10. 25 (JMBl. 1926, 42) und v. 15. 6. 26 (JMBl. 249).

[4] Durch Vermittlung ihrer Behörde. — Anders die nach § 161 von dem StA. unmittelbar beauftragten Polizeibeamten.

164 [162]. Bei Amtshandlungen an Ort und Stelle[1] ist der Beamte[2], welcher sie leitet, befugt, Personen, welche seine amtliche Tätigkeit vorsätzlich stören oder sich den von ihm innerhalb seiner Zuständigkeit getroffenen Anordnungen widersetzen, festnehmen und bis zur Beendigung seiner Amtsverrichtungen, jedoch nicht über den nächstfolgenden Tag hinaus, festhalten zu lassen.

[1] Haussuchung, Augenscheinseinnahme u. dgl. Vgl. E. 33, 251.
[2] Auch der nichtrichterliche.

165 [163]. Wenn Gefahr im Verzug obwaltet, hat der Amtsrichter die erforderlichen Untersuchungshandlungen von Amts wegen vorzunehmen[1].

[1] Vgl. § 167 und Anm. 1 zu § 151.

166 [164]. Wird der Beschuldigte von dem Amtsrichter vernommen[1], und beantragt er bei dieser Vernehmung zu seiner Entlastung einzelne Beweiserhebungen, so hat der Amtsrichter sie, soweit er sie für erheblich erachtet, vorzunehmen, wenn der Verlust der Beweise zu besorgen steht oder die Beweiserhebung die Freilassung des Beschuldigten begründen kann.

Der Richter kann, wenn die Beweiserhebung in einem anderen Amtsbezirke vorzunehmen ist, den Amtsrichter des letzteren um ihre Vornahme ersuchen.

[1] §§ 162, 136, aber auch 125 Abs. 3, 128.

167 [165]. In den Fällen der §§ 165, 166 gebührt der Staatsanwaltschaft die weitere Verfügung.

168 [166]. Die Beurkundung der von dem Amtsrichter vorzunehmenden Untersuchungshandlungen und die Zuziehung eines Urkundsbeamten der Geschäftsstelle oder eines sonstigen Protokollführers erfolgt nach den für die Voruntersuchung geltenden Vorschriften[1].

[1] §§ 187, 188. Neufassung wie Anm. 1 zu § 187.

3. Parteiteilnahme.

169 [167]. Für die Teilnahme der Staatsanwaltschaft an den richterlichen Verhandlungen kommen die für die Voruntersuchung geltenden Vorschriften zur Anwendung[1].

[2]Das gleiche gilt für den Beschuldigten[3], seinen Verteidiger und die von ihm benannten Sachverständigen, wenn[4] der Beschuldigte als solcher vom Richter vernommen ist oder sich in Untersuchungshaft befindet.

[1] §§ 193—195.

[2] An den nicht richterlichen Verhandlungen des vorbereitenden Verfahrens (vor Polizei und StA.) teilzunehmen, haben die in Abs. 2 Genannten kein Recht.

[3] In Jugendsachen auch für den gesetzlichen Vertreter: JGG. § 30.

[4] Vgl. Vorbem. 3 vor § 158.

4. Abschluß des Ermittlungsverfahrens.

170 [168]. [1]Bieten die angestellten Ermittelungen genügenden Anlaß zur Erhebung der öffentlichen Klage, so erhebt die Staatsanwaltschaft sie entweder durch einen Antrag auf gerichtliche Voruntersuchung[2] oder durch Einreichung einer Anklageschrift[3] bei dem Gerichte.

Anderenfalls verfügt die Staatsanwaltschaft die Einstellung des Verfahrens und setzt hiervon den Beschuldigten in Kenntnis, wenn er als solcher vom Richter vernommen oder ein Haftbefehl gegen ihn erlassen war.

[1] Andere Formen der Klageerhebung: §§ 212, 266, 407, 416. — Wirkung: Anm. 3 zu § 151.

[2] §§ 178f. [3] § 199.

171 [169]. Gibt die Staatsanwaltschaft einem bei ihr angebrachten Antrag[1] auf Erhebung der öffentlichen Klage keine Folge, oder verfügt sie nach dem Abschluß der Ermittelungen die Einstellung des Verfahrens[2], so hat sie den Antragsteller[3] unter Angabe der Gründe zu bescheiden[4], [5].

[1] Nicht bloß im Sinne des § 61 StGB.

[2] Die Einstellung kann auch stillschweigend geschehen. Sie hat nicht einmal die Rechtskraftwirkung der Entscheidungen nach §§ 174 II und 211; das Verfahren kann also ohne weiteres erneut aufgerollt werden. Wegen Verhältnis zu StGB. § 164 Abs. 2 vgl. E. 8, 184.

[3] Auch wenn er nicht der Verletzte ist.

[4] Formelle Zustellung erforderlich wegen § 172. — Der Bescheid ist „Urkunde" i. S. des § 249. (Vgl. E. 24, 203, wo dessen Verlesung in einer Hvhdlg. zum Beweis der Glaubwürdigkeit eines Zeugen zugelassen wird.)

[5] Weitere Mitteilungen: In MilStrSachen § 441 Abs. 2; in Jugendsachen JGG. § 27, dazu für Preußen: JB. 20. 6. 23 (JMBl. 450) und 28. 4. 24 (JMBl. 206).

5. Beschwerde und Antrag auf gerichtliche Entscheidung.

172 [170][1]. Ist der Antragsteller zugleich der Verletzte[2], so steht ihm gegen diesen Bescheid binnen zwei Wochen[3] nach der Bekanntmachung die Beschwerde an den vorgesetzten Beamten der Staatsanwaltschaft[4] und gegen dessen ablehnenden Bescheid[4a] binnen einem Monat nach der Bekanntmachung der Antrag auf gerichtliche Entscheidung zu.

Der Antrag muß die Tatsachen, welche die Erhebung der öffentlichen Klage begründen sollen, und die Beweismittel angeben, auch von einem Rechtsanwalt unterzeichnet sein. Der Antrag ist bei dem für die Entscheidung zuständigen Gericht einzureichen[5].

Zur Entscheidung ist in den vor das Reichsgericht gehörigen Sachen[6] das Reichsgericht[7], in anderen Sachen das Oberlandesgericht zuständig.

[1] Notwendiges Gegengewicht gegen die der StA. durch §§ 151, 152 eingeräumte Machtfülle! Für MilStrSachen vgl. § 441 Abs. 3. — Die Ermessensentscheidungen der §§ 153, 154 sind nicht i. S. des § 172 nachprüfbar: Anm. 1 zu § 153, 3 zu § 154.

[2] Im weitesten Sinne: jeder, gegen dessen Rechtssphäre die Straftat irgendwie gerichtet ist. Vgl. StenBer. S. 851, 982. E. 23, 361. Bei Tötung die Angehörigen des Getöteten. Vgl. auch die Rechtsprechung zu § 395 II (E. 62, 209). Auch der gesetzliche Vertreter des Verletzten. E. 9, 124.

[3] Die Frist hat nur insofern Bedeutung, als nach Versäumung die Voraussetzung für den Antrag auf gerichtliche Entscheidung verloren geht. Unabhängig von § 172 folgt aus § 152 Abs. 2 und GVG. § 147 das Recht zur Aufsichtsbeschwerde.

[4] D. h. den staatsanwaltschaftlichen Vorgesetzten. Dann läuft die Monatsfrist. Minister ist nicht staatsanwaltliche Instanz, wenn auch Vorgesetzter. E. 55, 62.

[4a] Dem abl. Bescheid müßte Unterlassung oder ungebührliche Verzögerung des endgültigen Bescheides gleichgestellt werden; schwierig ist dann aber die Fristberechnung.

[5] Er kann zurückgenommen werden. Vgl. § 176 Abs. 2.

[6] Hierzu gehört auch GVG. § 134 Abs. 2.

[7] Vorherige Beschwerde an Reichs-Justizminister nicht nötig. Vgl. Anm. 4.

173 [171]. Auf Verlangen des Gerichts hat ihm die Staatsanwaltschaft die bisher von ihr geführten Verhandlungen vorzulegen.

Das Gericht kann den Antrag unter Bestimmung einer Frist dem Beschuldigten zur Erklärung mitteilen[1].

Das Gericht kann zur Vorbereitung seiner Entscheidung Ermittelungen anordnen und mit ihrer Vornahme eines seiner Mitglieder, den Untersuchungsrichter oder den Amtsrichter beauftragen.

[1] Anhörung der Staatsanwaltschaft: § 33.

174 [172]. Ergibt sich kein genügender Anlaß zur Erhebung der öffentlichen Klage, so verwirft das Gericht den Antrag und setzt den Antragsteller, die Staatsanwaltschaft und den Beschuldigten von der Verwerfung in Kenntnis[1].

Ist der Antrag verworfen[2], so kann die öffentliche Klage nur auf Grund neuer[3] Tatsachen oder Beweismittel erhoben werden.

[1] Keine Beschwerde. § 304 Abs. 3.
[2] Materiell; nicht bloß aus formellen Gründen.
[3] D. h. dem Gericht unbekannt gewesener.

175 [173]. **Erachtet dagegen das Gericht den Antrag für begründet, so beschließt es die Erhebung der öffentlichen Klage. Die Durchführung dieses Beschlusses[1] liegt der Staatsanwaltschaft ob[2].**

[1] Gemäß § 170 Abs. 1.
[2] Antragsteller als Nebenkläger: § 395 Abs. 2.

176 [174]. [1]**Dem Antragsteller kann vor der Entscheidung über den Antrag die Leistung einer Sicherheit für die durch das Verfahren über den Antrag und durch die Untersuchung der Staatskasse und dem Beschuldigten voraussichtlich erwachsenden Kosten[2] durch Beschluß des Gerichts auferlegt werden. Die Sicherheitsleistung ist durch Hinterlegung in barem Gelde oder in Wertpapieren zu bewirken. Die Höhe der zu leistenden Sicherheit wird von dem Gerichte nach freiem Ermessen festgesetzt. Es hat zugleich eine Frist zu bestimmen, binnen welcher die Sicherheit zu leisten ist.**

Wird die Sicherheit binnen der bestimmten Frist nicht geleistet, so hat das Gericht den Antrag für zurückgenommen zu erklären.

[1] Für MilStrSachen vgl. § 441 Abs. 3.
[2] Denn vgl. § 472!

177 [175]. [1]**Die durch das Verfahren über den Antrag veranlaßten Kosten[2] sind in dem Falle des § 174 und des § 176 Abs. 2 dem Antragsteller aufzuerlegen.**

[1] Für MilStrSachen vgl. § 441 Abs. 3.
[2] GKG. v. 5. 7. 27 § 57.

Dritter Abschnitt.

Gerichtliche Voruntersuchung.

Vorbem.: 1. Die VU. ist zwar Teil des „Vorverfahrens", aber „gerichtliche Untersuchung" i. S. des § 151; setzt also Erhebung einer Anklage gegen einen bestimmten Beschuldigten voraus (§ 179). Folge: Nach Eröffnung einer VU. kann die Anklage nicht mehr zurückgenommen (§ 156) und das Verf. nicht mehr formlos eingestellt werden; es muß einer der Gerichtsbeschlüsse der §§ 202—205 ergehen. Vgl. auch Einleitung S. 10, 11.

2. Die VU. ist entweder notwendig oder zulässig oder unzulässig: §§ 178, 202. Wird sie geführt, so muß sie den §§ 179 ff. entsprechen. — Das Fehlen einer „notwendigen" und die Fehler einer geführten VU. heilen aber mit dem Eröffnungsbeschluß des § 203, können also vom Angeschuldigten nur im Rahmen der §§ 183, 201, nicht mit einem Rechtsmittel gegen das Urteil geltend gemacht werden (E. 55, 225).

3. Träger der VU. ist der „Untersuchungsrichter" (siehe Register). Vgl. freilich § 185. Hilfsorgane: § 189.

4. Die Rechte der Parteien sind gesetzlich begrenzt; Anwesenheit: §§ 193 f., 192 II; Akteneinsicht: §§ 196, 147 Abs. 2—4.

5. Ziel der VU. ist nicht erschöpfende Beweisführung, sondern nur Ermöglichung der Beschlüsse der §§ 203 f. („hinreichender Verdacht") und Beweissicherung: § 190.

1. Notwendigkeit, Zulässigkeit, Unzulässigkeit.

178 [176]. Die Voruntersuchung findet in den Strafsachen statt[1], welche zur Zuständigkeit des Reichsgerichts, **der Oberlandesgerichte** oder der Schwurgerichte gehören[2].

In den zur Zuständigkeit der Amtsgerichte[3] gehörenden Sachen findet, abgesehen von Übertretungen, eine Voruntersuchung statt:

1. wenn die Staatsanwaltschaft es beantragt[4];
2. wenn der Angeschuldigte in der Erklärung über die Anklageschrift (§ 201) es beantragt und erhebliche Gründe geltend macht, aus denen eine Voruntersuchung zur Vorbereitung seiner Verteidigung[5] erforderlich erscheint.

[1] Hier ist sie notwendig; vgl. Vorbem. 2.

[2] Auch für solche Sachen, die nur infolge Zusammenhanges (§§ 3, 4) vor diese Gerichte gelangen. E. 4, 364. Nicht im Falle des § 270.

[3] Einerlei ob Einzelrichter oder Schöffengericht (vor 1924 in schöffengerichtlichen Sachen unzulässig). Auch in Jugendsachen. — Geführt wird die VU. auch in AG.-Sachen von dem UR. des LGer. (§ 184 und GVG. § 61).

[4] Ohne daß das Gericht ihre Zweckmäßigkeit zu prüfen hat. Die StA. kann den Antrag auf einzelne Beschuldigte beschränken (E. 4, 365).

[5] Also nicht lediglich: „zur besseren Aufklärung".

[6] Außerdem von Amts wegen: § 202.

2. Eröffnungsverfahren.

179 [177]. Der Antrag[1] der Staatsanwaltschaft auf Eröffnung der Voruntersuchung muß den Beschuldigten[2] und die ihm zur Last gelegte Tat bezeichnen[3].

[1] Er ist an den UR. zu richten (§ 184) und enthält die „öffentliche Klage" (§§ 151, 170).

[2] Also nicht VU. gegen „Unbekannt" (vgl. E. 62, 316 mit bedenkl. Folgerungen für § 23 II).

[3] D. h.: a) den historischen Vorgang (vgl. auch Anm. 1 zu § 200, Anm. 1 zu § 207 und § 191), b) die gesetzl. Merkmale.

180 [178]. Der Antrag[1] kann nur wegen Unzuständigkeit des Gerichts oder wegen Unzulässigkeit der Strafverfolgung oder der Voruntersuchung (§ 178), oder weil die in dem Antrag bezeichnete Tat unter kein Strafgesetz fällt[2], abgelehnt werden. Hierzu bedarf es eines Beschlusses des Gerichts[3].

Der Angeschuldigte kann vor der Beschlußfassung gehört werden.

[1] Der StA. Anders im Fall des § 201.

[2] Also nur aus rechtlichen, nicht aus tatsächlichen Gründen (wie mangelndem Tatverdacht, Überflüssigkeit einer VU). Andernfalls würde der Aufgabe der VU. vorgegriffen.

[3] Der beschließenden StrK.: GVG. § 73.

181 [179]. Gegen die Verfügung, durch welche auf Antrag der Staatsanwaltschaft die Voruntersuchung eröffnet worden ist, kann der Angeschuldigte aus einem der im § 180 Abs. 1 bezeichneten Gründe Einwand[1] erheben. Über den Einwand entscheidet das Gericht.

Diese Bestimmung findet nicht Anwendung, wenn die Voruntersuchung infolge des Beschlusses des Gerichts eröffnet[2] und der Angeschuldigte vorher gehört[3] worden ist.

[1] Nicht Beschwerde: es entscheidet dasselbe Gericht. Gegen den darauf ergehenden Beschluß folglich Beschwerde gemäß §§ 182, 183.

[2] § 180 Abs. 1 Satz 2 und § 202.

[3] § 180 Abs. 2.

182 [180]. Gegen den Beschluß des Gerichts, durch welchen der von dem Angeschuldigten in dem Falle des § 180 Abs. 2 und in dem Falle des § 181 Abs. 1 erhobene Einwand der Unzuständigkeit (§ 16) verworfen wird, steht dem Angeschuldigten die sofortige Beschwerde zu[1].

Im übrigen kann der Beschluß des Gerichts, durch welchen der Einwand des Angeschuldigten verworfen oder die Eröffnung der Voruntersuchung angeordnet ist, nicht angefochten werden.

[1] § 311. — Grund: § 17.

183 [181]. Gegen den Beschluß des Gerichts, durch welchen der Antrag der Staatsanwaltschaft oder des Angeschuldigten[1] auf Eröffnung der Voruntersuchung abgelehnt worden ist, findet sofortige Beschwerde statt[2].

[1] § 178 Abs. 2 Nr. 2.

[2] Hat sie Erfolg, so wird der inzwischen etwa ergangene Beschluß auf Eröffnung des Hauptverf. trotz § 210 von selbst hinfällig (RGJW. 1895, S. 96 Nr. 3).

3. Organe der Voruntersuchung.

184 [182]. Die Voruntersuchung wird von dem Untersuchungsrichter[1] eröffnet[2] und geführt[3].

[1] „Das schließt nicht aus, daß daneben die StA. von ihr für erforderlich erachtete eigene Ermittlungen anstellt, wofern diese nicht in die Tätigkeit des UR. störend eingreifen": E. 60, 263.

[2] Durch förmliche Verfügung. § 192 Satz 2.

[3] Zweifelhaft, inwieweit gegen die Art der Ausübung seines Ermessens (z. B. Ablehnung einer vom Angesch. beantragten Beweiserhebg.) Beschw. nach § 304 zulässig ist.

185 [183]. Durch Beschluß des Landgerichts[1] kann auf Antrag der Staatsanwaltschaft die Führung der Voruntersuchung einem Amtsrichter übertragen werden. Um die Vornahme einzelner Untersuchungshandlungen kann der Untersuchungsrichter die Amtsrichter ersuchen. Auf Amtsrichter, welche mit dem Untersuchungsrichter denselben Amtssitz haben, finden diese Bestimmungen keine Anwendung.

[1] Beschließende Strafkammer: GVG. § 73.

186. Bei dem Reichsgerichte wird der Untersuchungsrichter für jede Strafsache aus der Zahl der Mitglieder durch den Präsidenten bestellt.

Der Präsident kann auch jedes Mitglied eines anderen deutschen Gerichts und jeden Amtsrichter zum Untersuchungsrichter, oder für einen Teil der Geschäfte des Untersuchungsrichters zu seinem Vertreter bestellen.

Der Untersuchungsrichter und dessen Vertreter können um die Vornahme einzelner Untersuchungshandlungen die Amtsrichter ersuchen.

Auf die zur Zuständigkeit der Oberlandesgerichte gehörigen Strafsachen finden die Vorschriften mit der Maßgabe Anwendung, daß der Präsident des Oberlandesgerichts jeden Richter, der in dem dem Oberlandesgerichte zugewiesenen Bezirke (§ 120 Abs. 2 des Gerichtsverfassungsgesetzes) angestellt ist[1], zum Untersuchungsrichter bestellen kann.

[1] Also auch ein Mitglied eines LGer. oder AGer. — Im Falle von GVG. § 120 Abs. 2 Satz 2, 3: auch jeden Richter

der zugewiesenen Bezirke, für den dann GVG. § 166 entsprechend gilt.

187 [185]. [1]Bei der Vernehmung des Angeschuldigten, der Zeugen und Sachverständigen sowie bei der Einnahme des Augenscheins hat der Untersuchungsrichter einen Urkundsbeamten der Geschäftsstelle zuzuziehen. In dringenden Fällen kann der Untersuchungsrichter eine von ihm zu beeidigende[2] Person als Protokollführer zuziehen.

[1] Neufassung lt. Ges. v. 9. 7. 27 (RGBl. I 175) und VO. v. 30. 11. 27 (RGBl. I 334).

[2] Eidesnorm in Preußen: G. betr. die Dienstverhältnisse der GerSchr. v. 3. 3. 79 § 9 Abs. 3.

188 [186]. [1]Über jede Untersuchungshandlung ist ein Protokoll[1a] aufzunehmen. Das Protokoll ist von dem Untersuchungsrichter sowie dem Protokollführer zu unterschreiben[2].

Das Protokoll muß Ort und Tag der Verhandlung sowie die Namen der mitwirkenden oder beteiligten Personen angeben und ersehen lassen, ob die wesentlichen Förmlichkeiten des Verfahrens[3] beobachtet sind.

Das Protokoll ist den bei der Verhandlung beteiligten[4] Personen, soweit es sie betrifft, behufs der Genehmigung vorzulesen oder[5] zur eigenen Durchlesung vorzulegen. Die erfolgte Genehmigung ist zu vermerken und das Protokoll von den Beteiligten entweder zu unterschreiben oder darin anzugeben, weshalb die Unterschrift unterblieben ist[6].

[1] Neufassung wie Anm. 1 zu § 187.

[1a] Stenographie (z. B. wegen Abs. 3) unzulässig. E. 55, 1.

[2] Andernfalls für § 251 nicht verwendbar. E. 53, 106.

[3] Vgl. Abs. 3 sowie §§ 51 Abs. 2, 136 Abs. 1, 66 Abs. 4, 86.

[4] Bei der Augenscheinseinnahme z. B. auch dem anwesenden Angekl., Vert. und Sachverst. E. 31, 135.

[5] Nach Wahl der „Beteiligten". E. 55, 1.

[6] Bei Verstößen gegen Abs. 2 und 3 freie Würdigung, ob und inwieweit noch Beweiskraft. E. 31, 135; 34, 396.

189 [187]. Die Behörden und Beamten des Polizei- und Sicherheitsdienstes[1] sind verpflichtet, Ersuchen oder Aufträgen des Untersuchungsrichters um Ausführung einzelner Maßregeln oder um Vornahme von Ermittelungen zu genügen[2].

[1] In MilStrSachen auch die militärischen Vorgesetzten: § 443.
[2] Und zwar in gleicher Weise, wie Aufträgen der Staatsanwaltschaft nach § 161. Ob „Ersuchen" oder „Aufträge", bestimmt sich nach Landesrecht. Bestritten ist das Recht des UR., einzelne bestimmte Polizeibeamte zu beauftragen, während für den StA. dies Recht gemäß § 152 GVG. unbestritten ist. Auf die Organisation und den Dienstbetrieb der Polizei ist aber hierbei jedenfalls angemessene Rücksicht zu nehmen.

4. Grenzen der Voruntersuchung.

190 [188]. Die Voruntersuchung ist nicht weiter auszudehnen[1], als erforderlich ist, um eine Entscheidung darüber zu begründen, ob das Hauptverfahren zu eröffnen oder der Angeschuldigte außer Verfolgung zu setzen sei.

Auch sind Beweise, deren Verlust für die Hauptverhandlung zu besorgen steht, oder deren Aufnahme zur Vorbereitung der Verteidigung des Angeschuldigten erforderlich erscheint, in der Voruntersuchung zu erheben.

[1] Einschränkungen: §§ 59 Abs. 2, 66 Abs. 2. — Vorgeschrieben ist nur Vernehmung des Angeschuldigten: § 192.

191 [189]. Ergibt sich im Laufe der Voruntersuchung Anlaß zu ihrer Ausdehnung auf eine in dem Antrag der Staatsanwaltschaft nicht bezeichnete Person oder Tat, so hat der Untersuchungsrichter in dringenden Fällen die in dieser Beziehung erforderlichen Untersuchungshandlungen von Amts wegen vorzunehmen.

Die weitere Verfügung gebührt auch in solchen Fällen der Staatsanwaltschaft[1].

[1] Konzession an den Satz: Nemo judex sine actore! § 151.

5. Vernehmung des Angeschuldigten.

192 [190]. Der Angeschuldigte ist in der Voruntersuchung zu vernehmen, auch wenn er schon vor ihrer Eröffnung vernommen worden ist. Ihm ist hierbei die Verfügung, durch welche die Voruntersuchung eröffnet worden, bekanntzumachen.

Die Vernehmung erfolgt in Abwesenheit der Staatsanwaltschaft und des Verteidigers[1].

[1] Anwesenheit des Ehemanns und des gesetzlichen Vertreters als „Beistand" nach Ermessen des UR.: § 149. — In Jugendsachen hat der gesetzliche Vertreter ein Recht auf Anwesenheit: JGG. § 30. — Den Zeitpunkt der Vernehmung bestimmt der UR. (also nicht unbedingt Vernehmung sofort nach Eröffnung der VU.).

6. Parteirechte.

193 [191][1]. Findet die Einnahme eines Augenscheins[2] statt, so ist der Staatsanwaltschaft, dem Angeschuldigten und dem Verteidiger die Anwesenheit bei der Verhandlung zu gestatten.

Dasselbe gilt, wenn ein Zeuge oder Sachverständiger vernommen werden soll, welcher voraussichtlich am Erscheinen in der Hauptverhandlung verhindert, oder dessen Erscheinen wegen großer Entfernung besonders erschwert[3] sein wird.

Von den Terminen sind die zur Anwesenheit Berechtigten vorher zu benachrichtigen[4], soweit dies ohne Aufenthalt für die Sache geschehen kann.

Einen Anspruch auf Anwesenheit hat der nicht auf freiem Fuße befindliche Angeschuldigte nur bei solchen Terminen, welche an der Gerichtsstelle des Ortes abgehalten werden, wo er sich in Haft befindet.

Auf die Verlegung eines Termins wegen Verhinderung haben die zur Anwesenheit Berechtigten keinen Anspruch.

[1] Sinn des § 193: Nur bei solchen Beweiserhebungen der VU., welche vorweggenommene Teile der Hvhdlg. bilden und in dieser nicht wiederholt werden (vgl. §§ 249ff.), dürfen die Parteien zugegen sein. Betr. Beistände vgl. § 149 Abs. 3 und für Jugendsachen JGG. § 30. Betr. vorbereitendes Verfahren § 169. [2] Vgl. §§ 86, 87, 193.
[3] Vgl. § 66 Abs. 2 und § 251 Abs. 2.
[4] Der Angeschuldigte auch im Falle des Abs. 4 (E. 23, 142). Bei Verstoß Verlesung in der Hauptverhdlg. unzulässig (§ 251 II).

194 [192]. Der Richter kann einen Angeschuldigten[1] von der Anwesenheit bei der Verhandlung ausschließen, wenn zu befürchten ist, daß ein Zeuge in seiner Gegenwart die Wahrheit nicht sagen werde.

[1] Nicht auch den Verteidiger oder, in Jugendsachen (JGG. § 30), den gesetzlichen Vertreter. Für die Hauptverhdlg. § 247 I.

195 [193]. Findet die Einnahme eines Augenscheins unter Zuziehung von Sachverständigen statt, so kann der Angeschuldigte beantragen, daß die von ihm für die Hauptverhandlung in Vorschlag zu bringenden Sachverständigen zu dem Termine geladen werden und, wenn der Richter den Antrag ablehnt, sie selbst laden lassen.

Den von dem Angeschuldigten benannten Sachverständigen ist die Teilnahme am Augenschein und an den erforderlichen Untersuchungen insoweit zu gestatten, als dadurch die Tätigkeit der vom Richter bestellten Sachverständigen nicht behindert wird.

196 [194]. Die Staatsanwaltschaft[1] kann stets, ohne daß jedoch das Verfahren dadurch aufgehalten werden darf, von dem Stande der Voruntersuchung durch Einsicht der Akten Kenntnis nehmen und die ihr geeignet scheinenden Anträge stellen[2].

[1] Der Verteidiger hat während der VU. das Recht auf Akteneinsicht nur nach Ermessen des Untersuchungsrichters (§ 147 Abs. 2), ein formelles Recht auf Antragstellung überhaupt nicht. (Trotzdem darf der UR. seine Anträge nicht grundsätzlich unbeachtet lassen; vgl. auch Anm. 3 zu § 184.)

[2] Die StA. kann Bescheid beanspruchen und hat Beschwerde gemäß § 304. — Der UR. kann auch von Amts wegen die Akten zu etwaiger Antragstellung der StA. vorlegen.

7. Abschluß der Voruntersuchung.

197 [195]. Erachtet der Untersuchungsrichter den Zweck der Voruntersuchung[1] für erreicht, so übersendet[1a] er die Akten der Staatsanwaltschaft zur Stellung ihrer Anträge[2].

Beantragt die Staatsanwaltschaft eine Ergänzung der Voruntersuchung, so hat der Untersuchungsrichter, wenn er dem Antrage nicht stattgeben will, die Entscheidung des Gerichts[3] einzuholen.

Von dem Schlusse der Voruntersuchung[4] ist der Angeschuldigte in Kenntnis zu setzen.

[1] § 190 und Vorbem. 5 vor § 178.

[1a] Ohne eigene Stellungnahme oder auch nur zusammenfassende Darstellung der Ergebnisse der VU.

[2] Bei negativem Ergebnis der VU. kann also StA. nur Außerverfolgungsetzung (§ 204) beantragen, nicht selbst einstellen (§ 156).

[3] GVG. § 73; Beschwerde der StA.: 304.

[4] D. i. nicht der Zeitpunkt des Abs. 1, sondern des § 198 Abs. 2. E. 33, 200. Bis dahin bleibt der UR. also zuständig (z. B. für Briefkontrolle usw.).

Vierter Abschnitt.

Entscheidung über die Eröffnung des Hauptverfahrens.

1. Verfahren nach Voruntersuchung.

198 [196]. Hat eine Voruntersuchung stattgefunden, so entscheiden **in den zur Zuständigkeit des Reichsgerichts oder der Oberlandesgerichte[1] gehörigen Sachen diese Gerichte, sonst das Landgericht[2]** darüber, ob das Hauptverfahren zu eröffnen oder der Angeschuldigte außer Verfolgung zu setzen oder das Verfahren vorläufig einzustellen sei[3].

Die Staatsanwaltschaft legt zu diesem Zwecke die Akten mit ihrem Antrag dem Gerichte vor. Der Antrag

auf Eröffnung des Hauptverfahrens erfolgt durch Einreichung einer Anklageschrift[4].

[1] Kommt nur in Frage, wenn schon der Oberreichsanwalt gemäß GVG. § 134 Abs. 2 die Sache abgegeben hatte.

[2] Dieses also nicht nur in schwurgerichtlichen, sondern auch in amts- (und jugend-) gerichtlichen Sachen, da der UR. ein Mitglied des LGer. ist.

[3] Näheres über diese Beschlüsse: §§ 203—205.

[4] Hierbei sind auch evtl. die Anträge gemäß GVG. §§ 25 Nr. 2c, 26, 29 Abs. 2 zu stellen.

2. Anklageerhebung ohne Voruntersuchung.

199[197]. Erhebt die Staatsanwaltschaft, ohne daß eine Voruntersuchung stattgefunden, die Anklage, **so ist die Anklageschrift**[1] **mit den Akten bei dem Amtsrichter**[2] **einzureichen.**

[1] Dazu Anm. 4 zu § 198.

[2] Denn ohne Voruntersuchung kann es sich nur um amtsgerichtliche Sachen handeln.

3. Anklageschrift.

200 [198]. Die Anklageschrift hat die dem Angeschuldigten zur Last gelegte Tat[1] unter Hervorhebung ihrer gesetzlichen Merkmale und des anzuwendenden Strafgesetzes zu bezeichnen sowie die Beweismittel[2] und das Gericht, vor welchem die Hauptverhandlung stattfinden soll, anzugeben[3].

[4] In den vor dem Reichsgerichte, **den Oberlandesgerichten** oder den Schwurgerichten zu verhandelnden Strafsachen sind außerdem die wesentlichen Ergebnisse der stattgehabten Ermittelungen in die Anklageschrift aufzunehmen. Das gleiche gilt in den vor dem Schöffengericht **oder dem Amtsrichter** zu verhandelnden Strafsachen, wenn ein Verbrechen den Gegenstand der Anklage bildet[5] **oder wenn eine Voruntersuchung stattgefunden hat. In anderen Sachen können die wesent-**

lichen Ergebnisse der Ermittelungen in die Anklageschrift aufgenommen werden.

[1] Den historischen Vorgang (vgl. Anm. 3 zu § 179 und §§ 155, 264).

[2] Für die einzelnen Tatsachen möglichst gesondert.

[3] Eigenhändige Unterschrift des StA.! E. 37, 407; 57, 280.

[4] Nach der jetzigen Fassung des § 200 II, die auf der VO. v. 4. 1. 24 und dem RGes. v. 27. 12. 26 beruht, **sind** in die Anklageschrift die Ermittlungsergebnisse aufzunehmen: 1. bei allen Verbrechen; 2. bei Vergehen, falls eine VU. stattgefunden hat. In anderen Sachen **können** sie aufgenommen werden. Von ihrer Aufnahme (bei Vergehen also vom Ermessen der StA.!) hängt es nach § 201 ab, ob die Anklageschrift dem Angesch. mitzuteilen ist. Der Reichstag hat eine Entschließung angenommen, durch Reichs- und Landesregierungen „dahin zu wirken, daß bei Vergehen in die ASchr. die wesentlichen Ergebnisse der Ermittlungen aufgenommen werden, wenn die Sachlage oder die Rechtslage Schwierigkeiten bietet und deshalb die Aufnahme zur Vorbereitung der Verteidigung des Besch. erforderlich erscheint“. Vgl. die entsprechende Allg. Verfg. d. PreußJM. v. 17. 1. 27 (JMBl. S. 15).

[5] Mängel der Anklageschrift machen diese nicht ungültig, begründen auch nicht Revision, da das Urteil nicht auf ihnen beruht. Aber sie berechtigen das Gericht, die Eröffnung des Hauptverfahrens vorläufig abzulehnen. E. 27, 233; 31, 100.

201 [199][1]. Der Vorsitzende des Gerichts hat die Anklageschrift dem Angeschuldigten[2] mitzuteilen und ihn zugleich aufzufordern, sich innerhalb einer zu bestimmenden Frist zu erklären, ob er die Vornahme einzelner Beweiserhebungen vor der Hauptverhandlung beantragen oder Einwendungen gegen die Eröffnung des Hauptverfahrens vorbringen wolle. **Diese Vorschrift findet in den vor dem Schöffengericht oder dem Amtsrichter zu verhandelnden Sachen nur Anwendung, wenn ein Verbrechen den Gegenstand der Anklage bildet oder wenn es sich um Vergehen handelt, bei denen das Ergebnis der Ermittelungen in die Anklageschrift aufgenommen worden ist; hat in diesen**

Fällen keine Voruntersuchung stattgefunden, so ist der Angeschuldigte zugleich zur Erklärung darüber aufzufordern, ob er eine Voruntersuchung beantragen wolle.

Über die Anträge und Einwendungen beschließt das Gericht[3]. **Beantragt der Angeschuldigte eine Voruntersuchung, so hat der Amtsrichter die Akten mit dem Antrag des Angeschuldigten durch Vermittelung der Staatsanwaltschaft dem Landgerichte[4] zur Entscheidung darüber vorzulegen, ob eine Voruntersuchung zu eröffnen sei.** Eine Anfechtung der Beschlüsse findet nur nach Maßgabe der Bestimmungen im § 182 Abs. 1 und § 183 statt[5].

[1] Fassung gemäß §§ 28, 29 VO. v. 4. 1. 24 und RGes. v. 27. 12. 26.

[2] In Jugendsachen auch dem gesetzlichen Vertreter: JGG. § 30.

[3] Ausdrücklich! Nicht nur durch Eröffnung des Hauptverfahrens (E. 1, 170). Aber auch stillschweigende Ablehnung durch Eröffnung des Hauptverfahrens wäre gemäß Abs. 2 anfechtbar (E. 44, 380). Insofern ist also ein Eröffnungsbeschluß trotz § 210 anfechtbar (E. 32, 79).

[4] Denn auch in amtsgerichtlichen Sachen wird die VU. beim LGer. geführt. Ordnet das LGer. eine VU. an, so entscheidet es nach Schluß der VU. demnächst auch über die Eröffnung des Hauptverfahrens (§ 198); lehnt es sie ab, so verbleibt die Entscheidung über Eröffnung des Hauptverfahrens beim AR. (§ 199). (Eine sehr unzweckmäßige Art der Gewaltenteilung.)

[5] D. h.: die (wenn auch stillschweigende) Ablehnung des Einwands der Unzuständigkeit oder des Antrags auf Eröffnung einer VU. ist mit sofortiger Beschwerde anfechtbar. Wird diese nicht eingelegt, so ist die Entscheidung rechtskräftig; der Unzuständigkeits-Einwand kann dann auch nicht nach §§ 16–18 in der Hauptverhandlung erhoben werden (E. 26, 340; 34, 215). Im übrigen bedeutet die Nichtbeachtung des § 201 zwar eine Beschränkung der Verteidigung (§ 338 Nr. 8), ist aber revisibel nur, wenn das Urteil auf ihr beruht, was kaum je der Fall sein wird, weil der Angesch. die

Anträge, soweit sie Beweisanträge waren, in der Hauptverhdlg. wiederholen, die Übergehung des Antrags auf VU. aber mit der sofortigen Beschw. anfechten konnte. Vgl. E. 2, 19; 4, 364; 31, 100; 44, 380.

4. **Gerichtlicher Beschluß.** a) **auf weitere Ermittlungen.**

202 [200] Zur besseren Aufklärung der Sache kann das Gericht[1] eine Ergänzung der Voruntersuchung anordnen.

Hält der Amtsrichter zur besseren Aufklärung der Sache eine Voruntersuchung für nötig, so hat er die Akten mit einer Begründung seiner Auffassung durch Vermittelung der Staatsanwaltschaft dem Landgerichte zur Entscheidung darüber vorzulegen, ob eine Voruntersuchung zu eröffnen sei.

Einzelne Beweiserhebungen kann auch der Amtsrichter anordnen[2].

Eine Anfechtung der Beschlüsse findet nicht statt.

[1] Und zwar die StrK., da hier VU. vorausgesetzt ist.

[2] Auch nachdem die StrK. eine VU. abgelehnt hat.

b) **auf Eröffnung das Hauptverfahrens.**

203 [201][1]. Das Gericht beschließt die Eröffnung des Hauptverfahrens[2], wenn nach den Ergebnissen der Voruntersuchung oder, falls eine solche nicht stattgefunden hat, nach den Ergebnissen des vorbereitenden Verfahrens der Angeschuldigte einer strafbaren Handlung hinreichend verdächtig erscheint[3,4,5].

[1] Für MilStrSachen vgl. § 441 Abs. 1.

[2] § 207. Durch den Angeklagten nicht anfechtbar: § 210.

[3] Weitere Voraussetzungen sind: a) daß die Voraussetzungen der Strafverfolgung gegeben sind, z. B.: Zuständigkeit der ordentlichen inländischen Strafgerichte; daß die Sache nicht anderweit rechtshängig oder rechtskräftig entschieden oder niedergeschlagen; daß sie nicht verjährt; daß ein etwa nötiger Antrag gestellt ist. Sowie b) daß ordnungsgemäß Anklage erhoben ist. — Andernfalls § 204. — Bei

örtlicher Unzuständigkeit bloß Unzuständigkeitserklärung; bei sachlicher § 209.

[4] Ein ordnungsmäßiger Eröffnungsbeschluß ist Voraussetzung für Hauptverhandlung und Urteil. Fehlt er, ist weiteres Verfahren einzustellen. Vgl. Anm. 4 zu § 260. Sonst Aufhebung in der Revisionsinstanz (bedenklich E. 61, 353 = JW. 1928, 2260; vgl. Anm. daselbst und JW. 1929, 260). Der Eröffnungsbeschluß darf aber vom Vorsitzenden, insbesondere mit Hilfe der Anklageschrift, erläutert werden. Vgl. auch § 260 Abs. 2 sowie E. 24, 64; 27, 125; 43, 217; 55, 113.

[5] Über Zustellung des Eröffnungsbeschlusses an den Angeschl. vgl. § 215 und RG. in JW. 1929, 1044 mit Anm.

c) **auf Nichteröffnung des Hauptverfahrens.**

204[202][1]. Beschließt das Gericht, das Hauptverfahren nicht zu eröffnen[2], so muß aus dem Beschlusse hervorgehen, ob er auf tatsächlichen oder auf Rechtsgründen beruht[3].

Hat eine Voruntersuchung stattgefunden, so ist auszusprechen, daß der Angeschuldigte außer Verfolgung zu setzen sei[4].

Der Beschluß ist dem Angeschuldigten[5] bekanntzumachen[6].

[1] Für MilStrSachen vgl. § 441 Abs. 2. — Kosten: §§ 464, 467, 469, 470, 472.

[2] Über die Rechtskraftwirkung dieses Beschlusses vgl. § 211. — Die Ablehnung des Hauptverfahrens betrifft hier (wie stets) die „Tat", nicht einzelne rechtliche Gesichtspunkte; ein auf letztere beschränkter Beschluß wäre rechtlich ohne Wirkung. Vgl. E. 48, 89 und § 264. Anders, wenn das Gericht an der Beurteilung unter anderem rechtlichen Gesichtspunkt prozeßrechtlich gehindert war. E. 49, 243.

[3] Jedenfalls aber muß er die Sache selbst betreffen. Hält sich das Gericht für unzuständig, so lehnt es nicht „die Eröffnung" nach § 204, sondern, wenn es örtlich unzuständig ist, eine Entscheidung über den Eröffnungsantrag ab (dann nicht §§ 210 Abs. 2 und 211, sondern § 304); ist es sachlich unzuständig, verfährt es nach § 209. Vgl. auch E. 32, 50.

[4] Zugleich ist ein etwaiger Haftbefehl aufzuheben, § 123, und über etwaige Entschädigung für Untersuchungshaft Beschluß zu fassen. G. v. 14. 7. 04, unten Nr. X.

5 Auch wenn er über die Anschuldigung noch nicht gehört sein sollte. § 157.

6 § 35.

d) auf vorläufige Einstellung.

205 [203]. Vorläufige Einstellung des Verfahrens kann beschlossen werden, wenn dem weiteren Verfahren Abwesenheit[1] des Angeschuldigten oder der Umstand entgegensteht, daß er nach der Tat in Geisteskrankheit[2] verfallen ist[3].

1 § 276. Zulässigkeit weiteren Verfahrens: §§ 277ff., 285ff.

2 Partielle GK. schließt Hauptverhandlung nicht unbedingt aus. E. 1, 149; 29, 324. — Der GK. steht Taubstummheit, bei der eine Verständigung durch Dolmetscher nicht gelingt, gleich. E. 3, 29.

3 Nur aus diesen Gründen! — Der Beschluß gemäß § 205 unterbricht die Verjährung E. 21, 308; 27, 31.

206 [204]. Das Gericht ist bei der Beschlußfassung an die Anträge der Staatsanwaltschaft nicht gebunden[1].

1 Vgl. § 155 Abs. 2.

5. Insbesondere: Der Eröffnungsbeschluß.

207 [205]. In dem Beschlusse, durch welchen das Hauptverfahren eröffnet wird, ist die dem Angeklagten zur Last gelegte Tat[1] unter Hervorhebung ihrer gesetzlichen Merkmale[1] und des anzuwendenden Strafgesetzes[2] sowie das Gericht zu bezeichnen, vor welchem die Hauptverhandlung stattfinden soll.

Das Gericht hat zugleich von Amts wegen über die Anordnung oder Fortdauer der Untersuchungshaft zu beschließen[3].

1 Die Angabe der gesetzlichen Tatbestandsmerkmale genügt nicht; vielmehr: welche konkreten Vorgänge zum Gegenstande der Verhandlung gemacht werden sollen. Aber keine „unnötige Breite" (RG. in JW. 1929, 260). Heranziehung der Anklageschrift zur Ergänzung und Erläuterung nicht ausgeschlossen. E. 3, 406; 4, 77; 21, 64.

2 Nicht auch des Strafmilderungsgründe enthaltenden (E. 30, 209).

[3] Vgl. hierzu § 115a, wonach der gemäß § 207 II zu fassende Beschluß ein Bestandteil des „Haftprüfungsverfahrens" geworden ist. Gemäß § 115a IV ist also der Angesch. „vor der Entscheidung zu hören", gegebenenfalls auch sein Verteidiger. — Mit der Bekanntmachung des Beschl. (§ 35) beginnt eine Haftprüfungsfrist zu laufen.

208 [206]. Wenn von der Staatsanwaltschaft beantragt ist, den Angeschuldigten außer Verfolgung zu setzen[1], von dem Gerichte aber die Eröffnung des Hauptverfahrens beschlossen wird[1a], so hat die Staatsanwaltschaft eine dem Beschluß entsprechende Anklageschrift einzureichen.

Die Bestimmungen des § 201 finden hier gleichfalls Anwendung; es ist jedoch die Aufforderung auf die Erklärung zu beschränken[2], ob der Angeklagte die Vornahme einzelner Beweiserhebungen[3] vor der Hauptverhandlung beantragen wolle.

[1] §§ 198, 204. — Vorausgesetzt ist also eine VU.

[1a] Vgl. E. 62, 299.

[2] Da das Hauptverfahren bereits endgültig eröffnet ist.

[3] Parteianwesenheit: § 224 (nicht 193), da Hauptverfahren eröffnet.

209 [207][1]. Das Landgericht kann das Hauptverfahren vor den erkennenden Gerichten jeder Ordnung[2], nicht aber vor dem Reichsgericht eröffnen. Erachtet das Landgericht die Zuständigkeit des Reichsgerichts für begründet, so legt es die Akten durch Vermittelung der Staatsanwaltschaft diesem Gerichte zur Entscheidung vor[3].

Ebenso hat der Amtsrichter, wenn er findet, daß eine bei ihm eingereichte Sache die Zuständigkeit des **Amtsgerichts** übersteige, die Akten durch Vermittelung der Staatsanwaltschaft dem Landgerichte zur Entscheidung vorzulegen[5], [6].

[1] § 209 handelt von sachlicher (nicht örtlicher) Zuständigkeit zum Erlaß eines Eröffnungsbeschlusses und umgrenzt diese, zur Vermeidung von negativen Kompetenz-

konflikten, weiter als die Zuständigkeit für die Aburteilung selber. — Örtlich: §§ 12—21.

[2] Also nicht nur vor SchwGer., sondern auch vor SchöffGer. und AR.; kommt in Frage nach geführter Voruntersuchung (§§ 198 Abs. 1, 201 Abs. 2 mit Anm. 4, 202 Abs. 2 mit Anm. 3) und i. F. des § 209 Abs. 2. — In der Hauptverhandlung vgl. § 269.

[3] Ohne eigene Unzuständigkeitserklärung. E. 32, 50.

[4] Sei es des SchGer., sei es des Einzelrichters. — Für das Verhältnis beider zueinander gilt § 209 nicht. Vielmehr hat der AR., wenn er das SchöffGer. für zuständig hält, die beantragte Eröffnung vor ihm abzulehnen, wogegen nach § 210 II sof. Beschw. (vgl. JW. 1926, 2451).

[5] Ergänzung der Anklageschrift (§ 200) und Verfahren nach § 201! — Vgl. auch Anm. 3.

[6] RGer. und OLGer.: Das RGer. kann (analog Abs. 1) vor jedem deutschen Gericht eröffnen, ein OLGer. vor jedem Gericht seines Bezirks. Hält dagegen OLGer. das RGer. für zuständig, muß es entsprechend Abs. 1 Satz 2 verfahren. — Für Jugendsachen vgl. JGG. § 18 Abs. 2.

8. Anfechtung.

210 [209]. Der Beschluß, durch welchen das Hauptverfahren eröffnet worden ist, kann von dem Angeklagten nicht angefochten werden[1].

Gegen den Beschluß, durch welchen die Eröffnung des Hauptverfahrens abgelehnt oder abweichend von dem Antrag der Staatsanwaltschaft[2] die Verweisung an ein Gericht niederer Ordnung ausgesprochen worden ist, steht der Staatsanwaltschaft die sofortige Beschwerde[3] zu.

[1] Vgl. freilich Anm. 3 zu § 201.

[2] Nebenkläger: § 401 Abs. 1.

[3] § 311. — Vgl. auch § 309 Abs. 2.

211 [210][1]. Ist die Eröffnung des Hauptverfahrens durch einen nicht mehr anfechtbaren Beschluß abgelehnt, so kann die Klage nur auf Grund neuer[2] Tatsachen oder Beweismittel wiederaufgenommen werden[3, 4].

[1] Rechtskraftwirkung der Richteröffnung (§§ 204, 210 Abs. 2); aber nur soweit dem Beschluß eine Anklage zugrunde lag, andernfalls ist er gegenstandslos. E. 51, 371.

[2] D. h. dem damaligen Eröffnungsrichter unbekannten und erheblichen. E. 56, 91. Auch ein Sachv.Gutachten kann ein solches neues Beweismittel sein. E. 57, 158.

[3] Form der Wiederaufnahme: Klage nach § 170 (E. 13, 295; 22, 187). Wird demnächst Hauptverfahren eröffnet, so sind die Voraussetzungen des § 211 nachzuprüfen: E. 46, 67; 56, 91; 57, 158; 60, 99. — Wirkung der Wiederaufnahme: Der Abschluß des ersten Verfahrens wird mit rückwirkender Kraft beseitigt und dieses in das zweite mit herübergenommen: wichtig für Rechtshängigkeit, Kosten, bereits zugelassene Nebenklage usw. E. 43, 150.

[4] „Spaltet" das Gericht eine einheitliche Handlung unzulässigerweise derart, daß es wegen eines unselbständigen Teilakts das HVerf. eröffnet, wegen eines anderen dagegen außer Verfolgung setzt, so gilt die Eröffnung für die ganze Handlung, § 211 kommt also nicht zur Anwendung (E. 62, 134 = JW. 1928, 2248, vgl. Anm. dort!). Bei Kollision des Eröffnungsbeschlusses mit einem von der gleichen Anschuldigung freisprechenden Urteil dagegen geht dieses vor (E. 61, 225), ebenso das verurteilende Urteil einem Beschluß auf Außerverfolgungsetzung (E. 62, 112).

7. Abgekürztes Verfahren.

212 [211][1]. Vor **dem Amtsrichter oder** dem Schöffengerichte kann ohne schriftlich erhobene Anklage und ohne eine Entscheidung über die Eröffnung des Hauptverfahrens zur Hauptverhandlung geschritten werden, wenn der Beschuldigte entweder sich freiwillig stellt[2] oder infolge einer vorläufigen Festnahme dem Gerichte vorgeführt oder nur wegen Übertretung verfolgt wird. Der wesentliche Inhalt der Anklage ist in den Fällen der freiwilligen Stellung oder der Vorführung in das Sitzungsprotokoll, anderenfalls in die Ladung des Beschuldigten aufzunehmen[3].

[1] Verfahren ohne Anklageschrift und ohne Eröffnungsbeschluß. Früher selten angewandt, da (außer bei „eingestandenen Übertretungen") Schöffen zugezogen

werden mußten. Jetzt, gemäß GVG. §§ 24f., nicht nur ohne weiteres für Übertretungen, sondern bei freiwilliger Stellung oder Festnahme auch für Vergehen und für Verbrechen anwendbar. Vgl. freilich bei „Verbrechen" GVG. § 26 Abs. 2: Der Widerspruch des Angeklagten gegen Einzelrichter kann bei „Verbrechen" den § 212 praktisch ausschalten — falls man nicht sogar anzunehmen hat, daß § 212 hier in Anlehnung an § 266 II überhaupt unanwendbar sein muß. — Preußen: JV. v. 27. 3. 24 (JMBl. 145), v 22. 7. 24 (JMBl. 283), 19. 7. 25 (JMBl. 264). Möglichst weitgehender Gebrauch; bei berufsmäßigen Verbrechern jedoch nur, wenn keine höhere als einjährige Freiheitsstrafe zu erwarten ist. Einforderung von Vorstrafen durch Fernsprecher! Ersparnis von Haftkosten! Jederzeit, auch abgesehen von ordentlichen Terminstagen! Übertragung an etwaige besondere Ermittlungsrichter! Ersatz für das umständlichere Strafbefehlsverfahren! — Unanwendbar in Jugendsachen: JGG. § 38 Abs. 2. — Die Vorschriften über notwendige Verteidigung (§ 140) gelten auch gegenüber § 212.

[2] Wenn auch auf behördliche Aufforderung, die dann aber nicht Vorführung androhen darf. — Auch ein Verhafteter „stellt sich freiwillig", wenn er mit Vorführung zwecks abgekürzter Verurteilung einverstanden ist. — Vgl. ferner JW. 1930, 287 und 928 mit Anm.

[3] Gerichtskosten: GKG. § 54.

Fünfter Abschnitt.

Vorbereitung der Hauptverhandlung.

1. Terminsfestsetzung.

213 [212]. Der Termin zur Hauptverhandlung wird von dem Vorsitzenden des Gerichts anberaumt[1].

[1] Für Jugendsachen: JGG. § 30; MilStrSachen: § 441.

2. Herbeischaffung der Beweise.

214 [213]. Die zur Hauptverhandlung erforderlichen Ladungen[1] und die Herbeischaffung der als Beweismittel dienenden Gegenstände bewirkt die Staatsanwaltschaft[2].

[3] Ist anzunehmen, daß die Hauptverhandlung sich auf längere Zeit erstreckt, so kann der Vorsitzende bestimmen, daß sämtliche oder einzelne Zeugen und Sachverständige zu einem späteren Zeitpunkt als dem Beginne der Hauptverhandlung geladen werden.

[1] Auch in den Fällen der §§ 219, 221.

[2] Ladung durch das Gericht nicht verboten. E. 35, 232.

[3] Abs. 2 gemäß § 30 VO. v. 4. 1. 24.

3. Ladung des Angeklagten.

215 [214]. Der Beschluß über die Eröffnung des Hauptverfahrens ist dem Angeklagten spätestens mit der Ladung zuzustellen.

216 [215]. Die Ladung[1] eines auf freiem Fuße befindlichen Angeklagten geschieht schriftlich unter der Warnung, daß im Falle seines unentschuldigten Ausbleibens seine Verhaftung oder Vorführung erfolgen werde. Die Warnung kann in den Fällen des **§ 232** unterbleiben.

Die Ladung des nicht auf freiem Fuße befindlichen Angeklagten erfolgt durch Bekanntmachung des Termins zur Hauptverhandlung in Gemäßheit des § 35. Dabei ist der Angeklagte zu befragen[2], ob und welche Anträge er in bezug auf seine Verteidigung für die Hauptverhandlung zu stellen habe.

[1] Erscheint Angeklagter ungeladen, kann verhandelt werden. E. 43, 161.

[2] Die Befragung ist zu beurkunden. E. 48, 386.

217 [216]. Zwischen der Zustellung der Ladung (§ 216) und dem Tage der Hauptverhandlung muß eine Frist von mindestens einer Woche liegen[1].

Ist diese Frist nicht eingehalten worden, so kann der Angeklagte die Aussetzung der Verhandlung verlangen[2], solange mit der Verlesung des Beschlusses über die Eröffnung des Hauptverfahrens nicht begonnen ist.

[1] Das gilt auch bei Verlegung des Termins auf früheren Tag (E. 25, 74) oder frühere Stunde (RG. in JW. 1928, 2250) und (str.; a. A. RG. in JW. 1930, 931: E. 25, 74 und 42, 409, abgesehen vom Falle der HVerhdlg. nach Zurückverweisung durch das RevGer.) auch für spätere HVerhdlgen nach Vertagung, nicht aber bei Verlegung auf einen späteren Termin (E. 15, 113).

[2] § 228 Abs. 3.

218 [217]. Neben dem Angeklagten ist[1] der bestellte[2] Verteidiger stets, der gewählte[3] Verteidiger dann zu laden, wenn die Wahl dem Gerichte angezeigt worden ist[4]. § 217 gilt entsprechend.

[1] Nichtbeachtung Revisionsgrund: E. 19, 373; 436; 21, 266.

[2] §§ 140, 141, 81 Abs. 2.

[3] §§ 137, 138. Auch der vom gesetzlichen Vertreter gewählte. E. 36, 316; bei mehreren Verteidigern vgl. E. 48, 377.

[4] Entweder formlos vom Angeklagten (E. 25, 152) oder mit Vollmacht von einem anderen (E. 2, 375). — Wird der nicht gehörig angezeigte Verteidiger geladen, so muß die Ladung richtig sein. Unrichtige Angabe der Terminsstunde kann den Angeklagten nicht eines prozessualen Rechtes berauben (E. 41, 72).

4. Unmittelbare Ladungen.

219 [218]. [I] Verlangt der Angeklagte die Ladung von Zeugen oder Sachverständigen oder die Herbeischaffung anderer Beweismittel zur Hauptverhandlung, so hat er unter Angabe der Tatsachen, über welche der Beweis erhoben werden soll, seine Anträge bei dem Vorsitzenden des Gerichts zu stellen. Die hierauf ergehende Verfügung ist ihm bekanntzumachen[1].

Beweisanträge des Angeklagten sind, soweit ihnen stattgegeben ist, der Staatsanwaltschaft mitzuteilen.

[1] Bei seiner Entsch. wird der Vors. bereits die in Anm. 4 zu § 244 dargestellten Grundsätze zu beachten haben. — § 36! Beschwerde ausgeschlossen (§ 305); Revision ebenfalls, wenn nicht Anträge in der Hauptverhandlung wiederholt (E. 1, 106), es sei denn, daß die Verfg. des Vors. unzulässigerweise dahin erging, daß die Entsch. der HVerhdlg. vorbehalten werde, dort aber

unterblieb (E. 61, 376) oder daß die Verfg. eine Wahrunterstellung (Anm. 4 zu § 244) verhieß, an die das erk. Gericht sich aber nicht hielt (a. A. RGJW. 1928, 2253).

220 [219]. Lehnt der Vorsitzende den Antrag auf Ladung einer Person ab, so kann der Angeklagte sie unmittelbar laden lassen[1]. Hierzu ist er auch ohne vorgängigen Antrag befugt.

Eine unmittelbar geladene Person ist nur dann zum Erscheinen verpflichtet[2], wenn ihr bei der Ladung die gesetzliche Entschädigung für Reisekosten und Versäumnis bar dargeboten oder deren Hinterlegung bei der Geschäftsstelle nachgewiesen wird.

Ergibt sich in der Hauptverhandlung, daß die Vernehmung einer unmittelbar geladenen Person zur Aufklärung der Sache dienlich war, so hat das Gericht auf Antrag[4] anzuordnen, daß ihr die gesetzliche Entschädigung aus der Staatskasse[5] zu gewähren sei.

[1] Durch den Gerichtsvollzieher! § 38. Auch einfache Gestellung zulässig; § 222. Vgl. jedoch Anm. 3 zu § 245.

[2] §§ 51, 77. — Erscheint sie ohne solche Sicherstellung, so ist sie trotzdem „vorgeladen" i. S. des § 245. E. 54, 257.

[3] Für Preußen vgl. JV. v. 10. 6. 91 (JMBl. 161) und Geschäftsanweisung für Gerichtsvollzieher v. 24. 3. 14 (JMBl. 343) § 42.

[4] Der betr. Person oder auch des Angeklagten.

[5] Vorläufig; endgültige Kostentragung vorbehalten. E. 16, 212. Anordnung auch dann zulässig, wenn die Person nur formlos gestellt (JW. 1927, 1658) oder bereits vom Angekl. entschädigt ist (str.; vgl. JW. 1928, 758).

221 [220]. Der Vorsitzende des Gerichts[1] kann auch von Amts wegen die Ladung von Zeugen und Sachverständigen sowie die Herbeischaffung anderer Beweismittel anordnen[2].

[1] In der Hauptverhandlung: das Gericht selbst. § 244 Abs. 3.

[2] Ausführung Sache der StA. § 214.

222 [221]. Der Angeklagte hat die von ihm unmittelbar geladenen oder zur Hauptverhandlung zu stellenden Zeugen und Sachverständigen rechtzeitig[1] der Staatsanwaltschaft namhaft zu machen und ihren Wohn- oder Aufenthaltsort anzugeben.

Dieselbe Verpflichtung hat die Staatsanwaltschaft gegenüber dem Angeklagten, wenn sie außer den in der Anklageschrift benannten oder auf Antrag des Angeklagten geladenen Zeugen oder Sachverständigen die Ladung noch anderer Personen, sei es auf Anordnung des Vorsitzenden (§ 221) oder aus eigener Entschließung, bewirkt.

[1] § 246. Verstoß kann jedenfalls dann RevGrund sein, wenn Aussetzung gemäß § 246 vergeblich beantragt war (ftr.; vgl. JW. 1928, 2292).

5. Kommissarische Beweisaufnahme.

223 [222]. Wenn dem Erscheinen eines Zeugen oder Sachverständigen[1] in der Hauptverhandlung für eine längere oder ungewisse Zeit Krankheit oder Gebrechlichkeit oder andere nicht zu beseitigende Hindernisse[2] entgegenstehen, so kann das Gericht[3] seine Vernehmung durch einen beauftragten oder ersuchten Richter[4] anordnen[5]. Die Vernehmung erfolgt, soweit die Beeidigung zulässig ist[6], eidlich.

Dasselbe gilt, wenn ein Zeuge oder Sachverständiger vernommen werden soll, dessen Erscheinen wegen großer Entfernung besonders erschwert sein wird[7].

[1] Nicht auch eines Mitbeschuldigten. E. 16, 232.

[2] Vgl. z. B. §§ 49f. Nicht aber, wenn infolge kurzer Abwesenheit des Zeugen die HVerhdlg. auf längere Zeit verschoben werden muß (a. A. RGJW. 1929, 1045).

[3] Nicht der Vorsitzende. E. 1, 210.

[4] Nicht auch den UR.

[5] Das Prot. kann in der Hauptverhdlg. verlesen werden. Eine Vernehmung nach § 223 ist unnötig, wenn solche bereits im Vorverf. unter Beob. des § 193 erfolgt ist. Vgl. § 251 Abs. 2.

[6] Vgl. §§ 57, 58. — Ob § 57 Nr. 1 vorliegt, hat der beauftragte bzw. ersuchte Richter zu entscheiden. E. 26, 97.

[7] „Große Entfernung" und „besondere Erschwerung" sind nach den Verhältnissen zu bemessen. (Eine Entfernung innerhalb des LGerBezirkes gilt regelmäßig, aber nicht notwendig, nicht als groß.) E. 18, 261; 52, 86; JW. 1927, 2466. — Nötigenfalls besondere Begründung, sonst Revision. E. 44, 8.

224 [223]. Von den zum Zwecke dieser Vernehmung anberaumten Terminen sind die Staatsanwaltschaft, der Angeklagte und der Verteidiger[1] vorher zu benachrichtigen[2], insoweit dies nicht wegen Gefahr im Verzug untunlich ist; ihrer Anwesenheit bei der Vernehmung bedarf es nicht[3]. Das aufgenommene Protokoll ist der Staatsanwaltschaft und dem Verteidiger vorzulegen[4].

Der nicht auf freiem Fuße befindliche Angeklagte hat einen Anspruch auf Anwesenheit nur bei solchen Terminen, welche an der Gerichtsstelle des Ortes abgehalten werden, wo er sich in Haft befindet.

[1] In Jugendsachen auch der gesetzliche Vertreter. JGG. § 30.

[2] Und zwar so zeitig, daß ihr Erscheinen tatsächlich möglich ist. E. 59, 280.

[3] Ob Nichtanwesenheit auf freiem Willen oder auf unabwendbaren Umständen beruht, ist gleichgültig. E. 59, 299. Falls anwesend, sind die §§ 240 Abs. 2, 247 anwendbar.

[4] Falls sie nicht anwesend waren.

225 [224]. Ist zur Vorbereitung der Hauptverhandlung[1] noch ein richterlicher Augenschein[2] einzunehmen, so finden die Bestimmungen des vorhergehenden Paragraphen gleichfalls Anwendung[3].

[1] Auch in derselben kann, wenn die Augenscheinseinnahme durch das gesamte Gericht nicht angezeigt erscheint, eine solche kommissarische Augenscheinseinnahme beschlossen werden. E. 20, 149.

[2] Vgl. §§ 86, 195.

[3] Bei Nichtbeachtung ist die Verlesung (§ 249) gegen den Willen der Beteiligten nicht statthaft. E. 1, 256.

Sechster Abschnitt.

Hauptverhandlung.

Vorbemerkung. Benutzung der Anklagebank „empfiehlt sich nur dann, wenn Angeklagte sich in Haft befinden oder wenn es die Aufrechterhaltung der Ordnung und Sicherheit der Verhandlung erfordert, im übrigen empfiehlt es sich, ihnen einen Platz vor dem Richtertisch oder an einer anderen geeigneten Stelle im Verhandlungsraum anzuweisen" (preuß. JV. v. 11. 4. 23, JMBl. 323).

226 [225][1]. Die Hauptverhandlung erfolgt in ununterbrochener Gegenwart der zur Urteilsfindung berufenen Personen sowie der Staatsanwaltschaft[3] und eines Urkundsbeamten der Geschäftsstelle[4],[5].

[1] Folgerung aus dem Unmittelbarkeitsprinzip (§ 260: „aus dem Inbegriff der Verhandlung geschöpften . . ."). Vgl. besonders auch § 229.

[2] § 338 Nr. 1 und 5. Vgl. auch Anm. 1 zu § 260.

[3] Nicht notwendig desselben Staatsanwalts. § 227.

[4] Wechsel der Person des Urkundsbeamten nicht ausgeschlossen.

[5] Anwesenheit des Angeklagten: §§ 230—233, 247, 277; des Verteidigers: § 145 Abs. 1 und § 228 Abs. 2, des Privatklägers: §§ 378, 385, 387, 391; des Nebenklägers: §§ 398, 400.

227 [226]. Es können mehrere Beamte der Staatsanwaltschaft und mehrere Verteidiger in der Hauptverhandlung mitwirken und ihre Verrichtungen unter sich teilen[1].

[1] Gleichzeitig oder nacheinander. E. 16, 180.

228 [227]. Über Anträge auf Aussetzung einer Hauptverhandlung entscheidet das Gericht[1]. Kürzere Unterbrechungen ordnet der Vorsitzende an.

Eine Verhinderung des Verteidigers gibt, unbeschadet der Bestimmung des § 145, dem Angeklagten kein Recht, die Aussetzung der Verhandlung zu verlangen[2].

Ist die Frist des § 217 Abs. 1 nicht eingehalten worden, so soll[3] der Vorsitzende den Angeklagten mit der Befugnis, Aussetzung der Verhandlung zu verlangen, bekannt machen.

[1] D. h. es muß entscheiden und seinen Beschluß vor Urteilsfällung verkünden. E. 23, 136.

[2] Auch nicht, wenn die anberaumte Terminsstunde nicht innegehalten wird. E. 1, 235; 11, 173.

[3] Nichtbeachtung nach h. L. kein Rev.Grund. E. 15, 113.

1. Konzentrationsprinzip.

229 [228]. Eine unterbrochene[1] Hauptverhandlung muß[2] spätestens am vierten Tage[3] nach der Unterbrechung fortgesetzt[4] werden, widrigenfalls mit dem Verfahren von neuem zu beginnen ist.

[1] Mehrfache Unterbrechung derselben HVhdlg. ist zulässig. E. 60, 163.

[2] Nichtbeachtung Revisionsgrund, falls das Urteil auf ihr beruhen kann. E. 57, 266; 62, 263.

[3] § 42. Dagegen ist § 43 Abs. 2 unanwendbar (E. 57, 266).

[4] Nur die Urteilsverkündung darf länger hinausgeschoben werden (§ 267); in eine weitere Verhandlung (z. B. § 264) darf aber nur unter Wahrung der Frist des § 228 eingetreten werden. E. 37, 365. — Als „Fortsetzung" gilt aber nur eine Verhandlung über die Sache selbst, nicht auch eine solche nur über Prozeßfragen (E. 62, 263 = JW. 1929, 52 m. Anm.).

2. Anwesenheit des Angeklagten.

230 [229][1]. Gegen einen ausgebliebenen[2] Angeklagten findet eine Hauptverhandlung[3] nicht statt[4].

Ist das Ausbleiben des Angeklagten nicht genügend entschuldigt, so ist die Vorführung[5] anzuordnen oder ein Haftbefehl zu erlassen[6].

[1] Die Vorschriften über das Erfordernis der Anwesenheit des Angekl. bilden zwingendes Recht; Verzicht desselben auf ihre Befolgung gegenstandslos E. 58, 169. — Sie gelten auch für eine Augenscheinseinnahme durch das erkennende Gericht. E. 42, 197. — Für die Berufungsinstanz vgl. § 329.

für die Revisionsinstanz § 350. — Auch bei verbundenen Sachen müssen, solange die Verbindung besteht (vgl. § 4), sämtl. Angekl. ständig anwesend sein (RGJW. 1927, 2042 m. Anm.).

[2] Als ausgeblieben gilt nicht, wer durch einen von seinem Willen unabhängigen Umstand, z. B. Krankheit, am Erscheinen verhindert ist. Hier kann unter keinen Umständen — auch nicht im Falle der §§ 231, 232 — verhandelt werden. E. 22, 247; 42, 244.

[3] Auch eine Urteilsverkündung. Vgl. § 268 Anm. 6 und E. 42, 244.

[4] Ausnahmen: §§ 232, 233. Vgl. auch § 231 Abs. 2.

[5] § 134.

[6] Seitens des Gerichts, nicht des Vorsitzenden. Die Voraussetzungen der §§ 112, 113 sind nicht erforderlich. — In Privatklagesachen: § 387 Abs. 3.

231 [230]. Der erschienene Angeklagte darf sich aus der Verhandlung nicht entfernen[1]. Der Vorsitzende kann die geeigneten Maßregeln treffen, um die Entfernung zu verhindern; auch kann er den Angeklagten während einer Unterbrechung der Verhandlung in Gewahrsam halten lassen.

Entfernt der Angeklagte sich dennoch oder bleibt er bei der Fortsetzung einer unterbrochenen Hauptverhandlung aus[2], so kann diese in seiner Abwesenheit zu Ende geführt werden, wenn seine Vernehmung über die Anklage schon erfolgt war und das Gericht seine fernere Anwesenheit nicht für erforderlich erachtet[3].

[1] Grund: Es soll dem Angekl. unmöglich gemacht werden, die Durchführung der HVhdlg. zu vereiteln. — Wegen unfreiwilliger Entfernung vgl. § 247 und GVG. § 177.

[2] Wegen der in Anm. 1 hervorgehobenen ratio legis ist schuldhaftes Ausbleiben zu fordern; also Aussetzung der Vhdlg. geboten, wenn der Angekl. krank ist oder versehentlich nicht wieder vorgeführt ist. E. 42, 244.

[3] Die Weiterverhandlung kann also nicht schon gerechtfertigt werden durch das Einverständnis des Angekl.; nur damit, daß das Gericht weitere Anwesenheit des freiwillig sich Entfernenden dauernd oder zeitweise (individuell zu beurteilen:

(E. 58, 151) „nicht für erforderlich erachtet". Aus diesem Grund kann es auch gerechtfertigt werden, daß sich ein Angekl. freiwillig entfernt, während ein Sachv. ein Gutachten über seinen körperlichen oder geistigen Zustand abgibt. E. 49, 40 zieht „Grundsätze der Menschlichkeit" heran, „von denen das StrVerfahren der Gegenwart beherrscht ist" und denen ein gegenteiliges Verfahren „geradezu Hohn sprechen" würde. Vgl. auch E. 60, 313, insbes. aber § 247 Anm. 1 und 2. Eine Pflicht, dem sich freiwillig Entfernenden nachher den Inhalt der inzwischen geführten Verhandlungen mitzuteilen, besteht nicht: E. 52, 68. Auch das Urteil kann in solchen Fällen in Abwesenheit des Angekl. verkündet werden: E. 42, 244. — Verteidiger: § 234. — Revision: § 338 Nr. 5. E. 38, 272; 40, 230. — Ergibt sich während der Abwesenheit des Angekl. der Fall des § 265, so ist „Hinweis" geboten, also Weiterverhandlung unmöglich: E. 32, 96.

232 [231]. Beim Ausbleiben[1] des Angeklagten kann[2] zur Hauptverhandlung geschritten werden, wenn die den Gegenstand der Untersuchung bildende Tat[3] nur mit Geldstrafe, Haft oder Einziehung, allein oder in Verbindung miteinander, bedroht ist[4].

In solchen Fällen muß der Angeklagte in der Ladung auf die Zulässigkeit dieses Verfahrens ausdrücklich hingewiesen werden[5].

[1] Ausnahme von § 230. Vgl. dort Anm. 2 sowie Vorbem. vor § 276. [2] Vgl. § 236.

[3] § 265 gilt auch hier. E. 35, 65.

[4] Gefängnis für den Fall des Unvermögens schließt den Paragraphen nicht aus, R. 7, 93; wohl aber etwaige Nebenstrafe, z. B. Überweisung an die Landespolizeibehörde.

[5] Der Hinweis kann nicht durch die Zustimmung eines Verteidigers ersetzt werden. E. 27, 380.

233 [232][1]. **Der Angeklagte kann im Verfahren vor dem Amtsrichter und dem Schöffengericht[2] auf seinen[3] Antrag von der Verpflichtung zum Erscheinen in der Hauptverhandlung entbunden werden[4]. Dies gilt nicht bei Verbrechen, die nicht nur wegen Rückfalls Verbrechen sind.**

Wird der Angeklagte von der Verpflichtung zum Erscheinen in der Hauptverhandlung entbunden, so muß er, wenn seine richterliche Vernehmung nicht schon im Vorverfahren erfolgt ist[5], durch einen beauftragten oder ersuchten Richter über die Anklage vernommen werden.

Von dem zum Zwecke der Vernehmung anberaumten Termine sind die Staatsanwaltschaft und der Verteidiger vorher zu benachrichtigen; ihrer Anwesenheit bei der Vernehmung bedarf es nicht. Das Protokoll über die Vernehmung ist in der Hauptverhandlung zu verlesen[6].

[1] Fassung gemäß § 31 VO. v. 4. 1. 24. — Weggefallen sind die Voraussetzungen großer Entfernung und ein bestimmtes Höchstmaß der zu erwartenden Strafe. — Hinzugefügt ist die Voraussetzung, daß es sich nicht um ein Verbrechen (außer wegen Rückfalls) handeln darf.

[2] § 233 gilt auch für die Berufungsinstanz (§ 332). E. 62, 259 = JW. 1929, 3015 m. Anm. In der Revisionsinstanz kein Erscheinenszwang: § 350.

[3] Der Verteidiger kann ihn hierin nicht vertreten. Vgl. Vorbem. 3b vor § 137 und E. 54, 210. Gegen Ablehnung des Antrags Beschw. (vgl. Anm. 1 zu § 305).

[4] Zustellung dieses Beschlusses erforderlich (E. 15, 202; 29, 69), und zwar an den Angeklagten selbst (E. 44, 47); außerdem (trotz Entbindung vom Erscheinen) Ladung oder Mitteilung vom Termin (E. 21, 100).

[5] Und Angeklagter nicht trotzdem nochmalige Vernehmung beantragt hat, E. 15, 202; sonst kann selbst seine frühere Vernehmung als Zeuge genügen. E. 19, 246 (str.).

[6] An Stelle des § 243 Abs. 3. Im Falle des § 265 nochmalige Vernehmung erforderlich. E. 12, 45. Ebenso wenn neue, d. h. in der Anklageschrift nicht enthaltene Tatsachen oder Beweismittel berücksichtigt werden sollen. E. 21, 100. Bei der Vernehmung gestellte Anträge gelten als in der Hauptverhandlung gestellt. Der darauf gefaßte Beschluß bedarf aber keiner Zustellung an den Angeklagten. E. 19, 249.

234 [233]. Insoweit die Hauptverhandlung ohne Anwesenheit des Angeklagten stattfinden kann[1], ist er befugt, sich durch einen mit schriftlicher Vollmacht versehenen Verteidiger vertreten zu lassen[2].

[1] §§ 231 Abs. 2, 232, 233; 350, 387, 411, 417.
[2] Vgl. aber § 236.

235 [234]. Hat die Hauptverhandlung ohne Anwesenheit des Angeklagten stattgefunden, so kann er gegen das Urteil binnen einer Woche nach der Zustellung die Wiedereinsetzung in den vorigen Stand unter gleichen Voraussetzungen wie gegen die Versäumung einer Frist nachsuchen[1].

War jedoch der Angeklagte auf seinen Antrag von der Verpflichtung zum Erscheinen in der Hauptverhandlung entbunden worden[2], oder hatte er von der Befugnis, sich vertreten zu lassen, Gebrauch gemacht[3], so findet eine Wiedereinsetzung in den vorigen Stand nicht statt.

[1] §§ 44—47. [2] § 233. [3] § 234.

236 [235]. Das Gericht ist stets befugt, das persönliche Erscheinen des Angeklagten anzuordnen und durch einen Vorführungsbefehl oder Haftbefehl zu erzwingen.

3. Verbindung mehrerer Strafsachen.

237 [236]. Das Gericht kann im Falle eines Zusammenhanges[1] zwischen mehreren bei ihm anhängigen Strafsachen[2] ihre Verbindung zum Zwecke gleichzeitiger Verhandlung anordnen, auch wenn dieser Zusammenhang nicht der im § 3 bezeichnete ist.

[1] Gleichgültig, welcher Art (also nicht nur § 3).
[2] Selbst wenn in verschiedenen Prozeßstadien oder Instanzen befindlich. E. 20, 161; 57, 271. Vgl. auch betr. Rev. E. 31, 125. — In Preußen Verbindung auch ohne Zusammenhang nach Feld- u. Forst-PolG. v. 21. 1. 26, § 52.

4. Prozeßleitung.

238 [237][1]. Die Leitung[2] der Verhandlung, die Vernehmung des Angeklagten[3] und die Aufnahme des Beweises[4] erfolgt durch den Vorsitzenden[5].

Wird eine auf die Sachleitung[6] bezügliche Anordnung des Vorsitzenden von einer bei der Verhandlung beteiligten Person als unzulässig[7] beanstandet, so entscheidet das Gericht.

[1] Die Funktionen des Vorsitzenden werden geregelt: 1. in ihrem Verhältnis zu denen des Gerichts durch §§ 228 Abs. 1, 238, 240 Abs. 1, 242, 244 Abs. 2, 251 Abs. 3; dazu betr. Sitzungspolizei GVG. §§ 176—178; 2. im Verhältnis zu denen der Parteien durch §§ 239, 240 Abs. 2, 241.

[2] Z. B. die Reihenfolge der Prozeßhandlungen (im Rahmen der §§ 243, 257, 258, 263) zu bestimmen, das Wort zu erteilen, in die Verhandlung einzugreifen, auch (E. 30, 216) jeden Sprechenden zu unterbrechen und ihm einstweilen das Wort zu entziehen, kürzere Unterbrechungen anzuordnen (§ 228 I).

[3] Vgl. dazu Anm. 1 zu § 240; und wegen Benutzung der Anklagebank Vorbem. vor § 226.

[4] Betr. Beweisaufnahme Einschränkung in §§ 239, 240, 244 Abs. 2.

[5] Einzelne dieser Aufgaben an einen beisitzenden Richter zu übertragen ist ihm nicht erlaubt (E. 9, 310).

[6] Aus Abs. 1 folgt nicht, daß die „Vernehmung des Angeklagten" und die „Aufnahme des Beweises" nicht zur „Sachleitung" gehören. Deshalb ist Abs. 2 auch auf Fragen des Vorsitzenden an Zeugen, Sachverständige oder den Angeklagten anwendbar (str.; vgl. E. 47, 139; 42, 157 und § 242 Anm. 1).

[7] Gesetzlich unzulässig, nicht bloß unangemessen oder unzweckmäßig (z. B. Reihenfolge der Zeugen); denn die Befugnis der „Sachleitung" hat der Vorsitzende kraft eigenen Rechts, nicht nur als Beauftragter des Kollegiums (E. 44, 65).

239 [238][1]. Die Vernehmung der von der Staatsanwaltschaft und dem Angeklagten benannten Zeugen und Sachverständigen ist der Staatsanwaltschaft und dem Verteidiger[2] auf deren übereinstimmenden Antrag[3] von dem Vorsitzenden zu überlassen[4]. Bei den von der Staatsanwaltschaft benannten Zeugen und Sachverständigen hat diese, bei den von dem Angeklagten benannten der Verteidiger in erster Reihe das Recht zur Vernehmung.

Der Vorsitzende hat auch nach dieser Vernehmung die ihm zur weiteren Aufklärung der Sache erforderlich scheinenden Fragen an die Zeugen und Sachverständigen zu richten.

[1] Sog. „Kreuzverhör"; in der Praxis sehr selten. Auf Vernehmung des Angeklagten nicht anwendbar.

[2] Nicht auch dem Angeklagten selbst. Auch nicht dem Privatkläger oder Nebenkläger.

[3] Der Antrag muß gestellt werden, bevor die Vernehmung durch den Vorsitzenden begonnen hat.

[4] Bei Mißbrauch § 241 Abs. 1 und 2.

240 [239]. Der Vorsitzende hat den beisitzenden Richtern auf Verlangen zu gestatten, Fragen an die Zeugen und Sachverständigen[1] zu stellen[2].

Dasselbe[3] hat der Vorsitzende der Staatsanwaltschaft, dem Angeklagten[4] und dem Verteidiger sowie den Geschworenen und den Schöffen zu gestatten.

[1] Nicht auch an den Angeklagten. E. 9, 310. Hier auch jede Einmischung des Verteidigers gegen den Willen des Vors. unzulässig. E. 32, 276; 48, 247 (str.).

[2] Selbst zu stellen. Sie haben nicht das Recht, bestimmte Fragen durch den Vorsitzenden stellen zu lassen. E. 29, 147. Gegen unzulässige Fragen hilft § 242 (str.).

[3] Vgl. jedoch § 241 Abs. 2.

[4] In Jugendsachen auch dem gesetzlichen Vertreter: JGG. § 30. — Unabhängig hiervon das Recht aus § 257.

241 [240]. Dem, welcher im Falle des § 239 Abs. 1 die Befugnis der Vernehmung mißbraucht, kann sie von dem Vorsitzenden entzogen werden.

In den Fällen[1] des § 239 Abs. 1 und des § 240 Abs. 2 kann der Vorsitzende ungeeignete oder nicht zur Sache gehörige[2] Fragen zurückweisen[3].

[1] Wegen § 240 Abs. 1 vgl. Anm. 1 zu § 242.

[2] nicht auch unerhebliche (Gegensatz zum Beweisantrag; vgl. Anm. 4 IIb zu § 244). E. 21, 236; 45, 138; JW. 1929, 259. „Ungeeignet" sind z. B. Fragen, die einen Zeugen unnötig ver-

letzen (vgl. Anm. 4 zu § 243). Der Begriff ist mit „vorsichtiger Zurückhaltung" zu handhaben (RGJW. 1928, 2720 m. Anm.).

3 Ein allgemeines Recht des Vorsitzenden auf vorherige Mitteilung der Fragen besteht nicht; nur im Falle des Mißbrauchs des Fragerechts kann er vorherige Mitteilung verlangen; das Fragerecht entziehen kann er aber nur i. F. des § 241 Abs. 1, nicht i. F. des Abs. 2. Vgl. E. 38, 57 gegen E. 18, 365.

242 [241]. Zweifel über die Zulässigkeit einer Frage entscheidet in allen Fällen das Gericht[1].

1 Bezieht sich nicht nur auf § 239 und § 240 Abs. 2, sondern auch auf § 240 Abs. 1 (str.).

243 [242][1]. Die Hauptverhandlung beginnt[2] mit dem Aufruf der Zeugen und Sachverständigen[3].

Hieran schließt sich die Vernehmung des Angeklagten über seine persönlichen Verhältnisse[4] und die Verlesung des Beschlusses über die Eröffnung des Hauptverfahrens[5].

Sodann erfolgt die weitere Vernehmung des Angeklagten nach Maßgabe des § 136[6].

Die Verlesung des Beschlusses und die Vernehmung des Angeklagten geschieht in Abwesenheit[7] der zu vernehmenden Zeugen[8].

1 Zulässige Abweichungen von der gesetzlichen Reihenfolge: E. 24, 60; 56, 176; 60, 179. Bedenklich RGJW. 1927, 2043.

2 Zunächst natürlich Aufruf des Angeklagten bzw. Vorführung.

3 Zur Feststellung ihrer Anwesenheit (vgl. M. 136); auch wenn Abwesenheit gerichtsbekannt. DJZ. 1913, 979.

4 Feststellung von Vorstrafen: Vgl. preuß. JV. v. 27. 12. 18 (JMBl. 537) u. 23. 6. 20 (JMBl. 350): nur soweit für die zu treffende Entscheidung von Bedeutung und erst wenn die Vhdlg. genügende Beweise für die Schuld des Angekl. ergeben hat. Auch dann nicht unbedingt mündlicher Vorhalt geboten, sondern z. B. Vorlegung des Registerauszugs an Angekl. zwecks Anerkennung und hierauf Weitergabe an Beisitzer [unvereinbar mit § 249]. Herbeiführung eines Gerichtsbeschlusses empfehlenswert. Auch soll der Vorsitzende auf Grund von §§ 241 Abs. 2, 238 Abs. 2 überflüssige

Fragen anderer Frageberechtigter verhindern. — Dies alles besonders, wenn gemäß StTilgGes. (unten Nr. XII) nur „beschränkte Auskunft" gegeben werden darf.

[5] Die Verlesung des EröffBeschl. (§ 207; ev. § 270: E. 10, 230) ist an die Stelle der früher üblichen Verlesung der AnklSchrift getreten. Sie bildet formell und materiell die Grundlage für HVhdlg. und Urteil. Unterlassung oder Verspätung begründet Revision (E. 23, 10). Der Vorsitzende darf den EröffBeschl. nach seiner tatsächlichen und rechtlichen Tragweite mündlich erläutern, er darf dabei Mitteilungen über das Beweisthema und über die beabsichtigten Beweiserhebungen machen, nicht aber dabei aus den Akten über den Sachverhalt berichten (E. 24, 60; 32, 318; 53, 176). — Auch in der nach § 328 Abs. 2, 3, § 354 Abs. 2, § 370 Abs. 2 nötigen neuen HVhdlg. muß der EröffBeschl. verlesen werden. E. 4, 426; 21, 436.

[6] Vgl. § 233 u. § 254, Anm. 1 zu § 240.

[7] Nichtbeachtung kein Revisionsgrund. E. 1, 366, 409.

[8] Nicht auch Sachverständigen: § 80, selbst wenn diese zugleich als Zeugen geladen sein sollten. E. 22, 434.

5. **Beweisaufnahme.**

Vorbemerkungen zu §§ 244—257. — 1. Die §§ 244—257 handeln von der BewAufn. in der HVhdlg. — Über die Leitung vgl. §§ 238—242.

2. Die §§ 244 ff. betreffen nur den Beweis der Schuld- und Straffrage; nicht von Prozeßvoraussetzungen (E. 59, 36 betr. Voraussetzungen der Zuständigkeit; 51, 71 betr. Rechtzeitigkeit des Strafantrags; E. 10, 253 betr. ne bis in idem; E. 38, 323 betr. Auffindbarkeit von Zeugen; 55, 231 betr. Amnestie; auch nicht die Voraussetzung eines Bußanspruchs (E. 44, 294; auch nicht die Feststellung ausländischer Rechtssätze E. 42, 54) — hier überall hat der Richter betr. Beweisverfahren freie Hand („Freibeweis" anstatt des „Strengbeweises" der §§ 244 ff.). Ablehnung eines Antrags bedarf aber auch hier der Begründung (§ 34).

3. Gegenstand des Beweises: Tatsachen, nicht Rechtssätze, sowohl die unmittelbar rechtserheblichen, wie die „indizierenden" (Vorbem. 5) Tats. Vgl. auch E. 57, 412 u. JW. 1929, 2741 m. Anm.

4. Ziel des Beweises: Verurteilung oder Freisprechung zu ermöglichen. Verurteilung setzt voraus, daß alle Tatbestands-

merkmale dem Angekl. nachgewiesen sind; auch Zurechnungsfähigkeit und Nichtvorliegen von „Strafausschließungsgründen“ im weitesten Sinne, wie StGB. §§ 53—55, 60. Bei non liquet Freisprechung. — Vgl. E. 21, 131; 39, 231.

5. Beweismittel: Zeugen, Sachverständige, Augenschein (§§ 48—93); aber auch Urkunden und Geständnis des Angekl., das nach § 261 frei zu würdigen. — Indizien sind nicht Beweismittel, sondern (nötigenfalls durch Beweismittel zu beweisende) Hilfstatsachen (z. B. daß A. zu einer bestimmten Zeit an einem bestimmten Ort war), die einen Schluß auf rechtlich erhebliche Tatsachen (z. B., daß A den B. getötet hat) zulassen. Der Begriff ist in § 267 I Satz 2 („andere Tatsachen“) i. V. mit Satz 1 definiert. Dogmatisch besteht ein scharfer Unterschied zw. Indizien und unmittelbar erhebl. Tatsachen, psychologisch betrachtet ist der Unterschied nur graduell. — Den Wert von Beweismitteln durch Experimente nachprüfen (z. B. Fähigkeit eines Zeugen zur korrekten Wahrnehmung und Wiedergabe) heißt nicht, vorhandene Beweismittel benutzen, sondern neue BewM. schaffen.

6. Beweiserhebung ist Benutzung eines Beweismittels durch sinnliche Wahrnehmung (z. B. Verhören eines Zeugen), um daraus Schlüsse auf rechtserhebliche Tatsachen zu ziehen.

7. Dem Grundsatz der sog. Mündlichkeit der Verhandlung untersteht die BewAufn. insofern, als zur Urteilsgrundlage nur Beweise dienen dürfen, über welche die Parteien verhandeln konnten. Vgl. z. B. §§ 249ff. („verlesen“, nicht nur „einsehen“!), 257, 261. Freilich E. 42, 291! Privates Wissen über Tatsachen (Gegensatz: aus Einzeltatſ. erschlossene allgemeine Erfahrungssätze) darf der Richter nicht verwerten. Vgl. Anm. 2 und 3 zu § 261.

8. Der Grundsatz der sog. Unmittelbarkeit der BewAufn. besagt, daß die Kette zwischen der richterlichen Wahrnehmung und der rechtserheblichen Tatsache möglichst kurz sein soll. Er ist nirgends allgemein ausgesprochen, seine Befolgung vielmehr dem Takt des Richters anheimgestellt. Anders in früheren Rechten (Verbote des Indizienbeweises!). Eine Verletzung des Unmitt. Grundſ. bildet z. B. das Aktenreferat, Anm. 5 zu § 243. — Nur insofern ist Unmittelbarkeit gesetzlich gefordert, als Zeugen- oder SachvAussagen nicht durch Verlesung von Urkunden ersetzt werden dürfen: §§ 250—256 (vgl. aber §§ 49f., 325). Zulässig sind jedoch z. B. Zeugen vom

Hörensagen (Anm. 1 zu § 250), sogar darüber, daß ein bereits eidlich vernommener Zeuge außergerichtlich anders ausgesagt habe (E. 24, 404; 48, 246). Vgl. aber stets § 261 u. Anm. 4 zu § 261.

9. **Beweiswürdigung** ist die nach Grundsätzen der Lebenserfahrung (der Logik wie der Psychologie) vorzunehmende richterliche Abwägung der Beweiserhebungsergebnisse darauf hin, ob sie die subjektive Überzeugung von dem Vorhandensein rechtlich erheblicher Tatsachen zu begründen vermögen. Früher „Beweisregeln", jetzt § 261.

10. **Beweisantrag** (BA.) ist die Willenserklärung des Anklägers bzw. Angeklagten (oder Verteidigers) an das Gericht, es möge bestimmte Tatsachen durch bestimmte Beweismittel feststellen. Zum BA. gehört also Angabe der **Beweistatsachen** und **Beweismittel**. Fehlt eins von beiden, so kann ein sog. **Beweisermittlungsantrag** (BEA.) vorliegen (z. B. Antrag auf Vernehmung des X. als Zeugen, der etwas Wichtiges wissen solle — was, kann der Antragsteller nicht sagen). Über BEA.e entscheidet das Gericht nicht nach den zu den §§ 244/45 dargestellten, für BA.e geltenden Grundsätzen, sondern nach pflichtmäßigem Ermessen (vgl. über Begriff und Behandlung des BEA.: JW. 1927, 25, 793, 911, 2043; 1930, 70 u. 760). Ein BA. nötigt das Gericht zu einer **Entscheidung**. Darüber, wie weit diese eine **ablehnende** sein darf, vgl. Anm. 4 zu § 244.

11. **Beweislast** ist die Notwendigkeit für eine Prozeßpartei, eine vorliegende Zweifelsfrage aufzuklären, widrigenfalls das ihr ungünstigere angenommen wird. Sie spielt im Strafprozeß keine Rolle, da dieser zwar formell als Parteiprozeß konstruiert, aber materiell kein Parteiprozeß ist. Vgl. vielmehr Vorbem. 4.

244 [243]. Nach[1] der Vernehmung des Angeklagten folgt die Beweisaufnahme.

Es bedarf eines Gerichtsbeschlusses[2], wenn ein Beweisantrag[3] abgelehnt[4] werden soll, oder wenn die Vornahme einer Beweishandlung eine Aussetzung der Hauptverhandlung erforderlich macht[5].

Das Gericht kann[6] auf Antrag und von Amts wegen[6] die Ladung von Zeugen und Sachverständigen sowie die Herbeischaffung anderer Beweismittel[7] anordnen[8].

[1] Reihenfolge nicht absolut zwingend. E. 24, 60, aber auch 23, 310.

[2] D. h. der Vorsitzende allein (§ 238) kann zwar einem BewAntrag, der eine Aussetzung nicht nötig macht, stattgeben; er kann auch von Amts wegen solche Beweise anordnen. — Ablehnen aber kann einen BewAntrag nur das Gericht (vgl. auch E. 57, 165). Wann? Vgl. Anm. 4. Der Beschl. ist nach § 34 zu begründen (und zwar so, daß in höherer Instanz eine Nachprüfung der Rechtsgründe möglich ist) und mit Gründen vor Schluß der BewAufn. zu verkünden, damit weiterer BewAntritt möglich bleibt (E. 1, 32, 34, 170, 366). Nur wenn der BewAntrag bloß eventuell gestellt ist, genügt seine Berücksichtigung im Urteil (E. 49, 358; 57, 261; 59, 429. Vgl. hierzu E. 62, 76 u. JW. 1929, 2679 zu b; JW. 1930, 931 m. Anm.

[3] Beweisantrag in dem engeren Sinn des § 244 ist ein in der Hauptverhandlung gestellter Antrag eines Prozeßbeteiligten (Ankläger oder Angeklagter) auf Herbeischaffung (betreffs präsenter Beweismittel vgl. § 245) und Benutzung bestimmter Beweismittel zwecks Feststellung bestimmter Tatsachen. — Auch wenn bei kommissarischer Vernehmung gemäß § 233 gestellt: E. 10, 135; 19, 249. — Ein im Vorverfahren gestellter BA. muß in der HVhdlg. wiederholt werden: E. 58, 301. Vgl. aber Anm. 1 zu § 219. — Endzeitpunkt: Beginn der Urteilsverkündung, § 260 und E. 59, 420. — Das Wort zur Stellung solcher Anträge darf dem Angekl. nicht abgeschnitten werden (E. 22, 335). Er hat sie zu substantiieren (E. 38, 127), z. B. einen BewAntrag über die Glaubwürdigkeit eines Zeugen, der unsubstantiiert ein unzulässiger Versuch wäre, sich über dessen Glaubwürdigkeit zu informieren (27, 95). — Unklare hat das Gericht durch Befragen zu klären (E. 13, 316; 51, 42; 54, 239). — BewAnträge des Vert. sind, selbst wenn der Angekl. widerspricht, zu beachten (E. 17, 315). — Wiederholungen erledigter BewAnträge weist der Vors. gemäß § 237 zurück (E. 31, 62). — Ein von einem Mitangekl. gestellter BA. gilt als BA. auch des anderen Mitangekl. nur, wenn dieser sich, ausdrücklich oder durch entsprechendes Verhalten, dem Antrag anschließt. E. 58, 141; JW. 1926, 2759.

[4] Beweisanträge i. S. der Anm. 3 dürfen nur abgelehnt werden, wenn sie nach Ansicht des Ger. für die Entscheidung ohne Bedeutung sind. Die Entschließung hierüber darf aber nicht der Würdigung der er-

hobenen oder in Aussicht gestellten Beweise vorgreifen, welche der Schlußberatung vorbehalten bleiben muß (Verbot der Beweisantizipation). — Unzulässig ist also eine Ablehnung: weil der Wert des Beweismittels (etwa wegen naher Verwandtschaft des Zeugen mit dem Ang.) zweifelhaft erscheine (E. 29, 368; 39, 363; 56, 134; JW. 1927, 2467 m. Anm., 2576, 2627; 1928, 414/15, 2255; 1930, 637 = E. 63, 329); weil das Ger. sich bereits eine Überzeugung von der Sachlage verschafft habe (44, 294); weil das Ger. bereits vom Gegenteil der zu beweisenden Tatsache überzeugt sei (E. 1, 189; 5, 312; 21, 225; 47, 100). — Zulässig ist aber eine Ablehnung:

I. von Anträgen, die in Verschleppungsabsicht gestellt sind (was § 245 für präsente Beweismittel bestimmt, muß um so mehr für § 244 gelten); diese Absicht darf aber nicht daraus gefolgert werden, daß das Beweismittel wenig zuverlässig erscheint (viel weiter geht ZPO. § 283 II i. V. m. § 279).

II. von Anträgen auf Zeugen- oder UrkBeweis: a) wenn die zu beweisende Tatsache offenkundig (vgl. über diesen nur mit großer Vorsicht anzuwendenden Begriff und seine Unterarten: a) allgemeinkundig, b) gerichtskundig: JW. 1928, 1230 m. Anm.; 1929, 1051 m. Anm. u. ZPO. § 291) oder b) für die Entscheidung bedeutungslos ist (E. 29, 368; 35, 389; 39, 258) oder c) als wahr unterstellt wird (E. 39, 231; 51, 3; 58, 298; 61, 359; JW. 1927, 389 m. Anm.; 1929, 114 u. 2738; 1930, 153 m. Anm.) oder wenn das BewMittel d) unerreichbar, z. B. der Zeuge unauffindbar (E. 38, 256; 52, 42; JW 1928, 2251) oder e) zum Beweise völlig ungeeignet, z. B. der Zeuge von vornherein unglaubwürdig (E. 31, 138; 46, 383; 51, 69; 52, 178; 54, 181; 58, 378 — bedenklich! —) oder eine Urkunde unbrauchbar ist (E. 38, 256).

III. Zulässig ist Ablehnung eines SachvBeweises — auch abgesehen von § 245 I — nur dann, wenn er für die Entscheidung deshalb ohne Bedeutung ist, weil das Gericht sich selber die nötige Sachkunde zutraut und — eine sehr bedeutsame Einschränkung! — diese „nach der Erfahrung des Lebens auch haben kann“ (E. 61, 273; JW. 1929, 1475 m. Anm.). Auch hier Beweisantizipation unzulässig. Dagegen braucht das Gericht — anders als beim Zeugenbeweis — weitere Sachv. nur hinzuzuziehen, wenn sie eine besondere Sachkunde gerade für den konkreten Fall besitzen (JW. 1929, 260 und 1046 m. Anm.) (vgl. Anm. zu § 72); anders im Fall § 245 Abs. 1.

IV. Zulässig ist nach RG. Ablehnung eines Augenscheinsbeweises, wenn er nach pflichtmäßigem Ermessen des Gerichts durch andere BewMittel ersetzbar ist (E. 47, 100; JW. 1928, 1308; sehr bedenklich — Einschränkung bereits in JW. 1929, 3016 und 1930, 714 und 933). Über Augenschein im GerSaal JW. 1927, 2044 und 2707.

[5] Im übrigen ist, abgesehen von § 251, die Beweisaufnahme Sache des Vorsitzenden. Er kann daher selbständig auch neue Erhebungen veranlassen, wenn eine Aussetzung dadurch nicht erforderlich wird. E. 2, 194.

[6] Ermittlung materieller Wahrheit ist Pflicht des Gerichts. Sie ist von Beweisanträgen unabhängig. E. 47, 147; JW. 1928, 1506; 1929, 859 m. Anm.

[7] Als solches stellt sich auch ein Protokoll über einen während der HVhdlg. vom beauftragten Richter eingenommenen Augenschein dar, § 249 (E. 20, 149); auch über eine vom erkennenden Gericht angeordnete Beweisaufnahme gemäß § 223: E. 56, 103.

Auch Photographien sind zulässige Beweismittel. Beeidigung der Verfertiger derselben als Zeugen oder Sachverständige nicht unbedingt erforderlich. E. 36, 55; JW. 1927, 2707 Anm.

[8] Auch wenn dadurch von der StA. zu bewerkstelligende weitere Vorermittlungen erforderlich werden. E. 13, 158. Eine Zurückweisung in die Voruntersuchung ist nicht zulässig. E. 2, 33.

245 [244][1]. Die Beweisaufnahme ist[2] auf die sämtlichen vorgeladenen[3] Zeugen und Sachverständigen[4] sowie auf die anderen herbeigeschafften[3] Beweismittel[5] zu erstrecken, **es sei denn, daß die Beweiserhebung zum Zwecke der Prozeßverschleppung beantragt ist. Dies gilt auch dann, wenn die Ladung und das Erscheinen der Zeugen oder Sachverständigen oder die Herbeischaffung der anderen Beweismittel erst während der Hauptverhandlung erfolgt.** Von der Erhebung einzelner Beweise kann jedoch abgesehen werden[6], wenn die Staatsanwaltschaft und der Angeklagte[7] hiermit einverstanden[8] sind.

In Verhandlungen vor **dem Amtsrichter**, den Schöffengerichten und den Landgerichten, die eine Übertretung betreffen oder auf erhobene Privatklage erfolgen, bestimmt das Gericht den Umfang der Beweisaufnahme, ohne hierbei durch Anträge, Verzichte oder frühere Beschlüsse gebunden zu sein[8].

[1] Der von der Benutzung präsenter (vgl. Anm. 3) Beweismittel (Gegensatz: § 244) handelnde § 245 ist mehrfach geändert worden. Die jetzige Fassung des Abs. 1 beruht auf RGes. v. 27. 12. 1926, des Abs. 2 auf RGes. v. 22. 12. 25. Vgl. oben Einl. S. 12. Die Neuerung des RGes. v. 22. 12. 1926 liegt 1. darin, daß Ladung vor Beginn und Erscheinen bei Beginn der HVhdlg. nicht mehr erforderlich ist (vgl. auch JW. 1929, 3017); daß aber 2. ersichtliche Verschleppungsabsicht zur Ablehnung führt (bisher nur, wenn Prozeßverschleppung das einzige Motiv eines sachlich gar nicht ernst gemeinten und objektiv unerheblichen BA. war: E. 12, 335; 13, 151; 20, 206).

[2] Und zwar — anders als § 244, vgl. dort Anm. 4 — auch im Falle der Unerheblichkeit, es sei denn, daß (analog § 241 Abs. 2) das Beweisthema außer allem Zusammenhang mit der Strafsache steht. E. 1, 225, 241; 45, 138.

[3] Damit die Pflicht des Gerichts entsteht, den Beweis zu erheben, müssen die persönlichen und sachlichen Beweismittel I. in der gesetzlich vorgeschriebenen Weise herbeigeschafft und II. in der HVhdlg. verwendbar sein. — Ad I: Zeugen müssen ordnungsgemäß geladen sein (ist im Falle des § 220 nicht vom Abs. 2 daselbst abhängig: E. 54, 257); bloß gestellte können, aber müssen nicht vernommen werden; ihre Gestellung zur HVhdlg. ist nur ein nach § 244 zu behandelnder Beweisantrag (E. 1, 198; 297); es genügt, daß beabsichtigte Ladung dem Gericht angezeigt war, wenn auch erfolgte Ladung nicht nachgewiesen werden kann (E. 17, 440; 23, 400; dagegen stellt E. 40, 138 eine Vermutung für das Geladensein auf, falls die Ladung vom Vorsitzenden angeordnet und der Zeuge erschienen ist). Bedenklich JW. 1927, 2708; richtig JW. 1929, 3017. — Bei sachlichen Beweismitteln genügt nicht bloße Übergabe in der Sitzung (E. 1, 383 str.; vgl. freilich E. 1, 241 wegen Gerichtsakten als Beweismittel). Sind sachliche Beweismittel schon vor der HVhdlg. eingereicht, so muß Beweiserhebung in der HVhdlg. ausdrücklich beantragt werden

(E. 41, 4). **Ein Protokoll** über eine von dem erkennenden Gericht angeordnete kommissarische BewAufnahme ist ein „herbeigeschafftes", muß also verlesen werden: E. 56, 103. — Ad. II: Zeugen müssen erschienen (und zwar vor Schluß der BewAufn.: E. 56, 432) und vernehmungsfähig sein (E. 35, 398; 55, 10; JW. 1927, 2627). Verweigern sie das Zeugnis, so hat das Gericht seiner Pflicht genügt; freilich Zeugniszwangsverfahren gemäß § 70 Abs. 2 möglich (E. 36, 92). Ist eine als Zeuge geladene Gerichtsperson in ihrer amtlichen Eigenschaft zur Stelle, so ist sie als Zeuge nicht erschienen, das Beweismittel unverwendbar (E. 42, 1). — Ein sachliches Beweismittel ist unverwendbar, wenn es entgegen § 97 in Beschlag genommen ist (E. 20, 91).

[4] Vgl. § 72 Anm. 1. Hieran ändert auch § 73 nichts.

[5] Auch Augenscheinsobjekte. E. 21, 225. Bei Akten, Handelsbüchern usw. nur die beweiserheblichen Stellen. Zur Herbeischaffung gehört daher auch die Bezeichnung der letzteren. E. 3, 250; 21. 108; JW. 1927, 2468 m. Anm.

[6] Falls der Sachverhalt dem Gericht genügend geklärt erscheint! Von der Pflicht, die materielle Wahrheit zu erforschen, können die Parteien das Gericht nicht entbinden. E. 47, 417; Anm. 6 zu § 244.

[7] bei Nichtwiderspruch des Angekl. der Verteidiger; ausdrückliche Zustimmung des letzteren sonst nicht erforderlich. E. 1, 198; 16, 376. Bei mehreren Angekl. genügt die Zustimmung der interessierten. E. 10, 300. Verzicht in Unkenntnis des Rechts aus § 245 I kann unwirksam sein (JW. 1927, 2468/69).

[8] Nichtwiderspruch genügt dazu nicht. E. 4, 398; 56, 103.

[9] Zu Abs. II: Abs. I gilt hier also nicht. Abs. II bezieht sich aber auch auf die präsenten Beweismittel des § 244 (str.), d. h. in den Fällen des Abs. II ist das Gericht auch gegenüber Anträgen auf Herbeischaffung nicht präsenter Beweismittel freier gestellt (vgl. z. B. JW. 1927, 2075; 1928, 434). Nach h. L. gelten die Einschränkungen in Anm. 4 zu § 244 hier nicht, so daß z. B. auch Ablehnung einer BA. zulässig, weil das Gegenteil bereits erwiesen. Stets aber auch hier Gerichtsbeschluß (§ 244/II) und Begründung des abl. Beschlusses nötig.

246 [245][1]. Eine Beweiserhebung darf nicht deshalb abgelehnt werden, weil das Beweismittel oder die zu beweisende Tatsache zu spät vorgebracht worden sei[2].

Ist jedoch ein zu vernehmender Zeuge oder Sachverständiger dem Gegner des Antragstellers so spät namhaft gemacht oder eine zu beweisende Tatsache so spät vorgebracht worden, daß es dem Gegner an der zur Einziehung von Erkundigungen erforderlichen Zeit gefehlt hat, so kann er bis zum Schlusse der Beweisaufnahme die Aussetzung der Hauptverhandlung zum Zwecke der Erkundigung beantragen.

Dieselbe Befugnis haben die Staatsanwaltschaft und der Angeklagte in betreff der auf Anordnung des Vorsitzenden oder des Gerichts geladenen Zeugen oder Sachverständigen.

Über die Anträge entscheidet das Gericht nach freiem Ermessen[3].

[1] Folge aus dem den StrPr. beherrschenden Grundsatz materieller Wahrheit. Anders ZPO. § 279.

[2] Wegen Verschleppungsabsicht vgl. jetzt § 245 I, der erst recht für Beweisanträge aus § 244 Geltung beansprucht.

[3] Das bezieht sich nur auf Entscheidungen nach § 246 (nicht auf Beweisanträge).

247 [246]. Das Gericht[1] kann den Angeklagten, wenn zu befürchten ist, daß ein Mitangeklagter oder ein Zeuge bei seiner Vernehmung in Gegenwart[2] des Angeklagten die Wahrheit nicht sagen werde[3], während dieser Vernehmung[4] aus dem Sitzungszimmer abtreten lassen[5]. Der Vorsitzende hat jedoch den Angeklagten[6], sobald dieser wieder vorgelassen worden, von dem wesentlichen Inhalt dessen zu unterrichten, was während seiner Abwesenheit ausgesagt oder sonst verhandelt worden ist[7].

In gleicher Weise ist zu verfahren[8], wenn das Gericht wegen ordnungswidrigen Benehmens des Angeklagten zeitweise dessen Entfernung aus dem Sitzungszimmer angeordnet hat[9].

[1] Nicht der Vorsitzende. Begründeter Beschluß nötig (JW. 1927, 2044). Vgl. auch §§ 33—35. E. 20, 273. — Wegen freiwilliger Entfernung des Angekl. vgl. § 231 Abs. 2 und betr. Verhältnis von § 247 zu § 231: E. 52, 68.

[2] Es ist nicht notwendig, daß das Verhalten des Angekl. oder eine sonstige Einwirkung seiner Persönlichkeit die Unbefangenheit der Zeugen zu beeinflussen droht. E. 60, 179 (= JW. 1926, 2194 m. Anm.) gestattet vorübergehende Entfernung des Angekl. auch, um die Möglichkeit festzustellen, daß Zeugen den Angekl. mit einer anderen Person verwechselt haben. „Das Wesentliche bleibt, daß die Anwesenheit des Angekl. bei Befragung eines Zeugen kein Hindernis für eine ungetrübte Wahrheitserforschung sein soll." — Vgl. auch § 231 Anm. 3.

[3] In Jugendsachen außerdem i. F. des § 33 Abs. 2 JGG.

[4] einschließlich der Personalfragen (E. 38, 10). Anwesenheit des Angekl. ist aber erforderlich bei der Beeidigung der Zeugen (E. 39, 356) und bei anderen Verhandlungsakten, selbst wenn sie während der Vernehmung, z. B. Verlesung einer Urkunde, vorkommen. E. 29, 30.

[5] Dadurch darf ihm aber kein prozessuales Recht geschmälert werden (E. 18, 138); vgl. z. B. § 240 Abs. 2 und GVG. § 174 („Verhandlung").

[6] in Gegenwart aller Angeklagten. E. 34, 332.

[7] Dazu gehören auch etwaige Anträge der StA., nicht aber deren Begründung. E. 32, 88. — Beurkundung durch Protokoll: §§ 273, 274. — Nichtbeachtung Revisionsgrund. E. 8, 49.

[8] falls nicht auch dies durch das Verhalten des Angeklagten untunlich wird. E. 35, 433.

[9] nämlich gemäß GVG. § 177. — Die Einschränkungen der Anm. 4 gelten für Abs. 2 nicht. E. 54, 110.

248 [247]. Die vernommenen Zeugen und Sachverständigen dürfen sich nur mit Genehmigung oder auf Anweisung des Vorsitzenden von der Gerichtsstelle entfernen[1]. Die Staatsanwaltschaft und der Angeklagte sind vorher zu hören.

[1] Bei Vermeidung der Folgen der §§ 51, 77.

Insbes.: Verlesung von Schriftstücken.

Vorbem. — I. Die §§ 249—256 geben für den Urkundenbeweis in der HVhdlg. zwei Regeln:

wenn mit Urkunden bewiesen werden soll, sind diese zu verlesen (Gegensatz: bloße Einsichtnahme durch Gericht usw.): § 249. — II. Der Urkundenbeweis ist im Interesse des Unmittelbarkeitsgrundsatzes in gewissen Fällen verboten: §§ 250—256, nämlich dort, wo ein unmittelbares BewMittel vorhanden ist. Von entscheidender Bedeutung für die Frage der Verlesbarkeit einer Urk. ist nach RG. (was dogmatisch richtig, psychologisch betrachtet gefährlich ist) der Zweck der Verlesung: Mitunter darf eine Urk. zwar verlesen werden zwecks Feststellung, daß eine Urk. dieses Inhalts vorhanden ist, nicht aber zwecks Beweises der inhaltlichen Richtigkeit (z. B. daß das darin protokollierte Geständnis a) wirklich so abgegeben und b) inhaltlich richtig, d. h. der Wirklichkeit entsprechend ist, vgl. Anm. 2 zu § 254). — III. „Niederschriften, die ein Finanzamt unter Zuziehung eines Schriftführers aufgenommen hat, stehen hinsichtlich ihrer Verlesung in einer HVhdlg. (§§ 249—255 StPO.) richterlichen Protokollen gleich." RAbgO. § 406a.

249 [248]. **Urkunden und andere als Beweismittel dienende Schriftstücke[1] werden[2] in der Hauptverhandlung verlesen[3]. Dies gilt insbesondere von früher ergangenen Strafurteilen, von Straflisten und von Auszügen aus Kirchenbüchern und Personenstandsregistern und findet auch[4] Anwendung auf Protokolle über die Einnahme des richterlichen[5] Augenscheines[6].**

[1] Urkunden in fremder Sprache: E. 9, 51; 51, 93. Die mündliche Übersetzung des Dolmetschers ist „Verlesung". E. 32, 239. Vgl. auch Anm. 1 zu GVG. § 185.

[2] Soweit ihre Benutzung überhaupt zulässig ist. Unzulässig ist sie nur erstens in den gesetzlich bestimmten Fällen, wie bei Leumundszeugnissen (§ 256); zweitens wenn in anderen als den in §§ 251ff. zugelassenen Fällen die Verlesung einer Niederschrift über Wahrnehmungen Ersatz für die persönliche Vernehmung sein soll. Vgl. E. 59, 100.

[3] Vgl. aber Vorbem. 2 vor § 249 (Verlesung des Strafantrags also nicht nötig). Gerichtsbeschluß nur bei § 251 nötig (E. 2, 194; 408). — Bloße Konstatierung oder Vorhalt des tatsächlichen Inhalts durch den Vorsitzenden ist, falls nicht nach § 245 Verlesung beantragt, nicht unzulässig (E. 26, 32; 35, 198; 61, 9 u. 72; JW. 1928, 818; 1929, 1048; 1930, 154 u. 936, alle m. Anm.;

vgl. aber Anm. 2 zu § 252 u. Anm. 3 zu § 256); sie darf aber nicht Schlußfolgerung aus dem Inhalt sein (E. 2, 408; 25, 125).

[4] Andernfalls könnte hier § 250 für maßgebend erachtet werden.

[5] Für Verlesung anderer richterlicher Vernehmungsprotokolle vgl. §§ 250—254.

[6] Auch Leichenschau, nicht aber Leichenöffnung. E. 53, 348. Protokoll und Augenscheinseinnahme müssen den gesetzlichen Vorschriften entsprechen. E. 1, 256; 18, 186 (Stenograph. Prot. ungesetzlich: E. 55, 1). Verlesen werden dürfen auch diejenigen Stellen, worin zugezogene Personen die in Frage stehende Örtlichkeit bezeichnen. E. 12, 309 (bedenklich; vgl. JW. 1927, 2707 Anm.).

250 [249]. **Beruht der Beweis einer Tatsache auf der Wahrnehmung einer Person, so ist diese in der Hauptverhandlung zu vernehmen[1]. Die Vernehmung darf nicht durch Verlesung des über eine frühere Vernehmung aufgenommenen Protokolls oder einer schriftlichen Erklärung ersetzt[2] werden[3].**

[1] § 250 gebietet nicht schlechthin die Vernehmung des Zeugen und verbietet nicht schlechthin den mittelbaren Beweis (E. 48, 246); er verbietet nur, die Personenvernehmung zu ersetzen durch Protokollverlesung. — In der Berufungsinstanz dürfen Zeugen- und Sachv.-Aussagen der Vorinstanz im Rahmen des § 325 verlesen werden. — Wird das Urteil eines früheren Verfahrens verlesen, so kann zwar der Umstand, daß dort Aussagen in einem bestimmten Sinn beurteilt wurden, verwertet werden; nicht aber dürfen solche Aussagen schon deshalb, weil, und so, wie sie dort gemacht wurden, der Entscheidung zugrunde gelegt werden. E. 60, 297. — Mit sog. „Zeugen vom Hörensagen" (Vorbem. 7 vor § 244) hat § 250 nichts zu tun, obgleich das wegen Satz 1 str.; vgl. aber Anm. 4 zu § 261.

[2] Zulässig also ist die Verlesung oder sonstige Benutzung bei der Vernehmung (z. B. Notizen, die ein Zeuge sich bei der Wahrnehmung gemacht hat: E. 20, 105; ein schriftliches Gutachten des nun mündlich zu vernehmenden Sachverst.: E. 5, 129); zulässig auch, wenn Vorhandensein oder Eigenschaften der Urk. zum Beweis stehen (z. B. der beleidigende oder drohende Brief, die gefälschte Quittung). Unzulässig

aber ist Verlesung, wenn aus der Urk. die Wahrheit des Inhalts gefolgert und dadurch eine Zeugenaussage ersetzt werden soll (E. 17, 15; 33, 35). Vgl. dazu Vorbem. II vor § 249.

[3] Ausnahmen: §§ 49f., 251, 255, 325.

251 [250][1]. Ist ein Zeuge, Sachverständiger oder Mitbeschuldigter verstorben oder in Geisteskrankheit verfallen[2], oder ist sein Aufenthalt nicht zu ermitteln gewesen[3], so kann[4] das Protokoll[5] über seine frühere richterliche[6] Vernehmung[7] verlesen werden. Dasselbe gilt von dem bereits verurteilten Mitschuldigen.

[8]In den im § 223 bezeichneten Fällen ist die Verlesung des Protokolls über die frühere Vernehmung statthaft[4], wenn sie nach Eröffnung des Hauptverfahrens[9] oder wenn sie in dem Vorverfahren unter Beobachtung der Vorschriften des § 193 erfolgt ist[10].

Die Verlesung kann nur durch Gerichtsbeschluß angeordnet[11], auch muß ihr Grund verkündet[11a] und bemerkt werden, ob die Beeidigung der vernommenen Personen stattgefunden hat[12]. An den Bestimmungen über die Notwendigkeit der Beeidigung wird hierdurch für die Fälle, in denen die nochmalige Vernehmung ausführbar ist, nichts geändert.

[1] Abs. 1 regelt absolute, Abs. 2 relative Hinderungsgründe, die der Vernehmung entgegenstehen. Nach Abs. 1 darf jedes richterliche Protokoll verlesen werden, für Abs. 2 vgl. Anm. 8.

[2] Daß er auch schon bei der früheren Vernehmung geisteskrank war, steht der Verlesung des Prot. nicht entgegen. E. 57, 186. — Völlige Vernehmungsunfähigkeit ist der Geisteskrankheit gleich zu behandeln. E. 15, 409.

[3] Es müssen Ermittlungen stattgefunden haben oder aussichtslos sein. E. 1, 285; 367; 4, 416; 9, 88.

[4] Damit ist nur das Verbot des § 250 aufgehoben. Ob Verlesung ausreichender Ersatz für Vernehmung, bleibt pflichtgemäß zu prüfen. E. 51, 20; 57, 322; 58, 79 (nötigenfalls Gegenüberstellung!). — Auch bedeutet „kann" keine Ein-

schränkung von etwaigen Parteirechten: ist die Verlesung zulässig, so ist ein hierauf gerichteter Parteiantrag nach §§ 244, 245 zu behandeln. E. 57, 186.

[5] einschl. Bekundungen der vernehmenden Beamten über Gang der Verhandlungen und Verhalten und Eindruck der Zeugen. E. 37, 212.

[6] auch uneidliche. Ein in dem richterlichen Protokoll in Bezug genommenes Schriftstück muß mitverlesen werden. E. 14, 1; 26, 289. — Richterliche Protokolle sind auch militärgerichtliche. E. 29, 433; 52, 1. — Betr. Finanzsachen Vorbem. 2 vor § 249.

[7] nicht bloß in der vorliegenden Sache. E. 7, 156; 10, 29. — Mängel des Protokolls (vgl. § 188) schließen die Verlesung nicht aus. E. 34, 396. § 52 ist aber zu beachten! Die Aussage von Personen, die nach Lage der HVhdlg. ein Zeugnisverweigerungsrecht hätten, darf also nicht verlesen werden, es sei denn, daß sie ausdrücklich auf dies Recht verzichtet haben. Vgl. E. 48, 359 u. § 252.

[8] Sinn von Abs. 2: Stehen dem Erscheinen eines Zeugen oder Sachv. nicht die absoluten Hinderungsgründe von § 251 I, sondern nur die relativen von § 223 entgegen, so darf nicht jedes richterliche Protokoll verlesen werden, sondern nur 1. ein Protokoll eines im VorbVerf. „ersuchten" (§ 169) oder eines „Untersuchungsrichters" über eine Vernehmung, bei der im Rahmen des § 193 die Parteirechte gewahrt sind; 2. ein nach Eröffnung des Hauptverf. aufgenommenes Protokoll über eine Vernehmung gemäß § 208 II oder § 223.

[9] Ob ein ausländisches Gericht unserem § 224 entsprechend verfuhr, ist gleichgültig. Maßgebend ist hier Auslandsrecht. E. 40, 189; 46, 50.

[10] In Abs. 2 ist danach ebenfalls eidliche richterliche Vernehmung vorausgesetzt. Vgl. Abs. 3. — Verlesung eines Protokolls, bei dem § 193 III nicht beachtet wurde, begründet Revision nach § 337, falls das Urteil darauf beruht. E. 58, 90. Vgl. auch E. 47, 303 (Nichtanwesenheit eines notwendigen Verteidigers) und 50, 364.

[11] Dieser wird durch einen gemäß § 223 erfolgten früheren Beschluß nicht ersetzt. E. 1, 118, 236, 242.

[11a] Vgl. JW. 1929, 1049.

[12] Beurkundung im Protokoll: §§ 273, 274. Unterlassung oder unrichtige Angabe Revisionsgrund. E. 2, 237. Die Verlesbarkeit hängt nicht davon ab, ob die Beeidigung zu Recht stattfand. E. 10, 156.

252 [251]. Die Aussage eines vor der Hauptverhandlung vernommenen Zeugen[1], welcher erst in der Hauptverhandlung von seinem Rechte, das Zeugnis zu verweigern, Gebrauch macht, darf nicht verlesen[2] werden[3].

[1] Wenn auch damals als Beschuldigter vernommen. E. 35, 5.

[2] auch nicht im Wege der Vorhaltung an den Angeklagten (§ 249 Anm. 3) kundgemacht werden, E. 15, 100; 35, 164; und zwar selbst dann nicht, wenn von dem Zeugnisverweigerungsrecht erst nach ihrer Vorhaltung Gebrauch gemacht wird; hierüber hat sich das Gericht zunächst zu vergewissern. E. 27, 29. — Vernehmung anderer Personen (auch von Pol.Beamten oder des UR.) über die frühere Aussage des Zeugnis Weigernden ist verboten (JW. 1929, 1694; a. A. RGE. 14, 266; 16, 119; 48, 246).

[3] Die Benutzung anderer schriftlicher Mitteilungen dieser Personen ist aber, soweit nicht andere Vorschriften (insbesondere § 97 mit Anm. 2) entgegenstehen, nicht ausgeschlossen (E. 22, 51), auch nicht die Verlesung von Aussagen, die sie bei anderer Gelegenheit, als bei ihrer Vernehmung als Zeuge (vgl. jedoch Anm. 1) gemacht haben. E. 35, 247.

253 [252]. Erklärt[1] ein Zeuge oder Sachverständiger, daß er sich einer Tatsache nicht mehr erinnert, so kann der hierauf bezügliche Teil des Protokolls[2] über seine frühere Vernehmung[3] zur Unterstützung seines[4] Gedächtnisses verlesen[5] werden.

Dasselbe kann geschehen, wenn ein in der Vernehmung hervortretender Widerspruch mit der früheren Aussage nicht auf andere Weise ohne Unterbrechung der Hauptverhandlung festgestellt oder gehoben werden kann[6].

[1] Die „Erklärung" genügt. Das Gericht braucht ihre Richtigkeit nicht zu prüfen. E. 59, 248.

[2] Auch einer Abschrift desselben. E. 50, 149. — „Teil": soweit zum Verständnis nötig. E. 57, 377.

[3] Nicht bloß richterliche, E. 1, 409, nicht bloß in vorliegender Sache, E. 10, 358. Auch, wenn er damals als Besch. vernommen war. E. 55, 223.

[4] des früher Vernommenen, nicht auch einer anderen Person. E. 2, 235; daher auch nur seiner eigenen Aussage.

E. 18, 24. — Erinnert sich der Zeuge des früher Bekundeten gleichwohl nicht, so darf nach E. 20, 220 das Gericht das Verlesene trotzdem berücksichtigen (bedenklich).

[5] Auch ihm das Protokoll zur Durchsicht gegeben werden. E. 36, 53; vgl. auch E. 23, 58. Soll aber die frühere Aussage berücksichtigt werden, ist sie wörtlich zu verlesen. E. 27, 163; 59, 144.

[6] Kann der Widerspruch nicht behoben, nur festgestellt werden, so ist die weitere Schlußfolgerung Sache freier Würdigung des Richters. — Abs. 1 u. 2 erschöpfen die Fälle zulässiger Verlesung; unzulässig ist sie insbesondere zur Unterstützung der Glaubwürdigkeit der Aussage. E. 33, 128. Vgl. aber auch E. 37, 317.

254 [253]. Erklärungen des Angeklagten[1], welche in einem richterlichen[2] Protokolle[3] enthalten sind, können zum Zwecke der Beweisaufnahme über ein Geständnis[4] verlesen werden.

Dasselbe[5] kann geschehen, wenn ein in der Vernehmung hervortretender Widerspruch mit der früheren Aussage nicht auf andere Weise ohne Unterbrechung der Hauptverhandlung festgestellt oder gehoben werden kann[6].

[1] Wenn auch damals von ihm als Zeugen abgegeben. E. 9, 174.

[2] Auch von einem Richter der freiwill. Gerichtsbarkeit (z. B. Vormundschaftsrichter), aber nur, wenn die §§ 168, 187, 188 Abs. 1 gewahrt sind, insbes. GerSchr. zugezogen war. E. 56, 257. — Die in einem richterlichen in Bezug genommenen nichtrichterl. Prot. dürfen nur dann mitverlesen werden, wenn sie einen untrennbaren Teil des richterl. Prot. bilden (E. 40, 425). Die Verlesung polizeilicher Protokolle zwecks Beweises eines Geständnisses des Angekl. ist aber unstatthaft. Zulässig ist nur, den vernehmenden Pol.Beamten als Zeugen zu vernehmen und dem Angekl. hierbei auch sein Geständnis vorzuhalten. — Noch weitergehend gestattet E. 54, 16 „Vorhalte aus polizeilichen Protokollakten, insbes. auch in der Form, daß hierzu Teile des Protokolls verlesen werden.“ Bestätige freilich der Angekl. den Inhalt jetzt nicht, so dürfe es für den Schuldbeweis nicht verwertet werden. Die Verlesung darf hier also nur zum Bew. des Vor-

handenseins eines Prot. dieses Inhalts (nicht, wie beim richterl. Prot., zum Bew. d. Gest. selbst) erfolgen. Vgl. E. 61, 72 u. JW. 1928, 2722.

[3] Auch in einem gemäß § 273 aufgenommenen, wenn auch der Fall des Abs. 3 das. nicht vorliegt. E. 20, 23; vgl. auch E. 31, 69. Hinsichtlich sonstiger schriftlicher Zugeständnisse, bei denen es sich nicht um den Beweis eines vor einem Beamten oder einer Behörde abgegebenen Geständnisses handelt, gilt § 249. E. 35, 234.

[4] Gest. ist jedes Zugestehen von Tatsachen, die für die Schuldfrage von Bedeutung sein können (E. 45, 196; 54, 126); auch für die Schuld eines Mitangeklagten (E. 9, 88).

[5] Auch hier also richterliches Protokoll vorausgesetzt. E. 14, 258.

[6] Vgl. auch § 233, jedoch auch Anm. 5 das. — Ferner Anm. 5 zu § 253.

255 [254]. In den Fällen der §§ 253, 254 ist die Verlesung und ihr Grund auf Antrag der Staatsanwaltschaft oder des Angeklagten im Protokolle zu erwähnen.

256 [255]. Die ein Zeugnis oder ein Gutachten enthaltenden Erklärungen[1] öffentlicher Behörden[2], mit Ausschluß von Leumundszeugnissen[3], desgleichen ärztliche[4] Atteste[5] über Körperverletzungen, welche nicht zu den schweren[6] gehören, können verlesen werden[7].

Ist das Gutachten einer kollegialen Fachbehörde eingeholt worden, so kann das Gericht die Behörde ersuchen, eines ihrer Mitglieder mit der Vertretung des Gutachtens in der Hauptverhandlung zu beauftragen und dem Gerichte zu bezeichnen[8].

[1] auch wenn nicht auf Erfordern des Gerichts abgegeben. E. 19, 264.

[2] einschließlich der Sachverständigenvereine, E. 22, 258, nicht aber eines einzelnen eine Behörde nicht repräsentierenden Beamten (E. 26, 138; 32, 365), wohl aber eines einzelnen dazu berufenen Mitgliedes namens derselben. E. 37, 166; 63, 123 (techn. Beirat d. Reichsbank). (Preuß. Handelskammer als öff. Behörde: E. 52, 198.)

[3] Für behördliche Leumundszeugnisse (gleichgültig ob sie den Angekl. oder einen Zeugen betreffen: E. 30, 439) soll es also bei der — für private ohnedies geltenden — Regel des § 250 bleiben. E. 41, 429; 53, 280. Auch Feststellung des Inhalts durch den Vors. (Anm. 3 zu § 249) hier unzulässig. Dagegen Vernehmung von Leumundszeugen unbedingt zulässig (RGJW. 1927, 2043; 1930, 760).

[4] Arzt im Sinne des § 29 GewO. E. 14, 55.

[5] Gleichgültig, ob ohne oder auf Veranlassung des Gerichts ausgestellt, E. 19, 364, nicht aber auch ärztliche Erklärungen in Protokollen. E. 6, 254.

[6] „Schwere" § 224 StGB. — Im Falle des § 223a StGB. also Verlesung statthaft. E. 1, 158, ebenso bei allen fahrlässigen Körperverletzungen. E. 39, 289.

[7] GerBeschl. nicht erforderlich. — Verlesung nur statthaft, wenn eine Körperverletzung als solche (also z. B. nicht § 176 Nr. 3 StGB.) in Frage steht. E. 26, 38. Einerlei ob gerade sie Gegenstand der Ankl. ist. E. 35, 162.

[8] Damit dies Mitglied nach Abs. 2 herangezogen werden darf, muß das Gutachten als solches zum Gegenstand der BewAufn. gemacht sein; andernfalls ist das Mitglied einfacher persönlicher Sachverst. E. 39, 140.

257 [256]. Nach der Vernehmung eines jeden Zeugen, Sachverständigen oder Mitangeklagten, sowie nach der Verlesung eines jeden Schriftstücks soll[1] der Angeklagte[2] befragt werden, ob er etwas zu erklären habe.

[1] Nichtbeachtung nach E. 42, 168 nicht RevGrund.

[2] In Jugendsachen auch der gesetzl. Vertreter: JGG. § 30. — Der Verteidiger hat keine anderen Rechte als die aus § 240 Abs. 2 folgenden. E. 44, 284.

6. Schlußvorträge.

258 [257]. Nach dem Schlusse der Beweisaufnahme erhalten[1] die Staatsanwaltschaft[2] und sodann der Angeklagte zu ihren Ausführungen und Anträgen das Wort[3].

Der Staatsanwaltschaft steht das Recht der Erwiderung zu[4]; dem Angeklagten[5] gebührt das letzte Wort.

Der Angeklagte ist, auch wenn ein Verteidiger für ihn gesprochen hat, zu befragen, ob er selbst noch etwas zu seiner Verteidigung anzuführen habe[6].

[1] Auch ohne ihr Verlangen. Der Verteidiger nur auf Wunsch. Anders §§ 326, 351 in Ber.- und RevInstanz. Vgl. E. 42, 51.

[2] Im Falle der Nebenklage auch der Nebenkläger. E. 16, 253.

[3] Ist die Verhandlung, wenn auch nur durch Stellung und Ablehnung eines Beweisantrags, wieder eröffnet, so ist nochmalige Worterteilung nötig. E. 26, 32. Nicht aber, wenn bei der UrtVerkündung die Ablehnung eines nur bedingt gestellten BewAntrags bekannt gemacht wird, da dieser einer Bescheidung nicht bedarf. Anm. 2 zu § 244 und E. 55, 109. — Während der UrtVerkündung gestellte Anträge sind unbeachtlich. E. 57, 142.

[4] unbedingt nur einer einmaligen; für spätere Erwiderungen ist das Ermessen der gerichtl. Sachleitung maßgebend. E. 11, 135.

[5] D. h.: nicht dem StA.; ob dem Angekl. oder Vert. oder Beistand oder (JGG. § 30) gesetzl. Vertr., ist gleichgültig. E. 57, 265.

[6] Nichtbeachtung RevGrund. E. 9, 69; 23, 319; 61, 317; auch JW. 1930, 734.

259 [258]. Einem der Gerichtssprache nicht mächtigen Angeklagten müssen aus den Schlußvorträgen mindestens die Anträge der Staatsanwaltschaft und des Verteidigers durch den Dolmetscher bekanntgemacht werden.

Dasselbe gilt von einem tauben Angeklagten sofern nicht eine schriftliche Verständigung erfolgt.

7. Urteil: a) Urteilsfindung.

260 [259]. Die Hauptverhandlung schließt mit[1] der Erlassung des Urteils[2]. Das Urteil kann nur auf Freisprechung[3], Verurteilung oder Einstellung des Verfahrens lauten.

Die Einstellung[4] des Verfahrens ist auszusprechen[5], wenn bei einer nur auf Antrag zu verfolgenden strafbaren Handlung[6] sich ergibt, daß der erforderliche Antrag nicht vorliegt, oder wenn der Antrag rechtzeitig zurückgenommen ist.

[1] Die Erlassung des Urteils ist also Teil der HVhdlg.; folglich gilt auch hier § 226 (E. 31, 398; 63, 249). An Stelle der höchstens viertägigen Vertagungsfrist tritt aber die einwöchige Frist des § 268. — Beweisanträge können bis zum Beginn der Urteilsverkündung gestellt werden. E. 59, 420.

[2] Falls die Sache endgültig abgeschlossen ist. — Ist dagegen nur diese HVhdlg. undurchführbar, so ergeht ein Beschluß, z. B. bei §§ 228, 229, 270, 205. Vgl. E. 3, 29.

[3] Bzw. (trotz „Schuldig"-Sprechung): auf „Straffrei-Erklärung": StGB. §§ 199, 233; und auf „Absehen von Strafe": JGG. §§ 6, 9 Abs. 4. — Bei non liquet in der Schuldfrage nie Einstellung, sondern Freisprechung; zwischen nicht geführtem Schuldbeweis und geführtem Unschuldbeweis unterscheiden nur die Entschädigungsgesetze (unten Nr. X und XI). — Bei Tateinheit (Idealkonkurrenz) ist neben Verurteilung unter dem einen Gesichtspunkt Freisprechung unter dem anderen (E. 36, 276; 52, 190), ebenso bei „fortgesetzter Handlung" Freisprechung von Einzelhandlungen (E. 53, 216) unzulässig, es sei denn daß der Eröffnungsbeschluß mehrere selbständige Handlungen angenommen hatte (E. 50, 351; 53, 216 u. bes. JW. 1929, 1052 m. Anm.).

[4] Abs. 2 gibt nur ein Beispiel. Einstellung (ob durch Urteil oder Beschluß: Anm. 2) ist stets auszusprechen, wenn eine sog. Prozeßvoraussetzung — richtiger: entweder eine Strafklagevoraussetzung oder eine prozessuale Voraussetzung für ein Sachurteil (d. h. ein Urteil über die Schuldfrage) — fehlt, soweit nicht solches Fehlen durch den Fortgang des Verfahrens geheilt ist. Über Heilung von Zuständigkeitsmängeln vgl. §§ 18 und 269, über ihre anderweite Behandlung § 270. Mängel des Vorverfahrens heilen mit dem EröffnBeschl. (E. 55, 225). Mängel d. Eröffnungsbeschl. (Anm. 4 zu § 203) können in der HVhdlg. geheilt werden, es sei denn, daß sie so schwer sind, daß dieser sich gar nicht als rechtsgültiger EröffnBeschl. darstellt (E. 10, 56; 24, 64; 27, 125; 31, 100; 44, 28). Einstellung ist aber u. a. geboten bei: 1. Unzulässigkeit des Rechtsweges (§ 13 GVG.); 2. Unzuständigkeit des Gerichts, soweit der Mangel nicht geheilt ist; 3. fehlendem Strafantrag (§§ 61 ff. StGB.); 4. Verjährung (E. 41, 167); 5. fehlender Ermächtigung einer

beleidigten politischen Körperschaft (§ 197 StGB.); 6. fehlender Genehmigung des Parlaments bei Verfolgung von Abgeordneten (RVerf. 37); 7. fehlendem Urteil über Trennung der Ehe bei §§ 170, 172, 238 StGB.; 8. fehlender Vorentscheidung bei §§ 164 Abs. 2, 191 StGB.; 9. rechtswirksamer Niederschlagung des Verfahrens; 10. bei der Verfolgung von Ausgelieferten: fehlender Identität der der Auslieferung zugrunde liegenden mit der unter Anklage gestellten Tat (E. 30, 440; 31, 428; 43, 264; 45, 271); 11. anderweiter Rechtshängigkeit der Strafsache (gleich „Tat" i. S. des § 155; vgl. E. 29, 174; 46, 213; 56, 251; 61, 289); 12. rechtskräftiger Vorentscheidung über die „Tat" (E. 33, 303; 35, 367; 41, 152); 13. fehlendem Vorentscheid in Finanzsachen: RAbgO. § 433. — Auch bei Jugendlichen unter 14 Jahren nach E. 57, 206 nicht Freisprechung, sondern Einstellung (!).

[5] Gegebenenfalls auch ohne HVhdlg.; so die eigene Praxis des RGer.: E. 53, 276; E. 57, 206.

[6] Vgl. §§ 61 ff. StGB. Bei Nachbringung des Antrags vgl. E. 7, 358, aber auch E. 4, 211.

261 [260][1]. Über das Ergebnis der Beweisaufnahme entscheidet das Gericht nach seiner freien, aus dem Inbegriffe[2] der Verhandlung[3] geschöpften Überzeugung.[4], [5]

[1] Grundsatz: freie Beweiswürdigung! Vgl. Vorbem. 9 vor § 244. — Ausnahme: § 274. Für andere Reichsgesetze EG. § 5, für Landesgesetze EG. § 6 u. § 3.

[2] Dazu gehören auch außer den Ergebnissen der vorgeführten Beweismittel die unmittelbaren, nicht von ihm aufgesuchten Wahrnehmungen und Eindrücke des Richters, über die auch das Protokoll keine Auskunft zu geben braucht. E. 39, 303. — Auch das Auftreten des Angekl. in der HVhdlg. und die Art seiner Verteid.: E. 59, 161. Auch Aussagen von Kindern u. Geisteskranken sind frei zu würdigen: E. 57, 186; 58, 396.

[3] Verwertung priv. Tatsachenwissens (Vorbem. 7 vor § 244) u. bloßen Aktenstoffes unzulässig. Vgl. E. 2, 76; 26, 272; 50, 154. — Maßgebliche Schriftstücke sind daher auch dann zu verlesen, wenn ihr Inhalt dem Richter, dem StA. und dem Angekl. nach ihren Erklärungen bekannt ist. E. 40, 54. — Dagegen können allgemeinkundige Tatsachen und Erfahrungssätze benutzt werden, ohne Gegenstand mündlicher Verhandlung gewesen zu sein (anders bei nur gerichtskundigen). Vgl. E. 16, 327;

28, 171; 31, 185; 45, 403; JW. 1928, 1230 Anm. — Über technische Versuche im Beratungszimmer JW. 1930, 927.

[4] Freiheit der BewWürd. bedeutet aber nicht Willkür, sondern nur Ersetzung der früheren gesetzlichen BewRegeln durch ebenso zu beachtende logische, psychologische u. a. Die Methode der BewWürd. muß an Hand der Urteilsgründe nachgeprüft werden können (vgl. Anm. 9 zu § 267 u. 1 Ic zu § 337). — Auch die Verwertbarkeit des Zeugnisses vom Hörensagen (Vorbem. 8 vor § 244 u. Anm. 1 zu § 250) dürfte mit dem Problem der fr. BewWürd. zusammenhängen: § 261 gibt dem Gericht nicht das Recht, die BewWürd. hinsichtlich der Tatzeugen dem Z. v. H. zu überlassen; daher darf es nicht allein auf Grund der Aussage von Z. v. H. verurteilen (str.; a. A. RG., z. B. JW. 1925, 997; 1926, 2448; Goltd. Arch. 72, 347).

[5] Darüber, welcher Grad von Überzeugung zur Verurteilung nötig ist, vgl. E. 61, 202; JW. 1928, 116; 1929, 862; 1930, 761 (alle m. Anm.).

262 [261][1]. Hängt die Strafbarkeit einer Handlung von der Beurteilung eines bürgerlichen Rechtsverhältnisses ab, so entscheidet das Strafgericht auch über dieses nach den für das Verfahren und den Beweis in Strafsachen geltenden Vorschriften.

Das Gericht ist jedoch befugt[2], die Untersuchung auszusetzen und einem der Beteiligten zur Erhebung der Zivilklage eine Frist zu bestimmen oder das Urteil des Zivilgerichts abzuwarten[3].

[1] § 262 zieht aus § 261 die selbstverständliche Folgerung, daß sämtliche — auch sekundäre — Rechtsverhältnisse frei zu würdigen sind. Vgl. auch E. 52, 51 betr. Unabhängigkeit von der Steuerveranlagungsbehörde. Für Reichsabgabensachen vgl. aber RAbgO. § 433, wonach eine Entscheidung des Reichsfinanzhofs darüber, „ob ein Steueranspruch besteht, oder ob und in welcher Höhe ein Steueranspruch verkürzt oder ein Steuervorteil zu Unrecht gewährt ist", die Gerichte betr. Verurteilung wegen Steuerhinterziehung oder -gefährdung bindet. — Nur an rechtsbegründende Akte von Gerichten oder Behörden bleibt der Strafrichter gebunden. So E. 7, 146 betr. Erteilung eines Patents; E. 43, 33. Vgl. auch EGZPO. § 14 II Nr. 1.

[2] Nach freiem Ermessen (E. 49, 309), das aber auf rechtlich einwandfreier Grundlage beruhen muß (E. 48, 419).

[3] Bindend ist auch im Falle dieses Abs. 2 das Zivilurteil nicht. Wird die Zivilklage nicht fristgemäß erhoben, so ist die einzige Folge die Fortsetzung des Strafverf. — Vgl. auch JPC. § 149.

263[262][1]. Zu einer jeden dem Angeklagten nachteiligen Entscheidung, welche die Schuldfrage[2] **oder die Bemessung der Strafe**[3] betrifft, ist eine Mehrheit von zwei Dritteilen der Stimmen erforderlich.[4]

Die Schuldfrage begreift auch solche von dem Strafgesetze besonders vorgesehene Umstände, welche die Strafbarkeit ausschließen[5], vermindern[6] oder erhöhen[7].

Die Schuldfrage begreift nicht die Voraussetzungen des Rückfalls[8] und der Verjährung[9].

[1] Vgl. auch GVG. §§ 192 198: „Beratung und Abstimmung", bes. § 196 Abs. 3.

[2] D. i. die Frage, ob der Angekl. einer bestimmten Straftat überführt ist, einschl. ihrer Subsumierung unter das betr. Strafgesetz (also nicht nur im engen Sinne der strafrechtl. Schuldlehre). Die abstrakte Auslegung des materiellen Strafgesetzes hiervon auszunehmen, ist unmöglich (str.). Vgl. auch Abs. 2.

[3] Hierzu gehören auch mildernde Umstände; „minder schwerer Fall" (MilStGB. § 58 Abs. 2); „besonders leichter Fall" (JGG. § 9 Abs. 4); Straffreierklärung (StGB. §§ 199, 233); daß Erziehungsmaßregeln ausreichen (JGG. § 6); Anrechnung von Untersuchungshaft (StGB. § 60); Vorliegen von Rückfall. — Dagegen genügt bei sämtl. Prozeßfragen, insbes. den Prozeßvoraussetzungen, und für die bedingte StrAussetzung die einf. Mehrh. des § 196 I GVG.

[4] GVG. § 198 hindert nicht, das Stimmenverhältnis bei der Abstimmung (wie auch Art und Reihenfolge der Abstimmung) in die Urteilsgründe aufzunehmen, um dem Berufungs- oder Revisionsgericht eine rechtliche Nachprüfung zu ermöglichen: E. 60, 295; 61, 218; JW. 1929, 1062; 1930, 762 (beide m. Anm.).

[5] Neben den eigentlichen Rechtfertigungs- (StGB. §§ 53, 193) und Entschuldigungsgründen (StGB. §§ 51, 52, 53 Abs. 3, 54, JGG. §§ 2, 3). Z. B. StGB. §§ 46, 163 Abs. 2, 173 Abs. 4,

199, 204, 209, 247 Abs. 2, 257 Abs. 2, 310. — Vgl. auch E. 17, 346; 31, 347; 33, 298.

[6] Z. B. StGB. §§ 157, 158, 213, 233, 313 Abs. 2.

[7] Z. B. Erfolgsqualifizierungen wie StGB. §§ 224, 226 u. a.; ferner §§ 243 u. v. a.

[8] Diese gehören aber zur Strafbemessung!

[9] Auch nicht die sonstigen Gründe, welche nur die prozessuale Verfolgbarkeit betreffen, z. B. Strafantrag (E. 2, 221), Amnestie, frühere rechtskräftige Entscheidung usw. Vgl. Anm. 4 zu § 260.

b) Gegenstand der Urteilsfindung.

Vorbem. zu §§ 264—266. Aus dem Anklagegrundsatz (§§ 151 ff.) zieht § 264 zwei Folgerungen, deren eine in § 265, die andere in § 266 ergänzt wird: 1. In tatsächlicher Hinsicht darf das Gericht nur über das rechtshängig gemachte Vorkommnis urteilen (264, 1); darüber hinausgehen nur unter den eine neue Anklage ersetzenden Voraussetzungen des § 266. Vgl. ferner § 265 IV. 2. In der rechtlichen Beurteilung dieser Tat ist das Gericht aber unabhängig (264, 2). Will es rechtlich vom EröffBeschl. abweichen, bedarf es nicht neuer Anklage; die Parteien haben nur die Rechte aus § 265.

264 [263] [1]. Gegenstand der Urteilsfindung ist die in der Anklage[2] bezeichnete Tat, wie sie sich nach dem Ergebnisse der Verhandlung darstellt.

Das Gericht ist an die Beurteilung der Tat, welche dem Beschluß über die Eröffnung des Hauptverfahrens zugrunde liegt, nicht gebunden.

[1] [Vgl. auch Vorbem.] Der § 264 hat eine doppelte Bedeutung. Erstens weist er das urteilende Gericht an, was es auf Grund von Anklage und EröffBeschl. zum Gegenstand der Urteilsfindung machen dürfe und solle. Darin liegt zweitens eine Regel zur Auslegung des gesprochenen Urteils, insbesondere um den Umfang seiner Rechtskraft zu bestimmen (ne bis in idem! In jeder Lage des Verfahrens von Amts wegen zu berücksichtigen! E. 49, 170): Das Urteil erledigt die Strafsache in dem Umfang, in welchem es sie erledigen durfte, d. h. in welchem sie rechtshängig wurde, ohne Rücksicht darauf, ob das Gericht die tatsächl. Möglichkeit hatte, die wirkl. Sachlage zu erkennen (z. B. bei Anklage aus

§ 368 Nr. 7 StGB. den in Tateinheit damit begangenen Mord festzustellen) — anders, wenn die Aburteilung unter dem veränderten Gesichtspunkt rechtlich unzulässig war (z. B. in Ausl. Sachen, vgl. unten). („Grundsätzlich reicht die Rechtskraft so weit, wie das Recht und die Pflicht des erkennenden Gerichts zur Aburteilung, weil in diesem Umfang die Strafklage durch das Urteil verbraucht wird". E. 51, 242; 61, 225; 62, 130.) Rechtshängig aber wurde ein bestimmtes tatsächliches („historisches") Vorkommnis: „die in der Ankl. bezeichnete Tat" (vgl. auch § 155), nicht Rechtsbegriffe. — „Dabei ist unter dem geschichtlichen Vorkommnisse nicht nur die einzelne, im EröffBeschl. hervorgehobene Betätigung, sondern das ganze Tun des Angekl. zu verstehen, soweit es sich mit jenem verknüpft und einen einheitlichen Vorgang darstellt, so daß unter Umständen sogar mehrere selbständige StrTaten, deren natürliche Merkmale sich zeitlich aneinanderreihen, wegen des nach natürlicher Auffassung bestehenden inneren Zusammenhangs als demselben geschichtlichen Vorgang angehörig betrachtet werden können." (E. 56, 324; 61, 236). Über das Verhältnis zum Begriff „Handlung" in § 61 StGB. vgl. § 62. 89, zum Begriff „Sache" in § 23 II StPO. E. 62, 314, zu § 73 StGB. E. 61, 317, auch JW. 1925, 2475 m. Anm.

Im einzelnen vgl. aus den zahlreichen Entscheidungen:

betr. Täterschaft — Anstiftung — Beihilfe: E. 3, 95; 9, 161; 13, 146. Anstiftung — Begünstigung: E. 62, 112.

betr. Fortsetzungstat: E. 54, 283; 54, 333; 57, 21; 58, 369.

betr. Mittäterschaft — Begünstigung: E. 55, 76. Täterschaft des Diebstahls — Beg. des Hehlers: JW. 1929, 1080.

betr. Nichtanzeige (StGB. § 139) — Begehung: E. 21, 78; 53, 169(!).

betr. Totschlag — Diebstahl: E. 57, 51.

betr. Unterschlagung — Diebstahl: E. 12, 88.

betr. Unterschlagung — Betrug: E. 44, 118; 46, 221.

betr. Betrug — Urkundenfälschung: E. 44, 29.

betr. hehlerischer Ankauf — Verheimlichen: E. 56, 324.

Vgl. ferner JW. 1925, 1002; 1927, 2045; 1928, 411; 1929, 1477. Betr. Rechtskraftwirkung d. Verurteilung wegen Sammeldelikts (z. B. § 260 StGB.) JW. 1925, 1010; wegen fortges. Handlg. JW. 1928, 2247 m. Anm.

Aber nur der Aburteilung desselben Täters steht die Rechtskraft einer Vorentscheidung entgegen. Nicht also, wenn Haupttäter und Teilnehmer in verschiedenen Verfahren abgeurteilt werden (E. 4, 367). Auch der Bestrafung eines Begünstigers steht die Freisprechung des Haupttäters nicht im Wege (E. 58, 290).

In Auslieferungssachen ist der Grundsatz des § 264 vielfach eingeschränkt: wenn nach einem AuslVertrag nur wegen bestimmter Delikte ausgeliefert wird, so darf trotz § 264 nicht unter anderem rechtlichen Gesichtspunkt verurteilt werden; denn ein AuslVertrag wird in Gesetzesform verkündet und bindet das Gericht. E. 29, 270; 37, 88; 41, 272. Insoweit tritt also auch kein Verbrauch der Strafklage ein (vgl. oben).

[2] Gemeint ist der EröffnBeschl. Denn erst durch ihn wird die Sache rechtshängig und die StA. an ihre Anklage gebunden. Vgl. § 156, ferner Entstehung und E. 4, 192.

265 [264][1]. Eine Verurteilung des Angeklagten auf Grund eines anderen[2] als des in dem Beschluß über die Eröffnung des Hauptverfahrens angeführten[3] Strafgesetzes darf nicht erfolgen, ohne daß der Angeklagte zuvor auf die Veränderung des rechtlichen Gesichtspunkts[4] besonders hingewiesen[5] und ihm Gelegenheit zur Verteidigung gegeben worden ist[6].

In gleicher Weise ist zu verfahren, wenn erst in der Verhandlung solche vom Strafgesetze besonders vorgesehene Umstände behauptet werden, welche die Strafbarkeit erhöhen[7].

Bestreitet der Angeklagte unter der Behauptung, auf die Verteidigung nicht genügend vorbereitet zu sein, neu hervorgetretene Umstände[8], welche die Anwendung eines schwereren Strafgesetzes gegen den Angeklagten zulassen als des in dem Beschluß über die Eröffnung des Hauptverfahrens angeführten, oder welche zu den im zweiten Absatz bezeichneten gehören, so ist[9] auf seinen Antrag die Hauptverhandlung auszusetzen.

Auch sonst hat das Gericht auf Antrag oder von Amts wegen die Hauptverhandlung auszusetzen, falls dies infolge der veränderten Sachlage zur genügenden Vorbereitung der Anklage oder der Verteidigung angemessen erscheint[10].

Auf die in § 245 Abs. 2 bezeichneten Verhandlungen findet die Vorschrift des dritten Absatzes nicht Anwendung.

[1] Veränderung des rechtl. Gesichtspunktes kann, auch wenn mit AnklGrundsatz an sich vereinbar (§ 264 Abs. 2), die Verteidigung erschweren, falls Angekl. nicht auf sie vorbereitet ist. Hiergegen soll § 265 schützen. Vgl. auch Vorbem. vor § 264.

[2] „Anderes Strafgesetz", d. h. anderer StrTatbestand (z. B. UrkFälschung statt Betrug), mögen auch beide in gleichen Paragraphen geregelt sein (z. B. KörpVerletzung durch gefährl. Werkzeug statt gemeinschaftliche KV.: E. 12, 379; ferner 19, 401; 21, 387; 24, 89, 432; 27, 138; 53, 100). -- Anders, wenn nur gleichwertige Erscheinungsformen desselben Tatbestandes in Frage stehen (E. 17, 440: Notlage oder Unerfahrenheit in § 302e StGB.; ferner E. 30, 176; 36, 266; 37, 353; 39, 107; 40, 114; 63, 160). — Verändert ist der rechtliche Gesichtspunkt bei Annahme anderer Teilnahmeform (E. 22, 367; 63, 430; JW. 1929, 287 Anm.) oder anderer Konkurrenz (E. 9, 426; 16, 437; 20, 226; 22, 367; vgl. aber JW. 1925, 1004). — Auch wenn die neue Beurteilung milder ist, kann § 265 gegeben sein (E. 6, 349 Fahrlässigkeit statt Vorsatz; 51, 125 Versuch statt Vollendung).

[3] inhaltlich, wenn auch ohne Paragraphenzahl. E. 6, 169. Hinweisung auf Paragraphen, welche Nebenstrafen normieren oder nebenbei zu berücksichtigen sind (z. B. § 4 Nr. 3 StGB., § 20 Abs. 2 PreßG.), nicht erforderlich. E. 5, 137; 10, 139; 29, 21.

[4] Spezielle Bezeichnung notwendig. E. 2, 116.

[5] Stellung eines Antrages auf Grund des anderen Gesetzes seitens der StA. genügt nicht, selbst wenn sich der Verteidiger darauf eingelassen hat. E. 1, 254; 20, 33. — Ein in 1. Instanz erfolgter Hinweis braucht in BerInst. nicht wiederholt zu werden. E. 59, 423; JW. 1926, 2196; vgl. aber 1925, 1511; 1928, 2259 Nr. 59. Auch nicht bei Wiederaufnahme des Verfahrens. E. 58, 52.

[6] Nichtbeobachtung Revisionsgrund: § 338 Nr. 8. E. 21, 272; 25, 340. Für den Fall des § 231 Abs. 2 vgl. Anm. 3 das. a. E.

[7] Auch dann, wenn sie in demselben Paragraphen, welcher dem EröffBeschl. zugrunde liegt, vorgesehen sind. E. 21, 372.

[8] d. h. Tatsachen, die erst in der HVhdlg. bekannt werden. Folgert aber das Gericht Neues aus den alten Tatsachen, so ist Recht auf Aussetzung nicht gegeben (E. 39, 17), soweit nicht Abs. 4 eingreift.

[9] Unbedingt und ohne daß die Behauptung, auf die Verteidigung nicht vorbereitet zu sein, einer Prüfung des Gerichts unterliegt, aber vorausgesetzt, daß der neu hervorgetretene Umstand für das Urteil von Bedeutung ist.

[10] Vgl. E. 57, 147: Ein Antrag auf Beiordnung eines Verteidigers war erst kurz vor der HVhdlg. abgelehnt worden. Vgl. auch JW. 1925, 1004; 1926, 1216/18; 1927, 2045; 1928, 820; 1929, 262; E. 61, 221. — Belehrungspflicht des Vorsitzenden, entsprechend § 228 Abs. 3. — Es handelt sich hier insbes. um Änderungen des Tatsachenmaterials, die im Strafprozeß oft wichtiger sind als Änderungen i. S. der Abs. 1—3. „Überrumpelung" durch Verwertung neuen Materials bei der Urteilsfällung ohne Aussetzung daher u. U. verboten und RevGrund.

266 [265]. Wird der Angeklagte im Laufe der Hauptverhandlung noch einer anderen Tat[1] beschuldigt, als wegen welcher das Hauptverfahren wider ihn eröffnet worden[1a], so kann sie auf Antrag der Staatsanwaltschaft[2] und mit Zustimmung des Angeklagten zum Gegenstande derselben Aburteilung gemacht werden[3].

Diese Bestimmung findet nicht Anwendung, wenn die Tat als ein Verbrechen sich darstellt oder ihre Aburteilung die Zuständigkeit des Gerichts überschreitet[4,5].

[1] „Tat" i. S. der §§ 155 264. Vgl. E. 51, 127; 179; 61, 314.

[1a] Eröffnung überhaupt also notwendige Voraussetzung (JW. 1928, 2262).

[2] Also sachlich keine Abweichung von § 151.

[3] Durch einen den §§ 203, 207 entsprechenden GerBeschl. Vgl. E. 1, 432. — In der BerInstanz kann eine im 1. Urteil nicht berücksichtigte Tat nicht abgeurteilt werden (E. 42, 91; 62, 132), wohl aber wegen einer in 1. Instanz, unter Außerachtlassung des § 266, abgeurteilten Tat der Antrag der StA. nachgeholt werden (E. 56, 113).

[4] Der in GVG. § 25, 2c vorgesehene, die Zuständigkeit des Einzelrichters begründende Antrag kann aber bei neu auftauchenden Vergehensfällen in der HVhdlg. gestellt und mit ihm der Antrag aus § 266 Abs. 1 verbunden werden.

[5] Abs. 2 ist unverzichtbare Schutzvorschrift! (E. 61, 353 = JW. 1928, 2260 m. Anm.).

e) **Urteilsgründe.**

267 [266][1]. Wird der Angeklagte verurteilt, so müssen die Urteilsgründe[2] die für erwiesen erachteten Tatsachen angeben, in welchen die gesetzlichen Merkmale der strafbaren Handlung gefunden werden[3]. Insoweit der Beweis aus anderen Tatsachen[3a] gefolgert wird, sollen auch diese Tatsachen angegeben werden.

Waren in der Verhandlung solche vom Strafgesetze besonders vorgesehene Umstände behauptet worden, welche die Strafbarkeit ausschließen, vermindern oder erhöhen[4], so müssen die Urteilsgründe sich darüber aussprechen, ob diese Umstände für festgestellt oder für nicht festgestellt erachtet werden.

Die Gründe des Strafurteils müssen ferner das zur Anwendung gebrachte Strafgesetz[5] bezeichnen und sollen die Umstände anführen, welche für die Zumessung der Strafe bestimmend gewesen sind. Macht das Strafgesetz die Anwendung einer geringeren Strafe von dem Vorhandensein mildernder Umstände im allgemeinen abhängig, so müssen die Urteilsgründe die hierüber getroffene Entscheidung ergeben, sofern das Vorhandensein solcher Umstände angenommen oder einem in der Verhandlung gestellten Antrag[6] entgegen verneint wird.

[7]Verzichten alle zur Anfechtung Berechtigten auf Rechtsmittel, so genügt die Angabe der für erwiesen erachteten Tatsachen, in welchen die gesetzlichen Merkmale der strafbaren Handlung gefunden werden, und des zur Anwendung gebrachten Strafgesetzes; hierbei kann auf den Eröffnungsbeschluß Bezug genommen werden.

Wird der Angeklagte freigesprochen, so müssen die Urteilsgründe ergeben, ob der Angeklagte für nicht überführt[8], oder ob und aus welchen Gründen die für erwiesen angenommene Tat für nicht strafbar erachtet worden ist[9].

[1] Der § 267 ergänzt für die Begründung der Urteile (§ 260) den allgemeinen § 34. Leitender Gesichtspunkt muß sein: Erschöpfung des EröffBeschl. „Die UGründe müssen die erhobene Klage, wie sie im EröffBeschl. formuliert ist, vollständig erschöpfen, d. h. sich über das Vorhandensein oder Nichtvorhandensein der im EröffBeschl. bezeichneten Tatbestandsmerkmale ausdrücklich aussprechen": E. 60, 22. Vgl. E. 2, 360; 3, 147. — Darüber, wieweit eine Verletzung des § 267 Revision begründet, vgl. § 338 Nr. 7 und dort Anm. 8; ferner E. 45, 331.

[2] Diese selbst; Ergänzung durch Anführung der Anklageschrift oder des EröffBeschl. oder eines anderen Urteils oder sonstige Aktenteile unzulässig. E. 4, 137, 382; 30, 143; JW. 1925, 1006 Nr. 66; 1929, 52 u. 2739; E. 62, 216. — Für das Berufungsurteil vgl. aber E. 59, 78 und die Zitate JW. 1929, 1061 Anm. — Einfügung von Zeichnungen u. U. zweckmäßig, ersetzt aber nie die gedankliche Darlegung der Gründe. E. 41, 19; bedenklich JW. 1928, 1308. Der beleidigende Brief usw. muß regelmäßig vollständig wiedergegeben werden (JW. 1929, 1051).

[3] „Tatsachen"! Eine bloße Feststellung nach dem abstrakten Wortlaute des Strafgesetzes genügt nicht. Vgl. E. 1, 152, 415; 2, 419; JW. 1928, 2265 und betr. der Grenzen der tatsächlichen Feststellung bes. E. 3, 201. Wenn ein gesetzlicher Tatbestand mehrere gleichwertige Ausführungshandlungen regelt (z. B. StGB. § 243 Nr. 2 und 3), genügt alternative (oder Wahl-) Feststellung. E. 51, 179; 55, 44; 58, 290 (betr. Begünstigung); 59, 397 (betr. Hehlerei); 63, 430; JW. 1930, 937. Dagegen ist Wahlfeststellung unzulässig, wenn verschiedene Tatbestände tatsächlich und rechtlich derart voneinander abweichen, daß der eine den anderen ausschließt und rechtlich abweichend von ihm zu beurteilen ist (z. B.: „der Ang. hat entweder die Sache selbst gestohlen oder Hehlerei an ihr begangen"). E. 53, 231. — Für andere Tatsachen, z. B. betr. Strafzumessung, muß der Beweis ebenso sorgfältig geführt werden; nur von ausdrücklicher Angabe sieht das Gesetz hier ab.

[3a] d. h. Indizien (Vorbem. 5 vor § 244).

[4] Vgl. Anm. 4—6 zu § 263. — Nicht dahin gehört eine behauptete andere Qualifikation der Tat (z. B. Beihilfe statt Mittäterschaft; Körperverletzung statt Totschlag). E. 20, 351; 60, 22.

[5] einschließlich z. B. §§ 47, 43 StGB. E. 19, 213; 25, 418; 32, 351, nicht aber § 74 StGB. E. 54, 202. — Statt der Paragraphenziffer genügt stets eindeutige Angabe des Gesetzeswortlauts. E. 51, 33.

[6] wenn auch nur auf entsprechende mildere Strafe. E. 29, 418.

[7] Abs. 4 ist eingefügt durch G. v. 11. 3. 21 und nur mit großer Vorsicht anzuwenden (z. B. wegen § 370, vgl. Anm. 9). — Er gilt nicht in Jugendstrafsachen: JGG. § 47. — Vgl. § 268 Anm. 9.

[8] Das freisprechende Urteil muß die tatsächlichen und rechtlichen Gesichtspunkte auseinanderhalten, die nicht erwiesenen Tatsachen deutlich bezeichnen und den die Freisprechung bestimmenden Rechtsgrund hervorheben. E. 5, 227; 3, 147; 13, 30 und betr. Anwendbarkeit auf das sog. objektive Verfahren (§§ 430ff.) 41, 19.

[9] BewWürdigung, d. h. Angabe, weshalb eine Tatsache „für erwiesen erachtet" ist oder nicht, also nicht vorgeschrieben, jedoch unbedingt erforderlich (schon wegen §§ 359 Nr. 5 u. 370). Vgl. Anm. 4 zu § 261 u. 1 Ic zu § 337.

d) **Urteilsverkündung.**

268 [267][1]. Die Verkündung des Urteils[1a] erfolgt durch Verlesung[2] der Urteilsformel[3] und[4] Eröffnung der Urteilsgründe am Schlusse der Verhandlung oder spätestens[5] mit Ablauf einer Woche nach dem Schlusse der Verhandlung. Die Eröffnung der Urteilsgründe geschieht durch Verlesung oder durch mündliche Mitteilung ihres wesentlichen Inhalts[6]. **Die Verlesung der Urteilsformel hat in jedem Falle der Mitteilung der Urteilsgründe voranzugehen.**

War die Verkündung des Urteils ausgesetzt, so sind die Urteilsgründe vor ihr schriftlich festzustellen[7].

Ist der Angeklagte bei der Verkündung anwesend[8] und ist gegen das Urteil ein Rechtsmittel zulässig, so

soll er über die Einlegung des Rechtsmittels belehrt werden[9].

[1] Neufassung durch RGes. v. 27. 12. 26.

[1a] Öffentlich: GVG. § 173.

[2] Mündliche Eröffnung kein Revisionsgrund. E. 3, 131.

[3] Preußen: „Im Namen des Volks", Verf. Art. 8 Abs. 2. — Wegen der sonstigen in den entscheidenden Teil aufzunehmenden Angaben vgl. JB. v. 7. 7. 81 (JMBl. 152), v. 10. 1. 88 (JMBl. 10: Personalien), v. 8. 4. 21 (JMBl. 256: Keine Angabe der Religion).

[4] Beides zusammen ein einheitlicher Akt. Erst dann ist das U. „verkündet" und unabänderlich (E. 46, 326; 47, 323; JW. 1929, 861). — Die UVerk. ist ein Teil der HVhdlg. Zu beachten also §§ 145, 326, 329, 378, 391. Der Angekl. ist zu laden, evtl. vorzuführen (E. 31, 398). — Offensichtliche Schreib- und Fassungsfehler dürfen noch nachträglich berichtigt werden. Sachliche Änderungen — auch durch „Ergänzungsurteil" — sind unzulässig (E. 56, 232; 61, 388 = JW. 1928, 2265 u. 1929, 859 m. Anm.; 1926, 2452; anders ZPO. § 320). Vgl. aber Anm. 2 zu § 275.

[5] Verletzung Revisionsgrund, falls kausal. E. 57, 422.

[6] Ist der Angekl. (zulässigerweise: §§ 231 Abs. 2, 232ff., 387, GVG. § 177) nicht anwesend, so muß ihm das U. mit Gründen zugestellt werden, auch wenn ein Vertreter anwesend war. E. 34, 331. Vgl. auch § 314 Abs. 2, § 341 Abs. 2.

[7] Einschließlich Unterschriften! E. 54, 256. Verletzung Revisionsgrund, falls kausal. E. 31, 140. — Der bisherige § 268 (Zustellung des U. an gesetzl. Vertreter) ist durch JGG. § 47 aufgehoben und durch JGG. § 30 ersetzt.

[8] Ist er (zulässigerweise) nicht anwesend: vgl. Anm. 6. Gesetzlich ist Rechtsmittelbelehrung dann nicht vorgeschrieben. Vgl. aber Vorbem. 3 vor § 296. — Ist für den Angekl. ein Vert. anwesend, so ist RMBelehrung nicht erforderlich.

[9] Verletzung u. U. Wiedereinsetzungsgrund. Der RTag hat am 17. 12. 26 beschlossen, „die Reichsreg. zu ersuchen, bei den Landesreg. dahin zu wirken, daß Vorkehrungen getroffen werden, die es verhüten, daß der Angekl. veranlaßt wird, Erklärungen über den Verzicht auf RMittel oder die Einlegung von Rechtsmitteln im unmittelbaren Anschluß an die Urteilsverkünd. abzugeben". Daraufhin preuß. AV. v. 2. 1. 28 (JMBl. S. 12).

e) **Zuständigkeitsentscheidungen.**

Vorbem.: Die §§ 269, 270 sollen negative sachliche Kompetenzkonflikte verhindern. Über örtliche vgl. §§ 14, 19.

269. Das Gericht darf sich nicht für unzuständig erklären, weil die Sache vor ein Gericht niederer Ordnung[1] gehöre[2].

[1] Das ist auch der AR. gegenüber dem SchöffGer. (E. 62, 270).

[2] Auch wenn es auf Grund eines von dem Gericht niederer Ordnung zu Unrecht erlassenen Verweisungsbeschlusses mit der Sache befaßt wurde. E. 44, 392.

270[1]. Stellt sich nach dem Ergebnis der Verhandlung[2] die dem Angeklagten zur Last gelegte Tat[3] als eine solche dar[4], welche die Zuständigkeit[5] des Gerichts überschreitet, so spricht[6] es durch Beschluß seine Unzuständigkeit aus[6] und verweist[7] die Sache an das zuständige Gericht[8].

Dieser Beschluß hat die Wirkung eines das Hauptverfahren eröffnenden Beschlusses[9] und muß den Erfordernissen eines solchen entsprechen[10].

Die Anfechtbarkeit des Beschlusses bestimmt sich nach den Vorschriften des § 210.

Ist der Beschluß von **einem Amtsrichter oder** einem Schöffengericht ergangen, so kann der Angeklagte, **falls nicht eine Voruntersuchung stattgefunden hat,** innerhalb einer bei der Bekanntmachung[11] des Beschlusses zu bestimmenden Frist die Vornahme einzelner Beweiserhebungen vor der Hauptverhandlung beantragen. Über den Antrag entscheidet der Vorsitzende des Gerichts, an welches die Sache verwiesen ist.

[1] Vgl. auch JGG. § 18 Abs. 2.

[2] Der ÜberweisBeschl. setzt also eine HVhdlg. voraus. E. 52, 305; 62, 271. Beweisaufnahme nur nötig, wenn nicht schon aus dem EröffBeschl. die Unzuständigkeit folgt. E. 3, 311. Bei Vorliegen eines Prozeßhindernisses JW. 1929, 1492.

[3] Im Sinne des § 264. Verweisung also unzulässig (vielmehr neue Anklage geboten), wenn in der HVhdlg. der Verdacht

einer weiteren selbständigen Straftat entsteht. E. 58, 125. — Ob das Ger. Identität der Tat mit Recht annimmt, berührt die Wirksamkeit seines Beschlusses nicht. E. 47, 335.

[4] Es genügt hinr. Verdacht i. S. des § 203. E. 41, 408.

[5] Die sachliche. Betr. örtliche vgl. § 18. — Sind die ordentl. Gerichte überhaupt unzuständig, kommt § 270 nicht in Betracht. E. 43, 225; 50, 22; 59, 36.

[6] Unterlassung begründet Rev. nach § 338 Nr. 4 (E. 45, 293.

[7] Ausnahme: § 418, auch § 389.

[8] Ohne sachliche Entscheidung. Unzulässig insbes. Freisprechung von dem in der Anklage genannten Vergehen. E. 3, 4 u. 70. Vgl. auch E. 61, 225.

[9] Z. B. § 243 II (E. 61, 406). Der Beschl. beendet aber nicht das eröffnete HVerf., sondern vermittelt nur dessen Fortsetzung vor dem höheren Gericht. Vom verweisenden Gericht angeordnete kommiss. Beweisaufnahmen behalten Bedeutung. E. 49, 193.

[10] Auch § 210 beachten! E. 47, 335.

[11] § 35. E. 4, 373.

8. Protokoll.

271. Über die Hauptverhandlung ist ein[1] Protokoll aufzunehmen und von dem Vorsitzenden und dem Urkundsbeamten der Geschäftsstelle zu unterschreiben[2].

Ist der Vorsitzende verhindert[3], so unterschreibt für ihn der älteste beisitzende Richter. **Ist der Vorsitzende das einzige richterliche Mitglied des Gerichts**, so genügt bei seiner Verhinderung die Unterschrift des Urkundsbeamten der Geschäftsstelle.

[1] Neufassung gem. Ges. v. 9. 7. 27. — Auch bei mehrtägiger Verhandlung genügt eins. E. 30, 205.

[2] Randnotizen des Vorsitzenden ohne Unterschrift des GerSchr. gelten nicht als Teil des Protokolls. E. 1, 242; 20, 425; 22, 243. — Protokollanlagen sind in gleicher Weise zu vollziehen. E. 2, 33. — Eine Berichtigung oder Vervollständigung des Protokolls ist auch nach dessen Abschluß statthaft (E. 19, 367; 21, 200 gegen früher 8, 141; 17, 346). — Sogar noch nach eingelegtem Rechtsmittel, wenn die Berichtigung den gerügten Mangel bestätigt (E. 21, 323;

vgl. Anm. 7 zu § 273); dagegen nach RG. (vgl. aber Anm. JW. 1925, 2790 u. 2818) dann unstatthaft, wenn durch die Berichtigung dem bereits eingelegten Rechtsmittel die Grundlage entzogen würde (E. 43, 1: Plenarbeschluß; 59, 429; 63, 408).

[3] E. 62, 274.

272. Das Protokoll über die Hauptverhandlung enthält:

1. den Ort und den Tag der Verhandlung;
2. die Namen der Richter, Geschworenen und Schöffen, des Beamten der Staatsanwaltschaft, des Urkundsbeamten der Geschäftsstelle und des zugezogenen Dolmetschers;
3. die Bezeichnung der strafbaren Handlung nach der Anklage[1];
4. die Namen der Angeklagten, ihrer Verteidiger, der Privatkläger, Nebenkläger, gesetzlichen Vertreter, Bevollmächtigten und Beistände;
5. die Angabe, daß öffentlich verhandelt oder die Öffentlichkeit ausgeschlossen ist[2].

[1] (Neufassung gem. Ges. v. 9. 7. 27.) Gemeint ist der EröffBeschl. Vgl. Anm. 1 zu § 264.

[2] Auch ob über den Ausschluß der Öffentlichkeit öffentlich verhandelt wurde. E. 10, 92.

273. Das Protokoll muß[1] den Gang und die Ergebnisse[2] der Hauptverhandlung im wesentlichen wiedergeben und die Beobachtung aller wesentlichen Förmlichkeiten ersichtlich machen, auch die Bezeichnung der verlesenen Schriftstücke sowie die im Laufe der Verhandlung gestellten Anträge[3], die ergangenen Entscheidungen und die Urteilsformel[4] enthalten.

Aus der Hauptverhandlung vor **dem Amtsrichter und** dem Schöffengerichte sind außerdem die wesentlichen Ergebnisse der Vernehmungen in das Protokoll aufzunehmen[5].

Kommt es auf die Feststellung eines Vorganges in der Hauptverhandlung oder des Wortlauts einer Aussage oder einer Äußerung an, so hat der Vorsitzende die vollständige Niederschreibung und Verlesung[6] anzuordnen. In dem Protokoll ist zu bemerken, daß die Verlesung geschehen und die Genehmigung erfolgt ist, oder welche Einwendungen erhoben sind[7].

[1] Mängel des Protokolls (sog. Protokollrügen) begründen aber Revision nicht, weil das Urteil nicht auf ihnen beruht (vgl. § 337 mit Anm. 3). Die Nichtbeobachtung von Förmlichkeiten, die für die HVhdlg. vorgeschrieben sind (z. B. daß öffentlich verhandelt oder ein Zeuge beeidet oder die Urteilsformel verlesen wurde) kann also zur Aufhebung eines U. nur deshalb führen, weil sie tatsächlich unbeachtet geblieben sind (was freilich entgegen dem Protokoll nur im Rahmen von § 274 angenommen werden darf), nie aber schon deshalb, weil die (an sich nicht in Frage gezogene) Beobachtung der Formvorschrift nicht protokolliert sei.

[2] Nicht die der Vernehmung; anders Abs. 2. Auch die Parteien können deren Protokollierung nicht verlangen. E. 28, 394. Entscheidend jedenfalls sind die Feststellungen im Urteil, nicht das Protokoll. E. 49, 315.

[3] Nicht auch deren Begründung; auch nicht auf Antrag. E. 32, 239.

[4] Verweisung auf das anliegende Urteil genügt nicht.

[5] Um eine Grundlage für die Berufungsinstanz zu geben. Sie können dort im Rahmen des § 325 verlesen werden, haben aber keinen erhöhten Beweiswert (insbes. nicht den des § 274, der sich nur auf „Förmlichkeiten" bezieht); gegenüber dem Inhalt der Vernehmungsprotokolle gilt freie Beweiswürdigung. Vgl. E. 58, 58. — Ebenso, wenn im Schwurgericht, über § 273 II hinaus, Zeugenaussagen protokolliert werden. E. 42, 157. — Bei einem Widerspruch des Vernehmungsprotokolls mit den Urteilsgründen gehen die letzteren vor, E. 43, 437, dagegen bei Wid. zw. der Urteilsformel des Sitzungsprotokolls und der des Urteils regelmäßig die erstere (JW. 1927, 915 m. Anm.).

[6] Im übrigen wird das Prot. weder verlesen noch von den Beteiligten unterschrieben. Anders §§ 168, 188.

[7] Wird Antrag auf ProtBerichtigung abgelehnt: Beschwerde. E. 3, 47.

274. Die Beobachtung der für die Hauptverhandlung vorgeschriebenen Förmlichkeiten[1] kann nur durch das Protokoll bewiesen werden[2]. Gegen den diese Förmlichkeiten betreffenden Inhalt des Protokolls ist nur der Nachweis der Fälschung[3] zulässig[4].

[1] d. s. alle Vorgänge, welche für die Rechtsbeständigkeit des Verf. von Bedeutung sein können, also die Tatsache, daß ein Zeuge vernommen, daß er beeidigt wurde, daß der Angekl. gemäß §§ 257f. gehört, daß eine Urkunde verlesen, daß öffentlich verhandelt wurde usw.; auch Besetzung des Gerichts (E. 53, 233), Stellung (bzw. Nichtstellung! E. 31, 163; 35, 61) von Anträgen. Vgl. E. 20, 166. Dagegen bezieht sich die erhöhte Beweiskraft des § 274 weder auf die inhaltl. Seite der Vernehmungen usw., noch auch hinsichtl. der Förmlichkeiten auf ein anderes Verfahren als das, in dem das Prot. aufgenommen ist (z. B. späteres Meineidsverf. gegen einen Zeugen). — Über den Beweiswert der Vernehmungsprotokolle vgl. Anm. 5 zu § 273.

[2] Nachträgliche berichtigende Erklärung einer der unterzeichneten Urkundspersonen beseitigt aber dessen Beweiskraft. E. 57, 394; JW. 1929, 2740. Übereinstimmende Berichtigungserkl. beider verleiht außerdem der VerErkl. die Beweiskraft des § 274 (str.; vgl. JW. 1930, 716 m. Anm.)

[3] d. i. bewußt unrichtiger Anfertigung. E. 5, 44; 20, 166.

[4] Vgl. jedoch auch Anm. 2 zu § 271, auch Anm. 6 zu § 273. Die prakt. Tragweite der — dem Wesen des Strafproz. widersprechenden — Fiktion des § 274 kann mitunter durch verständige Auslegung des Prot. (zu der auch das RevGericht befugt ist, JW. 1926, 2761) gemildert werden.

9. Beurkundung des Urteils.

275. Das Urteil mit den Gründen ist binnen einer Woche[1] nach der Verkündung zu den Akten zu bringen, falls es nicht bereits vollständig in das Protokoll aufgenommen worden ist.

Es ist von den Richtern, welche bei der Entscheidung mitgewirkt haben, zu unterschreiben[2]. Ist ein Richter verhindert, seine Unterschrift beizufügen, so wird dies unter Angabe des Verhinderungsgrundes von dem Vorsitzenden und bei dessen Verhinderung von dem ältesten beisitzenden Richter unter dem Urteil bemerkt. Der Unterschrift der Schöffen **und der Geschworenen** bedarf es nicht.

Die Bezeichnung des Tages der Sitzung sowie die Namen der Richter, **der Geschworenen,** der Schöffen, des Beamten der Staatsanwaltschaft und des Urkundsbeamten der Geschäftsstelle[3], welche an der Sitzung teilgenommen haben, sind in das Urteil aufzunehmen.

Die Ausfertigungen und Auszüge der Urteile sind von dem Urkundsbeamten der Geschäftsstelle zu unterschreiben und mit dem Gerichtssiegel zu versehen[4].

[1] Nicht revisibel. E. 59, 362; 62, 182.

[2] Auch wenn es in das Protokoll aufgenommen ist. Betr. Fehlens einer Unterschrift vgl. E. 61, 399. Die Unterzeichnung bloß der unter das abgeschlossene Urteil gesetzten Gründe hält E. 19, 233 für prozeßordnungswidrig. Nachträgliche Änderungen sind so lange zulässig, als das Urt. noch nicht zur Kenntnis für eine außerhalb des Gerichts stehende Person bestimmt ist. E. 54, 21; Anm. JW. 1925, 1819. Sie bedürfen zu ihrer Gültigkeit der besonderen Unterzeichnung durch sämtliche Richter. E. 23, 261. JMBl. 1892 S. 359; vgl. E. 24, 118; 28, 55. — Für Beschlüsse ist eine gleiche Vorschrift nicht gegeben. E. 1, 402.

[3] Bei einer detachierten StrK. (GVG. § 78) sowohl der des LGer. wie des AGer. zuständig. E. 48, 131.

[4] Weiterhin Mitteilung an das Strafregister. Vgl. StrRegVO. v. 8. 3. 26, § 2 (unter Nr. XIII). — Die Urteilsurkunde darf bei Verlust u. U. wiederhergestellt werden (Anm. JW. 1928, 1311).

Siebenter Abschnitt.

Verfahren gegen Abwesende.

Vorbem. — 1. Der Abschnitt 7 ist nur anwendbar gegen „Abwesende" im Sinne des § 276 (im übrigen vgl. §§ 230ff., 387), und zwar betr. I. Zulässigkeit einer Hauptverhandlung (§§ 276—284), II. Beweissicherung (§§ 285—289), III. Gestellung des Abwesenden (§§ 290—295).

2. Verfahren gegen Fahnenflüchtige: § 437.

3. Vgl. RAbgabenO. v. 13. 12. 19 §§ 407 Abs. 4, 428 Abs. 3, 438.

276 [318]. Ein Beschuldigter gilt als abwesend, wenn sein Aufenthalt unbekannt ist oder, wenn er sich im Ausland aufhält und seine Gestellung[1] vor das zuständige Gericht nicht ausführbar oder nicht angemessen[2] erscheint.

[1] Z. B. im Wege der Auslieferung.

[2] Etwa wegen zu hoher Kosten d. Auslieferung.

1. Hauptverhandlung.

277 [319]. Gegen einen Abwesenden kann eine Hauptverhandlung nur dann stattfinden, wenn die den Gegenstand der Untersuchung bildende Tat nur mit Geldstrafe[1] oder Einziehung, allein oder in Verbindung miteinander, bedroht ist.

Für das Verfahren kommen die Vorschriften der §§ 278 bis 284 zur Anwendung.

[1] Oder für den Unvermögensfall Freiheitsstrafe. E. 20, 290. § 277 gilt nicht für das Verf. vor dem RevGericht (E. 61, 90).

278 [320]. Ist der Aufenthalt des Angeklagten unbekannt oder die Befolgung der für Zustellungen im Ausland bestehenden Vorschriften unausführbar oder voraussichtlich erfolglos, **so wird der Angeklagte in der Weise zur Hauptverhandlung geladen, daß eine beglaubigte Abschrift der Ladung zwei Wochen an die Gerichtstafel des Gerichts erster Instanz angeheftet wird**[1].

[1] Öffentliche Bekanntmachung ist jetzt nicht mehr erforderlich und nicht mehr genügend. Anders § 40.

279 [321]. Die Ladung muß enthalten:

die Angabe des Namens und, soweit dies bekannt, des Vornamens, Alters, Standes, Gewerbes und

Wohnorts oder Aufenthaltsorts des Angeklagten, die Bezeichnung der dem Angeklagten zur Last gelegten strafbaren Handlung sowie die Angabe des Tages und der Stunde der Hauptverhandlung.

Zugleich ist die Warnung hinzuzufügen, daß bei unentschuldigtem Ausbleiben des Angeklagten zur Hauptverhandlung werde geschritten werden.

280 [322]. In der Hauptverhandlung kann für den Angeklagten ein Verteidiger auftreten. Auch Angehörige des Angeklagten sind, ohne daß sie einer Vollmacht bedürfen, als Vertreter zuzulassen.

281 [323]. Die Zustellung des Urteils erfolgt nach Maßgabe der Bestimmungen des § 40 Abs. 2[1].

[1] Stets; auch wenn andere Zust. möglich wäre.

282 [324]. Die im § 280 bezeichneten Personen können von den dem Beschuldigten zustehenden Rechtsmitteln Gebrauch machen.

283 [325]. Insoweit es nach dem Ermessen des Richters zur Deckung der den Angeschuldigten[1] möglicherweise treffenden höchsten Geldstrafe und der Kosten des Verfahrens erforderlich ist, können einzelne zum Vermögen des Angeschuldigten gehörige Gegenstände mit Beschlag belegt werden. Auf diese Beschlagnahme finden die Bestimmungen der Zivilprozeßordnung über die Vollziehung und die Wirkungen des dinglichen Arrestes[2] entsprechende Anwendung. Die Beschlagnahme ist aufzuheben, wenn ihr Grund weggefallen ist.

[1] Die öffentliche Klage muß also erhoben sein. § 157.
[2] ZPO. §§ 928—932 in Vbdg. mit 803ff.

284 [326]. Insoweit eine Deckung in Gemäßheit der vorstehenden Bestimmung nicht ausführbar erscheint, kann durch Beschluß des Gerichts das im Deutschen Reiche befindliche Vermögen des Angeschuldigten mit Beschlag belegt werden. Der Beschluß ist durch den Deutschen Reichsanzeiger und nach Ermessen des Gerichts auch durch andere Blätter zu veröffentlichen.

Verfügungen, welche der Angeschuldigte über sein mit Beschlag belegtes Vermögen nach der ersten durch den Deutschen Reichsanzeiger bewirkten Veröffentlichung des Beschlusses vornimmt, sind der Staatskasse gegenüber nichtig.

Die Beschlagnahme des Vermögens ist aufzuheben, sobald ihr Grund weggefallen oder die Deckung der Staatskasse durch eine Beschlagnahme in Gemäßheit des § 283 bewirkt ist.

Die Aufhebung der Beschlagnahme ist durch dieselben Blätter bekanntzumachen, durch welche die Beschlagnahme veröffentlicht worden ist.

2. Beweissicherung.

285 [327]. In anderen als den im § 277 bezeichneten Fällen findet gegen einen Abwesenden eine Hauptverhandlung nicht statt. Das gegen den Abwesenden eingeleitete Verfahren hat die Aufgabe, für den Fall seiner künftigen Gestellung die Beweise zu sichern.

Für dieses Verfahren gelten die Bestimmungen der §§ 286 bis 294.

286 [328]. Die Zulassung eines Verteidigers wird durch die Abwesenheit des Beschuldigten nicht ausgeschlossen. Zur Wahl eines Verteidigers sind auch Angehörige des Beschuldigten befugt.

Zeugen und Sachverständige sind eidlich zu vernehmen[1].

[1] Ausnahme von § 66 I.

287 [329]. Dem abwesenden Beschuldigten[1] steht ein Anspruch auf Benachrichtigung über den Fortgang des Verfahrens nicht zu.

Der Richter ist jedoch befugt, einem Abwesenden, dessen Aufenthalt bekannt ist, Benachrichtigungen zugehen zu lassen.

[1] Wohl aber dem Verteidiger, § 286.

288 [330]. Der Abwesende, dessen Aufenthalt unbekannt ist, kann in öffentlichen Blättern zum Erscheinen vor Gericht oder zur Anzeige seines Aufenthaltsorts aufgefordert werden.

289 [331]. Stellt sich erst nach Eröffnung des Hauptverfahrens die Abwesenheit des Angeklagten heraus, so erfolgen die noch erforderlichen Beweisaufnahmen durch einen beauftragten oder ersuchten Richter.

3. Maßregeln zwecks Gestellung.

290 [332]. Liegen gegen den Abwesenden, gegen welchen die öffentliche Klage erhoben ist, Verdachtsgründe vor, welche die Erlassung eines Haftbefehls rechtfertigen würden, so kann sein im Deutschen Reiche befindliches Vermögen durch Beschluß des Gerichts mit Beschlag belegt werden.

291 [333]. Der die Beschlagnahme verhängende Beschluß ist durch den Deutschen Reichsanzeiger bekanntzumachen und kann nach dem Ermessen des Gerichts auch durch andere Blätter veröffentlicht werden.

292 [334]. Mit dem Zeitpunkt der ersten Bekanntmachung in dem Deutschen Reichsanzeiger verliert der Angeschuldigte das Recht, über das in Beschlag genommene Vermögen unter Lebenden zu verfügen.

Der die Beschlagnahme verhängende Beschluß ist der Behörde mitzuteilen, welche für die Einleitung einer Pflegschaft über Abwesende zuständig ist[1]. Diese Behörde hat eine Pflegschaft einzuleiten.

[1] Vgl. §§ 35, 39 FreiwGerG. v. 17. 5. 98.

293 [335]. Die Beschlagnahme ist aufzuheben, wenn ihre Gründe[1] weggefallen sind.

Die Aufhebung der Beschlagnahme ist durch dieselben Blätter bekanntzumachen, durch welche die Beschlagnahme selbst veröffentlicht worden war.

[1] §§ 276, 290.

294 [336]. Auf das nach Erhebung der öffentlichen Klage eintretende Verfahren finden im übrigen die Vorschriften über die Voruntersuchung entsprechende Anwendung.

In dem nach Beendigung dieses Verfahrens ergehenden Beschlusse (§ 198) ist zugleich über die Fortdauer oder Aufhebung der Beschlagnahme zu entscheiden.

295 [337]. Das Gericht[1] kann einem abwesenden Beschuldigten sicheres Geleit erteilen; es kann diese Erteilung an Bedingungen knüpfen.

Das sichere Geleit gewährt Befreiung von der Untersuchungshaft, jedoch nur wegen der strafbaren Handlung, für welche es erteilt ist.

Es erlischt, wenn ein auf Freiheitsstrafe lautendes Urteil ergeht, wenn der Beschuldigte Anstalten zur Flucht trifft, oder wenn er die Bedingungen nicht erfüllt, unter welchen ihm das sichere Geleit erteilt worden ist.

[1] Nicht der UR. in der VU. (E. 59, 102).

Drittes Buch.

Rechtsmittel.

Vorbem. — 1. „Rechtsmittel" i. S. dieses Buchs sind nur: Beschwerde, Berufung und Revision. Ebenso ZPO. III. Buch. — Rechtsbehelfe i. w. S. sind auch: Antrag auf Wiedereinsetzung in den vorigen Stand (§§ 44—47); mündliche Verhandlung über einen Haftbefehl (§§ 114d und 115a IV): Wiederaufnahme des Verfahrens (§§ 359—373): Antrag auf Richterentscheid, z. B. §§ 98 Abs. 2, 172, 181, 386, 413ff., 419ff.,

458ff. und der Einspruch der §§ 407ff. Für diese Rechtsbehelfe gilt das III. Buch im allgem. (Ausn. z. B. Anm. 2 zu § 398) nicht.

2. Allgemein vgl. Einleitung S. 15ff.

3. Eine Belehrung des Betroffenen über das Recht zur Einlegung von RMitteln ist in der StPO. nur in § 115 und § 268 III vorgeschrieben. Vgl. aber für Preußen JV. v. 3. 1. 19 (JMBl. 13), v. 25. 6. 24 (JMBl. 263) und v. 9. 9. 25 (JMBl. 337). Hiernach ist 1. Rechtsmittelbelehrung bei Urteilszustellung vorgeschrieben, wenn eine Verurteilung in Abwesenheit des Angekl. verkündet ist; 2. Belehrung über Revisionsanträge und über Begründungszwang (§§ 384, 385), wenn ein vom Angekl. mit Revision angefochtenes Urteil zugestellt wird; 3. wenn eine vom Angekl. eingelegte Berufung oder Revision gemäß §§ 319, 346 als unzulässig verworfen ist.

Erster Abschnitt.

Allgemeine Bestimmungen.

296 [338]. Die zulässigen Rechtsmittel gegen gerichtliche Entscheidungen[1] stehen sowohl der Staatsanwaltschaft[2] als dem Beschuldigten[3] zu.

Die Staatsanwaltschaft[4] kann von ihnen auch zugunsten des Beschuldigten Gebrauch machen[5].

[1] Welches das zulässige RMittel ist, hängt von der Form, nicht dem Inhalt der Entscheidung ab. E. 23, 156; 32, 92; 50, 22. Anders E. 63, 246; KGJW. 1929, 1894.

[2] Über die Doppelwirkung der vom StA. eingelegten RMittel (die aus seiner Doppelaufgabe: Ankläger und Wahrer des öffentlichen Interesses an materieller Richtigkeit der Urteile, folgt) vgl. Abs. 2 und § 301.

[3] Soweit er durch das Urteil beschwert ist. Das ist er nicht, wenn er freigesprochen ist (E. 4, 355; 13, 324), mag auch die Begründung für ihn ungünstig sein (z. B. § 51 StGB.), E. 63, 184 = JW. 1929, 2744 m. Anm. Wohl aber, wenn er nur für straffrei erklärt ist, z. B. nach StGB. §§ 199, 233, JGG. §§ 6, 9 IV. E. 48, 17 hat eine Beschwer des Angekl. auch angenommen, wo (nach einem Zollstrafgesetz) nicht er, sondern der Eigentümer zum Werterſatz der hinterzogenen Sache verurteilt war („schon wegen möglichen Rückgriffsrechts"). — Ein Urteil auf Einstellung (§ 260 II) soll aber nach E. 42,

399 keine Beschwer des Angekl. enthalten, auch wenn dieser Freisprechung beansprucht.

[4] Nach E. 22, 400; 62, 213 (str.) auch der Privatkläger und der Nebenkläger, sowie die Verwaltungsbehörde in den Fällen der §§ 424, 427.

[5] Sogar wenn die anzufechtende Entscheidung einem Antrag der StA. entsprochen hatte. E. 48, 26; JW. 1927, 912. Entsprechende Anwendung der Anm. 3 („Beschwer") kommt hier nicht in Frage.

297 [339]. Für den Beschuldigten kann der Verteidiger, jedoch nicht gegen dessen ausdrücklichen Willen, Rechtsmittel einlegen[1].

[1] Ohne ausdrückliche Vollmacht hierzu. Er muß aber in der Sache als Verteidiger früher aufgetreten oder jetzt legitimiert sein (E. 18, 346; 28, 430); und zwar muß die Vollmacht vor Ablauf der RMittelfrist erteilt sein, wenn sie auch erst nach Ablauf nachgewiesen wird (E. 46, 372). — Analoge Ausd. auf Mitangeklagte unzulässig (E. 62, 250).

298 [340]. Der gesetzliche Vertreter eines Beschuldigten, desgleichen der Ehemann einer beschuldigten Frau können binnen der für den Beschuldigten laufenden Frist selbständig[1] von den zulässigen Rechtsmitteln[2] Gebrauch machen[3].

Auf ein solches Rechtsmittel und auf das Verfahren finden die über die Rechtsmittel des Beschuldigten geltenden Vorschriften entsprechende Anwendung.

[1] Also auch gegen den Willen und nach Verzicht des Beschuldigten (E. 5, 50; 21, 335). Anders § 297.

[2] Nicht auch § 346 Abs. 2. Vgl. E. 38, 9 und Vorbem. 1 vor § 296. Wohl aber Einspruch (§§ 407 ff.), JW. 1929, 1076 m. Anm.

[3] Nur solange zur Vertretung befugt. E. 42, 342; 47, 159. Nachträgl. Wegfall (z. B. durch Tod) berührt aber den Bestand des Rechtsmittels nicht, sofern der Vertreter bereits alles Erforderliche getan hat (JW. 1928, 1322 m. Anm.).

299 [341][1]. Der nicht auf freiem Fuße befindliche Beschuldigte kann die Erklärungen, welche sich auf Rechtsmittel beziehen, zu Protokoll[2] der Geschäftsstelle des Gerichts geben, in dessen Gefängnis er sich befindet, und, falls das Gefängnis kein gerichtliches ist, des Amtsgerichts, in dessen Bezirk das Gefängnis liegt[3].

Zur Wahrung einer Frist genügt es, wenn innerhalb der Frist das Protokoll aufgenommen wird.

[1] Für MilStrSachen vgl. § 447. § 299 gilt auch, wenn der Besch. am Sitz des urteilenden Gerichts in Haft ist (str.).

[2] Der UrkBeamte bezeugt hier die Abgabe der betr. Erklärung. Daß das Prot. vorgelesen und vom Besch. genehmigt und unterschrieben wird, ist gesetzlich nicht vorgeschrieben (E. 48, 78). Anders Prot. über Untersuchungshandlungen: § 188 Abs. 2.

[3] Abweichung von § 314 Abs. 1, § 345 Abs. 2.

300 [342]. Ein Irrtum in der Bezeichnung des zulässigen Rechtsmittels ist unschädlich.[1]

[1] Unzulässig nach RG. bedingte (E. 53, 50) und alternative Einlegung von Ber. und Rev. unter Vorbehalt künftiger Wahl (E. 60, 355). Ebenso nachträgliche (d. h. nach Ablauf der RMFrist erfolgte) Umwandlung, z. B. von Berufung in Sprungrevision (E. 60, 354) und umgekehrt (E. 62, 426). Sehr bedenklich, vgl. Anm. zu JW. 1927, 916 und 1928, 1880. — Zu § 300 i. allg. vgl. auch JW. 1926, 1250 m. Anm.

301 [343]. Jedes von der Staatsanwaltschaft[1] eingelegte Rechtsmittel hat die Wirkung, daß die angefochtene Entscheidung auch zugunsten des Beschuldigten abgeändert oder aufgehoben werden kann[2].

[1] (zulässigerweise, E. 63, 186). Auch vom Privatkläger (E. 41, 349) § 390. Dasselbe muß vom Nebenkläger und der strafverfolgenden Verwaltungsbehörde (vgl. § 426 und E. 22, 213; 61, 191) gelten.

[2] Unter Beachtung der §§ 327, 358. Ein nachträglicher Anschluß an die Revision der StA. ist nicht zulässig. E. 1, 194.

302 [344]. Die Zurücknahme eines Rechtsmittels[1] sowie der Verzicht[2] auf die Einlegung eines Rechtsmittels kann auch vor Ablauf[3] der Frist zu seiner Einlegung wirksam erfolgen[4]. Ein von der Staatsanwaltschaft zugunsten des Beschuldigten eingelegtes Rechtsmittel kann jedoch ohne dessen Zustimmung nicht zurückgenommen werden.

Der Verteidiger bedarf zur Zurücknahme einer ausdrücklichen Ermächtigung[5].

[1] Bedingte Erklärungen über RM. sind wirkungslos. Widerruf unzulässig. E. 2, 78. Anfechtung der Zurücknahme oder des Verzichts wegen Irrtums, etwa nach § 119 BGB., ist nach RG. wegen der öffentlich-rechtlichen Natur des Prozesses unwirksam. E. 57, 83; JW. 1929, 49 m. Anm. (vgl. auch JW. 1926, 2770). Das ist bei schuldlosem Irrtum abzulehnen. — Vgl. auch Anm. 1 zu § 301.

[2] Zur Wirksamkeit derselben ist erforderlich, daß die Erklärungen dem Gerichte gegenüber erfolgt bzw. an dasselbe gelangt sind. E. 1, 92. Vgl. auch Anm. 1. Bei bloßer Zurücknahme (ohne Verzicht) ist erneute Einlegung innerhalb der Frist zulässig (JW. 1927, 933).

[3] Aber nicht vor deren Beginn, d. h. vor ordnungsmäßiger Publikation bzw. Zustellung des Urteils. E. 1, 192; 2, 78.

[4] Auch zu dem Protokoll über die HVhdlg., für welchen Vermerk die Vermutung des § 274 aber nicht gilt (E. 40, 133), weil nicht mehr Teil der HVhdlg.

[5] Kosten der Zurücknahme: § 473.

303 [345]. Wenn die Entscheidung über das Rechtsmittel auf Grund mündlicher Verhandlung stattzufinden hat, so kann die Zurücknahme nach Beginn der Hauptverhandlung[1] nur mit Zustimmung des Gegners erfolgen.

[1] §§ 324, 351. Auch nach einer vertagten HVhdlg. (str.; vgl. JW. 1927, 2079 Anm.; 1928, 2290; 1930, 772).

Zweiter Abschnitt.

Beschwerde.

304 [346]. Die Beschwerde ist gegen alle von den Gerichten in erster Instanz oder in der Berufungsinstanz erlassenen Beschlüsse[1] und gegen die Verfügungen des Vorsitzenden, des Untersuchungsrichters[1a], des Amtsrichters und eines beauftragten oder ersuchten Richters zulässig, soweit das Gesetz sie nicht ausdrücklich einer Anfechtung entzieht[2].

Auch Zeugen, Sachverständige und andere Personen können gegen Beschlüsse und Verfügungen, durch welche sie betroffen werden, Beschwerde erheben.

Gegen Beschlüsse und Verfügungen der Oberlandesgerichte[3] und des Reichsgerichts findet eine Beschwerde nicht statt[4].

[1] Gemeint ist jede Maßnahme.

[1a] Vgl. Anm. 3 zu § 184.

[2] GVG. §§ 41, 52 Abs. 4, 53 Abs. 2. — StPO. §§ 28, 46 II, 182 II, 201 II, 202 IV, 210 I, 270 III, 348 II. Vgl. auch § 115 c II.

[3] Ausnahme GVG. § 159.

[4] Auch wenn das RGer. unzuständig gewesen sein sollte. E. 32, 89.

305 [347]. Entscheidungen der erkennenden[1] Gerichte, welche der Urteilsfällung vorausgehen[2], unterliegen nicht der Beschwerde. Ausgenommen sind Entscheidungen über Verhaftungen, Beschlagnahmen oder Straffestsetzungen, sowie alle Entscheidungen, durch welche dritte Personen[3] betroffen werden.

[1] d. h. also nach Eröffnung des Hauptverfahrens.

[2] d. h. die nach Eröffnung des HVerf. (§ 203) erlassenen, einschl. derjenigen, die der Vorsitzende an Stelle des erkennenden Gerichts erläßt (§§ 219—221), vorausgesetzt, daß ihnen ein Urteil überhaupt folgt (Entscheidungen also, die, wie z. B. ein Einstellungsbeschluß, ein Urteil verhindern, unterliegen der Beschwerde). Vgl. E. 43, 179. § 305 ist ferner nur dann anwendbar, wenn die Entsch. nicht nur zeitlich dem Urteil vorausgeht, sondern auch inhaltlich für das Urt. kausal ist, mit ihm in gedankl. Zusammenhange steht, so daß sie nach § 336 („beruht") revisibel wäre. Also entweder Beschwerde oder Rev. möglich (JW. 1927, 2060, 2076, 533). Anders i. F. des § 305 Satz 2 (vgl. Anm. 3).

[3] Daher ist z. B. der die Zulassung als Nebenkläger ablehnende Beschluß sowohl mit der Beschwerde als auch später zugleich seit dem Urteil mit der Rev. (§ 336) angreifbar (JW. 1929, 1064).

306 [348]. Die Beschwerde wird bei dem Gerichte, von welchem oder von dessen Vorsitzenden die angefochtene Entscheidung erlassen ist[1], zu Protokoll der Geschäftsstelle oder schriftlich[2] eingelegt. Sie kann in dringenden Fällen auch bei dem Beschwerdegericht[3] eingelegt werden[4].

Erachtet das Gericht oder der Vorsitzende, dessen Entscheidung angefochten wird, die Beschwerde für begründet, so haben sie ihr abzuhelfen[5]; anderenfalls ist die Beschwerde sofort, spätestens vor Ablauf von drei Tagen, dem Beschwerdegerichte vorzulegen[6].

Die vorstehenden Bestimmungen finden auch auf die Entscheidungen des Amtsrichters im Vorverfahren, des beauftragten oder ersuchten Richters und des Untersuchungsrichters Anwendung.

[1] Für Militärstrafsachen auch § 447.

[2] Vgl. Anm. 5 zu § 158.

[3] StrK. des LGer.: GVG. § 73 (drei Mitglieder: § 76); StrSen. des OLGer.: GVG. § 121 Nr. 2; auch §§ 159, 181 III und für Preußen: AGVG. § 50 (Kammergericht).

[4] Fristlos (anders § 311). Daraus folgt, daß die mit einf. Beschw. anfechtbaren Entsch. nur sehr beschränkte Rechtskraftwirkung haben und regelmäßig auch von Amts wegen geändert werden können.

[5] Ausnahmen: Die Fälle der sog. „sofortigen Beschwerde" (§ 311 III).

[6] Auch bei Unzulässigkeit der Beschw. E. 43, 179.

307 [349]. Durch Einlegung der Beschwerde wird der Vollzug der angefochtenen Entscheidung nicht gehemmt[1].

Jedoch kann das Gericht, der Vorsitzende oder der Richter, dessen Entscheidung angefochten wird, sowie auch das Beschwerdegericht anordnen, daß die Vollziehung der angefochtenen Entscheidung auszusetzen sei.

[1] Ausnahmen: § 81 und GVG. § 181 Abs. 2.

308 [350]. Das Beschwerdegericht kann dem Gegner des Beschwerdeführers die Beschwerde zur schriftlichen Gegenerklärung mitteilen; es kann etwa erforderliche Ermittlungen anordnen oder selbst vornehmen.

309 [351]. Die Entscheidung über die Beschwerde erfolgt ohne vorgängige mündliche Verhandlung[1], in geeigneten Fällen nach Anhörung der Staatsanwaltschaft[2].

Wird die Beschwerde für begründet erachtet, so erläßt das Beschwerdegericht zugleich die in der Sache erforderliche Entscheidung[3].

[1] Anders § 122 Abs. 2. Vgl. auch § 115c II: Antrag auf mündliche Verhandlung statt Beschwerde.

[2] StA. des BeschwGerichts.

[3] Falls das BeschwGer. für sie zuständig ist. E. 19, 337.

310 [352]. Beschlüsse, welche von dem Landgericht in der Beschwerdeinstanz erlassen sind, können, insofern sie Verhaftungen betreffen[1], durch weitere Beschwerde angefochten werden.

Im übrigen findet eine weitere Anfechtung der in der Beschwerdeinstanz ergangenen Entscheidungen nicht statt.

[1] Im engen Sinne (str.; vgl. JW. 1927, 2059). Also alle betr. die §§ 114—131, 230 II, 236. — Dazu GVG. § 159.

311 [353]. Für die Fälle der sofortigen Beschwerde[1] gelten die nachfolgenden besonderen Bestimmungen[2].

Die Beschwerde ist binnen der Frist von einer Woche, welche mit der Bekanntmachung (§ 35) der Entscheidung beginnt, einzulegen. Die Einlegung bei dem Beschwerdegerichte genügt zur Wahrung der Frist, auch wenn der Fall für dringlich nicht erachtet wird.

Das Gericht ist zu einer Abänderung seiner durch Beschwerde angefochtenen[3] Entscheidung nicht befugt[4].

[1] Folgende Fälle: Gegen Zurückweisung eines Ablehnungsantrags § 28; des Antrags auf Wiedereinsetzung in den vorigen Stand §§ 46, 415, 421; gegen Unterbringung in Irrenanstalt zwecks Beobachtung § 81; gegen Entsch. über Verfall einer Sicherheit § 122; gegen Verwerfung des Unzuständigkeitseinwands bei Eröffnung einer VU. §§ 182, 201; gegen Ablehnung einer VU. §§ 183, 201; eines EröffBeschl. oder gegen Verweisung an Ger. niederer Ordnung § 210 und für letzteren Fall § 270; gegen Verwerfung der Berufung als unzulässig § 322; gegen Entscheidungen im Wiederaufnahmeverfahren § 372; gegen Umwandlung von Geld- in Freiheitsstrafe in Abgaben- und Gefällsachen § 423; gegen Entscheidungen betr. Strafvollstreckung § 462; gegen Auferlegung der Prozeßkosten auf einen frivolen Denunzianten § 469. Vgl. auch JGG. §§ 35, 36, 40.

[2] Im übrigen die Bestimmungen dieses Abschnitts.

[3] Bzw. anfechtbaren. Mot. 200 (210). Vgl. dagegen Anm. 1 zu § 306.

[4] Sie ist also in dem aus ihrer Natur folgenden Umfang der Rechtskraft fähig. Anders § 306 Abs. 2. Vgl. aber JW. 1927, 395.

Dritter Abschnitt.

Berufung.

Vorbemerkung. — 1. Über Vorgeschichte, Wesen und Umfang der Ber. vgl. Einleitung S. 16ff. und Tabelle S. 21. Durch VO. v. 4. 1. 24 wurde die Ber. ausgedehnt infolge der Übertragung der StrKSachen auf das SchGer., eingeschränkt durch § 313. Die Einschränkung wurde teilweise wieder rückgängig gemacht durch RGes. v. 22. 12. 25.

2. Die heutige deutsche „Berufung" führt zu einem Mittelgebilde zwischen Neuverhandlung der Sache und Nachprüfung des ersten Urteils. Neuverhandlung: Über die Schuldfrage wird neuer Beweis geführt (neue Tatsachen, neue Beweismittel sind zulässig) und vom BerRichter selbständig aus eigener Überzeugung entschieden. — Indessen findet diese Neuverhandlung nicht nur stets vor einem höheren Gericht statt (sog. Devolutiveffekt); sie knüpft auch vielfach an das erstinstanzliche Urteil an: 1. An der Spitze der BerVhdlg. steht ein „Vortrag über die Ergebnisse des bisherigen Verfahrens" und wird das Urteil erster Instanz verlesen (§ 324).

2. Die BewAufn. kann nach § 325 teilweise durch die der ersten Instanz ersetzt werden (tiefgreifende Ausnahme von dem Unmittelbarkeitsgrundsatz, Vorbem. 8 vor § 244 und Anm. 1 zu § 325). 3. Die Entscheidung des Richters ist eingeengt durch die BerAnträge (§§ 318, 327) und durch das Verbot der reformatio in pejus (§ 331). 4. Mit dem Grundsatz der „Neuverhandlung" unverträglich ist auch § 328.

1. Zulässigkeit.

312 [354]. Die Berufung findet statt gegen die Urteile **des Amtsrichters und** des Schöffengerichts[1].

[1] Auch des Kleinen und des Großen Jugendgerichts. Einschränkungen in § 313 und JGG. § 35.

313 [neu][1]. **Ein Urteil des Amtsrichters[2] kann nicht mit der Berufung angefochten werden, wenn es[3] ausschließlich Übertretungen zum Gegenstande hat und der Angeklagte entweder freigesprochen[4] oder ausschließlich zu Geldstrafe[5] verurteilt worden ist.**

[1] Beruht auf § 33 I VO. v. 4. 1. 24 und RGes. v. 22. 12. 25. Durch letzteres wurde die VO. insoweit wieder aufgehoben, als sie auch Privatklage-Vergehen (abgesehen von Presse-Beleidigungen) hinsichtlich der Nicht-Appellabilität den „Übertretungen" gleichgestellt hatte.

[2] Es soll also nicht etwa das SchGer., sondern der Einzelrichter in gewissen Fällen inappellabel entscheiden. Ersatz: Revision nach § 334. — Eine i. F. des § 313 trotz Unzulässigkeit eingelegte Berufung ist nach § 300 (soweit §§ 334, 340 es zulassen) als Revision zu behandeln, unterliegt als solche aber dem Begründungszwang des § 344. — Das Urteil eines Schöffen- (Jugend-) Gerichts ist also stets berufungsfähig. Einschränkung in JGG. § 35.

[3] Das Urteil! Ber. aber nicht ausgeschlossen, wenn Eröff.-Beschl. und HVhdlg. ein Vergehen betrafen (z. B. StGB. § 242 oder § 267), aber nur wegen Übertretung (z. B. StGB. § 370[5] oder 363) zu Geldstrafe verurteilt wird (JW. 1927, 2077; str.).

[4] „Absehen von Strafe" (JGG. §§ 6, 9[4]) und „Straffreierklärung" (StGB. §§ 199, 233) enthalten Schuldfeststellungen (bei denen Berufung so nötig wie bei Verurteilung sein kann); sind jedenfalls nicht „Freisprechung".

Sie dieser gleichzubehandeln, bietet der § 313 keinen Grund. Dagegen fällt Einstellung sinngemäß doch wohl unter § 313 (str.: vgl. JW. 1927, 889).

[5] Verurteilung zu Nebenstrafe (z. B. StGB. §§ 40, 41, 200, 362 [2]) ist berufungsfähig. — „Buße" (StGB. §§ 288, 231) ist nicht Geldstrafe.

2. Einlegung.

314 [355]. Die Berufung muß bei dem Gericht erster Instanz[1] binnen einer Woche nach Verkündung des Urteils[2] zu Protokoll der Geschäftsstelle[3] oder schriftlich[4] eingelegt werden[5].

Hat die Verkündung des Urteils nicht in Anwesenheit des Angeklagten stattgefunden[6], so beginnt für diesen die Frist mit der Zustellung[7].

[1] Vgl. Anm. 1 zu § 44 und E. 10, 74; 22, 124. — Für Militärstrafsachen vgl. § 447.

[2] Für Gefällsstrafsachen vgl. § 429. — Rechtzeitigkeit braucht nicht urkundlich nachgewiesen zu werden (JW. 1929, 1054).

[3] In der Sitzung braucht der Prot.Führer die Einlegung nicht zu Prot. zu nehmen. E. 24, 355.

[4] Anm. 5 zu § 158 und bes. E. 63, 246. Betr. Fernsprecher JW. 1929, 155. — Beglaubigte Abschrift genügt nicht: E. 57, 280.

[5] Für den verhafteten Angekl. § 299; MilStrSachen § 447.

[6] Auch wenn ein Vertreter für ihn anwesend war.

[7] Ohne Z. hier also auch keine Rechtskraft. Verzicht unzulässig. Zustellung an Verteidiger genügt nicht. E. 19, 390; 43, 321.

315 [356][1]. Der Beginn der Frist zur Einlegung der Berufung wird dadurch nicht ausgeschlossen, daß gegen ein auf Ausbleiben des Angeklagten ergangenes Urteil eine Wiedereinsetzung in den vorigen Stand nachgesucht werden kann.

Stellt der Angeklagte ein Gesuch um Wiedereinsetzung in den vorigen Stand, so wird die Berufung dadurch gewahrt, daß sie sofort für den Fall der Verwerfung jenes Gesuchs rechtzeitig eingelegt wird. Die weitere Verfügung in bezug auf die Berufung bleibt dann bis zur Erledigung des Gesuchs um Wiedereinsetzung in den vorigen Stand ausgesetzt.

Die Einlegung der Berufung ohne Verbindung mit dem Gesuch um Wiedereinsetzung in den vorigen Stand gilt als Verzicht auf die letztere[2].

[1] Sinn: Der Angekl., gegen den ein Urteil in seiner Abwesenheit gefällt ist (§ 235), kann wählen, ob er in derselben einwöchigen Frist Wiedereins. i. d. vor. Stand beantragen oder Ber. einlegen will. Letztere kann er auch als eventuelle mit ersterer verbinden. [2] Nicht aber umgekehrt.

316 [357]. Durch rechtzeitige Einlegung der Berufung wird die Rechtskraft des Urteils, soweit es angefochten ist[1], gehemmt[2].

Dem Beschwerdeführer[3], welchem das Urteil mit den Gründen noch nicht zugestellt war, ist es nach Einlegung der Berufung sofort zuzustellen[4].

[1] §§ 318, 327. [2] Vgl. aber §§ 123 Abs. 2, 322.

[3] Beschwerdeführer ist der Angekl., auch wenn der Verteidiger (§ 297) Ber. eingelegt hat. Zustellung an den Angekl. ist also grundsätzlich prozessual gültig (E. 6, 93); sie ist notwendig, wenn das Urteil in seiner Abwesenheit verkündet wurde (§ 314 Abs. 2). — Zust. an Verteidiger genügt nur dann, wenn dieser zur Empfangnahme bevollmächtigt ist; sie ist erforderlich, wenn der Angekl. Zust. an Vert. beantragt hat (E. 47, 114). — Preußen: JV. v. 11. 2. 22 (JMBl. 45) ordnet Zust. an Vert. an, wenn der Angekl. einen solchen zum Empfang von Zust. ermächtigt oder Zust. an ihn beantragt hat (an der prozessualen Gültigkeit einer Zust. an Angekl. kann hierdurch nichts geändert werden) und gleichzeitige Nachricht an Angekl., verbunden mit Rechtsmittelbelehrung (Vorbem. 3 vor § 296). Vgl. auch JW. 1929, 1079.

[4] Davon kann nach E. 62, 250 nur bei nicht rechtz. Einlegung der Ber., nicht auch bei sonstigen Mängeln der Ber. abgesehen werden.

(**Rechtfertigung.**)

317 [358]. Die Berufung kann binnen einer weiteren Woche[2] nach Ablauf der Frist zur Einlegung des Rechtsmittels oder, wenn zu dieser Zeit das Urteil noch nicht zugestellt war, nach dessen Zustellung bei dem Gericht erster Instanz zu Protokoll der Geschäftsstelle oder in einer Beschwerdeschrift gerechtfertigt werden.

1 Die Revision dagegen muß begründet werden: § 344.

2 Frist nur in § 320 von Bedeutung.

318 [359]. Die Berufung kann auf bestimmte Beschwerdepunkte beschränkt werden[1]. Ist dies nicht geschehen oder eine Rechtfertigung überhaupt nicht erfolgt, so gilt der ganze Inhalt des Urteils als angefochten[2].

1 Soweit solche abtrennbar sind, z. B. eine von mehreren Taten oder Tätern; Kostenfrage; Straffrage gegenüber der Schuldfrage (nicht umgekehrt!). Vgl. bes. E. 61, 322 und Anm. 2 zu § 344. Ob Beschränkung überhaupt gewollt, ist durch vernünftige Auslegung zu ermitteln (JW. 1929, 2752) und in der Rev.Instanz nachzuprüfen (JW. 1927, 3059; 1928, 3000).

2 § 327. Auch das Vorliegen der (sich aus §§ 318, 327 ergebenden) sog. teilweisen Rechtskraft ist von Amts wegen nachzuprüfen (E. 62, 13; a. A. KGJW. 1927, 3060).

319 [360]. Ist die Berufung verspätet eingelegt, so hat das Gericht erster Instanz das Rechtsmittel als unzulässig zu verwerfen.

Der Beschwerdeführer kann binnen einer Woche nach Zustellung des Beschlusses auf die Entscheidung des Berufungsgerichts antragen[1]. In diesem Falle sind die Akten an das Berufungsgericht einzusenden; die Vollstreckung des Urteils wird jedoch hierdurch nicht gehemmt.

1 Gegen den auf den Antrag ergehenden Beschluß ist sofortige Beschwerde zulässig: § 322 Abs. 2.

320 [361]. Ist die Berufung rechtzeitig eingelegt, so hat nach Ablauf der Frist zur Rechtfertigung die Geschäftsstelle ohne Rücksicht darauf, ob eine Rechtfertigung stattgefunden hat oder nicht, die Akten der Staatsanwaltschaft vorzulegen. Diese stellt, wenn die Berufung von ihr eingelegt ist, dem Angeklagten die Schriftstücke über Einlegung und Rechtfertigung der Berufung zu[1].

[1] Für Privatklagesachen: § 390 Abs. 3.

321 [362]. Die Staatsanwaltschaft übersendet die Akten an die Staatsanwaltschaft bei dem Berufungsgerichte. Diese übergibt[1] die Akten binnen einer Woche dem Vorsitzenden des Gerichts.

[1] Falls sie nicht Ber. zurücknimmt. Vgl. GVG. § 145.

3. Verfahren vor dem Berufungsgericht.

322 [363]. Erachtet das Berufungsgericht die Bestimmungen über die Einlegung der Berufung nicht für beobachtet, so kann es das Rechtsmittel durch Beschluß[1] als unzulässig verwerfen. Anderenfalls entscheidet es darüber durch Urteil.

Der Beschluß kann durch sofortige Beschwerde angefochten werden[2].

[1] Vgl. auch § 349. In der HVhdlg. nur durch Urteil. Verwerfung durch Beschluß auch zulässig wegen Rechtsmittelverzicht (str.). — Der Vors. des Ber.Gerichts darf nicht Terminsanberaumung ablehnen, weil er Ber. für unzulässig (§ 313) hält (JW. 1926, 2771).

[2] Hat diese Erfolg, so hat die Strafkammer weiter zu verfahren und zu entscheiden, als ob ihr die Ber. verwerfender Beschl. nicht ergangen wäre. Weiter ist sie durch den Beschl. des Beschwerdegerichts nicht gebunden. E. 59, 251.

323 [364]. Auf die Vorbereitung der Hauptverhandlung finden die Vorschriften der §§ 214, 216 bis 225 Anwendung. In der Ladung ist der Angeklagte auf die Folgen des Ausbleibens[1] ausdrücklich hinzuweisen.

Die Ladung der in erster Instanz vernommenen Zeugen und Sachverständigen kann nur dann unterbleiben, wenn deren wiederholte Vernehmung zur Aufklärung der Sache nicht erforderlich erscheint[2].

Neue Beweismittel[3] sind zulässig.

Bei der Auswahl der zu ladenden Zeugen und Sachverständigen ist auf die von dem Angeklagten zur Rechtfertigung der Berufung benannten Personen Rücksicht zu nehmen.

[1] §§ 329, 330.

[2] D. h.: wenn die (an sich zulässige: § 325) Protokollverlesung als genügender Ersatz erscheint!

[3] Und Tatsachen! Insofern also nicht „Nachprüfung", sondern „Neuverhandlung". Vgl. Vorbem. 2 vor § 312.

324 [365]. Nachdem die Hauptverhandlung nach Vorschrift des § 243 Abs. 1 begonnen hat, hält ein Berichterstatter in Abwesenheit der Zeugen einen Vortrag über die Ergebnisse des bisherigen Verfahrens. Das Urteil erster Instanz ist stets zu verlesen[1].

Sodann erfolgt die Vernehmung des Angeklagten[1a] und die Beweisaufnahme[2].

[1] Vgl. hierüber E. 61, 287 und 399; 62, 130.

[1a] Gemäß § 243 Abs. 2 u. 3.

[2] Gemäß §§ 244 ff., freilich auch § 325.

325 [366][1]. Bei der Berichterstattung und der Beweisaufnahme können Schriftstücke verlesen werden[2]; Protokolle über Aussagen der in der Hauptverhandlung erster Instanz vernommenen Zeugen und Sachverständigen dürfen, abgesehen von den Fällen der §§ 251, 253 ohne die Zustimmung[2a] der Staatsanwaltschaft [b] und des Angeklagten nicht verlesen werden, wenn die wiederholte Vorladung der Zeugen oder Sachverständigen erfolgt ist oder von dem Angeklagten rechtzeitig[3] vor der Hauptverhandlung beantragt worden war[1].

[1] Der § 325 durchbricht den die Ersetzung von Zeugen durch Urkunden verbietenden Grundsatz der Unmittelbarkeit der Beweisaufnahme (§ 250). Positiv gewendet besagt § 325: Zeugen- und Sachverständigenaussagen können durch Verlesung der Protokolle über die erstinstanzlichen Aussagen ersetzt werden: 1. wenn die Z. oder Sachverst. zur

VerVerhdlg. nicht vorgeladen wurden, der Angekl. ihre Vorladung auch nicht rechtzeitig beantragt hatte; 2. wenn StA. und Angekl. der Verlesung zustimmen; 3. in den Fällen der §§ 251, 253. — Beachte Anm. 2 zu § 323 und bes. Anm. 5 zu § 273! Verlesungsverbot darf nicht durch Vorhalt umgangen werden (JW. 1930, 154; Vorbem. II vor und Anm. 3 zu § 249).

[2] d. h. innerhalb der durch den folgenden Satz erweiterten Grenzen der §§ 249—256. Vgl. E. 63, 228.

[2a] Diese muß in der Regel ausdrücklich erteilt werden (JW. 1927, 2049; 1929, 865) und ist unwiderruflich (E. 63, 302); vgl. aber Anm. 4. Über die Tragweite der Zust. vgl. JW. 1929, 2738.

[2b] Im Privatkl.Verf. des PrivKl. (JW. 1929, 2776).

[3] d. h. so, daß die Ladung noch ausführbar war.

[4] Der Beweiswert solcher Protokolle ist nach § 261 frei zu würdigen. Ein Antrag, die Zeugen trotz Verlesung nochmals zu vernehmen, ist nach § 244 zu behandeln. E. 58, 378; JW. 1929, 2741.

326 [367]. Nach dem Schlusse der Beweisaufnahme werden die Staatsanwaltschaft sowie der Angeklagte und sein Verteidiger mit ihren Ausführungen und Anträgen, und zwar der Beschwerdeführer zuerst, gehört. Dem Angeklagten gebührt das letzte Wort.

4. Entscheidung.

327 [368]. Der Prüfung des Gerichts unterliegt das Urteil nur, soweit es angefochten ist[1].

[1] Hierdurch ist der Gedanke der „Neuverhandlung" und der Grundsatz der Erforschung materieller Wahrheit zugunsten des Gedankens der „Nachprüfung" durchbrochen. Vgl. auch § 318 (mit Anm. 1) und § 316 Abs. 1.

328 [369]. Insoweit die Berufung für begründet befunden wird, hat das Berufungsgericht unter Aufhebung des Urteils in der Sache selbst zu erkennen[1].

Leidet das Urteil an einem Mangel, welcher die Revision wegen Verletzung einer Rechtsnorm über das Verfahren begründen würde[2], so kann das Berufungsgericht unter Aufhebung des Urteils die Sache, wenn die Umstände des Falles es erfordern, zur Entscheidung an die erste Instanz zurückverweisen.

Hat das Gericht erster Instanz mit Unrecht seine Zuständigkeit angenommen, so hat das Berufungsgericht unter Aufhebung des Urteils die Sache an das zuständige Gericht zu verweisen[3],[4].

[1] Anders § 354! — Auf die Gründe des erstinstanzlichen Urteils darf nur Bezug genommen werden, wenn dargelegt wird, in welchem Umfang das BerGer. die tatsächlichen und rechtlichen Anführungen der Vorinstanz für zutreffend hält. E. 59, 78 und 429; JW. 1929, 1061 Anm. und 1930, 959.

[2] Vgl. § 338, aber auch §§ 337, 339.

[3] Durch Urteil (anders § 270). Für Jugendsachen JGG. § 18 Abs. 2.

[4] Verstoß gegen Abs. 3 in Rev.Inst. von Amts wegen zu beachten (JW. 1928, 2375; a. A. wohl E. 62, 64). — § 358 I gilt hier nicht!

329 [370]. Ist bei dem Beginne der Hauptverhandlung weder der Angeklagte noch in den Fällen, wo solches zulässig[1], ein Vertreter des Angeklagten erschienen und das Ausbleiben nicht genügend entschuldigt[2], so ist, insoweit der Angeklagte die Berufung eingelegt hat, diese sofort zu verwerfen, insoweit die Staatsanwaltschaft die Berufung eingelegt hat, über diese zu verhandeln oder die Vorführung oder Verhaftung des Angeklagten anzuordnen[3].

Der Angeklagte kann binnen einer Woche nach der Zustellung des Urteils die Wiedereinsetzung in den vorigen Stand unter den in den §§ 44, 45 bezeichneten Voraussetzungen beanspruchen[4].

[1] Vgl. E. 62, 259 und 420.

[2] Es kommt also darauf an, ob der Angekl. nach der objektiven Sachlage genügend entsch. ist, nicht darauf, ob er sich genügend entsch. hat: etwaige Entsch.Gründe sind von Amts wegen zu berücksichtigen (E. 62, 422). Das Ausbleiben eines Angekl., der

auf Wiederholung eines bereits abgelehnten Gesuchs um Terminsverlegung ohne Bescheid blieb, sieht E. 59, 277 als entschuldigt an. Das Gericht muß u. U. auf den Angekl. kurze Zeit warten (E. 61, 175). Das RevGericht hat nachzuprüfen, ob die Rechtsbegriffe „genügend entsch." u. „ausgeblieben" richtig aufgefaßt sind (E. 62, 420), aber auch, ob die festgestellten Tatsachen richtig gewertet sind (vgl. hierzu JW. 1927, 250; 1928, 417; 1929, 1889 und 2742 m. Anm.).

[3] § 329 gilt nur für die erste HV. der BerInst. (E. 61, 280; 63, 10).

[4] Wiedereinsetzung beseitigt das Ber.Urteil ohne weiteres (E. 61, 180).

330 [371]. Ist von einer der im § 298 bezeichneten Personen die Berufung eingelegt worden, so hat das Gericht auch den Angeklagten zu der Hauptverhandlung vorzuladen und kann ihn bei seinem Ausbleiben zwangsweise vorführen lassen.

(**Verbot der reformatio in pejus.**)

331 [372]. [1]War das Urteil nur von dem Angeklagten oder zu seinen Gunsten von der Staatsanwaltschaft oder von einer der im § 298 bezeichneten Personen angefochten worden, so darf das Urteil nicht zum Nachteil des Angeklagten abgeändert werden[2].

[1] Durch das Verbot einer reformatio in pejus ist der Gedanke der „Neuverhandlung" hinter den der „Nachprüfung" gedrängt und der Grundsatz materieller Wahrheitsprüfung eingeschränkt. Vgl. auch §§ 358 Abs. 2, 373 Abs. 2.

[2] Auch wenn die in 1. Inst. verhängte Strafe unzulässig war oder doch nach der rechtl. Beurt. des BerGer. sein würde (z. B. Freiheitsstrafe bei Mord), darf sie nicht verschärft werden (E. 62, 82). — Das RG. handhabt § 331 trotz des Wortlauts im engen Sinne des § 358 II, bezieht ihn also nur auf Verschärfung der Strafe (E. 59, 292; 62, 216 und bes. 402); daher darf die BerInst. z. B. statt aus § 242 aus §§ 243, 244 StGB. verurteilen (vgl. dazu aber Anm. zu JW. 1925, 2785 und 1928, 2723). Nur in Beziehung auf die Strafe (Buße ist keine Strafe E. 15, 439) und auch nur insoweit, als nicht im Endergebnis eine höhere Strafe verhängt werden darf. Es kann daher bei einer auf Grund

des § 74 StGB. verhängten Gesamtstrafe verbleiben, obwohl von einer Straftat freigesprochen wird; allerdings dürfen die Einzelstrafen nicht erhöht werden. In der rechtlichen Beurteilung der Tat ist das BerGer. frei. Es darf auch wegen derselben Tat noch aus einem anderen rechtlichen Gesichtspunkt verurteilen, die Strafe freilich nicht erhöhen. E. 59, 291. — Hat die erste Instanz UntHaft angerechnet, so ist das BerGericht daran gebunden. E. 59, 231. — Vgl. ferner E. 2, 202; 25, 244; 26, 167. Beseitigung bedingter Strafaussetzung soll nicht ref. i. p. sein (JW 1928, 2272; 1929, 2776; prozeßpolitisch sehr bedenklich).

332 [373]. Im übrigen finden die im sechsten Abschnitt des zweiten Buches über die Hauptverhandlung gegebenen Vorschriften Anwendung[1].

[1] Soweit sie nicht nach Sinn oder Wortlaut ausschließlich auf die erste Instanz abgestellt sind.

Vierter Abschnitt.

Revision.

Vorbemerkungen. — 1. Der deutsche Strafprozeß vor 1879 kannte neben der zu neuer Tatsachenprüfung führenden Appellation die Nichtigkeitsbeschwerde, die (wie der französische Kassationsrekurs) nur eine formale rechtliche Nachprüfung und eventuell Aufhebung des Ersturteils bezweckte. Da die StPO. von 1877 die Appellation für die wichtigsten Strafsachen beseitigte, sollte die NB. (unter dem neuen Namen: „Revision") entformalisiert werden. Der RevRichter sollte zwar an die tatsächlichen Feststellungen des Unterrichters (soweit sie nicht selber in einem gesetzwidrigen Verfahren gewonnen waren) gebunden bleiben, bei der rechtlichen Behandlung aber auf richtige Entscheidung des gegebenen Straffalls hinwirken; deshalb nicht nur von formalen Schranken tunlichst befreit werden, sondern auch einerseits nur dann aufheben, wenn ein Rechtsverstoß für das Urteil kausal ist (§ 337), anderseits dann selber anderweit entscheiden, wenn dies ohne neue Tatsachenwürdigung möglich und unbedenklich ist (§ 354). Bei dieser Konstruktion des Rechtsmittels ist es auch 1924, trotz fast durchgängiger Wiedereinführung der Berufung, geblieben.

2. Die wichtigsten Neuerungen seit 1924 sind: a) Die Dezentralisierung der Rev. 1879 war RevGericht in der Regel das Reichsgericht; die Oberlandesgerichte nur in Schöffensachen und, bei Verstoß gegen Landesrecht, in Strafkammersachen. Seit 1924 ist RevGer. in der Regel das OLGer.; das RGer. nur, wenn in erster Instanz das erweiterte Schöffengericht (GVG. § 29²: Ermessen des StA.!) oder das Schwurgericht entschieden hat und die Verletzung von Reichsrecht gerügt ist. Im einzelnen vgl. die Tabelle S. 21. — b) Die Erweiterung der Rev. durch Streichung des § 380 a. F., der gegen Berufungsurteile der Landgerichte die Rüge formeller Mängel nicht zuließ. c) Gleichstellung des Staatsanwalts mit dem Angekl. bei der Revision von Schwurgerichtsurteilen (Fortfall des § 379 a. F.). — d) Die Einführung der Sprungrevision, vgl. § 335 und Tabelle S. 21. — e) Die materielle Rüge gegen Schwurgerichtsurteile.

1. Zulässigkeit; a) formell.

333 [374]. Die Revision findet statt gegen die Urteile[1] der Landgerichte und der Schwurgerichte.

[1] Auch wenn richtigerweise nicht ein „Urteil", sondern ein „Beschluß" hätte ergehen sollen. Vgl. Anm. 1 zu § 296.

334 [neu]. **Gegen die Urteile des Amtsrichters ist die Revision insoweit zulässig, als nach § 313 die Berufung ausgeschlossen ist**[1].

[1] Vgl. außer § 313 bes. § 340. — Über die formelle Behandlung vgl. preuß. JV. v. 5. 2. 24 (JMBl. 62) und v. 3. 8. 25 (JMBl. 276) sowie die dort angeführten.

335 [neu][1]. **Ein Urteil, gegen das die Berufung zulässig ist**[2]**, kann statt mit der Berufung mit der Revision angefochten werden.**

Über die Revision entscheidet das Gericht, das zur Entscheidung berufen wäre, wenn die Revision nach durchgeführter Berufung eingelegt worden wäre[3].

Legt gegen das Urteil ein Beteiligter[4] **Revision und ein anderer Beteiligter**[4] **Berufung ein, so wird, solange die Berufung nicht zurückgenommen oder als unzulässig verworfen ist, die Revision als Berufung**

behandelt[5]. Die Revisionsanträge und deren Begründung sind gleichwohl[6] in der vorgeschriebenen Form und Frist anzubringen und dem Gegner zuzustellen (§§ 344 bis 347). Gegen das Berufungsurteil findet Revision nach den allgemein geltenden Vorschriften statt.

[1] § 335 — beruhend auf § 33 Abs. 1 Satz 1 VO. v. 4. 1. 24 — führt die Sprungrevision (revisio per saltum) ein (vgl. Tabelle S. 21). Zweckmäßig, wenn nur Rechtsfragen streitig sind. — Zu Abs. 1 vgl. auch Anm. 1 zu § 300.

[2] §§ 312, 313.

[3] Voraussetzung ist also, daß gegen das Urt. des BerGer. Rev. zulässig wäre. Unzulässig deshalb bei § 32 PrFDiebstG. und § 55 PrFPolG.

[4] d. h. ein Rechtsmittelberechtigter, z. B. Staatsanwalt und Nebenkläger (E. 59, 63), auch Mitangeklagte untereinander (str.). „Beteiligter" ist hier nicht der Teilnehmer im mat. rechtl. Sinne, sondern der verfahrensrechtl. Beteiligte (E. 63, 194).

[5] Beide Parteien müssen also praktisch über Einlegung von Sprungrevision einig sein.

[6] d. h. obgleich die Rev. nun als Ber. behandelt wird, wo „Anträge und deren Begründung" nicht vorgeschrieben sind (§ 317 gegen § 344). Unterlassung hindert hier aber nur, daß nach Fristablauf die Sprungrevision als solche weiterverfolgt wird, falls die Ber. des Gegners zurückgenommen oder verworfen wird. Daß die Sprungrev. „als Berufung behandelt" wird, ist von Stellung und Begründung der Revisionsanträge nicht abhängig. E. 59, 63.

336 [375]. Der Beurteilung des Revisionsgerichts unterliegen auch die Entscheidungen, welche dem Urteil vorausgegangen sind[1], sofern es auf ihnen beruht[2].

[1] Auch des Eröffnungsverfahrens. Insbes. auch der EröffBeschl. (E. 27, 125: Rev. zugelassen, weil Eröffnungsgericht nicht vorschriftsmäßig besetzt war; vgl. auch E. 32, 79; 52, 305; 62, 271 mit Zit.). Nach E. 55, 225 sollen aber Mängel der einem ordnungsmäßigen EröffBeschl. vorausgegangenen Untersuchung nicht revisibel sein. Vgl. Anm. 1 zu § 305.

[2] d. h. sofern sie auf das Urteil von Einfluß sein konnten. Vgl. E. 59, 300.

b) Revisionsgründe.

337 [376]. Die Revision kann nur darauf gestützt werden, daß das Urteil[1a] auf einer Verletzung[2] des Gesetzes[1] beruhe[3].

Das Gesetz ist verletzt, wenn eine Rechtsnorm nicht oder nicht richtig angewendet worden ist.

[1] **Gesetz** ist jede „Rechtsnorm" (Abs. 2 und EStPO. § 7); ob strafrechtlich oder außerstrafrechtlich; ob inländisch oder ausländisch (E. 10, 285; anders ZPO. § 549). Auch Staatsverträge (E. 12, 38; 17, 51). Auch Gewohnheitsrecht (E. 9, 299). Auch Rechtsverordnungen (RGZiv. 19, 104; 43, 99; 70, 316: Eisenbahnverkehrsordnung, Post- und Telegraphenordnung; E. 52, 140: die Auslegung einer Gefängnisordnung); nicht aber nach h. M. interne Verwaltungsvorschriften (E. 29, 180: Beamtendienstinstruktionen; E. 53, 134: Fahrdienstordnung der Eisenbahn; JW. 1929, 2067: Dienstanw. für Post und Tel.). In MilStrSachen auch „eine allgemeine militärische Dienstvorschrift" (§ 448). Auch Kostenvorschriften (E. 6, 237; anders ZPO. § 99). Auch Sollvorschriften (darüber, ob und wann diese „verletzt" sein können, vgl. Anm. 2, Ic).

[1a] Urteil = Urteilsformel (E. 63, 185).

[2] **Verletzt** ist ein Gesetz, wenn es „nicht oder nicht richtig angewendet worden ist" (Abs. 2). Es können I. Prozeßgesetze und II. materielle Gesetze verletzt sein. Unterscheidung wichtig wegen §§ 340, 354, 357.

I. Ein Prozeßgesetz ist verletzt:

a) Wenn trotz eines (nicht geheilten) Mangels einer Prozeßvoraussetzung eine Sachentscheidung getroffen wurde; vgl. betr. fehlende Gerichtsbarkeit E. 12, 125; 34, 255; Rechtzeitigkeit eines Strafantrags E. 47, 202; 51, 72; Verjährung E. 12, 434; 45, 158; ne bis in idem E. 28, 97; 35, 367; Ehescheidung bei StGB. § 172 E. 22, 135; Amnestie und Niederschlagung E. 53, 39; 54, 54 und 333.

b) Wenn Vorschriften nicht befolgt wurden, die die richterliche Tätigkeit vor und in der Hauptverhandlung regeln; z. B. Nichtbeeidigung eines Eidesmündigen E. 20, 163; unzulässige Verlesung von Protokollen (§§ 250 ff.); Ablehnung von Beweisanträgen (§§ 244 f.) usw.

c) Wenn die auf tatsächliche Feststellungen (d. h. inneres Überzeugtsein von einer Tatsache) gerichtete Tätigkeit des Richters auf gesetzwidrigen Erwägungen oder Grundsätzen beruhte. Das ist, soweit die Feststellung auf Grund pflichtmäßigen, aber freien Ermessens des Richters zu treffen ist (vgl. insbes. § 261: freie Beweiswürdigung!), nach h. M. nur dann der Fall, wenn das Erm. kein pflichtmäßiges war (E. 54, 22 betr. § 251); wenn die tatsächlichen Annahmen nicht genügend begründet sind, die Gründe voneinander abweichen oder sich widersprechen (E. 39, 239); wenn der Richter, entgegen dem Satz in dubio pro reo, trotz ersichtlicher Zweifel an der Schuld, diese für festgestellt erklärt (E. 21, 131 betr. StGB. § 51; unrichtig die Begründung in E. 52, 319: der Satz in dubio pro reo sei überhaupt keine Rechtsnorm). Nicht nachprüfbar also nach RG.: ob der Vorderrichter die Beweise vollständig gewürdigt hat (E. 40, 48: ein Geschworener hatte eine Aussage nicht verstanden und sich über sie aus der Zeitung unterrichtet); betr. Ort und Zeit einer angeblich verjährten Tat E. 12, 434; 45, 158; ob ein Zeuge die erforderliche Vorstellung von Wesen und Bedeutung des Eides hatte E. 56, 102; der Teilnahme verdächtig ist E. 56, 138; ein Sachverständiger befangen ist E. 25, 361; ob der Aufenthalt eines Zeugen zu ermitteln war E. 54, 22. — Aus § 352 I folgt aber, daß bei der prozessualen Rev. (hier I) auch das Tatsachenmaterial nachprüfbar ist (z. B. Datum des Eingangs eines Strafantrags), was schon deshalb gerechtfertigt ist, weil insofern „Freibeweis" gilt (Vorbem. 2 vor § 244) — vgl. Anm. zu JW. 1929, 1507. — Auf Verletzung von Sollvorschriften (z. B. § 257) kann nach RG. und h. M. die Rev. niemals gestützt werden (bedenklich; richtiger ist es, die Entsch. davon abhängig zu machen, ob die Verletzung in concreto eine unrichtige Entsch. verursacht haben kann: vgl. JW. 1927, 793 m. Anm.).

II. Ein materielles Gesetz ist verletzt:

a) Wenn der festgestellte Sachverhalt dem Straftatbestand unrichtig subsumiert ist. Abgrenzung der nicht revisiblen „Feststellung" von der revisiblen „Subsumtion" schwierig, da eine rechtlich verwertbare „Feststellung" nur im Hinblick auf einen gesetzlichen Tatbestand möglich ist (ähnliche Schwierigkeit bei StGB. § 59; bei Abgrenzung von Tatsachen und Rechtsverhältnissen im zivilprozessualen Beweis, ZPO. §§ 138, 253: „Klagegrund", 288ff., 445ff.; vgl. auch „Einleitung" S. 18)! — Aus neueren Entscheidungen: „Gegenstände des täglichen Bedarfs" E. 51, 211; 52, 174 (nachprüfbar); 50, 81; 52, 5 (nicht nachprüfbar). „Unlautere Machenschaften" E. 53, 158 (nachprüfbar); 52, 227 (nicht). „Verkehrsauffassung" E. 57, 363 (nachprüfbar). „Pflichtwidrigkeit" E. 57, 172 (nachprüfbar); 53, 134 (nicht). Nach E. 31, 232 soll die Feststellung, daß der Angekl. schon 18 Jahre alt war, nicht nachprüfbar sein! Die Feststellung einer StrK., daß die Regierung 1919 „alles getan hat, was in ihren Kräften stand, um den Gewaltfrieden zu verhindern", hat E. 54, 308 für „tatsächlich", also bindend, erklärt; dagegen führt E. 53, 65 nicht nur rechtlich aus, was zu einer „Staatsgewalt" gehöre, sondern stellt auch selber tatsächlich fest, (erklärt also für eine Rechtsfrage!), daß im Januar 1919 „der Kampf um die politische Macht zu einem gewissen Abschluß gelangt war, die Volksregierung sich durchzusetzen und Angriffe abzuwehren vermocht hatte". Ähnlich E. 57, 257 wegen „Offenkundigkeit". — Die Auslegung von Gedankenäußerungen und Willenserklärungen ist nachprüfbar, soweit der objektive Sinn der Äußerung usw. (Gegensatz: die subj. Willensrichtung des Äußernden) ermittelt werden soll; vgl. bes. E. 61, 161 = JW. 1928, 1225 m. Anm. RG. erkennt hier auch an, daß „Verstoß gegen allgemeine Erfahrungssätze, Denkgesetze oder Auslegungsregeln" ebenfalls RevGrund ist. Vgl. auch JW. 1926, 2766; 1929, 885 und über „Denkgesetze" E. 63, 112 = JW. 1929, 2726 m. Anm.; JW. 1927, 912 und 2070; 1928, 826, 2164 und 2286). Verstoß gegen sie kann insbes. bei Beweiswürdigungsfragen RevGrund sein (vgl. hierzu Anm. 4 zu § 261; 9 zu § 267). — „Aktenwidrigkeit" an sich kein RevGrund, nur bei Verletzung des § 155 II (vgl. JW. 1928, 1506 und 1929, 859 m. Anm.)

b) Wenn auf eine unzulässige Strafe erkannt ist oder die Festsetzung auf gesetzwidrigen Erwägungen beruht; nicht aber nach h. M. die Angemessenheit der Strafe (E. 8, 76; 38, 207); nicht eine nach pflichtmäßigem Ermessen zu treffende Maßregel (E. 51, 196; vgl. jedoch JW. 1927, 899 Nr. 10a m. Anm.). — Nachprüfbar: Falsche Umrechnung nach StGB. § 21 (E. 8, 76); Fehler bei Bildung einer Gesamtstrafe nach StGB. § 74 (E. 8, 76; 52, 146); was als Straferschwerungsgrund in Betracht kommt (E. 23, 91; 38, 207); welches der „Strafzweck" nach StGB. § 27b ist (E. 58, 108; auch betr. JGG. § 6?); wann Untersuchungshaft anrechenbar (E. 15, 143; 31, 244). — Nicht nachprüfbar (d. h. das RevGer. sei an die Feststellung des Vorderrichters gebunden, auch wenn deren Unrichtigkeit amtlich oder urkundlich nachweisbar sein sollte!): ob Angekl. Vorstrafen erlitten; ob er in (anzurechnender) Untersuchungshaft gesessen und (!) wielange (E. 9, 244; 54, 24).

[3] **Kausalzusammenhang** zwischen Gesetzesverletzung und Urteil ist zu vermuten, muß also widerlegt werden. Prot. 584ff. (z. B. E. 42, 95; 43, 297; 44, 338). Unwiderleglich in den Fällen des § 338. — Zu verneinen bei bloßer Unrichtigkeit des Protokolls (E. 42, 168; 48, 288; 58, 143: vgl. § 273 Anm. 1); bei Mängeln bloß des Vorverfahrens (E. 55, 225) oder des erstinstanzlichen Verfahrens, falls Berufung stattgefunden hatte (E. 59, 299; 60, 111). — Bedenklich die Ausführungen in E. 61, 354 = JW. 1928, 2260 (vgl. Anm. zu JW. 1929, 260).

338 [377]. Ein Urteil ist stets als auf einer Verletzung des Gesetzes beruhend anzusehen[1]:

1. wenn das erkennende Gericht nicht vorschriftsmäßig besetzt war[2];
2. wenn bei dem Urteil ein Richter, Geschworener oder Schöffe mitgewirkt hat, welcher von der Ausübung des Richteramts kraft des Gesetzes ausgeschlossen war[3];
3. wenn bei dem Urteil ein Richter, Geschworener oder Schöffe mitgewirkt hat, nachdem er wegen Besorgnis der Befangenheit abgelehnt war und das Ablehnungsgesuch entweder für begründet erklärt war oder mit Unrecht verworfen worden ist[4];
4. wenn das Gericht seine[4a] Zuständigkeit[5] mit Unrecht angenommen hat;
5. wenn die Hauptverhandlung in Abwesenheit der Staatsanwaltschaft oder einer Person, deren Anwesenheit das Gesetz vorschreibt, stattgefunden hat[6];
6. wenn das Urteil auf Grund einer mündlichen Verhandlung ergangen ist, bei welcher die Vor-

schriften über die Öffentlichkeit des Verfahrens verletzt sind[7];

7. wenn das Urteil keine Entscheidungsgründe enthält[8];
8. wenn die Verteidigung in einem für die Entscheidung wesentlichen[9] Punkte durch einen Beschluß[9a] des Gerichts unzulässig beschränkt worden ist[10].

[1] Absolute Revisionsgründe (gegenüber den relativen des § 337): Zusammenhang zwischen Gesetzesverletzung und Urteil wird hier unwiderleglich vermutet (Anm. 3 zu § 337). — Teilaufhebung genügt aber, wenn die Gesetzesverletzung das Urteil nachweislich nur in begrenztem Umfang berührt: E. 44, 16.

[2] Unrichtige Anzahl von Richtern; Mitwirkung eines „unfähigen" oder nicht richtig beeidigten (E. 61, 374) Schöffen oder Geschworenen (GVG. § 32). Vgl. ferner E. 62, 273 und 424. Aber auch, wenn ein Richter, z. B. weil er in der HVhdlg. schlief, unfähig war, die Vhdlgs.Vorgänge aufzufassen. So E. 60, 63 gegen 22, 106 und 40, 48. Bloße Unaufmerksamkeit genügt nicht (JW. 1929, 2775).

[3] §§ 22, 33, 31, 32.

[4] §§ 24, 31, soweit nicht nach § 28 Abs. 1 sofortige Beschwerde gegeben ist (E. 7, 175). — „Mit Unrecht verworfen" ist das Gesuch auch, wenn das verwerfende Ger. nicht vorschriftsmäßig besetzt war (E. 49, 9). — Prüfung auch in tatsächlicher Beziehung durch das Revisionsgericht (E. 7, 340; 22, 135).

[4a] Vgl. hierzu JW. 1928, 2375 Anm.

[5] örtliche (vgl. jedoch §§ 16—18, die der richterlichen Prüfung Grenzen ziehen) und sachliche (E. 45, 293; vgl. jedoch § 269 und E. 16, 39).

[6] §§ 145, 226 und Anm. 5 das. Nicht des nach § 141 bestellten Vert. (E. 62, 22; a. A. 63, 248). Jedenfalls muß hier Verzicht zulässig sein. Auf die Abwesenheit eines Mitangekl., selbst wenn sie gegen die §§ 230—233 verstößt, kann der Angekl. Rev. nicht stützen (E. 38, 272 gegen 29, 294). Ebenso nicht auf die Abwesenheit des notwend. Vert. eines Mitangekl. (E. 52, 188). Abw. während „unwesentlicher" Teile der HV. unschädlich (JW. 1929, 2740 m. Anm.).

[7] §§ 169, 172—174 GVG. nebst Anm.

[8] Die EntschGründe haben die Tat i. S. des § 264 zu umfassen. Sie fehlen, wenn nur die UrtFormel vorhanden (E. 40, 184); auch dann, wenn die vorhandenen Gründe über eine von mehreren im Tenor abgeurteilten Handlungen nichts enthalten (E. 43, 297); auch dann, wenn die vorhandenen Gründe sich nicht über alle in der Anklage aufgeführten Umstände aussprechen, von denen jeder für sich die Feststellung eines Tatbestandsmerkmales rechtfertigen soll (E. 3, 147). — Dagegen begründet ein bloßer Mangel der vorhandenen Gründe die Rev. nur, wenn i. S. des § 337 das Urteil auf ihm beruht (vgl. § 267 und E. 55, 127; 63, 186, auch § 34). Für die Praxis wichtigster Fall des § 338!

[9] Insofern bewendet es auch hier bei dem Kausalitätserfordernis des § 337. Vgl. E. 37, 88; 42, 105; 44, 338. Bes. Ablehnung von Anträgen aus § 244 Abs. 2. Wenn Überweisungsbeschluß nach § 270 erging, statt daß neue Anklage erhoben wurde (dort Anm. 3), und infolgedessen eine durch § 201 geforderte Mitteilung der Anklageschrift unterblieb. E. 58, 125.

[9a] U. U. genügt auch „stillschweigender" Beschluß (str.; E. 57, 263).

[10] Dagegen kann Rev. nicht auf die Behauptung gestützt werden, die Verteidigung sei wegen körperlicher oder geistiger Erkrankung des Angekl. nicht möglich gewesen; denn das ist Tatfrage. E. 29, 324.

339 [378]. Die Verletzung von Rechtsnormen, welche lediglich zugunsten des Angeklagten gegeben sind[1], kann von der Staatsanwaltschaft nicht zu dem Zwecke geltend gemacht werden, um eine Aufhebung des Urteils zum Nachteile des Angeklagten herbeizuführen.

[1] In Betracht kommen nur Verfahrensvorschriften. E. 3, 384 erklärt den Satz „ne bis in idem" nicht für eine solche, sondern für eine des „materiellen Prozeßrechts", und den § 339 deshalb für unanwendbar; nur im Ergebnis richtig; er ist vielmehr nicht „lediglich zugunsten des Angekl. gegeben", sondern auch im öffentlichen Interesse. So auch § 22 Nr. 4 (E. 59, 267); § 230 (E. 29, 44); GVG. §§ 169ff. (E. 1, 90).

340 [380][1]. **In den Fällen, in denen die Revision statt der Berufung eingelegt wird (§ 335), kann die Revision wegen Verletzung einer Rechtsnorm über das**

Verfahren[2] nur auf Verletzung der Vorschrift des § 358 gestützt werden.

[1] Fassung gemäß §§ 33, 34 VO. v. 4. 1. 24 und RGes. v. 27. 12. 26: Bei Sprungrevision ist prozessuale Rev. (Anm. 2 I zu § 337) versagt.

[2] Vgl. Anm. 2 I zu § 337. Nicht unter § 340 fällt aber die Verletzung a) der von Amts wegen zu prüfenden „Prozeßvoraussetzungen" (vgl. Anm. 4 zu § 260; unklar E. 63, 15 = JW. 1929, 1056); b) der sog. gemischten, d. h. sowohl dem Prozeß- als auch dem mat. Recht angehörigen Rechtsnormen (z. B. ne bis in idem: E. 62, 154; Verjährung; im einzelnen str.).

2. Einlegung.

341 [381]. [1]Die Revision muß bei dem Gerichte, dessen Urteil angefochten wird, binnen einer Woche nach Verkündung des Urteils zu Protokoll der Geschäftsstelle oder schriftlich[2] eingelegt werden.

Hat die Verkündung des Urteils nicht in Anwesenheit des Angeklagten stattgefunden, so beginnt für diesen die Frist mit der Zustellung.

[1] Vgl. die Anm. zu §§ 299 und 315. Ferner: für Steuerstrafsachen § 429 und RAbgO. § 432; für MilStrSachen § 447.

[2] Vgl. RGJW. 1929, 2745 und Anm. 5 zu § 158.

342 [382]. [1]Der Beginn der Frist zur Einlegung der Revision wird dadurch nicht ausgeschlossen, daß gegen ein auf Ausbleiben des Angeklagten ergangenes Urteil eine Wiedereinsetzung in den vorigen Stand nachgesucht werden kann.

Stellt der Angeklagte ein Gesuch um Wiedereinsetzung in den vorigen Stand, so wird die Revision dadurch gewahrt, daß sie sofort für den Fall der Verwerfung jenes Gesuchs rechtzeitig eingelegt und begründet wird. Die weitere Verfügung in bezug auf die Revision bleibt dann bis zur Erledigung des Gesuchs um Wiedereinsetzung in den vorigen Stand ausgesetzt.

Die Einlegung der Revision ohne Verbindung mit dem Gesuch um Wiedereinsetzung in den vorigen Stand gilt als Verzicht auf die letztere.

[1] Vgl. Anm. zu § 315.

343 [383]. Durch rechtzeitige Einlegung der Revision wird die Rechtskraft des Urteils, soweit es angefochten ist[1], gehemmt.

Dem Beschwerdeführer, welchem das Urteil mit den Gründen noch nicht zugestellt war, ist es nach Einlegung der Revision zuzustellen[2].

[1] §§ 344, 352. [2] Vgl. Anm. zu § 316.

3. **Revisionsanträge und Revisionsbegründung.**

344 [384]. Der Beschwerdeführer hat[1] die Erklärung abzugeben, inwieweit[2] er das Urteil anfechte und dessen Aufhebung beantrage (Revisionsanträge), und die Anträge zu begründen.

Aus der Begründung[3] muß[1] hervorgehen, ob das Urteil wegen Verletzung einer Rechtsnorm über das Verfahren oder wegen Verletzung einer anderen Rechtsnorm angefochten wird[4]. Ersterenfalls müssen die den Mangel enthaltenden Tatsachen angegeben werden[5].

[1] Notwendig: §§ 346, 349.

[2] Formeller „Antrag" nicht nötig. Es kann sich aus der RevBegründung ergeben, daß das Urt. seinem ganzen Umfang nach angefochten wird (E. 56, 225). Im übrigen hat sich die Prüfung des RevGer. auf den angefochtenen Teil der Entscheidung zu beschränken (§ 352), wenn dieser getrennt von dem übrigen Urteilsinhalt nachgeprüft werden kann; wie bei der Straffrage gegenüber der Schuldfrage (E. 45, 149); innerhalb der Straffrage sogar auf die Frage der Zulässigkeit der Umwandlung einer Geldstrafe (E. 60, 68); bei Rückfall gegenüber Diebstahl (E. 54, 180), bei Bildung einer Gesamtstrafe (E. 37, 284), bei Festsetzung einer hilfsweisen Freiheitsstrafe (E. 45, 268), bei der Frage der rechts-

kräftigen Aburteilung E. 40, 274), der Anrechnung der Untersuchungshaft (E. 41 318), bei Nebenstrafen (E. 42, 30 u. 241; 47, 227), bei Anfechtung nur der Strafantragsfrage (E. 43, 363). — „Dagegen ist innerhalb der Schuldfrage eine weitere Trennung der Tat- oder Beweisfrage von der Rechtsfrage oder eine Trennung der einzelnen TB-Merkmale nicht statthaft“: E. 60, 109; JW. 1928, 2270. Keine Beschränkung auf die Frage der Gewerbsmäßigkeit (E. 62, 13), wohl aber auf die Anwendbarkeit des § 163 II StGB. (E. 61, 123). — Auch Freiheit des RevGer. bei IdKonk. E. 47, 5; 59, 317; 60, 109. — Was nicht hiernach wirksam angefochten ist, wird rechtskräftig: Beschränkung der Anfechtung ist insoweit Verzicht auf das Rechtsmittel (E. 42, 241; 43, 359). — Werden bei unbeschränkter Einlegung der Revision die Revisionsanträge auf bestimmte Teile des Urteils beschränkt, so gilt im übrigen die Rev. gleichfalls als zurückgenommen (E. 39, 393).

[3] dieser selbst; Bezugnahme anderer Schriftstücke genügt nicht (E. 18, 95; 29, 411), auch nicht, wenn sie abschriftlich beigefügt sind (E. 20, 42). Vgl. Anm. 2 zu § 267.

[4] Bezeichnung der Rechtsnorm nicht erforderlich, unrichtige Bezeichnung nicht schädlich. Vgl. § 352 Abs. 2.

[5] Vgl. § 352 Abs. 1 und über die (bedenkliche) Auffassung des RG.: JW. 1929, 1474 und 1930, 939 m. Anm.

4. Verfahren bis zur Hauptverhandlung.

345 [385]. Die Revisionsanträge und deren Begründung sind spätestens binnen einer weiteren Woche[1] nach Ablauf der Frist zur Einlegung des Rechtsmittels oder, wenn zu dieser Zeit das Urteil noch nicht zugestellt war, nach dessen Zustellung[2] bei dem Gerichte, dessen Urteil angefochten wird, anzubringen.

Seitens des Angeklagten[3] kann dies nur in einer von dem[4] Verteidiger oder einem Rechtsanwalt[5] unterzeichneten[6] Schrift[7] oder zu Protokoll[8] der Geschäftsstelle[9] geschehen[10].

[1] §§ 43, 44. Betr. Verhaftete auch § 299, MilStrSachen § 447.

[2] Durch diese Zust. wird die einwöchige Frist aber nur dann in Lauf gesetzt, wenn die der Zust. zugrundeliegende Rev.-Einlegung (§ 343 Abs. 2) rechtzeitig war. E. 52, 76. Wichtig,

wenn gegen Versäumung der Frist des § 341 Wiedereinsetzung beantragt ist. Über Zust. an die StA. E. 61, 352. Über Wiedereinsetzung gegen Versäumung einzelner RevAngriffe JW. 1928, 2718 m. Anm.

[3] Ebenso in den Fällen §§ 282, 298, 431 Abs. 3.

[4] Ohne Vollmacht nur von dem der Vorinstanz. E. 3, 222; 28, 430. Vollmacht kann auch noch nach Fristablauf nachgewiesen werden. E. 55, 213.

[5] E. 61, 104. Ausdrückliche Vollmacht nicht erforderlich. E. 15, 226.

[6] Mit dem vollen Familiennamen (E. 37, 81). Bloße Legalisation (E. 21, 159) oder Unterstempelung (E. 34, 358) genügt nicht. Vgl. auch E. 54, 282. Unterzeichnung genügt aber nicht, wenn ersichtlich der Vert. die Verantwortung für den Inhalt nicht übernehmen will, vielmehr nur die Meinung des Angekl. vorträgt. E. 60, 53; JW. 1929, 1490. Über unleserl. Unterschrift JW. 1929, 52 und 264.

[7] Auch durch Telegramm (E. 10, 166), nicht durch Telephon (E. 38, 282).

[8] Nur persönlich, oder durch einen gemäß § 138 zugelassenen Verteidiger (E. 9, 78). — Ferner Anm. 1 zu § 299.

[9] Des Gerichts, dessen Urteil angefochten. E. 7, 174. Vgl. jedoch § 299.

[10] Seitens der StA. durch einen an das Gericht gerichteten, von dem zuständigen StA. unterzeichneten Schriftsatz. E. 34, 137.

346 [386]. Ist die Revision verspätet eingelegt, oder sind die Revisionsanträge nicht rechtzeitig oder nicht in der im § 345 Abs. 2 vorgeschriebenen Form[1] angebracht worden, so hat das Gericht, dessen Urteil angefochten wird, das Rechtsmittel durch Beschluß als unzulässig zu verwerfen.

Der Beschwerdeführer kann binnen einer Woche nach Zustellung des Beschlusses auf die Entscheidung des Revisionsgerichts antragen[2]. In diesem Falle sind die Akten an das Revisionsgericht einzusenden[3]; die Vollstreckung des Urteils wird jedoch hierdurch nicht gehemmt.

¹ Zu ihr gehört auch die Begründung i. S. des § 344. E. 44, 263. — Die Beobachtung der Form des § 341, sowie etwaigen Verzicht oder Widerruf (§ 302) hat nur das RevGer. zu prüfen. Vgl. R. 1, 266; 8, 469.

² Ist die Frist verstrichen, so ist der Beschluß rechtskräftig und kann, von der Wiedereinsetzung abgesehen, vom Gericht nicht wieder aufgehoben werden. E. 37, 292. Eine Wiederaufhebung des Beschlusses durch das beschließende Gericht selbst ist überhaupt nicht zulässig. E. 55, 235. Vgl. JW. 1929, 1078 m. Anm.

³ Dessen Entscheidung ist unanfechtbar; selbst wenn es unzuständig war, z. B. OLGer. statt RGer. E. 55, 100.

347 [387]. Ist die Revision rechtzeitig eingelegt und sind die Revisionsanträge rechtzeitig und in der vorgeschriebenen Form angebracht, so ist die Revisionsschrift dem Gegner des Beschwerdeführers zuzustellen. Diesem steht frei, binnen einer Woche eine schriftliche Gegenerklärung¹ einzureichen. Der Angeklagte kann letztere auch zu Protokoll der Geschäftsstelle abgeben.

Nach Eingang der Gegenerklärung oder nach Ablauf der Frist erfolgt durch die Staatsanwaltschaft die Einsendung der Akten an das Revisionsgericht.

¹ Form des § 345 Abs. 2 hier nicht erforderlich. Für MilStrSachen auch § 447.

348 [388]. Findet das Gericht, an welches die Einsendung der Akten erfolgt ist, daß die Verhandlung und Entscheidung über das Rechtsmittel zur Zuständigkeit eines anderen Gerichts gehöre, so hat es durch Beschluß seine Unzuständigkeit auszusprechen¹.

Dieser Beschluß, in welchem das zuständige Revisionsgericht zu bezeichnen ist, unterliegt einer Anfechtung nicht und ist für das in ihm bezeichnete Gericht bindend².

Die Abgabe der Akten erfolgt durch die Staatsanwaltschaft.

[1] Erachtet es sich irrig als zuständig, so wird sein Urteil, da unanfechtbar, gleichwohl rechtskräftig. E. 22, 113.

[2] Auch das RGer. wird durch den Beschl. eines OLGer. gebunden. E. 35, 157.

5. Verfahren vor dem Revisionsgericht.

349 [389]. Erachtet das Revisionsgericht die Bestimmungen über die Einlegung der Revision[1] oder die über die Anbringung der Revisionsanträge[2] nicht für beobachtet, so kann es das Rechtsmittel durch Beschluß als unzulässig verwerfen. Das gleiche ist der Fall, wenn das Reichsgericht über die Revision zu entscheiden hat und die Revision einstimmig für offensichtlich unbegründet erklärt wird.

Andernfalls wird über das Rechtsmittel durch Urteil entschieden.

[1] § 341. Vgl. auch § 322.

[2] § 345, auch § 344; E. 40, 99. Beschluß auch bei Rechtsmittelverzicht (E. 40, 133).

350 [390]. Der Angeklagte oder auf dessen Verlangen der Verteidiger ist von dem Tage der Hauptverhandlung zu benachrichtigen[1]. Der Angeklagte kann in dieser erscheinen oder sich durch einen mit schriftlicher Vollmacht versehenen Verteidiger vertreten lassen.

Der nicht auf freiem Fuße befindliche Angeklagte hat keinen Anspruch auf Anwesenheit.

[1] Für Militärstrafsachen auch § 441.

351 [391]. Die Hauptverhandlung beginnt mit dem Vortrag eines Berichterstatters.

Hierauf werden die Staatsanwaltschaft sowie der Angeklagte und sein Verteidiger mit ihren Ausführungen und Anträgen, und zwar der Beschwerdeführer zuerst, gehört. Dem Angeklagten gebührt das letzte Wort.

352 [392]. Der Prüfung des Revisionsgerichts unterliegen nur die gestellten Revisionsanträge[1] und, insoweit die Revision auf Mängel des Verfahrens gestützt wird, nur die Tatsachen[2], welche bei Anbringung der Revisionsanträge bezeichnet worden sind.

Eine weitere Begründung der Revisionsanträge, als die im § 344 Abs. 2 vorgeschriebene, ist nicht erforderlich und, wenn sie unrichtig ist, unschädlich.

[1] Ihre Rechtzeitigkeit vorausgesetzt. §§ 345, 344.

[2] Bestimmt zu bezeichnen! Bloße Vermutung eines Prozeßverstoßes genügt nicht (E. 48, 288). — Vgl. auch Anm. 2 Ic zu § 337 und Anm. 5 zu § 344.

6. Entscheidung des Revisionsgerichts.

353 [393]. Insoweit die Revision für begründet erachtet wird, ist das angefochtene Urteil aufzuheben[1].

Gleichzeitig sind die dem Urteil zugrunde liegenden Feststellungen[2] aufzuheben, sofern sie durch die Gesetzesverletzung betroffen werden, wegen deren die Aufhebung des Urteils erfolgt.

[1] Andernfalls ist die Revision zu verwerfen.

[2] Soweit auf die Schuldfrage bezügliche tatsächliche Feststellungen (über diesen Begriff vgl. Anm. zu § 337) aufrechterhalten bleiben, ist das gemäß § 354 entscheidende Gericht an sie gebunden (E. 7, 176). Es ist aber unabhängig bei der Strafzumessung (einschl. der Frage nach mildernden Umständen und Rückfall: E. 9, 98; 32, 310; vgl. auch § 263). — Ist bei mehreren Straftaten nur bezüglich einer die Feststellung aufgehoben, so bleiben für die anderen auch die Einsatzstrafen, falls nicht ausdrücklich aufgehoben, bestehen. E. 4, 140; 26, 167.

354 [394][1]. Erfolgt die Aufhebung des Urteils nur wegen Gesetzesverletzung bei Anwendung des Gesetzes auf die dem Urteil zugrunde liegenden Feststellungen[2], so hat das Revisionsgericht in der Sache selbst zu entscheiden, sofern ohne weitere tatsächliche Erörterungen nur auf Freisprechung oder auf Einstellung oder auf eine absolut bestimmte Strafe[3] zu erkennen ist, oder das Revisionsgericht in Übereinstimmung mit dem Antrag der Staatsanwaltschaft die gesetzlich niedrigste Strafe[4] für angemessen erachtet.

In anderen Fällen ist die Sache zur anderweiten Verhandlung[5] und Entscheidung an das Gericht, dessen Urteil aufgehoben ist, oder an ein demselben deutschen Lande angehöriges, benachbartes Gericht gleicher Ordnung zurückzuverweisen.

Die Zurückverweisung kann an ein Gericht niederer Ordnung erfolgen, wenn die noch in Frage kommende strafbare Handlung zu dessen Zuständigkeit gehört.

[1] Die Möglichkeit, daß das RevGer. selber entscheidet, ist aufgebaut auf der Unterscheidung zwischen tatsächlicher Feststellung und Gesetzesanwendung (vgl. hierüber Anm. zu § 337): I. Ist die tatsächliche Feststellung ihrerseits durch eine Gesetzesverletzung (insbes. prozessualer Natur) beeinflußt, soll das RevGer. nur aufheben (§ 353), eine Neuentscheidung aber dem Tatrichter überlassen. II. Ist die tatsächliche Feststellung in Ordnung, aber entweder die Subsumtion unrichtig oder die Rechtsfolge falsch gezogen, so soll das RevGer. entweder α) selber entscheiden, wenn dies mit reinen Rechtserwägungen möglich ist oder β) die Entscheidung dem Tatrichter überlassen, wenn jenes, insbes. wegen Festsetzung des Strafmaßes, nicht möglich ist. — [Umgekehrt das Berufungsgericht: dies entscheidet nach § 328 in der Regel selbst und weist nur ausnahmsweise zurück.] — Das RG. wendet den Abs. I mitunter analog an, z. B. auch wenn es die Tat unter ein anderes Strafgesetz — sogar ein solches mit anderem Strafrahmen — subsumiert als die Vorinstanz (E. 39, 155; JW. 1925, 488; 1929, 257) u. dgl. (JW. 1929, 265).

[2] Hiermit ist nicht die vom Tatrichter an der Hand eines materiellen Straftatbestandes getroffene Schlußfeststellung gemeint (z. B. daß der Angekl. „eine öffentliche Urkunde verfälscht und von derselben zum Zwecke einer Täuschung Gebrauch gemacht hat"), sondern, entsprechend Anm. 1 und § 337, die Feststellung der konkreten Tatsachen und Vorgänge, die den gesetzlichen Tatbestand im gegebenen Fall verwirklicht haben. Vgl. RGer. passim. — Das RevGer. ist hiernach auch

berechtigt, unter Aufrechterhaltung der Straffestsetzung Verurteilung aus einem ideell konkurrierenden Tatbestand hinzuzufügen (E. 4, 179) oder zu streichen (E. 47, 372).

[3] Beisp.: Geldstrafe als Vielfaches eines Wertes. Vgl. E. 20, 218. Nicht Todesstrafe, wegen StGB. § 32.

[4] Ist diese von dem Vorhandensein mildernder Umstände abhängig, so kann das RevGer. nur dann erkennen, wenn sie von dem Untergericht festgestellt sind. E. 2, 354.

[5] Vollständigen, nicht bloß Verbesserung des vorgekommenen Mangels. Die frühere Vhdlg. existiert nicht mehr, soweit sie die aufgehobene Feststellung betrifft. E. 2, 289. Vgl. auch Anm. 2 zu § 353.

355 [395]. Wird ein Urteil aufgehoben, weil das Gericht der vorigen Instanz sich mit Unrecht für zuständig[1] erachtet hat, so verweist das Revisionsgericht gleichzeitig die Sache an das zuständige Gericht.

[1] Örtlich oder sachlich. E. 40, 251. — § 388 Nr. 4. — Zulässig ist auch Verweisung unmittelbar an das zust. Gericht erster Instanz (JW. 1925, 2812 Anm.).

356 [396]. Die Verkündung des Urteils erfolgt nach Maßgabe des § 268.

357 [397]. Erfolgt zugunsten eines Angeklagten die Aufhebung des Urteils wegen Gesetzesverletzung bei Anwendung des Strafgesetzes[1], und erstreckt sich das Urteil, soweit es aufgehoben wird[2], noch auf andere Angeklagte, welche die Revision nicht eingelegt haben[3], so ist zu erkennen, als ob sie gleichfalls die Revision eingelegt hätten[4].

[1] Also wegen Verletzung einer materiellen Rechtsnorm. Vgl. auch E. 16, 417 und Anm. 2 zu § 337.

[2] Einerlei ob zurückverwiesen oder entschieden wird. E. 1, 152.

[3] Oder deren Rev. als unzulässig verworfen wurde. E. 40, 219.

[4] Falls sie materiell verletzt sind. E. 3, 283. — § 357 ist immer anwendbar, wenn die Änderung in der rechtlichen Beurteilung des einen Angekl. notwendigerweise die Beurteilung des anderen

beeinflußt haben würde, falls er ebenfalls Rev. eingelegt hätte (Anm. zu JW. 1928, 2265).

7. **Bindende Kraft des Revisionsurteils. Verbot der reformatio in pejus.**

358 [398]. Das Gericht, an welches die Sache zur anderweiten Verhandlung und Entscheidung verwiesen ist[1], hat die rechtliche Beurteilung, welche der Aufhebung des Urteils zugrunde gelegt ist, auch seiner Entscheidung zugrunde zu legen[2].

War das Urteil nur von dem Angeklagten oder zu seinen Gunsten von der Staatsanwaltschaft oder von einer der im § 298 bezeichneten Personen angefochten worden, so darf das neue Urteil eine härtere[3] Strafe[4] als die in dem ersteren erkannte nicht verhängen[5].

[1] Auch das etwa demnächst noch erkennende RevGer. E. 6, 357; 22, 156.

[2] Verlesung des RevUrteils in der Vhdlg. nicht nötig. E. 21, 436. — Dagegen keine Bindung an tatsächliche Feststellungen.

[3] Unter Berücksichtigung von § 21 StGB. (E. 40, 411; 62, 186), nicht aber von § 29 StGB. (E. 2, 205).

[4] Aber andere Maßregeln, z. B. Buße. E. 44, 294.

[5] Vgl. besonders Anm. 2 zu § 331 und E. 61, 383; 62, 63 und 82.

Viertes Buch.

Wiederaufnahme eines durch rechtskräftiges Urteil geschlossenen Verfahrens.

Vorbem.: 1. Ein rechtskräftiges Urteil (d. h. ein solches, welches durch Berufung oder Revision nicht mehr anfechtbar ist) kann ausschließlich unter den Voraussetzungen und in den Formen dieses IV. Buchs beseitigt werden. Es gibt aber auch „absolut nichtige" Urteile, d. h. solche, die an so schweren Mängeln leiden, daß sie keine Rechtskraft- und Vollstreckungswirkung äußern können (str.), z. B. auf gesetzlich unzulässige Strafe (Prügelstrafe!) lautende oder gegen Strafunmündige ergehende oder gegen den Satz ne bis in idem verstoßende (im einzelnen zweifelhaft; vgl. E. 40, 273 und JW. 1928, 1506, 2249 und 2260; 1929, 2773 m. Anm. JW. 1930, 772). Bloße Rev-Gründe nach § 338 bewirken noch keine abs. Nichtigkeit. Nichturteile können auch mit den gewöhnlichen Rechtsmitteln und nach § 458 angegriffen werden (str.).

2. Wiederaufnahme gegen einen rechtskräftig gewordenen amtsrichterlichen Strafbefehl gibt es nach E. 4, 243 nicht (str.; bedenkliche Wortinterpretation des § 359).

3. Die Wiederaufnahme verfolgt allein den Zweck, die für die Schuldfrage wesentl. Beweisgrundlagen neu zu erörtern. Dagegen heilt mit der Rechtskraft jeder Verstoß gegen materielles oder Prozeßrecht. Vgl. E. 19, 321. JW. 1927, 2073 Nr. 28.

4. Über W. gegen Urteile alter Strafkammern: VO. v. 4. 1. 24 § 42[4]; gegen Buchergerichtsurteile VO. v. 20. 3. 24 (RGBl. I 371) Art. II Abs. 3.

5. Vgl. zum IV. Buch das G. betr. die Entschädigung der im WiederaufnVerf. freigesprochenen Personen v. 20. 5. 98 (unten Nr. XI).

I. Voraussetzungen. 1. Zugunsten des Verurteilten.

359 [399]. Die Wiederaufnahme eines durch rechtskräftiges Urteil geschlossenen Verfahrens zugunsten des Verurteilten findet statt[1]:

1. wenn eine in der Hauptverhandlung zu seinen Ungunsten als echt vorgebrachte[2] Urkunde[3] fälschlich angefertigt oder verfälscht war[4];
2. wenn durch Beeidigung eines zu seinen Ungunsten abgelegten[2] Zeugnisses oder abgegebenen Gutachtens der Zeuge oder Sachverständige sich einer vorsätzlichen oder fahrlässigen Verletzung der Eidespflicht schuldig gemacht hat[5];
3. wenn bei dem Urteil ein Richter, Geschworener oder Schöffe mitgewirkt hat, welcher sich in Beziehung auf die Sache einer Verletzung seiner Amtspflichten schuldig gemacht hat, sofern diese Verletzung mit einer im Wege des gerichtlichen Strafverfahrens zu verhängenden öffentlichen

Strafe bedroht und[6] nicht vom Verurteilten selbst veranlaßt ist;

4. wenn ein zivilgerichtliches Urteil, auf welches das Strafurteil gegründet ist, durch ein anderes rechtskräftig gewordenes Urteil aufgehoben ist[7];

5. wenn neue Tatsachen[7a] oder Beweismittel[7b] beigebracht sind, welche allein oder in Verbindung mit den früher erhobenen Beweisen die Freisprechung[8] des Angeklagten oder in Anwendung eines milderen Strafgesetzes[9] eine geringere Bestrafung zu begründen geeignet sind. In den **vor dem Amtsrichter oder dem Schöffengerichte** verhandelten Sachen können nur solche Tatsachen oder Beweismittel beigebracht werden, welche der Verurteilte in dem früheren Verfahren einschließlich der Berufungsinstanz nicht gekannt hatte[10] oder ohne Verschulden nicht geltend machen konnte.

[1] Ohne Zeitgrenze. § 361. [2] Vgl. dazu § 370 Abs. 1.

[3] „Urk." im beweisrechtlichen Sinn, nicht Augenscheinsobjekte (str.).

[4] Der Tatbestand der §§ 267ff. StGB. wird nicht erfordert (str.); vgl. aber § 364. [5] §§ 154, 163 StGB. Vgl. § 364.

[6] Unterschied von § 362 Nr. 3. [7] Vgl. § 262.

[7a] Änderung der Rechtsanschauungen genügt nicht (JW. 1925, 2613).

[7b] Sachverständige nur bei besonderen Kenntnissen mit Bezug auf den konkr. Fall (JW. 1927, 3060; auch 1929, 1491 und 2777).

[8] Der Fall des § 55 StGB. steht nach E. 20, 46 gleich, also (gemäß E. 57, 206) auch der des § 2 JGG.

[9] Anders § 363.

[10] Einerlei, ob er sie hätte kennen können. Über Anwendbarkeit des § 364 im Falle der Nr. 5 vgl. Anm. 2 zu § 364.

360 [400]. Durch den Antrag auf Wiederaufnahme des Verfahrens wird die Vollstreckung des Urteils nicht gehemmt.

Das Gericht[1] kann jedoch einen Aufschub sowie eine Unterbrechung der Vollstreckung anordnen[2].

[1] § 367.

[2] Hiergegen sofortige Beschwerde: § 372.

361 [401]. Der Antrag auf Wiederaufnahme des Verfahrens wird weder durch die erfolgte Strafvollstreckung noch durch den Tod des Verurteilten ausgeschlossen.

Im Falle des Todes[1] sind der Ehegatte, die Verwandten auf- und absteigender Linie sowie die Geschwister des Verstorbenen zu dem Antrag befugt.

[1] Bei Lebzeiten galten die §§ 296—298. Vgl. § 365.

2. Zu Ungunsten des Angeklagten.

362 [402]. Die Wiederaufnahme eines durch rechtskräftiges Urteil geschlossenen Verfahrens zuungunsten des Angeklagten findet statt[1]:

1. wenn eine in der Hauptverhandlung zu seinen Gunsten als echt vorgebrachte[2] Urkunde fälschlich angefertigt oder verfälscht war[3];
2. wenn durch Beeidigung eines zu seinen Gunsten abgelegten[2] Zeugnisses oder abgegebenen Gutachtens der Zeuge oder Sachverständige sich einer vorsätzlichen oder fahrlässigen Verletzung der Eidespflicht schuldig gemacht hat[4];
3. wenn bei dem Urteil ein Richter, Geschworener oder Schöffe mitgewirkt hat, welcher sich in Beziehung auf die Sache einer Verletzung seiner Amtspflichten schuldig gemacht hat, sofern diese Verletzung mit einer im Wege des gerichtlichen Strafverfahrens zu verhängenden öffentlichen Strafe bedroht ist;
4. wenn von dem Freigesprochenen[5] vor Gericht oder außergerichtlich ein glaubwürdiges Geständnis der strafbaren Handlung abgelegt wird.

[1] Die Zeitgrenze bildet die Verjährung. § 67 StGB.

[2] Vgl. dazu § 370 Abs. 1.

[3] Der Tatbestand der §§ 267 ff. StGB. wird nicht erfordert (str.); vgl. aber § 364.

[4] §§ 154, 163 StGB.

[5] Also nach erfolgter Freisprechung. E. 3, 399.

3. Unzulässigkeit.

363 [403]. Eine Wiederaufnahme des Verfahrens zum Zwecke der Änderung der Strafe innerhalb des durch dasselbe Gesetz[1] bestimmten Strafmaßes findet nicht statt[2].

[1] Straferhöhende Umstände, selbst innerhalb desselben Strafparagraphen, bilden i. S. von § 363 ein anderes Gesetz.

[2] Gilt für § 359 und § 362.

364 [404]. Ein Antrag auf Wiederaufnahme des Verfahrens, welcher auf die Behauptung einer strafbaren Handlung gegründet werden soll[1], ist nur dann zulässig, wenn wegen dieser Handlung eine rechtskräftige Verurteilung ergangen ist, oder wenn die Einleitung oder Durchführung eines Strafverfahrens aus anderen Gründen als wegen Mangels an Beweis[2] nicht erfolgen kann.

[1] § 359 Nr. 1—3, § 362 Nr. 1—3. Vgl. jedoch Anm. 4 zu § 359, Anm. 3 zu § 362.

[2] Z. B. Tod, Abwesenheit, Verjährung. — Str., ob § 364 auch anwendbar bei Anträgen aus § 359 Nr. 5, die sachlich darauf hinauslaufen, daß wenigstens dem obj. Tatbestande nach § 359 Nr. 1, 2 oder 3 vorliege (vgl. JW. 1927, 2073 m. Anm.). Zu verneinen jedenfalls dann, wenn Verurteilung aus subj. Gründen (z. B. § 51 StGB.) unmöglich; im übrigen aus prakt. Bedürfnissen zu bejahen.

I. Das Wiederaufnahmeverfahren.

1. Antrag und Begründung.

365 [405]. Die allgemeinen Bestimmungen über Rechtsmittel[1] finden auch bei dem Antrag auf Wiederaufnahme des Verfahrens Anwendung.

[1] §§ 296—303. — Ein in dem früheren Verfahren bestellter oder gewählter Verteidiger bleibt also für das Wiederaufn.-

Verf.; nicht aber für die neue Vhdlg. des § 373. E. 22, 97; 29, 278. — Für Jugendsachen: JGG. § 30.

366 [406]. In dem Antrag müssen der gesetzliche Grund der Wiederaufnahme des Verfahrens sowie die Beweismittel angegeben werden.

Von dem Angeklagten und den im § 361 Abs. 2 bezeichneten Personen kann der Antrag nur mittels einer von dem Verteidiger oder einem Rechtsanwalt unterzeichneten Schrift oder zu Protokoll der Geschäftsstelle[1] angebracht werden.

[1] Für Militärstrafsachen auch § 447. — Vgl. auch § 345 II.

2. Zuständigkeit für die Wiederaufnahme.

367 [407]. Über die Zulassung des Antrags auf Wiederaufnahme des Verfahrens entscheidet das Gericht, dessen Urteil mit dem Antrag angefochten wird[1]. Wird ein in der Revisionsinstanz erlassenes Urteil aus anderen Gründen als auf Grund des § 359 Nr. 3 oder des § 362 Nr. 3 angefochten, so entscheidet das Gericht, gegen dessen Urteil die Revision eingelegt war[2].

Die Entscheidung erfolgt ohne mündliche Verhandlung.

[1] Besetzung: GVG. §§ 30 Abs. 2, 76, 82 Abs. 2, 122 Abs. 1, 139 (138).

[2] Also das RevGericht nur in den Fällen der Nr. 3, auch wenn in den Fällen der anderen Nummern der Wiederaufnahmegrund im RevVerfahren liegt. E. 47, 45.

3. Formale Erledigung des Antrags.

368 [408][1]. Ist der Antrag nicht in der vorgeschriebenen Form[2] angebracht, oder ist darin kein gesetzlicher Grund[3] der Wiederaufnahme geltend gemacht oder kein geeignetes Beweismittel angeführt, so ist der Antrag als unzulässig zu verwerfen[4].

Anderenfalls ist er dem Gegner des Antragstellers unter Bestimmung einer Frist zur Erklärung zuzustellen.

[1] § 368 behandelt den Beschluß über die Zulässigkeit des Antrags, § 370 über dessen Begründetsein. Beide sind für das neue Urteil nötig. E. 35, 351. Der 1. ist für den 2. nicht präjudiziell (JW. 1929, 1073).

[2] § 366 Abs. 2.

[3] §§ 359, 362. Vgl. auch § 364.

[4] Sofortige Beschwerde § 372.

4. Materielle Erledigung des Antrags.

369 [409]. Wird der Antrag an sich für zulässig befunden, so beauftragt das Gericht mit Aufnahme der angetretenen[1] Beweise, soweit dies erforderlich ist, einen Richter.

Dem Ermessen des Gerichts bleibt es überlassen, ob die Zeugen und Sachverständigen eidlich vernommen werden sollen[2].

Hinsichtlich der Berechtigung der Beteiligten zur Anwesenheit bei der Beweisaufnahme kommen die für die Voruntersuchung gegebenen Vorschriften zur Anwendung[3].

Nach Schluß der Beweisaufnahme sind die Staatsanwaltschaft und der Angeklagte unter Bestimmung einer Frist zur ferneren Erklärung aufzufordern.

[1] Auch sonstiger von ihm für nötig gehaltenen.

[2] In dem dem Vorverfahren entsprechenden Wiederaufnahmeverfahren; nicht in den Fällen § 371 Abs. 1, 2, § 373. E. 29, 64.

[3] §§ 193, 194. — Von dem Ergebnis der BewAufn. muß das Gericht die Beteiligten (schon wegen Abs. 4) in Kenntnis setzen. — Analog § 147 Abs. 2 wird dem Verteidiger das Recht der Akteneinsicht zu gewähren sein, und zwar ohne die dortige Einschränkung, die hier nicht paßt.

370 [410]. Der Antrag auf Wiederaufnahme des Verfahrens wird ohne mündliche Verhandlung als unbegründet verworfen, wenn die darin aufgestellten Behauptungen keine genügende Bestätigung gefunden haben, oder wenn in den Fällen des § 359 Nr. 1, 2 oder des § 362 Nr. 1, 2 nach Lage der Sache die Annahme ausgeschlossen ist, daß die in diesen Bestimmungen bezeichnete Handlung auf die Entscheidung Einfluß gehabt hat.

Anderenfalls[1] verordnet das Gericht[2] die Wiederaufnahme des Verfahrens und die Erneuerung der Hauptverhandlung[3].

[1] D. h. wenn die Feststellungen des Urteils durch die neuen Tatsachen oder Beweise erschüttert werden. Das beschließende Gericht darf nicht das Urteil mit Hilfe von Tatsachen aufrechterhalten, die früher nicht festgestellt worden sind; dadurch würde der Grundsatz der Mündlichkeit und Unmittelbarkeit verletzt. E. 57, 317.

[2] Durch diesen Beschl. verliert das frühere Urteil jede rechtliche Wirksamkeit. Die materiellen Rechtskraftwirkungen können freilich nicht ungeschehen gemacht werden; z. B. die nach StGB. § 33 eingetretenen Wirkungen einer Aberkennung der Ehrenrechte. E. 57, 312. Über Vollstreckungshemmung JW. 1929, 1491 Nr. 21. — Das nach RVerf. 129 Abs. 3 erforderliche Gesetz ist noch nicht erlassen.

[3] Nicht notwendig vor einem Gericht gleicher Ordnung. E. 9, 34; 29, 278. — Der Beschl. bindet das urteilende Gericht. E. 4, 402.

5. Erledigung der Hauptsache ohne Hauptverhandlung.

371 [411]. Ist der Verurteilte bereits verstorben, so hat ohne Erneuerung der Hauptverhandlung[1] das Gericht nach Aufnahme des etwa noch erforderlichen Beweises entweder die Freisprechung zu erkennen[2] oder den Antrag auf Wiederaufnahme abzulehnen[3].

Auch in anderen Fällen kann das Gericht, bei öffentlichen Klagen jedoch nur mit Zustimmung der Staatsanwaltschaft, den Verurteilten sofort freisprechen, wenn dazu genügende Beweise bereits vorliegen[4].

Mit der Freisprechung ist die Aufhebung des früheren Urteils zu verbinden[5],[6].

Die Aufhebung ist auf Verlangen des Antragstellers durch den Deutschen Reichsanzeiger bekanntzumachen[7] und kann nach dem Ermessen des Gerichts auch durch andere Blätter veröffentlicht werden.

[1] auch wenn für noch lebende Mitverurteilte eine Erneuerung der HVhdlg. stattfindet. E. 10, 423.

[2] durch Urteil. E. 28, 146; preuß. JMBl. 1897 S. 66.

[3] Nur diese Alternative ist gegeben; eine andere Beurteilung der Tat unzulässig.

[4] Ohne neue HVhdlg. E. 47, 166; Besetzung des Ger. also wie § 367 Anm. 1.

[5] und gemäß G. v. 20. 5. 98 § 4 (unten Nr. XI) über die etwaige Entschädigungspflicht zu beschließen.

[6] Gegen die freisprechenden Urteile dieses Paragraphen finden die gewöhnlichen Rechtsmittel (nicht § 372) Anwendung. E. 28, 146; 47, 166.

[7] Als Ersatz der fehlenden HVhdlg. nur in den Fällen des § 371, nicht wenn (§ 473) erneut HVhdlg. stattgefunden hat. E. 42, 115.

6. Rechtsmittel.

372 [412]. Alle Entscheidungen[1], welche aus Anlaß eines Antrags auf Wiederaufnahme des Verfahrens von dem Gericht in[2] erster Instanz erlassen werden, können mit der sofortigen Beschwerde[3] angefochten werden[4].

[1] Ausschließlich der Urteile. Vgl. § 373, auch Anm. 6 zu § 371. Auch ausschließlich des Anm. 5 zu § 371 u. Anm. 4 zu § 373 gedachten Beschlusses.

[2] d. h. von dem mit dem WiederaufnVerf. in erster Instanz befaßten Gericht, also auch von dem früheren Berufungsgericht. Für die höheren Gerichte vgl. § 304 Abs. 3.

[3] § 311.

[4] Dagegen nicht mit anderen Behelfen, insbesondere nicht (trotz § 336) mit der Rev. in dem erneuten Verfahren. E. 29, 278.

III. Das neue Verfahren (keine reformatio in pejus!).

373 [413]. In der erneuten[1] Hauptverhandlung ist entweder das frühere Urteil aufrechtzuerhalten[2] oder unter seiner Aufhebung[2] anderweit in der Sache zu erkennen[3].

Ist die Wiederaufnahme des Verfahrens nur von dem Verurteilten oder zu seinen Gunsten von der

Staatsanwaltschaft oder von einer der im § 298 bezeichneten Personen beantragt worden, so darf das neue Urteil eine härtere Strafe als die in dem früheren erkannte nicht verhängen[4].

[1] völlig selbständigen, von der früheren Verhandlung, den früheren Feststellungen und dem früheren Urteil unabhängigen (E. 30, 421; 57, 317). Der frühere EröffBeschl., nicht bloß der Beschluß § 370 Abs. 2, ist zu verlesen (E. 4, 426). Zeugen sind von neuem zu beeidigen, trotz § 369 Abs. 2. Vgl. auch § 67 Anm. 2 und E. 18, 417.

[2] Damit ist nur die Formulierung der neuen Entscheidung geregelt. Nachzuprüfen ist weder die Zulässigkeit der Wiederaufnahme noch das frühere Urteil. Auch Abs. 4 des § 371 gilt hier nicht. E. 4, 402; 15, 188; 57, 317.

[3] und dabei gemäß § 4 EntschädG. v. 20. 5. 98 (unten Nr. XI) Beschluß zu fassen. — Eine inzwischen etwa verbüßte Strafe ist anzurechnen.

[4] Vgl. Anm. zu § 358 und E. 41, 104.

Fünftes Buch.

Beteiligung des Verletzten bei dem Verfahren.

Vorbemerkungen.

Rechte des Verletzten im Strafprozeß:

1 Stets hat er, wie jedermann, das Recht, Strafanzeige zu erstatten (§ 158); darüber hinaus: gegen Ablehnung der öffentlichen Klage oberlandesgerichtliche Entscheidung zu beantragen (§§ 172—177).

2. Bei den Antragsdelikten (vgl. StGB. und strafr. Nebengesetze) hängt rechtswirksame Erhebung der öffentlichen Klage von seinem Strafantrag ab (StGB. §§ 61ff. Form: StPO. § 158 II). Fehlt der Antrag, so ist die Eröffnung des HVerf. abzulehnen, ein dennoch eröffnetes einzustellen (§§ 204, 260).

3. Soweit die Erhebung der öff. Kl. Ermessensfrage ist (§§ 152 II, 153, 154, 376), ist die Entschließung der StA. vom Willen des Verletzten unabhängig. Nur für die Handhabung des § 376 gegen Jugendliche vgl. JGG. § 38: „Interesse des Verletzten"!

4. Bei den in § 374 genannten Vergehen kann der Verletzte (unbeschadet seines Rechts, zunächst die Erhebung der „öffentlichen" Klage zu beantragen) die Strafklage als Privatklage erheben.

5. In den Fällen der §§ 395 I, 395 II, 403, 427 kann sich der Verletzte der öffentlichen Klage als Nebenkläger anschließen.

6. Ein Recht auf Buße hat der Verletzte in den Fällen der Anm. 2 zu § 403. Er muß es im Strafverfahren geltend machen, entweder als Privatkläger oder als Nebenkläger (§§ 406, 403). Darüber hinaus kennt die StPO. keinen Adhäsionsprozeß (anders die französischen Rechte: Geltendmachung des zivilen Schadensersatz- und Rückgabeanspruchs als partie civile im Strafverfahren; auch deutsche Entwürfe).

7. Abgeschafft ist durch EinfG. § 11 der auf Strafe gerichtete Injurienprozeß vor dem Zivilgericht.

8. Im JugGerVerf., das grundsätzlich nicht öffentlich ist, ist dem Verletzten der Zutritt zu gestatten (JGG. § 23 II).

Erster Abschnitt. **Privatklage.**

Vorbemerkungen.

1. Die PrKl. macht ebenso, wie die öffentliche Klage, den staatlichen Strafanspruch geltend; gegebenenfalls außerdem den Anspruch des Verletzten auf Buße: oben Vorbem. 6.

2. Zuständigkeit: sachliche GVG. § 25, 2a, StPO. § 384 II; örtliche StPO. §§ 7—15, Besonderheit für PrKl. gegen Preßbeleidigungen § 7 II.

3. Gegen Jugendliche keine PrKl.: JGG. § 38.

4. Umfang der Beweisaufnahme: § 245 II. — PrKläger kann nicht Zeuge sein: Vorbem. 6c vor § 48.

5. Kosten: § 471 mit GKG. § 83.

6. Untersuchungshaft im PrKlVerf. unzulässig: Beweis § 387 III (str.).

1. Zulässigkeit.

374 [414]. [1]**Im Wege der Privatklage können vom Verletzten verfolgt werden, ohne daß es einer vorgängigen Anrufung der Staatsanwaltschaft bedarf**[2]**,**

1. **das Vergehen des Hausfriedensbruchs im Falle des § 123 des Strafgesetzbuchs;**

2. die Vergehen der Beleidigung in den Fällen der §§ 185 bis 187, 189 des Strafgesetzbuchs, wenn nicht eine der im § 197 bezeichneten politischen Körperschaften beleidigt ist;
3. die Vergehen der Körperverletzung[2a] in den Fällen der §§ 223, 223a Abs. 1 und des § 230 des Strafgesetzbuchs, sofern nicht die Körperverletzung mit Übertretung einer Amts-, Berufs- oder Gewerbspflicht begangen worden ist;
4. das Vergehen der Bedrohung im Falle des § 241 des Strafgesetzbuchs;
5. das Vergehen der Verletzung fremder Geheimnisse im Falle des § 299 des Strafgesetzbuchs;
6. das Vergehen der Sachbeschädigung im Falle des § 303 des Strafgesetzbuchs;
7. alle nach dem Gesetze gegen den unlauteren Wettbewerb strafbaren Vergehen[3];
8. alle Verletzungen des literarischen, künstlerischen und gewerblichen Urheberrechts, soweit sie als Vergehen strafbar sind.

Die gleiche Befugnis steht denen zu, welchen in den Strafgesetzen das Recht, selbständig[4] auf Bestrafung anzutragen, beigelegt ist.

Hat der Verletzte einen gesetzlichen Vertreter, so wird die Befugnis zur Erhebung der Privatklage durch diesen und, wenn Korporationen, Gesellschaften und andere Personenvereine, welche als solche in bürgerlichen Rechtsstreitigkeiten klagen können, die Verletzten sind, durch dieselben Personen wahrgenommen, durch welche sie in bürgerlichen Rechtsstreitigkeiten vertreten werden[5].

[1] Abs. 1 in der Fassung des RGes. 11. 3. 21 (RGBl. 231); bis dahin nur Beleidigungen und Körperverletzungen.

[1a] Prozeßfähigkeit nach ZPO. §§ 51 f. Für Minderjährige muß also, trotz StGB. § 65, der gesetzl. Vertr. klagen. Klagerecht von Interessentenverbänden nach UnlWettbG. v. 7. 6. 09, §§ 13, 22.

[2] Sog. prinzipale Privatklage. § 376. — Anders: § 424.

[2a] In einer Tötung ist nicht etwa eine KVerl. enthalten. Es können hier also nicht die Hinterbliebenen „wegen KVerl." PrKl. erheben; also auch nicht Nebenklage nach § 395 I oder § 403 I. So auch E. 62, 209.

[3] So schon nach UnlWettbG. v. 27. 5. 96 § 12 und v. 7. 6. 09 § 22.

[4] D. h. unabhängig vom Verletzten. So (abgesehen vom Fall des § 189 StGB.): der Ehemann nach StGB. § 195; der Vorgesetzte nach StGB. § 196; dazu StGB. § 232 III. — Ob auch StGB. § 65 Satz 2 und Abs. II („gesetzlicher Vertreter") hierher gehört, hängt davon ab, ob der gesetzl. Vertr. ein selbständiges Antragsrecht hat, oder nur den Antragsberechtigten vertritt. E. 57, 240 nimmt letzteres an, läßt aber im übrigen die Frage offen. E. 22, 256; 24, 427; 29, 140 nehmen an, daß der gesetzliche Vertreter eines jeden Minderjährigen bei Stellung eines Strafantrages diesen vertrete (E. 35, 131; 38, 34 stehen nicht entgegen). Danach hat der „gesetzliche Vertreter" keine eigene Privatklagebefugnis; er muß im Namen des Minderjährigen klagen und sein Recht erlischt mit dem Ende der Vertretungsbefugnis, z. B. dem Tod des Minderjährigen.

[5] Abs. 3 läßt die materiellrechtliche Frage, wer als „verletzt" anzusehen ist (ob z. B. Kinder und Personenverbände beleidigt werden können), unberührt. Er behandelt nur die Frage der Prozeßfähigkeit und beantwortet sie i. S. der ZPO.

375 [415]. Sind wegen derselben strafbaren Handlung mehrere Personen[1] zur Privatklage berechtigt, so ist bei Ausübung dieses Rechtes ein jeder von dem anderen unabhängig.

Hat jedoch einer der Berechtigten die Privatklage erhoben, so steht den übrigen[2] nur der Beitritt zu dem eingeleiteten Verfahren, und zwar in der Lage zu, in welcher es sich zur Zeit der Beitrittserklärung befindet.

Jede in der Sache selbst ergangene Entscheidung äußert zugunsten des Beschuldigten ihre Wirkung auch gegenüber solchen Berechtigten[3], welche die Privatklage nicht erhoben haben.

[1] Sei es als Verletzte, sei es als selbständig Klageberechtigte.

[2] Vorausgesetzt, daß die (für jeden selbständig zu berechnende) Antragsfrist nicht abgelaufen ist. — Auch der StA. steht daneben eine selbständige Erhebung der Klage (vgl. § 377) nicht zu. E. 3, 362, 385.

[3] Den Verletzten und den gemäß §§ 189, 195, 196, 232 Abs. 3 StGB. Antragsberechtigten. E. 3, 362, 385. Auch öff. Kl. kann wegen derselben Tat nicht mehr erhoben werden.

2. Staatsanwaltschaft.

376 [416]. Die öffentliche Klage wird wegen der im § 374 bezeichneten strafbaren Handlungen von der Staatsanwaltschaft nur dann erhoben[1], wenn dies im öffentlichen Interesse liegt[2].

[1] Wenn erhoben, ist Zurücknahme unzulässig: § 156. E. 6, 310.

[2] Opportunitätsgrundsatz: Anm. 2 zu § 152. Über das Vorliegen eines „öffentlichen Interesses" entscheidet allein die StA. Gerichtsentscheidung nach § 172 ausgeschlossen; denn § 172 gilt nur, soweit eine gesetzliche Pflicht der StA. zur Anklageerhebung besteht; nicht (vgl. auch Anm. 1 zu § 153) zur Nachprüfung von Ermessensentscheidungen. — Zustimmung des Amtsrichters zum Absehen von Anklageerhebung (wie nach § 153 II) hier nicht erforderlich. — Ein gemäß § 153 III oder § 154 I gefaßter Einstellungsbeschluß steht an sich der PrKlage nicht entgegen; der § 154 V und JGG. § 32 IV beschränken nur die Wiedererhebung der öffentlichen Anklage (str.). — Gegen Jugendliche ist, da eine Privatklage nach JGG. § 38 unzulässig ist, bei den in § 374 aufgeführten Vergehen öffentliche Klage nicht nur dann zu erheben, wenn dies „im öffentlichen Interesse liegt", sondern auch, „wenn ein berechtigtes Interesse des Verletzten dies rechtfertigt" (JGG. § 38 Satz 3).

377 [417]. In dem Verfahren auf erhobene Privatklage ist die Staatsanwaltschaft zu einer Mitwirkung nicht verpflichtet[1]; es ist ihr jedoch der zur Hauptverhandlung bestimmte Termin bekanntzumachen[2].

Auch kann die Staatsanwaltschaft in jeder Lage der Sache bis zum Eintritt der Rechtskraft des Urteils[3] durch eine ausdrückliche Erklärung die Verfolgung übernehmen. In der Einlegung eines Rechtsmittels ist die Übernahme der Verfolgung enthalten.

Übernimmt die Staatsanwaltschaft die Verfolgung, so richtet sich das weitere Verfahren[4] nach den Bestimmungen, welche im zweiten Abschnitt dieses Buches für den Anschluß des Verletzten als Nebenkläger gegeben sind[5].

[1] Vgl. § 385 Abs. 2, aber auch § 390 Abs. 3.

[2] Nach § 382 auch die Klage.

[3] oder sonstiger Beendigung des Verf. (§§ 391, 393). E. 16, 421.

[4] Das Verf. wird (ohne Einstellungsbeschluß) von der StAschaft in der Prozeßlage, in der es sich befindet, übernommen und fortgeführt. E. 57, 349. Erfolglosigkeit eines Sühneversuchs (§ 380) ist jetzt nicht mehr UrtVoraussetzung (E. 3, 373; 45, 222).

[5] §§ 395ff. Der Privatkläger gilt alsdann ohne weiteres als Nebenkläger. E. 7, 437. Auch dann, wenn die StA. die Verfolgung deshalb übernommen hat, weil sie ein Offizialdelikt mit dem PrKl.Vergehen für konkurrierend hält (z. B. Mordversuch mit Körperverletzung): E. 59, 100.

3. Vertretung des Privatklägers.

378 [418]. Der Privatkläger kann im Beistand eines Rechtsanwalts[1] erscheinen oder sich durch einen mit schriftlicher Vollmacht versehenen Rechtsanwalt[1] vertreten lassen[2]. Im letzteren Falle können die Zustellungen an den Privatkläger mit rechtlicher Wirkung an den Anwalt erfolgen[3].

[1] Die sonst noch als Verteidiger zugelassenen Personen (§ 137) sind hier ausgeschlossen. S. aber § 387 Abs. 2.

[2] Vgl. jedoch § 387 Abs. 3 u. § 391 Abs. 2, 3.

[3] Eine entsprechende Bestimmung ist für den Vertreter des Angeklagten (§ 387 Abs. 1) nicht getroffen.

4. Sicherheitsleistung.

379 [419]. Der Privatkläger hat für die der Staatskasse und dem Beschuldigten voraussichtlich erwachsenden Kosten unter denselben Voraussetzungen Sicherheit zu leisten, unter welchen in bürgerlichen Rechtsstreitigkeiten der Kläger auf Verlangen des Beklagten Sicherheit wegen der Prozeßkosten zu leisten hat[1].

Die Sicherheitsleistung ist durch Hinterlegung in barem Gelde oder in Wertpapieren zu bewirken.

Für die Höhe der Sicherheit und die Frist zu ihrer Leistung sowie für die Bewilligung des Armenrechts[2] gelten dieselben Bestimmungen wie in bürgerlichen Rechtsstreitigkeiten[3].

[1] Jetzt GKG. § 83: Gebührenvorschußpflicht f. d. Privatkläger; nicht für Besch., auch wenn er Widerkl. erhebt oder RMittel einlegt.

[2] An den Privatkläger. Für den Besch. kein „Armenrecht".

[3] ZPO. §§ 114ff.; GKG. § 83 III.

5. Sühnetermin.

§ 380 [420][1]. Wegen **Hausfriedensbruchs**, Beleidigung, **leichter vorsätzlicher oder fahrlässiger Körperverletzung, Bedrohung, Sachbeschädigung und Verletzung fremder Geheimnisse (§ 299 des Strafgesetzbuchs)** ist die Erhebung der Klage erst zulässig, nachdem von einer durch die Landesjustizverwaltung[2] zu bezeichnenden Vergleichsbehörde die Sühne erfolglos versucht worden ist. Der Kläger hat die Bescheinigung hierüber mit der Klage einzureichen.

Die Landesjustizverwaltung kann bestimmen, daß die Vergleichsbehörde ihre Tätigkeit von der vorherigen Einzahlung eines angemessenen Kostenvorschusses abhängig machen darf[3].

Die Vorschriften des Abs. 1, 2 finden keine Anwendung, wenn der amtliche Vorgesetzte gemäß den

§§ 196, 232 Abs. 3 des Strafgesetzbuchs befugt ist, Strafantrag zu stellen.

Wohnen die Parteien nicht in demselben Gemeindebezirke, so kann nach näherer Anordnung der Landesjustizverwaltung von einem Sühneversuch abgesehen werden[4].

[1] Fassung gemäß § 36 VO. v. 4. 1. 24.

[2] Preußen: Schiedsmannsordnung v. 3. 12. 24 (GS. 751): In jeder Gemeinde ein Schiedsmann.

[3] So preuß. SchiedsmO. § 43 Abs. 4.

[4] Preuß. SchO. § 36: Das Gericht kann hier auf Antrag (ohne Anhörung des Gegners) vom Sühneversuch abzusehen gestatten, wenn Antragsteller vom Ort der Verhandlung besonders weit entfernt wohnt; es kann ihn stattdessen auch ermächtigen, sich vertreten zu lassen. — Dazu GV. des MdJ. und des JMin. v. 15. 1. 26, geänd. 14. 3. 28 (JMBl. 26, 31 und 28, 165). — Ein vor der Vergleichsbehörde geschlossener Vergleich verbraucht das PrKlRecht; ein etwaiger Strafantrag bleibt aber bestehen, es sei denn, daß er als zulässigerweise zurückgenommen anzusehen ist. E. 27, 217.

6. Erhebung der Privatklage.

381 [421]. Die Erhebung der Klage geschieht zu Protokoll der Geschäftsstelle oder durch Einreichung einer Anklageschrift. Die Klage muß den im § 200 Abs. 1 bezeichneten Erfordernissen entsprechen.[1] Mit der Anklageschrift sind zwei Abschriften einzureichen.

[1] Andernfalls Zurückweisung durch Beschluß, wogegen Beschwerde (oder korrekte Neu-Erhebung).

7. Verfahren.

382 [422]. Ist die Klage vorschriftsmäßig erhoben, so teilt das Gericht sie dem Beschuldigten unter Bestimmung einer Frist zur Erklärung und der Staatsanwaltschaft zur Kenntnisnahme[1] mit.

[1] Wegen § 377 II.

383 [423]. Nach Eingang der Erklärung des Beschuldigten oder Ablauf der Frist entscheidet das Gericht darüber, ob das Hauptverfahren zu eröffnen oder die Klage zurückzuweisen[1] sei, nach Maßgabe der Bestimmungen, welche bei einer von der Staatsanwaltschaft unmittelbar erhobenen Anklage Anwendung finden[2].

[1] d. h. gemäß § 204 das HVerf. nicht zu eröffnen. Rechtskraft i. S. des § 210! — Ist die Straftat Offizialdelikt, so übergibt das Gericht die Sache der StA. E. 9, 324. [2] §§ 202ff.

384 [424]. Das weitere Verfahren richtet sich nach den Bestimmungen, welche für das Verfahren auf erhobene öffentliche Klage gegeben sind.

Vor dem Schwurgerichte kann eine Privatklagesache nicht gleichzeitig mit einer auf öffentliche Klage anhängig gemachten Sache verhandelt werden[1].

[1] Ausnahme von §§ 2, 4.

385 [425]. Insoweit in dem Verfahren auf erhobene öffentliche Klage die Staatsanwaltschaft zuzuziehen und zu hören ist, wird in dem Verfahren auf erhobene Privatklage der Privatkläger zugezogen und gehört[1]. Desgleichen sind alle Entscheidungen, welche dort der Staatsanwaltschaft bekanntgemacht werden, hier dem Privatkläger bekanntzugeben.

Es werden jedoch die auf richterliche Anordnung ergehenden Ladungen nicht durch die Staatsanwaltschaft, sondern durch die Geschäftsstelle bewirkt.

Zwischen der Zustellung der Ladung des Privatklägers zur Hauptverhandlung und dem Tage der letzteren muß eine Frist von mindestens einer Woche liegen.

Das Recht der Akteneinsicht kann der Privatkläger nur durch seinen Anwalt ausüben.

[1] Aber nicht als Zeuge. Vgl. Vorbem. 6c vor § 48.

386 [426]. Der Vorsitzende des Gerichts[1] bestimmt, welche Personen als Zeugen oder Sachverständige zur Hauptverhandlung geladen werden sollen.

Dem Privatkläger wie dem Angeklagten steht das Recht der unmittelbaren Ladung zu[2].

[1] Also nicht, wie sonst (§ 214) der StA.

[2] Durch Gerichtsvollzieher: § 38. — § 220 ist auf beide Parteien sinngemäß anzuwenden.

8. Vertretung des Angeklagten.

387 [427]. In der Hauptverhandlung kann auch[1] der Angeklagte im Beistand eines Rechtsanwalts erscheinen oder sich auf Grund einer schriftlichen Vollmacht durch solchen vertreten lassen[2].

Die Bestimmung des § 139 findet auf den Anwalt des Klägers wie auf den des Angeklagten Anwendung.

Das Gericht ist befugt, das persönliche Erscheinen des Klägers sowie des Angeklagten anzuordnen, auch den Angeklagten vorführen zu lassen[3].

[1] Für den Privatkläger vgl. §§ 378, 391.

[2] Für den Angekl. gelten außerdem §§ 230, 231, 233, soweit § 387 nicht entgegensteht. § 232 kommt nicht in Frage.

[3] Haftbefehl (§ 230 Abs. 2) hier unzulässig.

9. Widerklage.

388 [428][1]. Hat der Verletzte die Privatklage erhoben, so kann der Beschuldigte bis zur Beendigung der Schlußvorträge (§ 258) in erster Instanz mittels einer Widerklage[2] die Bestrafung des Klägers beantragen[3], wenn er von diesem gleichfalls durch ein Vergehen verletzt worden ist, das im Wege der Privatklage verfolgt werden kann[4] und mit dem den Gegenstand der Klage bildenden Vergehen im Zusammenhange steht[5].

Über Klage und Widerklage ist gleichzeitig zu erkennen[6].

Die Zurücknahme der Klage ist auf das Verfahren über die Widerklage ohne Einfluß.

[1] Fassung gemäß EntlastGes. v. 8. 7. 22 Art. IV. — Widerklage gegen Jugendliche ist nach JGG. § 38 Satz 2 zulässig (obwohl PrKl. gegen sie unzulässig).

[2] Form: § 381, falls außerhalb der HVhdlg. erhoben. Sonst formlos (mündlich oder § 381). — § 380 nicht anwendbar.
[3] Falls nicht der StA. die Verfolgung übernimmt. E. 5, 133; 29, 116.
[4] § 374.
[5] Also nicht nur, wie vor 1922, bei „wechselseitigen Beleidigungen oder Körperverletzungen" i. S. von StGB. §§ 198, 232.
[6] Kosten: §§ 468, 471 und GKG. §§ 70ff.

10. Einstellung des Verfahrens.

389 [429]. Findet das Gericht nach verhandelter Sache[1], daß die für festgestellt zu erachtenden Tatsachen eine solche strafbare Handlung darstellen, auf welche das in diesem Abschnitt vorgeschriebene Verfahren keine Anwendung erleidet, so hat es durch Urteil, welches diese Tatsachen hervorheben muß, die Einstellung des Verfahrens auszusprechen[2].

Die Verhandlungen sind in diesem Falle der Staatsanwaltschaft mitzuteilen[3].

[1] Findet es das Gericht vor verhandelter Sache, so hat gleiches durch Beschluß zu geschehen. E. 9, 324.
[2] nicht etwa die Sache (entsprechend § 270) an das zuständige Gericht zu verweisen. Würde dies geschehen, so hätte sich auch das dadurch mit der Sache befaßte Gericht auf den Ausspruch der Folgen des § 389 zu beschränken. E. 23, 416. — Auch § 328 III nicht anwendbar. E. 29, 422. — Wird aber zu Unrecht in der Sache rechtskräftig erkannt, so ist die Strafklage konsumiert. E. 9, 14, 324.
[3] Die StAschaft erhebt dann öff. Kl. — Ist im PrKlVerf. erst in der BerInstanz nach § 389 verfahren, so soll nach E. 9, 324 das nunmehr erstinstanzlich urteilende Gericht gemäß einem „Grundsatz der relativen Rechtskraft" nicht über die Strafe hinausgehen dürfen, welche im erstinstanzlichen Urteil des PrKlVerf. verhängt wurde.

11. Rechtsmittel.

390 [430]. Dem Privatkläger stehen, vorbehaltlich des § 313[1], die Rechtsmittel zu, welche in dem Verfahren auf erhobene öffentliche Klage der Staatsanwaltschaft zustehen. Dasselbe gilt von dem Antrag auf Wiederaufnahme des Verfahrens in den Fällen des § 362. Die Bestimmung des § 301 findet auf das Rechtsmittel des Privatklägers Anwendung[2].

Revisionsanträge und Anträge auf Wiederaufnahme des durch ein rechtskräftiges Urteil geschlossenen Verfahrens kann der Privatkläger nur mittels einer von einem Rechtsanwalt unterzeichneten Schrift anbringen[3].

Die in den §§ 320, 321, 347 angeordnete Vorlage und Einsendung der Akten erfolgt wie im Verfahren auf erhobene öffentliche Klage an und durch die Staatsanwaltschaft. Die Zustellung der Berufungs- und Revisionsschriften an den Gegner des Beschwerdeführers wird durch die Geschäftsstelle bewirkt.

[1] Fassung gemäß VO. v. 4. 1. 24 § 33 Abs. 1. Seit Neufassung des § 313 durch Ges. v. 22. 12. 25 ist der Zusatz gegenstandslos.

[2] Auch des § 296 Abs. 2. E. 22, 400 (str.). Auch des § 339: E. 59, 100.

[3] Also nicht zu Protokoll der Geschäftsstelle. Anders der Angeklagte: § 345 Abs. 2. — Anm. 2 zu § 345 gilt auch hier. Vgl. E. 19, 115.

12. Zurücknahme der Privatklage.

391 [431]. Die Privatklage[1] kann bis zur Verkündung des Urteils erster Instanz und, soweit zulässige Berufung eingelegt ist, bis zur Verkündung des Urteils zweiter Instanz zurückgenommen werden[2].

Als Zurücknahme gilt es im Verfahren erster und, soweit der Angeklagte die Berufung eingelegt hat, im Verfahren zweiter Instanz, wenn der Privatkläger in der Hauptverhandlung weder erscheint noch durch einen Rechtsanwalt vertreten wird, oder in der Hauptverhandlung oder einem anderen Termin ausbleibt, obwohl das Gericht sein persönliches Erscheinen angeordnet hatte oder eine Frist nicht einhält, welche ihm unter Androhung der Einstellung des Verfahrens gesetzt war.

Soweit der Privatkläger die Berufung eingelegt hat, ist sie im Falle der vorbezeichneten Versäumungen unbeschadet der Bestimmung des § 301 sofort zu verwerfen.

Der Privatkläger kann binnen einer Woche nach der Versäumung die Wiedereinsetzung in den vorigen Stand unter den in den §§ 44, 45 bezeichneten Voraussetzungen beanspruchen.

[1] Für die öffentliche Klage vgl. § 156.

[2] Anders die Zurücknahme des Strafantrags: StGB. §§ 64, 194, 232 Abs. 2. Zurücknahme der Privatklage für den Strafantrag an sich bedeutungslos. Vgl. aber E. 19, 284.

392 [432]. Die zurückgenommene Privatklage kann nicht von neuem erhoben werden[1].

[1] Vgl. jedoch § 375 Abs. 1. Auch die öffentliche Klage kann noch erhoben werden. E. 19, 284.

13. Unvererblichkeit der Privatklage.

393 [433]. Der Tod des Privatklägers hat die Einstellung des Verfahrens zur Folge.

War jedoch die Privatklage darauf gestützt, daß der Beschuldigte wider besseres Wissen in Beziehung auf den anderen eine unwahre Tatsache behauptet oder verbreitet habe, welche ihn verächtlich zu machen oder in der öffentlichen Meinung herabzuwürdigen geeignet ist[1], so kann die Klage nach dem Tode des Klägers von den Eltern, den Kindern oder dem Ehegatten des letzteren fortgesetzt werden[2].

Die Fortsetzung ist von dem Berechtigten bei Verlust des Rechtes binnen zwei Monaten, vom Tode des Privatklägers an gerechnet, bei Gericht zu erklären.

[1] Also StGB. § 187 ausschl. Kreditgefährdung.

[2] Eine unklare Anknüpfung an StGB. § 189.

394 [434]. Die Zurücknahme der Privatklage und der Tod des Privatklägers sowie die Fortsetzung der Privatklage sind dem Beschuldigten bekanntzumachen.

Zweiter Abschnitt.

Nebenklage.

Vorbemerkungen.

1. Nebenklage ist Anschluß an öffentliche Klage mit dem Ziel, entweder
a) ein Genugtuungsbedürfnis zu befriedigen, oder
b) einen vermögensrechtlichen Anspruch zu verfolgen (Buße).

2. Nebenklage kann erheben:
a) wer zur Privatklage berechtigt wäre (§ 395 I);
b) wer die StA. zur Anklage gezwungen hat (§ 395 II);
c) wer berechtigt ist, Buße zu verlangen (§ 403 I);
d) die Finanzverwaltungsbehörde bei Gefällsdelikten (§ 427).

3. Nebenklage muß erheben, wer nach Erhebung einer öffentlichen Klage Buße beantragen will (§ 403 II).

4. Nebenkläger wird:
a) wer NKl. erhebt (oben Nr. 2): durch Anschlußerklärung und gerichtliche Zulassung (§ 403);
b) wer PrKl. erhoben hat: schon durch die Erklärung der StA., daß sie die Verfolgung selber übernehmen wolle (§ 377).
c) Das Finanzamt wird nach RAbgO. §§ 432, 437 Nebenkläger, wenn ein strafgerichtliches Verfahren dadurch anhängig wird, daß entweder ein Beschuldigter gegen einen Strafbescheid gerichtliche Entscheidung beantragt oder die StA. öffentliche Klage erhebt.

5. Buße (Fälle in Anm. 2 zu § 403) kann nur innerhalb eines auf „Strafe" gerichteten Strafverfahrens geltend gemacht werden; und zwar:
a) indem der Bußberechtigte als Privatkläger außer Bestrafung auch Zuerkennung einer Buße beantragt (§ 406);
b) oder indem er dies tut, nachdem er sich als Nebenkläger einer öff. Kl. angeschlossen hat (§ 403).

6. Kosten bei NKl.: §§ 471 Anm. 6, 427 Anm. 3 und GKG. § 66.

1. Zulässigkeit.

395 [435]. Wer[1] nach Maßgabe der Bestimmung des § 374 als Privatkläger aufzutreten berechtigt ist[2], kann sich der erhobenen öffentlichen Klage[3] in jeder Lage des Verfahrens als Nebenkläger anschließen[4]. Der Anschluß kann behufs Einlegung von Rechtsmitteln auch nach ergangenem Urteil geschehen[5].

Die gleiche Befugnis steht dem zu, welcher durch einen Antrag auf gerichtliche Entscheidung (§ 172) die Erhebung der öffentlichen Klage herbeigeführt hat[6], wenn die strafbare Handlung gegen sein Leben[7], seine Gesundheit, seine Freiheit, seinen Personenstand oder seine Vermögensrechte gerichtet war.

[1] Prozeßfähigkeit erforderlich. Vgl. Anm. 1a zu § 374 und E. 9, 125; 37, 63.

[2] Das Recht muß zur Zeit der Anschlußerklärung bestehen. Es besteht nicht mehr, wenn die Antragsfrist versäumt oder der Antrag wirksam zurückgenommen ist. E. 41, 168.

[3] Sollte diese auch von einem anderen Gesichtspunkte erhoben sein; wenn nur die rechtliche Möglichkeit besteht, die Tat unter dem Gesichtspunkt des § 374 zu betrachten, sei es selbständig, sei es in Idealkonkurrenz mit der Anklagetat. E. 7, 437; 43, 260; 51, 129; 59, 100.

[4] Sollte er auch in demselben Verf. Mitangeklagter sein. E. 22, 421.

[5] Die Einlegung eines Rechtsmittels schließt die Anschlußerklärung in sich. Über die Berechtigung zum Anschluß entscheidet hier nur das RechtsmGer. E. 48, 235.

[6] Ob die Entscheidung (§ 172) zu Recht erging, ist nicht mehr zu prüfen. E. 44, 6. — Gemäß § 441 III kann wohl auch der dort genannte Befehlshaber NKl. erheben, ohne daß die Tat gegen die in § 395 II aufgezählten Rechtsgüter gerichtet sein muß.

[7] Vgl. hierzu Anm. 2a zu § 374.

396 [436]. Die Anschlußerklärung ist bei dem Gerichte schriftlich einzureichen[1].

Das Gericht[2] hat über die Berechtigung des Nebenklägers zum Anschluß nach Anhörung der Staatsanwaltschaft zu entscheiden[3].

Zu einer Sicherheitsleistung ist der Nebenkläger nicht verpflichtet.

[1] „Zu Protokoll" abgegeben genügt sie nur, falls das Protokoll vom Nebenkläger unterschrieben ist. E. 36, 246.

[2] Bei § 295 Satz 2: das Rechtsmittelgericht. E. 6, 139.

[3] Ausdrücklich und vor weiterer Änderung der Prozeßlage. E. 25, 186. Wiederholte Prüfung durch Revisionsgericht nicht ausgeschlossen. E. 35, 25.

2. Rechte des Nebenklägers.

397 [437]. Der Nebenkläger hat nach erfolgtem Anschluß die Rechte des Privatklägers[1].

[1] Vgl. insbes. §§ 378, 385 (Ladung des Nebenklägers jedoch durch die Staatsanwaltschaft E. 7, 220), 386 Abs. 2, aber auch 390 Abs. 2. — Seine eidliche Vernehmung als Zeuge ist zulässig (E. 2, 384; 3, 47). Die Anwesenheit bei der ganzen Vhdlg. darf ihm aber nicht versagt werden (E. 25, 177), soweit er anwesend zu sein und sich zu beteiligen wünscht (E. 31, 37). § 390 Abs. 2 gilt auch für ihn (E. 36, 75). — Eine Widerklage gegen ihn ist nicht zulässig. E. 29, 116.

3. Verfahren.

398 [438]. Der Fortgang des Verfahrens wird durch den Anschluß nicht aufgehalten.

Die bereits anberaumte Hauptverhandlung sowie andere Termine finden an den bestimmten Tagen statt, auch wenn der Nebenkläger wegen Kürze der Zeit[1] nicht mehr geladen oder benachrichtigt werden konnte.

[1] Wenn irgend möglich, muß er also geladen oder benachrichtigt werden.

399 [439]. Entscheidungen, welche schon vor dem Anschluß ergangen und der Staatsanwaltschaft bekanntgemacht waren, bedürfen keiner Bekanntmachung an den Nebenkläger[1].

Die Anfechtung solcher[2] Entscheidungen steht auch dem Nebenkläger nicht mehr zu, wenn für die Staatsanwaltschaft die Frist zur Anfechtung abgelaufen ist[3].

[1] Anders im Fall des § 428. — RMFrist beginnt f. d. NKläger mit der Verkündung der Entscheidung.

[2] Für andere vgl. §§ 401 Abs. 1, 400.

[3] Einerlei ob die StA. die Entscheidung angefochten hat oder nicht. Anders § 429.

400 [440]. Ist in der Hauptverhandlung weder der Nebenkläger noch ein Anwalt des Nebenklägers erschienen[1], so wird das Urteil dem ersteren zugestellt[2].

[1] Zur Zeit der Urteilsverkündung. E. 6, 28.

[2] Nichterscheinen gilt hier also nicht, wie in § 391 II, als KlZurücknahme; nur § 402. E. 63, 53.

401 [441]. Der Rechtsmittel[1] kann sich der Nebenkläger unabhängig von der Staatsanwaltschaft[2] bedienen.

Wird auf ein nur von dem Nebenkläger eingelegtes Rechtsmittel die angefochtene Entscheidung aufgehoben, so liegt der Betrieb der Sache wiederum der Staatsanwaltschaft ob[3].

[1] Berufung, Revision, Beschwerde und (§ 397 mit § 390 I) Wiederaufnahme. — § 301 ist anwendbar; nach E. 22, 400 auch § 296 II. — Voraussetzung ist, daß NKl. zulässig war, was das RechtsmGer. nachzuprüfen hat (E. 35, 25; 44, 6), das RevGer. freilich nur bei entsprechender Rüge: § 352 (E. 59, 126). — Bei IdKonk. (Beisp. Betrug und Steuerdelikt) kann der NKl. nur wegen des zur NKl. berechtigenden Teils RMittel einlegen, das dann freilich bei Tateinheit seine Wirkung auch auf andere untrennbare Teile äußert. E. 36, 83; 61, 349.

[2] Sie sind gegenüber etwaigen Rechtsmitteln der StA. selbständig zu behandeln. Eigene Fristen (abgesehen von § 399 II), E. 6, 28. Der StA. hat kein Beschwerderecht wegen unrichtiger Behandlung des RMittels eines NKlägers. E. 59, 63. — Die StA. scheidet aber nicht aus; sie hat weiter mitzuwirken, wie bei einem von ihr eingelegten RMittel, und zu dem des NKlägers in höherer Instanz Stellung zu nehmen. Also ist beim Ausbleiben des NKlägers § 391 III nicht anwendbar. E. 63, 53 gegen 60, 283.

[3] D. h.: wenn ein RMittel des NKlägers Erfolg hat, so kommt die Sache in dieselbe Lage, wie wenn die StA. es eingelegt hätte. Ist die Sache in die Vorinstanz zurückverwiesen, so hat die StA. die öff. Kl. weiter zu vertreten. Der Nebenkläger bleibt als solcher beteiligt.

402 [442]. Die Anschlußerklärung verliert durch Widerruf sowie durch den Tod des Nebenklägers ihre Wirkung[1].

[1] Erneuter Anschluß (abgesehen von § 404 Abs. 2) zulässig. E. 8, 384. — §§ 391[2] und 393[2] nicht anwendbar.

4. I. Nebenklagebefugnis des Bußeberechtigten.

II. Bußeverfahren (§§ 403 II—406).

403 [443]. Die Befugnis, sich einer öffentlichen Klage nach den Bestimmungen der §§ 395 bis 402 als Nebenkläger anzuschließen, steht auch dem zu, welcher berechtigt ist[1], die Zuerkennung einer Buße zu verlangen[2].

Wer die Zuerkennung einer Buße in einem auf erhobene öffentliche Klage anhängigen Verfahren[3] beantragen will, muß sich zu diesem Zwecke der Klage[4] als Nebenkläger anschließen[5].

[1] Auch wenn er sie nicht verlangt; für den bloßen Anschluß ist dann auch § 404 Abs. 1 unanwendbar. E. 5, 334.

[2] StGB. §§ 188, 231 (auch § 340: E. 12, 223); G. betr. Urheberrecht an Mustern und Modellen v. 11. 1. 76 § 14 in Verbindung mit dem für dieses Gesetz noch gültigen § 18 d. G. betr. Urheberrecht v. 11. 6. 70; PatentG. v. 7. 4. 91 (Neufassung v. 7. 12. 23) § 37; G. betr. Gebrauchsmuster v. 1. 6. 91 (Neufassung v. 7. 12. 23) § 11; G. zum Schutz der Warenbezeichnungen v. 12. 5. 94 (Neufassung v. 7. 12. 23) § 18; UrhebG. v. 19. 6. 01 § 40; VerlagG. v. 19. 6. 01 § 9; KunstschutzG. v. 9. 1. 07 § 35; UnlWG. v. 7. 6. 09 § 26.

[3] Für das Verfahren über den erhobenen Bußanspruch gelten die Vorschriften der StPO., soweit nicht die Natur der Buße entgegensteht. So kommen nicht zur Anwendung die §§ 244, 245 (an ihrer Stelle ZPO. § 287 in Verbindung mit StPO. § 405 Abs. 2), 358 Abs. 2, 373 Abs. 2. Vgl. E. 41, 104; 44, 294.

[4] Also nicht vor dem Zeitpunkt der §§ 179, 199. E. 21, 156.

[5] Sein Erscheinen in der HVhdlg. nicht erforderlich. E. 21, 156; 32, 346.

404 [444]. Der Antrag auf Zuerkennung einer Buße kann bis zur Verkündung des Urteils erster Instanz gestellt werden[1].

Der Antrag kann bis zur Verkündung des Urteils zurückgenommen, ein zurückgenommener Antrag[2] nicht erneuert werden.

Wird der Angeklagte freigesprochen oder das Verfahren eingestellt oder die Sache ohne Urteil erledigt, so gilt auch der Antrag ohne weitere Entscheidung für erledigt[3].

Der Anspruch auf Buße kann von den Erben des Verletzten nicht erhoben oder fortgesetzt werden[4].

[1] Es ist ihm aber nur stattzugeben, wenn ausreichende Unterlagen dafür vorhanden; nur zu deren Beschaffung ist Aussetzung der Vhdlg. nicht statthaft. Strikter Nachweis des Schadens nicht erforderlich. Vgl. E. 6, 398 und Anm. 3 zu § 403.

[2] Falls Anschluß an sich rechtsgültig, insbesondere formgerecht war. E. 1, 285. Antrag selbst formfrei. E. 13, 186.

[3] Einlegung eines Rechtsmittels seitens des Nebenklägers dadurch nicht ausgeschlossen. E. 11, 90.

[4] Im Wege des Zivilprozesses können ihn die Erben aber geltend machen.

405 [445]. Der Nebenkläger hat den Betrag, welchen er als Buße verlangt, anzugeben[1].

Auf einen höheren Betrag der Buße als den beantragten darf nicht erkannt werden.

[1] Die Unmöglichkeit, den Schaden ziffernmäßig genau festzustellen, entbindet den Richter nicht von der Pflicht, dies (dem Wesen der Buße gemäß) näherungsweise zu tun. E. 60, 12.

406 [446][1]. Die Bestimmungen der §§ 404, 405 finden auf den Fall entsprechende Anwendung, daß von dem die Buße Beanspruchenden die Privatklage erhoben wird.

[1] Der Bußanspruch kann entweder durch PrKl. oder durch NKl. verfolgt werden.

Sechstes Buch.

Besondere Arten des Verfahrens.

Vorbemerkung zum 1. bis 3. Abschnitt.

1 Einseitige Straffestsetzung, ohne HVhdlg. und Urteil. Schneller, billiger, den Besch. nicht zur Mitwirkung nötigend und weniger bloßstellend. Nur auf seinen Wunsch kommt es zu HVhdlg. und Urteil. Ähnlich dem Mahnverfahren des Zivilprozesses.

2. Der 1. Absch. gibt das Recht dem Amtsrichter, der 2. und 3. Abschnitt setzen Straffestsetzungsrechte anderer Behörden voraus. Alle drei Abschnitte regeln Überleitung in ord. Verf.

Erster Abschnitt.

Verfahren bei amtsrichterlichen Strafbefehlen.

407 [447][1]. Bei Übertretungen und Vergehen kann[2] die Strafe durch schriftlichen Strafbefehl des Amtsrichters ohne vorgängige Verhandlung festgesetzt werden[3], wenn die Staatsanwaltschaft schriftlich hierauf anträgt[3a].

Durch einen Strafbefehl darf jedoch keine andere Strafe[4] als Geldstrafe oder Freiheitsstrafe von höchstens **drei Monaten** sowie eine etwa verwirkte Einziehung **oder die Bekanntmachung der Entscheidung** festgesetzt werden.

Die Überweisung des Beschuldigten an die Landespolizeibehörde[5] darf in einem Strafbefehle nicht ausgesprochen werden.

Die Staatsanwaltschaft kann bei dem Antrag auf Erlaß des Strafbefehls zugleich den im § 25 Abs. 1 Nr. 2c des Gerichtsverfassungsgesetzes bezeichneten Antrag für den Fall stellen, daß der Amtsrichter die Sache zur Hauptverhandlung bringt oder der Beschuldigte Einspruch erhebt.

[1] Fassung gemäß VO. v. 4. 1. 24 §§ 37, 43. — Vorher schon: JGG. § 47, Ges. z. Vereinfachung d. StrRPflege v. 21. 10. 17 und EntlastG. v. 11. 3. 21. — Für Preußen vgl. ferner F. u. F.-Diebst. G. v. 15. 4. 78: nach §§ 27 ff. ist der

Antrag auf Erlaß eines richterlichen Strafbefehls die einzige Form der Anklageerhebung.

² Nach Preuß. FFPolG. v. 21. 1. 26, § 53, muß in leichten Fällen Anklage durch Antrag auf StrBefehl erhoben werden.

³ Die Sache wird hierdurch rechtshängig. Wegen des Umfangs der Rechtshängigkeit vgl. § 410 Anm. 2 und E. 56, 251. Siehe auch Anm. 3 zu § 151.

3a Der Antrag ist hier Erhebung der Anklage.

⁴ Für Jugendliche vgl. JGG. § 39.

⁵ StGB. § 362.

408 [448]. Der Antrag ist auf eine bestimmte Strafe zu richten. Der Amtsrichter hat ihm zu entsprechen, wenn der Erlassung des Strafbefehls Bedenken nicht entgegenstehen.

Findet der Amtsrichter Bedenken, die Strafe ohne Hauptverhandlung festzusetzen, so ist die Sache zur Hauptverhandlung zu bringen¹. Dasselbe gilt, wenn der Amtsrichter eine andere als die beantragte Strafe festsetzen will und die Staatsanwaltschaft bei ihrem Antrag beharrt.

¹ Entsprechend den Zuständigkeitsvorschriften von GVG. § 25 Nr. 1 und 2b. Wegen § 25 Nr. 2c vgl. § 407 Abs. 4. Zuziehung eines zweiten Amtsrichters (GVG. § 29 Abs. 2) im StrBefVerf. nicht möglich, meist wohl auch unnötig. Nötigenfalls müßte StA. die Klage „fallen lassen" (§ 411) und als ordentliche neu erheben. — Jugendgericht: stets mit Schöffen. — Form: Terminsanberaumung ohne EröffBeschl. — Ist die Kl. unbegründet, beschließt der AR. gemäß § 204, wogegen sofortige Beschwerde gemäß § 210 Abs. 2.

409 [449]. Der Strafbefehl muß außer der Festsetzung der Strafe die strafbare Handlung¹, das angewendete Strafgesetz und die Beweismittel bezeichnen, auch die Eröffnung enthalten, daß er vollstreckbar werde, wenn der Beschuldigte nicht binnen einer Woche nach der Zustellung bei dem Amtsgerichte schriftlich oder zu Protokoll der Geschäftsstelle Einspruch erhebe²,³.

Auf den Einspruch kann vor Ablauf der Frist verzichtet werden.

[1] Den tatsächlichen Sachverhalt.

[2] Auch die Kostenpflicht: § 464 Abs. 1.

[3] Für MilStrafsachen vgl. auch § 447.

410 [450]. Ein Strafbefehl, gegen welchen nicht rechtzeitig[1] Einspruch erhoben worden ist, erlangt die Wirkung eines rechtskräftigen Urteils[2].

[1] § 409 Abs. 1, auch §§ 44ff. — Verspäteter Einspruch wird durch Beschluß verworfen; hiergegen Beschw. § 306.

[2] Nach E. 56, 251 freilich nur unter dem den Erlaß eines StrBef. ermöglichenden rechtlichen Gesichtspunkt; es sei „ein Gebot der Gerechtigkeit, daß alle v. StrBef. nicht getroffenen Seiten der Prüfung im ord. Verf. zugänglich bleiben". Für Idealkonkurrenz und Fortsetzungszusammenhang vgl. auch E. 29, 156; 51, 247; 54, 283.

411 [451]. Bei rechtzeitigem Einspruch wird zur Hauptverhandlung geschritten[1], sofern nicht bis zu ihrem Beginne die Staatsanwaltschaft die Klage fallen läßt[2] oder der Einspruch zurückgenommen wird.

Der Angeklagte kann sich in der Hauptverhandlung durch einen mit schriftlicher Vollmacht versehenen Verteidiger vertreten lassen[3].

Bei der Urteilsfällung ist das Gericht an den in dem Strafbefehl enthaltenen Ausspruch nicht gebunden[4].

[1] Ohne EröffBeschl. — Ist der Einspruch unzulässig, wird er durch Beschluß verworfen.

[2] Abweichung von § 156. Die StrKlage wird aber hierdurch nicht verbraucht. E. 63, 266. — Auch Einstellung gemäß § 153 Abs. 3 zulässig.

[3] §§ 232, 234 gelten aber auch hier.

[4] Der Einspr. ist kein „Rechtsmittel", führt also nicht zur Nachprüfung des StrBefehls (der jetzt nur noch den EröffBeschl. vertritt), sondern zu einer Neuverhandlung.

412 [452]. Bleibt der Angeklagte ohne genügende Entschuldigung in der Hauptverhandlung aus, und wird er auch nicht durch einen Verteidiger vertreten, so wird der Einspruch ohne Beweisaufnahme durch Urteil verworfen.

Ein Angeklagter, welchem gegen den Ablauf der Einspruchsfrist Wiedereinsetzung in den vorigen Stand gewährt worden war, kann sie nicht mehr gegen das Urteil beanspruchen.

Zweiter Abschnitt.

Verfahren nach vorangegangener polizeilicher Strafverfügung.

Vorbemerkungen. — 1. Ein Polizeistrafverfahren zu regeln ist nach EStPO. § 6 Nr. 3 den Landesgesetzen überlassen. Diese sind aber hierbei an die §§ 413—418 StPO. gebunden. — Für Preußen vgl. Ges. v. 23. 4. 83, unten Anhang — und hierzu: JV. v. 2. 7. 83 (JMBl. 223), v. 4. 12. 07 (JMBl. 601) und v. 29. 5. 24 (JMBl. 258, betr. StPO. § 153). Ferner wegen Paßvergehen VO. Reichspräs. v. 6. 4. 23 (RGBl. I 249).

2. Wegen Opportunitätsgrundsatz Anm. 2 zu § 153.

3. Für Jugendliche vgl. JGG. § 40; hierzu für Preußen Verf. d. Min. d. Innern v. 28. 4. 24 (wenn Zweifel hinsichtlich der Einsicht vorliegen oder Erziehungsmaßregeln erforderlich erscheinen, ist von Polizeistrafe abzusehen und die Sache an den Amtsanwalt abzugeben. MinBl. f. innere Verw. 1924, 494).

4. Für Militärstrafsachen vgl. § 447.

5. In Pressesachen ist nach Preßgesetz § 29 StrVerfgg. unzulässig.

6. Betr. Rechtshilfe vgl. RGes. v. 9. 6. 95 (RGBl. 256).

413 [453]. Wo nach den Bestimmungen der Landesgesetze die Polizeibehörden befugt sind, eine in den Strafgesetzen[1] angedrohte Strafe durch Verfügung festzusetzen, erstreckt sich diese Befugnis nur auf Übertretungen.

Auch kann die Polizeibehörde keine andere Strafe als Haft bis zu vierzehn Tagen oder Geldstrafe[2] und die Haft, welche für den Fall, daß die Geldstrafe nicht beigetrieben werden kann, an ihre Stelle tritt[3], sowie eine etwa verwirkte Einziehung verhängen.

Die Strafverfügung muß außer der Festsetzung der Strafe die strafbare Handlung, das angewendete Strafgesetz und die Beweismittel bezeichnen, auch die Eröffnung enthalten, daß der Beschuldigte, sofern er nicht eine nach den Gesetzen zugelassene Beschwerde an die höhere Polizeibehörde ergreife, gegen die Strafverfügung binnen einer Woche nach der Bekanntmachung bei der Polizeibehörde, welche diese Verfügung erlassen hat, oder bei dem zuständigen[4] Amtsgericht auf gerichtliche Entscheidung antragen könne.

Die Strafverfügung wirkt in betreff der Unterbrechung der Verjährung wie eine richterliche Handlung[5].

[1] Polizeiliche Exekutivstrafen kommen daher hier nicht in Betracht.

[2] Nach VO. über Vermögensstrafen usw. v. 6. 2. 24 (RGBl. I 44) bis 150 Reichsmark. [3] StGB. § 29.

[4] StGB. § 68. — Verbrauch der Strafklage nur betr. des maßgebenden rechtlichen Gesichtspunkts. E. 34, 165; 41, 153; 47, 306. Vgl. auch Anm. 2 zu § 410.

[5] Das AGer., zu dessen Bezirk die PolBeh. gehört. E. 63, 435.

414 [454]. Der Antrag auf gerichtliche Entscheidung kann bei der Polizeibehörde schriftlich oder mündlich, bei dem Amtsgerichte schriftlich oder zu Protokoll der Geschäftsstelle angebracht werden.

Die Polizeibehörde übersendet, falls sie[1] nicht die Strafverfügung zurücknimmt, die Akten an die zuständige Staatsanwaltschaft, welche sie dem Amtsrichter vorlegt.

[1] Die Staatsanwaltschaft ist dazu nicht befugt. Anders § 451. — § 153 Abs. 3 ist aber anwendbar.

415 [455]. Gegen die Versäumung der Antragsfrist ist unter den in den §§ 44, 45 bezeichneten Voraussetzungen

Wiedereinsetzung in den vorigen Stand zulässig. Das Gesuch ist bei einer der im § 414 Abs. 1 genannten Behörden anzubringen.

Über das Gesuch entscheidet der Amtsrichter.

Die Bestimmungen des § 46 Abs. 2, 3 finden hier gleichfalls Anwendung.

§ 416 [456]. Ist der Antrag rechtzeitig[1] angebracht, so wird zur Hauptverhandlung **vor dem Amtsrichter**[2] geschritten, ohne daß es der Einreichung einer Anklageschrift oder einer Entscheidung über die Eröffnung des Hauptverfahrens bedarf.

Bis zum Beginne der Hauptverhandlung kann der Antrag zurückgenommen werden.

[1] § 413 Abs. 3; auch § 415. — Wenn nicht rechtzeitig: Verwerfung als unzulässig durch AR.; Beschw. nach § 304.

[2] Gemäß VO. v. 4. 1. 24 § 7 (da nur „Übertretungen"). — Für Jugendliche: Jugendgericht mit Schöffen! Anm. 3 zu GVG. § 25.

§ 417 [457]. Das Verfahren **vor dem Amtsrichter** ist dasselbe wie im Falle einer von der Staatsanwaltschaft erhobenen und zur Hauptverhandung verwiesenen Anklage[1].

Der Angeklagte kann sich durch einen mit schriftlicher Vollmacht versehenen Verteidiger vertreten lassen.

Bei der Urteilsfällung ist das Gericht an den Ausspruch der Polizeibehörde nicht gebunden[2].

[1] § 412 Abs. 1 gilt hier nicht, vielmehr §§ 232ff.

[2] Härtere Strafe also zulässig.

418 [458]. Stellt sich nach dem Ergebnisse der Hauptverhandlung die Tat des Angeklagten als eine solche dar, bei welcher die Polizeibehörde zum Erlaß einer Strafverfügung nicht befugt war[1], so hat das Gericht die letztere durch Urteil aufzuheben, ohne in der Sache selbst zu entscheiden[2].

[1] D. h. wenn sie Verbrechen oder Vergehen, oder zwar Übertretung ist, ein pol. StrVerfügung aber gesetzlich unzulässig, ist, z. B. wegen § 2 preuß. Ges. v. 23. 4. 83 (unten Anhang). Ob die Unzulässigkeit von vornherein bestand oder sich erst in der HVhdlg. ergibt, ist einerlei (E. 19, 166; 56, 371).

[2] Auch wenn es an sich zuständig wäre (E. 5, 243). Auch in der Berufungsinstanz ist § 418, nicht § 328 Abs. 3 anzuwenden (E. 56, 371). – Die weitere Verfügung gehört der Staatsanwaltschaft.

Dritter Abschnitt.

Verfahren bei Zuwiderhandlungen gegen die Vorschriften über die Erhebung öffentlicher Abgaben und Gefälle.

Vorbemerkungen. — 1. RAbgO. v. 18. 12. 19 § 449: „Die §§ 459—469 StPO. treten für den Geltungsbereich der RAbgO. außer Kraft". Vgl. statt dessen RAbgO. §§ 426—442.

2. Die Möglichkeiten dieses Abschnittes zeigt folgendes Schema:

Primär:
- 1. Strafbescheid der VerwBehörde (§ 419 Abs. 1)
  - Beschwerde (Sondergesetze)
  - Gerichtliche Verhandlung (§§ 420, 422)
- oder 2. Öff. Klage des StA. (§ 152)
  - Gerichtliche Verhandlung

Subsidiär:
- 3. Öff. Klage d. VerwBehörde (§ 424)
  - Gerichtliche Verhandlung

(Gerichtliche Verhandlung nach 1. und 2.:) VerwBehörde als Nebenklägerin (§ 427)

(Gerichtliche Verhandlung nach 3.:) VerwBehörde wie Privatkläger (§ 426)

3. Wegen Rechtshilfe vgl. RGes. v. 9. 6. 95.

419 [459]. Strafbescheide der Verwaltungsbehörden wegen Zuwiderhandlungen gegen die Vorschriften über die Erhebung öffentlicher Abgaben und Gefälle dürfen nur Geldstrafen sowie eine etwa verwirkte Einziehung festsetzen.

Der Strafbescheid muß außerdem die strafbare Handlung, das angewendete Strafgesetz und die Beweismittel bezeichnen, auch die Eröffnung enthalten, daß der Beschuldigte, sofern er nicht eine nach den Gesetzen zugelassene Beschwerde an die höhere Verwaltungsbehörde ergreife, gegen den Strafbescheid binnen einer Woche nach der Bekanntmachung bei der Verwaltungsbehörde, welche ihn erlassen, oder bei der, welche ihn bekanntgemacht hat, auf gerichtliche Entscheidung[1] antragen könne.

Der Strafbescheid wirkt in betreff der Unterbrechung der Verjährung wie eine richterliche Handlung.

[1] Das Gericht entscheidet dann über die Schuldfrage wie über das Strafmaß (E. 63, 343). Teilweise anders: RAbgO. §§ 433, 435; E. 62, 322.

420 [460]. Wird auf gerichtliche Entscheidung angetragen[1], so übersendet die Verwaltungsbehörde, falls sie nicht den Strafbescheid zurücknimmt, die Akten an die zuständige Staatsanwaltschaft, welche sie dem Gerichte vorlegt.

[1] Schriftlich oder mündlich, persönlich oder durch einen Vertreter. E. 36, 90. Bedingter Antrag unwirksam. E. 54, 54.

421 [461]. Für die Wiedereinsetzung in den vorigen Stand finden die Bestimmungen des § 415 entsprechende Anwendung.

422 [462]. Ist der Antrag rechtzeitig[1] angebracht, so wird zur Hauptverhandlung geschritten, ohne daß es der Einreichung einer Anklageschrift oder einer Entscheidung über die Eröffnung des Hauptverfahrens bedarf.

²Die Staatsanwaltschaft kann den im § 25 Abs. 1 Nr. 2c des Gerichtsverfassungsgesetzes vorgesehenen

Antrag auch noch bei Vorlage der Akten an das Gericht stellen; auf Verlangen der Verwaltungsbehörde hat sie dies zu tun.

Bis zum Beginne der Hauptverhandlung kann der Antrag zurückgenommen werden.

[1] § 419 Abs. 2, auch § 421.

[2] Abs. 2 gemäß § 38 VO. v. 4. 1. 24.

423 [463]. Ist die in einem vollstreckbaren Strafbescheide festgesetzte Geldstrafe von dem Beschuldigten nicht beizutreiben und deshalb ihre Umwandlung in eine Freiheitsstrafe[1] erforderlich, so ist diese Umwandlung nach Anhörung der Staatsanwaltschaft und des Beschuldigten durch gerichtliche Entscheidung auszusprechen, ohne daß der Strafbescheid einer Prüfung des Gerichts unterliegt. **Über die Umwandlung entscheidet der Amtsrichter.**

Gegen die Entscheidung findet sofortige Beschwerde statt.

[1] Unbeschadet JGG. § 40 Abs. 4.

424 [464]. Hat die Verwaltungsbehörde einen Strafbescheid nicht erlassen[1], und lehnt die Staatsanwaltschaft den an sie gerichteten Antrag auf Verfolgung ab[2], so ist die Verwaltungsbehörde befugt, selbst die Anklage zu erheben.

In einem solchen Falle hat sie einen Beamten ihres Verwaltungszweigs oder einen Rechtsanwalt als ihren Vertreter zu bestellen und in der Anklage namhaft zu machen.

[1] Die Zulässigkeit eines Strafbescheides ist jedoch nicht Voraussetzung für die AnklBefugnis der VerwBeh.: wenn nur eins der in diesem Abschnitt behandelten in der Überschrift genannten Delikte in Frage steht. E. 13, 30.

[2] § 152 Abs. 2 (Legalitätsgrundsatz mit den Ausnahmen der §§ 153, 154) gilt auch hier.

425 [465]. Die Staatsanwaltschaft ist zu einer Mitwirkung in jeder Lage des Verfahrens berechtigt.

Bei der Hauptverhandlung muß sie vertreten sein; auch hat sie die gerichtlich angeordneten Ladungen dazu zu bewirken.

Alle im Laufe des Verfahrens ergehenden Entscheidungen sind ihr bekanntzumachen.

426 [466]. Im übrigen regelt sich das Verfahren auf die von der Verwaltungsbehörde erhobene Anklage nach den für die Privatklage gegebenen Bestimmungen.

427 [467]. Hat der Beschuldigte gegen einen Strafbescheid auf gerichtliche Untersuchung angetragen, oder hat die Staatsanwaltschaft die Anklage erhoben, so kann die Verwaltungsbehörde sich der Verfolgung anschließen[1], und sie hat alsdann gleichwie bei einer von ihr erhobenen Anklage einen Vertreter zu bestellen[2].

In diesem Falle kommen die für den Anschluß des Verletzten als Nebenkläger gegebenen Bestimmungen[3] zur Anwendung.

[1] In jeder Lage des Verfahrens bis zur Rechtskraft, soweit ein Gefällsdelikt in Frage steht, nicht bezüglich der konkurrierenden Delikte. E. 22, 400; 36, 83; 45, 410

[2] § 424 Abs. 2.

[3] §§ 395ff., soweit nicht die §§ 428, 429 Sondervorschriften enthalten. Die für den Nebenkläger maßgebenden Grundsätze über Prozeßkosten (vgl. § 471 Anm. 6) sind aber auf die Verwaltungsbehörde nicht anwendbar. Sie bildet als Organ der Staatsgewalt mit der StA. eine einheitliche Behörde i. S. der StPO. E. 48, 340.

428 [468]. Wenn die Verwaltungsbehörde die Anklage erhoben oder sich der Verfolgung angeschlossen hat, so sind ihr das Urteil und alle sonstigen Entscheidungen zuzustellen, auch wenn sie bei deren Verkündung vertreten gewesen ist[1].

[1] Auch wenn sie erst nach Erlaß des Urteils, aber vor Rechtskraft, sich angeschlossen hat (E. 16, 130). Anders § 399.

429 [469]. Die Fristen zur Einlegung von Rechtsmitteln beginnen für die Verwaltungsbehörde erst mit der Zustellung[1].

Zur Anbringung von Revisionsanträgen und zur Gegenerklärung auf solche steht der Verwaltungsbehörde eine Frist von einem Monat zu.

[1] Auch i. F. des § 428 Anm. 1 (E. 43, 57). Anders § 399 II.

Vierter Abschnitt.

Verfahren bei Einziehungen und Vermögensbeschlagnahmen.

Vorbem.: 1. Die §§ 430—432 regeln das EinziehungsVerf. nur für Fälle, in denen ein bestimmter Besch. nicht vorhanden ist (vgl. § 430: „selbständig"). Sie geben hier den sog. Einziehungsinteressenten (d. h. Personen, welche ein Interesse gegen die Einziehung haben, E. 18, 299) gewisse Rechte. Ist ein best. Besch. vorhanden, so haben die Einz.-Interessenten nach E. 34, 388; 63, 27 keine Sonderrechte; auch dann nicht, wenn neben Freisprechung des Besch. selbständig auf Einziehung erkannt ist. Anders nach RAbgO.: E. 63, 27.

2. Einziehung ist keine Strafe. Das sog. „objektive Verfahren" bleibt also auch dann zulässig, wenn die Strafe im Gnadenwege erlassen oder das Strafverfahren gnadenweise niedergeschlagen ist. Vgl. E. 50, 386, 392; freilich nur als selbständiges neues Verfahren: E. 52, 283; 54, 11.

3. Das objektive Verfahren ist aber formell „Strafprozeß", z. B. im Sinne des PreßG. § 17. Vgl. E. 44, 279.

430 [477]. In den Fällen, in welchen nach § 42 des Strafgesetzbuchs oder nach anderweiten gesetzlichen Bestimmungen auf Einziehung, Vernichtung oder Unbrauchbarmachung von Gegenständen selbständig erkannt[1] werden kann, ist der Antrag[2], sofern die Entscheidung nicht in Verbindung mit einem Urteil in der Hauptsache erfolgt[3], seitens der Staatsanwaltschaft oder des

Privatklägers[4] bei dem Gerichte zu stellen, welches für den Fall der Verfolgung einer bestimmten Person zuständig sein würde[5].

An die Stelle des Schwurgerichts tritt das Schöffengericht.

[1] Das betr. Ges. muß das obj. Verf. gestatten. E. 19, 45; 21, 431. Beisp.: § 152 StGB. und viele Nebengesetze. Vgl. auch E. 50, 386; 392.

[2] Analog §§ 199, 200. – Kein EröffBeschl.; es wird sofort (vgl. Abs. 2 und § 431) HVhdlg. angesetzt. E. 37, 270.

[3] Andernfalls sind die §§ 430ff. auch dann nicht anwendbar, wenn neben Freisprechung des Beschuldigten selbständig auf die Einziehung usw. erkannt ist. E. 34, 388.

[4] Vgl. § 43 KunstschutzG. v. 9. 1. 07.

[5] Vgl. für die örtliche Zuständigkeit E. 15, 235.

431 [478]. Die Verhandlung und Entscheidung erfolgt in einem Termin, auf welchen die Bestimmungen über die Hauptverhandlung entsprechende[1] Anwendung finden.

Personen, welche einen rechtlichen Anspruch auf den Gegenstand der Einziehung, Vernichtung oder Unbrauchbarmachung haben, sind, soweit dies ausführbar erscheint, zu dem Termine zu laden[2].

Sie[3] können alle Befugnisse ausüben, welche einem Angeklagten zustehen[4], sich auch durch einen mit schriftlicher Vollmacht versehenen Verteidiger vertreten lassen. Durch ihr Nichterscheinen wird das Verfahren und die Urteilsfällung[5] nicht aufgehalten[6].

[1] Wegen Nichtanwendbarkeit von § 265 vgl. E. 37, 270. — Wegen § 57 vgl. E. 48, 84.

[2] Die sog. Einziehungsinteressenten; vgl. Vorbem. 1 vor § 430. E. 56, 379. Zu laden sind auch StA., PrivKl. und NebKl. — Den Interessenten ist auf Verlangen der Antrag d. StA. mitzuteilen. E. 37, 270.

[3] Nötigenfalls durch gesetzliche Vertreter. E. 29, 52.

[4] Folglich können sie nicht Zeugen sein. E. 46, 88.

[5] Das Urt. lautet auf Einz. der Gegenstände oder Zurückweisung des Antrags. — Falls die Interessenten oder deren

Vertreter nicht anwesend waren, ist es ihnen zuzustellen. Vgl. § 432 und E. 11, 414; 34, 331.

[6] Gebühren: § 67 GKG.

432 [479]. Die Rechtsmittel gegen das Urteil stehen der Staatsanwaltschaft, dem Privatkläger und den im § 431 bezeichneten Personen[1] zu[2].

[1] Sollten sie auch in erster Instanz nicht beteiligt gewesen sein. Die Rechtsmittelfrist beginnt alsdann mit der Verkündung des Urteils. E. 11, 414. Die Kosten erster Instanz (für die höheren Instanzen vgl. § 473) können ihnen nicht auferlegt werden. E. 12, 198. [2] Gebühren: § 67 GKG.

433 [480]. Auf die im § 93 des Strafgesetzbuchs vorgesehene Beschlagnahme des Vermögens eines Angeschuldigten finden die Bestimmungen der §§ 291 bis 293 entsprechende Anwendung.

Fünfter Abschnitt.

Besondere Vorschriften über das Verfahren bei militärischen Straftaten für Strafsachen gegen Angehörige der Reichswehr und für Militärstrafsachen.

Vorbemerkungen.

1. Die Militärgerichtsbarkeit war reichsgesetzlich geregelt durch die MilStrGerO. v. 1. 12. 98 (in Kraft seit 1. 10. 00). RVerf. Art. 106 bestimmt aber: „Die Militärgerichtsbarkeit ist aufzuheben, außer für Kriegszeiten und an Bord der Kriegsschiffe. Das Nähere regelt ein Reichsgesetz." Demgemäß hob das Reichsgesetz v. 17. 8. 20 (RGBl. 1579), abgeändert durch EntlastG. v. 11. 3. 21 (RGBl. 229) und durch VO. v. 27. 10. 23 (RGBl. I 999) die MilStrafgerichtsbarkeit auf. Indessen (§ 24): „Für das Verfahren in Kriegszeiten und gegen die an Bord von Kriegsschiffen eingeschifften Angehörigen der Reichsmarine gelten bis zur anderweiten Regelung die bisherigen Bestimmungen": d. h. die MStGO. v. 1. 12. 1898 i. Vbdg. mit VO. d. Volksbeauftragten v. 5. 12. 18 (RGBl. 1422) und mit RGes. v. 22. 2. 26 (RGBl. I 103).

2. Die folgenden §§ 434 bis 448 entsprechen dem angeführten RGes. v. 17. 8. 20. § 436 wurde neu gefaßt gemäß VO. v.

4. 1. 24. Durch RGes. v. 30. 4. 26 wurden § 435 und § 444 III Satz 2 gestrichen, um eine klarere Scheidung des strafgerichtlichen und des disziplinaren Verfahrens zu ermöglichen.

3. Grundbegriffe des Abschnitts:

a) „Militärische Straftaten" sind die vom MilStGB. v. 16. 6. 26 unter Strafe gestellten Verbrechen und Vergehen. — Für sie gelten StPO. §§ 436, 437 (kein Opportunitätsgrundsatz; Fahnenfluchtserklärung).

b) Bei „Strafsachen gegen Angehörige der Reichswehr" ist es einerlei, ob es sich um eine „militärische Straftat" oder um eine nach allgemeinem Strafrecht strafbare handelt. — Für sie gelten die §§ 439—441 (Gerichtsstand; Mitteilungen über das StrVerfahren an Vorgesetzte).

c) „Militärstrafsachen" sind solche, die Besch. als Angehöriger der Reichswehr begangen hat, einerlei ob sie nach MilStrR. oder nach allg. StrR. strafbar sind, und einerlei ob er z. Zt. des StrVerf. der Reichswehr noch angehört. — Für sie gelten die §§ 443—448 (Rechte und Pflichten der Vorgesetzten; Disziplinarhaft; Verteidiger; Revisionsgründe).

434. Eine Militärgerichtsbarkeit besteht nur für Strafverfahren in Kriegszeiten und gegen die Angehörigen der Reichsmarine, die an Bord von in Dienst gestellten Kriegsschiffen eingeschifft sind.

Soweit eine Militärgerichtsbarkeit nicht besteht, gelten für militärische Straftaten sowie für Strafsachen gegen Angehörige der Reichswehr und für Militärstrafsachen die folgenden besonderen Vorschriften:

Erster Titel.

Vorschriften für militärische Straftaten.

[Wegen § 435 vgl. Vorbem. 2].

436. Bei militärischen Vergehen[1] finden die Vorschriften des § 153 Abs. 2, 3 über die Befugnis, von der Erhebung der öffentlichen Klage abzusehen oder das Verfahren einzustellen, keine Anwendung[2].

[1] D. h. solchen, die das Militärstrafgesetzbuch v. 20. 6. 72 „mit Freiheitsstrafe bis zu fünf Jahren bedroht". Militärische Übertretungen gibt es nicht. MStGB. § 1.
[2] § 154 dagegen anwendbar.

437. Ein Abwesender[1], gegen den die öffentliche Klage wegen Fahnenflucht[2] erhoben ist, kann durch Beschluß des Gerichts für fahnenflüchtig erklärt werden.

Für die Bekanntmachung und die Aufhebung des Beschlusses gelten die §§ 291, 293.

[1] Im Sinne des § 276 StPO.
[2] Im Sinne des § 69 MStGB.

Zweiter Titel.

Vorschriften für Strafsachen gegen Angehörige der Reichswehr und für Militärstrafsachen.

Vorbemerkungen. — 1. „Angehörige der Reichswehr" sind nach § 1 RWehrges. v. 23. 3. 21 (RGBl. 329) die das Reichsheer und die Reichsmarine bildenden Soldaten (Offiziere, Deckoffiziere, Unteroffiziere und Mannschaften) und MilBeamten.

2. „Richtlinien für die Befugnisse der Polizeiorgane gegenüber Angehörigen der Wehrmacht", mitgeteilt vom Reichswehrminister im Heeresverordnungsblatt v. 6. 5. 21; abgedruckt preuß. JMBl. 1921 S. 524.

438. In Strafverfahren gegen Angehörige der Reichswehr gelten die besonderen Vorschriften der §§ 439 bis 441.

439. Ein Gerichtsstand ist auch bei dem Gerichte begründet, in dessen Bezirke sich der Standort des Truppenteils befindet, dem der Beschuldigte angehört[1].

[1] Vgl. auch § 441 Abs. 1 Satz 2.

440. Von der Festnahme[1] ist der vorgesetzten Dienstbehörde unverzüglich Nachricht zu geben.

[1] §§ 112 und 127; auch § 443.

441. Von der Einleitung der Strafverfolgung, der Eröffnung des Hauptverfahrens und der Anberaumung einer

Hauptverhandlung ist der höheren Kommandobehörde[1] des Beschuldigten Nachricht zu geben. Von dem Eingang der Nachricht über die Einleitung einer Strafverfolgung an ist eine Versetzung des Beschuldigten aus dem Bereiche der Strafverfolgungsbehörde nur noch mit deren Zustimmung zulässig.

Bei militärischen Verbrechen und Vergehen ist außerdem der höheren Kommandobehörde des Beschuldigten die Verfügung der Staatsanwaltschaft über die Ablehnung der Strafverfolgung oder die Einstellung des Verfahrens nebst den Gründen zuzustellen. Die Zustellung kann durch Vorlage der Akten erfolgen.

In den Fällen des Abs. 2 stehen die Rechte des Verletzten nach § 172 auch dem Befehlshaber der höheren Kommandobehörde[1] zu. Der Antrag auf gerichtliche Entscheidung kann statt von einem Rechtsanwalte von einem Heeres- (Marine-) Anwalt unterzeichnet werden. Die §§ 176, 177 finden auf den von dem Befehlshaber gestellten Antrag keine Anwendung.

Was unter „höhere Kommandobehörde" zu verstehen ist, bestimmt der Reichswehrminister[2].

[1] Durch die StA.

[2] Heeresverordnungsblatt 1920, S. 799; preuß. JMBl. 1920, S. 513.

442. In Militärstrafsachen gelten die besonderen Vorschriften der §§ 443 bis 448.

Militärstrafsachen sind Strafverfahren, die von Angehörigen der Reichswehr während ihrer Zugehörigkeit zur Reichswehr oder zum bisherigen aktiven Heere oder zur bisherigen aktiven Marine begangene Straftaten betreffen.

443. Die militärischen Vorgesetzten haben die gleichen Rechte und Pflichten wie die Polizei- und Sicherheitsbeamten, welche als Hilfsbeamte der Staatsanwaltschaft deren Anordnungen Folge zu leisten haben[1]. Sie sind insbesondere verpflichtet, die Ersuchen der Staatsanwaltschaft, des Untersuchungsrichters und der Gerichte auszuführen.

Untersuchungshandlungen dürfen sie ohne Ersuchen nur vornehmen, wenn diese keinen Aufschub gestatten.

[1] Vgl. §§ 98 Abs. 1, 105 Abs. 1, 127 Abs. 2, 131 Abs. 2, 159, 161, 163, 189.

444. Anzeigen strafbarer Handlungen und Anträge auf Strafverfolgung können auch[1] bei den Disziplinarvorgesetzten des Beschuldigten angebracht werden. Mündliche Anzeigen und Anträge sind zu Protokoll zu nehmen.

Der Disziplinarvorgesetzte hat von der Anzeige oder dem Antrag die Staatsanwaltschaft oder, wenn die schleunige Vornahme einer richterlichen Untersuchungshandlung erforderlich erscheint, den Amtsrichter sofort zu benachrichtigen. Das gleiche gilt, wenn sich sonst der Verdacht einer strafbaren Handlung ergibt.

[1] Außer § 158.

445[1]. Die Anordnung der Untersuchungshaft ist beim Vorliegen dringenden Tatverdachts auch[2] dann zulässig, wenn die Aufrechterhaltung der militärischen Disziplin dies fordert.

In diesem Falle findet das Haftprüfungsverfahren (§ 115a) zum ersten Male bereits nach Ablauf eines Monats statt; die Dauer der Untersuchungshaft ist auf die Strafe voll anzurechnen[3].

[1] Die §§ 112—131 gelten auch in MilStrSachen.

[2] D. h. außer wegen Flucht- und Verdunkelungsverdachts. — „Dringender Tatverdacht" stets erforderlich.

[3] Ausnahme von StGB. § 60 („kann").

446. Als Verteidiger können mit ihrer Zustimmung auch[1] Offiziere und gewählte Vertreter der Soldaten gewählt oder auf Antrag des Beschuldigten bestellt werden.

Den im § 144 Abs. 2 bezeichneten Justizbeamten stehen die bei den Heeres- (Marine-) Anwälten beschäftigten Sekretäre gleich.

[1] D. h. außer den nach §§ 138, 144 Zugelassenen. — § 446 gilt nur für „MilStrSachen" i. S. des § 442 II.

447. Erklärungen über die Einlegung oder die Rechtfertigung von Rechtsmitteln, Gesuche auf Wiedereinsetzung in den vorigen Stand, Anträge auf Wiederaufnahme des Verfahrens, Einsprüche gegen Strafbefehle sowie Anträge auf gerichtliche Entscheidung gegenüber einer polizeilichen Strafverfügung kann der Beschuldigte oder Verurteilte auch zu Protokoll des nächsten mit Disziplinarstrafgewalt versehenen Vorgesetzten[1], eines Heeres- (Marine-) Anwalts oder eines bei einem solchen beschäftigten Sekretärs, ferner, wenn er sich in militärischem Gewahrsame befindet, zu Protokoll des mit der Aufsicht über das Gefängnis betrauten Offiziers oder Beamten anbringen. Revisionsanträge und deren Begründung können jedoch von dem Angeklagten außer in der Form des § 345 Abs. 2 nur zu Protokoll eines Heeres- (Marine-) Anwalts oder eines bei einem solchen beschäftigten Sekretärs angebracht werden.

In den Fällen des Abs. 1 genügt es zur Wahrung einer Frist, wenn innerhalb der Frist das Protokoll aufgenommen wird.

[1] Nicht des „unmittelbaren", sondern des nächst erreichbaren.

448. Die Revision kann auch[1] darauf gestützt werden, daß eine allgemeine militärische Dienstvorschrift nicht oder nicht richtig angewendet worden ist.

[1] Außer auf § 337.

Siebentes Buch.

Strafvollstreckung und Kosten des Verfahrens.

Erster Abschnitt.

Strafvollstreckung.

Vorbemerkung. — 1. Das Reichsrecht spricht sich nicht aus über den Inhalt der Strafvollstreckung. Darüber vgl. die von den Landesregierungen vereinbarten „Grundsätze für den Vollzug von Freiheitsstrafen“, bekanntgemacht durch den RJustizminister 7. 6. 23 (RGBl. II 263).

2. Zur Entlastung der Gerichte können gewisse Aufgaben der Strafvollstreckung der Geschäftsstelle usw. übertragen werden: EntlastG. v. 11. 3. 21 (RGBl. 229) Art. VI § 1 III und § 3. Nicht: Entscheidungen über Aufschub oder Unterbrechung der StrVollstreckung und solche gemäß §§ 458—462

3. Für Jugendliche: JGG. § 36. Hiervon können die Landesjustizverwaltungen nicht abweichen. Anders § 451 III.

4. Für Militärpersonen vgl. Anm. 3 zu § 451.

5. Polizeistrafen nach § 413 II vollstreckt die PolBehörde, es sei denn, daß gerichtliche Entscheidung nach §§ 414 ff. ergangen ist.

6. Finanzstrafbescheide vollstreckt die Finanzbehörde: § 423; RAbgO. §§ 424, 435, 436, 439.

Voraussetzung.

449 [481]. Strafurteile[1] sind nicht vollstreckbar, bevor sie rechtskräftig[2] geworden sind.

[1] § 260 und was ihnen gleichgestellt ist; vgl. §§ 410, 423, 459, 460, 462.

[2] Die Rechtskraft tritt ein mit dem Erlaß (nicht Zustellung an den nicht anwesenden Angeklagten) einer durch Rechtsmittel nicht mehr anfechtbaren Entscheidung (vgl. jedoch § 319 Abs. 2, § 346 Abs. 2), mit dem Ablauf der Rechtsmittelfrist, Verzicht auf das Rechtsmittel und Zurücknahme desselben.

Anrechnung der Untersuchungshaft.

450 [482]. Auf die zu vollstreckende Freiheitsstrafe ist unverkürzt die Untersuchungshaft[1] anzurechnen, welche der Angeklagte erlitten hat, seit er auf Einlegung eines Rechtsmittels verzichtet oder das eingelegte Rechtsmittel zurückgenommen hat, oder seitdem die Einlegungsfrist abgelaufen ist, ohne daß er eine Erklärung abgegeben hat[2].

[1] In derselben Sache. E. 31, 244.

[2] Wegen der UH., die der Angekl. vor den in § 450 genannten Zeitpunkten erlitten hat, vgl. StGB. § 60 (dazu E. 29, 75) und StPO. § 445 Abs. 2 Satz 2.

Strafvollstreckende Behörde.

451 [483]. Die Strafvollstreckung[1] erfolgt durch die Staatsanwaltschaft[2] auf Grund einer von dem Urkundsbeamten der Geschäftsstelle zu erteilenden, mit der Bescheinigung der Vollstreckbarkeit versehenen, beglaubigten Abschrift der Urteilsformel[3].

Den Amtsanwälten steht die Strafvollstreckung nur insoweit zu, als die Landesjustizverwaltung sie ihnen übertragen hat[4].

Für die zur Zuständigkeit der Amtsgerichte gehörigen Sachen kann durch Anordnung der Landesjustizverwaltung die Strafvollstreckung den Amtsrichtern übertragen werden[5].

[1] Unter StrVollstr. sind zu verstehen einerseits alle Maßnahmen, durch welche die Verbüßung der Strafe ins Werk gesetzt werden soll, andererseits aber auch alle, welche zur richtigen und vollständigen Durchführung nötig sind; insofern also auch eine geeignete Überwachung der Strafanstaltsverwaltung. (Vgl. E. 5, 332; 21, 424; 30, 135.) Nicht zur StrVollstreckung gehören Erziehungs- und Sicherungsmaßregeln.

[2] Im Falle des § 354 Abs. 2 durch die des ursprünglich zuständigen Gerichts. JV. v. 26. 5. 87 (JMBl. 135).

[3] StrVollstr. gegen Militärpersonen: § 13 Ges. betr. Aufheb. d. MilGer.: „Arreststrafen sind auf Ersuchen der bürgerlichen Strafvollstreckungsbehörden" — [diese bleiben es also im Sinne von § 451!] — „von den Militärbehörden zu vollstrecken, ebenso sonstige Freiheitsstrafen bis zu sechs Wochen, solange die Verurteilten Militärpersonen sind." Hierzu Erlasse des Reichswehrministers v. 1. 10. 20 (HeeresVBl. 878, preuß. JMBl. 536) und v. 1. 6. 21 (HeeresVBl. 228, preuß. JMBl. 386). Strafvollstreckungsvorschrift f. d. Reichs-

heer v. 18.5.26 (RGBl. I 273); f. d. Marine v. 28.12.26 (RGBl. I 1927, 1). — StVollstr. in Steuerstrafsachen: RAbgO. § 424 und f. Preußen JV. v. 13. 1. 26 (JMBl. 13).

[4] Entsprechend EntlastG. v. 11.3.21 Art. VI § 1 Nr. III. — Preußen hat es nicht getan.

[5] So in Preußen. Vgl. JV. v. 20. 7. 25 (JMBl. 265), ForstdiebstG. v. 15. 4. 78 § 33. Danach hat für Schöffensachen die Staatsanwaltschaft, für Einzelrichtersachen der Amtsrichter die Strafvollstreckung. — Soweit der AR. die Strafe zu vollstrecken hat, wird er als Organ der Landesjustizverwaltung tätig; er ist insoweit an Anweisungen der vorgesetzten Instanz gebunden (E. 31, 76 und preuß. JV. v. 20. 6. 23, JMBl. 450); andererseits auch berechtigt, die Mitwirkung der Polizeiorgane zu beanspruchen, z. B. behufs Verhaftung und Einlieferung (E. 21, 424). — Rechtshilfe: §§ 162—164 GVG. — Bei der Strafvollstreckung notwendige Entscheidungen: §§ 458—463. — Die Strafvollstreckung in Jugendsachen hat nur der Jugendrichter (JGG. § 36), und zwar kraft eigenen Rechts, also auch unabhängig von Aufsichtsbehörde.

Begnadigungsrecht des Reichs.

452 [484]. In Sachen, in denen das Reichsgericht in erster Instanz erkannt hat, steht das Begnadigungsrecht dem Reiche zu[1].

[1] Nach RVerf. 49[1] wird es vom Reichspräsidenten ausgeübt.

Vollstreckung der Todesstrafe.

453 [485]. Todesurteile bedürfen zu ihrer Vollstreckung keiner Bestätigung. Die Vollstreckung ist jedoch erst zulässig, wenn die Entschließung der zur Ausübung des Gnadenrechts berufenen Stelle[1] ergangen ist, von dem Begnadigungsrechte keinen Gebrauch machen zu wollen.

An schwangeren oder geisteskranken Personen darf ein Todesurteil nicht vollstreckt werden.

[1] Im Reich der Reichspräsident (RVerf. 49[1]); in Preußen das Staatsministerium (PrVerf. 54).

454 [486]. Die Vollstreckung der Todesstrafe erfolgt in einem umschlossenen Raume.

Bei der Vollstreckung müssen zwei Mitglieder des Gerichts erster Instanz, ein Beamter der Staatsanwaltschaft, ein Urkundsbeamter der Geschäftsstelle und ein Gefängnisbeamter zugegen sein. Der Gemeindevorstand des Orts, wo die Hinrichtung stattfindet, ist aufzufordern, zwölf Personen aus den Vertretern oder aus anderen achtbaren Mitgliedern der Gemeinde abzuordnen, um der Hinrichtung beizuwohnen.

Außerdem ist einem Geistlichen von dem Religionsbekenntnisse des Verurteilten und dem Verteidiger und nach dem Ermessen des die Vollstreckung leitenden Beamten auch anderen Personen der Zutritt zu gestatten.

Über den Hergang ist ein Protokoll aufzunehmen, welches von dem Beamten der Staatsanwaltschaft und dem Urkundsbeamten der Geschäftsstelle zu unterzeichnen ist.

Der Leichnam des Hingerichteten ist seinen Angehörigen auf ihr Verlangen zur einfachen, ohne Feierlichkeiten vorzunehmenden Beerdigung zu verabfolgen.

Aufschub der Strafvollstreckung

Vorbem. zu §§ 455, 456. — Über den hier reichsgesetzlich geregelten Strafaufschub (vgl. auch StGB. §§ 27e, 28) hinaus geht die Möglichkeit, im Gnadenwege Strafaufschub zu gewähren. Preußen: Königl. Erlaß v. 18. 11. 11 (JMBl. 448) und JV. v. 22. 12. 11 (JMBl. 448), Fassungen v. 15. 7. 15 (JMBl. 134), v. 15. 3. 18 (JMBl. 68), v. 6. 7. 18 (JMBl. 281), v. 19. 4. 20 (JMBl. 163). — Auch die „bedingte Strafaussetzung" ist dem Wesen nach bedingte Begnadigung, in den meisten Ländern aber jetzt den Gerichten übertragen, die insoweit von den Weisungen der Justizverwaltung abhängig sind; vgl. für Preußen JV. v. 19. 10. 20 und 29. 6. 21 (unten Anhang). Die Rechtmäßigkeit solcher Übertragung ist wegen GVG. § 1 und EGVG. § 4 Satz 2 („Teilung der Gewalten"!) nicht unzweifelhaft. — In Jugendsachen entscheidet dagegen das Jugendgericht über bedingte Strafaussetzung kraft Reichsgesetzes (JGG. §§ 10ff.) und unabhängig von Weisungen.

455 [487]. Die Vollstreckung einer Freiheitsstrafe ist aufzuschieben, wenn der Verurteilte in Geisteskrankheit verfällt.

Dasselbe gilt bei anderen Krankheiten, wenn von der Vollstreckung eine nahe Lebensgefahr für den Verurteilten zu besorgen steht.

Die Strafvollstreckung kann auch dann aufgeschoben werden, wenn sich der Verurteilte in einem körperlichen Zustande befindet, bei welchem eine sofortige Vollstreckung mit der Einrichtung der Strafanstalt unverträglich ist.

456 [488]. Auf Antrag des Verurteilten kann die Vollstreckung aufgeschoben werden, sofern durch die sofortige Vollstreckung dem Verurteilten oder seiner Familie erhebliche, außerhalb des Strafzwecks liegende Nachteile erwachsen.

Der Strafaufschub darf den Zeitraum von vier Monaten nicht übersteigen.

Seine Bewilligung kann an eine Sicherheitsleistung oder andere Bedingungen geknüpft werden.

456a. Von der Vollstreckung der Freiheitsstrafe kann abgesehen werden, wenn der Verurteilte wegen einer anderen Tat einer ausländischen Regierung ausgeliefert wird[1].

[1] Eingefügt durch Auslieferungsgesetz v. 23. 12. 29.

457 [489]. Die Staatsanwaltschaft ist befugt, behufs Vollstreckung einer Freiheitsstrafe einen Vorführungs-[1] oder Haftbefehl[2] zu erlassen, wenn der Verurteilte auf die an ihn ergangene Ladung zum Antritt der Strafe sich nicht gestellt hat oder der Flucht verdächtig ist.

Auch kann von der Staatsanwaltschaft zu demselben

Zwecke ein Steckbrief[3] erlassen werden, wenn der Verurteilte flüchtig ist oder sich verborgen hält.

Diese Befugnisse stehen im Falle des § 451 Abs. 3 auch dem Amtsrichter zu.

[1] § 134 Abs. 2. [2] § 114. [3] § 131.

Gerichtliche Entscheidungen.

458 [490]. Wenn über die Auslegung eines Strafurteils[1] oder über die Berechnung der erkannten Strafe Zweifel entstehen, oder wenn Einwendungen gegen die Zulässigkeit der Strafvollstreckung erhoben werden, so ist die Entscheidung des Gerichts[2] herbeizuführen.

Dasselbe gilt, wenn nach Maßgabe des § 455 Einwendungen gegen die Ablehnung eines Antrags auf Aufschub der Strafvollstreckung erhoben werden.

Der Fortgang der Vollstreckung wird hierdurch nicht gehemmt; das Gericht kann jedoch einen Aufschub oder eine Unterbrechung der Vollstreckung anordnen.

[1] Auch der Urteilsgründe. Entsch. d. Staatsgerichtshofes v. 14. 2. 25 (PrJMBl. 240).

[2] § 462.

459 [491]. Kann eine verhängte Geldstrafe nicht beigetrieben werden und ist die Festsetzung der für diesen Fall eintretenden Freiheitsstrafe[1] unterlassen worden, so ist die Geldstrafe nachträglich von dem Gericht in die entsprechende Freiheitsstrafe umzuwandeln.

[1] StGB. §§ 28ff. und JGG. § 14.

460 [492]. Ist jemand durch verschiedene rechtskräftige Urteile zu Strafen verurteilt worden, und sind dabei die Vorschriften über die Zuerkennung einer Gesamtstrafe (§ 79 des Strafgesetzbuchs) außer Betracht geblieben[1], so sind[2] die erkannten Strafen durch eine nachträgliche gerichtliche[3] Entscheidung auf eine Gesamtstrafe zurückzuführen[4].

[1] Unabsichtlich oder, soweit Nichtanwendung gerechtfertigt, auch absichtlich. E. 34, 267. Beruht aber die Nichtanwendung auf Rechtsirrtum, so sind nur die Rechtsmittel zulässig. M. 250, 251. E. 7, 62. Auch eventuelle Umwandlung der früheren Strafe soll schon in dem späteren Urteil, nicht erst gemäß § 460 erfolgen; Nichtbeachtung kein Revisionsgrund. E. 2, 198.

[2] Von Amts wegen. E. 5, 1. [3] § 462.

[4] Für die Vollstreckung, falls verschiedene deutsche Länder beteiligt sind, vgl. Beschluß des Bundesrats v. 11. 6. 85 (RZBl. 270, preuß. JMBl. 309); vielfach ergänzt. Über vorläufige Entlassung und Begnadigung in solchen Fällen preuß. JV. v. 28. 11. 23 (JMBl. 737). Gebührenberechnung: E. 37, 169.

461 [493]. Ist der Verurteilte nach Beginn der Strafvollstreckung wegen Krankheit[1] in eine von der Strafanstalt getrennte Krankenanstalt gebracht worden, so ist die Dauer des Aufenthalts in der Krankenanstalt in die Strafzeit einzurechnen, wenn nicht der Verurteilte mit der Absicht[2], die Strafvollstreckung zu unterbrechen, die Krankheit herbeigeführt hat[3].

Die Staatsanwaltschaft hat im letzteren Falle eine Entscheidung des Gerichts herbeizuführen.

[1] Auch Geisteskrankheit.

[2] Bloße Verschuldung der Krankheit genügt nicht.

[3] Für Preußen: JV. v. 20. 3. 07 (JMBl. 327); 14. 2. 22 (JMBl. 46) u. betr. Soldaten v. 15. 12. 21 (JMBl. 660).

462 [494][1]. Die bei der Strafvollstreckung notwendig werdenden gerichtlichen Entscheidungen (§§ 458 bis 461) werden von dem Gericht erster Instanz ohne mündliche Verhandlung erlassen.

Vor der Entscheidung ist der Staatsanwaltschaft und dem Verurteilten Gelegenheit zu geben, Anträge zu stellen und zu begründen.

Kommt es auf die Festsetzung einer Gesamtstrafe an (§ 460), und waren die verschiedenen hierdurch abzuändernden Urteile von verschiedenen Gerichten erlassen, so steht die Entscheidung dem Gerichte zu, welches die schwerste Strafart oder bei Strafen gleicher Art die höchste Strafe erkannt hat, falls hiernach aber mehrere Gerichte zuständig sein würden, dem, dessen Urteil zuletzt ergangen ist. War das hiernach maßgebende Urteil von einem Gerichte höherer Instanz erlassen, so setzt das Gericht erster Instanz, und war eines der Strafurteile von dem Reichsgericht **oder einem Oberlandesgericht**[2] in erster Instanz erlassen, das Reichsgericht **oder das Oberlandesgericht**[2] die Gesamtstrafe fest.

Gegen diese Entscheidungen findet, insofern sie nicht von dem Reichsgericht **oder einem Oberlandesgericht**[2] erlassen sind, sofortige Beschwerde statt.

[1] Vgl. auch JGG. §§ 30, 36 Abs. 2.
[2] Gemäß VO. v. 4. 1. 24 §§ 15, 26.

Vermögensstrafen und Bußen.

463 [495]. Die Vollstreckung der über eine Vermögensstrafe oder eine Buße ergangenen Entscheidung erfolgt nach den Vorschriften über die Vollstreckung der Urteile der Zivilgerichte[1].

[1] ZPO. §§ 704ff., soweit nicht ihrer Natur nach für das Strafverfahren unanwendbar.

Zweiter Abschnitt.

Kosten des Verfahrens.

Vorbemerkung. — Dieser Abschnitt enthält im wesentlichen nur die Vorschriften über die Verteilung der Kosten. Über ihre Höhe und Berechnung vgl. Gerichtskostengesetz v. 18. 6. 78, neue Fassung v. 5. 7. 27.

464 [496]. Jedes Urteil, jeder Strafbefehl und jede eine Untersuchung einstellende[1] Entscheidung muß darüber Bestimmung treffen[2], von wem die Kosten des Verfahrens zu tragen sind[3].

Die Höhe der Kosten und Auslagen, die ein Beteiligter einem anderen Beteiligten zu erstatten hat, wird auf Antrag eines Beteiligten durch den Urkundsbeamten der Geschäftsstelle festgesetzt. Auf das Verfahren und auf die Vollstreckung der Entscheidung finden die Vorschriften der Zivilprozeßordnung entsprechende Anwendung[4].

[1] Vgl. dazu §§ 469, 470, 471.

[2] Falls kein anderer haftet, ist also die Staatskasse zu benennen.

[3] Die Entscheidung ist auch wegen der Kosten allein mit den in der Sache zulässigen Rechtsmitteln anfechtbar. E. 6, 237.

[4] ZPO. §§ 103ff., 794 Nr. 2, 795ff.

465 [497]. Die Kosten[1], mit Einschluß der durch die Vorbereitung der öffentlichen Klage und die Strafvollstreckung entstandenen, hat der Angeklagte zu tragen, wenn er zu Strafe verurteilt wird[2].

Stirbt ein Verurteilter vor eingetretener Rechtskraft des Urteils, so haftet sein Nachlaß nicht für die Kosten.

[1] Die gesamten Kosten, auch die der Vorinstanz, in welcher Angeklagter freigesprochen, und der Rechtsmittelinstanz, soweit nicht § 473 ein anderes bestimmt, sowie auch die durch Verschulden Dritter veranlaßten, soweit nicht hinsichtlich der Gebühren § 6 GKG. eine Ausnahme gestattet und soweit sie nicht einem Dritten zur Last gelegt sind (vgl. §§ 51, 70, 77, 145). E. 1, 334; 18, 347. Andererseits aber nur die Kosten der eigenen Untersuchung, nicht auch der der Mitangeklagten. E. 30, 287. Vgl. § 466 Abs. 2.

[2] Also nicht, wenn er straffrei gelassen wird, sollte er auch für schuldig erklärt werden. Vgl. jedoch § 468, auch § 467 Abs. 1.

466 [498]. Wenn ein Angeklagter in einer Untersuchung, welche mehrere strafbare Handlungen umfaßt, nur in Ansehung eines Teiles derselben verurteilt[1] wird, durch die Verhandlung der übrigen Straffälle aber besondere Kosten entstanden sind, so ist er von deren Tragung zu entbinden.

Mitangeklagte, welche in bezug auf dieselbe Tat[2] zu Strafe verurteilt sind, haften für die Auslagen als Gesamtschuldner[3]. Dies gilt nicht von den durch die Strafvollstreckung oder die Untersuchungshaft entstandenen Kosten.

[1] Kostenteilung nur bei Realkonkurrenz möglich (E. 29, 106); auch wenn im EröffnBeschl. Gewerbsmäßigkeit bzw. IdKonk. angenommen war, in der HVhdlg. aber nur wegen einzelner Fälle verurteilt wurde (E. 51, 81; 57, 304). Dagegen ist bei Idealkonkurrenz und bei fortgesetztem Verbr. Kostenteilung unzulässig (E. 51, 81; 52, 190; 57, 304).

[2] wenn auch nur als Begünstiger oder Hehler. E. 12, 226; 21, 164.

[3] Eine Verurteilung nach Bruchteilen kennt die StPO. nicht. E. 33, 33.

467 [499]. Einem freigesprochenen[1] oder außer Verfolgung gesetzten[2] Angeschuldigten[5] sind[3] nur solche Kosten aufzuerlegen, welche er durch eine schuldbare Versäumnis[4] verursacht hat.

Die dem Angeschuldigten[5] erwachsenen notwendigen[6] Auslagen können der Staatskasse auferlegt werden[7].

[1] Freigesprochen ist, wer nicht zu Strafe verurteilt ist. Also auch bei Einstellung oder „Absehen von Strafe“. (Wegen Auslagen in letzterem Fall: JGG. § 41). — Ausn. § 468.

[2] Vgl. § 204.

[3] Diese müssen im Urteil auferlegt werden; andernfalls keine Kostenpflicht. E. 49, 58.

[4] Nicht auch durch sonstiges Verschulden, z. B. frivole Beweisanträge u. dgl. E. 49, 58.

[5] und den Personen, die gemäß §§ 282, 298, 361 für ihn einzutreten berechtigt sind: E. 28, 146, nicht aber auch Einziehungsinteressenten (§ 431 Abs. 2): E. 53, 124.

[6] Vgl. § 464 Abs. 2.

[7] auch teilweise. E. 10, 38. — Revision ausgeschlossen. E. 16, 421. — Über das Verfahren bei Feststellung dieser Auslagen vgl. für Preußen JV. v. 15. 3. 92 (JMBl. 109) u. 30. 4. 02 (JMBl. 92), geändert durch JV. v. 9. 5. 22 (JMBl. 175). — Betr. Auferlegung der Verteidigerkosten auf die

Staatskasse vgl. für das Privatklageverfahren § 471 Abs. 5 Satz 2. Für das Verfahren auf öffentliche Klage fehlt eine entsprechende Bestimmung. Preuß. JV. v. 30. 12. 18 (JMBl. 1919, 4) weist die Staatsanwaltschaft an, auf weitherzige Übernahme der Verteidigerkosten hinzuwirken. Vgl. auch JV. v. 28. 7. 22 (JMBl. 310) und v. 12. 6. 23 (JMBl. 435).

468 [500]. Bei wechselseitigen Beleidigungen oder Körperverletzungen wird die Verurteilung eines oder beider Teile in die Kosten dadurch nicht ausgeschlossen, daß einer oder beide für straffrei[1] erklärt werden[2].

[1] §§ 199, 233 StGB. Vgl. auch JGG. § 41.

[2] Gilt auch, falls bei wechselseitigen Beleidigungen nur gegen den einen (öffentliche oder private) Klage erhoben ist, aber alsdann natürlich nur für diesen. E. 13, 421. Vgl. M. 252. Für jeden die gewöhnlichen Rechtsmittel. E. 13, 211.

469 [501]. Ist ein, wenn auch nur außergerichtliches Verfahren durch eine wider besseres Wissen gemachte oder auf grober Fahrlässigkeit beruhende Anzeige veranlaßt worden, so kann das Gericht dem Anzeigenden, nachdem er gehört worden, die der Staatskasse und dem Beschuldigten erwachsenen Kosten auferlegen[1].

War noch kein Gericht mit der Sache befaßt, so erfolgt die Entscheidung auf den Antrag der Staatsanwaltschaft durch das Gericht, welches für die Eröffnung des Hauptverfahrens zuständig gewesen wäre.

Gegen die Entscheidung findet sofortige Beschwerde statt.

[1] Durch besonderen Beschluß, auch wenn die Entscheidung gleichzeitig mit dem freisprechenden Urteil ergeht. Vgl. Abs. 3; auch E. 7, 232; 54, 330.

470 [502]. Erfolgt eine Einstellung[1] des Verfahrens wegen Zurücknahme des Antrags, durch welchen es bedingt war, so hat[2] der Antragsteller die Kosten zu tragen[3].

[1] Nicht bloß § 260; auch wenn ein gerichtliches Verfahren noch nicht stattgefunden hat.

[2] unbedingt. E. 28, 197.

[3] § 469 II gilt entsprechend; nicht § 469 III, vielmehr gewöhnliche RMittel. E. 7, 409.

471 [503][1]. In einem Verfahren auf erhobene Privatklage hat der Verurteilte auch die dem Privatkläger erwachsenen notwendigen Auslagen zu erstatten[2].

Das Gericht kann, wenn den Anträgen des Privatklägers nur zum Teil entsprochen ist, die im Verfahren entstandenen Auslagen sowie die dem Privatkläger und dem Beschuldigten erwachsenen notwendigen Auslagen angemessen verteilen.

Wird der Beschuldigte außer Verfolgung gesetzt[3] oder freigesprochen, oder wird das Verfahren eingestellt[4], so fallen dem Privatkläger die Kosten des Verfahrens sowie die dem Beschuldigten erwachsenen notwendigen Auslagen zur Last.

Mehrere Privatkläger haften als Gesamtschuldner. Das gleiche gilt hinsichtlich der Haftung mehrerer Beschuldigter für die dem Privatkläger erwachsenen notwendigen Auslagen.

Die nach den Bestimmungen dieses Paragraphen zu erstattenden Auslagen umfassen auch die Entschädigung für die durch notwendige Reisen oder durch die notwendige Wahrnehmung von Terminen entstandene Zeitversäumnis; die für die Entschädigung von Zeugen geltenden Vorschriften finden entsprechende Anwendung. Hat sich der Gegner der erstattungspflichtigen Partei eines Rechtsanwalts bedient, so sind die Gebühren und Auslagen des Anwalts insoweit inbegriffen, als solche nach der Bestimmung des § 91 der Zivilprozeßordnung die unterliegende Partei der obsiegenden zu erstatten hat[5].

[1] Fassung gemäß RGes. betr. Änderung des GKG. v. 21. 12. 22 Art. III 1. — Soweit § 471 nichts Abweichendes bestimmt, gelten die §§ 464ff.

[2] Ausdrücklicher Ausspruch im Urteil nicht erforderlich. E. 10, 113. [3] § 204 Abs. 2. [4] §§ 260 Abs. 2, 389, 393 Abs. 1.

[5] Kosten bei Nebenklage: 1. Wird Angekl. verurteilt, so hat er die Kosten zu tragen (§ 465) und dem NKl. dessen Auslagen zu ersetzen (§ 497 Abs. 1 verbunden mit § 471 Abs. 1); auch dann, wenn ein Antrag des NKl. auf Buße abgewiesen ist (E. 6, 237; 41, 349). — 2. Wird Angekl. freigesprochen oder Angesch. außer Verfolgung gesetzt, so trägt die Kosten die Staatskasse (§ 467); der NKl. trägt sie auch insoweit nicht, als sie infolge seiner Anträge (z. B. auf Buße) erwachsen sind. Aber seine baren Auslagen trägt der NKl. selbst, und zwar ohne besonderen Ausspruch (E. 15, 190; 31, 230; 40, 409; 46, 358). — 3. Hat der NKl. ein Rechtsmittel erfolglos eingelegt, so hat er dessen Kosten zu tragen (§ 473 Abs. 1) und dem Angekl. die durch das RMittel erwachsenen notwendigen Auslagen zu ersetzen (E. 46, 56; 53, 303). „Erfolglos" ist es aber dann nicht, wenn trotz gegenteiligen Antrags des NKl. der Angekl. gemäß § 301 freigesprochen wird; hier trägt die Staatskasse die Kosten (E. 41, 349). — Über Kostenpflicht einer als NKl. angeschlossenen Verwaltungsbehörde vgl. § 427 Anm. 3 und E. 48, 340.

472 [504]. Wird in dem Falle des § 175 der Angeschuldigte außer Verfolgung gesetzt oder freigesprochen, oder das Verfahren eingestellt, so finden auf den Antragsteller die Bestimmungen des § 471 Abs. 2 bis 5 entsprechende Anwendung. Das Gericht kann jedoch nach Befinden der Umstände den Antragsteller von der Tragung der Kosten ganz oder teilweise entbinden.

Vor der Entscheidung über den Kostenpunkt ist der Antragsteller zu hören, sofern er nicht als Nebenkläger aufzutreten berechtigt war[1].

[1] § 395 Abs. 2.

473 [505]. Die Kosten eines zurückgenommenen oder erfolglos[1] eingelegten Rechtsmittels treffen den, der es eingelegt hat[2]. War das Rechtsmittel von der Staatsanwaltschaft eingelegt, so können die dem Beschuldigten erwachsenen notwendigen Auslagen[3] der Staatskasse auferlegt werden. Hatte das Rechtsmittel teilweisen Erfolg, so kann das Gericht die Gebühr ermäßigen und die entstandenen Auslagen angemessen verteilen.

Dasselbe gilt von den Kosten, welche durch einen Antrag auf Wiederaufnahme des durch ein rechtskräftiges Urteil geschlossenen Verfahrens verursacht worden sind[4].

Die Kosten der Wiedereinsetzung in den vorigen Stand fallen dem Antragsteller zur Last, soweit sie nicht durch einen unbegründeten Widerspruch des Gegners entstanden sind.

[1] Unterscheide: a) vollen Erfolg des RM., falls der es Einlegende sein Begehren durchsetzt (z. B. auf ein auf das Strafmaß beschränktes RMittel dieses herabgesetzt wird: E. 63, 311); hier ist, wenn der Angekl. es eingelegt hat, nach § 467 zu entscheiden; wenn das RM. des StA. vollen Erfolg hatte, im allg. nach § 465; i. F. des § 296 II aber treffen die RMKosten die Staatskasse. b) Erfolglosigkeit des RM., wenn ein RM. des StA., Angekl., PrKl. oder NKl. als unbegründet zurückgewiesen wird (auch wenn nach § 301 entschieden wird); hier § 473. c) Teilweiser Erfolg, z. B. wenn statt Freisprechung nur Strafermäßigung erreicht wird. — Bei Aufhebung und Zurückverweisung kann der Erfolg erst bei der Endentscheidung beurteilt werden. E. 45, 228; 53, 303.

[2] Im Fall der §§ 296 Abs. 2, 424, 427 also die Staatskasse E. 29, 21; im Fall des § 401 Abs. 1 den NKl. Haben mehrere erfolglos ein RM. eingelegt, so treffen jeden die Kosten seines RMittels. E. 35, 188. — Der gesetzl. Vertreter aber (§ 298) nimmt ein fremdes Interesse wahr; er haftet also für die Kosten nur mit dem Vermögen des Vertretenen. E. 46, 138; 53, 345.

[3] Andere Kosten können in diesem Falle den Angeklagten überhaupt nicht treffen. E. 31, 21.

[4] Zu entscheiden ist über die Kosten erst bei endgültiger Erledigung der Wiederaufnahme. E. 20, 115.

474 [506]. In den zur Zuständigkeit des Reichsgerichts in erster Instanz gehörigen Sachen sind die von der Staatskasse zu tragenden Kosten der Reichskasse aufzuerlegen.

IV.

Einführungsgesetz zur Strafprozeßordnung.

Vom 1. Februar 1877

abgeändert durch G. v. 17. 5. 98 und v. 19. 4. 08.

(Die §§ 2, 8—12 sind als Übergangsbestimmungen gegenstandslos geworden.)

1. Die Strafprozeßordnung tritt im ganzen Umfange des Reichs gleichzeitig mit dem Gerichtsverfassungsgesetze in Kraft.

3. Die Strafprozeßordnung findet auf alle Strafsachen[1] Anwendung, welche vor die ordentlichen Gerichte gehören[2].

Insoweit die Gerichtsbarkeit in Strafsachen, für welche besondere Gerichte zugelassen sind[3], durch die Landesgesetzgebung den ordentlichen Gerichten übertragen wird, kann diese ein abweichendes Verfahren gestatten.

Die Landesgesetze können anordnen, daß Forst- und Feldrügesachen durch die Amtsgerichte in einem besonderen Verfahren[4], sowie ohne Zuziehung von Schöffen verhandelt und entschieden werden.

[1] d. h. Sachen, bei denen es sich um Verhängung krimineller Strafen (also nicht Ordnungs-, Exekutiv-, Disziplinarstrafen) handelt. [2] **§§ 12, 13 GVG.** [3] **§ 14 GVG.**

[4] Vgl. preuß. Forstdiebstahlsg. v. 15. 4. 78 §§ 19ff. und Feld- und Forstpolizeig. v. 21. 1. 26 §§ 49ff. Die AGer. gehören auch bei diesen Funktionen zu den ordentlichen Gerichten. E. 3, 157; 13, 383. — Auch Beschlagnahme ist ein „Verfahren", darf also in diesen Sachen durch die Landesgesetzgebung geregelt werden (E. 11, 321).

[§ 4 betraf Sonderrechte landesherrlicher Familien. Gegenstandslos gemäß RVerf. 109 und Landesgesetzen].

5. Die prozeßrechtlichen Vorschriften der Reichsgesetze[1] werden durch die Strafprozeßordnung nicht berührt.

Wird in den Fällen des § 101 der Seemannsordnung[2] gegen den Bescheid des Seemannsamtes auf gerichtliche Entscheidung angetragen, so finden auf das weitere Verfahren die §§ 455—458 [jetzt 415—418] der Strafprozeßordnung entsprechende Anwendung.

[1] Auch der Auslieferungsgesetze; früher gemäß EinfG. § 7, jetzt gemäß RVerf. Art. 4.

[2] Jetzt § 122 SeemO. v. 2. 6. 02; vgl. § 138 das. — Auch in den Fällen des § 8 des G.: betr. Mitnahme heimzuschaffender Seeleute: v. 2. 6. 02; des § 9 Nr. 3, 4 des G.: betr. Stellenvermittelung für Schiffsleute: v. 2. 6. 02.

6. Die prozeßrechtlichen Vorschriften der Landesgesetze treten für alle Strafsachen, deren Entscheidung in Gemäßheit des § 3 nach den Vorschriften der Strafprozeßordnung zu erfolgen hat, außer Kraft, insoweit nicht in der Strafprozeßordnung auf sie verwiesen ist.

Unberührt bleiben die landesgesetzlichen Bestimmungen:

1. [StrVerfolgung von Parlamentariern: jetzt RVerf. Art. 37.]
2. [Aufgehoben durch RVereinsges. v. 19. 4. 08 § 23.]
3. über das Verfahren im Verwaltungswege bei Übertretungen, wegen deren die Polizeibehörden zum Erlaß einer Strafverfügung befugt sind[1], und bei Zuwiderhandlungen gegen die Vorschriften über die Erhebung öffentlicher Abgaben und Gefälle[2], insoweit nicht die §§ 413, 414, 415, 419—423 der Strafprozeßordnung abändernde Bestimmungen treffen.

[1] Preuß. Ges. v. 23. 4. 83 vgl. unten Anhang.

[2] Für Reichsabgaben vgl. jetzt RAbgO. v. 31. 12. 19.

7. Gesetz im Sinne der Strafprozeßordnung und dieses Gesetzes ist jede Rechtsnorm[1].

[1] Vgl. Anm. zu StPO. § 337.

11. Die Verfolgung von Beleidigungen und Körperverletzungen findet nur nach den Vorschriften der Strafprozeßordnung statt[1].

[1] Vgl. Vorbem. vor § 374. — Die im bürgerlichen Recht begründeten Ansprüche auf Schadenersatz und Unterlassung können aber im Zivilprozeß verfolgt werden.

Anhang I.

Reichsnebengesetze.

1.

Jugendgerichtsgesetz.

Vom 16. Februar 1923 (RGBl. I S. 135).

Erster Abschnitt.

§ 1. Ein Jugendlicher im Sinne dieses Gesetzes ist, wer über vierzehn, aber noch nicht achtzehn Jahre alt ist.

§ 2. Wer eine mit Strafe bedrohte Handlung begeht, ehe er vierzehn Jahre alt geworden ist, ist nicht strafbar.

§ 3. Ein Jugendlicher, der eine mit Strafe bedrohte Handlung begeht, ist nicht strafbar, wenn er zur Zeit der Tat nach seiner geistigen oder sittlichen Entwicklung unfähig war, das Ungesetzliche der Tat einzusehen oder seinen Willen dieser Einsicht gemäß zu bestimmen.

§ 4. Die Strafbarkeit des Anstifters und Gehilfen, des Begünstigers und Hehlers wird durch die Vorschriften der §§ 2, 3 nicht berührt.

§ 5. Hat ein Jugendlicher eine mit Strafe bedrohte Handlung begangen, so hat das Gericht zu prüfen, ob Erziehungsmaßregeln erforderlich sind.

Hält das Gericht Erziehungsmaßregeln für erforderlich, so hat es entweder selbst die Erziehungsmaßregel anzuordnen oder auszusprechen, daß Erziehungsmaßregeln erforderlich sind, ihre Auswahl und Anordnung aber dem Vormundschaftsgericht überlassen bleibt. Das Vormundschaftsgericht muß alsdann eine Erziehungsmaßregel anordnen. Die Fürsorgeerziehung soll das Gericht nur dann selbst anordnen, wenn in erster Instanz die Zuständigkeit dafür auch außerhalb des Strafverfahrens begründet ist*).

Die vorstehenden Bestimmungen finden auch Anwendung, wenn das Gericht den Täter nach § 3 freispricht.

§ 6. Hält das Gericht Erziehungsmaßregeln für ausreichend, so ist von Strafe abzusehen*).

§ 7. Als Erziehungsmaßregeln sind zulässig:

1. Verwarnung,
2. Überweisung in die Zucht der Erziehungsberechtigten oder der Schule,

---

*) Hierzu Pr. JV. v. 17. Juli 1923 (JMBl. S. 542) I, 1: Im Falle des § 6 bedarf es keiner Mitteilung an das Strafregister, im Falle des § 5 II nur einer Mitteilung, daß Erziehungsmaßregeln angeordnet oder für erforderlich erklärt sind.

3. Auferlegung besonderer Verpflichtungen,
4. Unterbringung,
5. Schutzaufsicht,
6. Fürsorgeerziehung.

Die Reichsregierung kann mit Zustimmung des Reichsrats auch andere Erziehungsmaßregeln für zulässig erklären.

Die Voraussetzungen, die Ausführung und Aufhebung sowie das Erlöschen der Schutzaufsicht und der Fürsorgeerziehung bestimmen sich nach dem Reichsgesetze für Jugendwohlfahrt. Für die anderen Erziehungsmaßregeln bestimmt das Erforderliche die Reichsregierung mit Zustimmung des Reichsrats; sie dürfen auch nach Vollendung des achtzehnten Lebensjahrs bis zum Eintritt der Volljährigkeit ausgeführt werden.

§ 8. Vor dem Urteil kann das Gericht vorläufige Anordnungen über die Erziehung und Unterbringung treffen. Vor der Entscheidung ist das Jugendamt zu hören. Von der Anhörung kann abgesehen werden, wenn sie wegen Gefahr im Verzug untunlich ist; in diesem Falle ist das Jugendamt nachträglich zu hören.

Im Urteil hat sich das Gericht darüber auszusprechen, ob die vorläufige Anordnung wegfallen oder bis zur endgültigen Entscheidung über die Anordnung einer Erziehungsmaßregel bestehen bleiben soll.

§ 9. Hat ein Jugendlicher eine mit Strafe bedrohte Handlung begangen, so gelten für die Strafbemessung folgende Vorschriften:

Statt auf Todesstrafe oder auf lebenslanges Zuchthaus ist auf Gefängnis von einem bis zu zehn Jahren, statt auf lebenslange Festungshaft ist auf Festungshaft von einem bis zu zehn Jahren zu erkennen.

Sind andere Strafen angedroht, so ist die Strafe zwischen dem gesetzlichen Mindestbetrage der anzuwendenden Strafart und der Hälfte des Höchstbetrags der angedrohten Strafe zu bestimmen. Ist Zuchthausstrafe angedroht, so tritt an ihre Stelle Gefängnisstrafe.

Ist die Tat ein Vergehen oder eine Übertretung, so kann in besonders leichten Fällen von Strafe abgesehen werden.

Auf Verlust der bürgerlichen Ehrenrechte überhaupt oder einzelner bürgerlicher Ehrenrechte, auf Überweisung an die Landespolizeibehörde sowie auf Zulässigkeit von Polizeiaufsicht darf nicht erkannt werden.

§ 10. Das Gericht kann die Vollstreckung einer Freiheitsstrafe im Urteil aussetzen, damit der Verurteilte sich durch gute Führung während einer Probezeit Straferlaß verdienen kann. Dies soll insbesondere dann geschehen, wenn der sofortige Strafvollzug eine Erziehungsmaßregel gefährden würde.

Wird die Vollstreckung der Strafe nicht ausgesetzt, so müssen die Urteilsgründe sich darüber aussprechen, ob die Strafe vollstreckt oder die Entscheidung über die Aussetzung vorbehalten werden soll.

§ 11. Werden nach Erlaß des Urteils Umstände bekannt, die eine Aussetzung der Vollstreckung der erkannten Freiheitsstrafe angezeigt erscheinen lassen, so kann die Vollstreckung nachträglich ausgesetzt werden. Die Strafaussetzung wird nicht dadurch ausgeschlossen, daß im Urteil die Aussetzung abgelehnt oder mit der Vollstreckung der Strafe bereits begonnen worden ist.

§ 12. Die Probezeit ist mindestens auf zwei und höchstens auf fünf Jahre zu bemessen. Ist sie auf weniger als fünf Jahre bemessen, so kann sie nachträglich bis auf fünf Jahre verlängert werden.

Dem Verurteilten können für die Dauer der Probezeit, und zwar auch über den Eintritt der Volljährigkeit hinaus, besondere Pflichten auferlegt, auch kann er unter Schutzaufsicht gestellt werden. Die Anordnungen können auch nachträglich getroffen oder geändert werden. Für die Ausführung der Schutzaufsicht gelten die Vorschriften des Reichsgesetzes für Jugendwohlfahrt; für die Zeit nach erreichter Volljährigkeit gelten sie entsprechend.

Während der Probezeit ruht die Verjährung der Strafvollstreckung.

Führt sich der Verurteilte während der Probezeit schlecht, so kann die Vollstreckung der Strafe angeordnet werden. Das gleiche gilt, wenn nachträglich Umstände bekannt werden, die, wenn sie bereits zur Zeit der Aussetzung der Strafe bekannt gewesen wären, bei Würdigung des Wesens der Aussetzung zur Versagung dieser Vergünstigung geführt haben würden.

Zu den Ermittlungen über die Führung des Verurteilten während der Probezeit ist das Jugendamt nach Möglichkeit zuzuziehen.

§ 13. Wird der Verurteilte, bevor über seine Bewährung entschieden ist, von neuem zu Strafe verurteilt, so bestimmt das Gericht in dem neuen Urteil, ob die frühere Strafe vollstreckt werden oder ausgesetzt bleiben soll. Die neue Strafe kann auch dann ausgesetzt werden, wenn der Verurteilte, als er die neue Tat beging, nicht mehr jugendlich war.

Lautet das neue Urteil auf Freiheitsstrafe, so darf der Wegfall oder die Fortdauer der früheren Strafaussetzung nur bestimmt werden, wenn die gleiche Entscheidung auch für die neue Strafe ergeht.

Ordnet das Gericht an, daß die frühere Strafe ausgesetzt bleibt, so kann es bestimmen, daß die alte Probezeit nicht vor der neuen abläuft. Es kann auch eine der im § 12 Abs. 2 vorgesehenen Anordnungen treffen oder eine nach dieser Vorschrift getroffene Anordnung ändern.

Hat das Gericht in dem neuen Urteil nicht bestimmt, ob die frühere Strafe vollstreckt werden oder ausgesetzt bleiben soll, so wird darüber nachträglich entschieden; dabei kann die Entscheidung über die Aussetzung der neuen Strafe geändert werden.

Das Gericht kann sich, falls es nicht auf Freiheitsstrafe erkennt, der Entscheidung darüber enthalten, ob die frühere Strafe vollstreckt werden oder ausgesetzt bleiben soll; in diesem Falle gilt § 12 Abs. 4.

Ist die frühere Strafe nicht ausgesetzt worden, so kann die Aussetzung in dem neuen Urteil nachträglich bewilligt (§ 11) werden. Die Abs. 2, 4 gelten entsprechend.

Als Urteil im Sinne vorstehender Bestimmungen gilt auch der Strafbefehl.

§ 14. Ist auf Geldstrafe erkannt worden, so ist, sobald die Ersatzfreiheitsstrafe vollstreckt werden kann, darüber zu entscheiden, ob die Vollstreckung der Ersatzfreiheitsstrafe ausgesetzt werden soll. § 11 Satz 2 und die §§ 12 und 13 gelten entsprechend.

§ 15. Nach Ablauf der Probezeit wird die Strafe erlassen, wenn sich der Verurteilte bewährt hat.

Hat der Verurteilte sich nicht bewährt, so wird die Vollstreckung der Strafe angeordnet.

§ 16. Der Strafvollzug gegen einen Jugendlichen ist so zu bewirken, daß seine Erziehung gefördert wird.

Beim Vollzuge der Freiheitsstrafen werden Jugendliche von erwachsenen Gefangenen vollständig getrennt gehalten.

Freiheitsstrafen von einem Monat oder mehr sollen in besonderen, ausschließlich für Jugendliche bestimmten Anstalten oder Abteilungen von Anstalten vollstreckt werden.

Verbüßt ein Jugendlicher in einer besonderen Anstalt oder in einer besonderen Abteilung einer Anstalt eine Freiheitsstrafe, so kann er mit Genehmigung der Aufsichtsbehörde bis zur Vollendung des einundzwanzigsten Lebensjahrs in der Anstalt oder in der Abteilung verbleiben.

Das weitere über den Strafvollzug bestimmt die Reichsregierung mit Zustimmung des Reichsrats; dabei ist auf eine Mitwirkung des Jugendamts bei dem Strafvollzuge Bedacht zu nehmen.

Zweiter Abschnitt.

§ 17. Straftaten von Personen, die zur Zeit der Erhebung der Anklage jugendlich sind, gehören zur Zuständigkeit der Jugendgerichte. Jugendgerichte sind die Schöffengerichte,

Würde die Straftat nach den allgemeinen Vorschriften zur Zuständigkeit des Reichsgerichts oder der Schwurgerichte gehören, so besteht das Jugendgericht aus zwei Richtern und drei Schöffen.

Für Personen, die zur Zeit der Tat jugendlich waren, zur Zeit der Erhebung der Anklage aber nicht mehr jugendlich, jedoch noch jünger als einundzwanzig Jahre sind, kann die Staatsanwaltschaft die Zuständigkeit des Jugendgerichts dadurch begründen, daß sie bei ihm Anklage erhebt.

§ 18. Soweit nicht in diesem Gesetz Abweichendes bestimmt ist, gelten für die Sachen, die zur Zuständigkeit der Jugendgerichte gehören (Jugendsachen) die Vorschriften des Gerichtsverfassungsgesetzes und der Strafprozeßordnung.

Vollendet der Angeschuldigte während der Dauer des Verfahrens das einundzwanzigste Lebensjahr, so kann das Gericht die Sache zum ordentlichen Verfahren verweisen. Ist das Gericht im ordentlichen Verfahren nicht zuständig, so ist die Sache nach § 209 Abs. 2 der Strafprozeßordnung dem Landgerichte zur Entscheidung vorzulegen oder nach den §§ 270, 328 Abs. 3 der Strafprozeßordnung an das zuständige Gericht zu verweisen.

§ 19. Der Vorsitzende des Jugendgerichts (Jugendrichter) hat auch die Amtshandlungen vorzunehmen, die nach der Strafprozeßordnung der Amtsrichter zu erledigen hat.

Ist ein Amtsgericht mit mehreren Richtern besetzt, so sollen die Geschäfte des Jugendrichters und des Vormundschaftsrichters demselben Richter übertragen werden. Das Nähere bestimmt die oberste Landesbehörde.

Jugendsachen sollen besonderen Strafkammern zugewiesen werden.

§ 20. Die Schöffen (Jugendschöffen) werden auf Vorschlag des Jugendamts für die Dauer eines Geschäftsjahrs von dem im § 40 des Gerichtsverfassungsgesetzes vorgesehenen Ausschuß gewählt und in eine besondere Jahresliste aufgenommen. Es sind soviel Schöffen zu wählen, daß jeder Hauptschöffe zu höchstens zehn ordentlichen Sitzungstagen herangezogen wird.

Die oberste Landesbehörde kann bestimmen, daß von der Wahl besonderer Jugendschöffen abzusehen ist, wenn anzunehmen ist, daß ein Jugendgericht weniger als zehn Sitzungen jährlich abhalten wird.

§ 21. Die Bearbeitung der Jugendsachen ist bei jeder Staatsanwaltschaft tunlichst in den Händen bestimmter Beamter zu vereinigen.

§ 22. In allen Abschnitten des Verfahrens in Jugendsachen sollen die Organe der Jugendgerichtshilfe zur Mitarbeit herangezogen werden.

§ 23. Die Verhandlung vor dem erkennenden Gericht einschließlich der Verkündung der Entscheidungen ist nicht öffentlich.

Dem gesetzlichen Vertreter des Angeklagten, dem Verletzten und seinem gesetzlichen Vertreter sowie dem Jugendamt ist der Zutritt zu gestatten. Erwachsenen Angehörigen (§ 52 Abs. 2 des Strafgesetzbuchs) des Angeklagten und, falls der Jugendliche unter Schutzaufsicht steht, der bestellten Aufsichtsperson, ferner den Vertretern von Vereinigungen, die sich mit der Jugendfürsorge beschäftigen, soll in der Regel, anderen Personen kann der Zutritt gestattet werden.

Beamte der Justizverwaltung, welche die Dienstaufsicht führen, sind zur Anwesenheit berechtigt.

§ 24. Für das große Jugendgericht (§ 17 Abs. 1 Satz 3) gelten folgende besondere Vorschriften:

Die Schöffen stimmen vor den Richtern. Über die Ausschließung oder Ablehnung eines richterlichen Mitglieds entscheidet die Strafkammer, über die Ausschließung oder Ablehnung eines Schöffen der Vorsitzende. Das Protokoll über die Hauptverhandlung unterschreibt im Falle der Behinderung des Vorsitzenden für ihn das andere richterliche Mitglied.

§ 25. Für Jugendsachen ist auch das Jugendgericht örtlich zuständig, in dessen Bezirk die vormundschaftsgerichtliche Zuständigkeit für den Beschuldigten begründet ist oder sich der Angeschuldigte zur Zeit der Erhebung der Anklage aufhält.

Sind mehrere Jugendgerichte örtlich zuständig, so soll die Anklage bei einem der nach Abs. 1 zuständigen erhoben werden, wenn nicht besondere Gründe die Erhebung der Anklage bei einem anderen Jugendgerichte rechtfertigen.

§ 26. Mehrere Sachen gegen denselben Beschuldigten sollen verbunden werden.

Jugendsachen sollen mit Strafsachen gegen Erwachsene nicht verbunden werden; dies gilt insbesondere, wenn diese Strafsachen zur Zuständigkeit des Reichsgerichts oder der Schwurgerichte gehören.

Nach Erhebung der Anklage können bis zum Erlasse des Urteils erster Instanz Jugendsachen von Strafsachen gegen Ewachsene durrch Gerichtsbeschluß getrennt und an das Jugendgericht verwiesen werden.

§ 27. Die Staatsanwaltschaft hat dem Vormundschaftsgericht und dem Jugendamte Mitteilung zu machen, wenn gegen einen Jugendlichen die Voruntersuchung beantragt oder Anklage wegen eines Verbrechens, eines Vergehens oder einer Übertretung gegen § 361 Nr. 3 bis 8 des Strafgesetzbuchs erhoben wird, oder wenn die Staatsanwaltschaft es sonst für geboten erachtet. Über den weiteren Gang des Verfahrens sind Vormundschaftsgericht und Jugendamt zu unterrichten. Die oberste Landesbehörde kann weitergehende Vorschriften erlassen.

Das Vormundschaftsgericht und das Jugendamt haben der Staatsanwaltschaft Nachricht zu geben, wenn ihnen bekannt ist oder bekannt wird, daß gegen den Beschuldigten noch ein anderes Strafverfahren anhängig ist.

§ 28*). Untersuchungshaft ist nur zu vollziehen, wenn ihr Zweck nicht durch andere Maßregeln, insbesondere durch eine Anordnung nach § 8 erreicht werden kann. Darüber, ob die Untersuchungshaft zu vollziehen ist, sowie darüber, welche Maßregel an ihre Stelle tritt, entscheidet das Gericht, das den Haftbefehl erlassen hat; in dringenden Fällen kann der Jugendrichter, in dessen Bezirk die Untersuchungshaft vollzogen werden soll, die Entscheidung treffen.

Muß ein Jugendlicher in der Untersuchungshaft mit anderen Gefangenen in einem Raume untergebracht werden, so ist Vorsorge zu treffen, daß er nicht sittlich gefährdet wird. Mit Erwachsenen darf ein Jugendlicher in einem Raume nur untergebracht werden, wenn dies durch seinen körperlichen oder geistigen Zustand geboten ist.

Dem Jugendamt und, falls der Verhaftete unter Schutzaufsicht steht, der bestellten Aufsichtsperson, ist der Verkehr mit dem Verhafteten in dem gleichen Umfang gestattet wie einem Verteidiger (§ 148 der Strafprozeßordnung).

§ 29. In den vor dem großen Jugendgerichte (§ 17 Abs. 1 Satz 3) zu verhandelnden Sachen hat der Jugendrichter dem Angeschuldigten, der keinen Verteidiger hat, einen Verteidiger zu bestellen, sobald die im § 201 der Strafprozeßordnung vorgeschriebene Aufforderung stattgefunden hat.

Auch in anderen Fällen soll dem Beschuldigten, der keinen Verteidiger hat, ein Verteidiger bestellt werden, wenn dies aus besonderen Gründen, namentlich bei verwickelter Sach- oder Rechtslage, angemessen erscheint.

Das Gericht kann dem Beschuldigten in allen Fällen und in jeder Lage des Verfahrens einen Beistand bestellen; im Falle des Abs. 2 kann an Stelle des Verteidigers ein Beistand bestellt werden. Den Beistand bestellt der Vorsitzende, im vorbereitenden Verfahren der Jugendrichter. Das Jugendamt ist auf sein Verlangen zum Beistand zu bestellen; der gesetzliche Vertreter soll nur ausnahmsweise zum Beistand bestellt werden. Der Beistand hat die Rechte eines Verteidigers.

§ 30. Die Rechte des Beschuldigten zur Anwesenheit bei Amtshandlungen, auf Gehör und zur Vorlegung von Fragen stehen auch dem gesetzlichen Vertreter zu. Entscheidungen, die dem Beschuldigten bekanntzumachen sind, insbesondere Urteile, sollen auch dem gesetzlichen Vertreter bekanntgemacht

*) Absatz 4 aufgehoben durch RGes. v. 27. 12. 26.

werden; das gleiche gilt von Strafverfügungen und Strafbescheiden. In den Fällen, in denen dem Angeschuldigten die Anklageschrift mitzuteilen ist, soll sie auch dem gesetzlichen Vertreter mitgeteilt werden. Ort und Zeit der Hauptverhandlung sollen dem gesetzlichen Vertreter rechtzeitig bekanntgemacht werden.

§ 31. Bei den Ermittlungen sind möglichst frühzeitig die Lebensverhältnisse des Beschuldigten sowie alle Umstände zu erforschen, welche zur Beurteilung seiner körperlichen und geistigen Eigenart dienen können. In geeigneten Fällen soll eine ärztliche Untersuchung des Beschuldigten herbeigeführt werden.

Die Eltern des Beschuldigten sind, wenn es ohne erhebliche Schwierigkeiten geschehen kann, zu hören. In der Hauptverhandlung wird ihnen auf ihr Verlangen das Wort erteilt; ein Fragerecht steht ihnen nicht zu.

Zur Erforschung der im Abs. 1 bezeichneten Umstände ist das Jugendamt nach Möglichkeit zuzuziehen. Ort und Zeit der Hauptverhandlung sind ihm bekanntzumachen. In der Hauptverhandlung wird ihm auf Verlangen das Wort erteilt; ein Fragerecht steht ihm nicht zu.

Bei Fürsorgezöglingen ist der Fürsorgeerziehungsbehörde Gelegenheit zur Äußerung zu geben.

§ 32. Die Staatsanwaltschaft kann auf Grund des § 3 das Verfahren nur mit Zustimmung des Jugendrichters einstellen; vorher soll tunlichst das Jugendamt gehört werden.

Mit Zustimmung des Jugendrichters kann die Staatsanwaltschaft von der Erhebung der Klage absehen, wenn bereits eine Erziehungsmaßregel angeordnet worden ist und weitere Maßnahmen nicht erforderlich sind, oder wenn anzunehmen ist, daß das Gericht nach § 9 Abs. 4 von Strafe absehen wird. Ist die Klage bereits erhoben, so kann das Gericht mit Zustimmung der Staatsanwaltschaft die Einstellung des Verfahrens beschließen.

Die Verfügung der Staatsanwaltschaft (Abs. 1, Abs. 2 Satz 1) und der Beschluß des Gerichts (Abs. 2 Satz 2) sind auch dem Vormundschaftsgericht und dem Jugendamte sowie dem bekanntzumachen, der den Antrag auf Erhebung der öffentlichen Klage gestellt hat. Gegen den Beschluß des Gerichts steht der Staatsanwaltschaft kein Rechtsmittel, dem Beschuldigten und dem Antragsteller, wenn er zugleich der Verletzte ist, die sofortige Beschwerde zu.

Ist das Verfahren durch einen nicht mehr anfechtbaren Beschluß des Gerichts eingestellt worden, so kann die Klage nur auf Grund neuer Tatsachen oder Beweismittel wieder erhoben werden.

§ 33. Hauptverhandlungen in Jugendsachen sollen von anderen Hauptverhandlungen derart gesondert werden, daß eine Berührung des Angeklagten mit erwachsenen Angeklagten vermieden wird.

Ist von einzelnen Erörterungen ein nachteiliger Einfluß auf den Angeklagten zu befürchten, so kann das Gericht anordnen, daß der Angeklagte für die Dauer der Erörterungen das Sitzungszimmer verläßt. Sobald der Angeklagte wieder vorgelassen ist, soll ihn der Vorsitzende über den wesentlichen Inhalt des inzwischen Verhandelten unterrichten.

§ 34. Der Jugendrichter entscheidet über die Aussetzung der Ersatzfreiheitsstrafe, die nachträgliche Aussetzung und die Fortdauer der Aussetzung sowie über die Bewährung und trifft die Entscheidungen, die während einer Probezeit ergehen. Vor der Entscheidung ist, wenn dies ohne Verzögerung geschehen kann, auch das Jugendamt zu hören.

§ 35. Ein Urteil, in dem eine Erziehungsmaßregel angeordnet worden ist, kann nicht deshalb angefochten werden, weil eine andere oder eine weitere Erziehungsmaßregel hätte angeordnet werden sollen, oder weil die Auswahl und Anordnung der Erziehungsmaßregel dem Vormundschaftsgericht überlassen worden ist. Die Vorschrift gilt nicht, wenn die Fürsorgeerziehung angeordnet worden ist.

Gegen Entscheidungen, die eine Strafaussetzung betreffen (§§ 10 bis 15), findet, wenn sie für sich allein angefochten werden, die sofortige Beschwerde statt; das gleiche gilt, wenn ein Urteil nur deshalb angefochten wird, weil die Vollstreckung der Strafe nicht ausgesetzt worden ist. Die Entscheidungen über die Dauer der Probezeit, die für ihre Dauer getroffenen besonderen Anordnungen (§ 12 Abs. 2) sowie die Entscheidung, daß sich das Gericht einer Entscheidung über die Fortdauer der Strafaussetzung enthalte (§ 13 Abs. 5), sind nicht anfechtbar.

§ 36. Die Strafvollstreckung steht dem Jugendrichter zu. Das gleiche gilt von der Ausführung einer Erziehungsmaßregel, die das Gericht angeordnet hat, sofern es sich nicht um Fürsorgeerziehung oder um Schutzaufsicht über einen Minderjährigen handelt.

Gegen die Entscheidungen des Jugendrichters findet sofortige Beschwerde nach den Vorschriften der Strafprozeßordnung statt.

§ 37. Gegen Fürsorgezöglinge sollen Freiheitsstrafen nur nach Anhörung der Fürsorgeerziehungsbehörde vollstreckt werden.

§ 38. Privatklage gegen einen Jugendlichen ist unzulässig. Dies steht der Erhebung einer Widerklage nicht entgegen. Wegen einer strafbaren Handlung, die nach den allgemeinen Vorschriften im Wege der Privatklage verfolgt werden könnte, wird gegen einen Jugendlichen die öffentliche Klage auch dann erhoben, wenn ein berechtigtes Interesse des Verletzten dies rechtfertigt.

§ 212 der Strafprozeßordnung findet gegenüber Jugendlichen keine Anwendung.

§ 39. In einem Strafbefehle darf gegen einen Jugendlichen nur Geldstrafe, die an Stelle der Geldstrafe tretende Freiheitsstrafe sowie Einziehung ausgesprochen werden.

§ 40. In einer Strafverfügung darf gegen einen Jugendlichen nur Geldstrafe und Einziehung festgesetzt werden.

Darüber, wie die Geldstrafe in Haft umgewandelt werden soll, entscheidet auf Antrag der Polizeibehörde, welche die Strafe festgesetzt hat, der Jugendrichter, in dessen Bezirk ein Gerichtsstand für die Übertretung begründet gewesen wäre.

Die §§ 14 und 15 finden Anwendung. Vor der Entscheidung sind der Jugendliche und, wenn dies ohne Verzögerung geschehen kann, das Jugendamt zu hören. Gegen den Beschluß steht der Polizeibehörde und dem Jugendlichen die sofortige Beschwerde zu.

Ist eine durch Strafbescheid festgesetzte Geldstrafe in Freiheitsstrafe umzuwandeln, so finden die §§ 14 und 15 Anwendung.

§ 41. Ein Angeklagter, gegen den gemäß § 6 und § 9 Abs. 4 von Strafe abgesehen worden ist, steht für die Pflicht zur Tragung der Auslagen einem Angeklagten gleich, der zu Strafe verurteilt worden ist.

§ 42. Die Jugendämter haben die Tätigkeit, die ihnen dieses Gesetz zuweist (Jugendgerichtshilfe), im Benehmen mit den Vereinigungen auszuüben, die sich mit der Jugendfürsorge beschäftigen. Über das Zusammenwirken der Jugendämter mit diesen Vereinigungen können die Landesregierungen nähere Vorschriften erlassen.

[§§ 43—51 enthalten Übergangsbestimmungen.]

2.

Reichsabgabenordnung.

Vom 13. Dezember 1919 (RGBl. 1993); bezgl. der hier abgedruckten Paragraphen abg. durch: II. Steuernotverordnung v. 19. Dezember 1923 Art. XVI Nr. 7 (RGBl. I S. 1225); JugGerG. § 50 Ziffer 2; RGes. v. 10. August 1925 Art. V § 1 (RGBl. I S. 241).

III. Teil.

Strafrecht und Strafverfahren.

Erster Abschnitt.

Strafrecht.

[§§ 355—384].

Zweiter Abschnitt.

Strafverfahren.

Erster Titel. Allgemeine Vorschrift.

§ 385. Die Strafprozeßordnung gilt, soweit die Steuergesetze nichts Abweichendes vorschreiben.

Zweiter Titel. Verwaltungsstrafverfahren.

I. Allgemeine Vorschriften.

§ 386. Die Finanzämter haben bei allen Steuerzuwiderhandlungen (§ 356) den Sachverhalt zu erforschen. Eine Ausnahme gilt, wenn der Beschuldigte wegen Steuerhinterziehung festgenommen und dem Richter vorgeführt ist.

Die Entscheidung steht dem Finanzamt zu, wenn die Steuerzuwiderhandlung nur mit Geldstrafe und Einziehung oder einer dieser Strafen bedroht ist oder das Finanzamt auf keine andere als auf diese Strafen oder darauf erkennen will, daß die Verurteilung auf Kosten des Verurteilten bekanntzumachen sei.

Die Finanzämter können auch gegen Nebenbeteiligte entscheiden. Nebenbeteiligter ist,

1. wem ein Recht an Gegenständen zusteht, die der Einziehung unterliegen, oder wem ein Anspruch auf solche Gegenstände zusteht,
2. wer für die Geldstrafe und die Kosten haftet, die dem Täter oder einem Teilnehmer auferlegt werden.

§ 387. Ist ein und dieselbe Handlung zugleich als Steuerzuwiderhandlung und nach einem anderen Gesetze strafbar, so steht die Untersuchung und in den Grenzen des § 386 die Entscheidung dem Finanzamt zu, wenn die Strafe aus dem Steuergesetze zu entnehmen ist (§ 73 des Strafgesetzbuchs).

§ 388. Besteht gegen einen Rechtsanwalt der Verdacht einer fahrlässigen Steuerzuwiderhandlung, die er in Ausübung seines Berufs bei der Beratung in Steuersachen begangen hat, so ist die Einleitung einer strafrechtlichen Verfolgung an die Voraussetzung gebunden, daß zuvor im ehrengerichtlichen Verfahren (§§ 62ff. der Rechtsanwaltsordnung) eine Verletzung der Berufspflichten des Rechtsanwalts festgestellt ist. Ist die Untersuchung wegen einer vorsätzlichen Steuerzuwiderhandlung eingeleitet, so gilt das gleiche für die Fortsetzung des Verfahrens, wenn sich vor Erlaß des Strafbescheids oder vor Eröffnung des Hauptverfahrens ergibt, daß nur der Verdacht einer fahrlässigen Steuerzuwiderhandlung begründet erscheint.

§ 389. Sachlich zuständig zur Untersuchung und Entscheidung ist das Finanzamt, dem die Verwaltung der beeinträchtigten oder gefährdeten Steuer übertragen ist.

Die Finanzämter können sich der Hilfe der Ortspolizeibehörden bedienen. Die Behörden und Beamten des Polizei- und Sicherheitsdienstes sind verpflichtet, die Ermittlungen anzustellen, die die Finanzämter verlangen.

§ 390. Die Finanzämter sind befugt, sich jederzeit der weiteren Untersuchung oder Entscheidung zu enthalten und die Sache an die zuständige Staatsanwaltschaft abzugeben.

§ 391. Solange nicht das Finanzamt die Sache an die zuständige Staatsanwaltschaft abgibt (§ 390), haben die Staatsanwaltschaft und die Gerichte nur einzugreifen, wenn der Beschuldigte wegen der Steuerzuwiderhandlung vorläufig festgenommen und dem Richter vorgeführt wird.

Hat jemand durch mehrere selbständige Handlungen eine Steuerzuwiderhandlung und eine andere strafbare Handlung begangen, so kann die Staatsanwaltschaft die Strafverfolgung wegen der Steuerzuwiderhandlung gegen ihn und die als Teilnehmer, Nebenbeteiligte (§ 386 Abs. 3) oder Begünstiger beteiligten Personen übernehmen.

Auch da, wo ihre Zuständigkeit begründet ist, kann die Staatsanwaltschaft das Finanzamt ersuchen, den Sachverhalt der Steuerzuwiderhandlung zu ermitteln. Entspricht das Finanzamt dem Antrag, so ist es in den Grenzen der §§ 386, 387 auch zur Entscheidung zuständig; sein Recht, sich jederzeit der weiteren Verfolgung oder der Entscheidung zu enthalten, bleibt unberührt.

§ 392. Die Behörden und Beamten des Polizei- und Sicherheitsdienstes haben auch Steuerzuwiderhandlungen zu erforschen und alle keinen Aufschub gestattenden Anordnungen zu treffen, um die Verdunklung der Sache zu verhüten.

Sie haben Steuerzuwiderhandlungen ohne Verzug dem Finanzamt anzuzeigen. Sie haben der Anzeige ihre Verhandlungen beizufügen, es sei denn, daß der Beschuldigte festgenommen und dem Richter vorgeführt wird.

§ 393. Örtlich zuständig ist das Finanzamt, in dessen Bezirk die Steuerzuwiderhandlung begangen oder entdeckt ist, und bei Steuerhinterziehungen oder -gefährdungen auch das Finanzamt, das zur Festsetzung und Einziehung der Steuer zuständig ist.

Sind mehrere Finanzämter zuständig, so gebührt der Vorzug dem Finanzamt, das die Untersuchung zuerst geführt hat. Die Untersuchung und Entscheidung kann jedoch auf Ersuchen von einem anderen örtlich zuständigen Finanzamt übernommen oder ihm von einer gemeinschaftlich vorgesetzten oberen Behörde übertragen werden.

Die Untersuchung und Entscheidung kann auf alle Steuerzuwiderhandlungen desselben Beschuldigten und auf alle bei einer Steuerzuwiderhandlung beteiligten Personen ausgedehnt werden, für die das Finanzamt sachlich zuständig ist. Sind mehrere Finanzämter sachlich zuständig, so kann die gemeinschaftlich vorgesetzte obere Behörde die Untersuchung und Entscheidung einem von ihnen übertragen.

§ 394. Für Zustellungen gelten die §§ 70 bis 72.

Bei Straf- oder Beschwerdebescheiden ist eine Ausfertigung, sonst eine einfache Abschrift zu übergeben.

Wird nach § 72 zugestellt, so sind statt der Straf- oder Beschwerdebescheide Benachrichtigungen nach § 72 Satz 3 anzuheften.

Fristen sind nach § 64 zu berechnen.

§ 395. Die Finanzämter können Beschlagnahmen nach § 94, § 95 Abs. 1, §§ 96, 97 der Strafprozeßordnung anordnen und durch ihre Beamten ausführen lassen.

Bei Gefahr im Verzuge können auch Beamte der Finanzämter Beschlagnahmen anordnen; sie haben binnen dreier Tage die Bestätigung des Finanzamts nachzusuchen.

Wenn Polizei- und Sicherheitsbeamte bei der Verfolgung von Steuerzuwiderhandlungen nach § 392 dieses Gesetzes und nach § 98 Abs. 1 der Strafprozeßordnung Beschlagnahmen angeordnet haben, steht die im § 98 Abs. 2 der Strafprozeßordnung vorgeschriebene Bestätigung und Entscheidung dem Finanzamt zu.

Der Betroffene kann jederzeit Entscheidung durch das Finanzamt beantragen. Auf Verlangen ist ihm ein Verzeichnis der in Verwahrung genommenen Sachen mitzuteilen.

§ 396. Um die Beschlagnahme von Briefen und Sendungen auf der Post sowie von Telegrammen auf den Telegraphenanstalten (§ 99 der Strafprozeßordnung) ersucht das

Finanzamt das zuständige Amtsgericht. Dieses übergibt ihm eröffnete Sendungen, deren Zurückhaltung erforderlich erscheint.

§ 397. Bei einer Zuwiderhandlung gegen § 165 Abs. 1, § 371 ist die Beschlagnahme dem zu erklären, der das Guthaben schuldet, die Wertsachen verwahrt oder das Schließfach überlassen hat; dabei sind die Wertsachen oder Urkunden in Verwahrung zu nehmen oder sonst sicherzustellen. Die Beschlagnahme der Ansprüche des Beschuldigten wirkt als Veräußerungsverbot nach § 136 des Bürgerlichen Gesetzbuchs.

§ 398. Die Beschlagnahme von Gegenständen, die der Einziehung unterliegen, bleibt wirksam, bis das Strafverfahren wegen der Steuerzuwiderhandlung vollständig erledigt ist oder das Finanzamt die Beschlagnahme aufhebt.

In Beschlag genommene Sachen, deren Aufbewahrung, Pflege und Erhaltung unverhältnismäßig viel kostet oder deren Verderben droht, kann das Finanzamt nach drei Tagen, bei Gefahr im Verzug auch schon vorher, im Zwangsverfahren veräußern lassen. Der Erlös tritt an die Stelle der Sachen. Zeit und Ort der Veräußerung sind dem Beschuldigten und dem Eigentümer möglichst vorher mizuteilen.

§ 399. Sind in Beschlag genommene Sachen, die der Einziehung unterliegen, von einem Unbekannten zurückgelassen worden, der auf der Zuwiderhandlung betroffen, aber entkommen ist, so verfallen sie oder ihr Erlös dem Reiche, wenn sich der Betroffene oder der Eigentümer nicht innerhalb dreier Monate nach der Beschlagnahme gemeldet hat. Das Finanzamt kann sie nach Ablauf einer Woche, von der Beschlagnahme an gerechnet, im Zwangsverfahren veräußern lassen.

§ 400. Zur Sicherung einer hinterzogenen Steuer können Beförderungsmittel, die der Beschuldigte bei Begehung einer Steuerzuwiderhandlung in seinem Gewahrsam hat, und andere Sachen, die er mit sich führt, außer Arbeitsgeräten, mit Beschlag belegt werden, wenn sein Wohnsitz unbekannt oder außerhalb des Deutschen Reichs gelegen ist. Mit den Beförderungsmitteln können die in Beschlag genommenen Sachen bis zur nächsten Amtsstelle befördert werden, bei der ihre Aufbewahrung möglich ist. Die Sachen sind freizugeben, wenn nachgewiesen wird, daß sie jemand gehören, der weder bei der Tat beteiligt ist noch für Strafe und Kosten haftet.

§ 401. Die Finanzämter können die nach der Strafprozeßordnung zuständigen Behörden und Beamten um Durchsuchungen ersuchen. Auf ihr Verlangen sind von ihnen zu bezeichnende Beamte bei der Ausführung zuzuziehen. Die Sachen, die in Verwahrung oder in Beschlag genommen werden, sind den Finanzämtern zu übergeben.

§ 402. Wenn in Steuergesetzen Durchsuchungen vorgesehen sind, steht ihre Anordnung den Finanzämtern zu. Die

Beamten, die mit der Ausführung beauftragt werden, haben, soweit in den Steuergesetzen nichts Abweichendes bestimmt ist, nach den Vorschriften der Strafprozeßordnung zu verfahren; sie haben sich durch einen schriftlichen Auftrag des Finanzamts auszuweisen.

Papiere und Handelsbücher dürfen die Finanzämter und deren Beauftragte nur einsehen, wenn es der Inhaber genehmigt. Andernfalls haben sie die Papiere und Handelsbücher, deren Durchsicht sie für geboten halten, in Gegenwart des Inhabers oder seines Vertreters mit dem Amtssiegel in einem Umschlag zu verschließen und an den Amtsrichter des Bezirkes abzuliefern. Dieser hat Papiere und Handelsbücher, die für die Untersuchung Bedeutung haben, dem Finanzamt mitzuteilen.

§ 403. Das Recht des Finanzamts, in Räumen, die ihm zur Ausübung der Steueraufsicht zugänglich sind, Nachschau zu halten und die dort zu seiner Einsicht bestimmten Bücher und Aufzeichnungen einzusehen, bleibt unberührt; Zwangsmittel (§ 202) gegen die Person des Beschuldigten sind jedoch unstatthaft, sofern es sich darum handelt, Spuren einer Steuerzuwiderhandlung zu verfolgen.

§ 404. Bei Verdacht einer Steuerzuwiderhandlung sind die Finanzämter und ihre Hilfsbeamten außer im Falle des § 127 Abs. 1 der Strafprozeßordnung auch dann zur vorläufigen Festnahme des Beschuldigten befugt, wenn die Voraussetzungen eines Haftbefehls vorliegen und Gefahr im Verzug obwaltet.

Bei vorläufiger Festnahme ist nach Artikel 114 Abs. 2 der Verfassung zu verfahren. Der Beschuldigte hat die Wahl, ob er sich dem nächsten Finanzamt oder dem Amtsrichter des Bezirkes, in dem die Festnahme erfolgt ist, vorführen lassen will. Die §§ 128, 129 der Strafprozeßordnung finden entsprechende Anwendung. Ist die Zuwiderhandlung, wegen deren die Festnahme erfolgte, nur mit Geldstrafe oder Einziehung bedroht, so ist der Beschuldigte in Freiheit zu setzen, wenn er für Steuer, Strafe und Kosten Sicherheit bestellt oder sich über seine Person ausweist und eine Sicherheitsleistung nicht erforderlich erscheint.

II. Das Verfahren.

§ 405. Die Hilfsstellen und die Beamten der Finanzämter haben die Steuerzuwiderhandlungen zu erforschen und innerhalb ihrer Zuständigkeit alle keinen Aufschub gestattenden Anordnungen zu treffen, um die Verdunklung der Sache zu verhüten. Über die Ermittlungen ist dem Finanzamt eine Niederschrift oder eine schriftliche Anzeige einzureichen.

§ 406. Die Finanzämter haben die Anzeigen, die bei ihnen eingehen, darauf zu prüfen, ob wegen einer Steuerzuwiderhandlung einzuschreiten sei. Das gleiche gilt, wenn sie sonst von dem Verdacht einer Steuerzuwiderhandlung Kenntnis erhalten.

Die Einleitung der Untersuchung ist aktenkundig zu machen.

Zur Erforschung des Sachverhalts können die Finanzämter Ermittlungen jeder Art selbst anstellen oder durch ihre Hilfsstellen oder Beamten vornehmen lassen.

Die Befugnisse, die den Finanzämtern nach den §§ 177 bis 186, 188, 191, 202 und § 209 Abs. 1 bei Ermittlung der Steuerpflicht zustehen, gelten sinngemäß für die Untersuchung.

Über jede Ermittlung ist eine Niederschrift oder ein Vermerk aufzunehmen.

Niederschriften, die ein Finanzamt unter Zuziehung eines Schriftführers aufgenommen hat, stehen hinsichtlich ihrer Vorlesung in einer Hauptverhandlung vor Gericht (§§ 249 bis 255 der Strafprozeßordnung) richterlichen Protokollen gleich.

§ 407. Gegen den Beschuldigten soll ein Strafbescheid über eine Geldstrafe von mehr als fünf Reichsmark nur erlassen werden, wenn ihm Gelegenheit zur Äußerung geboten worden ist. Er ist erforderlichenfalls zur Vernehmung zu laden.

Erscheint der Beschuldigte, so ist ihm zu eröffnen, welche strafbare Handlung ihm zur Last gelegt wird. Er ist zu befragen, ob er etwas auf die Beschuldigung erwidern wolle. Die Vernehmung soll ihm Gelegenheit geben, die Verdachtsgründe zu beseitigen und Tatsachen, die zu seinen Gunsten sprechen, geltend zu machen. Seine persönlichen Verhältnisse sind zu ermitteln.

Erscheint der Beschuldigte auf die Ladung nicht, so ist er auf Antrag des Finanzamts von dem Amtsgerichte seines Wohn- oder Aufenthaltsorts nach den §§ 133 bis 136 der Strafprozeßordnung zu vernehmen.

Gegen einen abwesenden Beschuldigten (§ 318 der Strafprozeßordnung) kann ohne seine Anhörung verfahren werden.

§ 408. Wer neben dem Beschuldigten für Geldstrafe und Kosten haftet, ist zum Verfahren zuzuziehen. Falls es nicht geboten erscheint, ihn zu vernehmen, ist ihm die Steuerzuwiderhandlung und die Person des Beschuldigten mitzuteilen, und er ist aufzufordern, zu erklären, ob er die Schuld des Beschuldigten und seine Haftung anerkenne oder was er einwende. Folgt er der Aufforderung nicht, so ist gleichwohl das Verfahren gegen ihn fortzusetzen.

Entsprechendes gilt für den, der bei einer Einziehung beteiligt ist, wenn er sich meldet oder anzunehmen ist, daß es einer Vollstreckungshandlung gegen ihn bedarf. Dies gilt auch, wo auf Einziehung selbständig erkannt werden soll.

§ 409. Der Beschuldigte und die Nebenbeteiligten können sich durch einen mit schriftlicher Vollmacht versehenen Beauftragten vertreten lassen. Geschäftsmäßige Vertreter können zurückgewiesen werden. Dies gilt nicht für die im § 88 Abs. 1 Satz 3 genannten Personen. Das Finanzamt kann anordnen, daß der Beschuldigte erscheint.

§ 410. Wenn der Beschuldigte die Zuwiderhandlung vorbehaltlos einräumt, so kann er sich der in einer Niederschrift festzusetzenden Strafe unter Verzicht auf Erlaß eines Strafbescheids sofort unterwerfen. Die Unterwerfung steht einer rechtskräftigen Verurteilung gleich. Das Verfahren regelt der Reichsminister der Finanzen.

§ 411. Ergibt die Untersuchung, daß der Verdacht nicht begründet war, so stellt das Finanzamt das Verfahren ein und teilt dies dem Beschuldigten mit, wenn er als solcher vernommen worden ist. Erscheint der Verdacht begründet, so gibt das Finanzamt, wenn es nicht selber erkennen kann oder will, die Verhandlungen an die Staatsanwaltschaft ab. Es kann beantragen, daß die öffentliche Klage gegen den Beschuldigten und die Nebenbeteiligten erhoben werde; geeignetenfalls ist ein bestimmter Antrag zu stellen und zu begründen.

Örtlich zuständig ist auch die Staatsanwaltschaft des Bezirkes, in dem das Finanzamt seinen Sitz hat. Die Zuständigkeit erstreckt sich auf die der Gerichte. Die Vorschriften der Strafprozeßordnung über die örtliche Zuständigkeit bleiben im übrigen unberührt.

Hat das Finanzamt die Sache abgegeben, weil es nicht zur Entscheidung zuständig sei, hält die Staatsanwaltschaft dagegen diese Auffassung nicht für zutreffend, so kann sie die Sache zur weiteren Erledigung im Verwaltungsstrafverfahren an das Finanzamt zurückgeben; § 390 bleibt unberührt.

§ 412. Will das Finanzamt selbst erkennen, so erläßt es einen Strafbescheid.

Im Strafbescheide sind außer der Strafe die strafbare Handlung, das Strafgesetz und die Beweismittel anzugeben. Er soll ferner die Entscheidungsgründe und die Belehrung enthalten, daß der Beschuldigte, wenn er nicht nach § 416 Beschwerde an das Landesfinanzamt einlege, gegen den Strafbescheid binnen einer Woche nach der Bekanntmachung bei dem Finanzamt, das den Bescheid erlassen habe, auf gerichtliche Entscheidung antragen könne.

Ist auf Einziehung zu erkennen und steht nicht fest, ob die Einziehung vollzogen werden kann, so ist für den Fall, daß die Einziehung nicht ausgeführt werden kann, die Ersatzstrafe nach § 365 Abs. 2 festzusetzen.

§ 413. Sind Nebenbeteiligte in der Untersuchung zugezogen, so ist im Strafbescheide darüber zu erkennen, ob sie die Einziehung gegen sich gelten zu lassen oder für die Geldstrafe und die Kosten des Strafverfahrens und der Strafvollstreckung zu haften haben.

Ist ihre Zuziehung im Verwaltungsstrafverfahren oder im gerichtlichen Verfahren unterblieben, so kann gegen sie durch besonderen Strafbescheid entschieden werden.

§ 414. Der Strafbescheid ist den Beteiligten zuzustellen oder zu verkünden.

Ist der Beschuldigte noch nicht achtzehn Jahre alt, so ist der Strafbescheid auch dem gesetzlichen Vertreter zuzustellen oder zu verkünden.

Sind mehrere gesetzliche Vertreter oder bei juristischen Personen, Personenvereinigungen, Zweckvermögen und ähnlichen Gebilden mehrere Vertreter, Vorsteher oder Verwalter vorhanden, so genügt die Zustellung oder Verkündung an einen von ihnen.

Nach der Zustellung kann der Strafbescheid nur in den Fällen der §§ 426, 429 zurückgenommen werden.

§ 415. Der Beschuldigte und die Nebenbeteiligten können gegen den Strafbescheid Beschwerde einlegen, wenn sie nicht auf gerichtliche Entscheidung antragen. Der Antrag auf gerichtliche Entscheidung ist bei dem Finanzamt, das den Strafbescheid erlassen hat, binnen einer Woche nach der Bekanntgabe schriftlich oder mündlich zu stellen.

Der Antrag auf gerichtliche Entscheidung schließt für den Beteiligten die Beschwerde, die Einlegung der Beschwerde den Antrag auf gerichtliche Entscheidung aus. Hat der gesetzliche Vertreter oder der Ehemann einer beschuldigten Frau Beschwerde eingelegt und der Vertretene oder die beschuldigte Frau gerichtliche Entscheidung beantragt oder umgekehrt, so ist die Beschwerde wirkungslos, wenn nicht der Antrag auf gerichtliche Entscheidung zurückgenommen wird.

Hat von mehreren Beteiligten ein Teil auf gerichtliche Entscheidung angetragen, während der andere Beschwerde eingelegt hat, so ist über die Beschwerde in der Regel erst nach rechtskräftiger Erledigung des gerichtlichen Verfahrens zu befinden.

§ 416. Die Beschwerde ist bei dem Finanzamt, das den Strafbescheid erlassen hat, schriftlich oder mündlich einzulegen. Die Frist für die Einlegung beträgt eine Woche; sie ist eine Ausschlußfrist und läuft von der Bekanntmachung an. Die Einlegung bei der Beschwerdebehörde genügt zur Wahrung der Frist. Bei Versäumung der Frist kann nach den §§ 68, 69 Nachsicht gewährt werden.

§ 417. Über die Beschwerde entscheidet das Landesfinanzamt. Es kann nach § 406 Ermittlungen anstellen. Der Beschwerdebescheid ist zu begründen und zuzustellen oder zu verkünden.

§ 418. Gegen andere Verfügungen der Finanzämter und Landesfinanzämter als Straf- und Beschwerdebescheide kann der Betroffene Beschwerde an die nächstobere Behörde einlegen. Die Frist zur Einlegung der Beschwerde beträgt eine Woche; sie beginnt mit der Zustellung oder Bekanntmachung der Verfügung. Die Beschwerde ist bei der Behörde einzulegen, deren Verfügung angefochten wird; die Einlegung bei der Beschwerdebehörde genügt. Die Beschwerdebehörde entscheidet endgültig.

Verfügungen, die dem Straf- oder Beschwerdebescheide vorausgehen und ihn vorbereiten sollen, unterliegen der Beschwerde nur, wenn sie eine Beschlagnahme anordnen oder andere Personen betreffen als den Beschuldigten oder die Nebenbeteiligten.

III. Kosten des Verfahrens.

§ 419. Im Verwaltungsstrafverfahren werden an Kosten erhoben:

a) für Strafbescheide und für Beschwerdebescheide (§ 417) eine Gebühr in Höhe der Gebühr des Gerichtskostengesetzes für Urteile in Strafsachen des ersten Rechtszugs; die §§ 51, 75, Abs 2, 79, 80 des Gerichtskostengesetzes sind anzuwenden;

b) an Auslagen:
   1. Schreibgebühren für Ausfertigungen und Abschriften nach dem Gerichtskostengesetze,
   2. Telegraphengebühren und im Fernverkehre zu entrichtende Fernsprechgebühren,
   3. Kosten von Zustellungen und öffentlichen Bekanntmachungen,
   4. Entschädigungen, die an Auskunftspersonen und Sachverständige gezahlt sind,
   5. Reisekosten der Beamten bei Geschäften außerhalb des Dienstsitzes,
   6. Auslagen anderer Behörden,
   7. Kosten der Erhaltung beschlagnahmter Sachen und der Beförderung von Personen oder Sachen,
   8. Haftkosten.

§ 420. Die Kostenvorschriften der Strafprozeßordnung gelten sinngemäß auch für das Verwaltungsstrafverfahren. Über Höhe und Notwendigkeit von Auslagen entscheidet das Finanzamt endgültig.

Wer nur bei der Einziehung beteiligt ist, hat außer bei Zurückweisung unbegründeter Beschwerden keine Kosten zu tragen.

Sind durch das Verfahren gegen den, der für Geldstrafe und Kosten haftet, besondere Kosten entstanden, so sind ihm diese Kosten bei Festsetzung seiner Haftpflicht aufzuerlegen.

§ 421. Zur Sicherung der Staatskasse wegen der Kosten, die den Beschuldigten voraussichtlich treffen werden, kann das Finanzamt nach § 351 einen Arrest anordnen und vollziehen.

§ 422. Wenn das Gericht gegen den Beschuldigten eine Strafe oder gegen den, der für Geldstrafe und Kosten haftet, die Haftpflicht rechtskräftig festgesetzt hat, so haben diese Personen auch die Kosten des Verwaltungsstrafverfahrens zu tragen.

IV. Strafvollstreckung.

§ 423. Vollstreckbare Strafbescheide und Beschwerdebescheide wirken wie ein rechtskräftiges Urteil.

§ 424. Die Finanzämter haben die Straf- und Beschwerdebescheide sowie die Kostenentscheidungen nach den Vorschriften über das Zwangsverfahren zu vollstrecken.

Für Zahlung einer Geldstrafe kann eine Frist oder Abtragung in Teilbeträgen bewilligt werden. Teilzahlungen sind zulässig und werden zunächst auf die Strafe angerechnet. Der Versuch, eine Geldstrafe beizutreiben, kann unterbleiben, wenn sicher vorauszusehen ist, daß er erfolglos sein würde.

Die Einziehung wird dadurch vollstreckt, daß das Finanzamt die Sachen dem Besitzer wegnehmen läßt. § 301 gilt entsprechend, jedoch kann der Dritte nur geltend machen, daß die Sache nicht durch die Einziehung getroffen sei, oder daß er das Recht an ihr nach der Rechtskraft des Strafbescheids erworben habe.

Bei Einziehungen kann das Finanzamt die Ersatzstrafe (§ 365 Abs. 2, § 412 Abs. 3) vollstrecken, wenn die Sachen nicht in Verwahrung genommen sind und vom Verurteilten nicht binnen angemessener Frist abgeliefert werden.

§ 425. Geldstrafen und Gegenstände, deren Einziehung ausgesprochen ist, fallen dem Reiche zu.

Dritter Titel. Gerichtliches Verfahren.

§ 426. Hat der Beschuldigte oder ein Nebenbeteiligter auf gerichtliche Entscheidung angetragen, so kann das Finanzamt den Strafbescheid wegen des Antragstellers bis zur Übersendung der Verhandlungen an die Staatsanwaltschaft zurücknehmen. In diesem Falle kann es das Verfahren einstellen, nach weiteren Ermittlungen einen neuen Bescheid erlassen oder die Sache an die Staatsanwaltschaft zum gerichtlichen Verfahren abgeben. Der Antragsteller ist zu benachrichtigen.

§ 427. Wird der Strafbescheid nicht zurückgenommen, so übersendet das Finanzamt die Verhandlungen der Staatsanwaltschaft mit dem Antrag, die Entscheidung des Gerichts herbeizuführen. Die Staatsanwaltschaft legt sie dem Gerichte vor; eine Anklageschrift wird nicht eingereicht. Wegen der örtlichen Zuständigkeit der Staatsanwaltschaft und des Gerichts gilt § 411 Abs. 2.

Zur Hauptverhandlung vor dem Schöffengericht ist ein zweiter Amtsrichter zuzuziehen, wenn das Finanzamt es beantragt. Das Finanzamt soll den Antrag nur stellen, wenn die Zuziehung eines zweiten Amtsrichters nach Umfang und Bedeutung der Sache notwendig erscheint. Der Antrag soll dem Schreiben, mit dem das Finanzamt die Verhandlungen der Staatsanwaltschaft übersendet (Abs. 1 Satz 1), beigefügt werden; die Staatsanwaltschaft hat ihn zusammen mit den Verhandlungen (Abs. 1 Satz 2) an das Gericht weiterzuleiten.

§ 428. Das Gericht hat den Antrag auf gerichtliche Entscheidung als unzulässig zu verwerfen, wenn er nicht rechtzeitig oder nicht in der vorgeschriebenen Form gestellt ist, oder wenn er nach § 415 wirkungslos ist, weil Beschwerde eingelegt ist. Bei Versäumung der Frist kann nach den Vorschriften der Strafprozeßordnung Wiedereinsetzung in den vorigen Stand erteilt werden.

Verwirft das Gericht den Antrag nicht als unzulässig, so ist die Hauptverhandlung anzuberaumen.

Ist der Beschuldigte abwesend (§ 276 der Strafprozeßordnung), so ist gegen ihn nach den §§ 278 bis 284 der Strafprozeßordnung zu verfahren.

§ 429. Nach Übersendung der Verhandlungen an die Staatsanwaltschaft kann das Finanzamt den Strafbescheid nur mit deren Zustimmung zurücknehmen. Die Staatsanwaltschaft teilt die Zurücknahme dem Gerichte mit, wenn sie ihm die Verhandlungen schon vorgelegt hat. Das Gericht stellt das Verfahren ein.

Nach Beginn der Hauptverhandlung kann das Finanzamt den Strafbescheid nur mit Zustimmung dessen, der auf gerichtliche Entscheidung angetragen hat, nach Verkündung des Urteils erster Instanz überhaupt nicht mehr zurücknehmen.

§ 430. Der Beschuldigte oder der Nebenbeteiligte kann den Antrag auf gerichtliche Entscheidung bis zur Verkündung des Urteils erster Instanz zurücknehmen, nach Beginn der Hauptverhandlung jedoch nur mit Zustimmung der Staatsanwaltschaft und, falls es als Nebenkläger vertreten ist, auch des Finanzamts.

Der Antrag gilt als zurückgenommen, wenn der Beschuldigte oder der Nebenbeteiligte ohne genügenden Grund in der Hauptverhandlung ausbleibt und sich nicht durch einen Verteidiger vertreten läßt.

§ 431. Hat der gesetzliche Vertreter eines noch nicht achtzehn Jahre alten Beschuldigten die gerichtliche Entscheidung beantragt, so ist auch der Beschuldigte zu laden. Sein Erscheinen kann erzwungen werden. Der gesetzliche Vertreter kann sich durch einen Verteidiger vertreten lassen, der mit einer ausdrücklich darauf gerichteten schriftlichen Vollmacht versehen ist.

Bleibt der gesetzliche Vertreter aus und läßt er sich nicht vertreten, so hat das Gericht gleichwohl zu verhandeln, wenn der Beschuldigte selbst erscheint. Bleibt auch dieser aus, so gilt § 430 Abs. 2.

§ 432. Ist gerichtliche Entscheidung beantragt, so hat das Finanzamt für das weitere Verfahren die Rechte eines Nebenklägers.

Das Urteil und andere Entscheidungen sind dem Finanzamt zuzustellen, auch wenn es bei der Verkündung vertreten gewesen ist. Die Fristen für die Einlegung von Rechtsmitteln beginnen für das Finanzamt erst mit der Zustellung. Für Revisionsanträge und für Erklärungen auf solche hat es einen Monat Frist. Berufungsanträge, Revisionsanträge und Anträge auf Wiederaufnahme des Verfahrens kann es schriftlich selbst stellen.

§ 433. Hängt eine Verurteilung wegen Steuerhinterziehung oder Steuergefährdung davon ab, ob ein Steueranspruch besteht, oder ob und in welcher Höhe ein Steueranspruch verkürzt oder ein Steuervorteil zu Unrecht gewährt ist, und hat der Reichsfinanzhof über diese Fragen entschieden, so bindet dessen Entscheidung das Gericht. Liegt eine Entscheidung des Reichsfinanzhofs nicht vor, sind die Fragen jedoch von Finanzbehörden oder Finanzgerichten zu entscheiden, so hat das Gericht das Strafverfahren auszusetzen, bis über die Fragen rechtskräftig entschieden worden ist. Entscheidet der Reichsfinanzhof, so bindet dessen Entscheidung das Gericht. Ergeht keine Entscheidung des Reichsfinanzhofs, so hat das Gericht, wenn es von der rechtskräftigen Entscheidung des Finanzamts oder der Rechtsmittelbehörde abweichen will, die Entscheidung des Reichsfinanzhofs einzuholen. Es übersendet die Akten dem Reichsfinanzhof. Dieser entscheidet im Beschlußverfahren in der Besetzung von fünf Mitgliedern. Seine Entscheidung ist bindend.

Während der Aussetzung des Verfahrens ruht die Verjährung.

Weicht die Entscheidung des Reichsfinanzhofs von der rechtskräftigen Entscheidung des Finanzamts oder der Rechtsmittelbehörde ab, so ist diese zu berichtigen; § 212 Abs. 2, 3, § 213 gelten entsprechend.

§ 434. Das Gericht ist bei der Entscheidung an die im Strafbescheide festgesetzte Strafe nicht gebunden.

Stellt sich heraus, daß die Tat der Strafbefugnis des Finanzamts entzogen war, so hat das Gericht, ohne in der Sache zu entscheiden, den Strafbescheid durch Beschluß aufzuheben und die Verhandlungen der Staatsanwaltschaft mitzuteilen; gegen den Beschluß ist sofortige Beschwerde zulässig.

§ 435. Kann eine durch Strafbescheid festgesetzte Geldstrafe oder die Strafe des Ersatzes des Wertes nicht einziehbarer Sachen nicht beigetrieben werden, so hat das Gericht auf Antrag des Finanzamts die Strafe in Freiheitsstrafe umzuwandeln. Das Finanzamt übersendet die Verhandlungen der Staatsanwaltschaft. Die Entscheidung steht dem Gerichte zu, das für die Eröffnung des Hauptverfahrens zuständig gewesen wäre. Vor der Entscheidung sind die Staatsanwaltschaft und der, gegen den die Strafe festgesetzt ist, sowie das Finanzamt zu hören. Gegen den Beschluß ist sofortige Beschwerde zulässig.

§ 436. Beamte der Finanzämter dürfen außerhalb des Deutschen Reichs wohnende Personen, von denen eine Geldstrafe nicht eingezogen werden kann, beim Antreffen im Inland festnehmen. Sie haben sie ohne Verzug der Strafvollstreckungsbehörde vorzuführen. Diese hat die Ersatzfreiheitsstrafe zu vollstrecken oder, wenn eine solche noch nicht festgesetzt ist, die Entscheidung über die Umwandlung sofort herbeizuführen und die festgenommenen Personen solange in Haft zu behalten; die Haft ist auf die Freiheitsstrafe unverkürzt anzurechnen.

§ 437. Erhebt die Staatsanwaltschaft wegen einer Steuerzuwiderhandlung die öffentliche Klage, so hat das Finanzamt die Rechte eines Nebenklägers (§ 432).

Lehnt die Staatsanwaltschaft einen Antrag auf Verfolgung einer Steuerzuwiderhandlung ab, so kann das Finanzamt die öffentliche Klage selbst erheben. Sein Vertreter hat im weiteren Verfahren dieselbe Stellung wie die Staatsanwaltschaft im Verfahren auf öffentliche Klage. § 432 Abs. 2 gilt entsprechend.

Hat das Finanzamt die öffentliche Klage erhoben, so kann die Staatsanwaltschaft in jeder Lage des Verfahrens mitwirken. Sie bewirkt die Ladungen zur Hauptverhandlung und muß darin vertreten sein. Die Entscheidungen sind ihr bekanntzugeben. Bis zur Rechtskraft des Urteils kann sie die Verfolgung übernehmen; legt sie ein Rechtsmittel ein, so übernimmt sie die Verfolgung. Das Verfahren wird in der Lage fortgesetzt, in der es sich befindet. Das Finanzamt hat die Rechte eines Nebenklägers (§ 432).

Die Vorschrift des § 433 gilt auch in den Fällen dieses Paragraphen.

§ 438. Ist der Angeklagte in den Fällen des § 437 abwesend (§ 276 der Strafprozeßordnung), so ist gegen ihn nach den §§ 278 bis 284 der Strafprozeßordnung zu verfahren.

§ 439. Wenn jemand als Nebenbeteiligter für die Geldstrafe haftet, ist eine Ersatzfreiheitsstrafe nur zu vollstrecken, nachdem das Finanzamt gehört worden ist und soweit es die Vollstreckung beantragt.

Gegenstände, deren Einziehung ausgesprochen ist, sind dem Finanzamt auszuhändigen.

Hat das Gericht erkannt, daß die Verurteilung auf Kosten des Verurteilten bekanntzumachen sei, so bestimmt das Finanzamt die Art der Bekanntmachung.

§ 440. § 425 gilt auch bei gerichtlich erkannten Strafen.

§ 441. Schließt das gerichtliche Verfahren mit einer Verurteilung, so gehören die notwendigen Auslagen des Finanzamts zu den Kosten des Verfahrens.

§ 442. Das Landesfinanzamt kann die Befugnisse, die den Finanzämtern im gerichtlichen Verfahren zustehen, anderen Behörden oder bestimmten Beamten übertragen.

Vierter Titel. Niederschlagung.

§ 443. Der Reichsminister der Finanzen ist befugt, von der Einleitung oder Durchführung eines Verwaltungsstrafverfahrens abzusehen und im Verwaltungsstrafverfahren erkannte Strafen zu erlassen; im übrigen steht das Recht der Begnadigung den Regierungen der Länder zu. Der Reichsminister der Finanzen kann die ihm zustehenden Befugnisse auf die ihm unterstellten Finanzbehörden übertragen.

Die Finanzämter sind befugt, von der Einleitung oder Durchführung einer Untersuchung abzusehen, wenn eine Hinterziehung nicht in Frage kommt und das Verschulden des Täters geringfügig ist.

Übergangs- und Schlußvorschriften.

§ 449. Die §§ 419 bis 429 der Strafprozeßordnung treten für den Geltungsbereich der Reichsabgabenordnung außer Kraft. Das gleiche gilt für den Artikel 104 des Einführungsgesetzes zum Bürgerlichen Gesetzbuch.

3 *).

Gesetz betreffend die Entschädigung für unschuldig erlittene Untersuchungshaft.

Vom 14. Juli 1904 (RGBl. 321) in der Fassung des Gesetzes vom 17. August 1920 (RGBl. S. 1579).

§ 1. Personen, die im Strafverfahren freigesprochen oder durch Beschluß des Gerichts außer Verfolgung gesetzt sind, können für erlittene Untersuchungshaft Entschädigung aus der Staatskasse verlangen, wenn das Verfahren ihre Unschuld ergeben oder dargetan hat, daß gegen sie ein begründeter Verdacht nicht vorliegt.

Außer dem Verhafteten haben diejenigen, denen gegenüber er kraft Gesetzes unterhaltspflichtig war, Anspruch auf Entschädigung.

§ 2. Der Anspruch auf Entschädigung ist ausgeschlossen, wenn der Verhaftete die Untersuchungshaft vorsätzlich herbeigeführt oder durch grobe Fahrlässigkeit verschuldet hat. Die Versäumung der Einlegung eines Rechtsmittels ist nicht als eine Fahrlässigkeit zu erachten.

---

*) Wegen beschleunigter Auszahlung vgl. Pr. JV. v. 19. Mai 1926 (JMBl. 197).

Der Anspruch kann ausgeschlossen werden, wenn die zur Untersuchung gezogene Tat des Verhafteten eine grobe Unredlichkeit oder Unsittlichkeit in sich geschlossen hat oder in einem die freie Willensbestimmung ausschließenden Trunkenheitszustande begangen worden ist oder wenn aus den Tatumständen erhellt, daß der Verhaftete die Verübung eines Verbrechens oder Vergehens vorbereitet hatte.

Der Anspruch kann auch dann ausgeschlossen werden, wenn der Verhaftete zur Zeit der Verhaftung sich nicht im Besitze der bürgerlichen Ehrenrechte befand oder unter Polizeiaufsicht stand oder wenn gegen den Verhafteten auf Grund des § 181 a oder des § 362 des Strafgesetzbuchs innerhalb der letzten zwei Jahre auf Überweisung an die Landespolizeibehörde rechtskräftig erkannt worden ist. Das gleiche gilt, wenn der Verhaftete mit Zuchthaus bestraft worden ist und seit der Verbüßung der Strafe drei Jahre noch nicht verflossen sind.

§ 3. Gegenstand des dem Verhafteten zu leistenden Ersatzes ist der für ihn durch die Untersuchungshaft entstandene Vermögensschaden. Hat vor dem Erlasse des Haftbefehls eine Vorführung oder eine vorläufige Festnahme stattgefunden, so erstreckt sich der Entschädigungsanspruch auch auf die dem Haftbefehle vorausgegangene Zeit der Haft.

Unterhaltsberechtigten ist insoweit Ersatz zu leisten, als ihnen durch die Verhaftung der Unterhalt entzogen worden ist.

§ 4. Über die Verpflichtung der Staatskasse zur Entschädigung wird von dem Gerichte gleichzeitig mit seinem den Verhafteten freisprechenden Urteile durch besonderen Beschluß Bestimmung getroffen.

Wird auf ein gegen das Urteil eingelegtes Rechtsmittel von neuem auf Freisprechung erkannt, so ist von dem erkennenden Gerichte nach Maßgabe des Abs. 1 von neuem Beschluß zu fassen.

Der Beschluß ist nicht zu verkünden, sondern durch Zustellung bekanntzumachen, sobald das freisprechende Urteil rechtskräftig geworden ist. Er unterliegt nicht der Anfechtung durch Rechtsmittel. Wird die Entschädigungsverpflichtung der Staatskasse ausgesprochen, so soll der Beschluß auch den Unterhaltsberechtigten, die nicht dem Hausstande des Verhafteten angehören, mitgeteilt werden, sofern ihr Aufenthalt dem Gerichte bekannt ist.

Diese Vorschriften finden entsprechende Anwendung, wenn der Verhaftete durch Beschluß des Gerichts außer Verfolgung gesetzt wird.

§ 5. Der die Entschädigungsverpflichtung der Staatskasse aussprechende Beschluß tritt außer Kraft, wenn zuungunsten des Freigesprochenen die Wiederaufnahme des Verfahrens angeordnet oder wenn gegen den außer Verfolgung Gesetzten nach Wiederaufnahme der Klage das Hauptverfahren eröffnet wird. War die Entschädigung schon gezahlt, so kann das Gezahlte zurückgefordert werden.

§ 6. Wer auf Grund des die Entschädigungsverpflichtung der Staatskasse aussprechenden Beschlusses einen Anspruch geltend macht, hat diesen Anspruch bei Vermeidung des Verlustes binnen sechs Monaten nach Zustellung des Beschlusses durch Antrag bei der Staatsanwaltschaft des Landgerichts zu verfolgen, in dessen Bezirke das Verfahren in erster Instanz anhängig war.

Über den Antrag entscheidet die oberste Behörde der Landesjustizverwaltung. Eine Ausfertigung der Entscheidung ist dem Antragsteller nach den Vorschriften der Zivilprozeßordnung zuzustellen.

Gegen die Entscheidung ist die Berufung auf den Rechtsweg zulässig. Die Klage ist binnen einer Ausschlußfrist von drei Monaten nach Zustellung der Entscheidung zu erheben. Für die Ansprüche auf Entschädigung sind die Zivilkammern der Landgerichte ohne Rücksicht auf den Wert des Streitgegenstandes ausschließlich zuständig.

Bis zur rechtskräftigen Entscheidung über den Antrag ist der Anspruch nicht übertragbar.

§ 7. Die Entschädigung wird aus der Kasse des Bundesstaats gezahlt, bei dessen Gerichte das Strafverfahren in erster Instanz anhängig war.

Bis zum Betrage der geleisteten Entschädigung tritt die Kasse in die Rechte ein, welche dem Entschädigten gegen Dritte um deswillen zustehen, weil durch deren rechtswidrige Handlungen die Untersuchungshaft herbeigeführt war.

§ 8. Ist zuungunsten des Freigesprochenen die Wiederaufnahme des Verfahrens beantragt oder gegen den außer Verfolgung Gesetzten die Klage wieder aufgenommen worden, so kann die Entscheidung der obersten Behörde der Landesjustizverwaltung (§ 6 Abs. 2) sowie die Zahlung der Entschädigung (§ 7 Abs. 1) ausgesetzt werden.

§ 9. In den zur Zuständigkeit des Reichsgerichts in erster Instanz gehörigen Sachen ist statt der Staatskasse die Reichskasse ersatzpflichtig.

In diesen Fällen tritt an die Stelle der Staatsanwaltschaft des Landgerichts die Staatsanwaltschaft bei dem Reichsgericht, an die Stelle der obersten Behörde der Landesjustizverwaltung der Reichskanzler.

§ 10. Soweit die Untersuchungshaft im militärgerichtlichen Verfahren stattgefunden hat, tritt an die Stelle der Staatskasse die Reichskasse und an die Stelle der obersten Behörde der Landesjustizverwaltung die oberste Militärverwaltungsbehörde. Der Antrag auf Geltendmachung eines Entschädigungsanspruchs gemäß § 6 Abs. 1 ist bei der Staatsanwaltschaft des Landgerichts zu stellen, in dessen Bezirk der Antragsteller seinen Wohnsitz oder in Ermangelung eines solchen seinen Aufenthalt hat. Hat er im Deutschen Reiche weder Wohnsitz noch Aufenthalt, so wird das zuständige Landgericht vom Reichsgerichte bestimmt.

§ 11. In den zur Zuständigkeit der Konsulargerichte gehörigen Sachen findet dieses Gesetz mit folgenden Maßgaben Anwendung:

An die Stelle der Staatsanwaltschaft des Landgerichts tritt der Konsul. Für die Ansprüche auf Entschädigung ist das Reichsgericht in erster und letzter Instanz zuständig.

§ 12. Die Vorschriften dieses Gesetzes finden auf Angehörige eines auswärtigen Staates nur insoweit Anwendung, als nach einer im Reichs-Gesetzblatt enthaltenen Bekanntmachung durch die Gesetzgebung dieses Staates oder durch Staatsvertrag die Gegenseitigkeit verbürgt ist.

4*).

Gesetz, betreffend die Entschädigung der im Wiederaufnahmeverfahren freigesprochenen Personen.

Vom 20. Mai 1898 (RGBl. S. 345).

§ 1. Personen, welche im Wiederaufnahmeverfahren freigesprochen oder in Anwendung eines milderen Strafgesetzes mit einer geringeren Strafe belegt werden, können Entschädigung aus der Staatskasse verlangen, wenn die früher erkannte Strafe ganz oder teilweise gegen sie vollstreckt worden ist. Das Wiederaufnahmeverfahren muß die Unschuld des Verurteilten bezüglich der ihm zur Last gelegten Tat oder bezüglich eines die Anwendung eines schwereren Strafgesetzes begründenden Umstandes ergeben oder doch dargetan haben, daß ein begründeter Verdacht gegen den Angeklagten nicht mehr vorliegt.

Außer dem Verurteilten haben diejenigen, denen gegenüber er kraft Gesetzes unterhaltspflichtig war, Anspruch auf Entschädigung.

Der Anspruch auf Entschädigung ist ausgeschlossen, wenn der Verurteilte die frühere Verurteilung vorsätzlich herbeigeführt oder durch grobe Fahrlässigkeit verschuldet hat.

Die Versäumung der Einlegung eines Rechtsmittels ist nicht als eine Fahrlässigkeit zu erachten.

§ 2. Gegenstand des dem Verurteilten zu leistenden Ersatzes ist der für ihn durch die Strafvollstreckung entstandene Vermögensschaden.

---

*) Wegen beschleunigter Auszahlung vgl. Pr. JV. v. 19. Mai 1926 (JMBl. 197).

Unterhaltsberechtigten ist insoweit Ersatz zu leisten, als ihnen durch die Strafvollstreckung der Unterhalt entzogen worden ist.

§ 3. Die Entschädigung wird aus der Kasse desjenigen Bundesstaats gezahlt, bei dessen Gerichte das Strafverfahren in erster Instanz anhängig war.

Bis zum Betrage der geleisteten Entschädigung tritt die Kasse in die Rechte ein, welche dem Entschädigten gegen Dritte um deswillen zustehen, weil durch deren rechtswidrige Handlungen seine Verurteilung herbeigeführt war.

§ 4. Über die Verpflichtung der Staatskasse zur Entschädigung wird durch besonderen Beschluß des im Wiederaufnahmeverfahren erkennenden Gerichts Bestimmung getroffen.

Der Beschluß ist von dem Gerichte gleichzeitig mit dem Urteile zu fassen, aber nicht zu verkünden, sondern durch Zustellung bekanntzumachen. Der Beschluß unterliegt nicht der Anfechtung durch Rechtsmittel. Er tritt außer Kraft, wenn das Urteil aufgehoben wird.

§ 5. Wer auf Grund des die Verpflichtung der Staatskasse zur Entschädigung aussprechenden Beschlusses einen Anspruch geltend macht, hat diesen Anspruch bei Vermeidung des Verlustes binnen drei Monaten nach Zustellung des Beschlusses durch Antrag bei der Staatsanwaltschaft zu verfolgen. Der Antrag ist bei der Staatsanwaltschaft desjenigen Landgerichts zu stellen, in dessen Bezirke das Urteil ergangen ist.

Über den Antrag entscheidet die oberste Behörde der Landesjustizverwaltung. Eine Ausfertigung der Entscheidung ist dem Antragsteller nach den Vorschriften der Zivilprozeßordnung zuzustellen.

Gegen die Entscheidung ist die Berufung auf den Rechtsweg zulässig. Die Klage ist binnen einer Ausschlußfrist von drei Monaten nach Zustellung der Entscheidung zu erheben. Für die Ansprüche auf Entschädigung sind die Zivilkammern der Landgerichte ohne Rücksicht auf den Wert des Streitgegenstandes ausschließlich zuständig.

Bis zur endgültigen Entscheidung über den Antrag ist der Anspruch weder übertragbar, noch der Pfändung unterworfen.

§ 6. In den zur Zuständigkeit des Reichsgerichts in erster Instanz gehörigen Sachen ist statt der Staatskasse die Reichskasse ersatzpflichtig.

In diesen Fällen tritt an die Stelle der Staatsanwaltschaft des Landgerichts die Staatsanwaltschaft bei dem Reichsgericht, an die Stelle der obersten Behörde der Landesjustizverwaltung der Reichskanzler.

5*).

Gesetz über beschränkte Auskunft aus dem Strafregister und die Tilgung von Strafvermerken.

Vom 9. April 1920 (RGBl. S. 507), in der Fassung des Art. X der Verordnung vom 6. Februar 1924 (RGBl. I S. 44).

§ 1. Über Verurteilungen, die in das Strafregister aufgenommen sind, ist nach Ablauf einer bestimmten Frist nur noch beschränkt Auskunft zu erteilen.

Ist nach Eintritt des Zeitpunkts, von dem ab nur beschränkt Auskunft zu erteilen ist, eine weitere Frist abgelaufen, so wird der Vermerk im Strafregister getilgt.

Diese Vorschriften gelten, unbeschadet der Bestimmungen des § 8, nicht für Verurteilungen zum Tode und zu Zuchthaus.

§ 2. Bei mehreren Verurteilungen einer Person ist über alle Verurteilungen unbeschränkt Auskunft zu erteilen, solange über eine der Verurteilungen unbeschränkt Auskunft erteilt werden muß. Die Tilgung eines Vermerkes im Strafregister darf bei mehreren Verurteilungen einer Person erst erfolgen, wenn für alle Verurteilungen die Voraussetzungen der Tilgung vorliegen.

Lautet die Verurteilung, über die unbeschränkt Auskunft erteilt werden muß oder die im Strafregister noch nicht getilgt werden kann, nur auf Verweis oder auf Geldstrafe allein oder in Verbindung miteinander oder mit Nebenstrafen, so finden die Vorschriften des Abs. 1 keine Anwendung.

§ 3. Hat der Verurteilte die bürgerlichen Ehrenrechte oder einzelne Rechte oder Fähigkeiten verloren, so kommen ihm die Vergünstigungen des § 1 nicht zugute, solange er diese Rechte und Fähigkeiten nicht wiedererlangt hat.

Das gleiche gilt, solange über einen Verurteilten eine Steckbriefnachricht im Strafregister niedergelegt ist.

Die Vergünstigungen des § 1 kommen einem Verurteilten für eine Verurteilung so lange nicht zugute, als sich aus dem Inhalt des Strafregisters ergibt, daß die Vollstreckung noch nicht erledigt ist.

§ 4. Über Verurteilungen, die der beschränkten Auskunft unterliegen, wird nur den Gerichten, den Behörden der Staatsanwaltschaft sowie auf ausdrückliches Ersuchen den obersten Reichs- oder Landesbehörden Auskunft erteilt. Ist hiernach Auskunft zu erteilen, so ist darin besonders hervorzuheben, daß die Verurteilung der beschränkten Auskunft unterliegt.

---

*) Betr. „Behandlung von Gesuchen um Anordnung der beschränkten Auskunft oder der Tilgung" vgl. Pr. JV. v. 14. April 1926 (JMBl. 138) VI.

Soweit über eine Verurteilung, die der beschränkten Auskunft unterliegt, keine Auskunft erteilt werden darf, sind Anfragen in gleicher Weise zu beantworten wie in den Fällen, in denen ein Vermerk nicht vorhanden ist.

Diese Vorschriften gelten entsprechend für die Auskunft aus den polizeilichen Listen; bei der Ausstellung polizeilicher Führungszeugnisse bleiben Verurteilungen, die der beschränkten Auskunft unterliegen, außer Betracht.

§ 5. Ein Vermerk, der im Strafregister zu tilgen ist, wird aus dem Register entfernt und vernichtet; enthält das Register außerdem Vermerke, die bestimmungsgemäß darin verbleiben müssen, so wird der zu tilgende Vermerk unkenntlich gemacht. Ebenso wird der Vermerk über die Verurteilung aus den polizeilichen Listen entfernt oder darin unkenntlich gemacht.

Ist der Vermerk über eine Verurteilung im Strafregister getilgt worden, so gilt die Verurteilung nicht mehr als Bestrafung im Sinne solcher Vorschriften, die für den Fall, daß der Täter bereits bestraft ist, eine schwerere Strafe oder andere Rechtsnachteile androhen.

§ 6. Die Frist, nach deren Ablauf beschränkt Auskunft zu erteilen ist, beträgt

1. fünf Jahre, wenn auf Verweis oder auf Geldstrafe oder auf Freiheitsstrafe von höchstens drei Monaten, allein oder in Verbindung miteinander oder mit Nebenstrafen, erkannt worden ist, mit Ausnahme der Fälle, in denen auf Überweisung an die Landespolizeibehörde oder auf die Zulässigkeit von Polizeiaufsicht erkannt worden ist;
2. zehn Jahre in allen übrigen Fällen.

Die Frist der Nr. 1 beginnt mit dem im Strafregister vermerkten Tage der Verurteilung.

Die Frist der Nr. 2 beginnt mit dem Tage, an dem die Strafe vollstreckt, verjährt oder erlassen ist; ist auf Überweisung an die Landespolizeibehörde oder auf die Zulässigkeit von Polizeiaufsicht erkannt worden, so beginnt die Frist erst, wenn diese Maßregeln erledigt sind. Ist die Strafe nach einer Probezeit erlassen, so wird deren Dauer, auf volle Monate abgerundet, auf die Frist der Nr. 2 angerechnet.

War der Verurteilte zur Zeit der Tat noch nicht achtzehn Jahre alt, so verkürzt sich die Frist von fünf Jahren auf drei Jahre und die Frist von zehn Jahren auf sechs Jahre.

§ 7. Die Frist, nach deren Ablauf ein Strafvermerk zu tilgen ist, beträgt

1. fünf Jahre, wenn auf Verweis oder auf Geldstrafe oder auf Haft oder auf Gefängnis oder Festungshaft von höchstens einer Woche, allein oder in Verbindung miteinander oder mit Nebenstrafen, erkannt worden ist, mit

Ausnahme der Fälle, in denen auf Überweisung an die Landespolizeibehörde oder auf die Zulässigkeit von Polizeiaufsicht erkannt worden ist;

2. zehn Jahre in allen übrigen Fällen.

Die Frist beginnt mit dem Tage, von dem ab nur noch beschränkt Auskunft zu erteilen ist.

War der Verurteilte zur Zeit der Tat noch nicht achtzehn Jahre alt, so verkürzt sich die Frist von fünf Jahren auf drei Jahre und die Frist von zehn Jahren auf sechs Jahre.

§ 8. Die Landesjustizverwaltung kann in Fällen, in denen die Voraussetzungen der beschränkten Auskunft oder der Tilgung nicht vorliegen, diese Maßnahmen anordnen, wenn dadurch staatliche Interessen nicht gefährdet werden.

Hat der Verurteilte die bürgerlichen Ehrenrechte oder einzelne Rechte oder Fähigkeiten verloren, so sollen die Maßnahmen nicht angeordnet werden, solange er diese Rechte und Fähigkeiten nicht wiedererlangt hat.

Zuständig für die Anordnung ist die oberste Justizverwaltungsbehörde des Landes, in dessen Bezirk das Strafregister geführt wird, und für das Register, das beim Reichsjustizministerium geführt wird, der Reichsminister der Justiz.

Wird angeordnet, daß eine Verurteilung der beschränkten Auskunft unterliegen soll, so beginnt die Frist für die Tilgung des Strafvermerkes mit dem Tage der Anordnung.

§ 9. Vermerke über Verurteilungen im Ausland sind im Sinne dieses Gesetzes Vermerken über Verurteilungen im Inland gleichzuachten.

§ 10. Bei der Verwertung von Auszügen aus ausländischen Strafregistern ist so zu verfahren, wie wenn die in dem Auszug enthaltenen Vermerke in einem inländischen Strafregister enthalten wären. Die Vorschriften des § 11 Abs. 2 sind entsprechend anzuwenden.

6.

Reichs-Strafregisterverordnung*).

Vom 12. Juni 1920, in der Fassung der Bek. v. 8. März 1926 (RGBl. I S. 157) und der VO. v. 11. März 1930 (RGBl. I S. 36).

[Die hier nicht abgedruckten §§ 12—23, 43—49 betreffen Formalien und Schlußbestimmungen.]

I. Strafregisterbehörden.

§ 1. Das Strafregister für eine Person wird in dem Bezirke geführt, in dem ihr Geburtsort liegt. Die Landesregie-

---

*) 1. Über Zuständigkeit der Strafregisterbehörden s. Bekanntmachung des Reichsjustizministers vom 20. März 1925 (RMBl. 223, PrJMBl. 152) und für Preußen JV. vom 6. März 1920 (JMBl. 104) und vom 15. Juni 1921 (JMBl. 348).

rungen bestimmen, welche Behörden die Strafregister führen. Die Aufsicht und Leitung steht der Landesjustizverwaltung oder der von ihr bestimmten Behörde zu.

Über Personen, deren Geburtsort außerhalb des Reichsgebiets gelegen, zweifelhaft oder nicht zu ermitteln ist, sowie über juristische Personen und Personenvereinigungen wird das Strafregister bei dem Reichsjustizministerium oder der von ihm bestimmten Behörde geführt. Die Leitung und Aufsicht hat der Reichsminister der Justiz oder die von ihm bestimmte Behörde.

Der Reichsminister der Justiz wird bekanntmachen, welche Behörden die Strafregister führen.

Liegt ein Ort zum Teil im Inland und zum Teil im Ausland, so kann der Reichsminister der Justiz im Einvernehmen mit der beteiligten Landesjustizverwaltung bestimmen, bei welcher Strafregisterbehörde das Strafregister für die in dem Orte geborenen Personen zu führen ist.

II. Mitteilungen an das Strafregister.

§ 2. Dem Strafregister sind die Verurteilungen mitzuteilen, die wegen einer strafbaren Handlung durch Urteil oder Strafbefehl eines deutschen Gerichts oder von einer deutschen Verwaltungsbehörde durch Strafverfügung oder Strafbescheid oder im Unterwerfungsverfahren ausgesprochen sind.

Die Vorschrift des Abs. 1 gilt nicht für Verurteilungen zu Geldstrafe, die auf Grund des Artikel I § 2 in Verbindung mit § 4 Abs. 2 und 3 des Notgesetzes vom 24. Februar 1923, und nicht für Verurteilungen, die auf Grund des § 377 der Reichsabgabenordnung oder des § 144 des Branntweinmonopolgesetzes erfolgt sind.

---

2. Über die Behörden und Stellen, denen Auskunft aus dem Strafregister zu erteilen ist, s. Bekanntmachung des Reichsjustizministers vom 20. März 1925 (RMBl. 223, PrJMBl. 152).

3. Wegen tunlichster Einschränkung der Vorstrafenanforderungen s. für Preußen JV. vom 27. Dezember 1918 (JMBl. 531) und vom 23. Juni 1920 (JMBl. 350).

4. Die Verträge des Deutschen Reiches mit dem Ausland bzgl. Strafnachrichtenaustausch sind zusammengestellt in der Pr. JV. vom 11. Juli 1923 (JMBl. 531); s. dazu für Polen JV. vom 10. April 1926 (JMBl. 147) in der Fassung der JV. v. 27. 12. 26 (JMBl. 435). — Wegen der Form der Mitteilung von Strafnachrichten an ausländische Behörden s. Pr. JV. vom 14. April 1926 (JMBl. 138), V.

5. Allgemeine Ausführungsbestimmungen für Preußen enthalten: Runderlaß des Pr. Justizmin. vom 17. Mai 1920 (MBl. i. V. 472, berichtigt 541/42) u. JV. vom 14. April 1926 (JMBl. 138).

Verurteilungen zu Geldstrafe wegen einer Übertretung sind nur mitzuteilen, wenn es sich um Zuwiderhandlungen gegen die §§ 361, 363 des Strafgesetzbuchs handelt.

Außer der Hauptstrafe sind auch alle in der Entscheidung angeordneten oder zugelassenen Nebenstrafen und Nebenfolgen mitzuteilen. Ist auf eine Geldstrafe erkannt, so ist auch die im Falle der Uneinbringlichkeit an ihre Stelle tretende Ersatzfreiheitsstrafe oder die in den Fällen des § 27b des Strafgesetzbuchs an sich verwirkte Freiheitsstrafe mitzuteilen.

Enthält eine Entscheidung mehrere Verurteilungen einer Person, von denen nur ein Teil registerpflichtig ist, so sind alle Verurteilungen mitzuteilen.

Dem Strafregister sind ferner mitzuteilen Entscheidungen, durch die eine Gesamtstrafe gebildet wird. Dabei sind für die in die Gesamtstrafe einbezogenen Einzelstrafen das Gericht, das die Einzelstrafen erkannt hat, der Tag, an dem die Strafen erkannt sind, und die Aktenzeichen anzugeben.

Mitteilungen über Verurteilungen im Ausland sind ohne Rücksicht auf Art und Höhe der Strafe in die Strafregister aufzunehmen, wenn sie sich auf Deutsche oder auf solche Ausländer beziehen, die im Reichsgebiete geboren sind oder wohnen.

§ 3. Dem Strafregister sind die Beschlüsse der Landespolizeibehörden mitzuteilen, die auf Grund der Überweisung eines Verurteilten an die Landespolizeibehörde ergehen oder durch die ein Ausländer auf Grund einer Verurteilung aus dem Reichsgebiete verwiesen wird. Ebenso ist dem Strafregister Mitteilung zu machen, wenn ein solcher Beschluß geändert oder aufgehoben wird.

§ 4. Ist auf Gefängnis oder Festungshaft von mehr als drei Monaten oder neben einer Freiheitsstrafe auf Verlust der bürgerlichen Ehrenrechte oder einzelner Rechte oder Fähigkeiten oder auf Zulässigkeit von Polizeiaufsicht oder auf Überweisung an die Landespolizeibehörde erkannt, so ist dem Strafregister der Tag mitzuteilen, an dem die Strafe oder bei bedingtem Erlaß eines Strafrestes der nicht erlassene Teil der Strafe verbüßt ist.

In anderen als den im Abs. 1 bezeichneten Fällen ist bei registerpflichtigen Verurteilungen dem Strafregister Mitteilung zu machen, wenn sich die Strafvollstreckung infolge Strafaufschubs oder aus anderen Gründen so lange verzögert, daß nur noch drei Monate bis zu dem Zeitpunkt fehlen, von dem ab über die Verurteilung nur noch beschränkt Auskunft zu erteilen wäre. Erledigt sich später die Vollstreckung, so ist dies ebenfalls dem Strafregister mitzuteilen.

§ 5. Dem Strafregister ist Mitteilung zu machen, wenn dem Verurteilten eine Bewährungsfrist bewilligt worden ist, und zwar unter Angabe des Tages der Bewilligung, oder wenn die

Bewährungsfrist verlängert oder widerrufen worden ist oder in anderer Weise als durch Erlaß oder Milderung der Strafe sich erledigt.

Dies gilt auch für Verurteilungen, die nicht registerpflichtig sind.

Dem Strafregister kann Mitteilung gemacht werden, wenn die Entscheidung über die Bewilligung einer Bewährungsfrist vorbehalten wird. Ist eine solche Mitteilung gemacht, so ist dem Strafregister auch dann weitere Mitteilung zu machen, wenn eine Bewährungsfrist nicht bewilligt wird.

§ 6. Dem Strafregister ist Mitteilung zu machen, wenn der Verurteilte auf Grund des § 23 des Strafgesetzbuchs vorläufig entlassen worden ist, und zwar unter Angabe des Tages der Entlassung, oder wenn die vorläufige Entlassung widerrufen worden ist.

§ 7. Dem Strafregister ist Mitteilung zu machen:

1. wenn eine registerpflichtige Strafe erlassen oder gemildert worden ist oder wenn einem Verurteilten die bürgerlichen Ehrenrechte oder einzelne Rechte oder Fähigkeiten, die er infolge der Verurteilung verloren hat, wieder verliehen worden sind;
2. wenn eine registerpflichtige Verurteilung infolge Wiederaufnahme des Verfahrens rechtskräftig aufgehoben worden ist.

§ 8. Dem Strafregister ist Mitteilung zu machen:

1. wenn auf Grund des § 8 des Gesetzes über beschränkte Auskunft aus dem Strafregister und die Tilgung von Strafvermerken vom 9. April 1920 (Reichsgesetzbl. S. 507) angeordnet worden ist, daß über eine Verurteilung nur noch beschränkt Auskunft zu erteilen ist;
2. wenn auf Grund des genannten § 8 die Tilgung eines Strafvermerkes angeordnet worden ist.

§ 9. Dem Strafregister sind mitzuteilen:

1. Entscheidungen eines deutschen Gerichts oder einer deutschen Strafverfolgungsbehörde, durch die jemand freigesprochen oder außer Verfolgung gesetzt oder ein Strafverfahren eingestellt oder die Eröffnung des Hauptverfahrens abgelehnt wird, weil der Beschuldigte nicht zurechnungsfähig war, oder als Taubstummer die zur Erkenntnis der Strafbarkeit der von ihm begangenen Handlung erforderliche Einsicht nicht besaß oder durch die ein Strafverfahren vorläufig eingestellt wird, weil der Beschuldigte nach der Tat geisteskrank geworden ist;
2. Entscheidungen eines deutschen Gerichts, durch die jemand wegen Geisteskrankheit, Geistesschwäche oder Trunksucht entmündigt wird;

3. die Aufhebung der Entmündigung auf Anfechtungsklage (§§ 672, 684 der Zivilprozeßordnung);
4. die Wiederaufhebung der Entmündigung nach §§ 675, 679, 685, 686 der Zivilprozeßordnung.

§ 10. Die Landesregierungen können die Behörden ihres Landes anweisen, den Strafregistern zu Zwecken der Strafrechtspflege oder der Polizei noch andere Mitteilungen zu machen.

Der Reichsminister der Justiz und die Landesjustizverwaltungen können anordnen, daß die Strafregisterbehörden ihres Dienstbereichs solche Mitteilungen in das Strafregister aufzunehmen und über diese Vermerke nach den allgemeinen Vorschriften Auskunft zu erteilen haben.

§ 11. Zur Mitteilung ist verpflichtet:
1. bei Entscheidungen und sonstigen Nachrichten in Strafsachen die Behörde, welche die Strafvollstreckung zu veranlassen hat, oder nach näherer Bestimmung der Landesregierung die Staatsanwaltschaft;
2. in den Fällen des § 3 die Landespolizeibehörde, die den Beschluß erlassen hat;
3. in den Fällen des § 9 Nr. 1 die Strafverfolgungsbehörde;
4. in den Fällen des § 9 Nr. 2 bis 4 das Gericht.

Die Mitteilungen geschehen bei Entscheidungen binnen zwei Wochen nach Eintritt der Rechtskraft und, soweit die Entscheidung einer Rechtskraft nicht fähig ist, binnen zwei Wochen nach ihrem Erlasse, bei anderen Tatsachen binnen zwei Wochen nach ihrem Eintritt.

§ 24. Vermerke über Personen, deren Tod dem Strafregister glaubhaft nachgewiesen wird, werden aus dem Strafregister entfernt.

Ferner werden entfernt Vermerke über Personen, die über 80 Jahre alt sind. Dies gilt nicht, wenn dem Strafregister bekannt ist, daß der Betroffene noch lebt oder wenn seit der letzten im Strafregister vermerkten Verurteilung noch nicht fünf Jahre verstrichen sind.

Die aus dem Strafregister entfernten Strafnachrichten sind zu vernichten.

§ 25. Ein Strafvermerk, der auf Grund des § 5 des Gesetzes über beschränkte Auskunft aus dem Strafregister und die Tilgung von Strafvermerken zu tilgen ist, ist zu vernichten oder unkenntlich zu machen, wenn sich bei der Bearbeitung eines Registerblatts wegen einer eingegangenen Anfrage oder Mitteilung oder bei einer allgemeinen Durchsicht des Strafregisters ergibt, daß die Voraussetzungen der Tilgung vorliegen. Der Vermerk soll jedoch erst dann aus dem Strafregister entfernt oder in dem Strafregister unkenntlich gemacht werden, wenn seit Ablauf der gesetzlichen Frist weitere drei Monate verflossen sind.

Ist angeordnet, daß ein Strafvermerk zum Teil zu tilgen ist, so wird der Teil, dessen Tilgung angeordnet ist, im Strafregister unkenntlich gemacht. Ist zur Durchführung der Anordnung eine Änderung der bisherigen Eintragung erforderlich, so ist die Änderung mit roter Tinte einzutragen und in der Spalte „Bemerkungen" ein Vermerk darüber zu machen, daß die Änderung auf einer Tilgungsanordnung beruht. Auf Anfragen ist der Vermerk in der geänderten Form ohne Hervorhebung der Änderuugen und ohne die Eintragung in der Spalte „Bemerkungen" mitzuteilen; den Gerichten, den Behörden der Staatsanwaltschaft sowie auf ausdrückliches Ersuchen den obersten Reichs- oder Landesbehörden ist der Vermerk so mitzuteilen, wie er im Strafregister enthalten ist.

§ 26. Ein Vermerk nach § 3 über einen Beschluß der Landespolizeibehörde, durch den ein Ausländer aus dem Reichsgebiete verwiesen ist, wird aus dem Strafregister entfernt und vernichtet, wenn die Ausweisung aufgehoben ist.

Andere Vermerke nach § 3 werden hinsichtlich der Beschränkung der Auskunftserteilung und der Tilgung im Strafregister ebenso behandelt wie die Vermerke über die Verurteilung, auf Grund deren der Beschluß der Landespolizeibehörde ergangen ist.

§ 27. Vermerke, die auf Grund des § 9 Nr. 1 in das Strafregister aufgenommen worden sind, können auf Anordnung der Landesjustizverwaltung aus dem Strafregister entfernt und vernichtet werden. Das gleiche gilt für Vermerke nach § 9 Nr. 2, bei denen die Wiederaufhebung der Entmündigung nach § 9 Nr. 4 vermerkt ist.

Die gleiche Anordnung kann der Reichsminister der Justiz für solche Vermerke treffen, die in dem beim Reichsjustizministerium geführten Strafregister enthalten sind.

§ 28. Ein Vermerk, der zu Unrecht aus dem Strafregister entfernt worden ist, darf nur mit Genehmigung des Leiters der Strafregisterbehörde in das Strafregister wiederaufgenommen werden.

Bis der Leiter entschieden hat, wird eine entsprechende Vormerkung in das Strafregister eingelegt.

§ 28a. Der Reichsminister der Justiz und die Landesjustizverwaltungen können anordnen, daß alle oder einzelne Strafregister ihres Dienstbereichs oder Teile von solchen in Kartothekform oder in einer anderen von der allgemeinen Einrichtung der Strafregister abweichenden Art zu führen sind.

§ 29. Das Strafregister ist verschlossen aufzubewahren.

§ 30. Läuft nach dem Inhalt des Strafregisters für einen Verurteilten eine Bewährungsfrist, so hat das Strafregister, wenn vor Eingang der Nachricht über die nach Ablauf der Probezeit getroffene Entscheidung eine Strafnachricht eingeht, hiervon die Behörde, welche die Bewilligung der Bewährungsfrist mitgeteilt hat, sofort zu benachrichtigen und zugleich die Behörde, welche die Strafnachricht eingesandt hat, in Kenntnis zu setzen, daß eine Bewährungsfrist läuft. Das gleiche gilt, wenn eine Nachricht über die Bewilligung einer andern Bewährungsfrist oder über den Vorbehalt der Entscheidung hierüber, eine Steckbriefnachricht, ein Ersuchen um Auskunftserteilung oder eine andere Mitteilung eingeht, die auf eine anhängige Untersuchung schließen läßt.

Wird die Bewährungsfrist widerrufen und läuft noch eine andere Bewährungsfrist, so hat das Strafregister die Behörde, welche die andere Bewährungsfrist mitgeteilt hat, von dem Widerrufe zu benachrichtigen.

Mitteilungen über eine vorläufige Entlassung sind im Sinne der Vorschriften der Abs. 1, 2 Mitteilungen über eine Bewährungsfrist gleichzuachten.

§ 31. Geht eine Mitteilung über Bewilligung einer Bewährungsfrist oder über den Vorbehalt der Entscheidung hierüber oder über die Bewilligung einer vorläufigen Entlassung ein, so sind der Behörde, welche die Mitteilung gemacht hat, die im Strafregister vermerkten Verurteilungen mitzuteilen, soweit nach den Umständen anzunehmen ist, daß ihr die Verurteilungen bei ihrer Entscheidung nicht bekannt gewesen sind.

IV. Auskunft aus dem Strafregister.

§ 32. Gerichten, Strafverfolgungsbehörden, höheren Verwaltungsbehörden und Polizeibehörden ist über den Inhalt des Strafregisters auf jedes Ersuchen, das eine bestimmte Person betrifft, kostenfrei Auskunft zu erteilen.

Welche Behörden als höhere Verwaltungsbehörden und als Polizeibehörden im Sinne dieser Vorschrift anzusehen sind, bestimmen die Landesregierungen, bei Reichsbehörden der Reichsminister der Justiz. Der Reichsminister der Justiz kann im Einvernehmen mit den beteiligten Landesregierungen bestimmen, daß auch anderen Behörden oder Stellen Auskunft aus dem Strafregister zu erteilen ist. Der Reichsminister der Justiz wird die Behörden und Stellen bekanntmachen, denen hiernach Auskunft aus den Strafregistern zu erteilen ist.

Bei der Auskunfterteilung sind Verurteilungen im Ausland nur zu berücksichtigen, wenn sie nach Art und Höhe der Strafe registerpflichtig wären.

§ 33. Das Ersuchen (§ 32) ist auf einem Vordruck F an das zuständige Strafregister zu richten.

Das Strafregister erteilt die Auskunft durch Ausfüllung des Vordrucks. Abweichungen in den Angaben über die Person sind auf Grund des Strafregisters mit roter Tinte zu berichtigen, fehlende Angaben zu ergänzen. Ersuchen, die nicht auf dem vorgeschriebenen Vordruck gestellt werden, können zurückgewiesen werden. Die Urschrift des Strafregisters darf nicht versandt werden. Wird ein dem Strafregister übersandter Vordruck F mit Maschinenschrift ausgefüllt, so kann die Einteilung des Vordrucks in Spalten unbeachtet bleiben, wenn hierdurch die Klarheit der Mitteilung nicht beeinträchtigt wird; die Angaben sind hierbei in der Reihenfolge der Spalten über die ganze Mitteilung hinweg einzutragen.

Anfragen, die zur Zuständigkeit eines anderen Strafregisters gehören, sind an dieses abzugeben. Ist das zuständige Strafregister nicht bekannt, so ist die Anfrage mit einer kurzen Bemerkung zurückzusenden.

Auf Verlangen ist die Auskunft telegraphisch zu erteilen. Sind Vorstrafen telegraphisch mitgeteilt, so ist eine schriftliche Auskunft nachzusenden.

In dringenden Fällen darf die Auskunft durch Fernsprecher erfordert und erteilt werden. Soll die Auskunft durch Fernsprecher erteilt werden, so soll sie dem Anrufenden nicht unmittelbar, sondern nur durch neuen Anruf, der von dem angerufenen Strafregister auszugehen hat, erteilt werden. Der Leiter der Strafregisterbehörde kann an Stelle dieser Sicherungsmaßregel andere Vorkehrungen treffen, die einen Mißbrauch der Einrichtung ausschließen. Enthält eine durch Fernsprecher erteilte Auskunft Angaben über Verurteilungen oder sonstige Registervermerke, so ist unter Bezugnahme auf das Ferngespräch eine schriftliche Auskunft nachzusenden.

Wird die Auskunft gemäß Abs. 4, 5 durch Telegramm oder durch Fernsprecher erteilt, so hat die ersuchende Stelle dem Strafregister die ihm entstehenden Telegramm- oder Fernsprechgebühren zu erstatten, soweit nicht die Landesjustizverwaltung für die in ihrem Bezirke geführten Strafregister oder der Reichsminister der Justiz für das im § 1 Abs. 2 bezeichnete Strafregister etwas anderes bestimmen; Gebühren für Orts- und Vorortsgespräche werden nicht erstattet.

§ 34. Vermerke nach § 9 Nr. 1, 2 und § 21a werden nur den Gerichten, den Behörden der Staatsanwaltschaft, den obersten Reichs- und Landesbehörden und den Polizeibehörden mitgeteilt. Andern Behörden oder Stellen, denen Auskunft aus dem Strafregister zu erteilen ist, können solche Vermerke mit Genehmigung des Leiters der Strafregisterbehörde mitgeteilt werden, wenn ein berechtigtes Interesse an der Erlangung der Auskunft dargelegt ist. Soweit hiernach Vermerke nach § 9 Nr. 1, 2 und § 21a nicht mitgeteilt werden dürfen, sind die Anfragen in gleicher Weise zu beantworten wie in den Fällen, in denen ein Vermerk nicht vorhanden ist.

Vermerke nach § 21a werden dadurch mitgeteilt, daß unter den Vermerken über Verurteilungen die Sätze angefügt werden: „Der Verurteilte ist kriminalbiologisch untersucht. Die kriminalbiologische Sammelstelle bei .... (Name der Strafanstalt) erteilt nähere Auskunft.“

§ 35. Ist eine Person wegen eines Vergehens, das mit keiner schwereren Strafe als mit Freiheitsstrafe bis zu sechs Monaten bedroht ist, oder wegen einer Übertretung wiederholt verurteilt, so brauchen von jeder Art dieser strafbaren Handlung nur die drei letzten Verurteilungen in die Auskunft aufgenommen zu werden, sofern nicht die ersuchende Behörde ausdrücklich einen vollständigen Auszug verlangt. Bei den übrigen gleichartigen Verurteilungen genügt die Angabe ihrer Zahl.

Ist auf Überweisung an die Landespolizeibehörde oder auf die Zulässigkeit von Polizeiaufsicht erkannt, so ist die Verurteilung stets vollständig in den Auszug aufzunehmen.

§ 35a. Ergibt sich aus dem Ersuchen um Auskunft, daß diese zu einer Übertretungssache verlangt wird, so genügt die Mitteilung der Verurteilungen wegen Übertretungen und die Mitteilung der Gesamtzahl der Verurteilungen wegen Verbrechen und Vergehen, sofern nicht die ersuchende Behörde ausdrücklich einen vollständigen Auszug verlangt.

§ 36. Privatpersonen wird Auskunft aus dem Strafregister nicht erteilt.

§ 37. Inwieweit ausländischen oder solchen Behörden oder Stellen, die von der Deutschen Regierung gemeinsam mit ausländischen Regierungen eingerichtet sind, kostenfrei oder gegen eine Gebühr Auskunft aus dem Strafregister zu erteilen ist, bestimmt, soweit nicht in Gesetzen oder Vereinbarungen des Reichs Bestimmung getroffen ist, der Reichsminister der Justiz.

Soweit Behörden oder Stellen der im Abs. 1 bezeichneten Art Auskunft aus dem Strafregister gegeben wird, sind in die Auskunft auch solche Verurteilungen aufzunehmen, die bereits der beschränkten Auskunft unterliegen. In der Auskunft ist hervorzuheben, daß die Verurteilung nach den deutschen Vorschriften der beschränkten Auskunft unterliegt; bei Vermerken, die vor dem 1. Juli 1920 im Strafregister gelöscht sind, ist die Tatsache der Löschung zu vermerken.

V. Ausländische Straftaten.

§ 38. Für die Anwendung der Vorschriften über die Erteilung von Auskunft aus dem Strafregister und die Tilgung von Strafvermerken sind bei Verurteilungen im Ausland die ausländischen Strafarten der deutschen Strafart gleichzustellen, der sie nach ihrer Stellung in dem fremden Strafensystem am meisten entsprechen.

Der Reichsminister der Justiz kann hierüber nähere Bestimmungen erlassen.

VI. Steckbriefnachrichten und Suchvermerke.

§ 39. Im Strafregister können Steckbriefnachrichten niedergelegt werden. Die §§ 14, 15 gelten entsprechend.

Erledigt sich der Steckbrief, so ist dies dem Strafregister mitzuteilen.

§ 40. Das Strafregister hat sofort nach Eingang einer Steckbriefnachricht zu prüfen, ob Vermerke über den Verfolgten vorhanden sind. Ergibt sich, daß ein anderes Strafregister zuständig ist, so hat es die Steckbriefnachricht an dieses abzugeben und der verfolgenden Behörde hiervon Mitteilung zu machen.

Ist nach dem Inhalt des Strafregisters anzunehmen, daß der Verfolgte sich in Haft befindet, oder ist sein Aufenthalt sonst bekannt, so hat das Strafregister die Steckbriefnachricht mit der entsprechenden Auskunft der verfolgenden Behörde zurückzusenden. Ist der Aufenthalt des Verfolgten nicht bekannt, liegt aber aus der letzten Zeit eine Strafnachricht oder ein Ersuchen einer anderen Behörde um Auskunft über den Verfolgten vor, so hat das Strafregister dies der verfolgenden Behörde unter Zurückbehaltung der Steckbriefnachricht mitzuteilen.

Ebenso ist zu verfahren, wenn später der Aufenthalt des Verfolgten bekannt wird oder von einer anderen Behörde eine Strafnachricht oder eine sonstige Mitteilung oder ein Ersuchen um Auskunftserteilung eingeht.

Liegen von verschiedenen Behörden Steckbriefnachrichten vor, welche dieselbe Person betreffen, so ist jeder Behörde von der Nachricht der anderen Behörden Mitteilung zu machen. Entsprechendes gilt, wenn Steckbriefnachrichten von derselben Behörde unter verschiedenen Aktenzeichen vorliegen.

§ 41. Solange der Aufenthalt des Verfolgten nicht bekannt ist, wird die Steckbriefnachricht im Strafregister aufbewahrt.

Sie wird vernichtet, wenn eine Mitteilung über die Erledigung des Steckbriefs eingeht. Bei der Mitteilung der Erledigung einer Steckbriefnachricht ist der Grund der Erledigung und, wenn möglich, der Aufenthaltsort oder Haftort des Gesuchten anzugeben.

Sind seit der Niederlegung der Steckbriefnachricht drei Jahre verflossen, so wird sie zurückgesandt.

§ 42. Behörden und Stellen, denen Auskunft aus dem Strafregister zu erteilen ist, dürfen Suchvermerke im Strafregister niederlegen.

Im Suchvermerk ist anzugeben, aus welchem Grunde der Betroffene gesucht wird.

Auf Suchvermerke finden die Vorschriften der §§ 39 bis 41 über Steckbriefnachrichten entsprechende Anwendung.

6 a.

Bestimmungen des Reichsministers der Justiz über die Behandlung ausländischer Strafarten bei den Deutschen Strafregistern.

Vom 12. Juni 1920 (RZentralbl. S. 928).

§ 1. Bei der Anwendung der Vorschriften des Gesetzes über beschränkte Auskunft aus dem Strafregister und die Tilgung von Strafvermerken vom 9. April 1920 (RGBl. S. 507) und der Bestimmungen der Strafregisterverordnung vom 12. Juni 1920 sind gleichzustellen:

1. die Strafe der Zwangsarbeit (travaux forcés), die von französischen, belgischen oder luxemburgischen Gerichten, ferner die Kettenstrafe (cadena) und schwere Gefängnisstrafe (prison mayor), die von spanischen Gerichten ausgesprochen ist, der deutschen Zuchthausstrafe;
2. die von italienischen oder norwegischen Gerichten ausgesprochene Strafe der Einschließung (detenzione und hefte) der deutschen Festungshaft;
3. die von deutsch-österreichischen oder tschechoslowakischen Gerichten ausgesprochene Kerkerstrafe, die von schweizerischen Gerichten ausgesprochene Strafe des Arbeitshauses oder des Korrektionshauses und die von italienischen Gerichten ausgesprochene Strafe der reclusione, soweit diese Strafen ein Jahr nicht übersteigen, der deutschen Gefängnisstrafe.

§ 2. In Zweifelsfällen hat der Registerführer die Entscheidung der Aufsichtsbehörde (§ 1 der Strafregisterverordnung) einzuholen. Die Landesjustizverwaltung kann die Entscheidung des Reichsministers der Justiz herbeiführen.

7.

Deutsches Auslieferungsgesetz *).

Vom 23. Dezember 1929 (RGBl. I S. 239).

Erster Abschnitt.

Auslieferung und Durchlieferung.

§ Ein Ausländer, der von der Behörde eines ausländischen Staates wegen einer strafbaren Handlung verfolgt wird oder verurteilt worden ist, kann der Regierung dieses Staates auf Ersuchen einer zuständigen Behörde zur Strafverfolgung oder Strafvollstreckung ausgeliefert werden.

§ 2. Die Auslieferung ist nur wegen einer Tat zulässig, die nach deutschem Rechte ein Verbrechen oder Vergehen ist.

Die Auslieferung ist nicht zulässig, wenn die Tat nach deutschem Rechte nur nach den Militärstrafgesetzen strafbar ist oder nur mit einer Vermögensstrafe geahndet wird, die nicht in eine Freiheitsstrafe umgewandelt werden kann.

§ 3. Die Auslieferung ist nicht zulässig, wenn die Tat, welche die Auslieferung veranlassen soll, eine politische ist oder mit einer politischen Tat derart im Zusammenhange steht, daß sie diese vorbereiten, sichern, decken oder abwehren sollte.

Politische Taten sind die strafbaren Angriffe, die sich unmittelbar gegen den Bestand oder die Sicherheit des Staates, gegen das Oberhaupt oder gegen ein Mitglied der Regierung des Staates als solches, gegen eine verfassungsmäßige Körperschaft, gegen die staatsbürgerlichen Rechte bei Wahlen oder Abstimmungen oder gegen die guten Beziehungen zum Ausland richten.

Die Auslieferung ist zulässig, wenn sich die Tat als ein vorsätzliches Verbrechen gegen das Leben darstellt, es sei denn, daß sie im offenen Kampfe begangen ist.

§ 4. Die Auslieferung ist nicht zulässig:

1. wenn die Gegenseitigkeit nicht verbürgt ist;
2. wenn die Strafverfolgung oder Strafvollstreckung wegen der Tat nach deutschem Rechte infolge Verjährung oder Gnadenerlasses oder aus anderen Gründen unzulässig sein würde;

---

*) Vgl. hierzu Mettgenberg, Verzeichnis der Verträge und Vereinbarungen über Auslieferung und Rechtshilfe in Strafsachen. Mannheim 1926.

3. wenn für die Tat die deutsche Gerichtsbarkeit begründet und gegen den Verfolgten von deutschen Behörden ein Urteil erlassen oder die Eröffnung des Hauptverfahrens abgelehnt ist.

§ 5. Die Auslieferung ist nur zulässig, wenn ein Haftbefehl oder das vollstreckbare Straferkenntnis einer zuständigen Behörde des ausländischen Staates wegen der Tat vorgelegt ist.

§ 6. Die Auslieferung ist nur zulässig, wenn Gewähr dafür besteht, daß der Ausgelieferte in dem Staate, an den er ausgeliefert worden ist, ohne deutsche Zustimmung weder wegen einer vor der Auslieferung begangenen Tat, für welche die Auslieferung nicht bewilligt ist, zur Untersuchung gezogen, bestraft oder an einen dritten Staat weitergeliefert noch aus einem anderen, vor der Auslieferung eingetretenen Rechtsgrund in seiner persönlichen Freiheit beschränkt wird, es sei denn, daß er das Gebiet der ausländischen Regierung innerhalb eines Monats nach dem Tage seiner Freilassung nicht verläßt oder daß er, nachdem er es verlassen hat, zurückkehrt oder von einer dritten Regierung von neuem ausgeliefert wird.

§ 7. Die Auslieferung darf nur bewilligt werden, wenn das Gericht sie für zulässig oder der Verfolgte sich zu Protokoll eines Richters mit ihr einverstanden erklärt hat.

§ 8. Der Staatsanwalt bei dem Oberlandesgerichte bereitet die Entscheidung über die Auslieferung vor und führt die bewilligte Auslieferung durch.

Für die gerichtliche Entscheidung über die Zulässigkeit der Auslieferung ist das Oberlandesgericht zuständig.

§ 9. Örtlich zuständig sind der Staatsanwalt und das Oberlandesgericht, in deren Bezirk der Verfolgte ergriffen oder, falls eine Ergreifung nicht erfolgt, ermittelt wird.

Werden mehrere Personen, die wegen Täterschaft, Teilnahme, Begünstigung oder Hehlerei bei derselben Tat ausgeliefert werden sollen, in den Bezirken verschiedener Oberlandesgerichte ergriffen oder ermittelt, so haben der Staatsanwalt oder das Oberlandesgericht die Sache zu bearbeiten, die zuerst mit ihr befaßt werden.

Ist der Aufenthalt des Verfolgten nicht bekannt, so bestimmt das Reichsgericht den Staatsanwalt und das Oberlandesgericht, welche die Sache zunächst zu bearbeiten haben. Wird der Verfolgte ergriffen oder ermittelt, so richtet sich die örtliche Zuständigkeit für das weitere Verfahren nach Abs. 1.

§ 10. Ein Ausländer kann zum Zwecke der Auslieferung an eine ausländische Regierung nach dem Eingang des Ersuchens um Auslieferung in Haft genommen werden, wenn die Gefahr besteht, daß er sich dem Auslieferungsverfahren oder der Durchführung der Auslieferung entziehen werde, oder wenn Tatsachen vorliegen, aus denen zu schließen ist, daß er in dem gegen ihn schwebenden Strafverfahren die Wahrheitsermittlung erschweren werde; diese Tatsachen sind aktenkundig zu machen (Auslieferungshaft). Dies gilt nicht, wenn die Auslieferung von vornherein unzulässig erscheint.

Die Auslieferungshaft kann unter den Voraussetzungen des Abs. 1 schon vor dem Eingang des Ersuchens um Auslieferung angeordnet werden, wenn eine zuständige Behörde des ausländischen Staates darum ersucht oder wenn ein Ausländer einer Tat, für welche die Auslieferung zulässig ist, dringend verdächtig erscheint (vorläufige Auslieferungshaft).

§ 11. Über die Anordnung, Aufrechterhaltung, Vollstreckung oder Aufhebung der Auslieferungshaft und der vorläufigen Auslieferungshaft entscheidet das Oberlandesgericht

§ 12. Die Auslieferungshaft und die vorläufige Auslieferungshaft werden durch schriftlichen Haftbefehl angeordnet.

In dem Haftbefehl ist der Verfolgte und der Grund der Verhaftung zu bezeichnen. Auch ist anzugeben, an welchen Staat und wegen welcher Tat der Verfolgte ausgeliefert werden soll.

§ 13. Der Haftbefehl ist dem Verfolgten, wenn möglich, bei der Verhaftung bekanntzumachen. Geschieht dies durch Verkündung, so ist der Verfolgte darauf hinzuweisen, daß ihm auf Verlangen eine Abschrift erteilt wird. Ist die Bekanntmachung bei der Verhaftung nicht erfolgt, so ist dem Verfolgten der Grund der Verhaftung vorläufig mitzuteilen. Die Bekanntmachung des Haftbefehls ist in diesem Falle unverzüglich nachzuholen.

Dem Verfolgten ist Gelegenheit zu geben, Angehörige, und, soweit er daran ein wesentliches Interesse hat, andere Personen von der Verhaftung zu benachrichtigen, sofern der Zweck der Haft dadurch nicht gefährdet wird.

§ 14. Der Verfolgte ist unverzüglich, spätestens am Tage nach der Ergreifung, dem nächsten Amtsrichter vorzuführen. Der Richter hat ihn unverzüglich, spätestens am nächsten Tage, zu vernehmen.

§ 15. Bei der Vernehmung sind die persönlichen Verhältnisse des Verfolgten, insbesondere seine Staatsangehörigkeit, zu ermitteln; es ist ihm Gelegenheit zu geben, sich zu der gegen ihn erhobenen Anschuldigung zu äußern.

Bei der Vernehmung ist der Verfolgte ferner zu befragen, ob er Einwendungen gegen den Haftbefehl erhebe, und gegebenenfalls aufzufordern, die Tatsachen geltend zu machen, die gegen den Haftbefehl oder seine Vollstreckung sprechen.

Ergibt sich bei der Vernehmung, daß der Haftbefehl aufgehoben oder der Ergriffene nicht der in dem Haftbefehle bezeichnete Verfolgte ist, so ist der Ergriffene unverzüglich freizulassen.

§ 16. Über die Einwendungen des Verfolgten gegen den Haftbefehl entscheidet das Oberlandesgericht.

Das Oberlandesgericht kann anordnen, daß die Vollstreckung des Haftbefehls unterbleibt, wenn der Verfolgte Sicherheit dafür geleistet hat, daß er sich dem Auslieferungsverfahren und der Durchführung der Auslieferung nicht entziehen werde.

Die §§ 118 bis 121 und § 122 Abs. 1, Abs. 2 Satz 1 und Abs. 3 der Strafprozeßordnung gelten entsprechend.

Die Entscheidungen sind dem Verfolgten bekanntzumachen.

§ 17. Der Haftbefehl ist aufzuheben, wenn der angegebene Grund der Verhaftung weggefallen ist oder wenn die Auslieferung für unzulässig erklärt wird.

Der Haftbefehl ist ferner aufzuheben, wenn der Staatsanwalt es beantragt. Gleichzeitig mit dem Antrag kann der Staatsanwalt die Freilassung des Verfolgten anordnen.

§ 18. Befindet sich der Verfolgte in vorläufiger Auslieferungshaft, so hat das Oberlandesgericht nach Eingang des Ersuchens um Auslieferung unverzüglich über die Fortdauer der Auslieferungshaft zu beschließen.

Der Staatsanwalt beantragt die Aufhebung des Haftbefehls, wenn der Verfolgte sich seit dem Tage der Verhaftung einen Monat in vorläufiger Auslieferungshaft befunden hat, ohne daß ein Beschluß des Oberlandesgerichts über die Fortdauer der Haft ergangen ist.

Das Oberlandesgericht kann auf Antrag des Staatsanwalts die Dauer der vorläufigen Auslieferungshaft um einen Monat verlängern, soweit ein außereuropäischer Staat um die Festnahme ersucht hat.

Die Entscheidungen sind dem Verfolgten bekanntzugeben.

§ 19. Ist die vorläufige Auslieferungshaft infolge Fristablaufs nach § 18 Abs. 2 und 3 aufgehoben worden, so darf sie nicht von neuem angeordnet werden.

§ 20. Befindet sich der Verfolgte in Auslieferungshaft, so hat das Oberlandesgericht vor Ablauf von je zwei Monaten seit dem Tage der Verhaftung oder seit dem Tage des letzten, die Fortdauer der Auslieferungshaft anordnenden Beschlusses von Amts wegen zu entscheiden, ob die Auslieferungshaft aufrechtzuerhalten ist.

§ 21. Liegen die Voraussetzungen der vorläufigen Auslieferungshaft oder der Auslieferungshaft vor, so kann der Staatsanwalt und jeder Beamte des Polizei- und Sicherheitsdienstes einen Ausländer festnehmen oder festnehmen lassen; unter den Voraussetzungen des § 127 Abs. 1 der Strafprozeßordnung ist jedermann zur Festnahme berechtigt.

Die §§ 14 und 15 Abs. 1 und 2 gelten entsprechend. Ergibt sich bei der Vernehmung, daß das Festnahmeersuchen zurückgenommen oder daß der Festgenommene nicht die in dem Ersuchen bezeichnete Person ist, so ist er unverzüglich freizulassen.

Über die Anordnung der vorläufigen Auslieferungshaft oder der Auslieferungshaft entscheidet das Oberlandesgericht.

§ 22. Für die vorläufige Auslieferungshaft und die Auslieferungshaft sowie für die Haft nach § 21 gelten die Vorschriften der Strafprozeßordnung über den Vollzug der Untersuchungshaft entsprechend.

Der Staatsanwalt bei dem Oberlandesgericht bestimmt die Anstalt, in welcher der Verfolgte zu verwahren ist.

Die erforderlichen richterlichen Verfügungen trifft der Vorsitzende des Gerichts.

§ 23. Ist die vorläufige Auslieferungshaft oder die Auslieferungshaft angeordnet, der Aufenthalt des Verfolgten aber nicht bekannt, so kann der Staatsanwalt bei dem Oberlandesgericht einen Steckbrief erlassen.

Der Steckbrief soll, soweit dies möglich ist, eine Beschreibung des Verfolgten enthalten und den Grund der Verhaftung angeben.

Wird der Verfolgte auf Grund des Steckbriefs ergriffen, so richtet sich das weitere Verfahren nach den §§ 13 bis 15.

§ 24. Nach dem Eingang des Ersuchens um Auslieferung beantragt der Staatsanwalt bei dem nach § 162 der Strafprozeßordnung zuständigen Amtsrichter die Vernehmung des Verfolgten. Bei der Vernehmung ist dem Verfolgten Gelegenheit zu geben, sich zu dem Ersuchen zu äußern. Er ist auch zu befragen, ob er sich mit der Auslieferung einverstanden erklärt.

§ 25. Hat sich der Verfolgte nicht zu Protokoll eines Richters mit der Auslieferung einverstanden erklärt, so beantragt der

Staatsanwalt die Entscheidung des Oberlandesgerichts darüber, ob die Auslieferung zulässig ist.

Der Staatsanwalt kann die Entscheidung des Oberlandesgerichts auch dann beantragen, wenn sich der Verfolgte mit der Auslieferung einverstanden erklärt hat.

§ 26. Das Oberlandesgericht kann vor der Entscheidung den Verfolgten vernehmen und Beweise über die Zulässigkeit der Auslieferung erheben; es kann die Vernehmung und die Beweiserhebung durch einen beauftragten oder ersuchten Richter veranlassen. Es kann auch eine mündliche Verhandlung anordnen.

Von Ort und Zeit der Beweiserhebung oder der mündlichen Verhandlung sind der Staatsanwalt, der Verfolgte und sein Rechtsbeistand zu benachrichtigen. Ist der Verfolgte nicht auf freiem Fuße, so ist er zu der Beweiserhebung oder der mündlichen Verhandlung vorzuführen, es sei denn, daß er auf die Anwesenheit verzichtet oder daß der Vorführung weite Entfernung oder Krankheit des Verfolgten oder andere nicht zu beseitigende Hindernisse entgegenstehen.

Bei der mündlichen Verhandlung muß der Staatsanwalt anwesend sein. Wird der Verfolgte zur mündlichen Verhandlung nicht vorgeführt, so muß ein Rechtsbeistand seine Rechte wahrnehmen. Den Beteiligten ist in der Verhandlung Gelegenheit zu geben, sich zur Sache zu äußern. Der § 245 Abs. 1 der Strafprozeßordnung gilt entsprechend; im übrigen bestimmt das Gericht Art und Umfang der Beweisaufnahme, ohne durch Anträge, Verzichte oder frühere Beschlüsse gebunden zu sein. Über die Verhandlung ist ein Protokoll aufzunehmen.

§ 27. Hält das Oberlandesgericht eine Entscheidung des Reichsgerichts für geboten, um eine Rechtsfrage von grundsätzlicher Bedeutung zu klären, oder will es von einer nach dem Inkrafttreten dieses Gesetzes ergangenen Entscheidung des Reichsgerichts über eine Rechtsfrage in Auslieferungssachen abweichen, so begründet es seine Auffassung und holt die Entscheidung des Reichsgerichts über die Rechtsfrage ein.

Die Entscheidung des Reichsgerichts wird auch eingeholt, wenn der Oberreichsanwalt oder der Staatsanwalt sie zur Klärung einer Rechtsfrage beantragen.

Die Entscheidung des Reichsgerichts ist in der Sache für das Oberlandesgericht bindend. Sie ergeht ohne mündliche Verhandlung.

§ 28. Der Beschluß über die Zulässigkeit der Auslieferung ist zu begründen. Er ist nicht anfechtbar. Er wird dem Staatsanwalt und dem Verfolgten bekanntgemacht.

§ 29. Treten, nachdem das Gericht die Auslieferung für zulässig erklärt hat, Umstände ein, die es zweifelhaft erscheinen lassen, ob die Voraussetzungen der Zulässigkeit noch bestehen, so hat das Gericht auf Antrag des Staatsanwalts oder des Verfolgten über die Zulässigkeit der Auslieferung aufs neue zu beschließen.

Das Gericht kann einen Aufschub der Durchführung der Auslieferung anordnen.

Für das Verfahren gelten die §§ 26 bis 28.

§ 30. Ist der Verfolgte auf freiem Fuße, so kann der Staatsanwalt gegen ihn zum Zwecke der Durchführung der Auslieferung einen Vorführungs- oder Haftbefehl erlassen. Entzieht sich der Verfolgte der Durchführung der Auslieferung, so kann der Staatsanwalt auch einen Steckbrief erlassen.

§ 31. Ist die Auslieferung durchgeführt und ersucht die ausländische Regierung um die Zustimmung zur Strafverfolgung, Strafvollstreckung oder Weiterlieferung wegen einer Tat, für welche die Auslieferung nicht bewilligt ist, so darf die Zustimmung nur erteilt werden, wenn die Auslieferung des Verfolgten wegen der Tat zulässig sein würde und der Ausgelieferte sich zu Protokoll eines Richters des ausländischen Staates mit der beabsichtigten Maßnahme einverstanden erklärt oder das Gericht entschieden hat, daß die Auslieferung zulässig sein würde.

Der Antrag auf gerichtliche Entscheidung wird von dem Staatsanwalte gestellt, der mit der Auslieferung befaßt gewesen ist. Die gerichtliche Entscheidung kann auch dann herbeigeführt werden, wenn das Einverständnis des Ausgelieferten mit der beabsichtigten Maßnahme vorliegt.

Für das Verfahren gelten die §§ 26 bis 29 entsprechend mit der Maßgabe, daß die Vernehmung oder Vorführung des Ausgelieferten nur mit Zustimmung des Staatsanwalts angeordnet werden kann.

§ 32. Der Verfolgte kann sich in jeder Lage des Verfahrens des Beistandes eines Rechtsanwalts oder eines Rechtslehrers an einer deutschen Hochschule bedienen. Die Wahl des Rechtsbeistandes ist dem Staatsanwalte bei dem Oberlandesgericht anzuzeigen.

Hat das Oberlandesgericht nach § 26 Abs. 1 eine mündliche Verhandlung angeordnet, so hat der Vorsitzende des Gerichts gleichzeitig dem Verfolgten, der noch keinen Rechtsbeistand gewählt hat, für die Verhandlung einen Rechtsanwalt als Rechtsbeistand beizuordnen.

Der Rechtsbeistand kann die dem Gerichte vorliegenden Akten über das Auslieferungsverfahren einsehen. Ihm ist schriftlicher und mündlicher Verkehr mit dem verhafteten Verfolgten gestattet. Der Vorsitzende des Gerichts kann bis zur Anordnung einer mündlichen Verhandlung schriftliche Mitteilungen zurückweisen, wenn deren Einsicht ihm nicht gewährt wird. Er kann bis zur Anordnung einer mündlichen Verhandlung anordnen, daß Unterredungen mit dem Rechtsbeistand in seiner Gegenwart oder in Gegenwart eines beauftragten oder ersuchten Richters stattfinden.

Der beigeordnete Rechtsanwalt ist verpflichtet, die Beistandsleistung zu übernehmen.

§ 33. Ein Ausländer, der von der Behörde eines ausländischen Staates wegen einer strafbaren Handlung verfolgt wird oder verurteilt worden ist, kann auf Ersuchen einer zuständigen Behörde dieses Staates durch das Gebiet des Deutschen Reichs durchgeliefert werden, wenn die Auslieferung des Verfolgten zulässig sein würde (§§ 1 bis 6).

Für das Verfahren gelten die §§ 8, 32 Abs. 1 und 3 entsprechend mit folgender Maßgabe:

1. Einer gerichtlichen Entscheidung über die Zulässigkeit der Auslieferung bedarf es nicht. Auf Antrag des Staatsanwalts hat das Oberlandesgericht über die Zulässigkeit der Auslieferung zu beschließen. Die §§ 26 bis 31 gelten entsprechend: die Vernehmung oder Vorführung des Verfolgten kann nur mit Zustimmung des Staatsanwalts angeordnet werden.
2. Die Reichsregierung regelt mit Zustimmung des Reichsrats die örtliche Zuständigkeit des Staatsanwalts und des Oberlandesgerichts.

Die Durchlieferung darf nicht bewilligt werden, wenn das Gericht erklärt hat, daß die Auslieferung unzulässig sein würde.

Zweiter Abschnitt.

Herausgabe von Gegenständen.

§ 34. Auf Ersuchen einer zuständigen Behörde eines ausländischen Staates können der Regierung dieses Staates herausgegeben werden:

1. Gegenstände, die als Beweismittel für ein ausländisches Strafverfahren von Bedeutung sein können,
2. Gegenstände, die in einem ausländischen Strafverfahren der Einziehung oder Verfallerklärung unterliegen,
3. Gegenstände im Besitze des Verfolgten, die er oder ein Teilnehmer im Ausland durch die strafbare Handlung, wegen deren er verfolgt wird, oder als Entgelt für solche Gegenstände erlangt hat,
4. Gegenstände, die bei einer Durchlieferung mit dem Verfolgten übernommen werden.

Die Herausgabe ist nur zulässig, wenn die Gegenseitigkeit verbürgt ist und in dem Strafverfahren, für das die Herausgabe geschehen soll, eine Auslieferung nach den §§ 2, 3 und 4 Nr. 2 und 3 zulässig sein würde.

§ 35. Die Herausgabe ist nur zulässig, wenn die ausländische Regierung verpflichtet ist, die Rechte dritter Personen unberührt zu lassen und im Falle eines bei der Übergabe gemachten Vorbehalts die herausgegebenen Gegenstände auf Verlangen unverzüglich zurückzugeben.

Soll die Herausgabe ohne Zusammenhang mit der Auslieferung oder Durchlieferung eines Verfolgten geschehen, so ist sie nur zulässig, wenn ein Beschlagnahmebeschluß vorliegt, der von einer zuständigen Behörde des ausländischen Staates erlassen ist.

§ 36. Bei der Herausgabe ist Beteiligter, wer an dem Gegenstand ein Recht geltend macht.

§ 37. Der Staatsanwalt bei dem Oberlandesgerichte bereitet die Entscheidung über die Herausgabe vor und führt die bewilligte Herausgabe durch.

Das Oberlandesgericht entscheidet über die Zulässigkeit der Herausgabe, wenn der Staatsanwalt oder ein Beteiligter es beantragt.

Erklärt das Gericht die Herausgabe für zulässig, so kann das Gericht dem Beteiligten, der die gerichtliche Entscheidung beantragt hat, die der Staatskasse erwachsenen Kosten auferlegen.

§ 38. Örtlich zuständig sind, wenn die Herausgabe im Zusammenhange mit der Auslieferung oder Durchlieferung eines Verfolgten geschehen soll, der Staatsanwalt und das Oberlandesgericht, die in dem Verfahren über die Auslieferung oder Durchlieferung zuständig sind, wenn die Herausgabe ohne Zusammenhang mit einer Auslieferung oder Durchlieferung geschehen soll, der Staatsanwalt und das Gericht, in deren Bezirk sich die begehrten Gegenstände befinden. Wird die Herausgabe mehrerer Gegenstände begehrt, die sich in verschiedenen Bezirken befinden, so haben der Staatsanwalt und das Gericht die Sache zu bearbeiten, die zuerst mit der Sache befaßt werden.

Die §§ 26 bis 29 und 32 Abs. 1 und 3 Satz 1 gelten entsprechend; an die Stelle des Verfolgten treten die Beteiligten.

§ 39. Gegenstände, deren Herausgabe an eine ausländische Regierung zulässig ist, können nach Eingang des Ersuchens um Herausgabe sichergestellt oder beschlagnahmt werden.

Die Entscheidungen nach § 159 des Gerichtsverfassungsgesetzes erfolgen auf Antrag des Staatsanwalts bei dem Oberlandesgerichte.

§ 40. Die Herausgabe darf nicht bewilligt werden, wenn das Gericht sie für unzulässig erklärt hat.

Dritter Abschnitt.

Sonstige Rechtshilfe in Strafsachen.

§ 41. Rechtshilfe in Strafsachen ist auch in anderer Weise als durch Auslieferung, Durchlieferung oder Herausgabe von Gegenständen zulässig, wenn eine zuständige Behörde eines ausländischen Staates darum ersucht und die Gegenseitigkeit verbürgt ist.

Auf Antrag des Staatsanwalts entscheidet das Oberlandesgericht darüber, ob diese Voraussetzungen vorliegen. Die Vorschriften der § 26 Abs. 1 Satz 1, §§ 27 bis 29 gelten entsprechend. Die Rechtshilfe darf nicht gewährt werden, wenn das Gericht sie für unzulässig erklärt hat.

Rechtshilfe kann insbesondere dadurch gewährt werden, daß

1. behördliche Auskunft, namentlich Auskunft aus dem Strafregister, erteilt wird,
2. die ein Strafverfahren betreffenden Schriftstücke zugestellt und Ladungen bewirkt werden,
3. Untersuchungshandlungen vorgenommen werden, namentlich die Vernehmung von Beschuldigten, Zeugen und Sachverständigen, die Beschlagnahme und Durchsuchung und die Einnahme des richterlichen Augenscheins,
4. verhaftete Personen ausländischen Behörden zugeführt werden, damit sie als Zeugen vernommen oder anderen Personen gegenübergestellt werden.

§ 42. Die zur Leistung der Rechtshilfe berufene Behörde hat dem Ersuchen zu entsprechen, wenn die Voraussetzungen vorliegen, unter denen von ihr eine deutsche Behörde Rechtshilfe beanspruchen könnte. Die Entscheidungen nach § 159 des Gerichtsverfassungsgesetzes erfolgen auf Antrag des Staatsanwalts bei dem Oberlandesgerichte.

§ 43. Die Ladung von Zeugen oder Sachverständigen zum Erscheinen vor ausländischen Behörden ist nur zulässig, wenn diese verpflichtet sind, die geladenen Personen ohne Rücksicht auf ihre Staatsangehörigkeit weder wegen Täterschaft, Teilnahme, Hehlerei oder Begünstigung bei der den Gegenstand der Untersuchung bildenden oder einer anderen vor der Ausreise aus dem Gebiete des Deutschen Reichs begangenen Straftat zu verfolgen oder zu bestrafen noch aus einem sonstigen vorher eingetretenen Rechtsgrund in ihrer persönlichen Freiheit zu beschränken, es sei denn, daß diese innerhalb einer Woche nach dem Tage, an dem sie entlassen werden und die Ausreise möglich ist, das Gebiet der ausländischen Regierung nicht verlassen.

Die Zuführung einer verhafteten Person ist nur unter entsprechenden Bedingungen zulässig.

Vierter Abschnitt.

Schlußbestimmungen.

§ 44. Zur Entscheidung über die Ersuchen der ausländischen Regierungen ist die Reichsregierung zuständig.

Die Reichsregierung kann die Ausübung ihrer Befugnisse den Landesregierungen übertragen. Diese haben das Recht der weiteren Übertragung.

§ 45. Kosten der Rechtshilfe in Strafsachen, die bei deutschen Behörden entstehen, können deutscherseits übernommen werden, wenn die Gegenseitigkeit verbürgt ist.

§ 46. Vereinbarungen mit ausländischen Regierungen über die Rechtshilfe in Strafsachen bedürfen nicht der Zustimmung des Reichstags, wenn sie den Vorschriften dieses Gesetzes entsprechen.

Die Vereinbarungen sind im Reichsgesetzblatt zu veröffentlichen und dem Reichstag bei seinem nächsten Zusammentritt zur Kenntnis zu bringen.

§ 47. Für das Verfahren nach diesem Gesetze gelten, soweit es nicht anderes bestimmt, die Vorschriften des Gerichtsverfassungsgesetzes und der Strafprozeßordnung.

§ 48. Die in diesem Gesetze dem Reichsgericht oder den Oberlandesgerichten zugewiesenen Geschäfte erledigt der Strafsenat, die dem Vorsitzenden des Gerichts zugewiesenen Geschäfte der Vorsitzende des Strafsenats.

§ 49. Durch die Gesetzgebung eines Landes, in dem mehrere Oberlandesgerichte errichtet sind, können die nach diesem Gesetze den Oberlandesgerichten und den bei diesen bestehenden Staatsanwaltschaften zugewiesenen Aufgaben ausschließlich einem der Oberlandesgerichte und der bei diesem bestehenden Staatsanwaltschaft oder an deren Stelle dem Obersten Landesgericht und der bei diesem bestehenden Staatsanwaltschaft übertragen werden.

§ 50. Die Strafprozeßordnung in der Fassung vom 22. März 1924 (Reichsgesetzbl. I S. 322) wird wie folgt geändert:

1. Hinter § 154 wird folgender § 154a eingestellt:

§ 154a.

Von der Erhebung der öffentlichen Klage kann abgesehen werden, wenn der Beschuldigte wegen der Tat einer ausländischen Regierung ausgeliefert wird.

Das gleiche gilt, wenn er wegen anderer Taten einer ausländischen Regierung ausgeliefert wird und die Strafe, zu der die inländische Verfolgung führen kann, neben der Strafe, zu der er im Ausland rechtskräftig verurteilt worden ist oder die er im Ausland zu erwarten hat, nicht ins Gewicht fällt.

Ist in den Fällen des Abs. 1 und 2 die öffentliche Klage bereits erhoben, so stellt das Gericht auf Antrag der Staatsanwaltschaft das Verfahren vorläufig ein. § 154 Abs. 3 bis 5 gilt mit der Maßgabe entsprechend, daß die Frist im Abs. 4 ein Jahr beträgt.

2. Hinter § 456 wird folgender § 456a eingestellt:

§ 456a.

Von der Vollstreckung der Freiheitsstrafe kann abgesehen werden, wenn der Verurteilte wegen einer anderen Tat einer ausländischen Regierung ausgeliefert wird.

§ 51. Die Gebührenordnung für Rechtsanwälte in der Fassung der Bekanntmachung vom 20. Mai 1898 (Reichsgesetzbl. S. 369, 692) wird wie folgt geändert:

Hinter § 75 wird folgender Abschnitt 4a eingestellt:

4a. Abschnitt.

Gebühren für Beistandsleistung im zwischenstaatlichen Rechtshilfeverkehr.

§ 75a.

Der Rechtsanwalt erhält für die Beistandsleistung nach §§ 32, 33 oder 38 Abs. 2 des Deutschen Auslieferungsgesetzes 40 Mark.

Für die Beistandsleistung bei einer mündlichen Verhandlung erhält er 80 Mark. Erstreckt sich die Verhandlung auf mehrere Tage, so erhöht sich die Gebühr für jeden weiteren Tag um fünf Zehnteile.

§ 75b.

Die im § 75a festgesetzten Gebühren umfassen die Anfertigung der Anträge, Gesuche und Erklärungen an alle beteiligten Behörden.

§ 75c.

Ist ein Rechtsanwalt gemeinschaftlicher Rechtsbeistand für mehrere Verfolgte, so erhöhen sich die Gebühren um fünf Zehnteile.

§ 52. Die Bestimmungen des Gesetzes über vorübergehende Rechtspflegemaßnahmen im Hinblick auf das Saargebiet vom 10. März 1922 (Reichsgesetzbl. I S. 241) bleiben unberührt.

§ 53. Der Reichsminister der Justiz kann bestimmen, daß die Zulässigkeit der Rechtshilfe im Verhältnis zu einzelnen ausländischen Regierungen von weiteren Voraussetzungen abhängig ist. Er kann auch für die Tätigkeit der Gerichtsbehörden Gebühren bestimmen.

§ 54. Hat eine ausländische Regierung bei der Bewilligung von Rechtshilfe in Strafsachen die Verwertung der Rechtshilfe an eine Bedingung geknüpft, so ist die Bedingung im inländischen Verfahren zu beachten.

§ 55. Dieses Gesetz tritt am 1. April 1930 in Kraft.

Anhang II.

Preußische Gesetze und Verordnungen.

1.

Preußisches Ausführungsgesetz zum Gerichtsverfassungsgesetz

in der Fassung der preußischen Gesetze vom 29. 5. 79, 16. 5. 87, 31. 5. 97, des Pr. FGG. v. 21. 9. 99, der Gesetze v. 24. 2. 13, 6. 5. 20, 23. 6. 20, 17. 12. 20, 14. 2. 23, 29. 9. 23, 5. 11. 25, 23. 3. 26 und der ReichsVO. v. 6. 2. 24.

Auszug.

Erster Titel.

Richteramt.

§ 1. Die Prüfungen, durch deren Ablegung die Fähigkeit zum Richteramt erlangt wird, und der Vorbereitungsdienst der Referendare erfolgen nach den Vorschriften des Gesetzes vom 6. Mai 1869*). An die Stelle der Appellationsgerichte treten die Oberlandesgerichte.

§ 2. Referendare, welche im Vorbereitungsdienste seit mindestens einem Jahr und drei Monaten beschäftigt sind, können im Falle des Bedürfnisses durch die Justizverwaltung mit der zeitweiligen Wahrnehmung richterlicher Geschäfte bei den Amtsgerichten beauftragt werden.

Denselben kann nach näherer Anordnung der Justizverwaltung durch den Amtsrichter, welchem sie zur Ausbildung überwiesen sind, die Erledigung einzelner richterlicher Geschäfte übertragen werden.

Zur Urteilsfällung, zur Beurkundung einer Verfügung von Todes wegen, zur Beurkundung eines Ehevertrags, zur Entscheidung über Durchsuchungen, Beschlagnahmen und Verhaftungen, sowie zu den Geschäften des Amtsrichters bei Bildung der Schöffengerichte und Schwurgerichte sind Referendare nicht befähigt.

§ 3. Die Gerichtsassessoren werden nach ihrer Ernennung einem Amtsgericht oder Landgericht oder mit ihrer Zustimmung

*) In Ausführung dieses im wesentlichen jetzt gegenstandslosen Gesetzes ergingen die Prüfungs- und Ausbildungsordnungen des Justizministers.

einer Staatsanwaltschaft zur unentgeltlichen Beschäftigung überwiesen. Die Bezeichnung des Gerichts oder der Staatsanwaltschaft erfolgt durch den Justizminister.

Die Versetzung der Gerichtsassessoren von dem Orte, an welchem sie einem Gericht oder einer Staatsanwaltschaft zur unentgeltlichen Beschäftigung überwiesen sind, ist, vorbehaltlich der Vorschriften in § 4, nur mit ihrer Zustimmung zulässig.

§ 4. Die Gerichtsassessoren sind verpflichtet, auf Anordnung des Justizministers die Verwaltung einer Amtsrichterstelle, die Stellung eines Hilfsrichters oder eines Hilfsarbeiters bei der Staatsanwaltschaft zu übernehmen. In diesen Fällen ist ihnen eine Entschädigung nach allgemein festzustellenden Grundsätzen sowie Ersatz der Reisekosten nach Maßgabe der Verordnung vom 15. April 1876 (Gesetz-Samml. S. 107) zu gewähren.

Nach Beendigung des ihnen erteilten Auftrags treten sie bei demjenigen Gerichte oder derjenigen Staatsanwaltschaft wieder ein, wohin sie vor dem erhaltenen Auftrage überwiesen waren.

§ 5. Bei den Landgerichten und bei den Strafkammern an den Sitzen der Amtsgerichte sind die Gerichtsassessoren zur Wahrnehmung richterlicher Geschäfte nur befugt, wenn sie als Hilfsrichter bestellt sind.

§ 6. Die Befugnis der Gerichtsassessoren, sich als Rechtsanwälte niederzulassen oder bei Rechtsanwälten zu beschäftigen, wird, soweit die Anwaltsordnung Bestimmungen nicht trifft, gesetzlich geregelt.

§ 6a. Mit der zeitweiligen Wahrnehmung richterlicher Geschäfte können außer den Referendaren (§ 2), den Gerichtsassessoren (§§ 3ff.) und den planmäßigen Richtern auch andere Personen beauftragt werden, die die Befähigung zum Richteramt erworben haben.

In Strafsachen dürfen solche Hilfsrichter nur insoweit verwendet werden, als es sich um Richter im Ruhestande handelt.

§ 7. Die Richter, einschließlich der Handelsrichter, werden vom Könige [jetzt: Staatsministerium] ernannt.

Zweiter Titel.

Gerichtsbarkeit.

§ 20. In den durch Landesgesetz den ordentlichen Gerichten übertragenen Angelegenheiten erfolgt die Bestimmung des örtlich zuständigen Gerichts, soweit nicht die Vorschriften der deutschen Prozeßordnungen Anwendung finden, durch das gemeinschaftliche obere Gericht, wenn Streit oder Ungewißheit darüber besteht, welches von mehreren Gerichten örtlich zuständig ist oder wenn ein gemeinschaftlicher Gerichtsstand zu bestellen ist. In Ermangelung eines gemeinschaftlichen oberen Gerichts erfolgt die Bestimmung durch den Justizminister.

Ist das zuständige Gericht in einem einzelnen Falle an der Ausübung des Richteramts rechtlich oder tatsächlich verhindert, so erfolgt die Bestimmung des örtlich zuständigen Gerichts durch das zunächst höhere Gericht, in Ermangelung eines solchen durch den Justizminister.

Eine Anfechtung der Entscheidung findet nicht statt.

Im Sinne der Vorschriften der Abs. 1, 2 gilt als das dem Landgericht im Instanzenzuge vorgeordnete Gericht das Oberlandesgericht, zu dessen Bezirke das Landgericht gehört.

Dritter Titel.

Amtsgerichte.

§ 21. Die Sitze und Bezirke der Amtsgerichte werden durch Königliche Verordnung [VO. des Staatsministeriums] bestimmt.

Dieselben können nach dem 1. Oktober 1882 nur durch Gesetz verändert werden.

Veränderungen solcher Gemeinde- oder Gutsbezirksgrenzen, welche zugleich die Grenzen von Amtsgerichtsbezirken bilden, ziehen von selbst die Veränderung der letzteren Grenzen nach sich.

§ 22. Die Abhaltung von Gerichtstagen außerhalb des Gerichtssitzes kann durch den Justizminister angeordnet werden.

§ 23. Bei den mit mehreren Richtern besetzten Amtsgerichten werden die Geschäfte nach örtlich abgegrenzten Bezirken oder, wenn das Interesse der Rechtspflege dies erfordert, nach Gattungen oder nach Gattungen und Bezirken verteilt. Die Verteilung erfolgt durch das Präsidium des Landgerichts im voraus auf die Dauer eines Geschäftsjahres nach den von dem Justizminister festgestellten Grundsätzen.

Die Gültigkeit der Handlung eines Amtsrichters wird dadurch nicht berührt, daß die Handlung nach der Geschäftsverteilung von einem der anderen Amtsrichter vorzunehmen gewesen wäre.

§ 24. Mehrere Richter desselben Amtsgerichts vertreten sich wechselseitig in der durch das Präsidium des Landgerichts im voraus bestimmten Reihenfolge.

Die Vertretung der Amtsrichter durch Richter benachbarter Amtsgerichte kann von der Justizverwaltung im voraus angeordnet werden. Eine solche Anordnung muß erfolgen bei Amtsgerichten, welche nur mit einem Richter besetzt sind. Diese Vertretung erstreckt sich nicht auf den Fall der rechtlichen Verhinderung eines Richters in Angelegenheiten, auf welche der § 36 der Deutschen Zivilprozeßordnung oder der § 15 der Deutschen Strafprozeßordnung Anwendung findet.

Angelegenheiten, auf welche die bezeichneten Vorschriften der Deutschen Prozeßordnungen keine Anwendung finden, können, wenn die Vertretung nicht durch Richter desselben Amtsgerichts erfolgen kann, von dem Landgericht einem anderen Amtsgerichte zugewiesen werden.

Vierter Titel.

Schöffengerichte.

§ 33*). Zu dem Amte eines Schöffen sollen außer den im § 34 des Deutschen Gerichtsverfassungsgesetzes bezeichneten Beamten nicht berufen werden:

1. die vortragenden Räte der Ministerien, einschließlich des Generalinspektors des Katasters;
2. die Provinzialsteuerdirektoren;
3. der Dirigent der Direktion für die Verwaltung der direkten Steuern in Berlin;
4. die Mitglieder des Oberverwaltungsgerichts, sowie die ständigen Mitglieder der Bezirksverwaltungsgerichte und des Verwaltungsgerichts für die Stadt Berlin.

§ 34. Der als Beisitzer des Ausschusses für die Auswahl der Schöffen eintretende Staatsverwaltungsbeamte wird von dem Regierungspräsidenten bestellt. Zugleich ist ein Stellvertreter zu bestellen.

§ 35. Die Vertrauensmänner des Ausschusses werden durch die Kreisvertretungen, in den Hohenzollernschen Landen durch die Amtsvertretungen, in der Provinz Hannover durch die Amtsvertretungen und durch die zu einem Kollegium vereinigten Magistrate und Bürgervorsteher der einem Amtsverbande nicht angehörigen Städte gewählt.

Erstreckt sich der Bezirk des Amtsgerichts über mehrere wahlberechtigte Verbände, so ist die von jedem einzelnen Verbande zu wählende Anzahl der Vertrauensmänner unter Berücksichtigung der Einwohnerzahl durch den Amtsrichter zu bestimmen.

Die Vorschriften der §§ 32—35 des Deutschen Gerichtsverfassungsgesetzes über die Berufung zum Schöffen- und Geschworenenamte finden auf die zu wählenden Vertrauensmänner entsprechende Anwendung. Die Wahl erfolgt, sofern mindestens zwei Personen zu wählen sind, nach den Grundsätzen der Verhältniswahl, andernfalls nach der absoluten Mehrheit der Stimmen.

Fünfter Titel.

Landgerichte.

§ 37. Die Sitze und Bezirke der Landgerichte werden durch Gesetz bestimmt.

---

*) Zu § 33 Nr. 1—4 und § 35 sind zum Teil die Amtsbezeichnungen jetzt andere, zum Teil die betr. Behörden fortgefallen.

Werden bei der ersten Bildung oder bei einer späteren Veränderung der Amtsgerichtsbezirke die Grenzen der Landgerichtsbezirke überschritten, so zieht eine solche Überschreitung von selbst die Veränderung der beteiligten Landgerichtsbezirke nach sich.

§ 38. Die Amtsrichter sind verpflichtet, bei dem Landgerichte, in dessen Bezirk sie angestellt sind, die Vertretung eines Richters für einzelne Sitzungen oder Geschäfte zu übernehmen.

Die Einberufung der Vertreter erfolgt durch den Präsidenten des Landgerichts nach einer jährlich vor Beginn des Geschäftsjahres durch das Präsidium des Landgerichts festzusetzenden Reihenfolge.

Für Einberufungen, welche während der Gerichtsferien erfolgen, ist die für das Geschäftsjahr festgestellte Reihenfolge nicht maßgebend.

Die Einberufung ist nur dann statthaft, wenn die Vertretung des verhinderten Mitglieds durch ein Mitglied des Landgerichts nicht möglich ist.

Achter Titel.

Oberlandesgerichte.

§ 47. Die Sitze und Bezirke der Oberlandesgerichte werden durch Gesetz bestimmt.

§ 48. Die Amtsrichter und die Landrichter sind verpflichtet, bei dem Oberlandesgerichte, in dessen Bezirk sie angestellt sind, die Vertretung eines Richters für einzelne Sitzungen oder Geschäfte zu übernehmen.

Die Einberufung der Vertreter erfolgt durch den Präsidenten des Oberlandesgerichts nach einer jährlich vor Beginn des Geschäftsjahres durch das Präsidium des Oberlandesgerichts festzusetzenden Reihenfolge.

Für Einberufungen, welche während der Gerichtsferien erfolgen, ist die für das Geschäftsjahr festgestellte Reihenfolge nicht maßgebend.

Die Einberufung ist nur dann statthaft, wenn die Vertretung des verhinderten Mitgliedes durch ein Mitglied des Oberlandesgerichts nicht möglich ist.

§ 50. In Strafsachen ist das Kammergericht ausschließlich zuständig für die Verhandlung und Entscheidung über das Rechtsmittel der Revision:

1. wenn in erster Instanz das mit zwei Amtsrichtern besetzte Schöffen- (Jugend-) Gericht oder das Schwurgericht entschieden hat, sofern die Revision ausschließlich auf die Verletzung einer in den Landesgesetzen enthaltenen Rechtsnorm gestützt wird;
2. wenn in erster Instanz der Amtsrichter oder das mit einem Amtsrichter besetzte Schöffen- (Jugend-) Gericht entschieden

hat, sofern die Revision nicht ausschließlich auf die Verletzung einer in den Reichsgesetzen enthaltenen Rechtsnorm gestützt wird.

Neunter Titel
Staatsanwaltschaft*).

§ 60. Die Oberstaatsanwälte und die Staatsanwälte werden vom Könige ernannt.

§ 61. Die Oberstaatsanwälte und die Staatsanwälte sind nicht richterliche Beamte.

§ 62. Die Amtsanwälte werden von dem Justizminister ernannt. Der Justizminister kann die Ernennungsbefugnis den Oberstaatsanwälten übertragen.

Diejenigen Amtsanwälte, welche eine in dem Besoldungsetat aufgeführte Stelle bekleiden, werden gegen festes Gehalt auf Lebenszeit, die übrigen auf Kündigung angestellt.

§ 63. Staatsanwälte, Gerichtsassessoren, sofern sie nicht gleichzeitig mit richterlichen Geschäften in Strafsachen betraut sind, Referendare und Gerichtsschreiber sind verpflichtet, die Geschäfte des Amtsanwalts zu übernehmen.

§ 64. Vorsteher der Gemeindeverwaltung am Sitze des Amtsgerichts sind verpflichtet, die Geschäfte eines Amtsanwalts zu übernehmen, sofern nicht die örtliche Polizeiverwaltung Königlichen Behörden übertragen ist. Wird von der Gemeindebehörde eine andere geeignete Person in Vorschlag gebracht, welche zur Übernahme dieser Geschäfte bereit ist, so fällt die Verpflichtung des Vorstehers der Gemeindeverwaltung fort.

Neben dem Vorsteher der Gemeindeverwaltung ist auf Antrag der Gemeindebehörde eine von dieser vorgeschlagene geeignete Person zum Stellvertreter des Amtsanwalts zu bestellen. Über die Verteilung der Geschäfte entscheidet der Vorsteher der Gemeindeverwaltung.

In den Fällen dieses Paragraphen ist vor der Ernennung des Amtsanwalts der Regierungspräsident zu hören.

§ 65. Die Kosten, welche aus der Führung der Amtsanwaltsgeschäfte erwachsen, fallen in jedem Falle dem Staate zur Last. Die nach § 64 ernannten Amtsanwälte erhalten für ihre persönliche Mühewaltung und zur Deckung der sächlichen Kosten eine als Pauschquantum festzusetzende Entschädigung.

§ 66. Im Falle der Verhinderung eines Beamten der Staatsanwaltschaft ist für Geschäfte, welche keinen Aufschub gestatten, nötigenfalls von dem Vorstande des Gerichts ein Vertreter zu bestellen.

---

*) Die §§ 60—64 enthalten noch die alten Amtsbezeichnungen. Vgl. jetzt JB. v. 3. 6. 20 (JMBl. 267) und Anm. 2 zu GVG. § 142; wegen Ernennung: Anm. 3 daselbst.

Zur Übernahme einer solchen Vertretung sind die Beamten des Gerichts, einschließlich der Richter, verpflichtet.

§ 67. Mit der einstweiligen Wahrnehmung von Geschäften der Staatsanwaltschaft bei den Oberlandesgerichten und den Landgerichten können nur zum Richteramte befähigte Personen beauftragt werden.

Zwölfter Titel.

Justizverwaltung.

77. Die Vorstände der Gerichte, der Staatsanwaltschaften und der Strafvollzugsämter sind nach näherer Bestimmung des Justizministers dessen Organe bei den Geschäften der Justizverwaltung. Sie können bei Erledigung dieser Geschäfte die Mitwirkung der ihrer Aufsicht unterstellten Beamten in Anspruch nehmen.

78. Das Recht der Aufsicht steht zu:

1. dem Justizminister hinsichtlich sämtlicher Gerichte, Staatsanwaltschaften und der Strafanstaltsverwaltung;
2. dem Präsidenten des Oberlandesgerichts hinsichtlich dieses Gerichts, sowie der Gerichte des Bezirks;
3. dem Präsidenten des Landgerichts hinsichtlich dieses Gerichts, sowie der Gerichte des Bezirks;
4. dem Oberstaatsanwalt und dem Ersten Staatsanwalt hinsichtlich der Staatsanwaltschaften ihres Bezirks;
5. dem ersten Beamten der Staatsanwaltschaft bei einem Amtsgerichte hinsichtlich dieser Staatsanwaltschaft;
6. dem Präsidenten des Strafvollzugsamts hinsichtlich dieses Amtes und der Gefangenanstalten des Bezirkes.

Das Recht der Aufsicht erstreckt sich auf alle bei den bezeichneten Behörden angestellten oder beschäftigten Beamten.

§ 79. Bei den nur mit einem Richter besetzten Amtsgerichten steht dem Amtsrichter die Aufsicht über die bei dem Amtsgerichte angestellten oder beschäftigten Beamten zu.

Bei den mit mehreren Richtern besetzten Amtsgerichten ist die Aufsicht über die bei denselben angestellten oder beschäftigten nicht richterlichen Beamten durch den Justizminister einem der Richter zu übertragen.

§ 80. In dem Recht der Aufsicht liegt die Befugnis, gegenüber nicht richterlichen Beamten die ordnungswidrige Ausführung eines Amtsgeschäfts zu rügen und die Erledigung eines Amtsgeschäfts durch Ordnungsstrafen bis zum Gesamtbetrage von eintausend Reichsmark zu erzwingen. Der Festsetzung einer Strafe muß die Androhung derselben vorausgehen.

Ob und in welchem Umfange gleichartige Befugnisse gegenüber richterlichen Beamten zur Anwendung gelangen, bleibt der Bestimmung des Disziplinargesetzes vorbehalten.

§ 81. Die im § 80 bezeichnete Befugnis steht ferner zu:

1. den Staatsanwaltschaften bei den Oberlandesgerichten und bei den Landgerichten hinsichtlich derjenigen Beamten des Polizei- und Sicherheitsdienstes, welche Hilfsbeamte der Staatsanwaltschaft sind, mit Ausnahme solcher Beamten, welche ihr Amt als Ehrenamt versehen;
2. den in Gemäßheit des § 73 zu bestimmenden Beamten hinsichtlich der Gerichtsvollzieher.

§ 84. Die Gerichte und die Staatsanwaltschaften sind verpflichtet, auf Verlangen der Aufsichtsbehörden über Angelegenheiten der Gesetzgebung und der Justizverwaltung Gutachten abzugeben.

§ 85. Beschwerden, welche Angelegenheiten der Justizverwaltung, insbesondere den Geschäftsbetrieb und Verzögerungen betreffen, werden im Aufsichtswege erledigt.

§ 86. Sachverständige für gerichtliche Angelegenheiten im allgemeinen zu beeidigen, ist Sache der Justizverwaltung. Das gleiche gilt für die Ausstellung von Zeugnissen über das in Preußen geltende Recht.

Dreizehnter Titel.

Rechtshilfe.

§ 87. Die Gerichte haben sich in den Angelegenheiten, welche zu der ordentlichen streitigen Gerichtsbarkeit nicht gehören, Rechtshilfe zu leisten. Die Leistung der Rechtshilfe erfolgt unter entsprechender Anwendung der Vorschriften der §§ 157 bis 159, 161, 163, 166 des Deutschen Gerichtsverfassungsgesetzes. Eine Anfechtung der Entscheidung des Oberlandesgerichts findet in keinem Falle statt.

Über Beschwerden anderer als gerichtlicher Behörden wegen einer vom Gericht verweigerten Beistandsleistung entscheiden die Oberlandesgerichte; eine Anfechtung dieser Entscheidungen findet nicht statt.

Vierzehnter Titel.

Öffentlichkeit und Sitzungspolizei.

§ 89. Richter, Staatsanwälte, auf Lebenszeit angestellte Amtsanwälte und Gerichtsschreiber tragen in den öffentlichen Sitzungen eine von dem Justizminister zu bestimmende Amtstracht. Dieselbe Vorschrift findet Anwendung auf die in den öffentlichen Sitzungen der Oberlandesgerichte und Landgerichte auftretenden Rechtsanwälte. Die auf Kündigung angestellten Amtsanwälte sind befugt, die für die Amtsanwälte bestimmte Amtstracht zu tragen.

2.

Gesetz, betreffend den Erlaß polizeilicher Strafverfügungen wegen Übertretungen.

Vom 23. April 1883 in der Fassung der preuß. Gesetze vom 26. Juli 1897, v. 22. Juni 1907, v. 31. Mai 1923 und der Reichs-VO. v. 6. Febr. 1924.

§ 1. Wer die Polizeiverwaltung in einem bestimmten Bezirk auszuüben hat, ist befugt, wegen der in seinem Bezirke verübten, in seinen Verwaltungsbereich fallenden Übertretungen die Strafe durch Verfügungen festzusetzen, sowie eine etwa verwirkte Einziehung zu verhängen.

Wird die Geldstrafe festgesetzt, so ist zugleich die für den Fall des Unvermögens an die Stelle der Geldstrafe tretende Haft zu bestimmen, soweit sich die Strafverfügung nicht gegen einen Jugendlichen richtet (§§ 1, 40 des Jugendgerichtsgesetzes vom 16. Februar 1923, Reichsgesetzbl. I S. 135).

Die festzusetzende Geldstrafe darf den Betrag von einhundertfünfzig Reichsmark nicht übersteigen.

§ 2. Die Festsetzung einer Strafe durch die Polizeibehörde findet nicht statt:

1. bei Übertretungen, für deren Aburteilung die Rheinschiffahrtsgerichte, die Elbzollgerichte oder die Gewerbegerichte zuständig sind;
2. bei Übertretungen der Vorschriften über die Erhebung öffentlicher Abgaben oder Gefälle;
3. bei Übertretungen bergpolizeilicher Vorschriften.

§ 3. Der Beschuldigte kann gegen die Strafverfügung binnen einer Woche nach der Bekanntmachung in Gemäßheit der Strafprozeßordnung auf gerichtliche Entscheidung antragen.

Ist gegen einen Beschuldigten im Alter von 14 bis 18 Jahren eine Strafverfügung erlassen, so kann binnen der für den Beschuldigten laufenden Frist auch der gesetzliche Vertreter desselben auf gerichtliche Entscheidung antragen.

§ 4. Die Strafverfügung muß außer der Festsetzung der Strafe die strafbare Handlung, Zeit und Ort derselben, die angewendete Strafvorschrift und die Beweismittel, sowie die Kasse bezeichnen, an welche die Geldstrafe zu zahlen ist.

Sie muß die Eröffnung enthalten:

a) daß der Beschuldigte binnen einer Woche nach der Bekanntmachung auf gerichtliche Entscheidung antragen könne;
b) daß der Antrag entweder bei der Polizeibehörde, welche die Strafverfügung erlassen hat, oder bei dem zuständigen Amtsgericht bzw. Elbzollgericht und Rheinschiffahrtsgericht anzubringen sei;

c) daß die Strafverfügung, falls innerhalb der bestimmten Frist ein Antrag auf gerichtliche Entscheidung nicht erfolge, vollstreckbar werde.

§ 5. Die polizeiliche Strafverfügung ist nach Maßgabe der zu erlassenden Ausführungsbestimmungen (§ 13) dem Beschuldigten durch einen öffentlichen Beamten zu behändigen.

§ 6. Für dieses Verfahren (§§ 1 bis 5) sind weder Stempel noch Gebühren anzusetzen, die baren Auslagen aber fallen dem Beschuldigten nach näherer Maßgabe der zu erlassenden Ausführungsbestimmungen (§ 13) in allen Fällen zur Last, in welchen eine Strafe endgültig gegen ihn festgesetzt ist.

§ 7. Die in Gemäßheit dieses Gesetzes endgültig festgesetzten Geldstrafen, sowie die eingezogenen Gegenstände fallen demjenigen zu, welcher die sächlichen Kosten der Polizeiverwaltung zu tragen hat.

Der letztere ist dagegen verpflichtet, die durch Festsetzung und Vollstreckung der Strafen entstehenden, von dem Beschuldigten nicht beizutreibenden Kosten zu tragen.

Insoweit besondere Vorschriften bestehen, nach welchen Geldstrafen oder eingezogene Gegenstände einem anderen Berechtigten zufallen, findet die Vorschrift des ersten Absatzes keine Anwendung. Desgleichen bleiben vertragsmäßige Bestimmungen unberührt.

§ 8. Ist der Amtsanwalt eingeschritten, bevor die polizeiliche Strafverfügung dem Beschuldigten behändigt worden, so ist die letztere wirkungslos.

§ 9. Wird bei dem Amtsgericht bzw. Elbzollgericht und Rheinschiffahrtsgericht auf gerichtliche Entscheidung angetragen, so ist dem Antragsteller eine Bescheinigung hierüber kostenfrei zu erteilen.

§ 10. Ist die polizeiliche Strafverfügung vollstreckbar geworden, so findet wegen derselben Handlung eine fernere Anschuldigung nicht statt, es sei denn, daß die Handlung keine Übertretung, sondern ein Vergehen oder Verbrechen darstellt und daher die Polizeibehörde ihre Zuständigketi überschritten hat.

In diesem Falle ist während des gerichtlichen Verfahrens die Vollstreckung der Strafverfügung einzustellen; erfolgt eine rechtskräftige Verurteilung wegen eines Vergehens oder Verbrechens, so tritt die Strafverfügung außer Kraft.

§ 11. Gegen Militärpersonen dürfen die Polizeibehörden Strafen nur wegen solcher Übertretungen festsetzen, zu deren Aburteilung im gerichtlichen Verfahren die ordentlichen Gerichte zuständig sind.

§ 12. [betr. Übergangsbestimmungen].

§ 13. Die Minister des Innern und der Justiz haben die zur Ausführung dieses Gesetzes erforderlichen reglementarischen Bestimmungen zu erlassen.

3*.

Allgemeine Verfügung über die Zuständigkeit und das Verfahren in Gnadensachen.

Vom 19. Juni 1919 (JMBl. S. 341).

I. Vom 16. September 1919 ab gilt für die Bearbeitung der Gnadensachen folgendes:

1. In jedem Landgerichtsbezirke werden von mir ein oder mehrere Richter zu meinen Beauftragten für Gnadensachen auf die Dauer eines Geschäftsjahrs bestellt.
2. Die für die Bearbeitung von Gnadensachen erlassenen Allgemeinen Verfügungen und Rundverfügungen bleiben, soweit sie nicht mit dieser Verfügung im Widerspruch stehen, mit der Maßgabe in Kraft, daß an Stelle der Ersten Staatsanwälte die Beauftragten treten. Sie sind befugt, die Strafvollstreckung bis zur Entscheidung über ein Gnadengesuch auszusetzen, falls eine solche Anordnung nicht bereits von der Strafvollstreckungsbehörde getroffen wird.
3. Der Beauftragte führt die Amtsbezeichnung „Der Beauftragte für Gnadensachen bei dem Landgericht in . . .". Für diese Stellung sind mir Richter von besonderer Lebenserfahrung und ausgeprägtem sozialem Empfinden vorzuschlagen. Ihnen können Gerichtsassessoren als Hilfsarbeiter beigeordnet werden.
4. Der Landgerichtspräsident ersucht die Anwaltschaft des Bezirkes um Bezeichnung eines oder mehrerer Rechtsanwälte, die zur ehrenamtlichen Mitwirkung bei der Bearbeitung der Gnadensachen bereit sind.
5. Bei der Vorbereitung der Entscheidung über die Bewilligung oder Ablehnung eines Gnadenerweises hat der Beauftragte den Ersten Staatsanwalt sowie den gemäß Ziffer 4 bezeichneten Rechtsanwalt zu hören. Der Erste

*) Anm.: Staatsrechtlich ergibt sich die Zuständigkeit des Justizministers zum Erlaß von Verfügungen in Gnadensachen aus folgendem: Nach Art. 54 Pr. Verf. wird das Gnadenrecht durch das Staatsministerium ausgeübt. Durch die „Grundsätze für die Erledigung von Geschäften des Staatsministeriums" vom 16. Dezember 1921 ist die Bearbeitung der meisten Gnadensachen einzelnen Fachministern übertragen, und zwar im wesentlichen dem Justizminister; vgl. auch unten Nr. 4. — Die JMVerf. über bedingte Strafaussetzung beruhen auf den Erlassen der Preußischen Staatsregierung vom 2. August 1920 (JMBl. 564) und des Preußischen Staatsministeriums vom 25. Mai und 24. Juni 1921 (JMBl. 349 u. 369).

Staatsanwalt und der Rechtsanwalt sind in jeder Lage der Ermittlungen berechtigt, Anregungen zu geben, Anträge zu stellen, von den Ermittlungen Kenntnis zu nehmen und im Einvernehmen mit dem Beauftragten solche auch selbst vorzunehmen.

6. Die Beauftragten haben alle für die Beurteilung des Einzelfalls wesentlichen Ermittlungen anzustellen. Sie werden sich dabei nicht auf die Mitarbeit behördlicher Stellen (wie insbesondere der Gemeinden und Strafanstalten) beschränken, vielmehr besonderen Wert auf die Anhörung nichtbeamteter Auskunftspersonen legen, um deren Benennung erforderlichenfalls geeignete berufliche, wirtschaftliche oder Fürsorgeorganisationen zu ersuchen sind.

Sie können im Verlaufe der Ermittlungen die Gerichte um Vornahme richterlicher Untersuchungshandlungen ersuchen (§ 77 AGGVG., § 38 der Verordnung vom 2. Januar 1849, GS. S. 12).

7. Nach Abschluß der Prüfung ist an mich nicht nur in den Fällen zu berichten, in denen dies besonders angeordnet wird, sondern auch in allen übrigen Fällen dann, wenn nur eine der in Ziffer 5 bezeichneten drei Stellen einen Gnadenerweis befürwortet.

II. Der Erlaß von näheren Ausführungsbestimmungen zu dieser Allgemeinen Verfügung bleibt vorbehalten.

4.

Allgemeine Verfügung über die Zuständigkeit und das Verfahren in Gnadensachen.

Vom 26. August 1919 (JMBl. S. 405) in der Fassung der JV. v. 9. Juli 1925 (JMBl. S. 256).

Zur Ausführung der Allgemeinen Verfügung vom 19. Juni 1919 über die Zuständigkeit und das Verfahren in Gnadensachen (JMBl. S. 341) werden unter Aufhebung aller früher erlassenen Allgemeinen und Rundverfügungen über die Bearbeitung von Gnadensachen, soweit ihr Inkraftbleiben nicht ausdrücklich im nachstehenden angeordnet ist, die folgenden Bestimmungen erlassen.

I. Umfang, Inhalt und Inhaber des Gnadenrechts.

1. Das Gnadenrecht (Straferlaß und Strafmilderung) erstreckt sich, soweit es für die Tätigkeit der Beauftragten für Gnadensachen in Frage kommt, auf diejenigen Strafen, die von den zum Bereiche der preußischen Justizverwaltung gehörenden Gerichten einschließlich der bisherigen außerordentlichen Kriegsgerichte (§§ 10ff. des Gesetzes über den Belagerungszustand vom 4. Juni 1851) rechtskräftig verhängt worden sind. Es findet insoweit Anwendung auch

a) auf Nebenstrafen und die von Rechts wegen eintretenden Ehrenfolgen einer Verurteilung zu Zuchthausstrafe sowie Einziehungen und Verfallserklärungen,

b) auf Ordnungsstrafen und Strafen, die auf Grund von § 890 ZPO. festgesetzt sind.

2. Inhalt des Gnadenrechts in dem in Ziffer 1 bezeichneten Umfang ist die Befugnis zum Erlasse, zur Ermäßigung oder Umwandlung von Strafen. Das Gnadenrecht schließt hiernach in sich die Wiederverleihung der bürgerlichen Ehrenrechte und der Heeresfähigkeit, der Fähigkeit zur Bekleidung öffentlicher Ämter und des Rechtes, als Zeuge oder Sachverständiger eidlich vernommen zu werden, sowie die Aufhebung der Zulässigkeit von Polizeiaufsicht und die Befreiung von der Haftbarkeit für Geldstrafen.

3. Inhaber des Gnadenrechts ist die preußische Staatsregierung (§ 5 des Gesetzes zur vorläufigen Ordnung der Staatsgewalt in Preußen vom 20. März 1919 — GS. S. 53 —). Soweit jedoch der frühere Inhaber des Gnadenrechts in Preußen seine Ausübung anderen Stellen übertragen hat, ist es hierbei verblieben. Solche Übertragungen sind erfolgt:

a) an den Finanzminister:
bei Zuwiderhandlungen gegen Zoll- und Steuerbestimmungen einschließlich der Finanzmonopole, gegen Bestimmungen über die Regelung der Ein- und Ausfuhr — mit Ausnahme der Bestimmungen über die Ausfuhr lebenswichtiger Gegenstände — und über die Erhebung von Ausfuhrabgaben durch Erlaß des Preußischen Staatsministeriums vom 2. Mai 1922.

b) an den Minister des Innern:
bei Zuwiderhandlungen gegen § 33 in Verbindung mit § 147 Abs. 1 Nr. 1 der Gewerbeordnung und Artikel I § 4 des Notgesetzes vom 24. 2. 1923 (RGBl. I S. 147), durch den zu a β erwähnten Erlaß vom 15. 8. 1913 und den Erlaß des Preußischen Staatsministeriums vom 29. 6. 1925 (StM. I 7625),

c) an den Minister der öffentlichen Arbeiten:
bei Zuwiderhandlungen gegen die Vorschriften über die Erhebung von Verkehrsabgaben durch Erlaß vom 27. April 1914 (JMBl. S. 693),

d) an den Minister für Landwirtschaft, Domänen und Forsten:
bei Forstkontraventionen einschließlich der Forstdiebstähle für Geldstrafen, die den Betrag von 30 Reichsmark nicht übersteigen, durch Erlaß vom 15. Dezember 1880 (JMBl. 1881 S. 31).

Der genannte Minister hat diese Befugnis — ermächtigt durch Erlaß vom 25. Januar 1911 — in den Fällen, die sich auf forstfiskalische Waldungen beziehen, auf die Regierungen, in allen anderen Fällen auf die Regierungspräsidenten übertragen,

e) an den Justizminister:

für die Provinzen Hessen-Nassau, Hannover und Schleswig-Holstein, soweit es sich um Geldstrafen bis zu 30 Reichsmark handelt, durch Erlasse vom 19. Dezember 1866 und 16. Februar 1867 (JMBl. 1867 S. 6 und 67).

4. Soweit die Bearbeitung von Gnadensachen in dem zu 1 genannten Umfange nicht einer anderen Stelle besonders übertragen ist, liegt sie dem Justizminister — allein oder im Einvernehmen mit anderen Verwaltungen — ob. Seine Organe sind hierbei die nach Ziffer I, 1 der Allg. Verf. vom 19. Juni 1919 bestellten Beauftragten für Gnadensachen.

Für die Bearbeitung derjenigen Gnadensachen, bei denen es sich — nach vollständiger Erledigung der Strafvollstreckung im übrigen — darum handelt, dem Verurteilten die bürgerlichen Ehrenrechte oder einzelne Rechte und Fähigkeiten, die er infolge der Verurteilung verloren hatte (§ 31 StGB.), wiederzuverleihen, ist der Minister des Innern zuständig; ihm sind deshalb die einschlägigen Gnadengesuche zuzuleiten. Nur wenn die Wiederverleihung des Rechtes, als Zeuge oder Sachverständiger eidlich vernommen zu werden (§ 161 StGB.) — sei es allein, sei es zusammen mit der Wiederverleihung anderer Rechte —, in Frage steht, erfolgt die Bearbeitung durch den Justizminister.

II. Zuständigkeit der Beauftragten für Gnadensachen.

Die Beauftragten für Gnadensachen sind für die Bearbeitung aller Gnadensachen des Landgerichtsbezirks zuständig, für den sie bestellt sind, also auch für die Sachen, in denen Strafen von einem Amtsgericht (Schöffengericht, Rheinschiffahrtsgericht, Elbzollgericht) oder einem sonstigen Gericht, das in diesem Bezirk seinen Sitz hat, verhängt sind.

Wird eine Strafsache von dem mit ihr zunächst befaßten Landgericht an ein anderes verwiesen (§ 394*) Abs. 2 StPO.), so ist für die Bearbeitung der Gnadensache der Beauftragte zuständig, der für den Bezirk des ursprünglich mit der Sache befaßten Landgerichts bestellt ist.

Sind für eine Gnadensache mehrere Beauftragte zuständig (z. B. im Falle der Gesamtstrafenbildung), so ist die gesamte Bearbeitung von dem zuerst mit der Sache befaßten Beauftragten zu übernehmen. Er hat hierbei auch eine Äußerung der andern beteiligten Beauftragten einzuholen; bei Abgabe derselben ist von einer Beteiligung der in Ziffer I 5 der Allg. Verf. vom 19. Juni 1919 bezeichneten Stellen abzusehen.

*) jetzt durch § 354.

III. Verfahren in Gnadensachen.

Behandlung der Gnadengesuche. Wirkung ihrer Einrichtung auf die Strafvollstreckung.

1. Gnadengesuche, die bei den Justizbehörden in Sachen eingehen, in denen nach den Bestimmungen zu I 3e und 4 die Ausübung des Gnadenrechts oder die Bearbeitung dem Justizminister zusteht, sind außer im Falle des nachfolgenden Abs. 3 alsbald unmittelbar dem Justizminister einzureichen, und zwar auch dann, wenn sie an die Preußische Regierung, den Reichspräsidenten oder andere Stellen gerichtet sind. Eine Rückgabe von Gesuchen mit dem Anheimstellen, sie an die Preußische Regierung oder den Justizminister zu richten, hat zu unterbleiben. Maßgebend für die Behandlung einer Eingabe als Gnadengesuch ist ihr Inhalt, nicht ihre äußere Form. Auch sind die Gerichtsschreibereien und Sekretariate der Staatsanwaltschaft auf Antrag eines Verurteilten verpflichtet, sein Gnadengesuch zu Protokoll aufzunehmen und an den Justizminister weiterzugeben.

Gnadengesuche in Haft befindlicher Personen hat die Strafanstalt mit einer Äußerung (vgl. Z. 5 Abs. 5) zunächst dem zuständigen Beauftragten für Gnadensachen (Ziffer II) zu übersenden.

Gnadengesuche, die bei dem für ihre Bearbeitung zuständigen Beauftragten für Gnadensachen eingehen, sind von ihm — nötigenfalls unter Herbeiziehung der Akten — vor ihrer Weitergabe einer vorläufigen Prüfung zu unterziehen. Wird hierbei festgestellt, daß das Gnadengesuch lediglich solche Tatsachen anführt, die bereits bei der Ablehnung eines früheren Gnadengesuchs gewürdigt worden sind, so kann der Beauftragte von der Weitergabe absehen. Einer vorherigen Anhörung der in Ziffer I 5 der AV. vom 19. Juni 1919 bezeichneten Stellen bedarf es in diesem Falle nicht. Ergibt die vorläufige Prüfung, daß voraussichtlich Anlaß zur Befürwortung eines Gnadenerweises vorliegen wird, oder daß in jedem Falle zu berichten ist (vgl. z. B. Ziffer 5 Abs. 5, 7 bis 9), so hat der Beauftragte für Gnadensachen alsbald die ihm erforderlich erscheinenden Ermittlungen (Ziffer I 6 der AV. vom 19. Juni 1919) vorzunehmen. Läßt deren Ergebnis dem Beauftragten die Befürwortung eines Gnadenerweises nicht mehr angezeigt erscheinen und ist die Berichterstattung nicht auch ohne dies geboten, so hat er das Gesuch nunmehr unter entsprechender Anzeige an den Justizminister weiterzugeben. Andernfalls ist diesem nach Anhörung der in Ziffer I 5 der Allg. Verf. vom 19. Juni 1919 bezeichneten Stellen gemäß Ziffer 7 der vorliegenden Verfügung zu berichten.

2. Die Einreichung eines Gnadengesuchs hemmt grundsätzlich die Vollstreckung nicht. Ausnahmen von diesem Grundsatz sind zu machen:

a) bei Todesstrafen (vgl. Ziffer 10),
b) wenn sich der Verurteilte auf freiem Fuß befindet und auf ein erstes Gnadengesuch vom Justizminister Bericht erfordert wird (Ziffer 3),
c) auch ohne vorgängige Berichtserforderung, wenn dem Verurteilten durch den Antritt der Strafe oder die Fortsetzung der Strafvollstreckung ein unwiderbringlicher Schaden zugefügt würde. Diese Voraussetzung wird insbesondere vorliegen, wenn nach pflichtmäßigem Ermessen der Strafvollstreckungsbehörde oder des Beauftragten für Gnadensachen einem zu Freiheitsstrafe Verurteilten erhebliche Begnadigungsgründe zur Seite stehen und die Freiheitsstrafe oder ihr noch zu verbüßender Rest so gering ist, daß ohne Aussetzung der Vollstreckung diese vor Ergehen des Gnadenerweises voraussichtlich beendet sein würde.

Erfolgt in einem solchen Falle die Aussetzung nicht bereits durch die Strafvollstreckungsbehörde, so ist sie von dem Beauftragten für Gnadensachen auf Grund der ihm durch Ziffer I 2 Satz 2 der Allg. Verf. vom 19. Juni 1919 gegebenen Befugnis anzuordnen.

Tätigkeit der Beauftragten für Gnadensachen.

3. Der Justizminister fertigt die ihm zugegangenen Gnadengesuche den Beauftragten für Gnadensachen zu. Sieht der Justizminister in jedem Falle der Erstattung eines Berichts (Ziffer 7) entgegen, so wird dies durch Beifügung der Worte „zum Bericht" bei der Zufertigung zum Ausdruck gebracht werden. Die Prüfung der Gesuche hat völlig unbeeinflußt davon zu erfolgen, ob Bericht erfordert ist oder nicht, so daß auf jedes dem Beauftragten zugefertigte Gnadengesuch die gleiche Sorgfalt zu verwenden ist. Der Pflichttreue der Beauftragten darf vertraut werden, daß sie diesem ersten Erfordernis für eine gerechte Ausübung des Gnadenrechts in jedem Falle nachkommen und auch bei den ihnen ohne Berichtserforderung zugefertigten Gesuchen die für die Beurteilung des Falles wesentlichen Ermittelungen in gleichem Umfange vornehmen wie in den Fällen, in denen ein Bericht erfordert ist.

Ergibt die Prüfung eines Gnadengesuchs, auf das Bericht erfordert ist, daß die Angaben des Gesuchs für die Gnadenfrage wesentliche Tatsachen verschweigen oder unwahrerweise behaupten, und erscheint die Annahme gerechtfertigt, daß bei Kenntnis dieser Sachlage Bericht nicht erfordert worden wäre, so ist nur eine kurze Anzeige über den Sachverhalt zu erstatten und abzuwarten, ob dennoch Bericht für erforderlich erklärt wird.

4. Über die zugefertigten Gnadengesuche sowie die sonstigen von dem Beauftragten zu bearbeitenden Gnadensachen ist bei

ihm ein Register für Gnadensachen nach dem Muster der Anlage B*) sowie ein alphabetisches, auf die laufenden Nummern des Registers verweisendes Namensverzeichnis der Verurteilten zu führen. Weitere Gesuche und Anträge, die dieselbe Verurteilung derselben Person betreffen, sind, wenn sie vor endgültiger Erledigung des ursprünglichen Gesuchs eingehen, nicht besonders einzutragen. Wird eine nicht im Justizministerium getroffene Entscheidung beanstandet, so gilt diese Entscheidung nicht als endgültige Erledigung. Ist hiernach die Neueintragung eines späteren Gesuches oder Antrages zu derselben Verurteilung derselben Person zulässig, so ist im Register für Gnadensachen in Spalte Bemerkungen bei der früheren Eintragung auf die neue Nummer zu verweisen.

Das Register ist für die in Ziffer I 5 der Allg. Verf. vom 19. Juni 1919 bezeichneten Stellen zur Einsicht offen zu legen.

5. Bei der Prüfung der Gnadengesuche ist folgendes zu beachten:

Ergibt sich Anlaß zur Aussetzung der Strafvollstreckung bis zur Entscheidung auf ein Gesuch gemäß Ziffer 2b und c, so ist, falls dies nicht schon seitens der Strafvollstreckungsbehörde geschehen sein sollte, eine entsprechende Anordnung unverzüglich zu treffen.

Bei Anstellung der erforderlichen Ermittelungen wird tunlichst darauf Bedacht zu nehmen sein, daß dem Verurteilten nicht durch weitere Verbreitung der Kenntnis von seiner Straftat oder seiner Verurteilung Nachteile für seine soziale Stellung und sein Fortkommen erwachsen.

Auf die in Ziffer I 6 der Allg. Verf. vom 19. Juni 1919 gegebenen Anregungen für eine zweckmäßige Auswahl der im Ermittelungsverfahren zu hörenden Personen und Stellen wird hier nochmals besonders hingewiesen.

Die Ermittlungen sind bei Verurteilten, die sich in Haft befinden, oder die bereits einen Teil der Freiheitsstrafe verbüßt haben, auch auf die Führung in der Strafhaft zu erstrecken. Dabei kommt es nicht nur auf die Feststellung an, ob sich der Verurteilte der Hausordnung entsprechend verhalten und die ihm danach obliegenden Pflichten erfüllt hat, sondern es ist insbesondere eine Äußerung der Strafanstalt darüber herbeizuführen, welchen Eindruck sie von dem Charakter des Gefangenen und von seiner Persönlichkeit überhaupt gewonnen hat, wie der Strafvollzug auf den Verurteilten gewirkt hat, ob insbesondere anzunehmen ist, daß die bisher verbüßte Zeit ausgereicht hat, den Verurteilten zur Einsicht über sein Unrecht und zu dem Entschlusse

*) Hier nicht mitabgedruckt.

der Abkehr von seinen bisherigen verbrecherischen Neigungen zu bringen. Schließlich sind auch sonstige etwa der Strafanstalt bekannte Umstände anzugeben, die für oder gegen einen Gnadenerweis sprechen. Von der Einholung der Äußerung kann Abstand genommen werden, wenn die bisher verbüßte Zeit so kurz ist, daß die Strafanstalt ein abschließendes Urteil noch nicht abgeben kann. Befürwortet die Strafanstalt einen Gnadenerweis, so ist in jedem Falle an den Justizminister zu berichten.

Bei Verurteilten, die eine längere Freiheitsstrafe verbüßen, ist es regelmäßig von Bedeutung, daß ihnen im Falle der Entlassung ein Unterkommen und eine geeignete Arbeitsstelle gesichert werden. Hierbei werden vielfach neben Fürsorgevereinen die bei den größeren Strafanstalten zu bildenden Beiräte (Allg. Verf. vom 22. Februar und 19. Juni 1919 — JMBl. S. 54 und 342 —) mit Erfolg um ihre Mitwirkung ersucht werden können.

Ist der Verurteilte ein Beamter, so ist in jedem Falle seine vorgesetzte Dienstbehörde — bei inzwischen ausgeschiedenen Beamten die letzte — zu hören. Wird von dieser ein Gnadenerweis befürwortet, so ist in jedem Falle an den Justizminister zu berichten. Betrifft die Gnadensache die Verurteilung eines Kommunalbeamten, so ist die Äußerung der staatlichen Kommunalaufsichtsbehörde einzuholen.

Vorstehender Absatz findet keine Anwendung auf solche Beamte des auswärtigen Dienstes, die nicht bei einer inländischen Behörde angestellt sind; in diesen Fällen wird die Einholung einer Äußerung der vorgesetzten Dienstbehörde gegebenenfalls vom Justizminister vermittelt werden.

Ebenso wie im Falle der Verurteilung eines Beamten ist, wenn sonst durch die Straftat der Geschäftsbereich anderer Verwaltungen berührt wird, den zuständigen Provinzialbehörden Gelegenheit zur Äußerung zu geben.

6. Nach Abschluß der Ermittelungen sind die entstandenen Vorgänge den nach Ziffer I 5 der Allg. Verf. vom 19. Juni 1919 zu hörenden Stellen mit dem Ersuchen um Stellungnahme auch dann vorzulegen, wenn sie bereits im Laufe der Prüfung von ihnen Kenntnis genommen oder sich sonst an dem Verfahren beteiligt haben.

In geeigneten Fällen, insbesondere wenn eine der bezeichneten Stellen einen dahingehenden Wunsch geäußert hat, wird ihnen bereits bei Eingang des zugefertigten Gesuchs oder im Laufe des Prüfungsverfahrens durch Vorlage von dem Sachverhalt Kenntnis zu geben sein.

Dem Ersten Staatsanwalt bleibt es unbenommen, vor Abgabe seiner Äußerung die Weisung des Oberstaatsanwalts bezüglich seiner Stellungnahme zu dem Gnadengesuch einzuholen.

etwaigen Wünschen der genannten Stellen, selbst Ermittelungen vorzunehmen, ist in weitgehendem Maße zu entsprechen.

7. Ist auf ein Gnadengesuch nach Abschluß der Prüfung dem Justizminister zu berichten (Ziffer I 7 der Allg. Verf. vom 19. Juni 1919), so hat dies, sofern nicht der Umfang oder die besondere Bedeutung der Strafsache zu einer anderen, dem Ermessen des Berichterstatters überlassenen Berichtsform nötigen, nach dem Vordruck Anlage C*) unter kurzer Darstellung des Tatbestandes und der für oder gegen einen Gnadenerweis sprechenden Gründe zu geschehen.

Sind Mitverurteilte vorhanden, so hat sich der Bericht in jedem Falle auch darüber zu äußern, ob und in welchem Maße ein etwaiger Gnadenerweis auf diese auszudehnen sein würde. Auch ist in geeigneten Fällen zu erörtern, inwieweit ein Erlaß der Kosten des Strafverfahrens angezeigt sei.

Dem Bericht sind die Akten und die bei dem Beauftragten entstandenen Vorgänge beizufügen.

8. Wird von keiner der in Ziffer I 5 a. a. O. bezeichneten drei Stellen ein Gnadenerweis befürwortet und ist auch kein Bericht erfordert, so ist der Beauftragte für Gnadensachen ermächtigt, den Gesuchsteller im Namen des Justizministers ablehnend zu bescheiden. Ein Muster ist als Anlage D*) beigefügt, das auch in den Fällen, in denen dem Justizminister die Ausübung des Gnadenrechts zusteht (Ziffer I 3e), zu verwenden ist. Vordrucke sind für die Bescheide nicht zu verwenden. In den Bescheiden sind alle Mitteilungen zu vermeiden, die von den Verurteilten so gedeutet werden können, daß ihnen unter gewissen Voraussetzungen, z. B. im Falle guter Führung, eine bestimmte Aussicht auf einen künftigen Gnadenerweis eröffnet worden sei. Da der künftigen Stellungnahme der Gnadeninstanz nicht vorgegriffen werden kann, besteht die Gefahr, daß derartige Mitteilungen zu Enttäuschungen führen können, die im Interesse sowohl des Ansehens der Gnadenorgane wie der Verurteilten selbst zu vermeiden sind.

In jedem Bescheid, der auf ein Gnadengesuch ergeht, ist an geeigneter Stelle, z. B. bei Erwähnung der Verfügung des Justizministers, die Geschäftsnummer des Justizministeriums zu vermerken.

9. Von der auf einen Bericht (Ziffer 7) ergehenden Entscheidung hat der Beauftragte für Gnadensachen alsbald den Verurteilten in Kenntnis zu setzen und die Akten alsdann unter Beifügung des bei ihm entstandenen Schriftwechsels einschließlich

---

*) Hier nicht mitabgedruckt.

der Urschrift des erstatteten Berichts und der ergangenen Entscheidung der Strafvollstreckungsbehörde zurückzugeben. Die Vorgänge des Beauftragten sind in die Akten nicht einzuheften, sondern gesondert bei ihnen aufzubewahren. Zu dem über das erste Gesuch hinsichtlich eines Verurteilten gebildeten Heft sind alle späteren Vorgänge über den gleichen Fall und den nämlichen Verurteilten auch dann zu nehmen, wenn eine erneute Eintragung in das Register zulässig ist. Das Aktenzeichen des Heftes wird stets mit der letzten Eintragungsnummer gebildet; sobald das Heft eine neue Nummer erhält, ist die vorhergehende Nummer auf dem Umschlag (der Hülle) des Heftes zu durchstreichen.

Die Entscheidung ist in Spalte 7 des bei dem Beauftragten zu führenden Registers (Ziffer 4) zu vermerken. Von einer Mitteilung derselben an die in Ziffer I 5 der Allg. Verf. vom 19. Juni 1919 bezeichneten Stellen ist abzusehen, sofern sie nicht im Einzelfall ausdrücklich gewünscht worden ist.

Die Benachrichtigung des Strafregisters erfolgt nach Maßgabe der Allg. Verf. vom 4. Februar 1904 (JMBl. S. 24) durch die Strafvollstreckungsbehörde.

Berichterstattung der Beauftragten für Gnadensachen von Amts wegen.

10. Die Vollstreckung von Todesurteilen ist gemäß § 485*) StPO. nur dann zulässig, wenn eine Entschließung der Preußischen Staatsregierung dahin ergangen ist, von ihrem Begnadigungsrecht keinen Gebrauch zu machen. Über solche Urteile ist an den Justizminister also auch dann zu berichten, wenn ein Gnadengesuch des Verurteilten nicht eingeht. Für die Berichterstatter gelten, auch soweit es sich um ein Todesurteil eines außerordentlichen Kriegsgerichts handelt, die vorstehenden Bestimmungen mit folgender Maßgabe:

Sobald ein rechtskräftiges Todesurteil vorliegt, hat der Erste Staatsanwalt die Akten mit seiner Äußerung dem Beauftragten für Gnadensachen vorzulegen. Dieser hat in jedem Falle, ohne auf die Einreichung eines Gnadengesuchs zu warten, mit größter Beschleunigung an den Justizminister zu berichten. Erscheint nach dem Ergebnis der Ermittlungen die Annahme gerechtfertigt, daß eine nochmalige Anhörung des Ersten Staatsanwalts zu einer Änderung seiner Stellungnahme nicht führen werde, so kann im Interesse der Beschleunigung von ihr abgesehen werden.

Der Bericht ist ohne Benutzung des Vordrucks zu erstatten und ausführlich zu halten. Ihm sind eine Abschrift des von dem

*) jetzt 453.

Beauftragten herbeizuziehenden Berichts des Schwurgerichtsvorsitzenden und die Äußerungen der in Ziffer I 5 der Allg. Verf. vom 19. Juni 1919 genannten Stellen beizufügen.

Der Erste Staatsanwalt hat vor Abgabe seiner Äußerung die Vorgänge dem Oberstaatsanwalt vorzulegen und dessen Stellungnahme seiner Äußerung anzuschließen.

11. Findet eine Strafvollstreckungsbehörde Anlaß zur Befürwortung eines Gnadenerweises von Amts wegen, so übersendet sie die Akten mit einer Darlegung der nach ihrer Ansicht für den Gnadenerweis sprechenden Gründe dem Beauftragten für Gnadensachen. Dieser bearbeitet die Sache in gleicher Weise, als wenn ein Gnadengesuch vorläge, und berichtet stets an den Justizminister. Ist Strafvollstreckungsbehörde eine Staatsanwaltschaft, so kann von der nochmaligen Anhörung des Ersten Staatsanwalts vor Erstattung des Berichts Abstand genommen werden.

IV. Bedingte Strafaussetzung, vorläufige Entlassung, Gewährung von Strafaufschub.

[Nr. 1 ist aufgehoben durch § 30 der AV. v. 19. 10. 20, JMBl. 564.]

2. In Kraft bleiben ferner, sowohl hinsichtlich der Verfahren wie der in ihnen geregelten Zuständigkeiten,

a) die gemeinschaftliche Verfügung des Justizministers und des Ministers des Innern vom 21. Januar 1871 (JMBl. S. 34) über die Handhabung der vorläufigen Entlassung,

b) die auf Grund des Erlasses vom 18. November 1911 ergangene Allg. Verf. vom 22. Dezember 1911 (JMBl. S. 448) über die Bewilligung von Strafausstand,

nebst den sie ergänzenden Bestimmungen,

jedoch mit folgender Maßgabe:

Erachtet auf ein Gnadengesuch keine der an seiner Prüfung beteiligten Stellen (Ziffer I 5 der Allg. Verf. vom 19. Juni 1919) einen sofortigen Gnadenerweis, wohl aber auch nur eine von ihnen die Gewährung der vorläufigen Entlassung oder von Strafausstand (Strafaufschub, Strafunterbrechung, Teilzahlungen) für angezeigt, so hat der Beauftragte das Gesuch nebst den bei ihm entstandenen Vorgängen der Strafvollstreckungsbehörde mit einer entsprechenden Äußerung zur weiteren Veranlassung zu übersenden und hiervon, falls Bericht erfordert war, dem Justizminister Anzeige zu erstatten. Die Strafvollstreckungsbehörde hat in solchen Fällen stets die Entscheidung des Justizministers herbeizuführen, soweit sie nicht nach den vorbezeichneten Verfügungen zuständig und gewillt ist, der ihr durch den Beauftragten übermittelten Anregung ihrerseits zu entsprechen.

V. Schlußbestimmungen.

1. Gehen bei Justizbehörden Gnadengesuche ein, für deren Bearbeitung oder Entscheidung der Justizminister nicht zuständig ist, so sind sie an die zuständige Stelle weiterzureichen. Bestehen über diese im Einzelfall Zweifel, so können die Gesuche dem Justizminister mit der Bitte um Weitergabe übersandt werden. Von einer Rückgabe mit dem Anheimstellen der unmittelbaren Einreichung ist in jedem Falle auch hier abzusehen.

Hierzu wird bemerkt, daß das Gnadenrecht in Fällen, in denen Gerichte des Reichs entschieden haben, dem Reichspräsidenten zusteht (Art. 49 RV. vom 11. August 1919). Gnadengesuche militärgerichtlich verurteilter Angehöriger des bisherigen preußischen Kontingents sind dem Justizminister zur Weitergabe an die zuständige Stelle einzureichen; Gnadengesuche, die sich auf polizeiliche Strafverfügungen beziehen, sind an den Regierungspräsidenten, für Berlin an den Polizeipräsidenten abzugeben.

Über die Ausübung des Gnadenrechts in den Fällen, in denen einer Gesamtstrafe Einzelstrafen zugrunde liegen, die von Gerichten verschiedener deutscher Staaten festgesetzt worden sind, ist durch Ziffer II der Allg. Verf. vom 29. Juni 1914 (JMBl. S. 571) Bestimmung getroffen. Die Herbeiführung des Einvernehmens mit den obersten Justizbehörden der anderen im Einzelfalle in Betracht kommenden deutschen Staaten bleibt nach wie vor dem Justizminister vorbehalten; die Tätigkeit der Beauftragten für Gnadensachen erstreckt sich nur auf die preußischen Urteile.

2. Die Allgemeine Verfügung vom 20. Oktober 1913 (JMBl. S. 408) tritt insoweit außer Kraft, als sie sich auf die dem Finanzminister und den ihm unterstellten Provinzialbehörden auf Grund der Königlichen Erlasse vom 26. September 1897 und vom 15. August 1913 übertragenen Befugnisse in Ansehung gerichtlich erkannter Strafen bezieht; soweit sie dagegen auf die bei I, 3b dieser Verfügung und gemäß der Allgemeinen Verfügung vom 18. August 1914 (JMBl. S. 693) auf die bei I, 3c bezeichneten Strafsachen Anwendung findet, bleibt sie bestehen.

Die Zuständigkeit für Gnadenangelegenheiten in Militärstrafsachen bestimmt sich seit Aufhebung der Militärgerichtsbarkeit nach der Allgemeinen Verfügung vom 13. Dezember 1920 (JMBl. S. 723).

Die Allgemeine Verfügung vom 31. Juli 1900 (JMBl. S. 530) in der Fassung der Allgemeinen Verfügung vom 4. Februar 1908 (JMBl. S. 30) wird aufgehoben.

3. Soweit über die Einleitung oder Fortführung der Strafvollstreckung gegen einen Kriegsteilnehmer wegen einer vor seiner Einberufung zu den Fahnen begangenen Straftat zu befinden ist, bleibt mit Rücksicht darauf, daß der größte Teil dieser Fälle bereits erledigt ist, im Interesse einheitlicher Er-

ledigung der Gesamtheit dieser Fälle die durch die Allg. Verf. vom 4. Juni 1919 (JMBl. S. 313) getroffene Regelung auch hinsichtlich der Zuständigkeit für die Berichterstattung in Kraft.

Aus dem gleichen Grunde behält es bei allen Vorschriften der Allg. Verf. vom 4. Dezember 1918 (JMBl. S. 445), zur Ausführung der Amnestieverordnung des Rates der Volksbeauftragten vom 3. Dezember 1918, und der Allg. Verf. vom 12. Dezember 1918 (JMBl. S. 504) zur Ausführung der Verordnung über eine militärische Amnestie vom 7. Dezember 1918 seitens der bürgerlichen Justizbehörden, sein Bewenden.

5.

Allgemeine Verfügung des preußischen Justizministers über die bedingte Aussetzung der Strafvollstreckung.

Vom 19. Oktober 1920 (JMBl. S. 565) in der Fassung der JV. v. 15./29. Juni 1921 (JMBl. S. 349, 370).

I. Aussetzung der Strafvollstreckung durch die Gerichte.

§ 1. Auf Grund der Erlasse der preußischen Staatsregierung vom 2. August 1920 und des Preußischen Staatsministeriums vom 25. Mai und 24. Juni 1921 werden die Gerichte ermächtigt, nach Maßgabe der folgenden Bestimmungen die Vollstreckung gerichtlich erkannter Gefängnis-, Festungshaft-, Arrest- und Haftstrafen, bei Zuchthausstrafen die Vollstreckung eines nicht mehr als 6 Monate betragenden Teiles der Strafe, unter Bewilligung einer Bewährungsfrist auszusetzen.

§ 2. Die Aussetzung der Strafvollstreckung soll in der Regel nur dann gewährt werden, wenn die begangene Verfehlung nicht durch Verdorbenheit und verbrecherische Neigung, sondern durch Leichtsinn, Unerfahrenheit, Verführung oder Not veranlaßt worden ist und wenn erwartet werden kann, daß der Verurteilte sich durch gute Führung während der Bewährungsfrist eines künftigen Gnadenerweises würdig erzeigen wird.

Für die Entscheidung dieser Frage ist neben den Umständen der Tat vor allem das Vorleben des Verurteilten von Bedeutung. Auch der Tat nachfolgende Umstände können in Betracht kommen, insbesondere, daß der Verurteilte aufrichtige Reue empfindet und den ernstlichen Willen zeigt, nach Kräften den verursachten Schaden wieder gutzumachen. Bei Schleichhandel- und Wuchervergehen ist mit besonderer Sorgfalt zu prüfen, ob die Aussetzung der Strafvollstreckung mit dem öffentlichen Interesse an einer wirksamen Bekämpfung dieser gemeingefährlichen Vergehen vereinbar ist.

Die Aussetzung der Strafvollstreckung gegen Militärpersonen soll nur erfolgen, nachdem dem unmittelbaren Disziplinarvorgesetzten Gelegenheit zur Äußerung darüber gegeben worden ist, ob die Aussetzung der Strafvollstreckung sich mit der Aufrechterhaltung der Disziplin verträgt.

§ 3. Auch die Verhältnisse, in denen der Verurteilte während der Bewährungsfrist voraussichtlich zu leben haben wird, sind in Betracht zu ziehen. In geeigneten Fällen kann die Aussetzung der Strafvollstreckung von besonderen Maßnahmen abhängig gemacht werden, so insbesondere von der Unterbringung in einer passenden Lehr- oder Dienststelle, von der Fürsorgeerziehung oder von sonstigen Maßnahmen des Vormundschaftsgerichts, von der Unterstellung unter die Schutzaufsicht einer Vertrauensstelle (Jugendgerichtshilfe, Fürsorger, Fürsorgeausschuß, Kreiswohlfahrtsamt, Jugendamt, Fürsorgeverein, Arbeiterkolonie, Gefängnisverein, Trinkerfürsorgestelle, Berufsorganisation usw.). Die Stellung unter Schutzaufsicht wird sich insbesondere bei Jugendlichen häufig empfehlen. Die Aussetzung kann auch nachträglich von derartigen Maßnahmen abhängig gemacht werden; auch können die getroffenen Maßnahmen abgeändert werden.

Bei Minderjährigen, die der Fürsorgeerziehung oder aus anderer Veranlassung einer Erziehungs- oder Besserungsanstalt überwiesen oder die gemäß § 5 des Fürsorgeerziehungsgesetzes vorläufig untergebracht sind, hat das Gericht in jedem Falle die Frage der Aussetzung der Strafvollstreckung auch unter dem Gesichtspunkte zu prüfen, daß eine Störung oder ein Aufschub des Erziehungswerkes durch den Strafvollzug möglichst vermieden werden soll. Bei diesen Verurteilten kann die Strafvollstreckung auch unter der Bedingung ausgesetzt werden, daß sie aus der Fürsorge- oder Anstaltserziehung nicht entweichen. Hält das Gericht nach der Persönlichkeit des Verurteilten, insbesondere nach seinen Vorstrafen, oder nach der Schwere der Straftat sofortigen Strafvollzug für geboten, so hat es dem Vorstande des zur Fürsorgeerziehung verpflichteten Kommunalverbandes oder der Erziehungs- oder Besserungsanstalt, in Fällen vorläufiger Unterbringung dem Vormundschaftsgericht, unverzüglich Gelegenheit zur Stellungnahme zu geben.

§ 3a. Erscheint nach der Art der Straftat oder den sonstigen in Betracht kommenden Umständen die Aussetzung der ganzen Strafe als eine zu weitgehende Vergünstigung, so kann, insbesondere bei Freiheitsstrafen von längerer Dauer, die Vollstreckung eines Teiles der Strafe ausgesetzt werden. Voraussetzung ist, daß davon ein günstiger Einfluß auf den Verurteilten erhofft werden kann. Das wird dann der Fall sein, wenn unter Würdigung der Tatumstände, der Persönlichkeit des Täters und der Verhältnisse, in denen er während der Bewährungsfrist zu leben haben wird, die Annahme begründet erscheint, daß es zur Erreichung des Strafzwecks der Verbüßung der ganzen Strafe nicht bedarf, vielmehr die Erwartung gehegt werden kann, daß der Verurteilte, wenn er eine Zeitlang den Ernst der Strafvollstreckung verspürt hat, sich der in Aussicht genommenen Vergünstigung würdig zeigen und in Zukunft straffrei führen werde. Sind diese Voraussetzungen gegeben, so wird die Aussetzung eines Strafteils auch dann bewilligt werden können, wenn die begangene Verfehlung nicht durch Leichtsinn, Unerfahrenheit, Verführung oder Not veranlaßt worden ist.

§ 3b. Bei der Bewilligung der bedingten Strafaussetzung kann das Gericht in geeigneten Fällen dem Verurteilten die Auflage der Zahlung einer Geldbuße machen. Die Frist, innerhalb deren die Buße, nötigenfalls in angemessenen Teilzahlungen, zu entrichten ist, wird vom Gericht unter Berücksichtigung der wirtschaftlichen Verhältnisse des Verurteilten bestimmt; sie kann nachträglich, jedoch nicht über das Ende der Bewährungsfrist hinaus, verlängert werden.

Die Entrichtung der Geldbuße allein begründet kein Anrecht auf den in Aussicht genommenen Gnadenerweis; ein solcher ist vielmehr in jedem Falle von dem Wohlverhalten des Verurteilten während der Bewährungsfrist abhängig. Wird mit Rücksicht auf das Verhalten des Verurteilten die Vollstreckung der Strafe angeordnet, nachdem er die Buße ganz oder teilweise bezahlt hat, so hat er keinen Anspruch auf Rückzahlung.

§ 4. Mit der Aufklärung der Umstände, die für die Frage der späteren Aussetzung der Strafvollstreckung erheblich sein können, ist schon in dem Vorverfahren so frühzeitig zu beginnen, daß das Ergebnis der Ermittlungen tunlichst bereits in der Hauptverhandlung oder bei dem Antrag auf Erlaß eines Strafbefehls vorliegt. Eine Verzögerung des Verfahrens, insbesondere wenn der Beschuldigte zur Zeit der Tat das 18. Lebensjahr noch nicht vollendet hatte, ist aber zu vermeiden.

§ 5. Die Bewährungsfrist beträgt in der Regel 3 Jahre, in leichteren Fällen 2 Jahre. In Fällen nahe bevorstehender Verjährung ist die Frist so zu bemessen, daß sie mindestens 3 Monate vor dem Eintritt der Verjährung abläuft.

Die Bewährungsfrist kann durch Gerichtsbeschluß nach Anhörung der Staatsanwaltschaft nachträglich bis auf insgesamt 5 Jahre verlängert werden, jedoch nicht über den Eintritt der Verjährung hinaus.

§ 6. Die Entscheidung über die Aussetzung der Strafvollstreckung erfolgt durch einen besonderen, durch Rechtsmittel nicht anfechtbaren, mit Gründen versehenen Beschluß des Gerichts. Der Beschluß ist tunlichst mit dem Urteil zu verkünden oder mit dem Strafbefehl zuzustellen. Kann dies nicht geschehen, so ist er besonders zuzustellen. Bei minderjährigen Verurteilten erfolgt die Zustellung auch an den gesetzlichen Vertreter oder an denjenigen, dem die Sorge für seine Person zusteht. Lassen Umstände, die bei Erlaß des Urteils oder des Strafbefehls noch nicht bekannt gewesen sind, dem Gericht nachträglich die Bewilligung der Aussetzung der Strafvollstreckung angezeigt erscheinen, so kann nach Anhörung der Staatsanwaltschaft die Strafvollstreckung nachträglich ausgesetzt werden. Dies gilt auch dann, wenn die Aussetzung durch einen früheren Gerichtsbeschluß ausdrücklich abgelehnt war. Insbesondere können Verurteilte, für die ein Gnadenerweis zunächst nicht in Aussicht genommen ist, sich die Aussicht auf einen solchen durch gute Führung während der Strafverbüßung erwerben. Wenn die Aussetzung der Vollstreckung eines Strafrestes in Frage kommt, so ist stets auch die Strafanstalt, in der der Verurteilte den bisher vollstreckten Teil der Strafe verbüßt hat, zu hören, insbesondere über seine Führung in der Strafhaft (§ 3 der Allgemeinen Verfügung vom 21. Januar 1871 — JMBl. S. 34 —) und, sofern er sich noch in der Strafhaft befindet, über die Sicherung geeigneter Unterkunft und Arbeitsgelegenheit für den Fall der Entlassung.

§ 7. Zuständig zur Entscheidung über die Aussetzung der Strafvollstreckung ist das Gericht erster Instanz. Das Berufungsgericht kann, außer wenn es die Berufung lediglich aus prozessualen Gründen verwirft, gleichzeitig mit der Entscheidung über die Berufung über die Aussetzung der Strafvollstreckung entscheiden oder sich die Entscheidung über die Aussetzung der Strafvollstreckung ausdrücklich vorbehalten.

§ 8. Das erkennende Gericht hat bei der Festsetzung einer Freiheitsstrafe stets von Amts wegen zu prüfen, ob Anlaß zur Aussetzung der Strafvollstreckung gegeben ist. Im Falle der Verneinung dieser Frage bedarf es eines besonderen Beschlusses nur, wenn sie von der Staatsanwaltschaft, dem Verurteilten oder seinem Verteidiger beantragt worden war, oder wenn der Verurteilte zur Zeit der Tat das 18. Lebensjahr noch nicht vollendet hatte.

§ 9. Nach der Rechtskraft des Urteils oder Strafbefehls ist dem Verurteilten, dem die Aussetzung der Strafvollstreckung bewilligt ist, mitzuteilen, daß das Urteil oder der Strafbefehl nunmehr vollstreckbar sei, daß aber die Strafvollstreckung gemäß dem Beschlusse des Gerichts bis zum Ablaufe der mit dem Ende des Monats, in dem die Mitteilung erfolgt, beginnenden Bewährungsfrist ausgesetzt werde. Zugleich ist er unter Eröffnung der ihm etwa auferlegten besonderen Verpflichtungen über die Bedeutung der Bewährungsfrist zu belehren und ihm aufzugeben, dem Gericht oder der Vertrauensstelle jeden Wechsel seines Wohnorts während der Bewährungsfrist anzuzeigen. In geeigneten Fällen ist er darauf hinzuweisen, daß es für die Frage demnächstiger Begnadigung von Bedeutung sein werde, ob er den durch seine Straftat verursachten Schaden während der Bewährungsfrist nach Kräften wieder gutgemacht habe. Wird bedingte Strafaussetzung unter der Auflage der Zahlung einer Geldbuße gewährt, oder wird eine Freiheitsstrafe ausgesetzt, neben der auf eine Geldstrafe erkannt ist, so ist der Verurteilte über den Inhalt des § 3b Abs. 2 und des § 11 Satz 3 zu belehren.

Diese Mitteilungen haben tunlichst mündlich zu erfolgen. Es empfiehlt sich, hierzu regelmäßig auch den gesetzlichen Vertreter des minderjährigen Verurteilten oder denjenigen, dem die Sorge für seine Person zusteht, mit vorzuladen. Soll der Verurteilte unter Schutzaufsicht gestellt werden, so ist es angebracht, auch einem Vertreter der Vertrauensstelle Gelegenheit zu geben, der Mitteilung der Aussetzung der Strafvollstreckung an den Jugendlichen beizuwohnen.

Um die Mitteilung und Belehrung kann das Vormundschaftsgericht, das Jugendamt oder eine andere Behörde, bei einem in einer Anstalt untergebrachten Verurteilten die Anstaltsleitung ersucht werden, wenn sich der Verurteilte an einem anderen Orte als dem Sitze des Gerichts aufhält.

§ 10. Gewinnt die Strafvollstreckungsbehörde die Überzeugung, daß der zu einer Geldstrafe Verurteilte auch bei gutem Willen zur Abtragung der Geldstrafe selbst in Teilzahlungen nicht imstande ist, so hat sie, wenn der Verurteilte zur Zeit der Tat das 18. Lebensjahr noch nicht vollendet hatte, oder wenn sie die Aussetzung der Vollstreckung der Ersatzfreiheitsstrafe für angezeigt erachtet, die Akten dem Gericht zur Entscheidung gemäß §§ 1ff. vorzulegen. In diesem Falle bedarf der Beschluß des Gerichts über die Bewilligung oder die Ablehnung der Aussetzung der Strafvollstreckung nicht der Zustellung; im Falle der Bewilligung genügt die gemäß § 9 erfolgende Mitteilung, im Falle der Ablehnung gibt das Gericht die Akten der Strafvollstreckungsbehörde zurück.

§ 11. Die Justizbehörden, insbesondere die Strafverfolgungsbehörden, die Strafvollstreckungsbehörden, die Strafanstalt, in der der Verurteilte Strafe verbüßt, und das Vormundschaftsgericht haben dem erkennenden Gericht erster Instanz mitzuteilen, wenn ihnen bekannt wird, daß der Verurteilte sich schlecht führt. Geht dem Gericht von dieser oder anderer Seite eine solche Mitteilung zu, so ist es ermächtigt, nach Anstellung der etwa erforderlichen weiteren Ermittlungen und nach Anhörung der Staatsanwaltschaft die Bewährungsfrist zu verlängern, dem Verurteilten andere als die zunächst vorgesehenen Auflagen, auch nach § 3b, zu machen, weitere Maßnahmen des Vormundschaftsgerichts oder der Fürsorgeerziehungsbehörde anzuregen oder die Aussetzung der Strafvollstreckung zu widerrufen. Dies gilt insbesondere im Falle des § 3a, wenn der Verurteilte sich während der Strafvollstreckung schlecht führt, oder im Falle des § 3b, wenn er die Buße oder wenn er eine neben der ausgesetzten Freiheitsstrafe erkannte Geldstrafe schuldhafterweise nicht pünktlich zahlt. Bei einem Verurteilten, der sich in Fürsorgeerziehung oder aus anderer Veranlassung in einer Erziehungs- oder Besserungsanstalt befindet, ist vor dem Widerruf der Aussetzung die Entscheidung des Justizministers einzuholen, wenn der Vorstand des zur Fürsorgeerziehung verpflichteten Kommunalverbandes oder der Vorstand der Erziehungsanstalt oder Besserungsanstalt der Strafvollstreckung widerspricht. War jedoch die Aussetzung der Strafvollstreckung von vornherein an die Bedingung geknüpft, daß der Verurteilte aus der Fürsorge- oder Anstaltserziehung nicht entweiche, so kann, wenn die Bedingung nicht erfüllt wird, die Strafvollstreckung ohne weiteres eingeleitet werden.

Lassen im Falle des § 3b Abs. 2 Satz 2 Billigkeitsgründe die Rückzahlung der bereits ganz oder zum Teil entrichteten Buße oder einen anderweiten Gnadenerweis angebracht erscheinen, so sind die Akten dem Beauftragten für Gnadensachen zwecks Berichterstattung an den Justizminister vorzulegen.

§ 12. Gegen Ablauf der Bewährungsfrist zieht das Gericht erster Instanz Erkundigungen nach der Führung des Verurteilten in der Zwischenzeit ein Soweit den Auskunftspersonen der Zusammenhang der Anfrage mit einer früheren Bestrafung bekanntgegeben werden muß, ist kenntlich zu machen, daß es sich um die Frage des Erlasses der Strafe auf Grund guter Führung handelt; es ist zu verhüten, daß die Nachfrage unter dem Gesichtspunkt einer kriminalpolizeilichen Ermittlung aufgefaßt wird.

Zum Nachweis einer guten Führung ist nicht genügend, daß über den Verurteilten nichts Nachteiliges bekanntgeworden ist, sondern es bedarf der tatsächlichen Feststellung eines zufriedenstellenden Gesamtverhaltens. Insbesondere ist zu prüfen, ob der Verurteilte den bei Erwirkung der Strafaussetzung in ihn gesetzten besonderen Erwartungen (Unterstellung unter Schutzaufsicht, Eintritt in die Lehre, Leistung von Schadensersatz, Enthaltung von geistigen Getränken usw.) entsprochen hat.

§ 13. Ergeben die eingezogenen Erkundigungen, daß sich der Verurteilte während der Bewährungsfrist gut geführt hat, so ist das Gericht ermächtigt, nach Anhörung der Staatsanwaltschaft Gefängnis-, Festungshaft-, Arrest- und Haftstrafen ohne Rücksicht auf die Dauer, bei Zuchthausstrafen Reststrafen von nicht mehr als 6 Monaten, zu erlassen; das gleiche gilt für Geldstrafen, zu deren Ersatz solche Freiheitsstrafen festgesetzt sind.

Hält das Gericht zwar einen Gnadenerweis, aber nicht den vorbehaltlosen Erlaß der Strafe für angezeigt, so kann es dem

Verurteilten nachlassen, die Strafvollstreckung durch Zahlung einer Geldbuße abzuwenden.

§ 14. Von der Bewilligung der Aussetzung der Strafvollstreckung und ihrem etwaigen Widerruf, von einer Verlängerung der Bewährungsfrist sowie von dem Gnadenerweis hat das Büro der Strafvollstreckungsbehörde das Strafregister unverzüglich zu benachrichtigen.

§ 15. Die Vorbereitung und die Ausführung der Entscheidungen des Gerichts liegen dem Vorsitzenden oder einem von ihm bestellten Mitglied ob.

§ 16. Ist der Verurteilte von mehreren Gerichten zu Freiheitsstrafen verurteilt, die er noch nicht verbüßt hat, oder wird gegen ihn ein neues Strafverfahren anhängig, so haben sich die beteiligten Behörden miteinander in Verbindung zu setzen, um eine einheitliche Behandlung der Aussetzung der Strafvollstreckung, des Widerrufs und des Gnadenerweises herbeizuführen. Gelingt eine Einigung nicht, so hat dasjenige Gericht, das die Strafe vollstrecken will, an den Justizminister zu berichten. Ist das Gericht eines anderen Landes beteiligt, so ist die Allgemeine Verfügung vom 29. Juni 1914[1] (JMBl. S. 571) entsprechend anzuwenden.

[1] Jetzt JB. v. 28. Nov. 1923 (JMBl. S. 737).

§ 17. Alle vor oder nach der Verurteilung erforderlichen Erkundigungen sind schonend einzuziehen. Als Auskunftsstellen kommen, abgesehen von den Gemeinde- und Polizeiverwaltungen sowie der Vertrauensstelle, welche die Schutzaufsicht übernommen hat, insbesondere die Jugendgerichtshilfe, Fürsorgevereine, Jugendämter, Kreiswohlfahrtsämter, Fürsorgeausschüsse und dergleichen, Waisenräte, Geistliche, Lehrer, unter Umständen auch Arbeitgeber, Lehr- und Dienstherren in Betracht. Auf eine vertrauliche Behandlung der Anfrage ist hinzuwirken.

II. Aussetzung der Strafvollstreckung durch den Justizminister.

§ 18. Erachtet das Gericht die Aussetzung der Strafvollstreckung in einem Falle für angezeigt, in welchem es zu ihrer Bewilligung nicht ermächtigt ist, so spricht es dies in einem mit Gründen versehenen Beschluß aus, sieht aber von dessen Verkündung oder Zustellung ab. Nach der Rechtskraft des Urteils legt die Strafvollstreckungsbehörde den Beschluß mit ihrer Äußerung dem Beauftragten für Gnadensachen vor, der gemäß III, 11 der Allgemeinen Verfügung vom 26. August 1919 (JMBl. S. 405) verfährt.

§ 19. Die dem Gericht in § 11 erteilte Ermächtigung gilt auch für diejenigen Fälle, in denen die Aussetzung der Strafvollstreckung von dem Justizminister bewilligt ist. Das Gericht kann für die Entrichtung Teilzahlungen und Fristverlängerungen innerhalb der Bewährungsfrist bewilligen, wenn der Justizminister die Auflage der Zahlung einer Geldbuße gemacht hat.

§ 20. § 13 gilt auch für diejenigen Fälle, in denen die Aussetzung der Vollstreckung einer Gefängnis-, Festungshaft-, Arrest- oder Haftstrafe oder bei Zuchthausstrafen die Vollstreckung einer Reststrafe von nicht mehr als 6 Monaten durch den Justizminister bewilligt ist.

§ 21. In denjenigen Fällen, in denen nicht gemäß §§ 13, 20 das Gericht zum Erlasse der Strafe ermächtigt ist, zieht gegen Ablauf der Bewährungsfrist der Beauftragte für Gnadensachen die erforderlichen Erkundigungen ein und ersucht sodann das Gericht erster Instanz sowie die in Ziffer I, 5 der Allgemeinen Verfügung vom 19. Juni 1919 (JMBl. S. 341) bezeichneten Stellen um eine Äußerung über die Herbeiführung eines Gnadenerweises. Nach Eingang der Äußerungen berichtet er stets an den Justizminister.

§ 22. Soweit nicht in den §§ 18 bis 21 etwas Abweichendes bestimmt ist, findet Abschnitt I dieser Verfügung auch auf die Fälle des Abschnitts II sinngemäße Anwendung.

III. Gnadengesuche.

§ 23. Alle Gnadengesuche, in denen lediglich um Aussetzung der Strafvollstreckung gebeten wird, sind von den Justizbehörden, bei denen sie eingehen, unmittelbar dem erkennenden Gericht erster Instanz zu übersenden.

Ist das Gericht zur Aussetzung der Strafvollstreckung ermächtigt, so verfährt es gemäß Abschnitt I. Will es nach Abschluß der Ermittlungen die Aussetzung nicht bewilligen, so gibt es das Gesuch mit seiner Äußerung an den Beauftragten für Gnadensachen weiter. Dieser hat, wenn auch keine der in Ziffer I, 5 der Allgemeinen Verfügung vom 19. Juni 1919 (JMBl. S. 341) bezeichneten drei Stellen die Aussetzung der Strafvollstreckung oder einen alsbaldigen Gnadenerweis befürwortet, das Gesuch ablehnend zu bescheiden, andernfalls an den Justizminister zu berichten. Der Berichterstattung bedarf es nicht, wenn von keiner Seite ein alsbaldiger Gnadenerweis befürwortet und einer Anregung auf Aussetzung der Strafvollstreckung von dem Gericht bei nochmaliger Vorlegung der Akten entsprochen wird.

Sind die Voraussetzungen des § 1 nicht gegeben, so gibt das Gericht das Gesuch ohne weitere Ermittlungen mit einer vorläufigen Äußerung an den Beauftragten für Gnadensachen weiter. Dieser zieht, wenn das Gericht die Erörterung der Aussetzung empfiehlt, die erforderlichen Erkundigungen ein und verfährt sodann gemäß Ziffer III, 11 der Allgemeinen Verfügung vom 26. August 1919 (JMBl. S. 405). Spricht sich das Gericht gegen jede Berücksichtigung des Gesuchs aus, so verfährt der Beauftragte für Gnadensachen gemäß Abs. 2 Satz 3.

§ 24. Auch alle übrigen Gnadengesuche sind, soweit sie nach den bestehenden Vorschriften von Justizbehörden zu bearbeiten sind, von dem Beauftragten für Gnadensachen nach der Richtung zu prüfen, ob der Fall sich zur Bewilligung der Aussetzung der Strafvollstreckung anstatt eines sofortigen Gnadenerweises eignet.

Erachtet auf ein dem Beauftragten für Gnadensachen zugefertigtes Gnadengesuch keine der in Ziffer I, 5 der Allgemeinen Verfügung vom 19. Juli 1919 (JMBl. S. 341) bezeichneten drei Stellen einen sofortigen Gnadenerweis, wohl aber auch nur eine von ihnen die Aussetzung der Strafvollstreckung für angezeigt, so hat der Beauftragte das Gesuch nebst den entstandenen Vorgängen dem Gericht erster Instanz vorzulegen. Der Vorlegung bedarf es nicht, wenn das Gericht die Aussetzung der Strafvollstreckung bereits abgelehnt hat, es sei denn, daß sich neue Umstände ergeben haben, die für die Aussetzung sprechen. Erachtet das Gericht die Aussetzung der Strafvollstreckung für angezeigt, so regelt sich das weitere Verfahren nach den Bestimmungen in Abschnitt I und II. Hatte der Justizminister Bericht über das Gnadengesuch erfordert, so erstattet ihm in den Fällen des Abschnitts I das Gericht Anzeige von der Bewilligung der Aussetzung; diese Anzeige übersendet es dem Beauftragten für Gnadensachen zur Weitergabe an den Justizminister. Spricht sich das Gericht gegen die Aussetzung der Strafvollstreckung aus, so gibt es das Gesuch nebst den Vorgängen dem Beauftragten für Gnadensachen zur weiteren Behandlung zurück.

Bewilligt das Gericht auf ein dem Beauftragten für Gnadensachen noch nicht zugefertigtes Gnadengesuch dem Verurteilten Strafaussetzung hinsichtlich der erkannten Freiheitsstrafe oder eines Strafteils, so bedarf es der Vorlegung des Gesuchs beim Justizminister nur, wenn eine der zu hörenden Stellen (I 5 der Allg. Verf. vom 19. Juli 1919) einen sofortigen Gnadenerweis befürwortet hat, oder wenn der Verurteilte dies, nachdem ihm die gerichtliche Entscheidung mitgeteilt worden ist, ausdrücklich verlangt.

§ 25. Auch wenn der Justizminister auf den Bericht des Beauftragten für Gnadensachen die Aussetzung der Strafvollstreckung bewilligt hat, erfolgt die im § 9 vorgeschriebene Mitteilung durch das Gericht.

IV. Vorläufige Entlassung.

§ 26. Anträge auf vorläufige Entlassung eines Verurteilten (§§ 23ff. StGB.) sind stets auch nach der Richtung zu prüfen, ob etwa die Aussetzung vorzuziehen ist. Dies wird namentlich dann der Fall sein, wenn die Genehmigung der vorläufigen Entlassung deshalb bedenklich erscheint, weil im Hinblick auf die Beschaffenheit der Straftat oder die Persönlichkeit des Verurteilten die bis zum Ablaufe der Strafzeit noch verbleibende Frist (§ 26 StGB.) eine zu kurze Bewährungsfrist darstellen würde. In diesen Fällen ist die Aussetzung der Strafvollstreckung lediglich danach zu beurteilen, ob sie für die nicht angängig erscheinende vorläufige Entlassung des Verurteilten Ersatz zu bieten vermag.

Gegebenenfalls hat die Staatsanwaltschaft die Strafakten und die Akten der Strafanstalt mit sämtlichen auf die zunächst in Aussicht genommene vorläufige Entlassung bezüglichen Vorgängen dem Gerichte, wenn dieses zur Aussetzung zuständig ist, andernfalls dem Beauftragten für Gnadensachen zu übersenden. Das Gericht verfährt gemäß Abschnitt I; will es nach dem Abschlusse der Ermittlungen die Aussetzung nicht bewilligen, so gibt es das Gesuch mit seiner Äußerung an den Beauftragten für Gnadensachen weiter.

Der Beauftragte für Gnadensachen, dem ein Antrag auf vorläufige Entlassung gemäß Abs. 2 vorgelegt wird, berichtet stets an den Justizminister nach dem Muster der Anlage C der Allgemeinen Verfügung vom 26. August 1919 (JMBl. S. 405). In Spalte 4 ist neben der Stellungnahme der Staatsanwaltschaft und des beteiligten Anwalts stets auch diejenige der Strafanstalt anzugeben. § 23 Abs. 2 Satz 4 findet entsprechende Anwendung.

Sachregister.

Die römischen Zahlen bedeuten die Nummern der Gesetze und Verordnungen, die arabischen Zahlen die der Paragraphen. Die Nummer der StPO. III ist im allgemeinen weggelassen. A bedeutet Anmerkung, V Vorbemerkung. Um Unübersichtlichkeiten zu vermeiden, sind die Absätze der Paragraphen nicht besonders zitiert.

A.

B.

C.

D.

E.

F.

G.

H.

J.

K.

L.

M.

P.

S.

V.

W.

Gedruckt bei A. W. Hayn's Erben, Potsdam

Nachweis wichtiger Gesetzesausgaben

mit und ohne Erläuterungen, größere und kleinere Kommentare, Lehrbücher, Sammelwerke, Entscheidungssammlungen, Zeitschriften

Zusammengestellt vom Verlage Walter de Gruyter & Co., Berlin W 10

Februar 1930

Inhaltsübersicht

I. Allgemeines, Sammelwerke.

Handwörterbuch der Rechtswissenschaft. Unter Mitberatung von Reichsgerichtspräsident Dr. E. Bumke, L. Busch, Oberreichsanwalt Dr. L. Ebermayer, Geh. Justizrat Professor Dr. Fr. Endemann, Geh. Justizrat Professor Dr. E. Heymann, Senatspräsident am Reichsgericht Dr. O. Strecker, Präsident des Bayrischen Obersten Landesgerichts Staatsrat Dr. K. v. Unzner herausgegeben von Dr. jur. **Fritz Stier-Somlo,** o. Professor an der Universität Köln, und Dr. jur **Alex. Elster,** Berlin. 6 Bände. Lexikon-Oktav. 1926/29.
In Halbleder geb. RM. 304.—

„Es zeigt sich doch jetzt immer mehr, daß Ihr Handwörterbuch ein ganz großer Wurf war. Wie ich höre, wird es auch in der Praxis in steigendem Maße benutzt." Professor Dr. Nipperdey, Köln.

Bürgerliches Rechtslexikon. (Nach dem Bürgerlichen Gesetzbuch, dem Handelsgesetzbuch und sonstigen Reichs- und Landesgesetzen.) Von E. **Christiani,** weil. Amtsgerichtsrat. Vierte, durchgearbeitete und verbesserte Auflage von Dr. Alexander **Elster,** Rechtsanwalt Dr. Hugo Hoormann, Amtsgerichtsrat Georg Krause, Lexikon-Oktav. IV, 474 Seiten. 1930 . . . . Geb. RM. 15.—

Christianis „Bürgerliches Rechtslexikon" erscheint nach seinen großen Erfolgen vor dem Kriege nunmehr in vierter Auflage. Die besondere Art der Stichwortaufteilung und die verständliche Darstellung haben es in alle Kreise gelangen lassen, die stets eine Gelegenheit zu zuverlässiger Rechtsbelehrung haben müssen.

Hedemann, J. W., **Einführung in die Rechtswissenschaft.** Zweite, erweiterte und umgestaltete Auflage. Oktav. XXII, 566 Seiten. 1927. (Lehrbücher und Grundrisse der Rechtswissenschaft Bd. IX.)
RM. 14.—, geb. RM. 16.—

„. . . Das Buch Hedemanns, welches die Aufgabe einer Einführung am reichsten und umfassendsten auffaßt und löst . . ."
Juristische Wochenschrift.

Sternberg, Theodor, **Einführung in die Rechtswissenschaft.**
I. Teil: Methoden- und Quellenlehre. Zweite, neugestaltete Auflage. Verbesserter Neudruck. 190 Seiten. 1927. (Sammlung Göschen Bd. 169.)
Geb. RM. 1.80
II. Teil: Das Rechtssystem. Erste Hälfte: Grundbegriffe und Privatrecht. Zweite, vermehrte Auflage. 133 Seiten. 1922. (Sammlung Göschen Bd. 170.) . . . . Geb. RM. 1.80

Eine in ihrer Knappheit ganz ausgezeichnete Darstellung der juristischen Begriffe und Probleme.

Schröder, Richard, und **Glitsch,** Heinrich, **Deutsche Rechtsgeschichte. schichte.** Sechste, verbesserte Auflage. Groß-Oktav. Mit einer Abbildung im Text, fünf Tafeln und einem Bildnis. 1124 Seiten. 1922.
RM. 26.—, in Halbleder geb. RM. 30.—

Dieses bekannte Lehrbuch hat sich seit langen Jahren bestens bewährt.

Fehr, Hans, **Deutsche Rechtsgeschichte.** Zweite, verbesserte und ergänzte Auflage. Oktav. 416 Seiten. 1925. (Lehrbücher und Grundrisse der Rechtswissenschaft Bd. X.) RM. 13.—, geb. RM. 14.50

Das Buch gibt eine plastische Darstellung der deutschen Rechtsgeschichte, die eine Anhäufung von Stoff ausdrücklich vermeidet, vielmehr das Schwergewicht auf eine mehr ideengeschichtliche Behandlung des Gegenstandes legt.

Schröder, Richard, und **Glitsch,** Heinrich, **Deutsche Rechtsgeschichte.** Zweite Auflage. Neudruck.
I. Bis zum Ende des Mittelalters. 160 Seiten. 1929. (Sammlung Göschen Bd. 621.) . . . . Geb. RM. 1.80

II. Die Neuzeit. 90 Seiten. 1929. (Sammlung Göschen Bd. 664.) Geb. RM. 1.80

Eine gemeinverständliche kurze Darstellung der deutschen Rechtsgeschichte.

Giese, Friedrich, **Preußische Rechtsgeschichte.** Übersicht über die Rechtsentwicklung der preußischen Monarchie und ihrer Landesteile. Ein Lehrbuch für Studierende. Groß-Oktav. 256 Seiten. 1920. RM. 5.—, geb. RM. 6.50

„Das Buch ist nicht ein, sondern das (bisher fehlende) Lehrbuch der preußischen Rechtsgeschichte."
Dr. Karl Strupp im „Verwaltungsarchiv".

von Mayr, Robert, **Römische Rechtsgeschichte.** I. Buch. Die Zeit des Volksrechtes. 1. Hälfte: Das öffentliche Recht. 150 Seiten. 1912. (Sammlung Göschen Bd. 577.) . . . . Geb. RM. 1.80
2. Hälfte: Das Privatrecht. 117 Seiten. 1912. (Sammlung Göschen Bd. 578.) . . . . Geb. RM. 1.80
II. Buch: Die Zeit des Amts- und Verkehrsrechtes. 1. Hälfte: Das öffentliche Recht. 158 Seiten. 1912. (Sammlung Göschen Bd. 645.) Geb. RM. 1.80
2. Hälfte: Das Privatrecht I. 122 Seiten. 1913. (Sammlung Göschen Bd. 646.) . . . . Geb. RM. 1.80
Das Privatrecht II. 150 Seiten. 1913. (Sammlung Göschen Bd. 647.) Geb. RM. 1.80
III. Buch. Die Zeit des Reichs- und Volksrechtes. 111 Seiten. 1913. (Sammlung Göschen Bd. 648.) . . . . Geb. RM. 1.80
IV. Buch. Die Zeit der Orientalisierung des römischen Rechtes. 155 Seiten. 1913. (Sammlung Göschen Bd. 697.) . . . . Geb. RM. 1.80

Stammler, Rudolf, **Lehrbuch der Rechtsphilosophie.** Dritte, vermehrte Auflage. Groß-Oktav. XVI, 396 Seiten. 1928. RM. 13.—, geb. RM. 15.—

„. . . Ein Werk aus einem Gusse, ein herbes Werk von größter wissenschaftlicher Strenge, eine Schule, durch die jeder gehen muß, der mit den rechtsphilosophischen Problemen der Gegenwart ringt."
Schweizerische Juristenzeitung.

Stammler, Rudolf, **Rechts- und Staatstheorien der Neuzeit.** Leitsätze zu Vorlesungen. Zweite, vermehrte und verbesserte Auflage. Oktav. IV, 116 Seiten. 1925. . . . . RM. 3.50, geb. RM. 4.50

Ein unentbehrlicher Führer durch die Rechts- und Staatstheorien der Neuzeit.

Stammler, Rudolf, **Wirtschaft und Recht** nach der materialistischen Geschichtsauffassung. Eine sozialphilosophische Untersuchung. Fünfte, durch einen Nachtrag ergänzte Auflage. Oktav. VIII, 704 Seiten. 1924. . . . . RM. 14.—, geb. RM. 16.—

„Das Werk Stammlers darf den Ruhm in Anspruch nehmen, unter allen Büchern, die in der letzten Zeit auf dem hier in Betracht kommenden Gebiet erschienen sind, die stärkste Wirkung hervorgebracht zu haben." *Historische Zeitschrift.*

Friedrichs, Karl, **Der Allgemeine Teil des Rechts.** Eine Darstellung der gemeinsamen Lehren des öffentlichen und des privaten Rechts. Groß-Oktav. X, 306 Seiten. 1927. . . . . . RM. 12.—, geb. RM. 13.50

„Eine solche Arbeit fehlte bisher in der juristischen Literatur. Friedrichs ist wie kein anderer berufen, eine grundlegende Arbeit über dieses Gebiet zu schreiben." *Mitteilungen des Preuß. Richtervereins.*

Maas, Georg, und **Magnus,** Julius, **Abkürzungsverzeichnis der Rechtssprache.** Abkürzungen der Bezeichnungen von Rechtsquellen, Behörden, Entscheidungen usw. des deutschen und österreichischen Rechts. Oktav. IV, 140 Seiten. 1929. . . . . RM. 4.—

„Bis jetzt fehlte eine Zusammenstellung, die in zuverlässiger Weise die gebräuchlichsten Abkürzungen wiedergab. Diese Lücke füllt das neue Buch in glücklicher Weise aus." *Der junge Rechtsgelehrte.*

Endemann, Friedrich, **Grundriß des römischen Privatrechts.** Oktav. X, 256 und 30 Seiten. 1925. (Lehrbücher und Grundrisse der Rechtswissenschaft Bd. XII.) . . . . RM. 9.—, geb. RM. 10.50

„. . . ein nach jeder Richtung hochstehendes Werk."
Der junge Rechtsgelehrte.

Stammler, Rudolf, **Aufgaben aus dem römischen Recht.** Der „Institutionenübungen für Anfänger" vierte Auflage. Oktav. IV, 92 Seiten. 1919. Mit Figuren im Text . . . . Geb. RM. 5.—

Zum selbständigen Einarbeiten in das System des römischen Privatrechts.

II. Bürgerliches Recht

1. Bürgerliches Gesetzbuch

Lehmann, Heinrich, **Allgemeiner Teil des Bürgerlichen Gesetzbuches.** Dritte, vermehrte und verbesserte Auflage (9. bis 12. Tausend). Oktav. XIV, 439 Seiten. 1928. (Lehrbücher und Grundrisse der Rechtswissenschaft Bd. I.) . . . . RM. 12.—, geb. RM. 13.50

„Es liegt ein großer pädagogischer Wert in diesem Buch. Es wird sich unter den Studenten rasch großer Beliebtheit erfreuen."
Das Recht.

Leonhard, R., **Der Allgemeine Teil des Bürgerlichen Gesetzbuches** in seinem Einflusse auf die Fortentwicklung der Rechtswissenschaft. Groß-Oktav. XVI, 537 Seiten. 1900. (Recht des Bürgerlichen Gesetzbuches in Einzeldarstellungen Nr. X.) . . . . RM. 10.—

Die Sammlung „Recht des Bürgerlichen Gesetzbuches" umfaßt systematische Darstellungen des BGB. aus der Feder erster Juristen der Wissenschaft und Praxis.

Oertmann, Paul, **Allgemeiner Teil des Bürgerlichen Gesetzbuches.**
I. Einleitung. Lehre von den Personen und von den Sachen. Dritte, verbesserte Auflage. 136 Seiten. 1926. (Sammlung Göschen Bd. 447.) Geb. RM. 1.80
II. Erwerb und Verlust, Geltendmachung und Schutz der Rechte. Dritte, verbesserte Auflage. 147 Seiten. 1928. (Sammlung Göschen Bd. 448.) . . . . Geb. RM. 1.80

Nach der die Vorgeschichte des BGB. und einzelne für seine Bedeutung und Anwendung wichtige Hauptfragen behandelnden Einleitung bespricht der Verfasser die Lehre von den Personen und von den Sachen. Er verarbeitet den Inhalt der einzelnen Gesetzesparagraphen wissenschaftlich und erörtert dabei auch mehrfach Fragen, die im BGB. selbst nicht geregelt, höchstens gestreift werden.

Plancks Kommentar zum Bürgerlichen Gesetzbuch nebst Einführungsgesetz. Bisher herausgegeben von E. Strohal. Bearbeitet von E. Brodmann, L. Busch, J. Ebbecke, F. Flad, M. Greiff, K. Gunkel, P. Knoke, M. Landois, A. Lobe, Fr. Oegg, H. Siber, O. Strecker, K. von Unzner. Vierte, völlig neubearbeitete Auflage. Lexikon-Oktav. Bisher sind erschienen:
I. Band: Allgemeiner Teil. 606 Seiten. 1913. RM. 15.—, geb. RM. 17.—
II. Band, 1. Hälfte: Recht der Schuldverhältnisse. (Allgemeiner Teil.) 640 Seiten. 1914 . . . . RM. 15.—, geb. RM. 17.—

II. Band, 2. Hälfte: Recht der Schuldverhältnisse. (Besonderer Teil.) 1296 Seiten. 1928 . . . . RM. 49.—, geb. RM. 52.—
III. Band: Sachenrecht. 1464 Seiten. 1920. RM. 30.—, geb. RM. 33.—
IV. Band: Familienrecht. 1. Hälfte §§ 1297—1588. 701 Seiten. 1928. RM. 26.—, geb. RM. 28.—
V. Band: Erbrecht.
Erste Lieferung: §§ 1922—1984. 192 Seiten. 1924 . . RM. 6.—
Zweite Lieferung: §§ 1985—2063. 160 Seiten. 1926 . . RM. 7.—
Dritte Lieferung: §§ 2064—2196. 256 Seiten. 1929 . . RM. 12.—

„Für jeden Praktiker, der tiefer in den Rechtsstoff eindringen muß, um die zur Entscheidung stehende Frage zu prüfen, ist Plancks Kommentar immer ein zuverlässiger Ratgeber und seine Erläuterung und Meinung von hohem Wert und Gewicht, stets sorgfältiger Beachtung wert.“ Zentralblatt für freiwillige Gerichtsbarkeit.

Das Bürgerliche Gesetzbuch mit besonderer Berücksichtigung der Rechtsprechung des Reichsgerichts. Erläutert von Dr. Busch, Erler, Dr. Lobe, Michaelis, Oegg, Schliewen und Seyffarth, Reichsgerichtsräten und Senatspräsidenten am Reichsgericht. Sechste, neubearbeitete Auflage. 5 Bände. §§ 1—2385. Lexikon-Oktav. 3182 Seiten. 1928 . . . . RM. 125.—, in Halbleder geb. RM. 150.—
I. Band: Allgemeiner Teil. Recht der Schuldverhältnisse I. (Allgemeiner Teil.) — II. Band: Recht der Schuldverhältnisse II. (Einzelne Schuldverhältnisse.) — III. Band: Sachenrecht. — IV. Band: Familienrecht. — V. Band: Erbrecht. Alphabetisches Sachverzeichnis.
(Das Werk wird nur komplett abgegeben.)

„Eine neue Auflage dieses für die Praxis wertvollsten Kommentars ist ein Ereignis für die Juristenwelt.“ Blätter für Rechtspflege im Bezirk des Kammergerichts.

Achilles-Greiff, Bürgerliches Gesetzbuch nebst Einführungsgesetz. In Verbindung mit André, Meyer, Strecker, v. Unzner. Zwölfte, vermehrte und verbesserte Auflage, mit Erläuterungen der Verordnung über das Erbbaurecht, des Gesetzes über die religiöse Kindererziehung und des Gesetzes für Jugendwohlfahrt. Groß-Oktav. XVI, 1247 Seiten. 1927. (Guttentagsche Sammlung Deutscher Reichsgesetze Bd. 38/39.) . . . . Geb. RM. 24.—

„Das ausgezeichnete Buch, das einer weiteren Empfehlung kaum bedarf, wird seine führende Stellung unter den Handausgaben ohne Zweifel behaupten.“ Juristische Rundschau.

Bürgerliches Gesetzbuch nebst Einführungsgesetz. Vom 18. August 1896 mit Berücksichtigung der bis zum 1. Januar 1928 ergangenen Abänderungen. Textausgabe mit ausführlichem Sachregister. Sechzehnte Auflage. (61. bis 66. Tausend). Taschenformat. 758 Seiten. 1928. (Guttentagsche Sammlung von Textausgaben ohne Anmerkungen mit Sachregister.) . . . . Geb. RM. 5.—

Die vorliegende Ausgabe zeichnet sich durch Vollständigkeit und besondere Ausführlichkeit des Sachregisters aus.

Lindemann, Otto, Ausführungsgesetz zum Bürgerlichen Gesetzbuche vom 20. September 1899 nebst einem Anhang: Verordnung zur Ausführung des Bürgerlichen Gesetzbuchs vom 16. November 1899. Nach dem Tode des früheren Herausgebers Kammergerichtsrat Dr. P. Siméon, erläutert von Geh. Oberjustizrat Otto Lindemann, Ministerialdirektor im Pr. Justizministerium. Vierte Auflage. Etwa 220 Seiten. 1930. (Guttentagsche Sammlung Preußischer Gesetze Bd. 23.) Geb. RM. 5.—

Die neue Auflage kommt im richtigen Augenblick, um dem fühlbaren Mangel an neuen Bearbeitungen der Ausführungsgesetze zum Bürgerlichen Gesetzbuch abzuhelfen. Sie ist völlig neu bearbeitet und nach den Ergebnissen von Gesetzgebung und Rechtsprechung bis in die jüngste Zeit ergänzt.

v. **Schwerin,** Cl., Frhr., **Grundzüge des deutschen Privatrechts.** Zweite Auflage. Oktav. XII, 342 Seiten. 1928. (Lehrbücher und Grundrisse der Rechtswissenschaft Bd. XIII.) RM. 9.50, geb. RM. 11.—

„Was dem Studenten not tut, ist ein kurzgefaßtes Handbuch. . . . Ein ausgezeichnetes Hilfsmittel dieser Art ist das vorliegende Buch."
Zeitschrift für Rechtspflege in Bayern.

Wegner, Arthur, **Jugendrecht.** Ein Lehrbuch zur Einführung. Oktav. IX, 219 Seiten. 1929 . . . . RM. 6.—, geb. RM. 7.50

„Ein gleichartiges und gleichwertiges Werk über das Jugendgericht gibt es noch nicht." *Breslauer Zeitung.*

Schuldverhältnisse insbesondere

Hedemann, Justus Wilh., **Schuldrecht des Bürgerlichen Gesetzbuches.** Oktav. Zweite Auflage in Bearbeitung. (Lehrbücher und Grundrisse der Rechtswissenschaft Bd. II.)

„Die Schrift bietet die beste mir bekannte Einführung in das schwierige Recht der Schuldverhältnisse." *Staats- und Selbstverwaltung.*

Oertmann, Paul, **Schuldrecht.** (BGB. II.)
I. Allgemeine Lehren. Dritte, verbesserte Auflage. 142 Seiten. 1927. (Sammlung Göschen Bd. 323.) . . . . Geb. RM. 1.80
II. Die einzelnen Schuldverhältnisse. Dritte, verbesserte Auflage. 159 Seiten. 1929. (Sammlung Göschen Bd. 324.) . . Geb. RM. 1.80

„In knapper Form und gemeinverständlicher Ausdrucksweise ist ein vorzüglicher Überblick über den Stoff gegeben."
Leipziger Zeitschrift für deutsches Recht.

Meyer, Georg, **Das Recht der Beschlagnahme von Lohn- und Gehaltsforderungen.** Sechste Auflage. Taschenformat. 1927. Mit Nachtrag 1928. (Guttentagsche Sammlung Deutscher Reichsgesetze Bd. 55.) Geb. RM. 4.50

„Das Buch ist in flüssiger, übersichtlicher Form geschrieben und schöpft aus der Praxis für die Praxis; ein Handbuch nicht nur für den Juristen, sondern ebenso für das kaufmännische Büro, die Fabrik und das Handelsgeschäft." *Württembg. Wirtschafts-Zeitung.*

Seligsohn, Franz, **Haftpflichtgesetz.** Groß-Oktav. 349 Seiten. 1920. RM. 8.—, geb. RM. 9.50

„Das reiche Material hat der Verfasser mit logischer Schärfe und in knapper Form bearbeitet und damit ein mustergültiges Werk geschaffen, das für die meist veralteten Kommentare zum Reichshaftpflichtgesetz einen wertvollen Ersatz bietet."
Blätter für Rechtspflege im Bezirk des Kammergerichts.

Krieg, O., **Mietrecht und Wohnungsmangelgesetzgebung** im Reiche, in Preußen und in Berlin, einschließlich Hauszinssteuer, Kostenwesen und Rechtsentscheiden des Kammergerichts und des Obersten Landesgerichts. Zusammengestellt und mit ausführlichem Schlagwortregister versehen. Vierte Auflage. Taschenformat. XII, 594 Seiten. 1928. (Guttentagsche Sammlung Deutscher Reichsgesetze Bd. 156.) Geb. RM. 10.—

„Eine solche Ausgabe zu besitzen, ist wertvoll. Diese Ausgabe verdient schon wegen ihrer Vollständigkeit besondere Beachtung. Ein vortreffliches Sachregister ist beigegeben." *Juristische Wochenschrift*

Stölzle, Hans, **Viehkauf** nach Bürgerlichem Gesetzbuch und ausländischem Recht. Verordnung, betreffend die Hauptmängel und Gewährfristen beim Viehhandel. Von Eugen Fröhner. Sechste, vermehrte und wesentlich verbesserte Auflage. Taschenformat. 699 Seiten. 1926. (Guttentagsche Sammlung Deutscher Reichsgesetze Bd. 50.) Geb. RM. 15.—

„Das Buch ist Juristen wie Laien als lichtvoller Ratgeber in allen Fragen nur auf das wärmste zu empfehlen."
Deutsche Juristen-Zeitung.

Hoffmann, J., **Abzahlungsgeschäfte.** Vierte Auflage, besorgt von K.-A. Crisolli. Taschenformat. Im Druck. (Guttentagsche Sammlung Deutscher Reichsgesetze Bd. 34.)

„Jeder, der mit Abzahlungsgeschäften zu tun hat, kann sich bestens aus dem Büchlein informieren. Der Kommentar ermöglicht es auch dem Laien, sich mit allen einschlägigen Fragen vertraut zu machen.“
Berliner Intelligenz-Blatt.

Harnier, Ed., **Sicherung der Bauforderungen.** Dritte Auflage. Taschenformat. 122 Seiten. 1912. (Guttentagsche Sammlung Deutscher Reichsgesetze Bd. 93.) . . . . Geb. RM. 1.80

„Die vorliegende Neubearbeitung der kleinen Ausgabe des äußerst schwierigen Gesetzes findet einen weiterstreckten Interessenkreis. Nach einer äußerst klaren Einleitung werden seine Bestimmungen an der Hand der Gesetzesmaterialien und auf dem Boden des geltenden Rechts, unter Herstellung des Zusammenhanges mit ihm, in knappen Anmerkungen erläutert.“ Mitteilungen der Handelskammer Breslau.

Göppert, H., **Gesetz, betreffend die gemeinsamen Rechte der Besitzer von Schuldverschreibungen.** Zweite Auflage, bearbeitet von E. Trendelenburg. Taschenformat. 156 Seiten. 1915. (Guttentagsche Sammlung Deutscher Reichsgesetze Bd. 52.) . . . . . Geb. RM. 1.50

Dungs, H., **Sechs Haager Abkommen über internationales Privatrecht.** Taschenformat. 116 Seiten. 1910. (Guttentagsche Sammlung Deutscher Reichsgesetze Bd. 98.) . . . . Geb. RM. 1.50

„Die diesen Abkommen vom Verfasser beigefügten Erläuterungen sind kurz und klar gefaßt und entsprechen den allgemeingültigen Anschauungen. Der Kommentar von Dungs kann nur angelegentlichst empfohlen werden.“ Juristisches Literaturblatt.

Bogeng, G., **Die Haager Abkommen über das internationale Privatrecht.** Taschenformat. 173 Seiten. 1908. (Guttentagsche Sammlung Deutscher Reichsgesetze Bd. 90.) . . . . Geb. RM. 2.—

Sachenrecht insbesondere

Hedemann, Justus Wilh., **Sachenrecht des Bürgerlichen Gesetzbuches.** Oktav. XXXII, 507 Seiten. 1924. (Lehrbücher und Grundrisse der Rechtswissenschaft Bd. III.) . . . . . RM. 12.—, geb. RM. 13.50

„Ein trotz seiner Kürze ausgezeichnetes und inhaltreiches Lehrbuch, nicht nur für den Studierenden, sondern auch für ältere Juristen. Die Arbeit ist wissenschaftlich tiefgründig und doch gemeinverständlich geschrieben.“ Zeitschrift des Deutschen Notarvereins.

Kretschmar, F., **Sachenrecht.**

I. Allgemeine Lehren. Besitz und Eigentum. Zweite, verbesserte Auflage. 142 Seiten. 1922. (Sammlung Göschen Bd. 480.) Geb. RM. 1.80

II. Begrenzte Rechte. 144 Seiten. 1923. (Sammlung Göschen Bd. 481.) Geb. RM. 1.80

Diese Bändchen bieten die Grundzüge des Sachenrechts in gedrängter und klarer Form.

Lenzen, Georg, **Das Deutsche Pfandleihrecht.** Kommentar zum preußischen Pfandleihgesetz unter Berücksichtigung der außerpreußischen Gesetze. Oktav. XXVI, 266 Seiten. 1929 . . . . Geb. RM. 20.—

„Diese zusammenfassende Darstellung ist die erste ihrer Art und sehr verdienstlich. Das Buch regt zu allerhand Fragen an.“
Juristische Wochenschrift.

Günther, Hermann, **Erbbaurecht.** Taschenformat. 167 Seiten. 1919. (Guttentagsche Sammlung Deutscher Reichsgesetze Bd. 135.) Geb. RM. 2.—

„Günther ist ausführlich, ohne weitschweifig zu sein; ausgezeichnete Vorbemerkungen geben vorzügliche Übersicht und wahren den Zusammenhang. Überall ist der bisherige Rechtszustand, der ja für absehbare Zeit seine Bedeutung behält, mit in das Bereich der Betrachtungen gezogen. Der Praxis wird das Werk von hervorragendem Nutzen sein.“ Beiträge zur Erläuterung des deutschen Rechts.

Arnheim, Hugo, **Grundbuchordnung.** Kommentar zur Grundbuchordnung für das Deutsche Reich nebst den für Preußen erlassenen Ausführungsbestimmungen. Zweite, völlig neubearbeitete Auflage. Lexikon-Oktav. 959 Seiten. 1913 . . . . RM. 15.—

„Der Band weist außerordentliche Gründlichkeit, Klarheit und Übersichtlichkeit auf. Man kann wohl sagen, daß kaum eine Frage auftauchen wird, die nicht wenigstens berührt wäre; die bisher zutage getretenen Fragen aber sind sämtlich in der eingehendsten Weise erörtert.“ Zentralblatt für freiwillige Gerichtsbarkeit.

Fischer, Otto, und **Fischer,** Norbert, **Grundbuchordnung für das Deutsche Reich** nebst den preußischen Ausführungsbestimmungen. Neunte, durchgearbeitete und ergänzte Auflage. Taschenformat. 322 Seiten. 1927. (Guttentagsche Sammlung Deutscher Reichsgesetze Bd. 42.) Geb. RM. 5.—

„Eine der vortrefflichen alteingeführten Handausgaben der Guttentagschen Sammlung, bei der schon die Auflagenziffer für die Brauchbarkeit in der Praxis spricht. Nach wie vor ist das Buch ein vortrefflicher Wegweiser und Berater.“ Juristische Wochenschrift.

Ricks, Gerhard, **Die Grundbuchpraxis.** Ein Handbuch für den täglichen Gebrauch in Grundbuchsachen. Achte Auflage. Groß-Oktav. XII, 412 Seiten. 1929 . . . . RM. 12.—, geb. RM. 14.—

„Das Buch hat einen Anspruch darauf, in der Praxis geradezu verschlungen zu werden. Es ist aus der täglichen Praxis heraus für die Praxis lebensfrisch und unterhaltend geschrieben.“ Mitteilg. a. d. Württemb. Notariats-Praxis.

Friedlaender, Martin, **Hypothekenbeschaffung für Wohn- und Geschäftshäuser.** Handbuch für die Praxis der Grundstückswirtschaft. Groß-Oktav. VIII, 151 Seiten. 1929 . . . . . RM. 6.—, geb. RM. 7.50

„Das Buch gibt einen außerordentlich praktischen Überblick über alle Fragen der Hypothekenbeschaffung. Die anschauliche Art der Zergliederung und die gründliche Darlegung des Statuts sichern dem Buch eine weite Verbreitung.“ Deutsche Sparkassen-Zeitung.

Familienrecht, Erbrecht

Lehmann, Heinrich, **Familienrecht** des Bürgerlichen Gesetzbuches einschließlich Jugendfürsorgerecht. Oktav. XII, 352 Seiten. 1926. (Lehrbücher und Grundrisse der Rechtswissenschaft Bd. IV.) RM. 11.—, geb. RM. 12.50

„Die Schilderung Lehmanns ist überall anregend und fesselnd. Das Werk kann allen Rechtsstudenten und Referendaren zur Anschaffung dringend empfohlen werden.“ Der junge Rechtsgelehrte.

Titze, Heinrich, **Familienrecht.** (BGB. IV.) 169 Seiten. Neudruck. 1924. (Sammlung Göschen Bd. 305.) . . . . Geb. RM. 1.80

Endemann, Fr., **Erbrecht.** Oktav. XII, 166 Seiten. 1923. (Lehrbücher und Grundrisse der Rechtswissenschaft Bd. V.) RM. 3.—, geb. RM. 4.50

„Dieser Leitfaden behandelt den spröden Stoff des schwierigen Erbrechts in meisterhafter, fesselnder Darstellung.“ Zeitschrift des Bundes Deutscher Justizamtmänner.

Blume, Wilh. von, **Erbrecht.** (BGB. V.)

I. Einleitung. Die Grundlagen des Erbrechts. 75 Seiten. 1913. (Sammlung Göschen Bd. 659.) . . . . Geb. RM. 1.80

II. Die Nachlaßbeteiligten. Mit 23 Figuren. 131 Seiten. 1913. (Sammlung Göschen Bd. 660.) . . . . Geb. RM. 1.80

Riesenfeld, S., **Die Erbenhaftung nach dem Bürgerlichen Gesetzbuch.** Groß-Oktav. 2 Bände. 1916 . . . . . RM. 15.—, geb. RM. 18.—
I. Band: Die Grundsätze der Haftung. XII, 461 Seiten.
II. Band: Das Inventar und die Mittel der Haftungsbeschränkung. VIII, 455 Seiten.

„Ein hervorragendes Werk, das in allen Teilen die vollständige Beherrschung des schwierigen Stoffes erkennen läßt und sich dabei durch klare und gemeinverständliche Darstellung auszeichnet."
Sächsisches Archiv für Rechtspflege.

Aufwertung

Michaelis, Richard, **Das Aufwertungsrecht** nach den Aufwertungsgesetzen und nach allgemeinem bürgerlichem Rechte. Kommentar zu den Gesetzen vom 16. Juli 1925 über die Aufwertung von Hypotheken und anderen Ansprüchen und über die Ablösung öffentlicher Anleihen sowie systematische Darstellung des Aufwertungsrechts außerhalb dieser Gesetze. Zweite, gänzlich umgearbeitete Auflage des Kommentars zur Dritten Steuernotverordnung vom 14. Februar 1924 (Aufwertung). Mit einer Fristentabelle von H. Hoormann. Groß-Oktav. X, 516 Seiten. 1926. Mit Nachtrag 1927. (de Gruytersche Sammlung Deutscher Gesetze. Handkommentare.) . . . . Geb. RM. 16.—

„Es handelt sich um ein ganz erstklassiges Werk, das sich für jeden Aufwertungsinteressenten als unentbehrlich erweisen wird."
Deutsche Allgemeine Zeitung.

Berliner, Ludwig, und **Pfaffenberger,** Ernst, **Aufwertung von Versicherungsansprüchen** mit Durchführungsbestimmungen.

I. Teil. Oktav. 235 Seiten. 1925. (Guttentagsche Sammlung Deutscher Reichsgesetze Bd. 164.) . . . . Geb. RM. 6.50

II. Teil: Sach- und Transportversicherung; Unfall- und Haftpflichtversicherung. Oktav. 112 Seiten. 1926. Mit Nachtrag. (Guttentagsche Sammlung Deutscher Reichsgesetze Bd. 164a.) . . Geb. RM. 3.50

„Eine ganz ausgezeichnete, wohldurchdachte Darstellung und Erläuterung des Aufwertungsrechtes des gesamten Versicherungswesens, eine unentbehrliche Ergänzung zu jedem Gesamtkommentar über das Aufwertungsgesetz." *Zentralblatt für Handelsrecht.*

2. Handelsrecht.

v. Gierke, Jul., **Handelsrecht und Schiffahrtsrecht.** Dritte, ergänzte Auflage. Groß-Oktav. XIV, 744 Seiten. 1929. (Lehrbücher und Grundrisse der Rechtswissenschaft Bd. VI.) RM. 21.—, geb. RM. 22.50

„. . . ein außerordentlich hochstehendes, immer den neuesten Stand der Lehre und der Rechtsprechung widerspiegelndes Lehrbuch des Handelsrechts im weitesten Sinn." *Der junge Rechtsgelehrte.*

Lehmann, K., und **Hoeniger,** H., **Lehrbuch des Handelsrechts.** Dritte Auflage. Erster Halbband, enthaltend die Lehre vom Handelsstand und von den Handelsgesellschaften. Groß-Oktav. 432 Seiten. 1921. RM. 10.—

Ein großangelegtes Lehrbuch des Handels- und Schiffahrtsrechts.

Lehmann, K., und **Hoeniger,** H., **Deutsches Handelsrecht.**

I. Einleitung. Der Kaufmann und seine Hilfspersonen. Offene Handelsgesellschaft, Kommandit- und stille Gesellschaft. 117 Seiten. 1921. (Sammlung Göschen Bd. 457.) . . . . Geb. RM. 1.80

II. Aktiengesellschaften, Gesellschaften mit beschränkter Haftung, eingetragene Genossenschaften. Handelsgeschäft, 126 Seiten. 1924. (Sammlung Göschen Bd. 458.) . . . . Geb. RM. 1.80

Eine gemeinverständliche Darstellung in gedrängter Form.

Hein, Joh., **Die Zusammenhänge zwischen Steuerrecht und Handelsrecht und ihre Entwicklung,** untersucht an dem Gewinn und an der Bewertung. Eine bilanzrechtliche und bilanzkritische Darstellung mit praktischen Beispielen. Groß-Oktav. X, 280 Seiten. 1928.
RM. 10.—, geb. RM. 12.—

„Das Buch führt in klarer Gestaltung in die Probleme des Bilanzrechts ein. Eine übersichtliche Gliederung ermöglicht eine schnelle und doch gründliche Einführung. Darüber hinaus stellt das Buch eine wesentliche Förderung für die dringend notwendige wissenschaftliche Behandlung des Steuerbilanzrechts und seiner Zusammenhänge mit den verwandten Rechtsmaterien dar." Zeitschrift für Handelsrecht.

Veröffentlichungen der Vereinigung der Handelsrechtslehrer deutscher Hochschulen.

Bericht über die erste Tagung der Vereinigung in Berlin am 7. und 8. März 1927 (Senatssaal der Universität). Mit Beiträgen von **Ernst Heymann, Hans Wüstendörfer, Otto Schreiber** und **Arthur Nußbaum.** Oktav 65 Seiten. 1928. . . . . RM. 5.—

Das Handelsrecht zeigt heute unter den privatrechtlichen Materien die meisten wissenschaftlichen und gesetzgeberischen Probleme und entwickelt am meisten Initiative. Unter diesen Verhältnissen werden sich die Veröffentlichungen der Vereinigung der Handelsrechtslehrer deutscher Hochschulen als besonders fruchtbar und förderlich erweisen.

Staubs Kommentar zum Handelsgesetzbuch. Zwölfte und dreizehnte Auflage. Bearbeitet von Heinrich Koenige, Albert Pinner, Felix Bondi. Vier Bände und ein Registerband. Groß-Oktav. 4000 Seiten. 1927 . . . . Zusammen RM. 157.—, in Halbleder RM. 183.60

„Der Staubsche Kommentar ist das klassische Hilfswerk zum Deutschen Handelsgesetzbuch und für die Beurteilung der zahlreichen schwierigen Fragen dieses Gesetzes maßgebend geworden; es stellt ein unentbehrliches Mittel zur Erfassung und zur Anwendung des Gesetzes dar." Frankfurter Zeitung.

Mosse, Albert, und **Heymann,** Ernst, Handelsgesetzbuch (ohne Seerecht). Mit den ergänzenden Vorschriften des Bürgerlichen Gesetzbuchs und einem Anhang, enthaltend das Einführungsgesetz, das Depotgesetz, die Bestimmungen über Börsentermin- und Differenzgeschäfte u. a. Nebst Erläuterungen. Im Anschluß an die Textausgabe von F. Litthauer. Siebzehnte Auflage. Unter Mitwirkung von Karl August Crisolli. Oktav. VIII, 693 Seiten. 1926 (Guttentagsche Sammlung Deutscher Reichsgesetze Bd. 4.) . . . . .Geb. **RM.** 14.—

„Die Litthauer-Mossesche Ausgabe des Handelsgesetzbuches hat bei allen Praktikern seit langem den wohlbegründeten Ruf größter Zuverlässigkeit und übersichtlicher Anordnung, die mit möglichster Knappheit des Ausdrucks gepaart sind. Das Buch ist ein zuverlässiger Führer durch das immer schwieriger werdende Gebiet des Handelsrechts." Vossische Zeitung.

Handelsgesetzbuch nebst Einführungsgesetz und Seerecht. Elfte Auflage. 381 Seiten. 1924. (Guttentagsche Sammlung von Textausgaben ohne Anmerkungen.) . . . . Geb. RM. 2.60

Die handliche Ausgabe enthält den genauen Gesetzestext mit einem das Zurechtfinden sehr erleichternden Sachregister.

Baum, G., **Das vertragliche Wettbewerbsverbot** (Konkurrenzklausel). Nebst Kommentar zum Gesetze vom 10. Juni 1914. Taschenformat. XII, 231 Seiten. 1914. (Guttentagsche Sammlung Deutscher Reichsgesetze Bd. 115.) . . . . Geb. RM. 3.—

Gesellschaften

Brodmann, Erich, **Aktienrecht.** Kommentar. Groß-Oktav. XII, 580 Seiten. 1928. (Gewerbe- und Industrie-Kommentar Bd. IV.) RM. 28.—, geb. RM. 30.—

„Mit unvergleichlichem Geschick hat der Verfasser Großartiges geleistet — Brodmann ist Trumpf!" Zeitschrift für Aktiengesellschaften.

Solmssen, Georg, **Probleme des Aktienrechts** unter besonderer Berücksichtigung ihrer Entwicklung in den Vereinigten Staaten von Amerika. Zweite Auflage. Oktav. I, 127 Seiten. 1928 . . RM. 2.50

„Sämtliche Momente, die bei der Prüfung der Frage, ob und inwieweit das geltende deutsche Aktienrecht änderungsbedürftig ist, haben eine eingehende und umfassende Erörterung gefunden. Allen, die sich mit dieser recht heiklen Frage befassen, kann die Anschaffung des Werkes wärmstens empfohlen werden." Badische Wirtschafts-Zeitung.

Hachenburg, Max, **Kommentar zum Gesetz, betr. die Gesellschaften mit beschränkter Haftung.** (Früher **Staub-Hachenburg.**) Fünfte Auflage unter Mitarbeit von Fritz Bing und Walter Schmidt. 2 Bände . . . . RM. 43., geb. RM. 47.—
I. Band: §§ 1—34. Groß-Oktav. VI, 527 Seiten. 1926.
II. Band: §§ 35—84. Groß-Oktav. II, 452 Seiten. 1927.

„Was Hachenburg in seinen Neubearbeitungen aus diesem Buche gemacht hat, ist erstaunlich. Sein reiches juristisches Wissen, sein überlegener und kritischer Verstand, seine vorzügliche Gestaltungskraft und seine nur wenigen Juristen eigene vielseitige Auslegungskunst haben etwas Großes, Unvergleichliches geschaffen. Man findet selten ein literarisches Werk, in welchem Rechtsgelehrsamkeit und praktisches Können vereint einem Spezialgesetz so zugute kamen wie hier." Zeitschrift für Aktiengesellschaften.

Brodmann, Erich, **Gesetz, betr. die Gesellschaften mit beschränkter Haftung.** Kommentar. Groß-Oktav. (Gewerbe- und Industrie-Kommentar Bd. I.) . . . . 2. Auflage. Im Druck.

„Übersichtliche, klare Anordnung der Erläuterungen, tiefes Eindringen in die Einzelheiten des Gesetzes unter steter Berücksichtigung des Wirtschaftslebens, erschöpfende Wiedergabe der Rechtsprechung, namentlich des Reichsgerichts, sind die besonderen Vorzüge des Werkes, das damit ein unentbehrliches Rüstzeug werden wird." Badische Rechtspraxis.

Parisius, Ludolf, und **Crüger,** Hans, **Das Reichsgesetz, betr. die Gesellschaften mit beschränkter Haftung.** Textausgabe mit Anmerkungen und Sachregister. Achtzehnte Auflage, bearbeitet von Adolf Crecelius und Fritz Citron. Taschenformat. 244 Seiten. 1929. (Guttentagsche Sammlung Deutscher Reichsgesetze Bd. 32.) Geb. RM. 3.50

„Die äußerst sachkundig erläuterte Ausgabe wird von den interessierten Kreisen freudig begrüßt werden. Wir können das Bändchen der bekannten Sammlung bestens empfehlen." Badische Wirtschafts-Zeitung.

Klumpp, Hermann, **Beiträge zur Rechtsstellung der Geschäftsführer einer G. m. b. H. nach deutschem und französischem Recht.** Oktav. XVI, 180 Seiten. 1928 . . . . RM. 6.—

Im G.m.b.H.-Recht hat die Stellung des Geschäftsführers besondere Bedeutung. Die vorliegende Arbeit, die unter Auswertung der umfangreichen Literatur eine eingehende Untersuchung dieser so wichtigen Frage nach deutschem und französischem Recht darstellt, wird in juristischen und geschäftlichen Kreisen Interesse finden.

Starke, Arthur, **Offene Handelsgesellschaften, Kommanditgesellschaften und stille Gesellschaften** von der Errichtung bis zur Auflösung. Nebst Vertrags- und Anmeldeformularen und mit Berücksichtigung des Steuerrechts. Oktav. XIV, 167 Seiten. 1928 . . . . RM. 5.—

Eine systematische Darstellung für Studium und Praxis.

Wechselordnung und Scheckrecht

Staubs Kommentar zur Wechselordnung. Fortgesetzt von J. Stranz und M. Stranz. **Zwölfte Auflage,** bearbeitet von M. Stranz und Martin **Stranz.** Groß-Oktav. 432 Seiten. 1929. RM. 16.—, geb. RM. 18.—

„Staub-Stranz ist der Kommentar zur Wechselordnung. Auch die jüngste Auflage des Kommentars gibt einen echten Staub-Stranz. Weiterer Kommentar dazu ist überflüssig.“ Juristische Wochenschrift.

Stranz, J., und **Stranz,** M., **Wechselordnung** vom 3. Juni 1908. Kommentar. Zwölfte Auflage von M. und M. Stranz. Taschenformat. VIII, 396 Seiten. 1923. Mit Nachtrag 1926. (Guttentagsche Sammlung Deutscher Reichsgesetze Bd. 5.) . . . Geb. RM. 3.50

„Die Ausgabe der Wechselordnung mit ihrem äußerst nützlichen, guten Kommentar ist sehr zu empfehlen. Erfreulicherweise enthält das Bändchen auch die Bestimmungen der Zivilprozeßordnung über Urkunden- und Wechselprozesse im Anhang.“ Badische Wirtschaftszeitung.

Wechselordnung in der Fassung der Bekanntmachung vom 3. Juni 1908 (RGBl. S. 326ff.). Mit einem Anhang, enthaltend den Wechselprozeß und Nebengesetze. Textausgabe mit Einleitung und Sachregister. Taschenformat. 102 Seiten. 1928. (Guttentagsche Sammlung von Textausgaben ohne Anmerkungen.) . . . . Geb. RM. 1.50

Vorteilhafte Anordnung, ein zuverlässiges Sachregister, das das Gesetz erschließt, Handlichkeit und sauberer Druck zeichnen auch die neue Auflage der Wechselordnung aus, deren Einleitung den letzten Stand dieser Materie erfaßt und deren Anhang „Nebengesetze“ bis auf die letzte Zeit ergänzt ist.

Michaelis, Richard, **Scheckgesetz** mit allen einschlägigen Nebengesetzen, den ausländischen Gesetzen und dem Deutschen Postscheckgesetz mit Postscheckordnung. Kommentar. Groß-Oktav. VII, 339 Seiten. 1927. (Gewerbe- und Industrie-Kommentar Bd. II.) RM. 16.—, geb. RM. 18.—

„Wenn irgendein Buch, so entspricht dieses einem Bedürfnis.“ Berliner Tageblatt.

Schiffahrtsrecht

Schaps, Georg, **Das deutsche Seerecht.** Kommentar zum vierten Buche des Handelsgesetzbuches (als Ergänzung zu Staub's Kommentar nebst Erläuterungen zu den seerechtlichen Nebengesetzen. Zweite, vollständig umgearbeitete Auflage herausgegeben von Max Mittelstein † und Julius Sebba.

I. Band. (Handelsgesetzbuch: Viertes Buch.) Groß-Oktav. VIII, 1041 Seiten. 1921 . . . . RM. 25.—, geb. RM. 28.—

II. **Band.** (Seerechtliche Nebengesetze.) Bearbeitet von J. Sebba. XVI, 1108 Seiten. 1929 . . . . RM. 52.—, geb. RM. 55.—

„Die alte, auf der Staubschen Kommentierungsmethode beruhende Auflage erfreute sich mit Recht schon großen Ansehens. In diesen bewährten Bahnen leistet die zweite Auflage an Vollständigkeit, Übersichtlichkeit und Genauigkeit das Höchste, was Wissenschaft und Praxis nur wünschen können." *Juristische Wochenschrift.*

Brandis, Otto, **Das deutsche Seerecht** (mit Ausschluß des Seeversicherungsrechts.) I. Allgem. Lehren: Personen und Sachen des Seerechts. 130 Seiten. 1908. II. Die einzelnen seerechtlichen Schuldverhältnisse: Verträge des Seerechts und außervertragliche Haftung. 156 Seiten. 1908. (Sammlung Göschen Bd. 386/87.) . . . . . Geb. je RM. 1.80

Knitschky, W. E., **Die Seegesetzgebung.** Fünfte Auflage, bearbeitet von O. Rudorff. XXIV, 1024 Seiten. 1913. (Guttentagsche Sammlung Deutscher Reichsgesetze Bd. 19.) . . . . . . Vergriffen.

Sieveking, Gustav, **Das deutsche Seeversicherungsrecht.** Kommentar zum zehnten Abschnitt des vierten Buches des Handelsgesetzbuches. Lexikon-Oktav. 218 Seiten. 1912 . . . . . . RM. 5.—, geb. RM. 6.80

„Der Kommentar ruht auf einer vortrefflichen Grundlage und zeigt sich auch in seinem Inhalte dieser Grundlage durchaus würdig. Er ersetzt ein Lehrbuch und kann daher auch zur Einführung in das Seeversicherungsrecht empfohlen werden."

Leipziger Zeitschrift für deutsches Recht.

Ritter, Carl, **Das Recht der Seeversicherung.** Ein Kommentar zu den Allgemeinen Deutschen Seeversicherungsbedingungen. Groß-Oktav. 2 Bände. 1494 Seiten. 1924. (Friederichsen, de Gruyter & Co., m. b. H., Hamburg.) . . . . Geb. RM. 100.—

Allgemeine Deutsche Seeversicherungs-Bedingungen. Im Jahre 1919 herausgegeben von den deutschen Seeversicherern nach Beratung mit deutschen Handelskammern und Fachverbänden unter Vorsitz der Handelskammer Hamburg. 16.—20. Tausend. 50 Seiten. 1925. (Friederichsen, de Gruyter & Co., m. b. H., Hamburg.) . . . . RM. 2.—

General Rules of Marine. Insurance 1919 adopted by the German Underwriters. Authorind Translation by Dr. Alfred Sieveking, larger in Hamburg. 64 Seiten. 1920. (Friederichsen, de Gruyter & Co., m. b. H., Hamburg.) . . . . RM. 3.—

Materialien zu den Allgemeinen Deutschen Seeversicherungs-Bedingungen. Im Auftrag der vereinigten Handelskammern herausgegeben von Prof. Dr. E. Bruck. Groß-Oktav. 2 Bände. 678 Seiten. 1920. (Friederichsen, de Gruyter & Co., m. b. H., Hamburg.) . . . . RM. 10.—

Bene, F., **Der Begriff des Versicherungsfalles in der Seeversicherung.** (Hamburger Rechtsstudien, herausgegeben von Mitgliedern der Rechts- und Staatswissenschaftlichen Fakultät der Hamburgischen Universität, Heft 1.) Groß-Oktav. 75 Seiten. 1928. (Friederichsen, de Gruyter & Co., m. b. H., Hamburg.) . . . . RM. 4.50

Elkan, H. H., **Die Bedeutung des Interesses für die Veräußerung der versicherten Sache.** (Hamburger Rechtsstudien, herausgegeben von Mitgliedern der Rechts- und Staatswissenschaftlichen Fakultät der Hamburgischen Universität, Heft 2.) Oktav. 58 Seiten. 1928. (Friederichsen, de Gruyter & Co., m. b. H., Hamburg.) . . . . . . RM. 4.—

Makower, H., **Gesetze, betreffend die privatrechtlichen Verhältnisse der Binnenschiffahrt und der Flößerei.** Nach den Materialien erläutert. Sechste, vermehrte Auflage, bearbeitet von E. Loewe. Taschenformat. 458 Seiten. 1923. (Guttentagsche Sammlung Deutscher Reichsgesetze Bd. 36.) . . . . Geb. RM. 4.—

„Das vorzüglich bearbeitete Buch dürfte mit seinen klaren und verständlichen Erläuterungen für jeden, der in irgendeiner Weise mit der Binnenschiffahrt und der Flößerei zu tun hat, ein nie versagender Ratgeber sein." Schiffbau.

Sebba, Jul., **Seewasserstraßenordnung.** (Polizeiverordnung zur Regelung des Verkehrs auf den deutschen Seewasserstraßen vom 31. März 1927.) Taschenformat. 493 Seiten. 1928. (Guttentagsche Sammlung Deutscher Reichsgesetze Nr. 171.) . . . . Geb. RM. 8.50

Die vorliegende Ausgabe ist für die an dem neuen Gesetz interessierten beiden Fachgruppen, die der Nautiker und der Juristen, von gleich großer Bedeutung. Diese Verbindung zweier Kenntnisgebiete gibt dem vorliegenden Kommentar seine besondere Note und seinen großen Wert.

Genossenschaften

Parisius, Ludolf, **Crüger,** Hans, **Crecelius,** Adolf, und **Citron,** Fritz, **Reichsgesetz, betreffend die Erwerbs- und Wirtschaftsgenossenschaften.** Kommentar zum praktischen Gebrauch für Juristen und Genossenschaften. Elfte, neubearbeitete Auflage. Groß-Oktav. XV, 598 Seiten. 1928 . . . . RM. 28.—, geb. RM. 30.—

„Crüger beherrscht wie kein anderer Theorie und Praxis des Genossenschaftswesens, auch nach der wissenschaftlichen Seite hin."

Juristische Wochenschrift.

Parisius, Ludolf, und **Crüger,** Hans, **Das Reichsgesetz, betreffend die Erwerbs- und Wirtschaftsgenossenschaften.** Textausgabe mit Anmerkungen und Sachregister. Zwanzigste neubearbeitete Auflage von Hans Crüger, Adolf Crecelius und Fritz Citron. Taschenformat. (Guttentagsche Sammlung Deutscher Reichsgesetze Bd. 29.) Im Druck.

„In knapper und klarer Form werden die gesetzlichen Bestimmungen abgehandelt und alles zum Verständnis unbedingt Erforderliche in den Anmerkungen beigebracht. Das Werk kann nur empfohlen werden." Ministerialblatt f. d. Preuß. innere Verwaltung.

Verschiedenes

Schreiber, Otto, **Handelsrechtliche Nebengesetze.** Taschenformat. VIII, 1002 Seiten. 1926. (Guttentagsche Sammlung Deutscher Reichsgesetze Bd. 162.) . . . . Geb. RM. 14.—

„Die Sammlung ist ein unentbehrliches Hilfsmittel für den Praktiker. Die Zusammenstellung ist sehr zuverlässig; auch das Sachregister von Kleffel verdient volle Anerkennung."

Zentralblatt für Handelsrecht.

Staffel, W., **Verordnung gegen Mißbrauch wirtschaftlicher Machtstellungen** vom 2. November 1923. Kommentar. Oktav. 108 Seiten. 1927. (Guttentagsche Sammlung Deutscher Reichsgesetze Bd. 167.) Geb. RM. 3.50

„Die für das Wirtschaftsrecht so wichtige Kartellverordnung findet hier eine eingehende Kommentierung. Die Erläuterungen werden daher um so unentbehrlicher für die wirtschaftliche Praxis auf diesem Gebiete sein." Industrie- und Handelszeitung.

Lusensky, F., **Gesetz über die Handelskammern.** Taschenformat. (Guttentagsche Sammlung Preußischer Gesetze Bd. 21.)

Neue Auflage in Vorbereitung.

„Das Buch ist ein vortrefflicher Berater aller derer, die in der Handelskammerorganisation sind oder zu ihr in Beziehung stehen. Es kann warm empfohlen werden."

Zeitschrift für Polizei- und Verwaltungsbeamte.

Göppert-Seydel, Hypothekenbankgesetz vom 13. Juli 1899 (mit den Änderungen durch die Gesetze vom 14. Juli 1923, vom 26. Januar 1926 und 21. Dezember 1927). Textausgabe mit Einleitung, Anmerkungen und Sachregister. Dritte Auflage bearbeitet von Dr. **Martin Friedländer.** Taschenformat. VIII, 202 Seiten. 1929. (Guttentagsche Sammlung Deutscher Reichsgesetze Nr. 51.) . . . . RM. 5.—

Die vorliegende Auflage des bekannten „Göppert-Seydel" ist den veränderten Verhältnissen entsprechend vollkommen umgearbeitet worden; sie berücksichtigt sowohl die nach dem Kriege erfolgten Änderungen und Ergänzungen des Gesetzes und des Aufwertungsrechtes wie auch die Judikatur und das Schrifttum bis auf die letzte Zeit. Damit kommen die Vorzüge des „Göppert-Seydel" der Praxis und Wissenschaft wieder in ihrem ganzen Umfange zugute.

Bank und Börse

Koch, R., und **Schacht,** Hjalmar, **Die Reichsgesetzgebung über das Münz- und Notenbankwesen.** Textausgabe mit Anmerkungen und Sachregister. Siebente, völlig neubearbeitete Auflage. Taschenformat. XVIII, 617 Seiten. 1925. (Guttentagsche Sammlung Deutscher Reichsgesetze Bd. 26.) . . . . Geb. RM. 14.—

„Dieser Kommentar zeichnet sich durch Vollständigkeit und Reichhaltigkeit aus und bietet außerdem in der Einleitung einen vortrefflichen Überblick über die Entwicklung des deutschen Noten- und Geldwesens während der letzten Jahrzehnte."

Monatsschrift für Handelsrecht und Bankwesen.

Nußbaum, Arthur, **Bank- und Börsenrecht.** Eine Sammlung von Gesetzen und Geschäftsbedingungen. Taschenformat. XII, 622 Seiten. 1927. (Guttentagsche Sammlung Deutscher Reichsgesetze Bd. 169)

Geb. RM. 11.—

Die vorliegende Sammlung der verstreuten bank- und börsenrechtlichen Vorschriften fehlte bisher in der kaufmännischen und juristischen Bankpraxis ebenso wie im handelsrechtlichen und betriebswirtschaftlichen Unterricht. Ihr Erscheinen wurde daher vielseitig begrüßt. Die Sammlung berücksichtigt auch die dem freien Verkehr entstammenden Rechtsbildungen.

Kommentar zum Börsengesetz. Im Auftrage des Centralverbandes des Deutschen Bank- und Bankiergewerbes (E. V.) bearbeitet von H. Rehm, H. Trumpler, Heinrich Dove, Ernst Neukamp, R. Schmidt-Ernsthausen, James Breit. Mit einem Vorwort von J. Rießer. Lexikon-Oktav. VIII, 464 Seiten. 1909.

RM. 12.—, geb. RM. 13.50

„Einen so guten Kommentar zum Börsengesetz hat es noch nie gegeben. Wer sich darein vertieft, wird reiche Belehrung daraus schöpfen über das Börsenwesen im allgemeinen und über seine Rechtsübung und Rechtsprechung im besonderen."

Sächsisches Archiv für Rechtspflege.

Hemptenmacher, Th., **Börsengesetz.** Dritte Auflage von O. Meyer. Taschenformat. XXIII, 373 Seiten. 1915. (Guttentagsche Sammlung Deutscher Reichsgesetze Bd. 41.) . . . . Geb. RM. 3.50

„Das Bändchen bringt neben einem kurzen Überblick und einem vorteilhaft erweiterten Anhang das Börsengesetz nebst Ausführungs-

bestimmungen. Alles in allem schließt sich auch dieses Bändchen wieder den übrigen Textausgaben der wegen ihrer unbedingten und erschöpfenden Sachlichkeit bekannten Guttentagschen Sammlung Deutscher Reichsgesetze würdig an." Bayrische Handelszeitung.

Lusensky, F., Gesetz, betreffend die Pflichten der Kaufleute bei Aufbewahrung fremder Wertpapiere (Depotgesetz). Neue Auflage in Bearbeitung. (Guttentagsche Sammlung Deutscher Reichsgesetze Bd. 40.)
„Die beste Bearbeitung des sogenannten Depotgesetzes." Zeitschrift für Aktiengesellschaften.

Frohner, G., Aktiensonderdepot und Legitimationsübertragung. (Hamburger Rechtsstudien, herausgegeben von Mitgliedern der Rechts- und Staatswissenschaftlichen Fakultät der Hamburgischen Universität, Heft 3.) Groß-Oktav. VII, 114 Seiten. 1929. (Friederichsen, de Gruyter & Co., m. b. H., Hamburg.) . . . . RM. 7.—

Schwerin, Frh. Cl. von, Recht der Wertpapiere (einschließlich Wechsel- und Scheckverkehr). Oktav. X, 234 Seiten. 1924. (Lehrbücher und Grundrisse der Rechtswissenschaft Bd. 7.) RM. 7.—, geb. RM. 8.50
„Das Buch löst seine Aufgabe, den Studierenden eine Einführung in die Materie des Wertpapierrechts zu geben, ausgezeichnet, vor allem deshalb, weil es eine gute theoretische Fundierung mit einer dem Lehrzweck entsprechenden Darstellung des praktischen Rechts und der Rechtstatsachen verbindet." Deutsche Juristenzeitung.

Bank-Archiv. Zeitschrift für Bank- und Börsenwesen. Unter Mitwirkung von hervorragenden Fachmännern herausgegeben von Geh. Justizrat Prof. Dr. Rießer, Berlin. Schriftleitung: Rechtsanwalt Otto Bernstein, geschäftsführendes Mitglied des Centralverbands des Deutschen Bank- und Bankiergewerbes. Quart. Jährlich 24 Nummern. XXIX. Jahrgang. 1929/30 . . . . Pro Halbjahr RM. 12.—
„Ein von sachverständigen Mitarbeitern unterstütztes Organ, das in der glücklichen Vermischung von wissenschaftlichen Aufsätzen mit Mitteilungen aus der bankmännischen und gerichtlichen Praxis einen Berater von exzeptionellem Werte bildet." Frankfurter Zeitung.

Zeitgemäße Bankrechtsfragen. Festgabe der Rechtsabteilung der Disconto-Gesellschaft zum 70. Geburtstage des Herrn Dr. jur. Arthur Salomonsohn. Quart. 126 Seiten. 1929 . . . RM. 8.—, geb. RM. 10.—
„Der Band enthält 8 vorzügliche Aufsätze. Die Verfasser befassen sich mit Problemen, die in der Rechtsabteilung einer Großbank oft zur Debatte stehen und deren endgültige Klärung ein praktisches Bedürfnis ist." Wirtschaftl. Nachrichten.

Verhandlungen des VII. allgemeinen deutschen Bankiertages. Köln 9.—11. September 1928 auf Grund stenographischer Berichte. Groß-Oktav. 436 Seiten . . . . RM. 10.—

III. Grenzgebiete des Bürgerlichen Rechts

1. Privat- und Sozialversicherung

Koenige, Heinrich, und Petersen, A., Gesetz über die privaten Versicherungsunternehmungen vom 12. Mai 1901. Textausgabe mit Anmerkungen und Sachregister. Dritte, umgearbeitete Auflage. Taschenformat. 856 Seiten. 1927. (Guttentagsche Sammlung Deutscher Reichsgesetze Bd. 62.) . . . . Geb. RM. 20.—
„Der Verfasser hat es meisterhaft verstanden, reiche Literatur und Judikatur zu dem wichtigen Grundgesetz der Privatversicherung mit seiner eigenen selbständigen Auffassung von der Bedeutung der Gesetzesbestimmungen in Verbindung zu bringen. Für Theorie und Praxis der Privatversicherung wird das Werk dadurch zu einem unentbehrlichen Hilfsmittel." Deutsche Versicherten-Zeitung.

Zweiter Ergänzungsband, enthaltend weitere Änderungen und Ergänzungen durch die in der Zeit von Anfang 1926 bis Mitte 1928 erlassenen Gesetze und Verordnungen. Zweite, vermehrte Ausgabe, Stand vom 1. Juli 1928. Oktav. 71 Seiten. 1928. (Guttentagsche Sammlung Deutscher Reichsgesetze Bd. 161b.) . . . . . RM. —.80

Dritter Ergänzungsband, enthaltend weitere Änderungen und Ergänzungen durch die bis Mitte 1929 erlassenen Gesetze und Verordnungen. Oktav. 81 Seiten. 1929. (Guttentagsche Sammlung Deutscher Reichsgesetze Bd. 161c.) . . . . RM. 1.—

„Das Buch dürfte sich in der Bibliothek eines jeden finden, der sich mit der Reichsversicherungsordnung befaßt. Es gehört zu den praktisch wertvollsten.“ Deutsche Allgemeine Zeitung.

Reuß, Max, und **Hense,** Fritz. **Das Reichsknappschaftsgesetz** vom 1. Juli 1926 nebst Einführungsgesetz. 2. Aufl. Taschenformat. XVI, 640 Seiten. 1926. (Guttentagsche Sammlung Deutscher Reichsgesetze Bd. 155.) . . . . Geb. RM. 12.—

„Die Herausgabe des Gesetzes bedarf keiner besonderen Empfehlung. Das Buch kann allen, die auf dem Gebiete des Knappschaftswesens tätig sind, aufs wärmste empfohlen werden.“

Zeitschrift für Bergrecht.

Angestelltenversicherungsgesetz vom 28. Mai 1924. Zweite Auflage. Taschenformat. 143 Seiten. 1927. Mit Nachtrag. (Guttentagsche Sammlung Deutscher Reichsgesetze. Textausgaben ohne Anmerkungen.) Geb. RM. 2.50

Diese neue Ausgabe entspricht der neuesten Fassung des Gesetzes unter Berücksichtigung der letzten Änderungen und Verordnungen. Das beigefügte Sachregister erleichtert das rasche Zurechtfinden in den einzelnen Bestimmungen des Gesetzes.

Manes, Alfred, **Sozialversicherung.** 7., ergänzte Aufl. 1928. Kl.-Oktav. 139 Seiten. (Sammlung Göschen Bd. 267.) . . . . Geb. RM. 1.80

„Es gibt keine andere Darstellung der geltenden Sozialversicherung, die in solch erfreulicher Kürze und Sachlichkeit durch die annähernd 2400 Paragraphen führt.“

Hanseatische Rechts- und Gerichts-Zeitschrift.

Schmeißer, Herbert, **Handbuch der Arbeitslosenversicherung.** Mit einer Einführung und Erläuterungen. Taschenformat. 2. Aufl. im Druck. (Guttentagsche Sammlung Deutscher Reichsgesetze Bd. 165.)

„Das Buch gibt in kurzer, aber ausreichender Form eine Darstellung des gesamten Rechtsstoffes der Erwerbslosenfürsorge unter Anpassung an die praktischen Bedürfnisse.“ Kommunalpolitische Blätter.

2. Arbeitsrecht

Depéne, Hans, **Das Arbeitsgerichtsgesetz.** Taschenformat. 180 Seiten. 1927. (Guttentagsche Sammlung Deutscher Reichsgesetze Bd. 168.) Geb. RM. 3.60

„Zur Einarbeitung ist das vorliegende Buch besonders brauchbar, weil es sich nicht um einen Kommentar mit vielen Details handelt, sondern um eine Textausgabe mit einer ausführlichen, von einem hervorragenden Sachkenner verfaßten Einleitung. Daß die entsprechenden Bestimmungen anderer einschlägiger Gesetze gleich mit abgedruckt sind, ist ein großer Vorteil.“ Wirtschaftliche Rundschau.

Arbeitsrechtliche Spruchsammlung. Beiträge zum Deutschen Handwerksblatt . . . . Pro Quartal RM. 0.90

Günther, Adolf, und **Schneider,** Richard, **Arbeiterschutz und Arbeitsrecht.** Zweite Auflage. Taschenformat.

I. Teil: **Arbeitszeitschutz.** Das Arbeitszeitnotgesetz und die übrige arbeitszeitrechtliche Gesetzgebung des Reichs seit dem 9. November 1918. 386 Seiten. 1927 . . . . Geb. RM. 7.50

„Der Kommentar umfaßt die gesamte arbeitszeitrechtliche Gesetzgebung von der Staatsumwälzung bis zur Gegenwart. Er ist ein Führer durch das weite und unübersichtliche Gebiet der arbeitszeitrechtlichen Gesetzgebung. Ein ausführliches Sachregister soll die praktische Benutzung erleichtern.“ Die Wirtschaftsgenossenschaft.

II. Teil: Gesetz über die **Beschäftigung Schwerbeschädigter** nebst den einschlägigen gesetzlichen Bestimmungen. 404 Seiten. 1928. (Guttentagsche Sammlung Deutscher Reichsgesetze Bd. 138a/138c.) Geb. RM. 8.—

„Das Buch stellt nicht nur beim Studium des Gesetzes ein wertvolles Hilfsmittel dar, sondern ist auch für den Handgebrauch des Arbeitsrechtspraktikers unentbehrlich.“ Berliner Wohlfahrtsblatt.

IV. Teil: **Betriebsstillegungsverordnung.** 240 Seiten. 1929. (Guttentagsche Sammlung Deutscher Reichsgesetze. Bd. 138d.) Geb. RM. 6.50

Tilly, Dr. Helmuth Tczerclas von, **Internationales Arbeitsrecht.** Unter besonderer Berücksichtigung der Internationalen Arbeitsorganisation. 120 Seiten. 1924. (Sammlung Göschen Bd. 882.) . . . . Geb. RM. 1.80

Es ist das erste Werk, das in klarer, kurzer und allen leicht verständlicher Weise das gesamte grundlegende Tatsachenmaterial — und zwar nur dieses — auf dem umfassenden Gebiete des internationalen Arbeiterschutzes von dessen ersten Anfängen bis in die neueste Zeit bietet.

3. Gewerberecht

Hiller, Fr., und **Luppe,** H., **Gewerbeordnung für das Deutsche Reich nebst Kinderschutzgesetz und Hausarbeitsgesetz** sowie den für das Reich und Preußen erlassenen Ausführungsbestimmungen. Einundzwanzigste, veränderte Auflage. (143. bis 148. Tausend.) Taschenformat. 931 Seiten. 1928. Mit Nachtrag vom 11. 2. 1929. (Guttentagsche Sammlung Deutscher Reichsgesetze Bd. 6.) . . . . . . Geb. RM. 11.—

„Ein Wort der Empfehlung für dieses Buch zu sagen, erübrigt sich. Hervorgehoben sei, daß diese Auflage alle Vorzüge der früheren Auflagen in sich schließt. Die zahlreichen neuen Gesetze sind erschöpfend berücksichtigt.“ Zeitschrift des Deutschen Notarvereins.

Brassert, H., **Allgemeines Berggesetz** für die preußischen Staaten mit Kommentar. Zweite Auflage, bearbeitet von Hans Gottschalk. Groß-Oktav. XXIX, 1291 Seiten. 1914. RM. 27.—, geb. RM. 30.—

Sonnenfeld, Hugo, **Die reichsrechtlichen Bestimmungen, betreffend den Handel mit Drogen und Giften.** Dritte, veränderte Auflage. Taschenformat. 435 Seiten. 1926. (Guttentagsche Sammlung Deutscher Reichsgesetze Bd. 64.) . . . . Geb. RM. 12.—

„Die Arbeit gehört einem Spezialgebiet an, mit dem nicht jeder Jurist zu tun hat. Wird er einmal genötigt, sich auf dieses Gebiet zu begeben, so ist er um so dankbarer für eine Arbeit, die sofort den Eindruck größter Sachkunde und vollständiger Materialsammlung macht, und deren Führung man sich unbedenklich anvertrauen kann.“

Vossische Zeitung.

Lebbin, Georg, **Nahrungsmittelgesetze** mit Erläuterungen. Zweite, stark vermehrte Auflage in zwei Bänden.

I. Band: Das Lebensmittelgesetz vom 5. Juli 1927 mit Nebengesetzen (Margarine, Fleisch, Milch, Süßstoff, Essigsäure usw.). Erläutert von G. Lebbin und R. Gießner. Taschenformat. XVI, 419 Seiten. 1928. Geb. RM. 8.50

II. Band: Getränkegesetze und Getränkesteuergesetze (Wein, Bier, Branntwein, Mineralwasser). Unter Mitarbeit von Rechtsanwalt Dr. Kniebe. Taschenformat. XII, 400 Seiten. 1926. (Guttentagsche Sammlung Deutscher Reichsgesetze Bd. 54b.) . . . . Geb. RM. 10.—

„Das Werk ist für unsere Leser und überhaupt die ganze Fachwelt der Getränkeindustrie unentbehrlich, muß doch jedermann mit den einschlägigen Gesetzesbestimmungen sich soweit wie irgend möglich vertraut machen, wenn er nicht in Nachteile geraten will. Die Anschaffung des Buches kann bestens empfohlen werden.“

Branntweinmonopol.

Voß, Werner, **Die reichs- und landesrechtlichen Bestimmungen auf dem Gebiete des Gesundheitswesens. Taschenformat** 608 Seiten. 1929. (Guttentagsche Sammlung Deutscher Reichsgesetze Bd. 172.) Geb. RM. 11.—

„Das Buch wird seiner Aufgabe, fast den gesamten Gesetzesstoff in einem einzigen kleinen Bande in die Hand zu geben, gewiß gerecht und wird sich schnell als unentbehrliches Hilfsmittel für jeden erweisen, der öfter mit dem Gesundheitswesen zu tun hat.“ Reichsverwaltungsblatt.

4. Geistig-gewerblicher Rechtsschutz.

Pietzcker, Eduard, **Patentgesetz und Gebrauchsmusterschutzgesetz.** Kommentar unter Berücksichtigung der vorgeschlagenen und weiter beantragten Abänderungen des Patentgesetzes. Erster Halbband: §§ 1—12 PatG. Groß-Oktav. 427 Seiten. 1929. (Gewerbe- und Industrie-Kommentar Bd. V, 1.) . . . . . RM. 26.—, geb. RM. 28.—

„Die überall zutage tretende geistige Leistung macht Pietzckers Kommentar für jeden, der sich mit diesem Rechtsgebiet zu beschäftigen hat, zum unentbehrlichen Rüstzeug.“

Markenschutz und Wettbewerb.

Seligsohn, Arnold, **Patentgesetz und Gesetz, betr. den Schutz von Gebrauchsmustern.** Siebente Auflage. Oktav. 1930. In Bearbeitung.

„Die Vorzüge des Buches sind bekannt. Klare, leichtfaßliche Sprache, wissenschaftliche Vertiefung, dabei starke Betonung der Praxis, lückenlose Behandlung aller Probleme sind die Vorzüge, die den Seligsohnschen Kommentar zum unentbehrlichen Rüstzeug jedes im gewerblichen Rechtsschutz Tätigen gemacht haben.“

Mitteilungen vom Verband Deutscher Patentanwälte.

Lutter, R., **Patentgesetz.** Nebst Ausführungsbestimmungen, völkerrechtlichen Verträgen und Patentanwaltsgesetz, unter eingehender Berücksichtigung der Rechtsprechung des Reichsgerichts und der Praxis des Reichspatentamts. Neunte Auflage. Taschenformat. XV, 467 Seiten. 1928. (Guttentagsche Sammlung Deutscher Reichsgesetze Bd. 22.) Geb. RM. 10.—

„Der jetzige Verfasser hat einen völlig neuen Kommentar geschaffen, der in seiner Knappheit und Sparsamkeit dem ursprünglichen Zweck gerecht wird, aber an wissenschaftlicher Durcharbeitung und Gründlichkeit die vorangegangenen Auflagen weit überragt.“

Gewerblicher Rechtsschutz und Urheberrecht.

Elster, Alexander, **Urheber- und Erfinder-, Warenzeichen- und Wettbewerbsrecht.** (Gewerblicher Rechtsschutz.) Zweite, stark erweiterte und völlig umgearbeitete Auflage. Mit Abdruck der Gesetzestexte. Oktav. XII, 611 Seiten. 1928. (Lehrbücher und Grundrisse der Rechtswissenschaft Bd. VIII.) . . . . RM. 18.—, geb. RM. 19.50

„Seit Kohler und Osterrieth endlich wieder das lang entbehrte Lehrbuch. Hier unternimmt ein wahrhaft selbständiger und ideenreicher Kopf den Versuch, eine wirkliche Synthese zu schaffen."

Juristische Rundschau.

Neuberg, J., **Der internationale gewerbliche Rechtsschutz.** 2. Auflage. 128 Seiten. 1923. (Sammlung Göschen Bd. 271.) . . . . Geb. RM. 1.80

Neuberg, Johannes, **Gesetz, betr. das Urheberrecht an Mustern und Modellen,** und Gesetz, betr. den Schutz von Gebrauchsmustern, nebst den zu beiden Gesetzen ergangenen Ausführungsverordnungen und abgeschlossenen internationalen Verträgen. Textausgabe mit Einleitung, Anmerkungen und Sachregister. Taschenformat. 192 Seiten. 1911. (Guttentagsche Sammlung Deutscher Reichsgesetze Bd. 102.) Geb. RM. 2.40

„Die Anmerkungen sind kurz, klar, treffend, mit Nachweisungen aus der Judikatur und aus der Literatur versehen. Sie ermöglichen auch dem mit der Materie nicht vertrauten Praktiker eine schnelle Orientierung über den Stand der Frage."

Zeitschrift für das gesamte Handelsrecht.

Daude, Paul, **Die Reichsgesetze über das Urheberrecht an Werken der Literatur und der Tonkunst und das Verlagsrecht** vom 19. Juni 1901 in der Fassung des Gesetzes vom 22. Mai 1910 zur Ausführung der revidierten Berner Übereinkunft. Oktav. VIII, 293 Seiten. 1910. RM. 6.—

„Der Zusammenhang der erläuterten Gesetze mit dem Strafgesetzbuch, dem Bürgerlichen Gesetzbuch und anderen Gesetzen ist in leichtverständlicher Weise praktisch dargestellt. Es wird vorzügliche Dienste leisten." *Deutsche Literatur-Zeitung.*

Lindemann, O., **Gesetz, betr. das Urheberrecht** an Werken der Literatur und der Tonkunst. Vierte Auflage. Taschenformat. 171 Seiten. 1921. (Guttentagsche Sammlung Deutscher Reichsgesetze Bd. 60.) Geb. RM. 1.80

„Die Arbeit ist nicht bloß eine Gesetzesausgabe, sondern ein wertvoller Kommentar des Gesetzes. Das Werk sei jedermann auf das beste empfohlen." *Juristische Wochenschrift.*

Fuld, Ludwig, **Gesetz, betr. das Urheberrecht an Werken der bildenden Künste und der Photographie.** Zweite Auflage. Taschenformat. 192 Seiten. 1925. (Guttentagsche Sammlung Deutscher Reichsgesetze Bd. 81.) . . . . Geb. RM. 6.—

„Der zwar kleine, aber inhaltreiche und daher sehr beliebte Kommentar von Fuld erscheint in zweiter, völlig neubearbeiteter Auflage. Überall ist dem Stande der heutigen Rechtsprechung und wissenschaftlichen Auffassungen Rechnung getragen. In einem Anhang sind die einschlägigen internationalen Übereinkommen abgedruckt. Alle Interessenten werden mit Freuden die neue Auflage begrüßen."

Danziger Juristische Monatsschrift.

Heinitz, Ernst, und **Marwitz,** Bruno, **Das Reichsgesetz über das Verlagsrecht.** Textausgabe mit Einleitung, Anmerkungen und Sachregister. Dritte Auflage. Taschenformat. 136 Seiten. 1922. (Guttentagsche Sammlung Deutscher Reichsgesetze Bd. 61.) . . . . Geb. RM. 1.60

„Dieser kurze Kommentar ist durch seine knappen, das Wichtige klar vortragenden Darlegungen dazu berufen, eine Lücke auszufüllen, die sich für den Praktiker des Verlagsrechts seit Jahren ergab. Man darf deshalb das Erscheinen dieser neuen Auflage aus der Feder des Spezialisten des Verlagsrechts mit größter Freude begrüßen."
Börsenblatt für den Deutschen Buchhandel.

Elster, A., **Das deutsche Urheber- und Verlagsrecht.** 128 Seiten. 1923. (Sammlung Göschen Bd. 863.) . . . . Geb. RM. 1.80

„Erstaunlich ist, wie Elster diese beiden so viel umstrittenen Gesetze auf so engem Raum in vortrefflicher Weise zur Darstellung gebracht hat." *Deutscher Journalistenspiegel.*

Heymann, E., **Die zeitliche Begrenzung des Urheberrechts.** Oktav. 74 Seiten. 1927. (Sitzungsberichte der Preußischen Akademie der Wissenschaften zu Berlin.) . . . . RM. 5.—

Elster, A., **Das deutsche Erfinderrecht.** (Patent- und Musterschutzrecht). 118 Seiten. 1924. (Sammlung Göschen Bd. 891.) . . Geb. RM. 1.80

„Die Aufgabe, einen Überblick über das deutsche Erfinderrecht zu geben, ist im Rahmen der kurzen Erörterungen mit viel Geschick gelöst. Deshalb wird das Büchlein auch bei allen Gruppen der am Patentrecht interessierten Personen seine Freunde finden."
Gewerblicher Rechtsschutz und Urheberrecht.

Seligsohn, Jul., **Geheimnis und Erfindungsbesitz.** Groß-Oktav. 147 Seiten. 1921 . . . . RM. 3.—

Reininger, G., **Der Schutz des Urheberrechts im deutschen Rundfunk.** Oktav. 88 Seiten. 1929 . . . . RM. 4.—

„Eine interessante, zeitgemäße, namentlich auch für geistige Neuschöpfer wichtige Studie." *Badische Rechtspraxis.*

Wolff, F., und **Crisolli,** K.-A., **Das Recht der Reklame.** Lexikon-Oktav. 424 Seiten. 1929 . . . . RM. 20.—, geb. RM. 22.—

Mit diesem Buch ist erstmalig eine systematische erläuternde Zusammenstellung der hauptsächlichsten Bestimmungen gegeben, die von Reklame handeln, bzw. mit Reklame in irgendeinem Zusammenhang stehen. In der Praxis macht sich das Fehlen einer solchen Bearbeitung sehr bemerkbar, da die Reklame in der Gesetzgebung kein in sich abgeschlossenes Gebiet bildet, sondern ihre gesetzlichen Grundlagen in den mannigfachen Bestimmungen des privaten und öffentlichen Rechts findet. Die Verfasser haben die einschlägige Rechtsprechung und Literatur bis in die neueste Zeit berücksichtigt.

Pinner-Elster, Gesetz gegen den unlauteren Wettbewerb. Achte, sehr vermehrte und umgestaltete Auflage. Taschenformat. 254 Seiten. 1927. (Guttentagsche Sammlung Deutscher Reichsgesetze Bd. 37.) Geb. RM. 5.—

„Das Buch ist mehr als eine bloße ‚Textausgabe mit Anmerkungen', nämlich ein richtiger Kommentar, und wird in der Praxis ausgezeichnete Dienste tun."
Senatspräsident am Reichsgericht Dr. Lobe, Leipzig, i. d. Jurist. Wochenschrift.

Wassermann, Martin, **Der unlautere Wettbewerb** nach deutschem Recht. I. Generalklausel, Reklameauswüchse, Ausverkaufswesen, Angestelltenbestechung. 160 Seiten. 1911. II. Kreditschädigung, Firmen- und Namenmißbrauch, Verrat von Geheimnissen, Ausländerschutz. 151 Seiten. 1911. (Sammlung Göschen Bd. 339 u. 535.) . . . Geb. je RM. 1.80

Born, A., **Reichspreßgesetz** vom 7. Mai 1874 nebst den einschlägigen Bestimmungen der Reichsverfassung, des Reichsstrafgesetzbuches, der Gewerbeordnung usw. Mit Kommentar und Sachregister. Dritte Auflage. Taschenformat. 176 Seiten. 1924. (Guttentagsche Sammlung Deutscher Reichsgesetze Bd. 53.) . . . . Geb. RM. 4.—

„Das Werk bringt eine sehr reichhaltige Kommentierung des Stoffes, die um so wertvoller ist, als den Entscheidungen der Wortlaut der Urteilsbegründungen beigefügt ist. Sämtliche einschlägigen Bestimmungen der das Pressewesen berührenden Gesetze sind aufgeführt, eingehend besprochen und in Beziehung zueinander gebracht worden. Als Nachschlagewerk in Zweifelsfällen wird das Buch von großem Nutzen sein.“ Ministerialblatt für die preußische innere Verwaltung.

Hagens, Alfred, **Warenzeichenrecht.** Kommentar. Groß-Oktav. VIII, 408 Seiten. 1927. (Gewerbe- und Industrie-Kommentar Bd. III.) RM. 22.—, geb. RM. 24.—

„Eine ausführliche Darstellung, die zeigt, daß der Verfasser das gesamte Fachschrifttum und die reichhaltige Rechtsprechung restlos beherrscht. Ich habe gefunden, daß nicht ein einziger Fall von Bedeutung fehlt.“ Markenschutz und Wettbewerb.

Seligsohn, Arnold, **Gesetz zum Schutz der Warenbezeichnungen.** Dritte Auflage, bearbeitet in Gemeinschaft mit Martin Seligsohn in Berlin. Groß-Oktav. IV, 416 Seiten. 1925. RM. 15.—, geb. RM. 16.50

„Der Kommentar zeigt alle Vorzüge des in der Wissenschaft und Praxis des gewerblichen Rechtsschutzes gleich ausgezeichneten Juristen: volle theoretische und praktische Beherrschung des Stoffes, klare Darstellungsgabe, sorgsame Behandlung und treffsicheres Urteil.“ Badische Rechtspraxis.

Freund, G. S., **Magnus,** Julius, und **Jüngel,** Friedrich, **Das deutsche Warenzeichenrecht.** Sechste, neubearbeitete Auflage. Teil I: Die internationalen Verträge. VI, 247 Seiten. Mit 4 Tafeln. 1924. (Guttentagsche Sammlung Deutscher Reichsgesetze Bd. 87a.) Geb. RM. 9.—

„Das ganze Werk mit seiner Fülle von Gesetzen, Verordnungen, Verträgen, Bekanntmachungen bildet eine Quellensammlung für das internationale deutsche Zeichenrecht, ohne die man fortan nicht mehr auskommen kann.“ Gewerblicher Rechtsschutz und Urheberrecht.

IV. Zivilprozeß

Fischer, Otto, **Lehrbuch des deutschen Zivilprozeß- und Konkursrechts.** Groß-Oktav. XII, 488 Seiten. 1918 . . . RM. 8.—, geb. RM. 10.—

Kisch, Wilh., **Deutsches Zivilprozeßrecht.**

I. Band. Vierte, verbesserte Auflage. 115 Seiten. 1929. (Sammlung Göschen Bd. 428.) . . . . Geb. RM. 1.80

II. Band. Vierte, verbesserte Auflage. 168 Seiten. 1929. (Sammlung Göschen Bd. 430.) . . . . Geb. RM. 1.80

III. Band. Vierte, verbesserte Auflage. 148 Seiten. 1929 (Sammlung Göschen Bd. 430.) . . . . Geb. RM. 1.80

Diese Auflage wird jedem, der sich auf gemeinverständliche Weise über unser geltendes Zivilgerichtswesen unterrichten will, gute Dienste leisten, und kann namentlich den Studierenden des Rechts als Einführung bestens empfohlen werden.

Sydow, R., **Busch,** L., und **Krantz,** W., **Zivilprozeßordnung und Gerichtsverfassungsgesetz.** Neunzehnte Auflage. Groß-Oktav. VIII, 1335 Seiten. 1926. (de Gruytersche Sammlung Deutscher Gesetze. Handkommentare.) . . . . Geb. RM. 25.—

„Der Wert des Werkes ist längst anerkannt. Es gibt wohl keinen Praktiker, der sich seiner nicht mit besonderer Vorliebe bedient. Vollständigkeit, Übersichtlichkeit, Zuverlässigkeit und Ausführlichkeit der Erläuterungen sind auch diesmal dem allgemein beliebten Buche als seine hervorstechendsten Vorzüge treugeblieben. Für die Praxis ist es unentbehrlich.“

Zeitschrift des Bundes Deutscher Justizamtmänner.

Zivilprozeßordnung mit Gerichtsverfassungsgesetz und Einführungsgesetzen in der Fassung der Bekanntmachung vom 13. Mai 1924 mit den bis 1. April 1929 ergangenen Abänderungen. Textausgabe mit Sachregister. Taschenformat. 440 Seiten. 1929. (Guttentagsche Sammlung von Textausgaben ohne Anmerkungen.) . . . Geb. RM. 3.50

Die handliche Ausgabe enthält den genannten Gesetzestext mit einem das Zurechtfinden sehr erleichternden Sachregister.

Sydow, R., **Busch,** L., und **Krantz,** W., **Gerichtsverfassungsgesetz** mit Einführungsgesetz. Unter besonderer Berücksichtigung der Entscheidungen des Reichsgerichts. Zehnte Auflage. Taschenformat. 347 Seiten. 1925. (Guttentagsche Sammlung Deutscher Reichsgesetze Bd. 14.) Geb. RM. 6.—

„Das Buch bedarf keiner Empfehlung, es empfiehlt sich selbst durch die Fülle dessen, was es bietet. Gesetzgebung und Rechtsprechung sind bis in die neueste Zeit berücksichtigt.“

Leipziger Zeitschrift für Deutsches Recht.

Rausnitz, Julius, **Gebührenordnung für Notare** vom 28. Oktober 1922 (GS. 404) nebst den einschlägigen Vorschriften des Preußischen Gerichtskostengesetzes vom 28. Oktober 1922 (GS. 363), beide in der Fassung der Gesetze vom 12. April 1923 (GS. 107), 18. Dezember 1923 (GS. 556) und der Verordnung vom 28. Juni 1924 (GS. 573). Sechste, umgearbeitete Auflage. Oktav. 158 Seiten. 1925. (Guttentagsche Sammlung Preußischer Gesetze Bd. 4.) . . . Geb. RM. 7.—

„Der in seiner äußeren Form sehr handlich und gut ausgestaltete Kommentar kann nur auf das wärmste empfohlen werden. Er wird sehr bald ein unentbehrlicher, weil nie versagender Ratgeber werden, der die Berufsarbeit sehr erleichtern wird.“ Juristische Wochenschrift.

Sydow, R., **Busch,** L., und **Krieg,** O., **Die Deutsche Gebührenordnung für Rechtsanwälte,** das Gesetz, betreffend die Erstattung von Rechtsanwaltsgebühren in Armensachen, und die Preußische Landesgebührenordnung mit Erläuterungen. Auf der Grundlage der Sydow-Busch'schen Textausgabe mit Anmerkungen in dreizehnter Auflage unter Mitaufnahme des Gesetzes über die Erstattung in Armensachen neubearbeitet. Taschenformat 496 Seiten. 1929. (Guttentagsche Sammlung Deutscher Reichsgesetze Bd. 17.) . . . . Geb. RM. 9.—

„Die Erläuterung der Gebührenordnung bietet besonders Wertvolles. Sie steht schon lange unter den Anmerkungsausgaben mit an erster Stelle. Und das mit Recht.“

Zeitschrift des Bundes Deutscher Justizamtmänner.

Sydow, R., **Busch,** L., und **Krieg,** O., **Deutsches Gerichtskostengesetz nebst Gebührenordnung** für Gerichtsvollzieher und für Zeugen und Sachverständige in den neuesten Fassungen. Auf der Grundlage der Sydow-Busch'schen Textausgabe mit Anmerkungen neubearbeitet in elfter Auflage. Taschenformat. XI, 433 Seiten. 1928. (Guttentagsche Sammlung Deutscher Reichsgesetze Bd. 15.) . . . . . . Geb. RM. 7.50

„Die neue Auflage bietet unter gründlicher Berücksichtigung der gesamten einschlägigen Rechtsprechung eine zeitgemäße, übersichtliche und erschöpfende Erläuterung des Gesetzes. Für den täglichen Gebrauch in der Praxis erscheint diese Textausgabe mit Anmerkungen als unentbehrlich."

Dr. Natter in der „Württembergischen Zeitschrift für Rechtspflege".

Lindemann, Otto, **Preußisches Gerichtskostengesetz** (neueste Fassung). Nach dem Tode des früheren Herausgebers P. Siméon erläutert. Achte, völlig umgearbeitete Auflage. Taschenformat. 439 Seiten. 1928. (Guttentagsche Sammlung Preußischer Gesetze Bd. 17.) Geb. RM. 8.—

„Die achte Auflage dieser bekannten Ausgabe des Preußischen Gerichtskostengesetzes ist entsprechend den bedeutsamen Änderungen der letzten Jahre völlig umgearbeitet. Die gesamte Rechtsprechung wurde eingehend berücksichtigt, so daß hier eine Erläuterung vorliegt, die Zuverlässigkeit und Vollständigkeit in sich verbindet."

Mitteilungen des Preußischen Richtervereins.

Freiwillige Gerichtsbarkeit

Jastrow, Hermann, und **Günther,** Hermann, **Die Gesetze des Reiches und Preußens über die freiwillige Gerichtsbarkeit.** Textausgabe mit Einleitung, Anmerkungen und Sachregister. Siebente, vermehrte Auflage. Taschenformat. 548 Seiten. 1928. (Guttentagsche Sammlung Deutscher Reichsgesetze Bd. 46.) . . . . Geb. RM. 9.—

„Die Anmerkungen unterrichten in zuverlässiger Weise über die wichtigste Rechtsprechung des Reichsgerichts und der deutschen Oberlandesgerichte auf dem Gebiete der freiwilligen Gerichtsbarkeit. Ein ausführliches Sachregister erhöht die Brauchbarkeit des bewährten Buches, das auch in der neuen Auflage seinen Zweck auf das beste erfüllen wird." *Juristische Wochenschrift.*

Die Gesetze des Reiches und Preußens über die freiwillige Gerichtsbarkeit. Textausgabe mit Sachregister. Taschenformat. 168 Seiten. 1930. (Guttentagsche Sammlung von Textausgaben ohne Anmerkungen mit Sachregister.) . . . . RM. 3.—

Das Buch enthält in der bekannten Art der Guttentagschen Gesetzesausgaben außer dem „Gesetz über die Angelegenheiten der freiwilligen Gerichtsbarkeit" alle in dieses Gebiet fallenden sonstigen Gesetze, Ausführungsbestimmungen, Abkommen, Verordnungen usw. in absolut zuverlässigem Abdruck und ein das Zurechtfinden sehr erleichterndes Sachregister.

Szkolny, Felix, und **Kober,** Leopold, **Das Notariatsrecht,** unter besonderer Berücksichtigung des materiellen Rechts und des Steuer- und Stempelrechts erläutert. Oktav. 236 Seiten. 1926. (Guttentagsche Sammlung Deutscher Reichsgesetze Bd. 163.) . . . . Geb. RM. 8.50

„Die Darlegung des materiellen Rechts, soweit es in der täglichen Anwendung den Notar hauptsächlich beschäftigt. Es wird die Beurkundung einzelner Rechtsgeschäfte und anderer Rechtsvorgänge behandelt. Die Ausführungen verwerten die neueste Lehre und Rechtsprechung eingehend, die Darstellung ist leicht faßlich und klar, einzelne Muster vervollkommnen das anschauliche Bild."

Zeitschrift des Deutschen Notarvereins.

Szkolny, Felix, **Die Belehrungspflicht des Notars.** Oktav. 52 Seiten. 1927. . . . . RM. 2.—

„Ein trotz seines geringen Umfanges sehr nützliches Buch, für das wir dem Verfasser Dank wissen müssen. Es ist zu begrüßen, daß die Beschäftigung mit dem Notariatsrecht zunimmt, und es besteht die Hoffnung, daß dies eine günstige Einwirkung auf die Handhabung des Notariats nicht verfehlen wird."

Zeitschrift des Deutschen Notarvereins.

Konkursordnung und Zwangsvollstreckung

Jaeger, Ernst, **Kommentar zur Konkursordnung** und den Einführungsgesetzen. Mit einem Anhang, enthaltend das Anfechtungsgesetz, die Vergleichsordnung, Auszüge aus den Kostengesetzen, Ausführungsgesetze und Geschäftsordnungen. Sechste und siebente, neubearbeitete Auflage. Groß-Oktav. Der Umfang des Gesamtwerkes umfaßt etwa 100 Bogen. Die Ausgabe erfolgt in Lieferungen.

Gesamtpreis etwa RM. 80.—

Erster Band. Erste Lieferung (§§ 1—16). 296 Seiten. 1928. RM. 16.—

Erster Band. Zweite Lieferung (§§ 17—27). Seite 297—472. 1929. RM. 10.—

Erster Band. Dritte Lieferung. Im Druck.

„Das Jaegersche Werk ist ohne Zweifel der beste von den mehreren guten Kommentaren zur Konkursordnung, die wir besitzen."

Zeitschrift für Deutschen Zivilprozeß.

Sydow, R., **Busch,** L., und **Krieg,** O., **Konkursordnung** und Anfechtungsgesetz mit Erläuterungen. Auf der Grundlage der Sydow-Buschschen Textausgabe mit Anmerkungen in fünfzehnter Auflage unter Mitaufnahme der Vergleichsordnung neubearbeitet. Taschenformat. 816 Seiten. 1929. (Guttentagsche Sammlung Deutscher Reichsgesetze Nr. 13.) . . . . Geb. RM. 12.—

„Die Erläuterungsbücher von Sydow-Busch sind als Kommentare mittleren Umfanges seit vielen Jahren in der Juristenwelt rühmlichst bekannt." *Juristische Rundschau.*

Fischer, K., und **Schäfer,** L., **Die Gesetzgebung, betr. die Zwangsvollstreckung in das unbewegliche Vermögen** im Reiche und in Preußen. Bearbeitet von J. Krech und O. Fischer. Zweite Auflage. Lexikon-Oktav. XVI, 728 Seiten. 1910 . . . RM. 15.—, geb. RM. 18.—

„Unter den zahlreichen Bearbeitungen des Zwangsvollstreckungsgesetzes ist der Kommentar von Fischer und Schäfer wohl der wissenschaftlich bedeutendste. Überall sind die Erläuterungen systematisch, manchmal geradezu lehrbuchartig aufgebaut, die leitenden Gedanken treten trotz der Fülle der behandelten Einzelfragen klar und deutlich hervor."

Zeitschrift für Rechtspflege in Bayern.

Krech, J., und **Fischer,** O., **Die Gesetzgebung, betr. die Zwangsvollstreckung in das unbewegliche Vermögen** im Reiche und in Preußen. Textausgabe mit Einleitung, Anmerkungen und Sachregister. Zehnte Auflage, bearbeitet von O. Fischer. Taschenformat. 266 Seiten. 1929. (Guttentagsche Sammlung Deutscher Reichsgesetze Bd. 43.)

Geb. RM. 5.—

„Einer besonderen Empfehlung dieser handlichen Ausgabe, deren Hauptteil das Gesetz über die Zwangsversteigerung und Zwangsverwaltung bildet, bedarf es nicht. Gesetzgebung, Rechtsprechung und Rechtslehre sind bis zur Gegenwart berücksichtigt."

Sächsisches Archiv für Rechtspflege.

Samter, M. K., **Handbuch zum Verfahren der Zwangsversteigerung und Zwangsverwaltung** nach dem Reichsgesetz vom 24. März 1897 (Fassung vom 20. Mai 1898). Zweite Auflage, vermehrt durch einen Nachtrag und ein Selbstexaminatorium. VIII, 400 Seiten. 1912. RM. 5.—

Im ersten Teil dieses Handbuches sind, seinem Einführungszweck entsprechend, die allgemeinen und materiellrechtlichen Grundlagen des Verfahrens kurz dargestellt, deren Aneignung jüngeren Juristen besonders schwer fällt. Im zweiten Teil ist das Verfahren in organischer Plastik zur Darstellung gelangt, um auch älteren Juristen, in strepitu fori, eine leichte und doch voll ausreichende Übersicht der in Betracht kommenden Vorschriften und Rechtsgrundsätze zu gewähren.

Kretzschmar, F., **Die Zwangsversteigerung und die Zwangsverwaltung.** 110 Seiten. 1911. (Sammlung Göschen Bd. 523.) . . Geb. RM. 1.80

V. Strafrecht und Strafprozeß

Strafgesetzbuch

Ebermayer, Ludwig, **Lobe,** Adolf und **Rosenberg,** Werner, **Das Reichsstrafgesetzbuch,** Leipziger Kommentar mit besonderer Berücksichtigung der Rechtsprechung des **Reichsgerichts.** Vierte, vermehrte und verbesserte Auflage. Lexikon-Oktav. X, 1282 Seiten. 1929. RM. 56.—, in Halbleder geb. RM. 63.—

„Zusammenfassend wird man sagen müssen, daß der Kommentar nun wohl endgültig an die Spitze der großen Kommentare zum StGB. getreten ist.“ Zeitschrift für Rechtspflege in Bayern.

Kohlrausch, Eduard, **Strafgesetzbuch für das Deutsche Reich mit Nebengesetzen.** Textausgabe mit Anmerkungen und Sachregister. Früher von Dr. Fr. v. Liszt u. Dr. E. Delaquis. Neunundzwanzigste Auflage. Taschenformat. X, 562, *48 Seiten. 1930. (Guttentagsche Sammlung Deutscher Reichsgesetze Bd. 2.) . . . Geb. RM. 8.—

„Ein Buch, an Hand dessen eine schnelle und zuverlässige Orientierung über die wichtigsten Auslegungsfragen möglich ist. Es dient in gleicher Weise dem Studierenden zur Einführung in eine Lektüre des Gesetzes wie dem Praktiker zur schnellen Auffindung einer Entscheidung.“

Rechtsanwalt Dr. Max Alsberg in der „Juristischen Wochenschrift“.

Liszt, Fr. v., **Lehrbuch des deutschen Strafrechts.** Fünfundzwanzigste, vollkommen durchgearbeitete und zum Teil umgestaltete Auflage, besorgt von Dr. E. Schmidt, Professor an der Universität Breslau. Groß-Oktav. XXXIV, 976 Seiten. 1927. RM. 27.50, geb. RM. 30.—

„Das Lisztsche Lehrbuch wird auch in dieser neuen Bearbeitung seinen ersten Platz und seinen Weltruf sich bewahren.“

Zeitschrift des Deutschen Notarvereins.

Gerland, H. B., **Das deutsche Reichsstrafrecht.** Oktav. 600 Seiten. 1922. (Lehrbücher und Grundrisse der Rechtswissenschaft Bd. XVI.) RM. 10.—, geb. RM. 11.50

„Durch knappe, geradezu klassische Kürze zeigende Darstellung gelang es Gerland auf engem Raume eine ungeheure Fülle des Stoffes zu bieten und auf jede Frage Antwort zu geben.“

Juristische Wochenschrift.

Nr. 48:

Italienischer Vorentwurf zu einem neuen Strafgesetzbuch. (Progetto di un nuovo codice penale.) In deutscher Übersetzung von Dr. K. Bunge, Landgerichtsrat in Berlin. Oktav. XXXII, 244 Seiten. 1928. RM. 10.—

Nebengesetze

Lindemann, Otto, **Sammlung der wichtigsten preußischen Strafgesetze.** Zweite Auflage. Taschenformat. 372 Seiten. 1912. (Guttentagsche Sammlung Preußischer Gesetze Bd. 34.) . . . . . . Geb. RM. 3.50

„Die durch mehrere wichtige Gesetze erweiterte zweite Auflage dieses unentbehrlichen Ergänzungsbandes zu den in Einzelausgaben erschienenen Preußischen Gesetzen ist durch die Wiedergabe der noch geltenden vereinzelten alten Strafvorschriften nebst trefflich unterrichtenden Vorbemerkungen und Erläuterungen besonders wertvoll. Nur mittels einer solchen ausgezeichneten Sammlung ist es möglich, auch die zerstreuten Gebiete des Strafrechts völlig zu beherrschen." Deutsche Juristen-Zeitung.

Fraustädter, Werner, **Deutsches Auslieferungsgesetz** vom 23. Dezember 1929 und andere neuere Vorschriften der Rechtshilfe in Strafsachen, einschließlich der Auslieferung. Textausgabe mit Einleitung, Erläuterungen und Sachregister. Etwa 150 Seiten. 1930. (Guttentagsche Sammlung Deutscher Reichsgesetze Bd. 86.) . . . . . Geb. RM. 4.—

Das Auslieferungsgesetz hat durch die Neufassung vom 25. 12. 1929 eine starke Umgestaltung erfahren, die zur Hearusgabe der vorliegenden Neubearbeitung geführt hat. Diese enthält eine ausführliche Erläuterung der neuen Bestimmungen sowie einen Abdruck der wichtigsten Verträge und Vorschriften und ermöglicht einen vollständigen Überblick über den gegenwärtigen Stand des deutschen Auslieferungsrechtes.

Kirchner, Rudolf, **Gesetz über den Verkehr mit Kraftfahrzeugen.** Vierte Auflage. (Guttentagsche Sammlung Deutscher Reichsgesetze Bd. 92.) In Vorbereitung.

„Ein sehr wertvolles Hilfsmittel für Anwendung und Auslegung des wichtigen Gesetzes." Leipziger Zeitschrift für deutsches Recht.

Lindemann, Otto, **Polizeiverordnungen in Preußen.** Zweite Auflage. Taschenformat. 189 Seiten. 1912. (Guttentagsche Sammlung Preußischer Gesetze Bd. 36.) . . . . Geb. RM. 2.50

Abhandlungen des Kriminalistischen Instituts an der Universität Berlin. Herausgegeben von Dr. **Franz von Liszt,** o. Professor der Rechte. Sonderverzeichnis kostenlos. Vierte Folge. I. Band.

Heft 1:

Dannenberg, Herbert, **Liberalismus und Strafrecht im 19. Jahrhundert unter Zugrundelegung der Lehren Karl Georg von Waechters.** Oktav. IV, 66 Seiten. 1925 . . . . RM. 3.—

Heft 2:

Tarnowski, Dr. Hans, **Die systematische Bedeutung der adäquaten Kausalitätstheorie für den Aufbau des Verbrechensbegriffs.** Oxtav. X, 340 Seiten. 1927 . . . . RM. 18.—

Heindl, Robert, **System und Praxis der Daktyloskopie** und der sonstigen technischen Methoden der Kriminalpolizei. Dritte, neubearbeitete und vermehrte Auflage. 900 Abbildungen im Text und 21 Bildertafeln. 780 Seiten. Groß-Oktav. 1927 . . . . . RM. 36, geb. RM. 40.—

„Ein Werk, mit dem wohl für geraume Zeit die Literatur dieses Gebiets ihren krönenden Abschluß gefunden haben dürfte. — Es darf erwartet werden, daß jeder Richter, Rechtsanwalt und Verteidiger sich dieses vorzüglichen Werkes bedient." Deutsche Juristenzeitung.

Kleine kriminalistische Bücherei.

Band 1:

Schneickert, Hans, **Die strafrechtlichen Aufgaben der Polizei.** Für den Polizeiunterricht und die Polizeipraxis. Taschenformat. 182 Seiten. 1921. RM. 2.—

Band 2:

Philipp, Lothar, **Beobachtungs- und Ermittlungspraxis im Polizei- und Detektivdienst.** Taschenformat. 180 Seiten. 1923 . . . RM. 2.—

„Alles in allem: ein Buch, für den Fachmann lesenswert, für den Anfänger ein guter Leitfaden, für den Laien interessant."

Zeitschrift für gerichtliche Schriftvergleichung.

Band 3:

Manteuffel, H. v., **Falschspieler.** Formen und Technik des Spielbetruges, nebst einem Anhange: Der Spielprofessor und sein angeblich sicheres System beim Spiele gegen eine öffentliche Roulettebank. Taschenformat 90 Seiten. 1923 . . . . RM. 2.—

Gerade heutzutage, wo die Spielleidenschaft so weite Kreise zieht, ist es von besonderem Reiz, diese klare, flüssige und lehrreiche Darstellung zu verfolgen.

Band 4:

Schneickert, Hans, **Kriminalistische Spurensicherung.** Sammlung dienstlicher Anweisungen und sachverständiger Ratschläge für den Dienstgebrauch und für Polizeischulen. Zweite, vermehrte und verbesserte Auflage. Taschenformat. 96 Seiten. Mit 2 Abbildungen. 1925. Geb. RM. 3.—

„Alle Einzelheiten werden hervorgehoben und als möglicherweise wichtige Beweismomente in einem vielarmigen System zusammengefaßt. In der Durchführung seiner Aufgabe hat der Verfasser tatsächlich alles berücksichtigt, was für das Beweisverfahren von Bedeutung ist und sein könnte." *Archiv für Kriminologie.*

Band 5:

Rehfeld, P., **Gerichtsärztliche Tatbestandsfeststellungen** im Dienste der Polizei. Ein Leitfaden für Polizei- und Kriminalbeamte. Taschenformat. 133 Seiten. 1927 . . . . Geb. RM. 3.50

„Die Bearbeitung gibt eine geschlossene, einheitliche Behandlung des Stoffgebietes durch einen Arzt, wie sie anderweitig in der kriminalistischen Literatur nicht vorhanden ist." *Deutsches Polizeiarchiv.*

Strafprozeßordnung

Kohlrausch, Eduard, **Strafprozeßordnung** und Gerichtsverfassungsgesetz mit Nebengesetzen. Einundzwanzigste Auflage. Taschenformat. XI, 526 Seiten. 1927. (Guttentagsche Sammlung Deutscher Reichsgesetze Bd. 12.) . . . . Geb. RM. 7.50

„Das Buch ist nicht nur für den Praktiker, der sich rasch unterrichten will, sondern auch für den Studierenden, zumal wenn ihm die wirtschaftlichen Verhältnisse die Anschaffung umfangreicher Kommentare nicht ermöglichen, von größtem Wert."

Oberreichsanwalt Dr. Ebermayer in der „Juristischen Wochenschrift".

Feisenberger, Albert, **Strafprozeßordnung und Gerichtsverfassungsgesetz.** Handkommentar. Groß-Oktav. IX, 517 Seiten. 1926. Mit Nachtrag. 1927. (de Gruytersche Sammlung Deutscher Gesetze. Handkommentare.) . . . . Geb. RM. 17.—

„Der vorliegende Handkommentar ist eine glänzende Arbeit, die bald in der Hand jedes Strafrichters und Rechtsanwalts sein wird. Er hält die Mitte zwischen Textausgabe und den umfangreichen Kommentaren. Geradezu vorbildlich ist er für den Umfang der Heranziehung der Rechtsprechung. Alles Wesentliche ist berücksichtigt."

Danziger Juristische Monatsschrift.

Beling, E., **Deutsches Reichsstrafprozeßrecht** mit Einschluß des Strafgerichtsverfassungsrechts. Oktav. XIV, 568 Seiten. 1928. (Lehrbücher und Grundrisse der Rechtswissenschaft Bd. XVII.) RM. 15, geb. RM. 16.50

Die Eigenart des vorliegenden Lehrbuches des Reichsstrafprozeßrechts ist, daß es dem Verständnis der Gesetzestexte vorarbeiten und zu ihnen hinführen will. Gerade das, was nicht im Gesetz steht, ist die Hauptsache; die Gesetzesparagraphen sind Ziel, nicht Ausgangspunkt. Insbesondere aber stellt der Verfasser die Regelungsinhalte des geltenden Rechts in die heutige rechtspolitische Gedankenwelt hinein und gibt ein auch äußerlich scharf hervortretendes System, das den Lernenden befähigt, die Fülle der Einzelheiten unter allgemeinen Ordnungsgesichtspunkten zusammenzusetzen.

Rosenfeldt, E. H., **Deutsches Strafprozeßrecht.** 2 Bände. 128 und 148 Seiten. 1926. (Sammlung Göschen Bd. 938/939.) Geb. je RM. 1.80

„Eine wissenschaftlich hochstehende, auf einem knappen Raum zusammengedrängte, klar und originell geschriebene Einführung in den deutschen Strafprozeß.“ Schweizer. Zeitschrift für Strafrecht.

Löwe, F., und **Rosenberg**, Werner, **Die Strafprozeßordnung für das Deutsche Reich** vom 22. März 1924 nebst dem Gerichtsverfassungsgesetz. Kommentar. Achtzehnte, neubearbeitete Auflage. Lexikon-Oktav. 1332 Seiten. 1929 . . . . RM. 44.—, in Halbleder geb. RM. 50.—

„Der Löwesche Kommentar hat sich in Wissenschaft und Rechtsprechung eine so hervorragende Stellung erworben, daß er zum unentbehrlichen Ratgeber für Theoretiker und Praktiker geworden ist. Der Kommentar steht nach wie vor an erster Stelle und ist ein Meisterwerk in der Kunst einer klaren, übersichtlichen und erschöpfenden Darstellung dieses außerordentlich spröden Stoffes.“ Zeitschrift des deutschen Notarvereins.

Feisenberger, Albert, **Strafprozeßordnung und Gerichtsverfassungsgesetz**, in alter und neuer Fassung synoptisch gegenübergestellt. Mit ausführlichem Sachregister. Taschenformat. 265 Seiten. 1924. Mit Nachtrag. 1927. (Guttentagsche Sammlung Deutscher Reichsgesetze Bd. 158.) . . . . Geb. RM. 4.50

„Die Ausgabe ist für die Praxis auf längere Zeit unentbehrlich. Die synoptische Darstellung erleichtert die Arbeit und schützt vor Gedächtnisfehlern.“ Juristische Wochenschrift.

Aschrott, P. F., **Die Reform des Strafprozesses.** Kritische Besprechungen der von der Kommission für die Reform des Strafprozesses gemachten Vorschläge. Auf Veranlassung der Internationalen Kriminalistischen Vereinigung, Gruppe Deutsches Reich. Groß-Oktav. XII, 120 und 784 Seiten. 1906 . . . . RM. 12.—

Beiträge zur Reform des Strafprozesses. Herausgegeben von Dr. Franz **Adickes**, Dr. P. F. **Aschrott**, Dr. K. **von Lilienthal**, Dr. Fr. **von Liszt**. 2 Bände. Groß-Oktav. I. Bd. Heft 1—6. 1908. RM. 9.70. — II. Bd. Heft 1—5. 1909. RM. 15.10.

Frede, L. u. **Grünhut**, M., **Reform des Strafvollzuges.** Kritische Beiträge zu dem Amtlichen Entwurf eines Strafvollzugsgesetzes. Oktav. VII, 264 Seiten. 1927 . . . . RM. 10.—

Die in dem vorliegenden Buch zusammengefaßten Beiträge üben nicht nur eine Einzelkritik an den Bestimmungen des Entwurfs, sondern dienen zugleich unter dem Gesichtspunkt der gegenwärtigen gesetzgeberischen Aufgabe der wissenschaftlichen Grundlegung des ganzen Strafvollzugsproblems.

VI. Öffentliches Recht.

1. Staats- und Völkerrecht.

Fischbach, O. G., **Allgemeine Staatslehre.** Zweite Auflage. 136 Seiten. 1928. (Sammlung Göschen Bd. 358.) . . . . . Geb. RM. 1.80

„Das Buch darf einer breiten Öffentlichkeit als ausgezeichnete Einführung, den Fachgenossen aber, jung und alt, als Musterbeispiel wissenschaftlichen Bemühens um die denkbar beste Leistung anempfohlen werden, wie man ihm heute nicht allzu häufig mehr begegnet."
Reichsverwaltungsblatt.

Fischbach, O. G., **Allgemeines Staatsrecht.**
I. Teil. 139 Seiten. 1923. (Sammlung Göschen, Bd. 415.) Geb. RM. 1.80
II. Teil. 151 Seiten. 1923. (Sammlung Göschen Bd. 416.) Geb. RM. 1.80

Diese Bearbeitung bringt nicht bloß einen leicht faßlichen gemeinverständlichen Überblick über alle Zweige des Staatsrechtes, sondern auch in den einzelnen Partien viele gründliche wissenschaftliche Erörterungen der einschlagenden Probleme und kritischen Beleuchtung der verschiedenen Rechtsansichten.

Stier-Somlo, Fritz, **Deutsches Reichs- und Landesstaatsrecht I.** Oktav. XVI, 726 Seiten. 1924. (Lehrbücher und Grundrisse der Rechtswissenschaft Bd. XVIII.) . . . . RM. 16.50, geb. RM. 18.—

„. . . Von den zurzeit vorhandenen größeren Lehrbüchern des Reichsstaatsrechts das geeignetste." *Juristische Wochenschrift.*

Stier-Somlo, Fritz, **Reichsstaatsrecht.** I. Grundbegriffe des Staatsrechts. Verfassungsgeschichte vom Ende des 18. Jahrhunderts bis zur Reichsverfassung vom 11. August 1919. 108 Seiten. 1927. (Sammlung Göschen Bd. 967.) . . . . Geb. RM. 1.80
II. Das geltende Reichsstaatsrecht. 114 Seiten. 1927. (Sammlung Göschen Bd. 968.) . . . . Geb. RM. 1.80

Stier-Somlo, Fritz, **Preußisches Staatsrecht.** Zweite Auflage. 136 Seiten. 1927. (Sammlung Göschen Bd. 298.) . . . . Geb. RM. 1.80

„Die drei schmalen Bändchen werden nicht allein als wünschenswertes Orientierungsmittel für den Laien und den angehenden Juristen zu begrüßen sein, sondern auch dem im praktischen Berufsleben stehenden Juristen Anregung und Belehrung bieten."
Juristische Wochenschrift.

Arndt, Adolf, **Die Verfassung des Deutschen Reiches.** Dritte Auflage. Taschenformat. 1927. (Guttentagsche Sammlung Deutscher Reichsgesetze Bd. 137.) . . . . RM. 8.—

„Für alle, die sich auf dem schwierigen Gebiet der Reichverfassung orientieren wollen, liegt hier ein vorzügliches Nachschlagewerk von gediegener Wissenschaftlichkeit vor."
Staats- und Selbstverwaltung.

Stier-Somlo, Fritz, **Kommentar zur Verfassung des Freistaates Preußen.** Groß-Oktav. 319 Seiten. 1921 . . . . Geb. RM. 3.—

„Die Darstellung ist flüssig und knapp und ist als treffliche Orientierung über das neue Verfassungswerk, eine Orientierung, die ihre notwendige Ergänzung in dem vorzüglichen Kommentar Stier-Somlos findet, sehr zu empfehlen." *Zeitschrift für öffentliches Recht.*

Arndt, Adolf, **Die Verfassung des Freistaats Preußen** vom 30. November 1920. Mit Einleitung, vollständigem Kommentar, Landeswahlgesetz und Sachregister. Taschenformat. 158 Seiten. 1921. (Guttentagsche Sammlung Preußischer Gesetze Bd. 1.)
Geb. RM. 2.—

„Die Einleitung ist eine vortreffliche staatsrechtliche Abhandlung, die unter Berücksichtigung und Verwertung der einschlägigen Literatur in die Entstehungsgeschichte und in die Bedeutung der Verfassungsurkunde einführt. Der Kommentar wird denjenigen, die sich mit den einzelnen Bestimmungen der Verfassung vertraut machen wollen, ein willkommener Ratgeber sein."
Zeitschrift für Polizei- und Verwaltungsbeamte.

Veröffentlichungen der Vereinigung deutscher Staatsrechtslehrer.
Heft 1: Der deutsche Föderalismus. Oktav. 1924 . . . RM. 5.—
Heft 2: Der Schutz des öffentlichen Rechts. Oktav. 1925. RM. 12.—
Heft 3: Die Gleichheit vor dem Gesetz. Der Einfluß des Steuerrechts auf die Begriffsbildung des öffentlichen Rechts. Oktav. 1927. RM. 7.—
Heft 4: Das Recht der freien Meinungsäußerung. — Der Begriff des Gesetzes in der Reichsverfassung. Oktav. 1928 . . . . . RM. 10.—
Heft 5: Wesen und Entwicklung der Staatsgerichtsbarkeit. — Überprüfung von Verwaltungsakten durch die ordentlichen Gerichte. Oktav. 1929 . . . . RM. 12.—
Heft 6: Bundesstaatliche und gliedstaatliche Rechtsordnung. Verwaltungsrecht der öffentlichen Anstalt. Berichte von Fritz Fleiner, Josef Lukas, Lutz Richter und Arnold Köttgen. Verhandlungen der Tagung der deutschen Staatsrechtslehrer zu Frankfurt a. M. am 25. und 26. April 1929. Mit einem Auszug aus der Aussprache. Oktav. IV, 166 Seiten. 1929 . . . . RM. 9.—

Sehling, Emil, **Kirchenrecht.** Zweite Auflage.
I. Teil. Einleitung. Quellen, Verfassung und Verwaltung der katholischen Kirche. Anhang: Die griechisch-orthodoxe Kirche. 119 Seiten. 1922. (Sammlung Göschen Bd. 377.) . . . . Geb. RM. 1.80
II. Teil: Das evangelische Kirchenrecht. Die Stellung des Staates zur Kirche und das Verhältnis der Religionsgesellschaften zueinander. 87 Seiten. 1927. (Sammlung Göschen Bd. 954.) . . . Geb. RM. 1.80

Edler v. Hoffmann, H., **Deutsches Kolonialrecht.** 150 Seiten. 1907. (Sammlung Göschen Bd. 318.) . . . . Geb. RM. 1.80

Reier, Otto, **Sozialisierungsgesetze.** Taschenformat. 214 Seiten. 1920. (Guttentagsche Sammlung Deutscher Reichsgesetze Bd. 141.)
Geb. RM. 2.20

„Das Werk stellt die erste zusammenfassende kommentarische Darstellung der Sozialisierungsgesetzgebung dar und ist für alle Interessenten unentbehrlich." *Zentralblatt der Reichsversicherung.*

Delius, H., **Die Beamtenhaftpflichtgesetze** des Reiches und der Länder. Vierte, vermehrte und vollkommen neubearbeitete Auflage. Taschenformat. 384 Seiten. 1929. (Guttentagsche Sammlung Deutscher Reichsgesetze Bd. 94.) . . . . Geb. RM. 10.—

Hohenstein, Adolf, und **Goldbaum,** Wenzel, **Reichsschädengesetze.** Textausgabe mit Anmerkungen. Oktav. 360 Seiten. 1922. (Guttentagsche Sammlung Deutscher Reichsgesetze Bd. 150.) . . . Geb. RM. 4.—

„Im ganzen ist das vorliegende Werk nicht nur ein wertvolles Hilfsmittel für den Fachmann, sondern ist besonders jedem Geschädigten zu empfehlen, der sich über seine Ansprüche orientieren will."
Auslandswarte.

Wörterbuch des Völkerrechts und der Diplomatie. Begonnen von Professor Dr. Julius **Hatscheck** †. Fortgesetzt und herausgegeben von Dr. Karl **Strupp,** Professor an der Universität Frankfurt a. M., Associé de l'institut de droit international, membre de l'Academie Diplomatique Internationale. Lexikon-Oktav.
Band I: Aachen—Lynchfall. VI, 860 Seiten. 1924.
RM. 35.—, in Halbleder geb. RM. 40.—
Band II: Maas—Utschiali. 779 Seiten. 1925.
RM. 35.—, in Halbleder geb. RM. 40.—
Band III (Schluß): Vasallenstaaten—Zwangsverschickung. Ferner Anhang: Abessinien—Weltgerichtshof; Sachverzeichnis und Mitarbeiterregister. II, 1316 Seiten. 1929.
RM. 62.—, in Halbleder geb. RM. 67.—

„Der Vorsprung, den entsprechende Werke in französischem Sprachgewande bisher hatten, ist nunmehr in Deutschland eingeholt. Die Form der alphabetischen Zergliederung des Stoffes ermöglicht eine breitere Behandlung der Einzelfälle, die im internationalen Rechtsleben nicht selten von größerer Bedeutung als vorzeitig aufgestellte Abstraktionen sind." *Zeitschrift für Völkerrecht.*

Anzilotti, Lehrbuch des Völkerrechts. Übersetzt und herausgegeben vom Institut für ausländisches öffentliches Recht und Völkerrecht, Berlin. I. Band. Groß-Oktav. 444 Seiten. 1929. RM. 19.—, geb. RM. 20.—

Mit der Herausgabe der Übersetzung dieses Lehrbuches des berühmten Völkerrechtlers ist das Institut für ausländisches öffentliches Recht und Völkerrecht einem in Deutschland außerordentlich fühlbaren Bedürfnis entgegengekommen. Das Buch ist nicht schlechthin eine Übersetzung der italienischen Originalausgabe, sondern berücksichtigt auch die gesamte Rechtsprechung und Literatur der letzten Zeit und stellt somit das zurzeit modernste Lehrbuch des Völkerrechts überhaupt dar.

Niemeyer, Theodor, **Völkerrecht.** 168 Seiten. 1925. (Sammlung Göschen Bd. 865.) . . . . Geb. RM. 1.80

Dieses Bändchen gibt in gedrängter Form eine vollständige Übersicht über das Völkerrecht.

Beiträge zum ausländischen öffentlichen Recht und Völkerrecht. Herausgegeben im Auftrage des Instituts für ausländisches öffentliches Recht und Völkerrecht in Berlin in Gemeinschaft mit Friedrich Glum, Ludwig Kaas, Rudolf Smend, Heinrich Triepel von Viktor **Bruns.** Groß-Oktav.

Eine Sammlung einschlägiger wissenschaftlicher Abhandlungen, Materialsammlungen, Übersetzungen besonders wertvoller ausländischer Werke u. a.

Heft 1:
Staatsrecht und Politik. Rede beim Antritt des Rektorats der Friedrich-Wilhelms-Universität zu Berlin am 15. Oktober 1926. Von Heinrich **Triepel.** 40 Seiten. 1927 . . . . RM. 2.—

Heft 2:
Volksentscheid und Volksbegehren. Ein Beitrag zur Auslegung der Weimarer Verfassung und zur Lehre von der unmittelbaren Demokratie. Von Dr. Carl **Schmitt,** o. ö. Professor der Rechte an der Universität Bonn. 54 Seiten. 1927 . . . . RM. 2.60

Heft 3:
Der Aufbau des britischen Reiches. (Der Verhandlungsbericht der Reichskonferenz von 1926.) Eingeleitet und herausgegeben von Gerichtsassessor Dr. K. **Heck,** Referent am Institut für ausländisches öffentliches Recht und Völkerrecht. 152 Seiten. 1927 . . RM. 6.—

Heft 4:

Die Souveränität. Ein Beitrag zur Theorie des Staats- und Völkerrechts. Von Dr. H. **Heller,** Privatdozent und Referent am Institut für ausländisches öffentliches Recht und Völkerrecht. 177 Seiten. 1927 RM. 8.50

Heft 5:

Die Missionsfreiheit nach den Bestimmungen des geltenden Völkerrechts. Von Dr. Theodor **Grentrup,** S. V. D. 112 Seiten. 1928. RM. 5.50

Heft 6:

Das Minoritätenproblem und seine Literatur. Kritische Einführung in die Quellen und die Literatur der europäischen Nationalitätenfrage der Nachkriegszeit, unter besonderer Berücksichtigung des völkerrechtlichen Minderheitenschutzes.

Allgemeiner Teil. Von Jakob **Robinson,** Rechtsanwalt in Kaunas (Litauen). 265 Seiten. 1928 . . . . RM. 9.—

Heft 7:

Der Reichssparkommissar. Von Dr. Karl **Bilfinger,** o. ö. Professor der Rechte an der Universität Halle. 68 Seiten. 1928 . . . . RM. 3.60

Heft 8:

Die völkerrechtliche Stellung der fremden Truppen im Saargebiet. Von Dr. jur. J. M. **Bumiller,** Referent am Institut für ausländisches öffentliches Recht und Völkerrecht, Berlin. 156 Seiten. 1928. RM. 9.—

Heft 9:

Das Recht des Ausnahmezustands im Auslande (Frankreich, Belgien, Niederlande, Italien, England, Irland). Bearbeitet im Institut für ausländisches öffentliches Recht und Völkerrecht. 296 Seiten. 1928. RM. 14.—

Heft 10:

Die Beziehungen zwischen dem Parlament und den Gerichten in England. Eine rechtsvergleichende Studie. Von Heinrich B. **Gerland.** 137 Seiten 1928 . . . . RM. 8.—

Heft 11:

Zu den Problemen des fascistischen Verfassungsrechts. Akademische Antrittsvorlesung. Von Dr. Gerhard **Leibholz,** Privatdozent an der Universität Berlin, Referent am Institut für ausländisches öffentliches Recht und Völkerrecht. 112 Seiten. 1928 . . . . RM. 5.—

Heft 12:

Der deutsche und der französische Reichswirtschaftsrat. Ein Beitrag zu dem Problem der Repräsentation der Wirtschaft im Staat. Von Dr. Friedrich **Glum,** Privatdozent an der Universität Berlin, Wissenschaftliches Mitglied des Instituts für ausländisches öffentliches Recht und Völkerrecht. 188 Seiten. 1929 . . . . RM. 9.—

Heft 13:

Das Wesen der Repräsentation unter besonderer Berücksichtigung des Repräsentativsystems. Ein Beitrag zur allgemeinen Staats- und Verfassungslehre. Von Dr. Gerhard **Leibholz,** Privatdozent an der Universität Berlin, Referent am Institut für ausländisches öffentliches Recht und Völkerrecht. Groß-Oktav. 214 Seiten. 1929 . . . . RM. 14.—

Zeitschrift für ausländisches öffentliches Recht und Völkerrecht. Im Auftrage des Instituts für ausländisches öffentliches Recht und Völkerrecht herausgegeben von Dr. Viktor **Bruns**, Professor an der Universität Berlin, Leiter des Instituts.

Band I, Teil 1: Abhandlungen. 43 Bogen . . . . RM. 43.—

Band I, Teil 2: Urkunden. 5 ½ Bogen . . . . RM. 54.—

Der neuen Zeitschrift für ausländisches öffentliches Recht und Völkerrecht ist es als Aufgabe gesetzt, die wichtigsten, die Wissenschaft und die Praxis beschäftigenden Probleme des Völkerrechts und des außerstaatlichen öffentlichen Rechts zu behandeln. Sie wird zu all diesen Fragen eingehend Stellung nehmen und über alle wichtigen Ergebnisse der Gesetzgebung und der Rechtsprechung auf diesem Gebiete im In- und Ausland eingehend berichten. Der I. Jahrgang der Zeitschrift wird in zwei Bänden herausgegeben; künftig erfolgt das Erscheinen vierteljährlich.

Kraus, H., **Internationale Schiedssprechung.** Eine Sammlung der für das Deutsche Reich verbindlichen Verträge und Vertragsbestimmungen, die sich auf internationale Gerichtsbarkeit, Schiedsgerichtsbarkeit, sowie Vergleichsverfahren beziehen, nebst den dazugehörigen deutschen Regierungsdenkschriften. Taschenformat. XXXVI, 348 Seiten. 1929. (Guttentagsche Sammlung Deutscher Reichsgesetze Bd. 174. . . . . Geb. RM. 10.—

„Die vorliegende Dokumentensammlung füllt eine Lücke aus, da es bisher schwer war, alle schiedsrichterlichen Verpflichtungen des Deutschen Reiches auf einmal einzusehen.“ *Friedenswarte.*

Strupp, Karl, **Das Werk von Locarno.** Eine völkerrechtlich-politische Studie. Oktav. 180 Seiten. 1926 . . . . RM. 10.—

„Die lückenlose Mitteilung aller für das Verständnis und die Auslegung wichtiger Urkunden macht das aktuelle Buch zu einem außerordentlich wertvollen Mittel der Erkenntnis des Inhalts und der Tragweite dieser grundlegenden Staatsverträge.“ *D. A. Z.*

Deutschland unter dem Dawes-Plan. Entstehung, Rechtsgrundlagen, wirtschaftliche Wirkungen der Reparationslasten. Von Professor Max **Sering,** Universität Berlin. Oktav. VIII, 237 Seiten. 1928. RM. 10.—

„Nicht nur dem Juristen und Volkswirtschaftler, sondern auch dem Laien verständlich, gibt das Werk einem jeden wertvollen Einblick in Deutschlands wirtschaftspolitische Abhängigkeit, die sich bis in die kleinsten Betriebe hineinzieht, die jedes einzelne Glied des deutschen Volkes betrifft.“ *Prakt. Rundschau.*

2. Verwaltungsrecht.

Reichsrecht

Blume, E., und **Weirauch,** W., **Die Eisenbahn-Verkehrsordnung** vom 16. Mai 1928 mit Allgemeinen Ausführungsbestimmungen sowie dem Internationalen Übereinkommen über den Eisenbahnfrachtverkehr vom 30. Mai 1925 und dem Internationalen Übereinkommen über den Eisenbahn-Personen- und Gepäckverkehr vom 12. Juni 1925. Textausgabe mit Anmerkungen. Vierte Auflage. Taschenformat. X, 482 Seiten. 1928. (Guttentagsche Sammlung Deutscher Reichsgesetze Bd. 91.) Geb. RM. 9.—

„Ein treffliches Hilfsbuch für alle, die sich mit dem Eisenbahnverkehrsrecht theoretisch und praktisch zu beschäftigen haben. Der Kommentar wird besonders auch den Gerichten und den Anwälten

gute Dienste leisten, da die Ausführungsbestimmungen zur Eisenbahnverkehrsordnung, die vollständig abgedruckt werden, sonst nur in den Tarifen veröffentlicht werden, die in den Kreisen der Juristen weniger bekannt sind. Allen, die es angeht, kann daher die Anschaffung der neuen Auflage dringend empfohlen werden."

Juristische Wochenschrift.

Fischer, D., und **Staedler,** E., **Die deutsche Post- und Telegraphengesetzgebung.** Teil I: Postrecht (mit Ausschluß des internationalen Rechts). Siebente Auflage. 47*, 586 Seiten. 1929. (Guttentagsche Sammlung Deutscher Reichsgesetze Bd. 7.) . . . . Geb. RM. 15.—

Mit der vorliegenden Neuauflage dieser lange Zeit vergriffen gewesenen Ausgabe wird dem Wunsche zahlreicher Interessenkreise entsprochen: Die neue Bearbeitung ist gegenüber der letzten Auflage wesentlich vermehrt und in allen Teilen neugestaltet. Sie enthält die Quellen des Postrechts, wobei die Postordnung in ihrer letzten Fassung (vom Januar 1929) erscheint.

Dem Ganzen wurde erstmalig eine Systematik des geltenden Postrechts vorangestellt; die Gesetzestexte wurden sorgfältig erläutert, Rechtsprechung und die einschlägige Literatur bis auf die letzte Zeit berücksichtigt.

Sebba, Julius, **Seewasserstraßenordnung.** (Polizeiverordnung zur Regelung des Verkehrs auf den deutschen Seewasserstraßen vom 31. März 1927.) Taschenformat. 493 Seiten. 1928. (Guttentagsche Sammlung Deutscher Reichsgesetze Bd. 171.) . . . . Geb. RM. 8.50

„Es bedarf hierbei wohl nicht der besonderen Hervorhebung, daß die Kommentierungsmethode des rühmlichst bekannten Neu-Herausgebers von Schaps-Seerecht auch in dem vorliegenden Werke eine knappe und doch gründliche geworden ist."

Verkehrsrechtliche Praxis.

Busse, Rudolf, **Luftrecht einschließlich Luftverkehrsgesetz und Pariser Luftverkehrsabkommen.** Taschenformat. XVIII, 448 Seiten. 1928. (Guttentagsche Sammlung Deutscher Reichsgesetze Bd. 170.)
Geb. RM. 10.—

Das vorliegende Buch sucht in einem nationalen und internationalen Teil einen klaren Überblick über das gesamte Luftrecht zu geben; der neueste Stand der Rechtsprechung ist hierbei berücksichtigt. Den erläuterten Gesetzesabkommenstexten ist eine systematische Einführung in das gesamte Luftrecht mit seinen vielseitigen Rechtsdisziplinen vorausgeschickt.

Zeitschrift für das gesamte Luftrecht (ZLR.). Herausgegeben von Dr. jur. Otto **Schreiber,** o. Professor an der Universität Königsberg i. Pr., Geh. Regierungsrat, Leiter des Instituts für Luftrecht. Erscheint in Bänden zu je vier Heften.
Band I 1926/28 . . . . RM. 50.—, geb. RM. 55.—
Band II, Heft 1 . . . . RM. 10.—

„Organisation und Inhalt der Zeitschrift machen einen vorzüglichen Eindruck. Im Interesse ihres hohen sachlichen Zieles sind ihr weite Verbreitung und bester Erfolg zu wünschen."

Weltwirtschaftliches Archiv.

Volkmann, Kurt, **Die Straßenverkehrsordnungen** nebst den einschlägigen Nebenbestimmungen. Taschenformat. 312 Seiten. 1929. (Guttentagsche Sammlung Deutscher Reichsgesetze Bd. 175.) . . . Geb. RM. 7.—

„Das übersichtliche Werkchen, das uns eine schnelle Information über auftauchende Rechtsfragen auf diesem besonderen Verkehrgebiete verschafft, kann Polizeibeamten, Gerichten, Anwälten, Fuhrwerksbesitzern, Kraftfahrern und Radfahrern zur Anschaffung empfohlen werden."

Verkehrsrechtl. Rundschau.

Kirchner, Rudolf, **Gesetz über den Verkehr mit Kraftfahrzeugen** vom 3. Mai 1909. Vierte, völlig neubearbeitete Auflage. (Guttentagsche Sammlung Deutscher Reichsgesetze Bd. 92.) . . In Vorbereitung.

„Der Verfasser hat sich mit der nicht unschwierigen Materie auf das beste vertraut gemacht und seine Kenntnisse mit großer Gewandtheit in logischen, klaren und ausführlichen Erläuterungen zum Gesetze verwertet." Zeitschrift für Polizei- und Verwaltungsbeamte.

Aumer, Georg, **Der Kraftfahrzeugverkehr.** Richtlinien für Polizeibeamte und Kraftfahrer. Mit 79 Abbildungen und Figuren. Zweite Auflage. Taschenformat. 208 Seiten. 1928 . . . . Geb. RM. 4.50

„Ein kleines, aber nicht nur für jeden Polizeibeamten, sondern für jeden bei einem Kraftfahrzeugunfall — sei es nur als Zeugen — Beteiligten interessantes Kapitel über Hinweise auf Feststellungen bei Unglücksfällen und eine Übersicht über den Kraftfahrzeugbestand schließen die interessante Schrift, die — wenn sie sich auch ihrem Zweck entsprechend von juristischen Erörterungen fernhält — doch auch dem Juristen eine Fülle rechtstatsächlichen Materials, das gerade auf diesem Gebiete besonders wichtig ist, bietet."

Juristische Wochenschrift.

Holzapfel, W., **Die Siedlungsgesetzgebung** im Reich und in Preußen. 347 Seiten. 1920. (Guttentagsche Sammlung Deutscher Reichsgesetze Bd. 140.) . . . . Geb. RM. 3.—

„Die zur Ausführung jener Gesetze bestimmten Behörden und auch die literarische Forschung wird dem Verfasser für seine mühevolle Arbeit Anerkennung zollen." Archiv für öffentliches Recht.

Behrend, Ernst, und **Stranz-Hurwitz,** Helene, **Sammlung von Wohlfahrtsgesetzen** des Deutschen Reichs und Preußens nebst den allgemeinen Wohlfahrtsgesetzen von Sachsen, Thüringen, Hamburg, Mecklenburg-Schwerin und -Strelitz, Oldenburg, Lippe und Lübeck.

Teil I: Taschenformat. 560 Seiten. 1923 . . . . . Geb. RM. 5.—

Teil II: Nebst Ausführungsgesetzen sämtlicher Länder zum Reichsjugendwohlfahrtsgesetz. Taschenformat. XVI, 551 Seiten. 1925. (Guttentagsche Sammlung Deutscher Reichsgesetze Bd. 152 und 152a.) Geb. RM. 9.—

Teil I und II zus. RM. 12.—

„Die kurzen, alles Wesentliche zusammenfassenden Einleitungen zu den einzelnen Gesetzen sind mit außerordentlicher Sachkunde und Klarheit geschrieben; sie genügen zusammen mit den Literaturangaben völlig für den Praktiker, um die Gesetzestexte richtig handhaben zu können. Das Werk ist für alle in der Wohlfahrtspflege Arbeitenden unentbehrlich und sehr praktisch."

Nachrichtendienst des Deutschen Vereins für öffentliche Fürsorge.

Wegner, Arthur, **Jugendrecht.** Ein Lehrbuch zur Einführung. Oktav. IX, 219 Seiten. 1929 . . . . RM. 6.—, geb. RM. 7.50

„Ein gleichartiges und gleichwertiges Werk über das Jugendrecht gibt es noch nicht." Breslauer Zeitung.

Drewes, Paul, und **Sandré,** Emil, **Das Reichsgesetz für Jugendwohlfahrt** vom 9. Juli 1922 und **Jugendgerichtsgesetz** vom 16. Februar 1923 nebst Nebengesetzen. Zweite Auflage. Taschenformat. XVI, 496 Seiten. 1928. (Guttentagsche Sammlung Deutscher Reichsgesetze Bd. 154.) Geb. RM. 11.—

„Eine sehr handliche Gesetzesausgabe. Sie bietet in ausführlichen geschichtlichen und rechtlichen Vorbemerkungen und Einleitungen wertvolles Material zur Einführung in den Willen und Geist beider Gesetze und gibt in knappen, aber ausreichenden Erläuterungsbemerkungen zu den einzelnen Bestimmungen dem Praktiker die erforderlichen Unterlagen zur richtigen Anwendung. Das Werk dürfte sich in der Praxis beliebt machen." Blätter für öffentliche Fürsorge

Sandré, Emil **Verordnung über die Fürsorgepflicht.** Vom 14. Februar 1924. Mit Einschluß der für die Durchführung dieser Verordnung in Frage kommenden reichs- und landesgesetzlichen Bestimmungen. Taschenformat. 342 Seiten. 1925. (Guttentagsche Sammlung Deutscher Reichsgesetze Bd. 160.) . . . . Geb. RM. 6.—

„Die Zusammenstellung der bis in die jüngste Zeit ergangenen gesetzlichen Bestimmungen, die in Beziehung zur Fürsorgepflichtverordnung stehen, gibt der Sandréschen Arbeit ihre besondere Bedeutung. Die Anmerkungen sind zahlreich und zeichnen sich durch einen feinen, klaren Stil aus. Das Buch ist übersichlich geordnet und leicht zu handhaben.“ *Schleswig-Holsteinsche Wohlfahrtsblätter.*

Szczesny, Viktor, **Das Lichtspielgesetz** vom 12. Mai 1920 mit der Ausführungsverordnung Einleitung, Gebührenordnung und Sachregister. Taschenformat. 106 Seiten. 1920. (Guttentagsche Sammlung Deutscher Reichsgesetze Bd. 147.) . . . . Geb. RM. 1.50

„Das neue Lichtspielgesetz hat hier eine ausführliche Kommentierung gefunden. Das Buch kann bei der gründlichen Behandlung des Stoffes als ein geeignetes Hilfsmittel für die Praxis bezeichnet werden.“ *Preußische Gemeinde-Zeitung.*

Wündisch, Ernst, **Das Gesetz über Schußwaffen und Munition** vom 12. April 1928 (RGBl. I S. 143) nebst der Ausführungsverordnung der Reichsregierung vom 13. Juli 1928 (RGBl. I S. 198) und dem Preußischen Erlaß zur Durchführung des Gesetzes vom 7. September 1928 (MBliV. S. 925). Taschenformat. 139 Seiten. 1928. (Guttentagsche Sammlung Deutscher Reichsgesetze Bd. 173.) . . . . Geb. RM. 5.—

Durch das neue Gesetz über Schußwaffen und Munition vom 12. April 1928 sind auf diesem für die Öffentlichkeit so wichtigen Gebiet neue Rechtsverhältnisse geschaffen worden, für die die Praxis exakte Erläuterungen wünscht. Eine solche Erläuterung stellt das vorliegende Buch dar, das, von einem auf diesem Gebiet besonders erfahrenen Sachkenner bearbeitet, eine absolut zuverlässige Darstellung der neuen Bestimmungen enthält. Außer dem Gesetzestext sind die für die Praxis wichtigen Ausführungsbestimmungen des Reiches und Preußens abgedruckt. Auf Übersichtlichkeit, Leichtverständlichkeit und Vollständigkeit der Erläuterungen, die die Hauptvorzüge der Guttentagschen Sammlung sind, wurde auch bei diesem Gesetze Wert gelegt.

Fraustädter, W., und **Kreutzberger,** M., **Das deutsche Ausländerrecht.** Die Bestimmungen des Reichsrechts und preußischen Landesrechts. Textausgabe mit Erläuterungen und Sachregister. Taschenformat. 396 Seiten. 1927. (Guttentagsche Sammlung Deutscher Reichsgesetze Bd. 166.) Geb. RM. 9.—

„Eine höchst begrüßenswerte Veranstaltung, aus dem Bedürfnis der Praxis hervorgegangen und mit vollendetem Sachverständnis unternommen. Sowohl die Vollständigkeit der mannigfach verstreuten gesetzlichen Bestimmungen als deren Anordnung, Registrierung und Erläuterung durch Ausführungsbestimmungen, Gerichtsentscheidungen, Verwaltungspraxis ist vortrefflich.“
Niemeyers Zeitschrift für internationales Recht.

Voß, Werner, **Die reichs- und landesrechtlichen Bestimmungen auf dem Gebiete des Gesundheitswesens.** Zusammengestellt und mit Anmerkungen versehen. Taschenformat. 608 Seiten. 1929. (Guttentagsche Sammlung Deutscher Reichsgesetze Bd. 172.) . . . . . . Geb. RM. 11.—

„Der Band enthält eine Sammlung der Gesetze, Verordnungen und Bestimmungen auf dem Gebiete des Gesundheitswesens, wie sie in dieser Vollständigkeit sonst nicht besteht. Dadurch erst ist ein zuverlässiger und rascher Überblick über die einschlägigen weit verstreuten Bestimmungen gewährleistet.“
Württ. Zeitschr. f. Rechtspflege.

Hippel, W. von, **Reichsviehseuchengesetz** vom 26. Juni 1909 nebst Ausführungsvorschriften und dem preußischen Ausführungsgesetz. Zweite Auflage. Taschenformat. 486 Seiten. 1913. (Guttentagsche Sammlung Deutscher Reichsgesetze Bd. 103.) . . . . Geb. RM. 4.—

Boxberger, L. von, **Vogelschutzgesetz** vom 30. Mai 1908 nebst den das Flugwild betreffenden Bestimmungen der Preußischen Jagdordnung. Taschenformat. 57 Seiten. 1909. (Guttentagsche Sammlung Deutscher Reichsgesetze Bd. 89.) . . . . Geb. RM. 1.—

Landesrecht

Bitter, von, **Handwörterbuch der Preußischen Verwaltung.** Dritte, vollständig umgearbeitete Auflage. Unter Mitwirkung zahlreicher hoher Reichs- und preußischer Staatsbeamten herausgegeben von Dr. Bill Drews, Staatsminister a. D., Präsident des Pr. Oberverwaltungsgerichts, und Dr. Franz Hoffmann, Wirklicher Geheimer Oberregierungsrat, Berlin. Lexikon-Oktav. 1928.
RM. 120.—, in Halbleder geb. RM. 132.—

Erster Band, 1. Halbband: Abbaugerechtigkeiten—Fleisch- und Viehagenten. 552 Seiten.

2. Halbband: Fleischvergiftung—Kyffhäuserbund. Seite 553 bis 1134 und IX Seiten.

Zweiter Band: Lackfabriken—Zwischenkredit. VII, 1220 Seiten.

(Im Verlage der Firmen: Walter de Gruyter & Co., Berlin; Carl Heymanns Verlag, Berlin; Roßberg'sche Verlagsbuchhandlung, Leipzig.)

Das zentrale Werk der Praxis des Verwaltungsrechts.

Reichelt, H., **Verwaltungsgesetzbuch für Preußen.** Systematische Zusammenstellung der wichtigsten Verwaltungsgesetze und Verordnungen für Praxis und Unterrichtszwecke. Lexikon-Oktav. VII, 1302 Seiten. 1914 . . . . Geb. RM. 7.60

„Das Buch ist sehr wertvoll, dem Praktiker unentbehrlich und leistet demjenigen, der sich auf eine Prüfung vorbereitet, vorzügliche Dienste. Allen Verwaltungsbehörden wird das Buch warm empfohlen.“
Preußische Verwaltungs- und Finanz-Zeitung.

Friedrichs, K., **Die Gesetzgebung über die allgemeine Landesverwaltung** und Zuständigkeit der Verwaltungs- und Verwaltungsgerichtsbehörden. Dritte, durchgesehene Auflage. Taschenformat. XXIII, 295 Seiten. 1927. (Guttentagsche Sammlung Preußischer Gesetze Bd. 42.)
Geb. RM. 5.—

„Der Wert dieser Arbeit liegt darin, daß er eine erschöpfende und klare Übersicht über das tatsächlich geltende Verwaltungsrecht bringt. Das Werk ist ein vorzügliches und nie versagendes Hilfsmittel.“
Gesetz und Recht.

Fischbach, Das Reichbeamtengesetz **vom 31. März 1873 in der Fassung der Bekanntmachung vom 18. Mai 1907 mit allen Abänderungen und Ergänzungen.** Taschenformat. 311 Seiten. 1930. (Guttentagsche Sammlung Deutscher Reichsgesetze Bd. 82.) . . . . . . Geb. RM. 6.—

Die vorliegende Erläuterung des Beamtengesetzes durch den bekannten Staatsrechtlehrer kommt einem besonderen Bedürfnis der Praxis entgegen, die s. Zt. eine den neuesten Fortschritten der Wissenschaft und Rechtsprechung entsprechende Handausgabe sehr entbehrt. Bemerkenswert ist, daß auch verwandte Gesetze und Verordnungen der einheitlichen Erläuterung unterzogen wurden, so daß dieses Buch für die Praxis ein der Sache wie der Erläuterungsart wichtiges Hilfsmittel darstellt.

Pfafferoth, Carl, **Preußische Beamtengesetzgebung.** Fünfte Auflage. XIV, 280 Seiten. 1916. (Guttentagsche Sammlung Preußischer Gesetze Bd. 2.) . . . . Geb. RM. 2.40

Dultzig, Eugen von, **Das preußische Disziplinargesetz für die nichtrichterlichen Beamten.** Taschenformat. XIV, 364 Seiten. 1914. (Guttentagsche Sammlung Preußischer Gesetze Bd. 51.) . . . . Geb. RM. 4.20

„Der Verfasser kennt das Disziplinarrecht aus eigener Tätigkeit und aus langer Erfahrung. Diese hat er zu einem praktischen Nachschlagebuch für alle praktischen Fragen des Disziplinarrechts ausgestaltet. Bei tunlichster Kürze sind doch recht erschöpfende, klare und anschauliche Erläuterungen entstanden, die das Verständnis und die Anwendung des Disziplinarrechts in zweckmäßiger Weise erleichtern. Das Büchlein verdient volle Beachtung."
Zeitschrift für Polizei- und Verwaltungsbeamte.

Hagemann, Rudolf, **Hinterlegungsordnung** vom 21. April 1913. Taschenformat. 175 Seiten. 1914. (Guttentagsche Sammlung Preußischer Gesetze Bd. 53.) . . . . Geb. RM. 2.20

„Das in der vorteilhaft bekannten Guttentagschen Sammlung erschienene Buch darf als ein Hilfsmittel zu dem nicht immer ganz einfachen Verständnis der neuen Hinterlegungsvorschriften bestens empfohlen werden; es ist klar, übersichtlich und ausführlich."
Zentralblatt für freiwillige Gerichtsbarkeit.

Aschrott, P. F., **Gesetz über die Fürsorgeerziehung Minderjähriger.** Vom 2. Juli 1900. Nebst Ausführungsanweisungen. Dritte Auflage. Taschenformat. 374 Seiten. 1917. (Guttentagsche Sammlung Preußischer Gesetze Bd. 28.) . . . . Geb. RM. 2.80

„Das Buch gewährt nicht nur einen klaren Einblick in die gegenwärtige Gestaltung der Fürsorgeerziehung in Preußen, sondern es gibt auch über die Zweifelsfragen, welche bei der Auslegung des technisch ziemlich unvollkommenen Fürsorgeerziehungsgesetzes in besonders reicher Fülle auftauchen, durchweg eine erschöpfende und zutreffende Auskunft." *Das Recht.*

Marcks, A., Gesetz, betr. die Unterhaltung der öffentlichen Volksschulen. Taschenformat. 194 Seiten. 1906. (Guttentagsche Sammlung Preußischer Gesetze Bd. 39.) . . . . Geb. RM. 1.80

„Das handliche Büchlein wird, von sachkundiger Seite herrührend und praktisch angelegt, Verwaltungsbeamten, Schulvorständen, Lehrern beim Gebrauch gute Dienste leisten."
Schulblatt der Provinz Brandenburg.

Ledermann, W., und **Brühl**, L., **Die Städteordnung für die sechs östlichen Provinzen Preußens.** Zweite Auflage. Taschenformat. 593 Seiten. 1913. (Guttentagsche Sammlung Preußischer Gesetze Bd. 32.) Geb. RM. 6.—

„Der Kommentar, eine hervorragende Arbeit, ist von der Kritik und der Praxis so einmütig günstig aufgenommen worden, daß er auch in seiner zweiten durch Gesetzgebung, Literatur und Rechtsprechung der letzten zehn Jahre bereicherten Ausgabe keiner weiteren Empfehlung bedarf." *Kommunale Praxis.*

Wölbling, P., **Bildung der neuen Stadtgemeinde Berlin.** Zweite Auflage. Taschenformat. 114 Seiten. 1920. (Guttentagsche Sammlung Preußischer Gesetze Bd. 59.) . . . . Geb. RM. 1.40

„Die Ebenmäßigkeit mit den Kommentaren anderer Gesetze der Guttentagschen Sammlung erringt der Verfasser durch seine strenge Sachlichkeit. Damit muß seinem Werk die Beachtung bei der Durchführung des Gesetzes und bleibender Wert gesichert erscheinen."
Soziale Praxis.

Holzapfel, W., **Umlegungsordnung.** Taschenformat. 144 Seiten. 1921. (Guttentagsche Sammlung Preußischer Gesetze Bd. 60.) . . RM. 1.80

„Holzapfel, der hervorragende Kenner der Auseinandersetzungsgesetze, erläutert die Vorschriften der Umlegungsordnung in seiner scharfsinnigen Art in durchaus erschöpfender Weise und gibt in diesen Erläuterungen ein außerordentlich anschauliches Bild von der Umlegung der Grundstücke. Das Buch ist auch für Laien leicht und gut verständlich und kann jedem, der für die Umlegung Interesse hat, zur Benutzung angelegentlich empfohlen werden."

Preußisches Verwaltungsblatt.

Holzapfel W., **Gesetz über Landeskulturbehörden.** Taschenformat. 176 Seiten. 1919. (Guttentagsche Sammlung Preußischer Gesetze Bd. 57.) Geb. RM. 2.—

„Der Titel gibt den Inhalt des Werkchens vollständig an, hinzuzufügen ist aber, daß die Erläuterung, die umfangreich und eingehend ist und der praktischen Handhabung des Gesetzes Schritt für Schritt folgt, aus der Feder eines Mannes herrührt, der durch seine sachliche Qualifikation als gründlicher Kenner der Materie für eine zuverlässige Führung die größte Gewähr bietet. Dankenswert ist die Gründlichkeit der im bescheidenen Rahmen geleisteten Arbeit."

Verwaltungs-Archiv.

Meyer, O., **Gesetz, betr. die Anlegung und Veränderung von Straßen und Plätzen in Städten und ländlichen Ortschaften.** Taschenformat. 211 Seiten. 1913. (Guttentagsche Sammlung Preußischer Gesetze Bd. 50.) RM. 3.—

Strauß-Torney, Hugo von und **Saß,** Carl, früher **Friedrichs,** R., **Gesetz, betr. Anlegung und Veränderung von Straßen und Plätzen** in Städten und ländlichen Ortschaften. (Straßen- und Baufluchtengesetz.) Kommentar. Sechste Auflage. Groß-Oktav. 211 Seiten. 1920. RM. 8.—, geb. RM. 9.50

„Das Werk zeigt eine Reichhaltigkeit und Vollständigkeit, die sonst wenigen Kommentaren eigen ist, und übertrifft hierin noch weit die früheren Auflagen. Besonders erwähnenswert ist die geschickte Anordnung der Erläuterungen und das praktische Inhaltsverzeichnis."

Wochenschrift des Architektenvereins zu Berlin.

Heine, H. **Die preußischen Baupolizeigesetze** nebst den sonstigen einschlägigen Reichs- und Landesgesetzen. Taschenformat. 404 Seiten. 1928. (Guttentagsche Sammlung Preußischer Gesetze Bd. 64.) Geb. RM. 8.—

Diesem Band ist die Aufgabe gestellt, die in erster Linie in Betracht kommenden Gesetze und sonstigen Vorschriften und die im Zusammenhang hiermit entstehenden Rechtsfragen in übersichtlicher Weise zusammenzufassen und zu erörtern. Die Rechtsprechung des Oberverwaltungsgerichts und anderer Gerichte ist hierbei berücksichtigt worden.

Goldschmidt, O., **Gesetze gegen die Verunstaltung landschaftlich hervorragender Gegenden mit Ausführungsanweisungen.** Taschenformat. 152 Seiten. 1912. (Guttentagsche Sammlung Preußischer Gesetze Bd. 49.) Geb. RM. 2.40

„Der Kommentar bietet eine sachgemäße, sorgfältige und erschöpfende Erläuterung der einzelnen gesetzlichen Bestimmungen. Er wird als ein durch Vollständigkeit und Zuverlässigkeit ausgezeichnetes Hilfsmittel jedem Freunde des Heimatschutzes ein willkommener Ratgeber sein." *Jahrbuch des Verwaltungsrechts.*

Wulff, G., und **Herold,** F., **Wassergesetz** vom 7. April 1913. Mit Einleitung, Erläuterungen und Sachregister. Zweite, umgearbeite Auflage von G. Wulff. Taschenformat. XVI, 665 Seiten. 1928. (Guttentagsche Sammlung Preußischer Gesetze Bd. 52.) . . . Geb. RM. 12.—

„Gründlichkeit und trefflichere Kürze bilden einen besonderen Vorzug des Werkes.“ Ministerialblatt f. d. preuß. innere Verwaltung.

Lohmann, W., **Gesetz, betr. die Feuerbestattung.** Taschenformat. 79 Seiten. 1912. (Guttentagsche Sammlung Preußischer Gesetze Bd. 47.) Geb. RM. 1.50

„Der Verfasser, der als Mitglied der Kommission des Abgeordnetenhauses an dem Zustandekommen des Gesetzes hervorragend beteiligt war, konnte als zuständiger Bearbeiter des Gesetzes in erster Linie gelten. Der kleine Kommentar ist besonderer Aufmerksamkeit sicher.“ Jahrbuch des Verwaltungsrechts.

Holtgreven, A., und **Wolff,** Th., **Das Wildschadengesetz** vom 11. Juli 1891. Kommentar. Vierte, vermehrte und verbesserte Auflage. Oktav. VIII, 216 Seiten. 1902 . . . . RM. 4.—

„Dieses Werkchen will einerseits die juristisch zweifelhaften Punkte des Wildschadengesetzes wissenschaftlich erörtern und klarstellen und andererseits allen denjenigen, welche bei der Handhabung dieses Gesetzes in irgendeiner Weise, sei es als Private, Beamte, Grundbesitzer oder als Jagdberechtigte, beteiligt sind, ein praktischer Berater sein.“ Allgemeine Forst- und Jagdzeitung.

Born, A., **Das preußische Fischereigesetz** vom 11. Mai 1916 in der geltenden Fassung. Taschenformat. 428 Seiten. 1928. (Guttentagsche Sammlung Preußischer Gesetze Nr. 62.) . . . . Geb. RM. 7.50

Die Ausgabe bietet eine bis jetzt fehlende neue Darstellung des Fischereigesetzes, in der vor allem die neue Rechtsprechung eingehend verwertet ist. Außer dem Fischereigesetz, das eine ausführliche Erläuterung gefunden hat, sind die wichtigen Ausführungsverordnungen und im Anhang die einschlägigen Bestimmungen anderer für die Anwendung des Fischereigesetzes in Frage kommenden Gesetze berücksichtigt.

Born, A., **Die preußischen Jagdgesetze** in ihrer geltenden Fassung. Mit Erläuterungen versehen. Taschenformat. 433 Seiten. 1928. (Guttentagsche Sammlung Preußischer Gesetze Nr. 63.) . . . Geb. RM. 8.—

„Das Buch kann zur Belehrung und Handgebrauch den Gerichten, Landratsämtern, Gemeinden und Forstbehörden sowie allen jagdlich interessierten Personen warm empfohlen werden.“ Leipziger Ztsch. f. dtsch. Recht.

Kunze, F., **Das Jagdscheingesetz.** Zweite Auflage. Taschenformat. 157 Seiten. 1899. (Guttentagsche Sammlung Preußischer Gesetze Bd. 19.) . . . . Geb. RM. 2.—

„Die eingehenden Anmerkungen und die im Titel hervorgehobenen Beigaben machen den kleinen Kommentar zu einem vortrefflichen, in der Praxis schwer entbehrlichen Hilfsmittel zur Auslegung des Gesetzes.“ Zeitschrift für die gesamte Strafrechtswissenschaft.

Caro, H., **Gesetz, betr. Austritt aus der Landeskirche,** vom 14. Mai 1873. Taschenformat. 190 Seiten. 1911. (Guttentagsche Sammlung Preußischer Gesetze Bd. 46.) . . . . Geb. RM. 2.40

„Ein sehr praktisches Buch, das in den Anmerkungen zum Wortlaut des Gesetzes eine reiche Fülle von Material bietet für alle möglichen Fragen, die mit Aus- und Übertritt zusammenhängen. Das genau gearbeitete Inhaltsverzeichnis ermöglicht bei gelegentlicher Benutzung ein leichtes Auffinden des Nötigen.“ Deutsch-Protestantische Bücherschau.

Kollenscher, M., Rechtsverhältnisse der Juden in Preußen. Taschenformat. VIII, 199 Seiten. 1910. (Guttentagsche Sammlung Preußischer Gesetze Bd. 45.) . . . . RM. 2,40

„Eine zusammenfassende, erschöpfende Darstellung der in den verschiedensten Quellen zerstreuten zahlreichen Judengesetze und Verordnungen. Jede Synagogengemeinde und jeder, der sich mit jüdischen Angelegenheiten beschäftigt, müßte dieses Buch besitzen." *Jüdische Rundschau.*

3. Steuerrecht

Nieberl, A., Reichsabgabenordnung vom 13. Dezember 1919 nebst Einführungsverordnung vom 18. Dezember 1919 und Übergangsverordnung vom 11. Oktober 1921. Textausgabe mit Anmerkungen und ausführlichem Sachregister. Zweite, neubearbeitete Auflage. Taschenformat. 1927. (Guttentagsche Sammlung Deutscher Reichsgesetze Bd. 143.) . . . . Geb. RM. 12.—

„Die Darstellung ist leicht verständlich und klar. Das Sachregister ist gründlich bearbeitet. Jedenfalls wird das Buch, das einen mit der praktischen Handhabung der RAbgO. vertrauten Verfasser erkennen läßt, nicht nur den Steuerbeamten, sondern auch dem rechtsuchenden Publikum und seinen Beratern ein willkommener guter Führer auf diesem Gebiet sein." *Juristische Wochenschrift.*

Michaelis, Richard, **Die Dritte Steuernotverordnung** vom 14. Februar 1924. Mit besonders ausführlicher Berücksichtigung der Vorschriften über die Aufwertung und die öffentlichen Anleihen. Taschenformat. VIII, 388 Seiten. 1924. (Guttentagsche Sammlung Deutscher Reichsgesetze Bd. 157.) . . . . Geb. RM. 7.—

„Ganz besonders zu rühmen ist der Kommentar von Michaelis, der dank seiner eingehenden und gründlichen Bearbeitungsweise erheblichen Einfluß auf die Praxis gewonnen hat." *Juristische Wochenschrift.*

Hollaender, Adolf, **Einkommensteuergesetz und Körperschaftsteuergesetz** nebst den zugehörigen Aus- und Durchführungsbestimmungen, Verordnungen und Erlassen. Taschenformat. XXXIX, 697 Seiten. 1926. Mit Nachtrag. 1928. (Guttentagsche Sammlung Deutscher Reichsgesetze Bd. 151.) . . . . Geb. RM. 24.—

„Das auf die Bedürfnisse der Praxis abgestellte und ihnen gerecht werdende Buch wird jedem gute Dienste leisten, der sich handelnd oder leitend auf dem äußerst unsicheren, ohne Hilfsmittel überhaupt nicht begehbaren Boden der heutigen Einkommensteuer zurechtfinden muß." *Juristische Rundschau.*

Pick, Reichsbewertungsgesetz. Textausgabe mit Anmerkungen. In Bearbeitung.

Wrzeszinski, Richard, und **Simon,** H. Veit, **Vermögenssteuergesetz und Reichsbewertungsgesetz.** Kommentar . . . . . . In Bearbeitung.

Schachian, Herbert, **Erbschaftsteuergesetz,** Fassung vom 22. August 1925, mit Anmerkungen. Vierte Auflage. Oktav. 65 Seiten. 1926. RM. 2.50

„Eine vollständige Darstellung des Erbschaftssteuerrechts und der zugrunde liegenden bürgerlich-rechtlichen Vorschriften des Erbrechts. Als wissenschaftliche und praktische Leistung steht der klar und scharf geschriebene Kommentar in vorderster Reihe unter seinen Rivalen; er ist als Wegweiser besonders zu empfehlen." *Juristische Wochenschrift.*

Hoffmann, U., **Die preußischen Erbschaftsteuergesetze.** Taschenformat. 561 Seiten. 1905. (Guttentagsche Sammlung Preußischer Gesetze Bd. 20.) . . . . RM. 3.—

Lindemann, Otto, **Umsatzsteuergesetz** (neueste Fassung) mit Ausführungsbestimmungen. Vierte, vermehrte und verbesserte Auflage. Taschenformat. 518 Seiten. 1926. (Guttentagsche Sammlung Deutscher Reichsgesetze Bd. 132.) . . . . Geb. RM. 10.—

„Es handelt sich um einen ausführlichen, gediegenen und klar abgefaßten Kommentar, der den weiteren Vorzug besitzt, auf dem laufenden zu sein. Das Werk kann allen Interessenten nur warm empfohlen werden.“ Industrie- und Handelszeitung.

Meyer, E. H., **Gesetzgebung über Steuer- und Kapitalflucht.** Zweite Auflage. Taschenformat. 129 Seiten. 1921. (Guttentagsche Sammlung Deutscher Reichsgesetze Bd. 145.) . . . . . . Geb. RM. 1.60

„Das Büchlein enthält den Text der einschlagenden vier Gesetze samt den vier Verordnungen gegen die Kapitalabwanderung bzw. Kapitalflucht, eine kurze Übersicht über den Inhalt der Gesetze und sehr knapp gehaltene Anmerkungen. Sein Wert liegt in der handlichen Zusammenfassung der einschlagenden Vorschriften.“
Juristische Wochenschrift.

Lindemann, Otto, **Grunderwerbsteuergesetz** (neueste Fassung) mit den Ausführungsbestimmungen. Zweite, völlig umgearbeitete Auflage. Taschenformat. 186 Seiten. 1926. Mit Nachtrag 1927. (Guttentagsche Sammlung Deutscher Reichsgesetze Bd. 139.) . . . . Geb. RM. 4.—

„Das Buch wird manchem in den mannigfachen Streitfragen des in der Praxis sehr einschneidenden Gesetzes ein willkommener Ratgeber sein. Die Erläuterungen zeichnen sich durch Klarheit und Gemeinverständlichkeit im besten Sinne aus.“ Württembergische Industrie.

Hagelberg, E., und **Krämer,** L., **Grunderwerbsteuergesetz** vom 12. September 1919 (RGBl. S. 1617) in der Fassung des Gesetzes vom 11. März 1927 (RGBl. I S. 72) nebst Einleitung, Sachregister und Ausführungsbestimmungen und der einschlägigen Vorschriften des Finanzausgleichs-Steuermilderungsgesetzes und Steuerstrafrechts. Für die Praxis erläutert. Zweite, völlig umgearbeitete und erweiterte Auflage. 1928. Groß-Oktav. 355 Seiten . . . . Geb. RM. 15.—

„Die verhältnismäßige Kürze ihrer Erläuterungen bei großer Vollständigkeit ist zu rühmen. Das Buch ist nicht nur für den Juristen, sondern auch für den gebildeten Laien, namentlich Grundstücksmakler und Hausbesitzer, von großem, praktischen Wert.“
Zeitschrift d. Deutsch. Notarvereins.

Hagelberg, E., und **Krämer,** L., **Wertzuwachssteuerrecht.** Kommentar. Groß-Oktav. 256 Seiten. 1929 . . . . . RM. 12.—, geb. RM. 13.50

Die Verfasser kommentieren die neue Wertzuwachssteuerordnung für Berlin und die preußische Mustersteuerordnung. Ihr Buch ist ein Leitfaden für die Steuerpflichtigen und ihre Rechtsberater und die mit der Wertzuwachssteuer befaßten Behörden. Es stellt die rechtliche und wirtschaftliche Bedeutung der Bestimmungen klar: Die Rechtsprechung des Preußischen Oberverwaltungsgerichts wurde erschöpfend berücksichtigt. Auch Spezialfragen wie die Aufwertung und das Schwarzkaufwesen wurden behandelt.

Hoepker, Heinrich, **Die Industriebelastungsgesetze** vom 30. August 1924 nebst den Durchführungsbestimmungen zum Gesetz über die Industriebelastung. Taschenformat. XV, 200 Seiten. 1925. Mit Nachträgen. (Guttentagsche Sammlung Deutscher Reichsgesetze Bd. 159.)
Geb. RM. 4.—

„Die Anmerkungen sind erschöpfend und führen den Leser mit Geschick in die schwierige und neue Materie ein. Rechtsanwälte sowie Kaufleute, für welche die Industriebelastung in Frage kommt, werden das mit einem guten Sachregister ausgestattete Werk mit gleichem Nutzen gebrauchen!“ Industrie- und Handels-Zeitung.

Eiffler, Kurt, **Staatliche Verwaltungsgebühren.** Gesetz über staatliche Verwaltungsgebühren vom 29. September 1923 nebst Gebührenordnungen und Ausführungsbestimmungen. Taschenformat. 192 Seiten. Mit Nachtrag. 1925. (Guttentagsche Sammlung Preußischer Gesetze Bd. 61.) Geb. RM. 6.—

„Das Buch ist für alle preußischen staatlichen und kommunalen Behörden unentbehrlich." *Deutsches Beamtenarchiv.*

Loeck, P., und **Eiffler,** K., **Preußisches Stempelsteuergesetz** mit den gesamten Ausführungsbestimmungen. Unter besonderer Berücksichtigung der Entscheidungen der Verwaltungsbehörden und der Gerichte herausgegeben. Zehnte, neubearbeitete Auflage. Taschenformat. 476 Seiten. 1928. (Guttentagsche Sammlung Preußischer Gesetze Bd. 18.) Geb. RM. 13.—

„Die zahlreichen Auflagen zeugen für die Güte und praktische Brauchbarkeit des Buches, das durch den von Eiffler hinzugefügten Anhang auf den gegenwärtigen Rechtsstand gebracht ist." *Finanz-Ministerialblatt.*

Lebbin, Georg, **Nahrungsmittelgesetze** mit Erläuterungen. Zweite, stark vermehrte Auflage in zwei Bänden.
Zweiter Band: **Getränkegesetze und Getränkesteuergesetze** (Wein, Bier, Branntwein, Mineralwasser). Unter Mitarbeit von Rechtsanwalt Dr. Kniebe. Taschenformat. XII, 400 Seiten. 1926. (Guttentagsche Sammlung Deutscher Reichsgesetze Bd. 54b.) . . . . . . Geb. RM. 10.—

„Die wichtigsten Gesetze sind eingehend kommentiert und so vollständig ergänzt, daß die Sammlung als unentbehrliches Hilfsmittel, wie es in dieser Art bislang noch fehlte, für den Sachbearbeiter bei Behörden und Verbänden sowohl als auch für den Kaufmann der Branche zu begrüßen ist." *Württembergische Wirtschafts-Zeitschrift.*

Wündisch, Friedrich, **Das Tabaksteuergesetz** vom 12. September 1919 nebst den Ausführungsbestimmungen vom 26. Februar 1920. Taschenformat. 286 Seiten. 1920. Mit Nachtrag 1925. (Guttentagsche Sammlung Deutscher Reichsgesetze Bd. 146.) . . . . Geb. RM. 4.—

„Endlich ein Kommentar zum Tabaksteuergesetz! Die Ausgabe kommt den Wünschen der Praxis nach einer erschöpfenden Darstellung des neuen Gesetzes in umfassender Weise entgegen. Das Buch bildet eine ausgezeichnete Informationsquelle für alle Fragen, die in der Praxis vorkommen." *Deutsche Tabak-Zeitung.*

VII. Entscheidungs-Sammlungen und Zeitschriften.

Entscheidungen des Reichsarbeitsgerichts. Herausgegeben von den Mitgliedern des Reichsarbeitsgerichts. Oktav.
Band I. 1928. Band II. 1928/29. Band III. 1929. Band IV. 1929/30. Je RM. 6.50, geb. RM. 8.—

Entscheidungen des Reichsgerichts. Herausgegeben von den Mitgliedern des Gerichtshofes u. d. Reichsanwaltschaft. Oktav. (2 Sammlungen.)

1. **Entscheidungen in Zivilsachen.** (Werden in Heften im Umfange von etwa 5 bis 6 Bogen sowie in vollständigen Bänden, geheftet und gebunden, ausgegeben. Jährlich 4 Bände.) 1.—126. Band. Je RM. 6.50, geb. RM. 8.—

2. **Entscheidungen in Strafsachen.** (Werden in Heften im Umfange von 5 bis 6 Bogen sowie in vollständigen Bänden, geheftet und gebunden, ausgegeben. Jährlich 1 Band.) 1.—63. Band. Je RM. 6.50, geb./ RM. 8.—

Zeitschrift für die gesamte Strafrechtswissenschaft. Gegründet von Fr. von **Liszt** und **A. Dochow.** Unter ständiger Mitarbeiterschaft hervorragender Fachmänner herausgegeben von Prof. Dr. K. **von Lilienthal,** Prof. Dr. Ed. **Kohlrausch** und Prof. Dr. W. **Gleispach.** Der Jahrgang besteht aus 8—9 Heften. Quart.

Bd. 1—43. 1881—1922. Je RM. 15.—. Bd. 44. 1922. RM. 25.—.

Bd. 45. 1924. RM. 21.—. Bd. 46—49. 1925—1929. Je RM. 30.—. Bd. 50. 1929/30. RM. 36.—.

Juristische Rundschau. Herausgegeben von Otto **Lindemann,** Ministerialdirektor, Geh. Oberjustizrat, Berlin, Dr. Friedrich **Flad,** Senatspräsident beim Reichsgericht, Leipzig, Fritz **Hartung,** Ministerialrat im preußischen Justizministerium, Berlin, und

Höchstrichterliche Rechtsprechung. Herausgegeben von Eugen **Friedrichs,** Oberlandesgerichtsrat, Naumburg a. d. S., Dr. Albert **Feisenberger,** Reichsanwalt, Leipzig, Benno **Mugdan,** Kammergerichtsrat i. R., Geh. Justizrat, Berlin. — Erscheint am 1. und 15. jeden Monats.
6. Jahrgang. 1930. Vierteljährlich RM. 7.50, Einzelheft RM. 1.50
Beilage „Höchstrichterliche Rechtsprechung" einzeln vierteljährlich 5.—

Judicium. Vierteljahresschrift für die gesamte Zivilrechtspflege. Unter ständiger Mitarbeit von J. Goldschmidt (Berlin), H. Lehmann (Köln), R. Pollak (Wien), L. Rosenberg (Gießen), H. Walsmann (Rostock) herausgegeben von W. **Kisch** (München), H. **Lucas** (Berlin), A. **Mendelssohn-Bartholdy** (Hamburg), M. **Pagenstecher** (Hamburg), J. D. **Sauerländer** (München), H. **Sperl** (Wien), E. **Volkmar** (Berlin). Vierteljährlich erscheint 1 Heft. Der Jahrgang beginnt am 15. November. 2. Jahrgang 1929/30. (Friederichsen, de Gruyter & Co. m. b. H., Hamburg 36.) . . . . RM. 24.—

Zeitschrift für ausländisches und internationales Privatrecht. Herausgegeben in Gemeinschaft mit Ernst **Heymann,** Heinrich **Titze,** Martin **Wolff,** ordentliche Professoren an der Universität Berlin, wissenschaftliche Berater des Instituts, Max **Pagenstecher,** o. Professor an der Universität Hamburg, Franz **Schlegelberger,** Ministerialdirektor im Reichsjustizministerium, Honorarprofessor an der Universität Berlin, von Ernst **Rabel,** o. Professor an der Universität Berlin, Direktor des Instituts. Jährlich 6 Hefte im Umfang von etwa 65 Bogen.
Preis des dritten Jahrganges RM. 50.—

Zeitschrift für Bergrecht. Bis zu seinem Tode herausgegeben von dem Wirkl. Geh. Rat, Berghauptmann a. D. Dr. jur. H. Brassert. Redigiert und herausgegeben von den rechtskundigen Ministerialräten der Bergabteilung des Preußischen Ministeriums für Handel und Gewerbe. Jährlich ein Band von mehreren Heften. Die Hefte erscheinen in zwangsloser Folge. 1928/29. RM. 20.—, Jahrgang 70, Heft 1/2. 1929. RM. 10.—

Zeitschrift für das gesamte Luftrecht (ZLR.). Herausgegeben von weiland Dr. jur. Otto **Schreiber.** Erscheint in Bänden zu je vier Heften.

Band I. 1926/28 . . . . RM. 50.—, geb. RM. 55.—

Band II, Heft 1 . . . . RM. 10.—

Bank-Archiv. Zeitschrift für Bank- und Börsenwesen. Unter Mitwirkung von hervorragenden Fachmännern herausgegeben von Geh. Justizrat Prof. Dr. **Rießer,** Berlin. Schriftleitung: Rechtsanwalt Otto **Bernstein,** geschäftsführendes Mitglied des Centralverbandes des Deutschen Bank- und Bankiersgewerbes. Quart. Jährlich 24 Nummern. XXIX. Jahrgang. 1929/30 . . . . Pro Halbjahr RM. 12.—

FSC
www.fsc.org
MIX
Papier | Fördert
gute Waldnutzung
FSC® C083411

Kolibri 360 GmbH
Ferdinand-Jühlke-Straße 7
99095 Erfurt, Deutschland
produktsicherheit@kolibri360.de